narr **STUDIENBÜCHER**

Damaris Nübling
Fabian Fahlbusch / Rita Heuser

Namen

Eine Einführung in die Onomastik

2., überarbeitete und erweiterte Auflage

narr\f
ranck
e\atte
mpto

Prof. Dr. Damaris Nübling lehrt historische Sprachwissenschaft des Deutschen an der Johannes-Gutenberg-Universität Mainz.

Dr. Fabian Fahlbusch ist wissenschaftlicher Mitarbeiter am Deutschen Institut der Johannes Gutenberg-Universität Mainz.

Dr. Rita Heuser ist wissenschaftliche Mitarbeiterin beim Projekt „Digitales Familiennamenwörterbuch Deutschlands (DFD)“ an der Akademie der Wissenschaften und der Literatur Mainz.

2., überarbeitete und erweiterte Auflage 2015
1. Auflage 2012

Bibliografische Information der Deutschen Nationalbibliothek

Die Deutsche Nationalbibliothek verzeichnet diese Publikation in der Deutschen Nationalbibliografie; detaillierte bibliografische Daten sind im Internet über http://dnb.dnb.de abrufbar.

Gedruckt auf säurefreiem und alterungsbeständigem Werkdruckpapier.

Internet: www.narr-studienbuecher.de
E-Mail: info@narr.de

Printed in the EU

ISSN 0941-8105
ISBN 978-3-8233-6947-9

Inhaltsverzeichnis

Teil II: Klassen von Eigennamen

Vorwort zur 2. Auflage

Seit der 1. Auflage 2012 sind neue Forschungen zur Onomastik erschienen, insbesondere zur Namengrammatik und zu Tiernamen. Auch haben uns zahlreiche Reaktionen und Rezensionen erreicht, für die wir uns sehr bedanken und deren Anregungen wir gerne übernommen haben. Deshalb hat die 2. Auflage sowohl eine qualitative Überarbeitung als auch eine quantitative Erweiterung erfahren. Dies betrifft insbesondere den namentheoretischen und den namengrammatischen Teil (Kapitel 2–4) sowie Kapitel 7 zu den Personennamen. Komplett neu verfasst wurde Kapitel 8 zu den Tiernamen, da mit DAMMEL et al. (2015a,b) in der Zwischenzeit substanzielle Studien vorgelegt wurden. Übungsaufgaben (sowie zahlreiche Informationen zur Namenforschung) stellen wir auf der Website www.namenforschung.net unter der Rubrik "Literaturtipps" zur Verfügung.

Mainz, im August 2015

Damaris Nübling | Rita Heuser | Fabian Fahlbusch

Aus dem Vorwort zur 1. Auflage

Nach über zehn Jahren onomastischem Unterricht an der Universität Mainz, der nach wie vor zu überfüllten Veranstaltungen führt, haben wir so viele Unterrichtsmaterialien erarbeitet, dass es an der Zeit ist, sie auch anderen onomastisch Interessierten zur Verfügung zu stellen. Die Frage, weshalb wir "noch" eine Einführung vorlegen, dürfte sich angesichts dieser Tatsache erübrigen: Gäbe es eine solche, die modern, umfassend, linguistischen Ansprüchen genügend und didaktisch konzipiert wäre, hätten sich nicht die vielen Ordner mit Seminarunterlagen angehäuft. Nichts wäre praktischer, als eine Einführung empfehlen und durcharbeiten zu können – v.a. eine solche, die aus der oft engen, sich in viel etymologisch-philologischer Kleinarbeit ergehenden traditionellen Onomastik heraustritt. Diese Hauptausrichtung soll nicht kritisiert werden: Sie leistet wichtige Grundlagenarbeit und die meisten Menschen interessieren sich für die "Bedeutung" von Namen. Nur ist dies nicht alles. Es ist wohl kein Zufall, dass viel relevante Namenforschung an anderen Orten stattfindet: Die Linguistik scheut die Onomastik – und umgekehrt. Soziologie, Pädagogik, Psychologie, Ethnologie, (Kultur-)

Anthropologie und andere Disziplinen betreiben interessante Namenforschung, doch manchmal ohne fundierte linguistische Kenntnisse. Auch werden Studien aus anderen Ländern von der dt. Onomastik oft nicht rezipiert.

Nun beanspruchen wir nicht, diesen Notstand zu beseitigen, doch immerhin, ihm ein Stück weit abzuhelfen. Natürlich können wir auf diesem begrenzten Raum nicht alles behandeln, was über Namen geforscht wurde und wird. Sicher haben wir auch vieles übersehen, weshalb wir für konstruktive Hinweise immer dankbar sind. Wir wollen jedoch versuchen, den Stand der Forschung möglichst aktuell und breit wahrzunehmen, insbesondere die vielen noch offenen Forschungsthemen aufzuzeigen in der Hoffnung, dass wir damit zu weiterer Namenforschung anregen. Es bleibt hier sehr viel zu tun, ganze Namenklassen sind noch so gut wie unergründet.

Unserer Einführung liegt eine Zweiteilung zugrunde: Zuerst liefern wir einen linguistisch (nicht sprachphilosophisch) orientierten namentheoretischen und -grammatischen Teil, wobei wir einen funktionalistischen Ansatz vertreten. Da zum Verständnis von Sprache das Wissen um ihre Diachronie unabdingbar ist, versteht es sich von selbst, dass wir den Blick immer wieder auf die Sprachgeschichte lenken. Erstmals wird hier auch das kaum erforschte Thema "Namen in der Deutschen Gebärdensprache" angeschnitten. Im zweiten Teil wenden wir uns den sechs wichtigsten Namenklassen zu, besonders auch den bisher stark vernachlässigten wie den Tier-, Objekt-, Ereignis- und Phänomennamen. Damit hoffen wir, den primär auf die Personen- sowie Ortsnamen gerichteten Blick der Onomastik um spannende, aktuelle, allgegenwärtige Namenarten zu erweitern. Angesichts dessen, dass wir die mit dem Verlag vereinbarte Seitenzahl weit überschritten haben, können wir unserem Desiderat, andere Sprachen und Kulturen einzubeziehen, nur ansatzweise entsprechen.

Für das Verständnis dieser Einführung setzen wir die Kenntnis linguistischer Grundbegriffe voraus. Dennoch erklären wir viele Termini. Dieses Buch ist und bleibt eine Einführung: Wir verstehen es als Sprungbrett, als Wegweiser in die weitere Forschung und als Anregung zu eigenen Untersuchungen. Deshalb müssen wir oft da aufhören, wo es interessant wird. Wir liefern jedoch ausgewählte Literatur zum Weiterlesen. Wie jede Einführung, so stellt auch diese einen Kompromiss zwischen maximaler Vereinfachung und minimaler Verzerrung dar: Um die grundlegenden Kategorien, Forschungslinien sowie Wissensbestände zu präsentieren, kann bzw. muss es im Detail zu Unschärfen kommen.

Unser Anliegen ist es, die Onomastik aus ihrer philologischen Nische herauszuholen und ihr als linguistisch relevanter Teildisziplin in der universitären Lehre zu mehr Gewicht und Verbreitung zu verhelfen.

Die Kapitel haben folgende Autorschaft: Damaris Nübling ist die Verfasserin von Kapitel 1 bis 8, Rita Heuser von Kapitel 9. Fabian Fahlbusch hat die Kapitel 10 bis 12 geschrieben.

1. Einführung - Namen in Alltag und Wissenschaft

1.1 Namen im Alltag

Ein Blick in jede Zeitung offenbart, dass Namen großes Interesse auf sich ziehen: So liest man, dass Kühe mit Namen mehr Milch geben als solche ohne, dass in einem Zoo ein Eisbär/Opossum/Leopard geboren wurde, für den ein Name gesucht, ja sogar ein Wettbewerb ausgelobt wird, an dem sich Tausende von Menschen beteiligen. Man betrauert weltweit den Tod eines Eisbären namens *Knut*. Man erfährt, dass *Hartz IV* als Name für das Arbeitslosenprogramm durch einen anderen ersetzt werden müsse, da zu hart klingend, dass ein Tunnelabschnitt einzuweihen ist und nun ein Name für diesen Durchbruch gefunden sei (er wird *Renate-Tunnel* heißen). Es wird diskutiert, ob ein Kind *Pumuckl, Borussia, Störenfried* oder *Euro* heißen darf. Man erfährt auch, dass die *World Meteorological Organization* beschlossen hat, *Katrina* nie mehr als Name für weitere Wirbelstürme zu verwenden, da dieser Hurrikan in seiner Stärke und Auswirkung einzigartig gewesen sei. US-Präsident Obama begnadigt 2012 seine beiden Truthähne *Cobbler* und *Gobbler*. In Donaueschingen wird einem Jungen die ärztliche Behandlung verweigert, weil er *Cihad* heißt. Monatelang geht die Bemerkung einer Grundschullehrerin durch die Presse, dass *Kevin* kein Name, sondern eine Diagnose sei. Auch das Unwort des Jahres 2011, *Döner-Morde*, besteht aus einem Namen. Nach dem Wahldebakel der FDP 2013 denkt diese an eine Umbenennung, um ihr schlechtes Image loszuwerden. Herzerwärmender ist das Bekenntnis von Karl Lagerfeld, seine heiß geliebte Katze *Choupette* heiraten zu wollen.

Diese Liste ließe sich seitenlang fortsetzen. Dabei handelt es sich nicht nur um eine Sammlung von Kuriosa. Jedes dieser Beispiele ist aus onomastischer, linguistischer, soziologischer, juristischer oder psychologischer Perspektive aufschlussreich und illustriert den Stellenwert von Namen in unserer Gesellschaft. Dies zu vertiefen und wissenschaftlich zu begründen, ist Anliegen dieser Einführung.

Wie keine andere Wortklasse sind Namen Gegenstand einer stellenweise bizarre Blüten treibenden, pseudowissenschaftlichen **Populärliteratur**: "Sage mir deinen Namen und ich sage dir, wer du bist", "Die Engelbotschaft deines Namens: 600 Vornamen in ihrer spirituellen Bedeutung", "nomen est omen – Die verborgende Botschaft der Vornamen". Solche Erzeugnisse basieren meist auf dem Strickmuster "nomen est omen" und unterstreichen den Stellenwert, den Namen für Menschen haben. Erstaunlicherweise betrifft diese Bedeutungszuschreibung nicht nur den individuelleren Rufnamen (Vornamen), sondern auch den ererbten Familiennamen, wie zahlreiche Anfragen bei wissenschaftlichen Namenprojekten immer wieder offenbaren. Viele glauben, durch die Kenntnis der Etymologie ihres Namens eine tiefere Wahrheit über sich und ihre Abkunft zu erfahren und sind oft enttäuscht, wenn die tatsächliche Etymologie ihres Familiennamens nichts mit der Privatetymologie zu tun hat, die im Laufe der Zeit oft noch erhöht und veredelt wurde. Dies veranlasst uns, ein vielen onomastischen Arbeiten vorangestelltes Zitat von Goethe[1] anzubringen, das dieses Verhältnis von Mensch und Name gut trifft:

> [D]er Eigenname eines Menschen ist nicht etwa wie ein Mantel, der bloß um ihn her hängt und an dem man allenfalls noch zupfen und zerren kann, sondern ein vollkommen passendes Kleid, ja wie die Haut selbst ihm über und über angewachsen, an der man nicht schaben und schinden darf, ohne ihn selbst zu verletzen (Goethe, Dichtung und Wahrheit, 2. Teil, 10. Buch).

Viele Menschen suchen in ihrem Namen nach verborgenen Geheimnissen, nach Aufschluss über die eigene Identität – nur weil man seine einstige Bedeutung nicht mehr erkennt. Namen sind eine Projektionsfläche par excellence.

Keine andere Wortklasse erfährt eine solche Popularisierung und bunte Ausdeutung. Die meisten Namen (hierunter fast alle Rufnamen) bilden eigene Ausdrücke, die nicht an den übrigen Wortschatz anschließen (oft, weil sie einer anderen Sprache entlehnt sind), die aber dem Menschen wie eine Erkennungsmarke anhängen und ihn für alle anderen identifizier-, individualisier- und sozial zuordenbar machen. Der Name steht für den Menschen. Dies öffnet der Namenexegese Tür und Tor. Aus linguistischer Sicht geht es dabei meist um die semantische Motivierung undurchsichtiger Ausdrücke (sog. Volksetymologie).

1.2 Namen in der Wissenschaft

Namen nehmen in vielerlei Hinsicht eine **Sonderstellung** ein: So ist der eigene Name das erste Wort, das man schreiben lernt. Als einzige "Wortart" werden Namen lebenslang in großer Zahl erworben (man muss nur eine Zeitung lesen, um mit Dutzenden neuer Namen konfrontiert zu sein). Je älter man wird, stellt dies eine desto schwerere Bürde dar, erkennbar daran, dass sich Namen immer schlechter memorieren lassen (man baut sich Eselsbrücken) und dass man sie schnell wieder vergisst. Oft führt dies zu unangenehmen Situationen, was bei anderen Wortarten nicht passieren kann. Deren Erwerb ist irgendwann abgeschlossen, zumindest flacht die Kurve im Laufe der Jahre stark ab.

Eigennamen stehen nicht im **Wörterbuch**, d.h., sie scheinen nicht zum eigentlichen Wortschatz zu gehören. Kennt man einen Namen nicht, hat man nicht etwa ein sprachliches, sondern allenfalls ein Bildungsdefizit (wenn der Name allseits bekannt ist). Kennt jemand das Wort *Paris* nicht, wirft man ihm nicht mangelnde Deutschkenntnisse, sondern fehlendes Wissen vor. In keiner Liste des Grundwortschatzes tauchen Namen auf. Sie werden auch i.d.R. nicht übersetzt, sondern originalsprachlich transferiert, heute mehr denn je. Natürlich könnte man Namen wie *Merkel*, *Köln* und *München* gar nicht übersetzen (frz./engl. *Cologne*, *Munich* sind keine Übersetzungen), doch gibt es viele durchsichtige Namen, die übersetzbar wären, wo dies jedoch konsequent unterbleibt: Helmut *Kohl* würde im Engl. niemals zu **Cabbage*, umgekehrt *Churchill* nie zu **Kirchhügel* oder *Shakespeare* zu

[1] Dafür verzichten wir konsequent auf das obligatorische "Name ist Schall und Rauch"-Zitat.

**Schütteldenspeer*. Dies eröffnet die Frage, welche Position Namen im Sprachsystem haben – bzw. ob für sie überhaupt eine vorgesehen ist.

Weitere Besonderheiten bestehen darin, dass Namen sich oft **nicht orthographiekonform** verhalten, d.h., sie sind nicht normiert (wenngleich in ihrer Schreibweise durchaus fixiert). Dies gilt besonders für das Dt., wo es nicht nur zu leichteren Abweichungen wie <Becker> statt <Bäcker>, <Schwartz> statt <Schwarz> kommt, sondern wo es Buchstabenkombinationen gibt, die niemals im "Normalwortschatz" erlaubt wären wie <ck> nach <r> in <Bismarck>, <tt> nach <r> in <Württemberg> oder <oi> für den Diphthong [ɔi] in <Stoiber>. Viele Sprachen heben Namen graphisch hervor, etwa indem sie sie großschreiben, was natürlich nur in solchen Sprachen auffällt, die ihre Subst. kleinschreiben. Im Dt. haben sie gar den Beginn der sich über Jahrhunderte hin entwickelnden Substantivgroßschreibung eingeläutet: Namen wurden schon mehrheitlich großgeschrieben, als weitere Subst. davon erst langsam erfasst wurden (um 1500).

Nicht nur orthographisch, auch **grammatisch** weichen Namen häufig von den allgemeinen Regeln ab: Phonologisch kommt es zu Lautkombinationen, die wir von anderen Wörtern nicht kennen (*Gmelin*, *Gstrein*, *Mross*, *Pschorr*, *Georg*, *Luise*). Morphologisch machen Namen, wenn man sie in den Pl. setzt, nur von dem (vermeintlich fremden) *s*-Pl. Gebrauch (*die beiden Ingrids/Rudolfs/Freiburgs/Deutschlands*). Alle anderen Pluralallomorphe (wie *-er*, *-e*, *-en*, Null, Umlaut) treten hier nicht auf. Weiter sperren sie sich gegen den Umlaut, sogar im Diminutiv, vgl. *Kanne* → *Kännchen*, aber *Hanne* → *Hannchen* (**Hännchen*), *Maul* → *Mäulchen*, aber *Paul* → *Paulchen* (**Päulchen*). Morphosyntaktisch zeichnen sie sich durch abweichende Artikelsetzung und -funktion aus (*Mainz* immer ohne Artikel, *der Main* immer mit). Besonders kompliziert ist es bei Personennamen (*?die Simone*). Auch syntaktisch verhalten sich Namen oft anders, etwa indem sie im Gen. ihrem Bezugswort vorangehen können: *Alexanders Geburtstag*, aber **des Lehrers Geburtstag*, sondern *der Geburtstag des Lehrers*.

Am wichtigsten dürfte die Tatsache sein, dass Namen **keine lexikalische Bedeutung** tragen, sie sind **ohne Semantik** – im Gegensatz zu allen anderen (Haupt-)Wortarten. Bei Namen wie *Castrop-Rauxel* oder *Zoske* käme man nicht auf die Idee, eine Bedeutung zu suchen, da diese Wörter keinen anderen ähneln, doch gibt es durchaus Namen, die wie "normale" Wörter (Gattungsbezeichnungen oder Appellative) aussehen: *Neustadt*, *Fischer*, *Fleischer*. Hier muss man jegliche potentielle Semantik ausblenden, was jede/r intuitiv tut. Bei einer Person namens *Fleischer* erwartet niemand, dass sie etwas mit *Fleisch* zu tun hat; man würde sich nicht auf die Suche nach einer Metzgerei begeben, um diese Person ausfindig zu machen. Namen sagen somit nichts über den Gegenstand aus, den sie benennen. Daher bezeichnet man sie auch manchmal als bloßes **Etikett**, ihre Funktion als etikettierend. Nichts hindert uns daran, einen Hund, einen Kanarienvogel, ein Navigationsgerät, einen Roman oder ein meteorologisches Hoch *Hilde* zu nennen. Namen muss man kennen, nicht können. Wohl aber haben Namen eine **etymologische Bedeutung**, da sie in der Regel aus Appellativen (*Becker* < *Bäcker*) bzw. definiten Beschreibungen (*Altenburg* < *zur alten Burg*) entstanden sind.

Die Onomastik beschäftigt sich vorrangig mit der Ermittlung dieser alten Bedeutungsschichten, was umso schwieriger wird, je älter die Namen sind (*Hilde* < ahd. *hiltia* 'Kampf') und je eher sie auf andere Sprachen als das Dt. zurückgehen (*Köln* < lat. *Colonia*, *Koblenz* < lat. *Confluentes*). Besonders bei Fluss- oder Gebirgsnamen – Namen uralter, ortsfester und unveränderlicher Objekte – ist dies sehr anspruchsvoll, da sie oft auf voridg. Wurzeln basieren. Ähnlich wie Appellative können Namen **Konnotationen** tragen, d.h. Wertungen, Einschätzungen, Assoziationen (THURMAIR 2002b). Bei Rufnamen lässt sich diskutieren, ob man sie schön, altmodisch, intelligent etc. findet oder nicht. *Hartz IV* wird von vielen als hart, abstoßend und stigmatisierend empfunden. Natürlich gehen Konnotationen weniger vom Namen selbst als vom Objekt aus, das der Name bezeichnet, s. *Auschwitz, Hiroshima, der 11. September, Titanic, Tschernobyl, Odenwaldschule* (dies gilt auch für Appellative, z.B. *Krebs, Atomkraft, Waldsterben*).

Mit dieser peripheren Position im Sprachsystem kontrastiert die Tatsache, dass Namen zu den wenigen sprachlichen **Universalien** gehören (SEILER 1983: 150). Es gibt durchaus Sprachen ohne Adj., Präp. oder Konjunktionen, ja sogar ohne klare Grenze zwischen Subst. und Verben, es gibt jedoch keine Sprache ohne Namen. Bestimmte Einzelobjekte fest zu benennen, scheint ein anthropologisches Grundbedürfnis zu sein. Welche Objekte es genau sind, die einen Namen verdienen, unterscheidet sich kulturell und veränderlich (Schwerter und Glocken bekamen früher Namen, umgekehrt blieben Stürme lange unbenannt). Schon jetzt wurde deutlich, dass Namen in vielerlei Hinsicht außergewöhnlich sind. Diese Feststellung wird in den Folgekapiteln vertieft. GERHARDT (1949/50:5) spricht von ihrer "Sondergerichtsbarkeit", KALVERKÄMPER (1978:29) von ihrer "empirisch feststellbaren Sonderstellung [...] in allen Bereichen des Sprachsystems".

Alles andere als peripher sind Namen auch in quantitativer Hinsicht. Welchen Anteil sie am menschlichen Wortschatz ausmachen, ist unbekannt. RUOFF (1995: 552), der ein sehr großes Korpus alltagssprachlicher Unterhaltungen aufgezeichnet hat, schreibt, dass ca. 3% aller gesprochenen Wörter Namen sind und knapp 11% Appellative. D.h., gut jedes fünfte Substantiv (als Oberbegriff zu Namen und Appellativen) ist ein Name.

Wie keine andere Wortart sind Namen von **interdisziplinärem Interesse** und oft nur dann verstehbar, wenn man sie auch interdisziplinär untersucht. Wissenschaften, die sich mit Namen befasst haben, sind die Soziologie, Psychologie, Pädagogik, Philosophie, Kulturanthropologie, Ethnologie, Geschichts-, Rechts- und Religionswissenschaft, aber auch Biologie und Genetik. Paradoxerweise wurden Namen dagegen bisher linguistisch wenig untersucht (manche sehen die Onomastik nur als Hilfswissenschaft zu obigen Fächern, was unzulänglich ist). Zwar sind sie etymologisch vergleichsweise gut erforscht, d.h. bzgl. ihrer Ausgangsbedeutung, Bildungsweise, Herkunftssprache und ihres Alters, doch werden sie als Bestandteil des synchronen Sprachsystems noch viel zu wenig wahrgenommen. Auch ihre ganz eigene Grammatik (einschließlich ihrer Schreibung) wird erst seit neuerer Zeit entdeckt und erforscht. Allzu oft spart(e) man die Namen in linguistischen Arbeiten einfach aus, nicht selten als vermeintlich uninteressant. Dies ändert sich jedoch.

Teil I:
Der Eigenname als sprachliche Sonderkategorie

2. Die Funktionen von Namen

Form, Struktur und grammatisches Verhalten, selbst Entstehung und Wandel sprachlicher Einheiten lassen sich umfassend erst dann verstehen, wenn man ihre **Funktion** kennt. Daher beginnen wir mit einer funktionalen Bestimmung der Namen. Zuvor sind jedoch einige terminologische Festlegungen vonnöten.

2.1 Terminologie

Die linguistische Bezeichnung der uns interessierenden sprachlichen Einheit ist **Eigenname**, in der Fachliteratur und auch hier als **EN** abgekürzt. Alternativ werden wir der Einfachheit halber nur vom **Namen** sprechen. Innerhalb von Komposita auf *-name* (z.B. *Rufname*) verwenden wir im Folgenden (auch dies ist Usus) im Sg. wie im Pl. nur ein großgeschriebenes "N": *RufN, StraßenN, HundeN* etc. Umgangssprachlich wird *Name* zwar oft synonym für *Wort, Ausdruck, Bezeichnung* etc. verwendet, etwa wenn man fragt, wie diese Pflanzenart, diese Hunderasse "heiße" und man *Löwenmäulchen* als "Pflanzenname" bzw. *Langhaardackel* als "Tiername" zur Antwort bekommt. Jedoch sind beides keine EN, sondern appellative Bezeichnungen (*Bello* wäre ein Name). Auch sog. Monats"namen" wie *April* oder *Juni* sind keine Namen. Wir befinden uns hier in einem fachsprachlichen Kontext, weshalb *Name* – ungeachtet seiner umgangssprachlichen Unschärfen – konsequent synonym zu *Eigenname* verwendet wird.[2] Daher heißt dieses Buch auch einfach "Namen". – Weitere Termini für den Namen sind (*das*) *Proprium* < lat. *nomen proprium* (Pl. *Propria*) sowie (*das*) *Onym* < altgriech. *onyma* (neben *onoma*) 'Name' (Pl. *Onyme*). Beide Termini werden häufig verwendet, auch ihre Ableitungen zum Adj. *proprial* bzw. *onymisch* und zum Verb *proprialisieren* bzw. *onymisieren*. Solche Wortbildungen sind mit *Name* nicht möglich.

Proprialisierung bzw. ***Onymisierung*** bezeichnet die Entstehung von EN, *Deproprialisierung* bzw. *Deonymisierung* den Wandel weg von EN hin zu einer anderen Wortklasse oder -kategorie. Zum 1. Fall: EN entstehen meist aus sog. *Gattungsbezeichnungen*[3] (*Appellativen*, hier abgekürzt mit "**APP**"; Sg. *das Appellativ* < lat. *nomen appellativum*): *der Schneider* > *Schneider* (FamN). Geht eine solche Proprialisierung bzw. Onymisierung mit Formveränderungen einher (z.B. *zur hohen Burg* > *Homburg*), spricht man von **Dissoziation**. Diese formale Divergenz muss nicht zwingend eintreten (*Schneider, Koch, Neustadt*), sie tut es jedoch meistens

---

2 Zutreffend stellt S. BRENDLER (2004:36) fest, dass man auch nur von *Namenforschung* (und nicht *Eigennamenforschung*) spricht sowie von *Rufnamen* (und nicht von *Rufeigennamen*): In fachsprachlichen Komposita wird *Eigenname* ohnehin konsequent durch *Name* ersetzt.

3 Das Wort *Gattungsname*, das hierfür auch verwendet wird, soll wegen der Gefahr der Verwechslung mit *Name* gemieden werden.

und verläuft dabei graduell: Je älter ein EN, desto stärker dissoziiert ist er i.d.R. Demgegenüber verläuft die funktionale *Proprialisierung* bzw. *Onymisierung* ziemlich abrupt: Entweder wird ein Wort app. oder onymisch verwendet. - Zum 2. Fall: Oft kommt es auch zum umgekehrten Prozess (*Deproprialisierung*, *Deonymisierung*) wie bei *Kaiser* < *Caesar* oder *Rüpel* < diminuiertem *Ruprecht* (Kap. 3.4.2). ***Onomastik*** bezeichnet die Wissenschaft von den Namen, *onomastisch* bildet das Adj. dazu. Das *Onomastikon* ist der Gesamtbestand der Namen in einer Sprache.

Abhängig von den verschiedenen Namenklassen, die sich meist auf die Namenträger beziehen, hat sich ein ganzes System an Termini etabliert, das ausführlicher in Teil II "Klassen von Eigennamen" zur Sprache kommt. An dieser Stelle genügen die Termini der beiden wichtigsten Namenklassen, der *Anthroponyme* (PersN) und der *Toponyme* (OrtsN). Zahlreiche weitere Termini werden im Laufe der folgenden Kapitel eingeführt und erklärt (zur Terminologie und dem Problem einer konsistenten Klassifikation s. S. BRENDLER 2004, SONDEREGGER 2004b, DEBUS 2010, www.icosweb.net/index.php/terminology; 22.05.15).

2.2 Monoreferenz und Direktreferenz

Die unbestrittene Hauptfunktion von Namen ist ihr sprachlicher Bezug auf nur EIN Objekt, auf EIN bestimmtes Mitglied einer Klasse: "An ideal proper name stands for no more than one object in the universe" (GRODZIŃSKI 1978:477). Mit LEYS (1989a:152): "[D]ie alleinige Funktion des Eigennamens ist [es], zu referieren und dass er dazu kein einziges semantisches Merkmal braucht" (ähnlich SEILER 1983). Das Objekt, auf das er sich bezieht, ist in aller Regel konkret.[4] Der sprachliche Zugriff auf dieses eine Objekt wird mit dem Begriff der **Monoreferenz** bezeichnet. Aufgrund dieser Monoreferenz sind Namen **inhärent definit** (und inhärent referentiell) und benötigen daher keinen Definitartikel (wenn sie ihn dennoch führen wie in *die Schweiz, der Rhein*, dann nicht, um Definitheit auszudrücken). Auch restriktive Relativsätze erübrigen bzw. verbieten sich daher für EN. Relativsätze erfahren immer die appositive Lesart, vgl. *Angela Merkel, die seit 2005 Bundeskanzlerin ist, hat China besucht.*[5]

Das Verb *heißen* macht die Zuordnung eines Objekts zu einem EN explizit. Alles, was etwas *heißt*, trägt einen Namen, wobei *heißen* umgangssprachlich oft unscharf verwendet wird (ähnlich wie *Name*). Alltagssprachlich fragt man etwa, wie eine Pflanze *heißt*, und wenn man *Fleißiges Lieschen* zur Antwort bekommt, so ist dies ein APP wie *Blumenvase* oder *Schildkröte*, denn davon gibt es jeweils eine ganze Klasse mit zahlreichen Mitgliedern. Dass man bei *Fleißiges Lieschen* das Adj. großschreibt, hat nichts mit einer möglichen Namenfunktion zu tun, sondern damit, dass es sich um einen botanischen Terminus handelt. Ein echter PflanzenN ist *Jakob Schwender-Buche* im Taunus bei Wiesbaden für eine individuelle Buche

---

4 Daneben gibt es auch erdachte, fiktive Objekte (Personen, Orte, Werke, Gegenstände). Deren Namen bezeichnet man als *Fiktionyme*.

5 Nur unter der Bedingung, dass mehrere Objekte den gleichen Namen tragen, können Relativsätze restriktiv sein: *Alle Leonies, die eine Brille tragen, sollen nach vorne kommen.*

oder die (vielfach stammverzweigte) *Zwölfapostelkastanie* in Kamen (IODICE 2004: 820; GLÄSER 2005a). Die oft anzutreffende mangelnde Unterscheidung von EN und APP betrifft meist Termini für (biologische) Arten.

Prototypische namentragende Objekte sind Personen und Orte (Städte, Straßen, Häuser), v.a. dann, wenn sie dem Siedlungsbereich des Menschen angehören. Schon hier wird deutlich, dass wir nur das bezeichnen, was uns wichtig ist. Am wichtigsten sind uns unsere Artgenossen, weshalb keine Kultur bekannt ist, die Menschen unbenannt lässt: "Es gibt ebensowenig Menschen ohne Namen wie ohne Kopf" (GOTTSCHALD 1971:14; s. auch ALFORD 1988). Nur Kleinkinder bleiben in manchen Kulturen aus bestimmten Gründen unbenannt (s. Kap. 7.4.4). Menschen sind Objekte höchster Agentivität, d.h., sie führen Handlungen aus, die andere Menschen als deren Patiens affizieren können. Alles, was agensfähig ist – dazu gehören auch erdachte mächtige Wesen wie Götter, Riesen und Zauberer, aber auch große Tiere und als agensfähig konzipierte Naturgewalten wie Stürme –, bildet die Spitze der sog. Belebtheits- oder Agentivitätshierarchie und wird, da für uns hochrelevant, mit EN identifiziert (s. Kap. 6).

Abb. 1: Mono- und Direktreferenz bei Namen am Beispiel von *Münster*

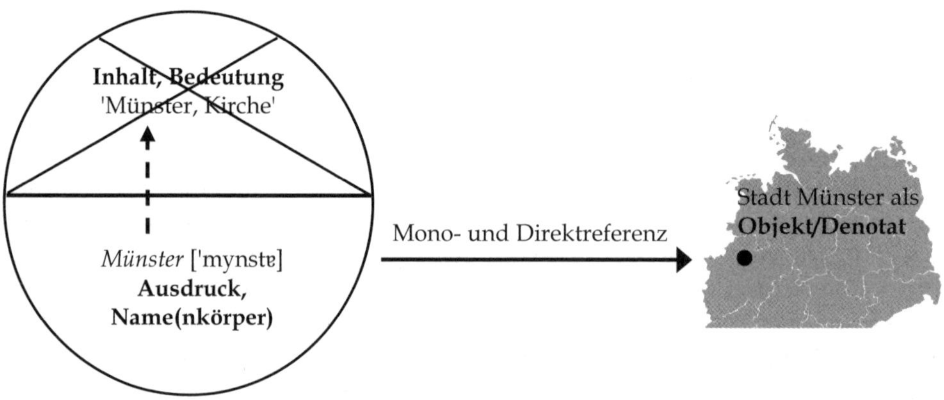

Wie bereits erwähnt, erfolgt die Monoreferenz durch einen **unidirektionalen Bezug** vom Namenausdruck direkt auf das Objekt, d.h. ohne "Umweg" über die Aktivierung einer potentiellen Bedeutung, einer prototypischen Gegenstandsvorstellung (SEILER 1983:151). Dieser "Überbau" entfällt bei Namen, was in Abb. 1 durch die durchgestrichene obere Hälfte des Saussure'schen Zeichenmodells angedeutet wird (Näheres in Kap. 3.2.1). Daher spricht man hier auch von **Direktreferenz** (SEILER 1983:150). Dass der schnelle, direkte und eindeutige sprachliche Zugriff auf genau ein (Referenz-)Objekt (oder Denotat) zur Funktion von Namen gehört, erkennt man daran, dass Namen v.a. dann, wenn deren Bekanntheit von den Kommunikationspartnern geteilt wird, in der konkreten Kommunikation häufig verkürzt werden. Dies beschleunigt die Referenz:

- *Homburg* statt *Bad Homburg vor der Höhe*
- *Lautern* statt *Kaiserslautern*
- *E.T.A.* ['e:te:(ʔ)a] (*Hoffmann*) statt *Ernst Theodor Amadeus*
- *DSK* [de:ʔɛs'ka:] statt *Dominique Strauss-Kahn*
- FAZ [fats] statt F.A.Z. [ʔɛf(ʔ)a'tsɛt] oder gar *Frankfurter Allgemeine Zeitung*
- *JGU* [jɔtge:'ʔu:], *JOGU* ['jo:gʊ] statt *Johannes Gutenberg-Universität Mainz*

Dass mit solchen Verkürzungen zusätzliche Informationen wie Bewertung, Vertrautheit, soziale/fachliche Selbstpositionierung des Sprechers hinzukommen können, spricht nicht gegen deren ökonomischen Effekt.

Ein weiteres Zeichen für die Wirkmächtigkeit der Direktreferenz liegt in der Tatsache, dass Name und Objekt oft miteinander identifiziert, "vom Sprecher und Hörer ohne weitere Reflexion gleichgesetzt" werden (BERGER 1976:386). Nicht nur Märchen (*Rumpelstilzchen*) berichten von der Macht über den Menschen, sobald sein Name bekannt ist. In vielen Kulturen, auch der unsrigen, gab und gibt es Bräuche, die auf der Gleichsetzung von Name und Namenträger basierten. So wurden in manchen Regionen Kinder niemals vor der Taufe benannt, da sie sonst als für den Teufel zugänglich betrachtet wurden. Die Zulus vergeben einen sog. HausN, der nur im Haus von der engsten Familie verwendet wird, weil man glaubt, durch seine Bekanntheit und Verwendung außerhalb des Hauses sei der Namenträger schutzlos dem Zugriff fremder Mächte ausgeliefert (Kap. 7.4.4). Nicht zuletzt sorgt die bedingungslose Identifizierung vieler Menschen mit ihrem Namen (auch in unserer Kultur im 21. Jh.) immer wieder für Überraschungen.

Abb. 1 illustriert diese besondere Beziehung. Um die reine **Materialität des Namens**, d.h., seine Inhaltsleere zu unterstreichen, ist es sinnvoll, schlicht vom *Ausdruck* oder vom *Namenkörper* zu sprechen – zumal dieser Körper "bearbeitet" werden kann, wenn es z.B. darum geht, ein Individuum zusätzlich zu markieren (s. Sonderschreibungen wie *Rebecca* mit <cc> oder *Yasmin* mit <Y>). Es liegt auf der Hand, dass die Ausstattung eines solchen Namenkörpers besonders dann wichtig wird, wenn der Name werbende Funktion erlangt (was für Waren- und UnternehmensN gilt, s. Kap. 10.1 und 10.2). Man kann den Namen auch mit einem Gefäß vergleichen, das zu füllen ist.

Der Name verweist eindeutig auf einen außersprachlichen **Gegenstand**, ein sog. **Denotat** oder **Referenzobjekt**, wobei wir der Kürze und der Eindeutigkeit halber im Folgenden immer nur von **Objekt** sprechen. Selbstverständlich sind auch belebte Denotate wie Menschen und Tiere in diesem referenzsemantischen Sinn Objekte (daher wird hier nicht von Subjekt o.Ä. gesprochen).

Die **Relation Name – Objekt** muss erlernt und gewusst werden. Im Alltag leisten dies Formulierungen wie *Darf ich vorstellen, das ist Herr Klöbner* oder Fragen, die zeigen, dass der Name, nicht aber das zugehörige Objekt bekannt sind: *Wer ist Frau Obermaier? Was ist "Auf der Suche nach der verlorenen Zeit"?* Umgekehrt bedeutet die Frage *Wie heißt diese Dozentin?*, dass ein namentragendes Objekt existiert, dessen Name unbekannt ist. Mehrmals pro Tag stellen oder beantworten wir solche Fragen. Die Etikettierung eines Objekts mit einem festen Namen findet am häufigsten bei der **Taufe** statt, wo dem Neugeborenen explizit sein Name zugewiesen wird. Analog dazu gibt es auch *Schiffs-*, *Flugzeug-* und *Tunneltaufen*. *Taufe* wird hier schon synonym mit *Namengebungsakt* verwendet. Nutztiere wie Kühe, Schweine und Schafe werden durch das Anbringen einer identifizierenden Ohrenmarke kurz nach ihrer Geburt etikettiert (Kap. 8.4).

2.3 Identifizierung und Individualisierung

Durch die **Monoreferenz** wird ein Objekt identifiziert. Oft wird synonym dazu gesagt, es werde damit auch individualisiert. Es ist wichtig, hier eine Unterscheidung vorzunehmen. Im Minimalfall identifiziert der Name, dies ist seine Grundfunktion. Wenn er außerdem individualisiert, dann exponiert er das Objekt zusätzlich, er rückt es stärker ins Gesichtsfeld des Betrachters. Bildlich gesprochen hebt der Name es auf die Bühne und beleuchtet es mit Scheinwerfern.

Dieser Unterschied lässt sich anhand einiger Beispiele verdeutlichen: Ein Auto bzw. auch dessen Halterin ist durch das Autokennzeichen sofort identifizierbar: Aus Millionen von Autos wird eines fixiert - es wird damit aber nicht individualisiert. Dies geschieht erst dann, wenn die Halterin es *Wilhelmine* oder *Erwin* nennt. Auch die Fahrzeughalterin fühlt sich durch die Zahlen- und Buchstabenkombination auf dem Nummernschild nicht individualisiert, ebensowenig wie durch ihre Ausweisnummer. Sie wird dadurch nur **identifiziert**, d.h., von 82 Mio. anderen PassinhaberInnen unterschieden - allerdings auf ideale (monoreferente) Weise. "Die 'reinsten' Identifikationsmarken wären Ziffern und Buchstaben", schreibt FLEISCHER (1971:9). Die **Individualisierung** der Fahrzeughalterin und Passinhaberin leistet allein ihr PersN (auch wenn dieser realiter nicht monoreferent sein muss, s. "Allerweltsnamen" wie *Gisela Meier* oder *Michael Müller*). Bei der Identifizierung wird ein *X* als nicht identisch mit *Y* und *Z* markiert. Man hat X von äußerlich ähnlichem Y, Z und weiteren Klassenmitgliedern unterschieden und kann jetzt auf X referieren. Bei der Individualisierung passiert viel mehr: Hier wird *X* herausgehoben, als einzigartig mit individuellen Zügen behaftet und womöglich als dem Sprecher persönlich bekannt gekennzeichnet.[6]

Zahlen vermögen zwar grundsätzlich sehr gut zu identifizieren, doch weniger zu individualisieren als persönlich zugeeignete Namen, z.B. RufN durch Eltern, KoseN durch Freunde und Partner, SpottN durch Gegner (s. NÜBLING 2015).[7] Zahlen bzw. Nummern können dafür Reihungen, Ordnungen, Orientierungen leisten, z.B. verschiedene Träger gleichen Namens differenzieren (etwa *Louis I–XVIII*; WALTHER 1976) oder Häuser in einer Straße aufreihen. Das Mannheimer

---

[6] Eine **Individualisierung ohne Identifizierung** kommt öfter in Zeitungsnotizen vor, z.B. in der F.A.Z. (24.12.11.), wo von einem indonesischen Mädchen namens *Mary Yuranda* berichtet wird, das nach dem Tsunami von Fremden versklavt und in *Herawati* umbenannt wurde, bis es sich befreite und zu seiner Mutter *Yusnidar* zurückkehrte. Solche kaum der Identifizierung, sondern der Individualisierung dienenden Namennennungen sind in journalistischen Texten ein Stilmittel und dienen der Verlebendigung und Authentizitätssteigerung.

[7] Dieser zentrale Unterschied zwischen Identifizierung und Individu(alis)ierung über Nummern und Zahlen wird oft nicht gesehen, so bei NAUMANN 1975 und WALTHER 1976.

StraßenN-System besteht aus der (eigentlich Häuserblocks bezeichnenden) Kombination von Buchstabe + Ziffer (z.B. *R 7*). Es wird oft als einfallslos und nüchtern, aber auch als praktisch, da eine Orientierung ermöglichend, empfunden im Gegensatz zu echten StraßenN wie *Lindenallee, Beethovenstraße*. Sklaven und Häftlingen wurde oft die Individualität aberkannt, indem man sie mit bloßen **Zahlenkombinationen** versah. Der überlebende KZ-Häftling Primo Levi beschreibt in "Die Untergegangen und die Geretteten", wie ihm die KZ-Häftlingsnummer eintätowiert wurde. Noch unerträglicher als der physische war der psychische Schmerz, die Verweigerung des echten Namens, die Aufzwingung eines physisch unauslöschlichen neuen Namens in Gestalt einer Nummer, die, wie er sagt, ihn zu Schlachtvieh degradierte. – Manche Römer trugen als *praenomen* (VorN) Ordinalzahlen (*Secundus, Tertius, Sextus*), z.B. *Sextus Iulius Caesar*, doch folgten einer solchen Zahl i.d.R. zwei weitere, individuellere Namen: *nomen gentile* (FamN) und *cognomen* (BeiN). Alle SchwedInnen besitzen eine 10-stellige Personennummer, ohne die sie kein Konto eröffnen, keine Wohnung mieten können, etc. Doch gilt diese Nummer ausschließlich für administrative Zwecke, niemals für das persönliche Miteinander, wo Individualität unabdingbar ist (Kap. 7.4.4).[8]

Individualität ist stark an Belebtheit gebunden. Man kann Menschen verletzen, wenn man sie nicht in ihrer Individualität wahrnimmt und nur etikettierend benennt. Solche herabsetzenden Etiketten müssen nicht zwingend aus Zahlen bestehen: Wenn im Dritten Reich alle Jüdinnen und Juden dazu gezwungen wurden, ihrem RufN *Sara* bzw. *Israel* hinzuzufügen, so erfüllte dies den gleichen Zweck der Verletzung der Individualität (und korrespondierte sprachextern mit dem materiellen Etikett des Judensterns).[9] Intendiert war damit nicht etwa eine bessere Identifikation (was diese EinheitsN ja nicht leisten), sondern die Aberkennung der Individualität (und außerdem die Stigmatisierung dieser Gruppe; Kap. 7.3.4).[10] Am meisten dienen **SpitzN** der Individualisierung, hier dürfte die höchste Kreativität und Exklusivität bestehen (Kap. 7.4.2). Wenn von einem Wettermoderator berichtet wird, er habe alle seine Freundinnen gleichzeitig in einer SMS mit *Lausemädchen* adressiert, dann ist der Entindividualisierungseffekt umso größer, als dies gleich dutzendfach geschieht.

---

8 Selbst wenn, wie aus Zeitungsberichten bekannt, der echte Name einer Person nicht genannt werden darf oder soll, bekommt diese nicht etwa ein Kürzel oder einen Code, sondern einen zweiteiligen menschlichen Ad-hoc-Namen ("Name von der Redaktion geändert"). Echte Anonymität (Namenlosigkeit) ist bei Personen nicht bekannt.

9 Die Sukzession von diesen EinheitsN über einen Buchstaben bis hin zur Nummer beschreibt präzise BERING (1993:159): "Der Zwang, den 'Judenstern' zu tragen, das *J*(ude)-Zeichen im Paß trieben die Aussonderung voran; und in den Konzentrationslagern erübrigte sich der Name als menscheneigene Qualität vollkommen. Nummern, in die Haut gebrannt, ersetzten ihn. Das war ein folgerichtiger Endpunkt. Für industriehafte Zusammenhänge genügt ja ein Bezeichnungssystem, das jedes Objekt unverwechsel- und abzählbar macht, ihm aber dennoch jede Individualität nimmt: die Ziffer als vollkommen entmenschte Markierung".

10 Ein häufig genutztes Verfahren zur Diskriminierung von Gruppen besteht im Ignorieren der Individualität ihrer Mitglieder. Ausdruck davon sind (nicht einmal per se negative) Sätze à la *alle Chinesen sehen gleich aus; alle Iren singen; alle Deutschen essen Wurst; Frauen sind sensibler* etc.; *Frauen sind von Himmelskörper x, Männer von Himmelskörper y*.

Orte und Gegenstände tragen weniger individuelle Namen und machen nicht selten Gebrauch von PersN (sekundäre Namenverwendung). SiedlungsN enthalten oft RufN, z.B. die ihrer Gründer (*Denzlingen* < *Danzilo*, *Gundelfingen* < *Gundolf*). Im Fall von Wirbelstürmen, Hochs und Tiefs recycelt man sogar, meist in streng alphabetischer Folge, ein anderes Nameninventar, das der RufN (Kap. 12.2 und 12.3). In Kap. 8.4 wird ausgeführt, dass Kühe in Massenbetrieben Nummern bekommen, nur um identifiziert zu werden (was EU-weit vorgeschrieben ist), in bäuerlichen Kleinbetrieben jedoch zusätzlich einen persönlichen, zu ihnen passenden Namen erhalten, mit dem sie gerufen werden und auf den sie auch hören. Für Landwirte kann es emotional entlastend sein, die Nutztiere nicht mit persönlichen Namen zu individualisieren, etwa in der Rindermast, wo die Tiere nach einem Jahr geschlachtet werden. Ein persönlicher Name würde eine persönliche Beziehung aufbauen.

Ist in der **Rufnamenforschung** von zunehmender Individualisierung die Rede, so meint man damit die Relation unterschiedlicher Namen (= Types) zu den benannten Individuen (= Tokens). Wenn früher in bestimmten Regionen oder Städten nur wenige RufN vorherrschten, wie z.B. in Frankfurt/Main um 1385, wo die Hälfte aller Frauen die vier Namen *Else*, *Katharina*, *Gude* und *Metze* trug, oder im Münsterland zu Ende des 15. Jhs., wo 54,6% der Männer sich die drei RufN *Johannes*, *Heinrich* und *Hermann* teilten (KUNZE 2003:35), dann liegt hier eine äußerst geringe Type/Token-Relation vor und damit ein niedriger **Individualisierungsgrad**. Je höher das Type/Token-Verhältnis, d.h., je größer das Nameninventar, aus dem geschöpft wird, desto höher die onymische Individualisierungsrate. Heute werden die drei häufigsten RufN eines Jahrgangs an weniger als 3% der Neugeborenen vergeben. Die Individualisierungsrate ist gegenwärtig so hoch wie noch nie zuvor. Damit wird ein weiterer Unterschied zur Identifizierung deutlich: Die Identifikation kann gelingen oder nicht, sie ist nicht skalierbar. Eine Individualisierung kann dagegen mehr oder weniger stark erfolgen, sie ist skalierbar und kann in Form eines Faktors errechnet werden (Weiteres hierzu in Kap. 7.2).

2.4 Namen, definite Beschreibungen und Indikatoren

In gewisser Hinsicht sind EN **Luxuskategorien**, indem sie eine exklusive 1:1-Beziehung zwischen einem Ausdruck und einem Objekt herstellen. Dies leistet keine andere Wortart. Diese Beziehung muss man kennen – und das Objekt muss auch einen Namen besitzen. Eine eindeutige Ad-hoc-Benennung wäre kein EN. Man darf also nicht den Umkehrschluss ziehen und eine monoreferente sprachliche Einheit wie *die Frau da vorne vor dem Mikrophon* als (komplexen) EN auffassen. Von diesem Komplex der Monoreferenz mit verschiedenen Mitteln handelt dieses Kapitel (s. auch LEYS 1977, 1989a,b, KAMLAH/LORENZEN 1996:104–116, GRODZIŃSKI 1978, LENK 2002, 2007, KALVERKÄMPER 1994, ANDERSON 2008).

Besäße jedes Objekt, das wir irgendwann identifizieren möchten, einen eigenen Namen, wäre unser Gehirn komplett überfordert. Das Onomastikon würde das Lexikon weit übertreffen. Daher bekommen nur ausgewählte, besonders relevante und oft versprachlichte Objekte einen Namen. Diese bilden nur einen geringen Bruchteil aller Gegenstände in der Welt (oder auch nur in unserem Dorf). Dennoch müssen wir oft namenlose Gegenstände identifizieren, dies ist wichtiger Bestandteil erfolgreicher Kommunikation. Jeder weiß, wie lästig, ja ärgerlich es ist, wenn man das Objekt, über das man berichten möchte, noch nicht gemeinsam erfasst bzw. identifiziert hat und wie sehr man um Worte ringt, um dies zu erreichen. Alle Sprachen haben daher - neben den EN - Strategien entwickelt, um auf jedes potentielle Objekt eindeutig Bezug nehmen zu können (SEILER 1983 nennt dies "sprachliche Apprehension"). "Wie kann man mit einem begrenzten Vokabular über unbegrenzt viele Gegenstände sprechen?", fragt WERNER 1974. Drei Techniken werden beschrieben:

a) Eigennamen (*Bello*),
b) definite Beschreibungen (*der schwarze Hund da vor dem Baum*) und
c) Indikatoren, z.B. ein Pronomen (*er*).

EN dienen, wie bereits gesagt, der reinen Identifikation, ohne über den Gegenstand etwas auszusagen. **Definite Beschreibungen** (auch: deskriptive Ausdrücke, Kennzeichnungen) enthalten meist APP, d.h. Klassenbezeichnungen

> für eine bestimmte Menge von Gegenständen, die durch einige gemeinsame Merkmale definiert [sind], wobei diese gemeinsamen Merkmale mitgenannt werden. *Junge* gilt z.B. für alle Gegenstände mit den Merkmalen [+ menschlich, + männlich, - erwachsen]. Die APP dienen dazu, eine unbegrenzte Anzahl von bestimmten Gegenständen zu charakterisieren. (WERNER 1974:174f.)

D.h., die APP entfalten ihr semantisches Potential, das bei der Referenz mitwirkt. APP allein würden jedoch in den wenigsten Fällen den eindeutigen Bezug herstellen - es sei denn, man spricht seit längerem über einen bestimmten, also bereits identifizierten Hund und referiert ab und zu auf ihn mit *der Hund*. Oder es befindet sich nur ein einziger Hund in der Gesprächssituation, weshalb ein unvermittelt geäußertes *der Hund (ist jetzt eingeschlafen)* monoreferent wäre. Adj. (und restriktive Relativsätze) helfen, die Gruppe der in Frage kommenden Objekte einzugrenzen und dadurch Monoreferenz herzustellen. Sind ein brauner und ein schwarzer Hund anwesend, ist *der schwarze Hund* monoreferent.

Normalerweise benötigt man jedoch zusätzlich sog. **Indikatoren** oder **deiktische Ausdrücke** wie *dort, gestern, diese, sie, du, dir, ich, mein,* die alle einen Bezug zur Sprechsituation haben und nur in dieser interpretierbar sind: *der Hund dort, dieses rote Tuch, ihr Land, der Zug, den du gestern verpasst hast.* V.a. Adverbien und Pronomen liefern solche Verankerungsmöglichkeiten, die hochgradig kontextabhängig sind. Teilen Sprecher und Hörer keinen gemeinsamen Kontext, müssen Indikatoren wie *dort* oder *gestern* durch eine (absolute) Datums- oder Ortsangabe ersetzt werden, sonst scheitert die Kommunikation. Normalerweise befinden sich Sprecher und Hörer jedoch in derselben Situation, daher bilden Indikatoren das häufigste Mittel, um Monoreferenz herzustellen - was überdies sehr ökonomisch ist, da Indikatoren extrem kurz, meist nur einsilbig sind. Im Minimalfall reicht auch ein blanker Indikator, z.B. *(d)er*, was entweder auf einen bereits genannten Hund (textuell) verweist oder (situativ) auf einen gerade angelaufen kommenden

Hund, auf den man, meist in Verbindung mit einer Kopf- oder Handbewegung, verweist: *Der/Er will nur spielen.*

Im Minimalfall und unter besonderen kommunikativen Bedingungen vermag also sowohl ein einziges APP als auch ein einziger Indikator Monoreferenz zu leisten. EN (*Angela Merkel, Wien, Zweiter Weltkrieg*) dagegen sind nicht auf besondere kommunikative Bedingungen angewiesen, sondern autonom: Man kann sie in jedem Kontext verwenden, ohne sie vorher genannt haben zu müssen und ohne dass sich deren Objekt zwingend im gemeinsamen Gesichtsfeld befindet. Darin besteht der große Vorteil von Namen. Üblicherweise kombiniert man jedoch APP und Indikatoren in definite Beschreibungen – und nicht selten kommen statt Indikatoren auch EN vor: *die Hauptstadt von China, die Straße zwischen Mainz und Wiesbaden, die Schwester von Rita.*

> Obwohl wir mit EN/Indikatoren und definiten Beschreibungen gleichermaßen identifizieren können, so ergibt sich doch ein wichtiger Unterschied: Während man mit EN/Indikatoren den Gegenstand nur identifiziert ("nennt"), kommt man bei definiten Beschreibungen nicht umhin, den bezeichneten Gegenstand auch zu charakterisieren. Und für den Sprecher besteht immer eine gewisse Wahlfreiheit, welche Charakterisierungen er dabei verwendet. (WERNER 1974:177)

Im Gegensatz zu Namen und bloßen Indikatoren (*sie, er, du, ihr*) entfalten die APP, Adj. etc. innerhalb definiter Beschreibungen ihr semantisches Potential und liefern damit en passant weitere Informationen über das Referenzobjekt, sie charakterisieren es zusätzlich. Wenn in einem Artikel über Steffi Graf über definite Beschreibungen wie *die siebenfache Wimbledon-Siegerin, die gebürtige Brühlerin, die Filzballartistin, die ehemalige Nummer 1 der Tennis-Weltrangliste, die Frau von Andre Agassi* auf sie referiert wird, so bekommt man durch die Hintertür weitere Informationen über diese Frau, was mit *Graf, Steffi* oder *sie* nicht möglich wäre (s. hierzu auch FABRICIUS-HANSEN 2009). Daher "haben die Beschreibungen gegenüber den EN/Indikatoren immer etwas Subjektives, oft auch Wertendes – ein Gesichtspunkt, der vielfach stilistisch ausgenützt wird" (WERNER 1974:177f.). Es gibt somit drei Wege, die zum gleichen Ziel führen.[11]

"Wenn drei Wege zum gleichen Ziel führen, dann muss man weiterfragen, weshalb es diese drei Wege gibt – und nicht nur einen – und in welchen Fällen man den einen oder anderen Weg geht, oft sogar den scheinbar beschwerlicheren" (WERNER 1974:179). Es stellt sich damit die Frage nach der Komplementarität der drei Referenztechniken. Tab. 1 fasst dies schematisch zusammen.

Zunächst ist **1)** der **kognitive** und **2)** der **materielle, phonetische** (oder artikulatorische) **Aufwand** zu bedenken, was schlagwortartig mit *langue* und *parole* oder – wie hier – mit Kompetenz vs. Performanz zu bezeichnen ist. Dass Namen eine kognitive Belastung darstellen, weiß man nicht nur aus eigener Erfahrung

---

11 Zu solchen Verfahren der Koreferenz s. GYGER 1991, zu ihrer stilistischen Nutzung LENK (2002, 2007), der auch interkulturelle Unterschiede herausarbeitet: Während für Dtld. ausgeprägte "stilistische Varianz" herrsche, sei es in Finnland üblich, das gleiche Objekt "auch bei wiederholter Erwähnung in der gleichen, unveränderten Weise zu benennen" (LENK 2007: 314; s. auch KALVERKÄMPER 1994, 1995).

(man lernt sie immer schwerer und vergisst sie immer schneller), dies ist auch aus der kognitiven Linguistik bekannt (WIPPICH 1995). Der Erwerb aller anderen Wortarten ist dagegen spätestens im frühen Erwachsenenalter abgeschlossen (außer man studiert Linguistik und lernt neue Wörter wie *Phonem, allophonisch* und *phonemisieren*). Den geringsten Lern- und Verarbeitungsaufwand (die geringste Kompetenzbelastung) stellen Pronomen und deiktische Adv. dar wie *heute* oder *hier*, die überschaubare, geschlossene Klassen bilden. Daher "gewinnen" bzgl. der **Kompetenz** eindeutig die Indikatoren und auch die definiten Beschreibungen, da sie sich aus allgemein bekannten Wörtern zusammensetzen.

Tab. 1: Verfahren der Monoreferenz und ihre funktionale Komplementarität

Referenzverfahren → ↓ Vor-/Nachteile	**Eigennamen**	**definite Beschreibungen**	**Indikatoren**
Beispiel→	*Sammy*	*der schwarze Hund dort drüben vor der Mauer*	*er*
typ. Bestandteile→	Eigennamen	APP, Adj., Adv., Pronomen, auch EN	Pronomen, Adverbien
1) **Kompetenzbelastung**, d.h. kognitiver Aufwand (Erwerb, Verarbeitung, Memorierung)	++	–	–
2) **Performanzbelastung**, d.h. materieller (artikulatorischer) Aufwand	+	++	–
3) **Bekanntheit** bei den Kommunikanten	+	++	++
4) **Unabhängigkeit vom Kontext** (sprachlich/situativ)	++	+	–
5) zusätzliche **Charakterisierung** des Objekts	–	+	–
6) **Subjektivität**, Kreativität	–	++	–
7) **Direktreferenz**	++	–	++

"–" Kriterium nicht erfüllt, "+" Kriterium schwach erfüllt, "++" Kriterium stark erfüllt

Bzgl. der **Performanz** (der Sprachverwendung) erzielen die Indikatoren die besten Werte, sind sie doch in aller Regel äußerst kurz. Definite Beschreibungen dagegen - dies sieht man schon an dem Bsp. in der 2. Zeile in Tab. 1 - erfordern viel sprachlichen Aufwand - wie viel genau, das hängt jeweils davon ab, wie viel Wissen sich Sprecher und Hörer teilen. Bei den Namen kommt eine mittlere Belastung zustande: Sie sind i.d.R. relativ kurz, manchmal werden sie, wie oben gezeigt, in der Kommunikation auch abgekürzt, doch gibt es auch lange (*Chronik eines angekündigten Todes* als Buch- und Filmtitel) und schwer aussprechbare, meist fremdsprachige Namen, die artikulatorische Kosten verursachen: *Gbagbo* (früherer Präsident der Elfenbeinküste), *'Ndrangheta* (Name der kalabrischen Mafia), *Piotr*, *Szczepaniak* (poln. Ruf- bzw. FamN).

Auch bzgl. Kriterium **3)**, **Bekanntheit**, schneiden die Namen nicht besonders gut ab: Die Bekanntheit der Relation Name – Objekt ist individuell sehr unterschiedlich, da wir uns nur für die wichtigsten und uns am nächsten stehenden Gegenstände Benennungen leisten (Familienmitglieder, umliegende Ortschaften etc.). Teilt jemand dieses Wissen nicht, so muss man öfter zu definiten Beschreibungen greifen (*die ältere der beiden Nachbarinnen, die wir gestern im Wald getroffen haben* statt *Frau Klöbner; die Schwester meines Schwagers* statt *Hilde*). Namen pflegen weniger geteilt zu werden (geringere Umläufigkeit) als APP und Indikatoren.

> So wird es verständlich, dass die Zahl der EN bei verschiedenen Sprechern ein und derselben Sprache unterschiedlich groß sein kann und auch nach dem eigentlichen Spracherwerb in der Jugend zunehmen bzw. (durch Vergessen) wieder abnehmen kann; [...]. Die Schaffung, Zuordnung und Kenntnis von EN (und ihren bezeichneten Gegenständen) ist vielfach nicht Sache der ganzen Sprachgemeinschaft, sondern kleinerer Sprechergruppen. (WERNER 1974:181)

Große Vorteile bieten Namen (und definite Beschreibungen) gegenüber den Indikatoren bzgl. **4)** der **Kontext-** oder **Situationsunabhängigkeit** (LEYS 1979): Kein Text lässt sich kontextunabhängig mit Indikatoren beginnen, wohl aber mit Namen und (weitaus längeren) definiten Beschreibungen, da sie kontextentbunden sind. Indikatoren setzen dagegen vorangegangene Identifizierungen durch Namen und/oder definite Beschreibungen voraus. Dass Namen "feste Zeichen oder Marken oder [...] Etikette für Individuen [...] sind, [...] unabhängig davon, wer verweist, wo und wann er verweist und unter welchen Umständen er verweist" (LEYS 1979:148), hat ihnen die Bezeichnung als **starre Designatoren** (engl. *rigid designators;* KRIPKE 1980) eingebracht.

Als besonders vorteilhaft erweisen sich definite Beschreibungen bei **5) zusätzlicher Charakterisierung**. Hier kann man neben der Identifizierung auch Informationen über das Referenzobjekt mitliefern, indem der semantische Gehalt der APP (und Adj.) auf sehr ökonomische Weise Prädikationen zum Objekt liefert, ohne selbst das eigentliche Prädikat zu bilden. Definite Beschreibungen sind informationshaltiger als bloße Namen oder Indikatoren. Der Sprecher hat hier auch weitaus mehr Wahlfreiheit, welche Informationen er mitliefert, d.h., **6) Kreativität und Subjektivität** lassen sich hier stärker entfalten als bei den beiden anderen Techniken. Hierdurch dauert es allerdings länger, das Ziel der reinen Referenz zu erreichen, d.h., **7)** die **Direktreferenz** ohne "Umweg" über die Semantik ist nur bei Namen und Indikatoren möglich. Sie sind pure Verweismittel: "Der Eigenname braucht ebenso wenig Bedeutung zu haben wie z.B. die verweisende Bewegung von Arm und Finger 'Bedeutung' hat. Der EN ist eine sprachliche Geste ohne inhärente Bedeutung" (LEYS 1989a:150).

Insgesamt sieht WERNER 1974 bei der Verteilung der drei Strategien eine Arbeitsteilung am Werke. Keines der Verfahren ist verzichtbar, und zwischen ihnen gibt es auch Überlappungen (in definiten Beschreibungen können Indikatoren und Namen als sog. "Fixpunkte" enthalten sein). Auch diachron kommt es zu Übergängen, insbesondere von definiten Beschreibungen zu Namen. Letztere sind oft nichts anderes als verkürzte Beschreibungen (Kap. 3.4.1). Dafür liefert WERNER (1974:180) das lehrreiche Beispiel des *Schreiers*:

> Im Ferienhotel wird man bald nicht mehr über den Jungen am Tisch in der Ecke, der immer nicht essen will und schreit, sprechen, sondern kurz über *den Schreier*. Dass dies ein EN geworden ist, geht z.B. daraus hervor, dass man dann auch sagen kann: *Der Schreier schläft im Garten*; die lexematische Bedeutung ist unwichtig.

Solche Ad-hoc-Proprialisierungen und ihren ökonomischen Effekt kennt jede/r. Wichtig ist hierbei die Ausblendung der lexikalischen (app.) Bedeutung, die den Weg zum EN ebnet, sowie entweder die Festwerdung oder der Wegfall des Artikels. Man kann dieses Beispiel noch weiterspinnen: Angenommen, *der Schreier* ist im Alltag unser Nachbar. Er kann längst das Schreistadium überwunden haben und ein stiller Mensch geworden sein und dennoch seinen Namen behalten (dies kennt man von ÜberN). D.h., das Objekt verändert sich, der Name wird aber nicht angepasst. Umgekehrt ist dieser Name für weitere Referenzobjekte, auf die seine wörtliche (doch deaktivierte) Bedeutung passen würde, blockiert: Zöge ein weiteres schreiendes Kind in unsere Nachbarschaft, bekäme es einen anderen Namen.

Zusammenfassend eine **Definition des Eigennamens**:

Eigennamen sind sprachliche Ausdrücke, die sich idealerweise auf genau ein Objekt in der Welt beziehen (Monoreferenz). Primär **identifizieren** sie (weshalb auch Zahlenketten EN sein können). Zusätzlich können sie **individualisieren** (v.a. Personen und Haustiere durch ausgefallene Namen; Zahlenketten leisten dies genau nicht). EN besitzen **keine wörtliche Bedeutung**, sie entfalten kein semantisches Potential (sog. **Direktreferenz**).
Konservieren sie dennoch lexikalische Strukturen, so dienen diese nicht der Beschreibung des Objekts (vgl. Familie *Schäfer*, Hund *Hexe*, Stadt *Buchenbach*), selbst wenn dies zufällig zutreffen sollte (ein Koch namens *Koch*, ein dunkler Bach namens *Schwarzbach*).

Zum Weiterlesen:
Empfehlenswert und gut verständlich sind die Beiträge von FLEISCHER 1971, WERNER (1974, 1995), BERGER 1976, LEYS (1977, 1989a,b), KUHN/SERZISKO 1982, SEILER 1983, LENK 2007, FABRICIUS-HANSEN 2009. ROLKER (2009b) ist weiterführend, indem er über die bis jetzt genannten EN-Funktionen hinausgeht; er kommt in Kap. 7 zur Sprache.

3. Der Eigenname als besonderes Mitglied der Substantivklasse

3.1 Namen im System der Substantive

Abb. 2: Die Position der Namen im System der Wortarten

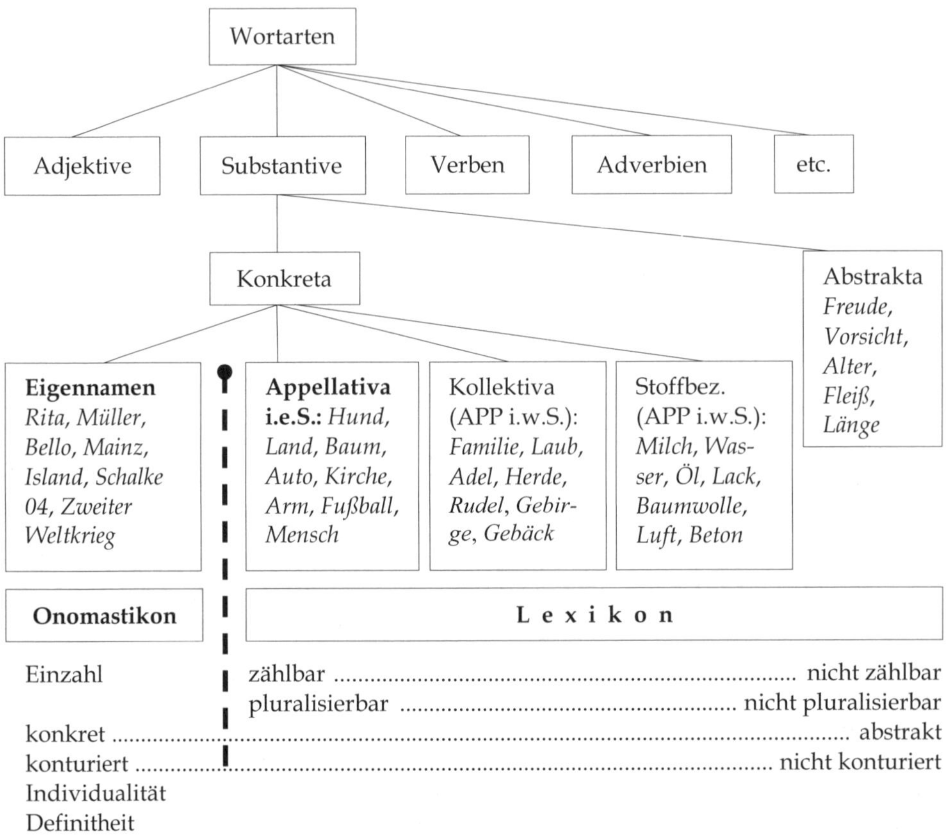

Die Subst. gliedern sich zunächst in **Konkreta** und **Abstrakta**. Auch wenn diese Verzweigung in Abb. 2 Klarheit impliziert, so ist die genaue Abgrenzung nicht einfach. Bei Subst. wie *Pflanze* vs. *Vergänglichkeit* ist dies klar, doch wo stehen z.B. *Bindestrich,* Krankheiten wie *Grippe* und Maßeinheiten wie *Liter*? Wir folgen EWALD 1992, die hier jeweils von Zentrum und Peripherie ausgeht und die **sinnliche Wahrnehmbarkeit** als Trennstelle definiert: Je weniger Sinne an der Erfassung beteiligt sind, desto peripherer sind diese Konkreta (z.B. *Stimme, Fleck, Regenbogen*). Abstrakta entziehen sich der sinnlichen Wahrnehmbarkeit (*Liter, Minute, Art*). Die **EN** gehören zentral zu den Konkreta und nehmen hier eine exponierte Position ein. Bedingt durch ihre **Monoreferentialität** verhalten sie sich auch grammatisch oft anders als "normale" Subst. So kann man sie i.d.R. nicht in den Pl. setzen (**Mainze, *Heidelberge*) bzw., wenn sie im Pl. vorkommen, nicht in den Sg. (*die Vogesen – *eine Vogese*). Die Hauptfunktion von Subst. besteht in der Referenz, der sprachlichen Erfassung (Apprehension) von Gegenständen (*Mainz, Stadt, Trampelpfad*), abstrakten Konzepten (*Schönheit, Länge*) oder Klassen von Gegenständen. Ist ein solcher Gegenstand (bzw. eine Klasse) bezeichnet – manchmal benötigt man, um ihn näher zu bestimmen, ein Adj. (*der kleine Hund*) –, erfolgt die sog. Prädikation, die prototypischerweise durch ein Verb bzw. eine VP geleistet wird (*der kleine Hund bellt; Mainz ist eine alte Stadt*). Je nach ihrer Referenzleistung unterteilt man die Subst. in verschiedene Klassen. Abb. 2 liefert eine grobe Einteilung, die weiter aufgefächert werden kann (LÖBEL 2002).

Abb. 2 macht noch mehr deutlich: Zunächst befinden sich Namen in direkter Nachbarschaft zu den **APP im engeren Sinn als Gattungs- oder Klassenbezeichnungen**. Letztere beziehen sich auf eine Gruppe ähnlicher Gegenstände, die sich einige wichtige, typische Merkmale teilen (und nicht etwa alle; diese Unterscheidung wird bei den WarenN relevant, s. Kap. 3.3.4 und 10.1). So besteht die Klasse der Menschen, die man als 'aufrecht gehende, der Sprache mächtige Primaten' bestimmen könnte, aus denkbar unterschiedlichen Individuen, die sich in Größe, Aussehen, Haut- und Haarfarbe, Kleidung, Geschlecht, Alter etc. stark voneinander unterscheiden. Auch die Klasse der Hunde umfasst ein breites Spektrum von hamsterähnlichen Kleinzüchtungen bis zu kalbsgroßen Doggen. Dennoch begreifen wir sie als eine Klasse und unterscheiden sie von den Hamstern und Kälbern. Mit dem Wort Hund assoziieren wir die mehr oder weniger vage Vorstellung eines prototypischen schwanzwedelnden Vierbeiners, mithilfe derer wir ein konkretes Einzelexemplar identifizieren können, selbst dann, wenn unser Prototyp ein Schäferhund ist, vor uns aber ein Dackelwelpe sitzt.

Das ist bei Namen anders: Bei einem EN wie *Sammy*, *Gina* oder *Ben* wissen wir keineswegs, dass sich dahinter ein Hund verbirgt (tatsächlich gehören diese zu den häufigsten HundeN in Dtld., s. Kap. 8.3) – es könnten auch Menschen sein, theoretisch sogar unser Auto, die Spülmaschine oder ein Fahrrad. Niemand würde bei einem Fahrrad namens *Sammy* Einspruch erheben oder bei einem Hund namens *Spinne* oder *Hexe*, wohl aber bei einer Katze, die wir mit dem APP *Hund* bezeichnen. Namen haben, wie bereits ausgeführt, keine Semantik oder lexikalische Bedeutung, sondern sie denotieren nur ein Objekt, gleich einem Etikett. Sie sagen nichts über das Referenzobjekt aus, außer dass es *X* heißt. Natürlich gibt es in jeder Kultur bestimmte Namengebungspraktiken und besitzen wir entsprechende Erfahrungswerte (etwa, dass *Brigitte* sehr wahrscheinlich auf eine Frau referiert und *Bello* auf einen Hund). LÖTSCHER (1995:452) spricht hier von "sortalen Restriktionen", KALVERKÄMPER (1978:89) von "proprialen Präsuppositionen", d.h., man ordnet Namen bestimmten Namenklassen und diese bestimmten Objektklassen zu. Diese Bezüge sind meist erstaunlich fest, das Wissen um die Namenklasse eines beliebigen Namens ist fast immer vorhanden: "Bei einem jeden EN ist der Hinweis auf die allgemeine Klasse der onymischen Objekte, in die der einschlägige Name gehört, inhärent anwesend" (BLANÁR 2001:29). Diese Relationen sind jedoch nicht einforderbar: Eine Stadt heißt *Mettmann*, ein Mann *Schlön-*

dorff. Bei Ikea heißen Möbel *Göteborg, Billy, Ivar*. Heutzutage bekommen Hunde so viele MenschenN wie noch nie zuvor (Kap. 8.3), was auf Spielplätzen für Verwirrung sorgen kann. Ein Hund, auch ein männlicher, darf durchaus *Brigitte* heißen, eine Zeitschrift tut dies (KUBCZAK 1985, THURMAIR 2002b und Kap. 3.2).

Rechts von den APP befinden sich die **Kollektiva** (oder Sammelbezeichnungen), d.h. APP im weiteren Sinn. Diese bezeichnen eine Gruppe, ein Kollektiv ähnlicher Gegenstände und beinhalten eine interne Vielheit (Pluralität), ohne dabei genaue Angaben über deren Anzahl zu machen (*Laub, Adel, Familie, Herde*). Hier nimmt die Konkretheit der Objekte insofern ab, als ihre äußeren Konturen zurücktreten und verschwimmen, die einzelnen Mitglieder kaum voneinander abgrenzbar sind. Damit ist Identifizierbarkeit nicht mehr gegeben. Nach außen hin kann die Gruppe konturiert sein, und je eher dies zutrifft, desto eher kann sie auch benannt werden (z.B. eine Familie) - wenngleich Kollektiva dafür weniger bekannt sind. Nach außen hin konturierte Gebilde sind bspw. Gebirge (*die Alpen, die Rocky Mountains*), Inselgruppen (*die Seychellen, die Azoren*) oder Staatenbünde (*die USA*). Kollektiva werden selten pluralisiert, da sie bereits inhärent eine Vielheit (an Bergen, Blättern, adligen Personen) bezeichnen, doch ist der Pl. in manchen Fällen möglich (*die Gebirge, die Familien*), in anderen nicht (*Laub, Adel*).

Alle diese Eigenschaften nehmen bei den **Stoffbezeichnungen** (auch *mass nouns* oder *Massennomen*) zu, deren Kontur sich noch mehr auflöst und die nun intern gar nicht mehr strukturiert sind (*Öl, Milch, Baumwolle*). Man benötigt Maßangaben wie *Liter, Kilo, Teelöffel*, um sie quantifizieren und dann zählen zu können (*drei Liter Milch*). Normalerweise kommen Stoffbezeichnungen ohne Artikel und nur im Sg. vor. Ein Pl. würde Zählbarkeit voraussetzen, die hier nicht mehr gegeben ist (**die Milche, *die Baumwollen*) bzw. die die sog. Sortenlesart auslöst, d.h., Sorten von *X* bezeichnen und nicht Mengen (*im Laden gab es drei Öle* 'drei Ölsorten', *fünf Lacke* 'Lacksorten'). Stoffbezeichnungen bekommen keine Namen.

Mit Abstand am weitesten von den Namen entfernt sind die **Abstrakta**. Hier entfällt jegliche Materialität, jegliche Konkretheit einschl. sinnlicher Wahrnehmbarkeit. Zählbarkeit ist nur partiell gegeben, z.B. bei *Unterschied, Meinung, Wurf, Ehe*. Andere Abstraktklassen wie Vorgänge (*Schlaf, Sterben, Schwimmen*), Zustände (*Friede, Alter, Freude*) und Eigenschaften (*Würde, Demut, Fleiß, Länge*) sind i.d.R. nicht zähl- und damit pluralisierbar, oft auch nicht durch Artikel determinierbar. Wenn sie einen Artikel mit sich führen, dann den generischen, der auch weglassbar wäre: (*die*) *Ehrlichkeit ist eine wichtige Eigenschaft*, (*die*) *Bescheidenheit ist eine seltene Tugend geworden*. Abstrakta erhalten keine Namen. Eine seltene Ausnahme hiervon bildet (wenn man Krankheiten zu den Abstrakta zählt, was üblich ist, s. EWALD 1992) die Magersucht Anorexie, die viele BefürworterInnen im Internet hat und mit dem weibl. RufN *Ana*, angelehnt an *Anorexie*, benannt und personifiziert wird. Die Bewegung *Pro-Ana* ist als Praxonym einzuordnen (Kap. 11).[12]

---

[12] So heißt es im sog. "Manifest", in "Ana's Brief" an ihre AnhängerInnen: "Erlaube mir mich vorzustellen. Mein Name, oder wie ich von sogenannten 'Ärzten' genannt werde, ist Anorexie. Mein vollständiger Name ist Anorexia Nervosa, aber du kannst mich Ana nennen." *Anorexie* wie *Anorexia Nervosa* sind keine Namen, sondern Termini.

3.2 Name versus Appellativ

> Zwischen Name und Appellativum besteht ein grundsätzlicher Funktionsunterschied, nicht nur ein Gradunterschied. Das Appellativum *charakterisiert*, der Name *identifiziert* (FLEISCHER 1964:377; Hervorhebung im Original).

In diesem Kapitel geht es um diesen wichtigen Funktionsunterschied, der so groß ist, dass schon nahelegt wurde, EN und APP als zwei verschiedene Wortarten zu begreifen. Auch ihre grammatischen Unterschiede sprächen dafür (Kap. 4).

Einerseits stehen sich, wie in Abb. 2 gezeigt, Namen und APP sehr nahe. Dies gilt sowohl für ihre Referenzleistung (Bezug auf außersprachliche Objekte) als auch weitgehend für ihr grammatisches Verhalten (Kap. 4). Äußerlich sind sie sich ebenfalls sehr ähnlich. Nicht selten kommt es sogar zu Überschneidungen und Verwechslungen (*Schäfer* kann ein FamN oder ein Schafhirte sein, *Neustadt* ein StädteN oder der neue Teil einer älteren Stadt, *Münster* ein StädteN oder eine große Kirche). Diese enge Verbindung besteht nicht nur synchron, sie gilt auch diachron: Die große Mehrheit der Namen hat sich aus APP entwickelt. Dies gilt für alle Namentypen, nicht nur für Toponyme (*Hauptstraße, Feldberg*) oder FamN (*Schäfer, Weber, Baumgarten*), sondern auch für die RufN, auch wenn sich ihre app. Abkunft nicht (mehr) so einfach erschließt, entweder weil die Dissoziation (Trennung) zu weit zurückliegt (*Wolfram* 'Wolf' + 'Rabe') oder weil das APP einem Dialekt entstammt oder einer anderen Sprache (*Köln* < lat. *Colonia, Vera* < russ. 'Glaube', *Theodor* < griech. *Theódōros* 'Gottesgeschenk'). APP stellen also die wichtigste Quelle von Namen dar. Manchmal sind es auch Adj. (FamN wie *Jung, Braun* oder RufN wie *Hartlieb* < 'stark' + 'lieb') oder frei erfundene Lautketten (*Fa, Maoam, Tchibo, Kodak*).

Andererseits darf dies alles nicht darüber hinwegtäuschen, dass es klare Unterschiede zwischen Namen und APP gibt, die im Folgenden behandelt werden. Da einige bereits genannt wurden, fassen wir uns hier kurz. Die grammatischen Divergenzen behandeln wir in Kap. 4. Weitere Literatur zur Abgrenzung EN/APP: FLEISCHER (1964, 1971), VATER 1965, DEBUS (1977a, 1980), LEYS (1977, 1989a,b), BERGER 1976, GERHARDT (1949/50), LÖTSCHER 1995, KOSS (1995, 2002), KALVERKÄMPER 1978, SCHIPPAN 2002.

3.2.1 Referenzleistung

> Der Eigenname ergreift ohne das Dazwischentreten des Begriffes unmittelbar das Einzelne; der Gattungsname bezeichnet nur auf dem Weg über den Begriff, oder anders gesagt: der Eigenname bezeichnet nur, der Gattungsname bezeichnet, indem oder nur indem er bedeutet (Jost Trier, brieflich zit. in BACH 1978:3).

Wenn wir im Folgenden von **Bedeutung** sprechen, dann verwenden wir eines der ambigsten Wörter in der Linguistik. Wir verstehen darunter die lexikalische Semantik einzelner Wörter bzw. Lexeme[13] (die in einem Bedeutungswörterbuch

---

13 Damit schließen wir Synsemantika aus, d.h. die ganze Gruppe der Funktionswörter wie Konjunktionen, Präpositionen, Hilfsverben, Partikeln etc.

nachschlagbar ist). Im Zitat von Jost Trier wird dies **Begriff** genannt. Jedes APP hat eine solche Grundsemantik oder Kernbedeutung (Begriff, *signifié,* Inhalt). Allerdings kommt Polysemie sehr häufig vor (die Bedeutung ist kaum kontextfrei darstellbar), und in der konkreten Äußerungssituation können weitere okkasionelle Bedeutungen aktualisiert werden (DEBUS 1977a, STEINBACH 2002, SCHIPPAN 2002). Hiervon sehen wir ab, da es nur darum geht, die Kernunterschiede zwischen EN und APP herauszuarbeiten. Wie dieses Wissen (mental) repräsentiert und organisiert ist, steht hier nicht zur Diskussion. Eine lexikalische Bedeutung kommt Namen nicht zu, weshalb sie in Abb. 3 durchgestrichen ist. - Der **Ausdruck** (*signifiant*) ist die materielle Seite des - app. wie onymischen - Zeichens, sei sie phonisch oder graphisch realisiert bzw., wie im Fall der Gebärdensprachen, gebärdet. Das **Objekt** (**Denotat, Referent, Namenträger**) ist der außersprachliche Gegenstand, auf den sich die Sprecherin mit dem Namen bezieht (DEBUS 2007).

Abb. 3: Semiotische Bezeichnungsmodelle für a) Appellative und b) Namen (nach DEBUS 1980, 1985)

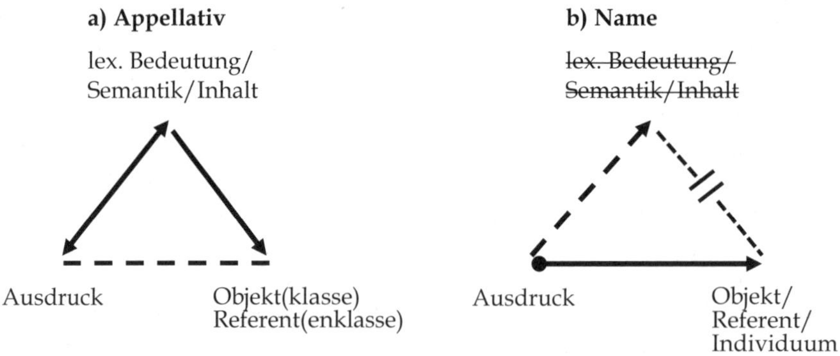

Von zentraler Bedeutung ist die unterschiedliche **Referenzleistung** von APP und Namen, d.h. der Bezug auf das außersprachliche Objekt/den Referenten. Die beiden Bezeichnungsmodelle in Abb. 3 illustrieren die wichtigsten Unterschiede: Gestrichelte Verbindungen zeigen an, dass diese Relation inaktiv ist, durchgezogene bezeichnen aktivierte Beziehungen.

a) Appellativ: *Hund* bedeutet 'bellender Vierbeiner', und i.A. kennen alle die Bedeutung/die Semantik dieses Wortes. Es leistet den Bezug auf die Klasse von Objekten, die diese inhaltlichen Kriterien erfüllen. Erst über die Kenntnis der app. Bedeutung (s. beide durchgezogenen Pfeile in a) gelingt die Referenz auf die bezeichnete Klasse (wenn das APP definit verwendet wird, auch auf ein Einzelobjekt). Der Direktweg vom puren Ausdruck zum Objekt ist ausgeschlossen. Der beidseitige Pfeil links zeigt an, dass die Vorstellung eines Hundes auch immer seine Bezeichnung evoziert ("reziproke Evokation" nach DE SAUSSURE): Man sieht einen Hund und kann ihn sofort bezeichnen. Umgekehrt kann man einem Hund nicht seinen EN ansehen, dieser muss einem zuvor mitgeteilt worden sein. Normalerweise ist die Überschneidung der Kenntnisse von APP bei verschiedenen Personen weitaus größer als die von EN, wir fragen also seltener nach der Bedeutung eines APP als nach dem Objekt eines Namens.

Ganz anders beim **b) Namen**: Dieser besteht nur aus der Beziehung eines materiellen (phonischen, graphischen) Ausdrucks zu einem konkreten Objekt und hat sich, aus diachroner Perspektive, des bedeutungshaltigen Überbaus entledigt (diachron geht die Entwicklung meist von a) APP > b) Name): Hier gilt Mono- und Direktreferenz. Manchmal enthält ein sog. transparenter Name noch scheinbar lexikalisch-semantische Strukturen, z.B. der FamN *Schäfer*. Hier könnte man die alte Semantik erzwingen, manche Menschen assoziieren sie auch noch, doch leistet diese keineswegs (mehr) den Bezug zum Objekt.[14] Daher ist die rechte Achse nicht nur gestrichelt, sondern zusätzlich unterbrochen. Spätestens hier befände man sich auf dem Holzweg, wollte man einen *Herrn Schäfer* auf einer Schafsweide aufsuchen. *Schäfer* ist ein außerordentlich häufiger FamN (und als APP sehr selten geworden); das Wort wird, ähnlich wie *Müller* und *Meier*, kontextfrei sogar primär als Name aufgefasst.[15] Deshalb empfindet man es auch nicht als Kontrast, wenn ein Herr Schäfer Informatiker ist.[16] Handelt es sich jedoch um seltene transparente FamN, dann geraten manche durchaus ins Schmunzeln, etwa wenn ein Anwalt *Mörder* heißt, eine Metzgerei *Hunger* oder eine Grünen-Chefin *Roth*. Übrigens muss die Transparenz eines Namens nicht auf seiner Abkunft aus einem APP beruhen, denn manchmal sorgt sog. Volksetymologie für transparente Strukturen wie im Fall von *Hunger*, was auf *Ungar* basiert, oder von *Augstein* aus *Augustin* (Kap. 3.2.2). Kurzum: "[D]ie alleinige Funktion des Eigennamens ist, zu referieren und dass er dazu kein einziges semantisches Merkmal braucht" (LEYS 1989a:152).

Zurück zu Unterscheidung APP/EN: Eine wichtige Rolle spielen **Intension** und **Extension**. Sie sind wie folgt definiert: "Die Menge der Dinge, auf die man mit einem sprachlichen Ausdruck Bezug nehmen kann, wird **Extension** (oder Denotat) genannt und der begriffliche Inhalt **Intension**" (STEINBACH 2002:176). Je reichhaltiger die lexikalische Bedeutung (Intension), desto geringer die Extension – und umgekehrt. So hat das APP *Hund* eine relativ geringe Intension ('schwanz-

---

14 Spielerisch werden transparente Strukturen durchaus motiviert, z.B. wenn die Biermarke *Adler-Bräu* sich für den Erhalt von Adlern einsetzt (SANDIG 1995:548), wenn *Bern* oder *Berlin* sich als *Bärenstadt* ausgeben, wenn Roland *Koch* im Wahlkampf kocht, ebenso im Slogan "Lieber KOHL als gar kein Gemüse" (FÖLDES 1995:588). Auch fiktive Namen sind häufig motiviert: *Hintertupfingen* (für einen abgelegenen Ort), *Baron/Herr von Habenichts* (für jem., der arm ist, aber reich tut), *nicht von Gebersdorf sein* (für jem. Geizigen; mehr dazu in FÖLDES 1984/85, 1995). Ideologisch motiviert ist es indessen, wenn die Rechtsextremistin Zschäpe sich drei VerteidigerInnen namens *Heer, Sturm* und *Stahl* auswählt.

15 S. die Überschrift am 19.02.09 in der F.A.Z.: "ICE-Unglück: Verfahren gegen Schäfer beendet". Im unmarkierten Fall würde man eine Person namens *Schäfer* vermuten, doch handelt es sich, wenn man den Artikel liest, um ein APP: Ein ICE war in eine Schafherde gefahren.

16 Eher hätte es den Effekt der Verwunderung, wenn ein Herr Schäfer wirklich Schäfer wäre. Ebenso ist man erstaunt, wenn eine Frau mit ausgesprochen krausem Haar sich mit Frau Krause vorstellt: Zufällige semantische Kongruenz zwischen transparentem Namen und Objekt führt eher zu Überraschungseffekten (DEBUS 1985:306f.).

wedelnder vierbeiniger Hausgenosse') und eine weite Extension (jedes Exemplar der Spezies Hund); das APP *Schwarzer Norwegischer Elchhund* (Hunderasse) hat eine höhere Intension und geringere Extension. EN gelten als maximal extensional, da ihnen im Normalfall keine intensionale Bedeutung zukommt (zu Differenzierungen s.u.).[17] GERHARDT (1949/50:5) spricht in diesem Zusammenhang von "äußerste[r] semantische[r] Bedürfnislosigkeit": "[D]enn im Grunde bedeuten alle Namen dasselbe: Dies ist ein Einzelding unserer Welt, ecce homo, ecce locus oder ähnlich" (ebd.:69).

Prinzipiell keine Unterschiede zwischen APP und Name ergeben sich bzgl. der **Konnotation** als zusätzliche individuelle oder überindividuelle (soziale, kulturelle) Bedeutungsassoziationen; sie sind oft affektiver Natur und resultieren aus Erfahrungen mit, aus Vorurteilen über oder aus Einstellungen zum Referenzobjekt. Einige Beispiele: Wenn jemand von einem Hund angegriffen wurde, so bedeutet *Hund* für ihn konnotativ etwas ganz anderes als für jemanden, der Hunde nur als Schoßtiere kennt. Wenn jemand eine Person namens *Berta* sehr sympathisch findet, ist für ihn dieser Name anders (positiv) konnotiert als für jemanden, der keine Berta kennt oder schlechte Erfahrungen mit einer solchen gemacht hat. Überindividuell konnotiert sind *Auschwitz, Tschernobyl, der 11. September, Odenwaldschule,* aber auch *Berta* als älterer Name; man vermutet aufgrund seiner Verwendung, dass seine Trägerinnen über 60 Jahre alt sind. Umgekehrt geht man bei *Leonie* und *Finn* davon aus, dass es sich um Kinder handelt.

Es gibt bestimmte APP, die manchmal zu **Abgrenzungsproblemen** führen (EWALD 1992, BAUER 1996): Zunächst sind **Krankheitsbezeichnungen** wie *Grippe, Krebs, Gicht* selbstverständlich keine EN, auch wenn sie – was ja nicht exklusiv für Namen gilt – nicht oder kaum pluralisierbar sind. Krankheitsbezeichnungen fallen unter die Abstrakta und entziehen sich deshalb der Pluralisierbarkeit (ähnlich wie *Trauer, Fleiß, Verstand*). Auch gilt app. Status für **Wochentags**- und **Monatsbezeichnungen**, ebenso für **Festtagsbezeichnungen**: Bestimmte Zeiteinheiten wie *Montag, Mai, Ostern, Walpurgisnacht* und *Weihnachten* kehren periodisch wieder, auch wenn in der konkreten Äußerungssituation der eindeutige Bezug auf ein Denotat meist gegeben ist (*am Montag gehen wir ins Kino* 'am kommenden Montag'; *am Montag waren wir im Kino* 'am vergangenen Montag'). Dennoch gibt es 52 *Montage* pro Jahr, und jedes Jahr enthält einen *Mai* und ein *Osterfest*. Damit handelt es sich um APP. Das Problem ist, dass Zeitpunkte bzw. -abschnitte sehr abstrakte Größen sind, die man ad hoc nicht mit Namen in Verbindung bringt. Doch gibt es durchaus ZeitN (Chrononyme), die einen einzigartigen, fest umrissenen Zeitpunkt oder -abschnitt bezeichnen: *die Steinzeit, das Mittelalter, die Neuzeit* (NÜBLING 2004c, Kap. 11.5).

---

17 Dass es von dieser Idealisierung Ausnahmen gibt, ist bekannt. So enthalten die dt. RufN in aller Regel die feste Information 'weiblich' oder 'männlich', vgl. *Gisela* vs. *Otto*. Dies gilt nur für die Klasse der dt. RufN. Dennoch: Niemandem ist es untersagt, das Navigationsgerät, den Kater, ein Hoch oder Tief *Gisela* zu nennen, d.h., hier ist das Sexus-Sem gelöscht. LEYS (1989a:152) verweist diese Konvention der Sexusinformation in den Bereich der Kultur und nicht der Linguistik – was man schon daran ersieht, dass in manchen Kulturen RufN nicht sexusspezifiziert zu sein brauchen (Kap. 7.4.4).

Probleme bereiten gelegentlich sog. **Monosemantika** oder **Unika** wie *Sonne, Mond, Erde, Paradies, Hölle,* die tatsächlich nur ein einziges Denotat besitzen (auch wenn dieses fiktiv sein mag). Wir rechnen sie zu den APP, denn jedes dieser Wörter lässt sich inhaltlich genau beschreiben und weist semantische Merkmale auf: "Sie charakterisieren mehr als sie identifizieren" (FLEISCHER 1971:8). LEYS (1989a: 157) schlägt vor, sie adäquater **monoreferentielle** (statt monosemantische) **APP** zu nennen. In Fällen wie *Mond* ist es am sinnvollsten, von nur einfach bestückten Klassen auszugehen, also von Ein-Element-Klassen: "Die Begrenzung auf ein Objekt liegt nicht im Wort, sondern in der beschränkten Zahl der Objekte" (FLEISCHER 1964:372, ähnlich HARWEG 1997:187–189). Damit sind diese Wörter den APP zuzurechnen.[18] Dafür spricht auch das, was DEBUS (1977a:7) "potentielle Pluralität" nennt: Erst spät hat man weitere Trabanten entdeckt - und sie nicht zufällig als *Monde* (z.B. *des Jupiter*) bezeichnet, eben weil die semantischen Merkmale von 'Mond' auf diese neuen Himmelskörper zutrafen (ähnliches gilt für *Sonnen*). Hier handelt es sich also um Kleinstklassen, die jedoch prinzipiell offen sind und weitere Mitglieder, auf die die Seme zutreffen, aufnehmen können.

Interessanterweise zeigen diese **Unika** auch nicht den typischen EN-Pl. auf *-s*, vgl. die EN (*die*) *Antje - die Antjes,* (*der*) *Simon - die Simons* mit den Unika (*die*) *Sonne - die Sonnen,* (*der*) *Mond - die Monde* (zur Namenflexion s. Kap. 4.2.1). Diese Unika machen von der normalen **app. Pluralallomorphie** Gebrauch - und fungieren auch als "normale" Plurale, indem sie mehrere Mitglieder, die sich bestimmte Merkmale teilen, zusammenzufassen. Dagegen bezeichnet der **Plural von EN**, z.B. *in meiner Klasse sitzen zwei Leonies*, lediglich zwei Mädchen, die zufällig den gleichen Namen tragen, doch ansonsten miteinander nicht EIN Merkmal mehr teilen müssen als mit allen anderen Mädchen dieser Klasse. Die Objekte werden sich durch Gleichbenennung nicht ähnlicher, hier liegt bloße Homonymie vor (COSERIU 1989). Namen bilden keine potentiellen Klassen: Jeder noch so intelligente Mensch kann zwar mit *Einstein* verglichen werden (*sie ist ein zweiter Einstein*), doch wird dadurch keine Klasse der **Einsteine* eröffnet. (Doch können Namen durch häufige Metaphorisierung sich zu APP entwickeln, s. Kap. 3.4.2). Wieder bringt LEYS (1989a:157) die Sache auf den Punkt, wenn er zu den Unika schreibt:

> Die zufällige, systemunabhängige Monoreferenz gewisser Appellative ändert deren appellativischen, d.h. deskriptiven Status ebensowenig wie die zufällige, systemunabhängige Polyreferenz gewisser Namenformen deren proprialen, d.h. festverweisenden Charakter aufhebt.

---

[18] Hierzu auch LEYS (1989a:153): "Andererseits wird ein Appellativ noch nicht zum Eigennamen dadurch, dass sein Referenzfeld sich auf ein einziges Objekt beschränkt. Substantive wie *die Sonne, das Jenseits* sind noch prädikative Ausdrücke, sie stellen noch Inhalte dar, Bündel von semantischen Merkmalen, die als die notwendigen und hinreichenden Bedingungen zu einem korrekten Gebrauch dieser Wörter funktionieren. Dass diese Wörter sich für gewisse Sprecher nur auf ein einziges Objekt anwenden lassen, bedeutet keineswegs, dass diese Wörter für diese Sprecher ihre inhärenten Bedeutungsmerkmale verloren hätten und zu Eigennamen geworden wären." S. auch VATER 1965, LÖTSCHER 1995.

Abgrenzungsschwierigkeiten entstehen manchmal bei Wörtern, die zwar morphologisch einen Namen enthalten, doch keineswegs wie ein solcher fungieren: Dies sind sog. **Stammes- und VölkerN** wie *Engländer, Polen, Türken*, die APP darstellen. EN sind *England, Polen* und *Türkei*, doch keineswegs deren Bewohnerbezeichnungen, die sich funktional und formal wie normale APP verhalten (vgl. *ein/der Engländer – die Engländer*; FLEISCHER 1971:27). Als Test kann man die Prädikation mit *heißen* verwenden: *Dieser Mann heißt *Engländer* (**Pole, *Türke*) wäre unzutreffend (dagegen: *dieses Land heißt Polen, Türkei*).

Befasst man sich mit der **onomastischen Literatur**, so gibt es hier eine schier unüberschaubare begriffliche Vielfalt und Uneinheitlichkeit. Schaut man genauer hin, so handelt es sich um einen terminologischen Wirrwarr, der um die Termini *Bedeutung, Semantik, Inhalt, Bezug, Referenz, Extension, Intension, Konnotation, Denotation, Zeichen, Information* etc. kreist. Es kommt darauf an, diese Termini klar zu definieren und sie dann einheitlich und möglichst homonymie- und synonymiefrei nach linguistischen Standards zu verwenden, was jedoch oft unterbleibt. So wird das pure Referenzpotential des Namens oft mit seiner Bedeutung gleichgesetzt, d.h., viele Arbeiten sprechen von Namenbedeutungen oder "individuellen Bedeutungen" (z.B. HANSACK 2004:61; ähnlich CHRISTOPH 1987).

Namen und APP haben dann "unterschiedliche Bedeutungen" (HANSACK 2004:61), und mit jedem neuen Namenträger ändert sich diese Namenbedeutung. Oder man setzt ein riesiges Inventar an Homonymien an. Die Termini Denotation und Konnotation werden oft anders (nämlich in der philosophischen Tradition) verwendet, was äußerst misslich ist (wir vertreten hier die linguistische Terminologie).[19] Oft wird das, was das konkrete Referenzobjekt selbst an Merkmalen/ Eigenschaften umfasst, als die Namenbedeutung ausgegeben, was u.E. mehrere Ebenen vermischt (zur Kritik an solchen Ebenenvermischungen s. KLEIBER 1981: 356, BLANÁR 2001:27f., HOFFMANN 1999:215f.; allgemein zur onymischen Bedeutung s. WIMMER 1989). Wir verhandeln Namen nur in der Linguistik und schließen uns LEYS (1989a) an, wenn er schreibt:

> [D]ie Kenntnis der zufälligen oder notwendigen Eigenschaften des Objekts Sokrates ist keine notwendige Bedingung für den Gebrauch des Namens *Sokrates*. Keine dieser Eigenschaften kann also ein inhärentes Bedeutungsmerkmal des Namens Sokrates darstellen (ebd.:144). [...] Übrigens mögen sich [...] unsere Kenntnisse über Sokrates im Laufe der Geschichte völlig ändern, es mag sich sogar herausstellen, dass Sokrates eigentlich nie existiert hat, auch dann verliert der Name seine Referenz nicht. Bloß die Attribute des Objekts werden sich dann gewandelt haben, nicht aber die Referenz des Eigennamens (ebd.:151).

Auch DEBUS (1977a, 2007, 2012:41–49) warnt vor dieser mangelnden Differenzierung. Er trifft die Unterscheidung zwischen trägerabhängigen und -unabhän-

---

19 Die mehrheitlich sprachphilosophisch geprägte Diskussion dieser Begrifflichkeiten kann man in BAUER 1998, dem Sammelband von WOLF 1985 sowie in VAN LANGENDONCK (2007: Kap. 4, 5) verfolgen. Zur Abgrenzung eines philosophischen vs. linguistischen Namenbegriffs s. BURKHARDT 2005. Auch WILLEMS 1996 vertritt einen linguistisch abweichenden Bedeutungsbegriff.

gigen (isolierten) Namen. Beide tragen Konnotationen, doch speisen sich die der trägerabhängigen Namen direkt aus Merkmalen des Referenzobjekts und differieren individuell, da wir jeweils ganz unterschiedliche Personen namens *Hilde* oder *Peter* kennen. Trägerunabhängigen Namen kommt nach DEBUS 2007 und SONDEREGGER 1987 sog. **Namenbedeutsamkeit** zu. Dies wären individuelle und überindividuelle Assoziationen (Konnotationen) zu einem Namen (THURMAIR 2002b). Überindividuell weiß man, dass *Berta* ein alter Name ist und *Gotthold* ein pietistischer (Ausnahmen davon wie ein Baby namens *Berta* sind alltägliche Erfahrungen). In mehreren Kapiteln wird noch davon die Rede sein, dass Namen aufgeladen sein können mit Konnotationen, v.a. dann, wenn sog. Nachbenennungen vorliegen wie etwa bei Straßen- oder GebäudeN, die ja nicht selten gewechselt werden, weil sie eine Person/ein Ereignis enthalten, die/das keine Ehrung (mehr) erfahren soll (so bei den vielen Adolf Hitler-Straßen nach 1945).[20] Auf keinen Fall stellen sie feste Bedeutungen dar, wie sie APP zukommen. In Anlehnung an DEBUS (1977a, 2007, 2012:41–49) lassen sich die Bedeutungsunterschiede wie folgt skizzieren:

Tab. 2: Gemeinsamkeiten und Unterschiede bei APP und EN

	Appellativ	**Name**
etymologische Bedeutung	+	+
lexikalische Semantik/Bedeutung	+	–
Intension	unterschiedlich	minimal
Extension	invers zur Intension	maximal
Konnotation/Bedeutsamkeit	+	+
kategoriale Informationen (Genus, Wortart, Namenklasse…)	+	(+)

Wenn wir Ausdrücke wie *Mayer, Bello, Freiburg, Türkei* hören, ordnen wir diese ad hoc den EN zu und außerdem festen **EN-Klassen** (FamN, HundeN, Städte-, LänderN). Dieses Wissen um die Namenklasse ist erstaunlich verlässlich. Damit tragen EN **kategoriale** (nicht semantische) **Informationen** wie [Nomen], [EN], [Namenklasse], [Flexionsklasse], [Genus] (KALVERKÄMPER 1978, CHRISTOPH 1991). Dennoch: Es widerspricht nicht der Namenfunktion, einen Rüden *Juliane, Köln* oder *Campari* zu nennen (daher die Einklammerung von "+" in Tab. 2).

[20] Jüngeres Beispiel: *Döner-Morde*, ein sog. EreignisN (Praxonym), wurde u.a. deshalb zum Unwort des Jahres 2011 gewählt, weil er falsche Assoziationen weckt und die Neonazi-Morde nicht nach Zwickau, sondern in die Türkei verortet. Auch wurde der Name der *Soko Bosporus* aus gleichem Grund kritisiert, worauf die Polizei erklärt, der Name sei "keineswegs diskreditierend gemeint" (F.A.Z., 18.01.12). Hinter Namen kann man sich verstecken, indem man eine wörtliche Bedeutung (oder auch nur eine intendierte Assoziation) zurückweist: Ein Name bedeutet nichts. Das macht ihn schwer verhaftbar.

3.2.2 Volksetymologie: Sekundäre Motivation vs. sekundäre Transparenz

Sowohl bei APP als auch bei EN vollziehen wir öfter sog. Volksetymologie. Doch ist das Ergebnis bei EN ein grundlegend anderes und bestätigt hierdurch ihre eben ausgeführte unterschiedliche Referenzleistung. Bei der sog. **Volksetymologie**, die oft (und adäquater) auch als **sekundäre Motivation** bezeichnet wird, erfährt ein weitgehend intransparentes (opakes, d.h. morphologisch/lexikalisch undurchsichtiges) Wort eine Umdeutung. Bekanntestes Beispiel dürfte die *Hängematte* sein, die sich ursprünglich aus hait. *hamáka* 'Schlafnetz' ableitet und, vermittelt über ndl. *hangmak*, im Dt. zur *Hängematte* wurde: Ein opakes Wort ist langfristig neu motiviert worden (die Bedeutung von *Hängematte* lässt sich aus den Wortteilen ableiten, man kann damit auf den entsprechenden Gegenstand referieren). Die Definition für Volksetymologie lautet nach OLSCHANSKY (1996:107):

> Volksetymologie ist ein Vorgang, bei dem ein synchron isoliertes und als solches unmotiviertes Wort bzw. eine solche Wortkonstituente durch Anlehnung an ein lautähnliches oder (partiell) lautgleiches nicht-isoliertes bekanntes Wort (Wortfamilie) ohne Beachtung phonetisch-phonologischer und morphologischer Gesetzmäßigkeiten, in etymologischer, diachronischer Hinsicht nicht korrekt [...] neu zugeordnet, somit neu bzw. sekundär motiviert, interpretiert und de-isoliert wird, **wobei das Lexem, das Produkt des volksetymologischen Prozesses ist, neue morphologische, morphologisch-semantische oder semantische Deutung oder Deutbarkeit besitzt.** Der sich vollziehende Anlehnungs-, Identifikations-Prozess kann als eine Erscheinung von Analogie im weiten Sinne gesehen werden [...]. Der Volksetymologie unterliegt entlehntes Wortmaterial, das in der Zielsprache oft per se isoliert ist, und indigenes Wortmaterial, das durch verschiedene Ursachen isoliert geworden [sic] ist; Volksetymologie betrifft Appellativa und - wahrscheinlich öfter - **propriales Material**, das der Tendenz zur Isolation in besonderem Maße ausgesetzt ist (Hervorhebungen DN).

Die Definition lässt sich u.E. ausschließlich auf **APP** anwenden - bei **EN** dürfte dies anders funktionieren, auch wenn OLSCHANSKY sie hier explizit einschließt: Die fettgedruckte Passage, die besagt, dass bei der Volksetymologie "neue morphologische, morphologisch-semantische oder semantische Deutung oder Deutbarkeit" entstehe, trifft auf die Namen genau nicht zu. Hierzu weiter unten - zunächst seien die **Typen der app. Volksetymologie** in Abb. 4 skizziert.

Einerseits kann es bei APP bloße **Umdeutungen** geben, bei denen der Wortkörper der gleiche bleibt und es nur zu (falschen) Assoziationen kommt, andererseits auch **Umbildungen**, wo leichte lautliche "Nachbesserungen" stattfinden, um die Umdeutung zu unterstützen. Typ 1), Umdeutungen ohne Inhaltsveränderung, betrifft *Friedhof* (< mhd. *vrīthof* 'eingefriedeter (Kirch-)Hof'), der heute mit 'Frieden' assoziiert wird, jedoch heute wie früher die Begräbnisstätte bezeichnet. Typ 2) trifft auf *Brosame* zu (< ahd. *brōs(a)ma* 'abgebröckeltes Stückchen'), bei dem das Stückchen mit 'Brot' assoziiert wurde und womit heute ein *Brot*krümel bezeichnet wird. Zu lautlich-formalen Abänderungen kommt es bei den sog. Umbildungen: Bei Typ 3) bleibt das Denotat das gleiche, bei Typ 4) kommt eine Inhaltsveränderung hinzu. Zu Typ 3): *Maulwurf*, heute mit 'Maul' assoziiert und entsprechend formal angenähert, leitet sich etymologisch aus ahd. *mūwerf/-wurf* 'Haufenwerfer' ab. Seit dem 13. Jh. findet sich *mūlwurf*. Zu Typ 4): *kritteln* geht auf frühnhd. *grittel(e)n* 'zanken' zurück und bezieht einen Teil seiner Bedeutung assoziativ aus 'Kritik'. Allen Beispielen ist gemein, dass ein deskriptiver (oder charakterisierender) Ausdruck entsteht, der einen echten Motivationsbezug zu seinem Denotat herstellt: Die Semantik der Neubildungen kann sich entfalten, sie ermöglicht die Referenz auf die Objektgruppe. Die Fälle "mit Inhaltsveränderung" zeigen, dass sogar die Semantik leicht modifiziert werden kann, Hauptsache, der Motivationsbezug ist da. Hier also findet eine echte **sekundäre semantische Motivierung** statt. Genau dies lässt die onymische Volksetymologie vermissen.

Abb. 4: Typen der Volksetymologie (nach OLSCHANSKY 1996:180f.)

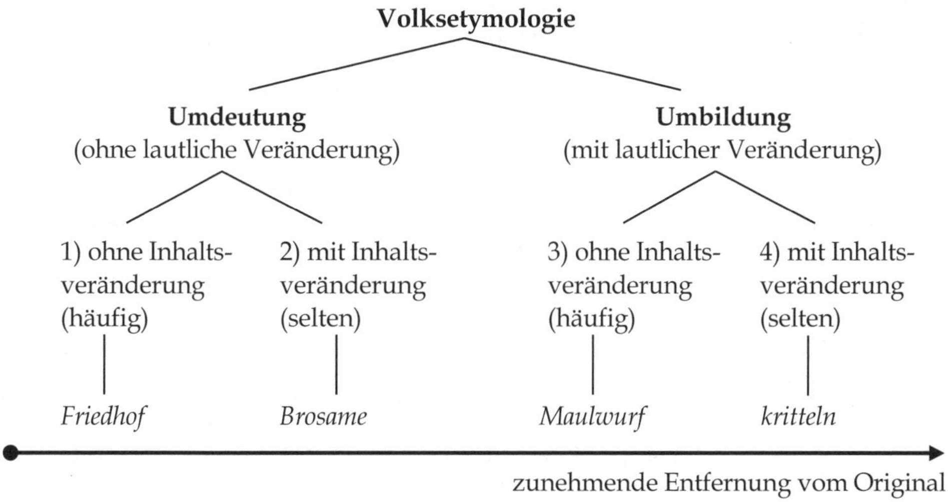

Bei den **Namen** verhält es sich damit grundlegend anders: Tatsächlich ist propriales Material sehr häufig Gegenstand von Volksetymologie, insbesondere die ältere Schicht der Toponyme, doch durchaus auch FamN: Hier ist es gang und gäbe, dass Umdeutungen, oft mit lautlicher Umbildung, stattfinden. Ein prominentes Beispiel mit lautlicher Umbildung bildet *Mailand* < ital. *Milano*, das bei der (frühen) Entlehnung ins Dt. erstsilbenbetont wurde, der Langvokal [i:] wurde zu [ai] diphthongiert, der Auslautvokal enttont und vermutlich apokopiert (> **Mailan*). Soweit handelt es sich um normale Integrationsprozesse. Die lautliche Umbildung durch Hinzufügen des *-d* [t] hat das opake Wort schließlich transparent gemacht: {Mai}{land} – aber eben nur transparent. Der entscheidende Unterschied ist der, dass man mit *Mailand* **keinen Motivationsbezug** zu dem dazugehörigen Objekt geschaffen hat – eher würde ein solcher sogar in die Irre führen: Weder handelt es sich bei der Stadt *Mailand* um ein *Land* noch ist dort ständig *Mai* (oder besteht sonst ein Bezug zum Monat *Mai*). Was hier geschaffen wurde, ist bloße **formale Transparenz**, d.h., der Name bekommt rein formal lexikalische Strukturen, doch ohne deren (in aller Regel unsinniges) semantisches

Potential zu entfalten. Der Grund für diese Art der Volksetymologie liegt in der besseren Memorierbarkeit undurchsichtiger Namen durch Anbindung an bekannte Strukturen (KOCH 1963, FLEISCHER 1964, NÜBLING 2000). Schematisch fasst Abb. 5 diesen zentralen Unterschied zusammen.

Abb. 5: Sekundäre Transparenz bei EN, sekundäre Motivation bei APP

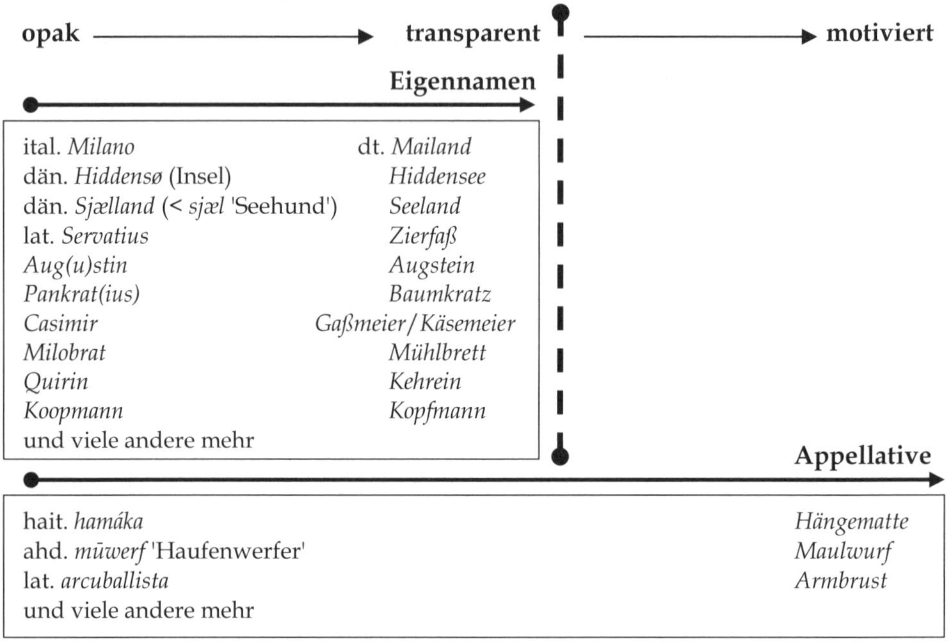

Deutlich wird: Bei Namen wird das umgebildete Produkt nicht semantisch aktiviert. Wie das Bezeichnungsmodell in Abb. 3 unter 3.2.1 zeigt, ist bei Namen der Weg zur Semantik und von dort zum Referenzobjekt immer blockiert. Ihr fehlender "semantischer Überbau" bestätigt sich von ganz anderer Seite über das Phänomen der Volksetymologie, wo die Namen im Gegensatz zu den APP gerade nicht so weit gehen, Motivation zu kreieren (obwohl theoretisch durchaus möglich). Dies wäre afunktional und würde dem EN als monoreferenter Kategorie nicht gerecht. Hier reicht pure formale Transparenz zur Memorierung des Namens vollkommen aus. Die onymischen Beispiele machen deutlich, dass das Endprodukt semantisch-referentiell nicht nur nicht ziel-, sondern teilweise irreführend wäre: So handelt es sich bei *Hiddensee* nicht um einen See, sondern um eine Insel, was in dän. *Hiddens-ø* 'Hedins (männl. RufN) Insel' (dän. *ø* 'Insel') enthalten ist. Dieser Name war im Dt. opak, wo er formal an die Lexik angebunden wurde. Nähme man die neuen Bedeutungen ernst, würde man niemals zum Referenzobjekt gelangen. Doch wird bei Namen keine Bedeutung erwartet: Sie ist von vornherein ausgeblendet.

Um einen Eindruck von der überaus großen Rolle zu vermitteln, die die sekundäre Transparenz bei den Namen spielt, seien ein paar Beispiele hinzugefügt.

OrtsN: *Tief(e)stal* > *Diebstahl, Cussiniacum* > *Küssnacht, Wundramsheim* > *Wundersam, Stercfrides* > *Sterbfritz, Liubolfes* (männl. RufN) > *Lieblos, Freilehnberg* > *Fräuleinberg, Firniheim* > *Viernheim, Hirz(e)berg* ('Hirsch'-) > *Herzberg, Mautenturm* (*Maut* 'Zoll') > *Mäuseturm, Hugesprunn* (männl. RufN) > *Hausbrunn, Erembrechtstein* (< RufN *Erinbrecht*) > *Ehrenbreitstein, Fiuhtinwangen* (ahd. *fiuht* 'Fichte') > *Feuchtwangen, Suderland* > *Sauerland, Hesselberg* > *Eselberg, Anbruch* > *Ehebruch, Elfel* (< *Alta Villa*) > *Eltfeld*, lat. *Cattimelibocus* > *Katzenelnbogen*, kelt. *Alcmona* > *Altmühl*, altsorb. **Jutrokliky* > *Güterglück*, altsorb. **Rusavin* > *Roßwein* (EICHLER/ŠRÁMEK 1984:12); wie die letzten Beispiele zeigen, kommt es besonders in Sprachkontaktsituationen zu zahlreichen Volksetymologien. **FamN**: *Kahezedek* > *Katz, Wienkop* (nd. 'Weinkäufer') > *Weinkopf, Balthasar* > *Waldhauser, Roßteuscher* (zu *täuschen* 'betrügen') > *Roßdeutscher*.[21] Kommen solche Neubildungen durch die Verschriftung und Verhochdeutschung dialektalen oder fremden Namenmaterials zustande, spricht man von **Beamtenetymologien** (z.B. nd. *Kamp* 'Feld' > nhd. *Kampf* wie in *Kuhlenkampf, Wasserkampf, Kampfmeyer*; poln. *Majczak* > *Maischatz, Broszak* > *Brotsack, Kierzkowski* > *Kirschkopf*, tschech. *Režak* > *Rehsack*).

Von der Tatsache, dass es hier wie auch in Abb. 5 unterschiedliche Grade zunehmender Transparenz gibt, die sich dabei herausbilden, haben wir abstrahiert (bei *Elfel* > *Eltfeld* handelt es sich nur um partielle, bei *Cussiniacum* > *Küssnacht* um totale Transparenz), ebenso dass dabei auch scheinbar andere EN entstehen können (*Sterbfritz*). Schließlich stellt HENGST (1978, 1981) fest, dass es bei diesem Prozess zu echten onymischen Suffixen wie *-itz, -au, -ow, -enz, -schütz* kommen kann als (zutreffender) Index für die betreffende Namenklasse, hier von OrtsN, die durch germ.-slaw. Sprachkontakt umgeformt wurden. Dies betrifft auch *Garsebach* < altsorb. **Korsobuk* 'Zwergbuche' für einen Ort in Sachsen (HENGST 1978:503; s. auch WALTHER 1984). Hier besteht also durchaus gewisse Funktionalität, indem korrekte Hinweise auf die Namenklasse erfolgen.[22]

Der ganze Themenkomplex der onymischen "Volksetymologie" ist bislang noch ungenügend bearbeitet. Nicht einmal das Ausmaß an onymischer sekundärer Transparenz wurde bisher dokumentiert geschweige denn analysiert, wiewohl es mehrere Arbeiten streifen (z.B. WESCHE 1970, EICHLER 1978, WIESINGER 1995b), die jedoch von Resemantisierung/semantischer (Re-)Motivierung o.Ä.[23]

---

21 Zu mehr Bsp. s. OLSCHANSKY (1996, 1999), DEBUS (1980, 2005), KOCH 1963, HENGST (1978, 1981, 1984), EICHLER/ŠRÁMEK 1984, WIESINGER (1995b, 2005), DRÄGER/SCHMUCK 2009, FETZER 2011. Zu Volksetymologien bei dt. FamN in den USA s. EICHHOFF (2001:264f.).

22 Auch FETZER (2011:117ff.) beschreibt in seiner Untersuchung zur Volksetymologie berndt. Toponyme solche Fälle, z.B. das reanalysierte Suffix *-ingen* in *Schneisingen* < *in Sneisanwang* (839) mit *-wang* 'Halde'. Ob es sich dabei um eine Grammatikalisierung handelt, sei allerdings bezweifelt. Weiteres Bsp. ist *-stetten* im GemeindeN *Därstetten* < *Tarenchat* (1228; ebd.:119). Zu *-ingen*-Reanalysen s. auch EICHLER 1990.

23 EICHLER 1978, EICHLER/ŠRÁMEK 1984 und HENGST 1978 fassen die onymische Volksetymologie zur "lexikalisch-semantischen Integration" und sprechen irreführenderweise von "sekundärer semantischer Motivierung", abgekürzt "SSM". Später hat HENGST 1984 diesen missverständlichen Terminus zutreffend durch "sekundäre scheinbare semantische Verankerung" ("SSSV") ersetzt. FLEISCHER (1984:60) schlägt den Terminus "Pseudosemantisierung" vor (s. auch HENGST 1985).

ausgehen. Als einer der wenigen hat KOCH 1963 erkannt, dass dieser Prozess bei EN gerade nicht darin besteht, eine semantische (Re-)Motivierung vorzunehmen. KOCH geht sogar so weit, "[e]ben das Widersinnige und Ungereimte eines ON. [OrtsN] [als] das beste Kennzeichen der Volksetymologie" (ebd.:165) heranzuziehen. "Deren Wesen muss also woanders liegen als beim Sinngeben oder Sinngebenwollen" (ebd.:165). Er sieht darin ausschließlich mnemotechnische Erleichterungen zur besseren mentalen Verankerung isolierter Wortgebilde (so auch FLEISCHER 1964:371). Damit ist die Volksetymologie bei EN "kein bedeutungsmäßiger, sondern ein rein äußerlicher Vorgang" (ebd.:166): Der EN-Körper wird nur formal an bekannte Strukturen angebunden und dadurch transparenter. Nur in Ausnahmefällen erlangt er Seme, die auf das Objekt zutreffen.

Am ehesten neigen solche EN zu **sekundärer Transparenz**, die besonders opak (fremd) und außerdem lang sind (FETZER 2011). Sie werden darüber hinaus nicht allzu häufig und oft nur kleinräumig verwendet. Am stärksten betroffen sind OrtsN, dann FamN, am wenigsten RufN, vermutlich weil zu häufig auf diese zugegriffen wird und sie ein festes, bekanntes Inventar bilden.

Damit wird deutlich: Namen sind nicht einfach nur "gestrandete", erstarrte APP, die jahrhundertelang unverändert bleiben. Namen verändern sich ihrerseits und können, neben Volksetymologie, auch morphologischen Wandel vollziehen (z.B. mit onymischen Suffixen, s. Kap. 4.2.2).

3.2.3 Übersetzbarkeit

Aus den unterschiedlichen Referenzweisen (mit und ohne Semantik) resultieren weitere Unterschiede zwischen EN und APP, so bzgl. der **Übersetzbarkeit**: APP kann man übersetzen (nhd. *Hund* zu engl. *dog*, frz. *chien*, span. *perro*, poln. *pies*), nicht aber Namen: *Bello* bleibt *Bello*, egal, in welchem Land. Namen gelten als unübersetzbar, selbst transparente. Wie bereits in der Einführung erwähnt, würde Helmut *Kohl* niemals zu engl. **Cabbage*. Unter Übersetzung fällt nicht das Phänomen der **interlingualen Allonymie** (BACK 1991). Hier handelt es sich um ein und denselben Namen, der in verschiedenen Sprachen (oder Dialekten) unterschiedlich lautet und/oder geschrieben wird, also verschiedene Äquivalente aufweist: nhd. *Wien* [vi:n] vs. frz. *Vienne* [vjɛn], ndl. *Wenen* ['ve:nə(n)], auch vs. österr.-dial. [veɐn]. Das gleiche gilt für nhd. *Karl*, frz./engl. *Charles* (mit verschiedenen Aussprachen), span. *Carlos*, poln. *Karol* (BACK 1991:14). Es sind genaugenommen verschiedensprachige Formen für ein und denselben Namen. Diese Allonymie fällt im Fall von *Deutschland* extrem aus: frz. *Allemagne*, engl. *Germany*, schwed. *Tyskland*, poln. *Niemcy*, finn. *Saksa*. Auch hier – BACK 1991 spricht in solchen Fällen von Namenbündeln – liegen keine Übersetzungen vor.

Generell wird danach unterschieden, in welchem Land bzw. Sprachgebiet sich der Namenträger/das Objekt befindet, d.h., wo er originär angesiedelt ist. So bildet *Deutschland* als einheimischer Name das sog. **Endonym** (BinnenN), während die ausländischen Bezeichnungen *Germany*, *Allemagne* etc. sog. **Exonyme** (AußenN, Fremdbenennungen) darstellen. Umgekehrt bildet *France* [frãs] das Endonym, wohingegen nhd. *Frankreich*, span. *Francia* etc. Exonyme sind. In BACK

1991 erfolgen weitere Differenzierungen, etwa bzgl. des formalen Abstands von Namenpaaren wie frz. *France* und span. *Francia*, wo nur Stammvariation besteht.

Ganz anders bei (den eher selten vorkommenden) transparenten, d.h., lexikalisch durchsichtigen Namen wie ndl. *Nederland*, nhd. *Niederlande* und frz. *Pays-Bas*, wo eine sog. **Wortsinnübereinstimmung** besteht. Hier werden diese noch transparenten Lexeme übersetzt, daher spricht man auch von **Namenübersetzung**. *Schwarzwald* heißt im Engl. *Black Forest*, im Frz. *Forêt-Noire*, im Span. *Selva Negra*, im Ndl. *Zwartewoud*. Wenn *Österreich* im Finn. *Itävalta* heißt (*itä* 'Osten', *valta* 'Reich'), liegt Übersetzung vor, nicht aber in frz. *Autriche* (ohne wörtliche Bedeutung). Namen sind, wenn überhaupt, nur bedingt übersetzbar. Die wenigen Beispiele dafür entstammen OrtsN, weniger PersN.[24] Je weniger prototypisch der Name (Kap. 6), desto eher wird er übersetzt (v.a. InstitutionsN wie *White House* → nhd. *Weißes Haus*, Praxonyme wie *der Zweite Weltkrieg* → engl. *Second World War*, frz. *la Seconde Guerre mondiale*, auch Parteien, Organisationen, Buchtitel, Filme; Kap. 10). Im prototypischen Namenbereich (Anthroponyme, auch Toponyme) werden eher wenige wortsinnübereinstimmenden Namen übersetzt (s. *Shakespeare, Kohl* oben). Dabei wird heutzutage weniger denn je übersetzt, gilt dies doch zunehmend als provinziell: Früher nannte man die *Rocky Mountains* im Dt. *Felsengebirge*, heute benutzt man das Endonym. Selbst bei transparenten Film- und Buchtiteln wird oft ein ganz anderer Titel gewählt (vgl. den Film *Pirates of the Caribbean: The Curse of the Black Pearl*, was im Dt. zu *Fluch der Karibik* wurde; s. NORD 1993). Generell ersetzt man Exonyme immer öfter durch Endonyme, dabei mit möglichst originalsprachlicher Aussprache. Viele sprechen statt von *Peking* von *Beijing* [bei'dʒɪŋ] und artikulieren in *Barcelona* <c> als [θ] statt wie bisher leseaussprachlich als [ts]. Kurzum: Namen belässt man eher, v.a. im Dt., in ihrer endonymischen Originalform, sowohl phonisch wie graphisch.[25] Sie bilden eine Art Zitat. Der Namenkörper bleibt dabei unangetastet (zum Thema Name und Übersetzung s. GUTSCHMIDT 1980, GLÄSER 1989, wo leider auch die Endonymisierung dazugerechnet wird; besser KALVERKÄMPER 1996, HARWEG 1998:345–374, BACK 1991, SCHREIBER 2001). Besondere Herausforderungen an die Übersetzung stellen literarische Namen (GÜTTINGER 1963:76–87 und Kap. 3.3.3).

3.2.4 Referenzfixierungsakt

Oft benennen wir selbst neue, noch unbenannte Objekte, z.B. bei der Kindstaufe, bei der Anschaffung von Haustieren, bei Puppen und Stofftieren, d.h., wir selbst leisten die Zuordnung eines selbst gewählten Namens zu einem Objekt. Dies geschieht auch bei der Wahl von WarenN, von Schiffs- und FlugzeugN etc. Diese explizite, manchmal sogar feierliche, sektbegossene Zuordnung nennt man **Referenzfixierungsakt** (Namengebungsakt). APP werden dagegen nicht referenz-

---

24 Einen interessanten Fall von PersN-Übersetzung bilden die HumanistenN im 15. Jh., wo v.a. Geistliche ihre transparenten FamN ins Lat. übersetzten, z.B. *Schmidt* → *Faber, Fabricius*; *Bauer* → *Agricola* (KALVERKÄMPER 1996, SEIBICKE 2008:198, DFA III:Kap. V). Auch BeiN werden prinzipiell übersetzt: *Richard Lionheart – Richard Löwenherz – Richard Coeur de Lion*.

25 Außer es handelt sich um andere Schriftsysteme, z.B. kyrillisch.

fixiert. Hier gelangt man durch Konvention zu neuen Bezeichnungen, seien diese entlehnt (*E-Mail, surfen, downloaden*) oder über Wortbildung gewonnen (*Bruttosozialprodukt*).[26] Man darf aber nicht den Umkehrschluss ziehen, dass alle Namen einmal referenzfixiert worden sein müssen: V.a. Toponyme wie StädteN, Berg- und GewässerN, aber auch FamN bestehen aus erstarrten definiten Beschreibungen, die sich sukzessive auf diesen einen Gegenstand verengt haben und schließlich erstarrt sind. Hier handelt es sich um eine graduelle Proprialisierung, wie wir sie bei *die neuen Bundesländer* noch kennenlernen werden (Kap. 3.4.1).

3.3 Zwischen Appellativ und Name

Bisher haben wir uns bemüht, klare Unterscheidungskriterien für EN und APP zu finden. Dennoch gibt es einige Einheiten, deren eindeutige Zuordnung zu dem einen oder anderen Pol nicht möglich ist. Hierzu gehören die sog. Gattungs-EN, die Bei- und die ÜberN, manche literarische Namen und die WarenN.

3.3.1 Gattungseigennamen

HARWEG (1983, 1997:89–121) beschreibt den Typus des **Gattungseigennamens**. Dabei handelt es sich um Namen, die die app. Kategorie ihres Trägers mitbezeichnen und damit partiell durchaus motiviert sind. Die app. Elemente kann man nicht weglassen, daher nennt HARWEG 1983 sie **genuine Gattungs-EN**. Hier ein paar Beispiele (die app. Basis ist unterstrichen): *Bodensee, Feldberg* (zur Bezeichnung des höchsten Bergs des Schwarzwalds, auch des Taunus), *Eiffelturm, Siebengebirge, Johannes Gutenberg-Universität, Eulen-Apotheke, Wilhelmstraße, Alexanderplatz, Helmholtzgymnasium*. Während die Gattungsbezeichnung hier jeweils hinten steht, bildet sie in den folgenden Beispielen das Anfangsglied: *Villa Hügel, Palais Schaumburg, Haus Dortmund, Schloss Brühl, Kloster Corvey*. HARWEG (1983:160) betont, dass es sich dennoch um EN handle:

> [E]s sind Eigennamen, die als Teilausdruck einen Gattungsnamen enthalten, einen Gattungsnamen allerdings, der sich, unbeschadet des Fortbestandes seiner Gattungsnamenfunktion, dem Gesamtausdruck, von dem er ein Teil ist, funktional unterordnet.

Diesen app. Teil nennt er auch "Mikro-Gattungsname", um anzuzeigen, dass seine Funktion zwar noch "unverkennbar hindurchschimmert", ansonsten aber reduziert sei und von der EN-Funktion überlagert werde. Für manche Namenklassen (StraßenN, GebäudeN, InstitutionsN) ist diese Bauweise charakteristisch, für andere weniger (FLEISCHER 1970, 1989b, KOLDE 1995). Es gibt viele Städte/Ortschaften auf *-berg* (*Heidelberg*), *-bach* (*Ansbach*), *-hafen* (*Ludwigshafen*), *-see* (*Falkensee*), *-land* (*Westerland*), *-feld* (*Bielefeld*), *-wald* (*Eberswalde*), sogar auf *-mann* (*Mettmann*) etc., ohne dass hier ein motivierter Bezug zum Objekt bestünde. Dies gilt

[26] Termini (Fachwörter) als besondere Art der APP werden allerdings definiert, um der fachlichen Kommunikation dienen zu können.

auch für das Anfangsglied: *Klosterreichenbach* (Stadtteil von Baiersbronn), *Burglengenfeld* (Stadt), *Schloß Neuhaus* (Stadtteil von Paderborn). Man sieht es also einem Wort nicht an, ob es ein reiner EN oder ein genuiner Gattungs-EN ist. Am Beispiel von *Falkenberg*, das einmal einen Berg (Gattungs-EN) und einmal einen FamN (reiner EN) bezeichnet, wird deutlich, dass der Status nicht von außen erkennbar ist. Auch *Feldberg* bezeichnet sowohl einen Berg (Gattungs-EN) als auch eine badische Kleinstadt (Name). Eine Artikelprobe (d.h., ob im Fall der Gattungs-EN sog. Artikelpflicht besteht) führt hier nicht weiter. Allerdings übersieht HARWEG, dass bei Gattungs-EN die im Letztglied stehende Gattungsbezeichnung das Genus des Gesamtkomplexes regiert (FLEISCHER 1970:40f.): *der See – der Bodensee* (aber *das mittelalterliche Falkensee*), *der Berg – der Feldberg* (aber *das südbadische Feldberg*). Echte Namen entkoppeln ihre Genuszuweisung vom Letztglied (Kap. 4.2.1c). Dies spricht zusätzlich für ihren Namenstatus. FRITZINGER demn. zeigt, dass sich die Genitivflexion von Gattungs-EN ggü. entsprechenden APP (z.B. *Schwarzwald, Odenwald* ggü. *Nadelwald, Regenwald*) insofern unterscheidet, als erstere eher *-s* und zweitere eher *-es* nehmen (s. Kap. 4.2.1a).

Selten kommen Gattungs-EN bei Personen vor, häufiger bei Orten.[27] Bei den Klassen jenseits der Personen- und OrtsN nimmt dieser Typus zu, vermutlich aus Memorierungsgründen (Kap. 6.2). Oft tritt er bei *Café XY, Restaurant XY, Hotel XY*, auch *Orkan XY, Tief XY* auf. Es ist jedoch nicht immer (oder unterschiedlich) obligatorisch, das APP mitzuführen (*wir wohnen im Frankfurter Hof*). Bei sog. **halbgenuinen Gattungs-EN** ist die Gattungsbezeichnung (meist eine titelartige Erweiterung) dagegen weglassbar: *(Kaiser) Wilhelm II., (Zeche) Harden, (Frau) Müller, (Ministerin) von der Leyen*. Dies scheint auch für WildtierN zu gelten: *(Problembär) Bruno, (Trauerschwänin) Petra* (Kap. 8.5). Zu weiteren Differenzierungen s. HARWEG (1983, 1997:89–121), zur Gen.- und Pl.-Bildung Kap. 4.2.1.

3.3.2 Beinamen und Übernamen

BeiN sind unfeste, meist app. **Namenzusätze**, wobei es hier (wie überall) verschiedene Grade v.a. bzgl. ihrer Festigkeit gibt (Kap. 7.3.1). Besonders wenn ein Name mehrfach vergeben ist – was bei Menschen ja durchaus vorkommt –, behilft man sich mit BeiN: *(die) Petra aus Rostock* vs. *(die) Petra vom Tennis*. Diese Zusätze können in bestimmten Sprecherkreisen (solchen, die beide *Petras* kennen) mehr oder weniger fest werden, da es Probleme bereiten kann, wenn die Direktreferenz mit einem Namen auf eine Person gestört ist. Im Fall von *Katharina die Große, Hildegard von Bingen, Karl der Große, Wolfram von Eschenbach, Walther von der Vogelweide* handelt es sich um BeiN berühmter Frauen und Männer.[28] Diese haf-

---

27 HARWEG (1983:169, Fußnote 7) führt als sog. halbgenuinen Gattungs-EN für eine Person *Herr Professor Hartmann* an (s. auch FLEISCHER 1989b).

28 *Wolfram von Eschenbach* und *Otto von Habsburg* scheinen an der Oberfläche ähnlich strukturiert zu sein, sind letztlich aber sehr unterschiedlich: *von Eschenbach* ist BeiN und *von Habsburg* ist FamN. Letzterer kann verkürzend für die Person stehen, ersterer nicht, vgl. *die Beobachtungen von Habsburgs waren zutreffend* vs. **die Beobachtungen von Eschenbachs waren zutreffend; von Eschenbach* hat nur den Status einer Apposition.

ten hier ziemlich fest am RufN. Doch kann in Insiderkreisen der BeiN auch weggelassen werden, er dient mehr der Unterscheidung gleichnamiger Personen als der Charakterisierung. In der Mediävistik spricht man oft nur von *Wolfram* oder *Walther*. Dennoch ist das charakterisierende Element vorhanden, in der Regel auch motiviert und wird meist übersetzt. *Petra aus Rostock* kann ihren BeiN jedoch auch dann behalten, wenn sie nach Mainz umzieht. Dies macht den Zusatz ein Stück onymischer. Semantische Adäquatheit wird bei Namen nicht eingefordert, auch wenn sie mit APP oder Adj. homophon sind. Daher handelt es sich bei BeiN eher um Namen, auch wenn sie oft motiviert sind. BeiN stehen auch deswegen zwischen APP und EN, weil ihre Bindung an das Referenzobjekt loser ist als die echter Namen: Sie können, wie erwähnt, weggelassen werden (während ohne den RufN die Referenz nicht zu leisten ist), sie werden oft erst im Laufe des Lebens an eine Person vergeben, sie werden nicht vererbt, sie passen meist zu dieser Person. V.a. können sie im Laufe des Lebens wechseln, oder eine Person hat - je nach Sprecherkreis - mehrere BeiN (mehr dazu in Kap. 7.3.1).

ÜberN (oft, wiewohl nicht synonym, auch als **SpitzN** bezeichnet) wie *Bär*, *Liebling*, *Mäuschen* zählen zu den inoffiziellen Namen. Sie bilden keine Namenzusätze, sondern eigene, besonders persönliche Namen, die nur von bestimmten Personen verwendet werden dürfen und eine emotionale Haltung zum Namenträger ausdrücken (Kap. 7.4.2). Bei ÜberN "überwiegt die charakterisierende Absicht, die identifizierende tritt zurück, die lexikalische Wortbedeutung ist relevant" (FLEISCHER 1964:371f.). FLEISCHER erwähnt das Beispiel *Frosch* "nach dem Gesichtsausdruck" (ebd.). Solche ÜberN werden auch gern übersetzt, etwa der von Margaret Thatcher (*Iron Lady* → *Eiserne Lady*) oder der des Terroristen Ramírez Sánchez (*Carlos the Jackal* → *Carlos der Schakal*). Doch zeigen ÜberN "die Tendenz des Verblassens oder völligen Verschwindens der ursprünglichen Prädikativität und Semantizität" (SEILER 1983:152). Daher bezeichnet man dies als **Primärmotivation**: Im Moment der Namengebung sind sie motiviert, um danach demotiviert werden zu können. SONDEREGGER (2004a:3407) spricht hier vom "Gesetz der semantischen Isolierung". ÜberN prädizieren nicht, ebensowenig wie andere Namen: "Dagegen ist prinzipielle Wahrheitswertfähigkeit für eine Reihe deskriptiver PN_i [inoffizielle PersN] nicht von Belang" (KANY 1992:23). Man kann das Objekt nicht mithilfe ihres lexikalischen Gehalts bestimmen. ÜberN sind also primärmotivierte Namen und bestehen meist aus APP, Adj. oder anderen Wortarten (z.B. *Lausemädchen*, *Ketchup*, *Dicker*, *Freilich-freilich*; KANY 1992, 1993, 1999, der bei den inoffiziellen PersN das Konzept des "semiotischen Omnibusses" entwirft; s. auch EWALD 2005:103).

BeiN sind häufig durch ein Verbindungsglied mit dem RufN verbunden (*Wolfram von Eschenbach*). Historisch haben sich solche BeiN ca. ab dem 12. Jh. zu FamN entwickelt. FamN sind "echte" Namen, da sie unmotiviert sind und fest zum RufN hinzutreten. Die Trennlinie beim diachronen Übergang vom Bei- zum FamN ist nicht scharf: Man zählt Namenzusätze, die über mindestens drei Generationen hinweg vererbt werden, eher zu den FamN, weil man davon ausgeht, dass sie nicht mehr motiviert sein dürften, selbst wenn sie einen Beruf bezeichnen, der sich über mehrere Generationen hinweg durch die Familie ziehen könnte

(Söhne haben oft den Beruf ihres Vaters übernommen). Ebenso geht man vom Vorhandensein eines FamN aus, wenn er von allen Familienmitgliedern getragen wird und wenn der app. Gehalt des BeiN nicht auf den Träger passt (*Heinrich Krauskopf* hat glatte Haare, *Otto Schäfer* ist Schmied; Kap. 7.3.1).

Selbst grammatisch manifestiert sich im Dt. der Unterschied zwischen unfestem Bei- und festem FamN: Treten onymische Gesamtverbindungen in den Gen., so flektiert nur der FamN, da er fester Bestandteil des GesamtN ist (zum GesamtN gehören auch vorangestellte Titel wie *Dr., Ministerin*) und diesen abschließt. Im Dt. gilt das sog. Kopf-rechts-Prinzip: Das letzte Glied einer Wortbildung legt die Kategorie der gesamten Wortbildung fest, d.h., es bestimmt Genus, Flexionsklasse und trägt die Flexive: *[Angela Merkel]s Wahlsieg, [Ex-Bundeskanzler Doktor Helmut Kohl]s Memoiren, [Ursula von der Leyen]s Gesetzentwurf.* Gleiches gilt bei Nachstellung des GesamtN (was jedoch seltener erfolgt): *der Wahlsieg [Angela Merkel]s, die Spenden [Ex-Bundeskanzler Doktor Helmut Kohl]s* (s. ACKERMANN 2014).

Der BeiN hat dagegen den Status einer **Apposition**. Er ist nicht in das Namenkompositum integriert und kongruiert im Fall eines Adj. polyflektierend mit dem RufN (*die Politik [Katharina]s der Großen*). Im Fall eines substantivischen BeiN bleibt dieser, so zumindest die gegenwärtige Regel, unflektiert: *die Gedichte [Walther]s von der Vogelweide* (**die Gedichte [Walther von der Vogelweide]s*), *das Werk [Wolfram]s von Eschenbach* (**das Werk [Wolfram von Eschenbach]s*). Ist jedoch ein solcher BeiN-Komplex dem regierenden Nomen vorangestellt, so wird durchaus dessen letztes (BeiN-)Glied flektiert: *[Walther von der Vogelweide]s Gedichte*, seltener *?[Walther]s von der Vogelweide Gedichte* (ZIFONUN 2001, DUDEN-Grammatik 2009:§1566, FUSS 2011; mehr zu diesem im Wandel begriffenen Komplex s. in Kap. 4.2.1). Zusammenfassend: Je fester und usualisierter der Namenkomplex, desto eher wird er auch rechtsköpfig (wie ein Kompositum) flektiert: Für Ruf- + FamN gilt dies immer, für Ruf- + BeiN nur bedingt, wobei dies von der Position der Genitivphrase abhängt.

Oben wurde gesagt, BeiN seien "meist app. Namenzusätze", doch gilt dies nicht immer so strikt. In Island besteht bis heute ein sog. einnamiges System aus (festem) RufN + (unfestem und meist) patronymischem BeiN vom Typ *Ingibjörg Kristjánsdóttir* oder *Haraldur Kristjánsson. Ingibjörg* und *Haraldur* sind die festen (und einzigen) (Ruf-)Namen, die nach der Geburt vergeben werden. Ihr Vater heißt *Kristján*, sodass ihre BeiN "Kristjáns Tochter" bzw. "Kristjáns Sohn" voll motiviert (sog. echte Patronyme) und nicht weitervererbbar sind. Im unmarkierten (häufigsten) Fall wird der Sohn von Haraldur den BeiN *Haraldsson*, seine Tochter den BeiN *Haraldsdóttir* tragen. Die Kinder von Ingibjörg werden in ihrem BeiN den RufN von Ingibjörgs Mann fortsetzen, wobei heute immer öfter der MutterN (sog. Metronym) zum BeiN gemacht wird (KVARAN 1996). In Island ist der RufN der einzige und damit wichtigste Name, alle Namenverzeichnisse wie das Telefonbuch sind nach ihm alphabetisch geordnet (Abb. 16 in Kap. 7.1). Der BeiN dient nur der Differenzierung (und der genealogischen Verankerung). Insofern ist er durchaus motiviert (seine Informationen treffen zu) und ziemlich unfest. Im Alltag wird er wenig gebraucht (mehr dazu in Kap. 7.1).

3.3.3 Literarische Namen

VerfasserInnen literarischer Texte sind frei, ihren fiktiven Figuren und anderen Gegenständen Namen zu geben, und diese Freiheit wird ausgiebig genutzt. Sehr oft sind literarische Namen daher motiviert, sie haben einen Aussagegehalt und können der Textinterpretation dienen. Bzgl. ihrer Motivation sind mehrere Ebenen zu unterscheiden (nach EWALD 2005, 2009, SOBANSKI 2000, DEBUS 2002). Dabei stehen die **charakterisierenden** oder **redenden** (sprechenden) **Namen** den APP am nächsten (*Werther* als Komparativ zu *wert*, *Diederich Heßling* zu *hässlich*). Redende Namen kommen in literarischen Texten überaus zahlreich vor und enthalten verschiedene Grade an app. Ähnlichkeit (s. hier z.B. die graphematischen Veränderungen und in *Heßling* außerdem das Namensuffix *-ing*).

Weitere literarische Namentypen sind die (hiervon oft schwer abgrenzbaren) **klangsymbolischen Namen**, die nur Assoziationen an andere APP oder Wortarten erzeugen (wie z.B. *Mörschel* zu *barsch*, *harsch*), die **verkörpernden** (auch: verkörperten) **Namen**, die auf andere (fiktive oder reale) Namenträger verweisen, sowie die **klassifizierenden Namen**, die soziale und geographische Informationen (Konnotationen) transportieren wie Nationalität, Regionalität, Ethnizität, Konfession, Schichtzugehörigkeit. Wichtig ist, dass nicht alle Namen in der Literatur motiviert sein müssen. Die literarische Onomastik ist mittlerweile gut bearbeitet und kann hier nicht weiter vertieft werden.[29]

3.3.4 Warennamen

Auch die **WarenN** bilden aus logischer Sicht einen intermediären Fall: Einerseits tragen Produkte echte Namen, die sogar oftmals erfunden und ihnen per Referenzfixierungsakt zugewiesen wurden, andererseits bezeichnet man mit *Golf* Tausende von Autos eines bestimmten Typs. WarenN bezeichnen also nicht nur EIN Objekt, das Gebot der Monoreferenz – wichtigstes Kriterium für Namen – ist verletzt. Sie verhalten sich auch grammatisch wie APP, indem sie pluralisierbar sind und mit Definit- oder Indefinitartikel auftreten können: *sie kauft sich einen Golf; der Golf leistet ihr gute Dienste*. Ein zentraler Unterschied zu APP besteht dennoch: In Kap. 3.1 wurde in Bezug auf APP gesagt: Diese beziehen sich auf eine Gruppe ähnlicher Gegenstände, genauer: Diese Gegenstände teilen sich **einige wichtige Merkmale (und nicht etwa alle)**. Auch WERNER (1974:174f.) bezeichnet APP als Klassenbezeichnungen "für eine bestimmte Menge von Gegenständen, die durch **einige gemeinsame Merkmale** definiert" sind, "wobei diese gemeinsamen Merkmale mitgenannt werden. *Junge* gilt z.B. für alle Gegenstände mit den Merkmalen [+ menschlich, + männlich, - erwachsen]" (Hervorhebung DN). Die Klasse der *Jungen* besteht aus in jeder Hinsicht ganz verschiedenen Mitgliedern: rot- und schwarzhaarigen, blonden, großen, kleinen, dicken, dünnen, dummen, schlauen – und dennoch subsumieren wir sie unter eine Klasse und einen Klas-

[29] Mehr dazu bei BIRUS 1967, EIS (1970:59–92), LAMPING 1983, GUTSCHMIDT 1989, EWALD (2005, 2009), DEBUS (2001b, 2002, 2012:205–215), NICOLAISEN 2004, KOHLHEIM 2007, zum Problem der Übersetzung s. GÜTTINGER (1963:76–87).

senbegriff. Es reicht 'menschlich', 'männl.' und 'nicht erwachsen'. Genau dies trifft auf WarenN nicht zu, denn die moderne industrielle Produktion hat uns eine weitere, bis dahin nicht dagewesene Kategorie beschert, nämlich Klassen gewissermaßen geklonter, zumindest nicht unterscheidbarer, identisch erscheinender Objekte. Diese teilen miteinander **sämtliche Merkmale**.

> Warennamen bezeichnen eine Klasse von Referenten, die nicht nur bestimmte Eigenschaften gemeinsam haben, sondern untereinander völlig gleich sind. Es existiert gewissermaßen derselbe Referent mehrmals. Insofern hat dieser Referent durchaus einen Namen verdient. […] In der linguistischen Literatur wird das Definitionsproblem häufig gelöst, indem man die Warennamen als Übergangsform zwischen Namen und Appellativen betrachtet (RONNEBERGER-SIBOLD 2004:558).

Man kann zwar ein *Tannenzäpfle* (Bier) kaufen oder auch zwei. Die Exemplare lassen sich jedoch nur zählen, aber nicht voneinander unterscheiden (es sei denn, man hat sie manipuliert, z.B. beschriftet). Die zehn Jungen einer Gruppe kann man jedoch identifizieren, unterscheiden und wiedererkennen. Bei zehn Flaschen *Tannenzäpfle*, die in einer Kiste stehen, ist das unmöglich.[30]

3.4 Vom Appellativ zum Namen und umgekehrt

Während Kap. 3.3 Einheiten thematisiert hat, die per se zwischen EN und APP liegen, also einen hybriden Status innehaben, behandelt dieses Kapitel den Übergang von der einen in die andere Kategorie. EN und APP sind nicht nur im Sprachsystem benachbart, sie können auch diachron ineinander übergehen (BLANÁR 1980, SCHIPPAN 2002). Dabei bilden APP die mit Abstand häufigste Quelle für EN, d.h., der Wandel APP > EN ist viel häufiger als umgekehrt.

> [E]in Eigenname wird zum Appellativ, wenn er zum Ausdruck von Eigenschaften wird, die er zunächst bei seinem Verweis auf ein Objekt nur implizieren ließ. Ein Appellativ wird zum Eigennamen, wenn er beim Referieren seine deskriptiven Bedingungen aufgibt (LEYS 1989a:153).

Abb. 6: Vom Appellativ zum Namen und umgekehrt

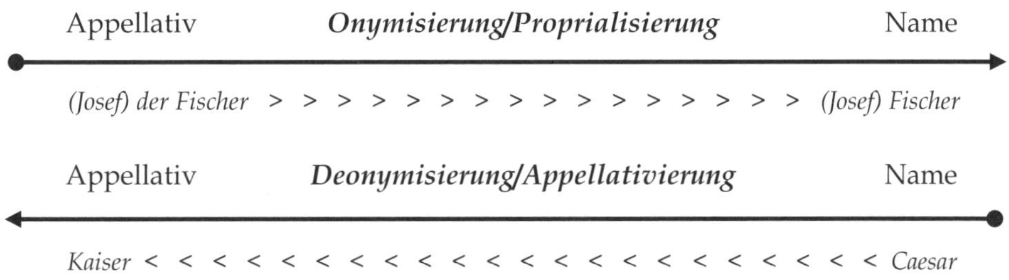

[30] Mehr zu diesen Hybriden in Kap. 10.1.2 sowie bei EISENBERG (2013, Bd. 2:145), KOSS (2002:185f.), LÖTSCHER 2008, RONNEBERGER-SIBOLD (2004:557f.), SCHIPPAN (2002:64f.).

3.4.1 Vom Appellativ zum Namen (Onymisierung, Proprialisierung)

Die Entwicklung APP > EN hat viele Erscheinungsformen, die im Folgenden grob nach a) lexikalisch/semantisch, b) morphologisch und c) phonologisch/graphematisch geordnet werden. Absatz d) differenziert verschiedene Transparenzgrade. Schließlich folgt in e) ein Fallbeispiel für eine konkrete Proprialisierung.

Die formale Auseinanderentwicklung zwischen APP und Name bezeichnet man als **Dissoziation**. Sobald Namen sich von der Appellativik entkoppelt haben, erstarren sie materiell oder gehen andere Wege, z.B. indem sie assimilieren (*Lindbach* > *Limbach*, *Schwanenbach* > *Schwambach*, *Wirdeneberch* > *Württemberg*) oder kontrahieren (*Bernhard* > *Bernd*), sie können aber auch morphologisch aktiv oder volksetymologisch umgeformt werden (Kap. 3.2.2). Für die historische Sprachwissenschaft sind sie wegen ihres oft konservativen Charakters (Erhalt alter Lexeme und Morpheme) von größtem Wert. Prinzipiell kann die Dissoziation EN/APP auf zwei Weisen erfolgen: Der EN entfernt sich vom APP, oder das APP entfernt sich vom EN (oder beide entfernen sich gleichzeitig voneinander).

a) lexikalisch und semantisch

Die meisten Namen gehen auf einstige APP zurück. Am Beispiel des *Schreiers* in Kap. 2.4 wurde bereits deutlich, dass es hierfür der Tilgung der semantischen Merkmale und der Erstarrung des Ausdrucks zu *der Schreier* bedarf: Anfangs semantisch motiviert, heftet sich der Ausdruck *der Schreier* fest an eine Person, die ab einem bestimmten Zeitpunkt von bestimmten Sprechern so und nicht anders benannt wird. Die semantische Verbindung wird durch die Usualisierung deaktiviert. Spätestens dann, wenn sich das Referenzobjekt so sehr verändert hat, dass die semantischen Merkmale nicht mehr zutreffen (d.h., *der Schreier* nicht mehr schreit), wissen wir, dass eine Proprialisierung (oder Onymisierung) stattgefunden haben muss. Doch hat diese Entkoppelung bereits lange, bevor die Person mit dem Schreien aufgehört hat, stattgefunden. Da wir oft Ad-hoc-Namen für uns namentlich unbekannte Objekte erfinden, sieht man, wie schnell und abrupt ein APP onymisieren kann. Bezogen auf OrtsN bemerkt BERGER (1976:382) Ähnliches:

> Stellenbezeichnungen wie *bei dem großen Nußbaum* oder *im nassen Tälchen* werden nicht erst dann zu Eigennamen, wenn der Nußbaum gefällt und das Tälchen trockengelegt ist, sondern sie sind es, sobald sie über den gelegentlichen Gebrauch hinaus als feste Bezeichnungen der betreffenden Gemarkungsstelle verwendet werden. So ist es auch mit 'redenden Straßennamen': *Marktplatz*, *Bahnhofstraße*, *Frankfurter Straße*, *Am Schloßgraben*, *Kirchgasse*; solche Namen helfen dem Fremden, sich zurechtzufinden. Aber im Alltag ist ihre appellativische Bedeutung ohne Belang, sie dienen nur der eindeutigen Ortsbestimmung in der Stadt, und in dieser Funktion ist *Bahnhofstraße* ebenso Eigenname wie *Kaiserring*, *Adenauerallee* und andere Ehrenbezeichnungen von Straßen und Plätzen.

Daher enthalten EN oft "Informationen", die nicht mehr auf das Objekt zutreffen: Bei *Düsseldorf* hat sich das Objekt zu einer Stadt gewandelt, ohne dass deshalb der Name verändert wurde. Hierfür gibt es unzählige Beispiele (BAUER 1998:45).

Auch bei der Entstehung der FamN ist die Entkopplung der im Namen genannten Tätigkeit, der (physischen/charakterlichen) Eigenschaft, Herkunft, Abkunft oder des genannten Siedlungsraums der Person der Beweis dafür, dass eine Onymisierung stattgefunden haben muss. Die **fehlende Passfähigkeit** ist das Indiz. Für das Vorliegen eines festen FamN (Onymisierung) legt man als weiteres Kriterium seine Vererbung durch mehrere Generationen zugrunde, und damit auch seine Übertragung auf die anderen Mitglieder der Familie (z.B. Geschwister), d.h., der bisherige Namenzusatz hat nichts mehr mit objektiven Eigenschaften eines einzelnen Namenträgers zu tun.

Die fehlende semantische Passfähigkeit zwischen einstigem APP und Objekt muss jedoch nicht nur auf Veränderungen des Objekts zurückgehen, die von seinem Ausdruck nicht mitvollzogen werden (Typ *Düsseldorf*). Umgekehrt kann auch ein APP semantischen Wandel erfahren, den sein onymisch erstarrtes Korrelat, da entkoppelt, nicht mit(ge)macht (hat). So konservieren viele StädteN auf *-burg* die alte Bedeutung 'Stadt', d.h., die spätere semantische Verengung von *Burg* auf 'Burg, Befestigungsanlage' muss sich nicht in der Etymologie alter *-burg*-Namen spiegeln. SiedlungsN auf *-stadt* müssen keine Städte sein, da sie auf ahd./mhd. *stat* 'Stätte, Stelle' zurückgehen können, etc. (WIESINGER 1995a:460f.).

Bei vielen opaken Namen ist der Weg aus der Appellativik synchron nicht mehr erkennbar. Oft liegen alte Namen vor, deren zugehöriges APP ausgestorben sein kann; so transportieren unsere zweigliedrigen RufN vom Typ *Hildebrand* (< ahd. *hiltia* 'Kampf' + *brant* 'Schwert') als APP längst ausgestorbene Lexeme. Die FamN *Kirn/Kirner, Kürn/Kürner, Quirn-/Quirmbach* gehen auf das ahd. Wort *quirn* für 'Mühle' (bzw. 'Müller') zurück, das durch lat. *molina* ersetzt wurde. DEBUS (1977a:24) bezeichnet sie treffend als "Wortkadaver". Auch aus anderen Sprachen entlehnte Namen haben diesen deappellativischen Pfad genommen (nur in der anderen Sprache), z.B. *Worms* < kelt. *Borbetomagus* oder *Köln* < lat. *Colonia* (*Agrippina*). Namen konservieren, da sie Jahrhunderte, sogar Jahrtausende alt sein können, sehr oft alte Lexik und sind deshalb nicht nur für die Sprach-, sondern auch für die Kultur- und die Siedlungsgeschichte von hoher Relevanz (SONDEREGGER 2004b). So wird verständlich, warum Namenforschung bzw. Onomastik oft mit der Erschließung der alten (fossilierten) Lexik und Bedeutung, d.h. mit Namenetymologie, gleichgesetzt wird.

Da es genaugenommen **definite Beschreibungen** sind, die zu Namen erstarren, überrascht es nicht, dass auch andere Kategorien außer APP konserviert sein können: **Adjektive** (OrtsN wie *Niedernhausen, Oberhausen, Altenburg, Rot(h)enburg*, GewässerN wie *Schwarzbach*, FamN wie *Schwar(t)z, Krause, Ungestüm*), **Präpositionen** und **Artikel**, die oft verschmolzen sind (OrtsN wie *Unter den Linden, Hofheim am Taunus*, FamN wie *Zurlinden, Vonderlind, Verlinden* (*ver-* < *van der*), *Imhorst, Vormwald*), ja sogar **Verben**, **Adverbien** und **Negationspartikeln** in sog. SatzN (vgl. FamN wie *Schnappauf, Trinkaus, Hassdenteufel, Fürchtenicht, Habenicht, Wohlleben, Glaubrecht*).

In die Rubrik der **Onymisierung** fällt schließlich auch die in vielen Familien praktizierte propriale Verwendung von *Mutter, Vater, Oma, Tante* etc. Der Bezug ist in der kleinen Familiengemeinschaft monoreferent. Auch grammatisch verhalten sich die Bezeichnungen zweifelsfrei wie Namen, denn sie kommen artikellos vor (*nachher kommt Mutter*), im Gen. gehen sie, genau wie PersN, ihrem Bezugswort voraus (KUBCZAK 2011:16), und die Feminina nehmen den exklusiv onymischen *s*-Gen. (Kap. 4.2.1): *Mutters/Omas/Tantes Geburtstag* (vs. app.: *der Geburtstag der Mutter/der Oma/der Tante*; zur EN-Grammatik s. Kap. 4).[31] Mask. EN haben den *s*-Gen. ererbt (*Vaters Geburtstag*). Derivationell machen sie häufig Gebrauch von typisch onymischen hypokoristischen (kosenden) Suffixen wie *-i*: *Mutti, Omi, Vati* (Kap. 4.2.2). Es soll Väter geben, die ihre Frau (so wie es die Kinder tun) mit dem Namen *Mutter/Mutti* adressieren, womit auch die Semantik erlischt. Oder Mütter, die ihren Schwiegervater mit *Opa* anreden. Appellativisch würden sie jedoch nie von ihrer Frau als ihrer Mutter bzw. von ihrem Schwiegervater als dem Großvater sprechen.

b) morphologisch

Gerade wenn es sich um Univerbierungen handelt, können auch **alte Flexionsendungen** erhalten sein: *Niedernhausen* < *zu den nieder(e)n Hausen* (alter Dat.Pl. zu *Haus*), *Altenburg* < (*zur*) *alten Burg*, ja sogar Flexionsformen, die es seit Jahrhunderten nicht mehr gibt, z.B. *Rötenbach* < ahd. *ze demo rotin* (> *röten*) *bahe* 'zum roten Bach' (hier ist ein uralter adj. Kasusumlaut bewahrt). Namen enthalten also nicht nur alte Lexik, sondern auch **alte Grammatik**. Sie sind wichtige sprachhistorische Zeugen. Obwohl (oder gerade weil) die wörtliche und auch die grammatische Bedeutung im Zuge der Onymisierung (Proprialisierung) ausgeblendet werden, bleibt ihr Ausdruck oft fossiliert am Namenkörper erhalten (diese Strukturen werden einerseits nicht mehr benötigt, andererseits stören sie auch nicht), gleich ob die entsprechenden APP phonologischen, morphologischen, graphematischen, semantischen oder lexikalischen Wandel vollziehen oder ob sich die grammatischen Strukturen ändern (*Haus* hat von der mhd. *a*-Klasse mit dem Dat.Pl. *Hausen* in die sog. *iz/az*-Klasse mit dem Dat.Pl. *Häusern* gewechselt, die vielen StädteN auf *-hausen* haben jedoch die alte *a*-Klasse bewahrt).[32]

Im Zuge der Proprialisierung vom APP > EN und der Dissoziation lässt sich sehr häufig die **Auflösung ererbter morphologischer Binnengrenzen** beobachten (was bislang nicht systematisch untersucht ist). Da EN frei von Semantik sind und direkt monoreferieren, bedürfen sie auch keiner internen Morphologie. Also ist es nur funktional, wenn die morphologischen Binnenstrukturen und -grenzen nach und nach abgebaut werden, führt dies doch zu kürzeren, besser artikulierbaren und distinktiveren (vom APP entfernten) EN-Körpern. Dieser wichtige EN-Wandel wird gelegentlich eher en passant erwähnt wie bei FLEISCHER (1964:375), der von "Labilität des Lautkörpers" und "mangelnde[r] morphematische[r] Stabilität" spricht. Vielmehr ist es umgekehrt: Der Namenkörper formiert sich neu und

---

31 NEEF 2006 dokumentiert anhand eines Kinderbuchs, wie leicht APP wie *Spinne* durch Artikellosigkeit, Präponierung im Gen. und die spezielle EN-Flexion onymisiert werden können: "Spinne und Ratte erstarrten. […] die Fledermaus […] brachte Spinnes Netz gehörig zum Wackeln; so angetan war sie von Spinnes Gesang" (ebd.:284).

32 Auf der Schwäbischen Alb gibt es die steinzeitliche Höhle *Hohle Fels* (früher zusammengeschrieben, heute getrennt und unflektiert), im Dat. (*die Venus*) *vom Hohle Fels, im Hohle Fels*.

entledigt sich seiner app. Strukturen. Dieser Wandel hat viele Erscheinungsformen, die hier nur angerissen werden können:

i) **Nichtmarkierung** bzw. **Auflösung der Kompositionsfuge (sowie von derivationellen Grenzen)** durch Nichtsetzung von Fugenelementen, durch Assimilationen, Elisionen, Kontraktionen: Öfter wird erwähnt, dass in EN-Komposita **Fugenelemente** "fehlen". Auch wenn das keine Regel darstellt, so trifft es hier doch vermehrt zu. Dies fällt z.B. bei StraßenN wie *Bahnhofstraße, Ludwigstraße, Königstraße* ins Auge (das APP *Bahnhof+s+-* ist immer verfugt: *Bahnhof+s+gaststätte, Bahnhof+s+viertel* etc.). Ein Unternehmen nennt sein Nudelprodukt <Hochzeit-Nudeln> (wahlweise auch mit Spatium statt Bindestrich, in jedem Fall ohne Fugen-*s*). *Hochzeit* als APP wird dagegen ausnahmslos *s*-verfugt: *Hochzeit+s+kleid* etc. Gegen die app. Verfugungsgewohnheit geht auch der Usus, das Ergonym *Hildebrandlied* ohne Fugen-*s* zu bilden.

In vielen RufN-Komposita mit dem Zweitglied *-wolf* ist bei Ausfall des (sehr sonoren und daher wenig silbenanfangsrandtauglichen) *w* eine Art onymisches Suffix *-olf* entstanden, das im Mhd. sogar recht produktiv wurde (SONDEREGGER 1998): *Adal-wolf* > *Adolf*, **Hruod-wolf* > *Rudolf* etc. Häufig betraf die Schwächung auch RufN-Komposita auf *-hart*: *Reichert* < *Reichhart*, *Ebert* < *Eberhart(d)*. Gerade die germ. RufN-Komposita liefern eine Fülle an **Assimilationen, Elisionen und Kontraktionen** (*Bernhard* > *Bernd*, *Rudolf* > *Rolf*, *Kuonrat* > *Kurt*). Als solche sind sie später in das FamN-Inventar abgesunken, zu Beispielen s.o., aber auch *Sievert/Siefert/Seifert* < *Siegfried*, *Lampert* < *Lantbert*, *Göpfert* < *Gottfried*. Besonders das letzte Beispiel verdeutlicht, dass Komposita, die zuvor aus zwei phonologischen Wörtern bestanden, zu einem verschmelzen: frnhd. [{Gott}]$_\omega$[{fried}]$_\omega$ > nhd. [Göpfert]$_\omega$; neben den **Assimilationen** in der ehemaligen Morphemfuge sei auf den **Umlaut** hingewiesen, der nur innerhalb eines Fußes eintreten konnte, also erst in dem Stadium *[Gopfried]$_\omega$. Auch Toponyme enthalten häufig Assimilationen in der Kompositionsfuge: *Babenberg* > *Bamberg*, *Quirnbach* > *Quirmbach* (ahd. *quirn* 'Mühle'), **Borgthorpe* > *Bottrop*.

Häufig wird das OrtsN-Glied *-heim* zu *-em* verschliffen und resilbifiziert, vgl. toponymisch *Dah.lem* < *Dahlheim*, ähnlich *Makkensen* < *Makkonhusun* (1019), *Sprekkelsen* < *Spreckenhusen*, *-koven*/schweizerdt. *-ikon* < *-inghofen* (z.B. *Nettekoven* bei Bonn), *-kausen* < *-inghausen* (z.B. *Hebbekausen* < *Hebbinghausen*), FamN < OrtsN: *Hundemer* < *Hundheimer*, *Reinemer* < *Reinheimer*, *Backes* < *Backhaus* (zu alledem s. DFA I und III). Dass es von hier aus zu Volksetymologien kommen kann (Herstellung rein formaler Transparenz), wurde in Kap. 3.2.2 behandelt, z.B. *Wohlfahrt* < *Wol.fert* < *Wol.fart* < *Wolf.hart* (Punkte im Wort markieren Silbengrenzen). Die Segmentierung zu *Wohl.fahrt* zeugt davon, dass vorher die Silbengrenze vor das [f] verlegt worden sein muss, d.h., das Wort vollkommen opak war.

ii) **Auflösung der Morphemgrenzen bei Univerbierungen**, oft mit Aufgabe des Glottisverschlusses und mit Resilbifizierung. Da die Syntagmen desemantisiert sind, kommt es zu syllabisch statt morphologisch motivierten Segmentierungen. **FamN**: *Mörder* < *im Orden*, *Von.de.rau* < *von der Au*. **OrtsN**: *Dröda* < *zu der Ode*, *Homburg* < *zur hohen Burg*, *Zwerckendorf* < *ze Werckendorf*, *Mohorn* < *vom*

Ohorn (< 'vom Ahorn'), *Mobendorf* < *zum Oberen Dorf*, *Bloh* < *bi Loh* (< 'beim Wald'), *Zmutt* < *ze Mutt*. Die letzten Beispiele deuten darauf hin, dass dabei besonders feste Wortschalen entstehen, d.h. ein prägnanter Wortan- und -auslaut.

iii) **Auflösung flexionsmorphologischer Grenzen:** Hier sind, zumindest graphematisch, die genitivverdeckenden Schreibungen <z> statt <ts> und <x> statt <ks> in FamN aufschlussreich (v.a. am Niederrhein, s. HEUSER/NÜBLING 2010): *Schmitz* < *Schmitts*, *Wir(t)z* < *Wirts*, *Derx/Derix* < *De(de)ricks*, *Hendrix* < *Henricks*.

Bei alledem wird deutlich, dass sich EN keineswegs nur konservativ verhalten, sondern ihrerseits Entwicklungen vollziehen, die sie als EN besser ausstatten und vom APP abheben.

c) phonologisch und graphematisch

Es wird immer wieder betont, dass EN bestimmte phonologische Erscheinungen nicht mitvollziehen bzw. andere Prozesse durchlaufen. Tatsächlich divergieren Namen deshalb so häufig von ihren app. Korrelaten, da sie alte und/oder dial. Lautungen konservieren (z.B. *Piper* ohne 2. Lautverschiebung und Diphthongierung); das gleiche gilt für die Schreibungen (<Meyer, Güntersthal, Wolff>). Die Erstarrung betrifft sämtliche Ebenen der Sprache.

d) verschiedene Dissoziationsgrade: von potentiell motivierbar bis opak

Es leuchtet ein, dass dieser mehrschichtige Dissoziationsprozess zwischen EN und APP sich nicht von heute auf morgen vollzieht, sondern sehr viel Zeit benötigt, und dass vielfältige Zwischenformen zu erwarten sind, die formal irgendwo zwischen EN und APP stehen. "Prototypische" (undurchsichtige) EN, die komplett von jeglicher Lexik entkoppelt sind, wie *Mainz*, *Rostock*, *Elbe*, *Leah*, *Otto*, sind gar nicht so häufig und meist entweder besonders alt oder aus anderen Sprachen entlehnt wie der Großteil unserer RufN (*Rita*, *Luca*, *Finn*). Betrachtet man die jüngere Schicht der FamN, die die Entwicklung vom APP > EN absolviert haben, so kann man sie, bezogen auf die Standardsprache, auf einer Skala von potentieller Motivierbarkeit bis hin zu totaler Opakheit (Intransparenz, Undurchsichtigkeit) anordnen (Abb. 7). Sämtliche FamN sind existent und entstammen der Telekom-Datenbank 2005.

Abb. 7 zeigt (über dem waagerechten Pfeil) das Kontinuum von APP-identischen bis hin zu komplett opaken (intransparenten) Namenstrukturen. Die gesamte Skala besteht aus FamN, wobei in keinem Fall etymologische Verwandtschaft unterstellt sei. Ganz links besteht **potentielle Motivierbarkeit**, d.h. echte Gefahr der Verwechslung mit APP. Dies sind in gewisser Hinsicht die schlechtesten (mangelhaft dissoziierten) FamN, da sie im Alltag tatsächlich zu Missverständnissen führen können, vgl. die Zeitungsüberschrift "ICE-Unglück: Verfahren gegen Schäfer beendet" (F.A.Z., 19.02.09). Hier bleibt ohne Kontextwissen unklar, ob *Schäfer* APP oder EN ist (es war ein APP). *Schäfer* bezeichnet in jedem Fall eine Person, daher muss der Kontext klären, ob APP oder FamN (z.B. *Frau/Herr/Simone/Dr. Schäfer*), und/oder die spezifische EN-Grammatik (Kap. 4). Die weiteren Stufen sind keine diskreten Etappen, sondern von hier aus erstreckt sich ein vielschichtiges Kontinuum (phonologisch, morphologisch, graphematisch, lexikalisch) abnehmender Transparenz (zu einer stärkeren Ausdifferenzierung s. NÜBLING 2000, 2004b, zu verschiedenen Motiviertheitstypen HARWEG 1998:499–527).

Abb. 7: FamN zwischen potentieller Motivierbarkeit und Opakheit

POTENTIELLE MOTIVIERBARKEIT	VOLLE TRANSPARENZ	SEMI-TRANSPARENZ	PARTIELLE TRANSPARENZ	OPAKHEIT
Schäfer	*Fuchs*	*Fuchslocher*	*Fuchsius*	*Voss*
Koch	*Sommer*	*Hoffesommer*	*Somma*	*Somfleth*
Mann	*Hirschmann*	*Kullman*	*Mannack*	*Menn*
Richter	*Hafenrichter*	*Nimrichter*	*Richts*	*Rietzsch*
Adjektive / Syntagmen / Toponyme	*Schwarz*	*Schwarzweller*	*Schwärzel*	*Schwoch*
	Aufderheide	*Dopheide*	*Verheyden*	*Hatt*
	Schnappauf	*Schnappberger*	*Schnappat*	*Schnepp*
	Buchheim	*Beisheim*	*Heymer*	*Gstrein*

native Namen
mangelhaft dissoziiert
gute Memorierbarkeit

Volle Transparenz bedeutet voll-app. Strukturen, deren potentielle Semantik ('Fuchs', 'Sommer' etc.) aber keine Referenz auf eine Person erlaubt. Dies gilt prinzipiell auch für andere Wortarten (z.B. Adj.) bzw. Namenklassen (z.B. Toponyme) oder ganze Syntagmen, die als FamN verwendet werden: Auch hier verbietet sich per se die persönliche Referenz. Diese Typen werden quer dazu eingespeist (s. den senkrechten Pfeil) und haben auch an den weiteren Transparenzverlusten teil. **Semitransparenz** ist anzusetzen bei kompositionsähnlichen Strukturen, in denen ein Glied transparent ist, das andere hingegen nicht (Typ *Kullmann, Dopheide*). Bei **partiell transparenten Strukturen** schimmern nur noch andere lexikalische Strukturen durch, sei es im Verbund mit morphologischen Einheiten (*Fuchsius, Richters, Schwärzel*), sei es ohne (*Somma*). **Opakheit** wird dann erreicht, wenn eine Anbindung an lexikalische oder morphologische Strukturen nicht mehr möglich ist (*Schwoch*). Dass es hier jeweils zu individuell unterschiedlichen Einordnungen kommen kann, versteht sich von selbst, ändert aber nichts an der Existenz eines solchen Kontinuums.

Im **diachronen Verlauf** bewegen sich die Namen von links nach rechts, wobei diese Bewegung auch daraus resultieren kann, dass sich die APP (inkl. der anderen Wortarten) ihrerseits weiter- und damit wegentwickeln – oder aussterben, wofür es in der Sprachgeschichte zahllose Beispiele gibt. Auch die Dialektalität vieler Namen wird dazu genutzt, Abstand zu den (überregional geltenden) APP zu gewinnen (so ist *Voss* einen Dialektausdruck für *Fuchs*, ebenso *Bruck* für *Brücke*). Nicht anders ist zu erklären, weshalb man all die historischen und dial. Schreibungen (mehr oder weniger) ungefiltert ins Onomastikon übernimmt. Andere Kulturen "begradigen" ihre Namen, indem sie sie in den Standard übertragen und/oder orthographisch normieren, zumindest teilweise (wie in den Niederlanden im Gegensatz zum fläm. Belgien, s. GOOSSENS 1995, 2000, MARYNISSEN/NÜBLING 2010). Auch in Dtld. haben Verhochdeutschungen stattgefunden, besonders von nd. FamN (*Kock* → *Koch*, *Schwarte* → *Schwarze*, *Schütte* → *Schütze*).

Angesichts der Funktionen von Namen und ihrer Verarbeitungskosten haben die verschiedenen Typen **Vor- und Nachteile**: Die Namen links sind gut memorier- und aussprechbar (opake Namen enthalten dagegen oft phonotaktische Komplikationen, z.B. *Gstrein*, auch weil sie häufig entlehnt sind, z.B. *Mross* < poln. *mróz* 'Frost'), genügen aber meist nicht der Mono- und Direktreferenz, da mit APP homophon. Umgekehrt verhält es sich beim rechten Pol. Daher präferieren viele Sprachen Techniken im mittleren Bereich, wo sich die meisten Kompromisse zwischen den verschiedenen Vor- und Nachteilen befinden (NÜBLING 2000, 2005). An dieser Skala lassen sich gut kulturelle Unterschiede aufzeigen; so nutzt ein sehr häufiger Typ der schwed. FamN die Strategie der vollen Transparenz ohne potentielle Motivierbarkeit (Kap. 7.4.4). Auch die Namenklassen als ganze präferieren unterschiedliche Transparenzgrade: So sind die dt. RufN (*Leonie, Ralf*) fast ausschließlich am rechten Pol der Opakheit anzusiedeln, die Praxonyme (*die Französische Revolution, der Zweite Weltkrieg*) dagegen mehrheitlich links. Behandeln die Abschnitte a) bis f) onymische Markierungsstrategien, die am Namenkörper selbst operieren, so werden in Kap. 4 grammatisch-systematische Markierungsstrategien zur Sprache kommen (KALVERKÄMPER 1994).

e) Fallbeispiel für Proprialisierung heute: *die neuen Bundesländer*

Während man historisch viele Proprialisierungen rekonstruieren kann, werden gegenwärtig-synchron ablaufende kaum beschrieben. Dabei gibt es immer wieder neue Objekte, die benannt werden müssen. Für neue Personen steht ein Inventar bereits vorhandener Namen bereit, die RufN. Bei der Neubenennung von Straßen greift man ins Nameninventar der Komponisten (*Mozartstraße*), der Philosophen (*Hegelstraße*), der Dichter (*Goethestraße*), der FlurN (*Im Gewann, Auf der Haid*) etc., d.h., andere Nameninventare werden angezapft bzw. recycelt.[33] Doch lässt sich seit 1990 die Entstehung eines neuen Toponyms beobachten, *die neuen Bundesländer*. 1990 entstand mit der dt. Wiedervereinigung ein neues, dringend zu benennendes Objekt, die frühere DDR, die plötzlich keine DDR mehr war, sondern ein Teil Gesamtdtlds. Bei den anfänglichen Diskussionen um die Benennung gab es Vorschläge wie *Beitrittsgebiet, Beitrittsländer*, auch *die ehemalige DDR*, was jedoch als zu vergangenheitslastig empfunden wurde. Durchgesetzt hat sich schließlich die Bezeichnung *die neuen Bundesländer*, um den Neuanfang im Namen kundzutun. Daneben gibt es ein sog. **Allonym**, *Ostdeutschland*. Beide beziehen sich auf das gleiche Objekt, wobei *Ostdeutschland* den Vorteil hat, das Adj. *ostdeutsch* bilden zu können. Erst im Laufe der Jahre ist der Ausdruck *die neuen Bundesländer*

---

33 Auch eine Leiche galt es ab 1991 kollektiv zu benennen, einen "ausgeaperten" (dem Gletscher entstammenden) Steinzeitmenschen, der heute *Ötzi* heißt. Den Benennungsprozess, der - wie bei *die neuen Bundesländer* - auch von zahlreichen def. Beschreibungen geprägt war, dokumentiert ORTNER 1993, die hier von "sprachlichem Leichenschminken" spricht.

proprialisiert. Dies lässt sich präzise untersuchen, wenn man die Kriterien eines Namens überprüft, die wir bereits kennengelernt haben. *Die neuen Bundesländer* bildet ein ganzes Syntagma, eine definite Beschreibung, die nunmehr zu einem festen Namen, zu einer sog. **onymischen Wortgruppe** erstarrt ist (ähnlich wie *das Rote Meer*). Verkürzend ist auch von *den neuen Ländern* die Rede. Im Folgenden referieren wir den Beitrag von NÜBLING (2004a), der sich auf Korpusrecherchen (COSMAS II) aus dem Jahr 2003 stützt und danach fragt, wie stark diese def. Beschreibung bereits proprialisiert ist. Zunächst behandeln wir die **lexikalisch/ semantische,** danach die **grammatische Erstarrung**.

Nimmt man *die neuen Bundesländer* wörtlich, so trifft die **Semantik** durchaus auf den Namenträger zu: Es gibt keine neueren Bundesländer als diese fünf. Das Syntagma kann also vordergründig als charakterisierend eingestuft werden. Dies spricht nicht gerade für den EN-Status - doch auch nicht dagegen, wofür FLEISCHER (1980:61) zitiert sei:

> Für EN gelten grundsätzlich die Charakteristika des unmittelbaren Gegenstandsbezugs (Identifizierung und Individualisierung), wobei dieser Gegenstandsbezug nicht durch semantische Elemente motiviert sein muss, die irgendwelche Merkmale des Gegenstands widerspiegeln. Dennoch k ö n n e n derartige "beschreibende" Elemente eine mehr oder weniger große Rolle - je nach Art des Eigennamens - spielen. **Bei den onymischen Wortgruppen ist das in hohem Maße der Fall.** Sie deshalb aus dem Bereich der EN überhaupt auszuschließen, wie das bisweilen getan wird, halte ich dennoch im Hinblick auf ihre Hauptfunktion nicht für gerechtfertigt (Fettdruck DN).

Die Tatsache, dass die wörtliche Bedeutung transparenter Namen (noch oder zufällig) auf das Objekt zutrifft, kann nicht als Argument gegen ihren Namenstatus verwendet werden. Semantische Inadäquatheit zwischen Name und Objekt ist nicht einforderbar. Wenn ein *Herr Schneider* tatsächlich Schneider ist, so ändert sich dadurch nicht der Status seines FamN, ebensowenig bei einer *Bahnhofstraße*, die tatsächlich am Bahnhof vorbeiführt. Namen sind nur nicht darauf angewiesen, potentielle Seme zu entfalten, während dies für APP und andere Wortarten obligatorisch ist. Hierfür sei das Zitat von BERGER (1976:382) wiederholt:

> Stellenbezeichnungen wie *bei dem großen Nußbaum* oder *im nassen Tälchen* werden nicht erst dann zu Eigennamen, wenn der Nußbaum gefällt und das Tälchen trockengelegt ist, sondern sie sind es, sobald sie über den gelegentlichen Gebrauch hinaus als feste Bezeichnungen der betreffenden Gemarkungsstelle verwendet werden.

Diese Festigkeit oder **Konventionalisierung** gilt auch für *die neuen Bundesländer*. Für ihren Namenstatus spricht eher, was WERNER 1974 bzgl. der definiten Beschreibungen sagt: "Und für den Sprecher besteht immer eine gewisse Wahlfreiheit, welche Charakterisierungen er dabei verwendet" (ebd.:177). Hier ergibt sich ein wichtiger Unterschied, denn Wahlfreiheit, und sei es auch nur bzgl. der Wahl von Synonymen, besteht bei *die neuen Bundesländer* definitiv nicht mehr: Weder kann man das Adj. *neu* durch *aktuell, modern* o.Ä. ersetzen oder durch *brand-* erweitern (*die *modernen/*brandneuen Bundesländer*). Ebensowenig ließe sich *Bundes-*

länder durch **Bundesstaaten* oder **Provinzen* ersetzen. Die Referenz auf dieses Objekt wäre zerstört. Damit sind die Lexeme durchaus erstarrt. Auch ist die Folge von Artikel + Adj. + Subst. fest, man könnte z.B. keine weiteren Adj. einschieben (**die neuen, wunderschönen Bundesländer*, **die ziemlich neuen Bundesländer*) oder *neuen* streichen (**die Bundesländer*). Hier sind bereits feste Konventionalisierungen eingetreten, die nicht für definite Beschreibungen gelten.

Das nächste Argument für den Namenstatus ist zwar hypothetisch, doch nachvollziehbar: Käme Dtld., wie und woher auch immer, zu zwei weiteren Bundesländern, so würden diese nicht unter *die neuen Bundesländer* subsumiert, wiewohl dies ja zutreffend wäre. Sie würden auch nicht zur Umbenennung der "alten" neuen Bundesländer führen und fortan selbst *die neuen Bundesländer* heißen. Umgekehrt können die neuen Bundesländer so viel altern, wie sie wollen: Sie bleiben immer *die neuen Bundesländer* (ebenso wie *Düsseldorf* immer noch auf *-dorf* endet, obwohl längst eine große Stadt). Ein *neues Kleid* oder ein *neuer Tag* werden jedoch schon bald nicht mehr so bezeichnet.

Schließlich sind echte Attribute auch prädikativ verwendbar: *das neue Kleid* → *das Kleid ist neu*. Diese syntaktische Operation funktioniert nicht bei komplexen EN, weder bei *das Rote Meer* → **das Meer ist rot*, noch bei *die neuen Bundesländer*: **die Bundesländer sind neu* bedeutet etwas anderes. Der Ausdruck *die neuen Bundesländer* ist lexikalisch und syntaktisch erstarrt und kann nur referieren.

Damit sind wir bereits in der **Grammatik** angelangt. Auch hier zeigt sich, dass *die neuen Bundesländer* schon stark proprialisiert sind. Zunächst darf man sich über zwei Dinge wundern, nämlich dass *die neuen Bundesländer* im Pl. stehen und dass sie einen festen Artikel mit sich führen. Dies widerspricht der EN-Definition von BLOOMFIELD (1933:205) gleich zweifach: "Names (proper nouns) occur only in the singular number, take no determiner, and are always definite: *John, Chicago*". Dass **Namen** nur im **Singular** stehen und **keinen Artikel** nehmen, ist zwar der Normalfall, aber keineswegs ein Muss:[34] Namen wie *die Alpen, die Vogesen, die Niederlande* oder *die USA* beweisen das Gegenteil. Sie alle bezeichnen feste Entitäten, Kollektiva, die zwar selbst aus mehreren Einheiten bestehen, deren Anzahl jedoch unerheblich ist. Der Name bezieht sich nur auf die unteilbare, nach außen hin fest umrissene geographische Ein- bzw. Gesamtheit (COSERIU 1989, HARWEG 1997:198-200). Ohne Artikel erscheinen sie nie - außer beim "Kontexttyp 'Landkarte'" (KALVERKÄMPER 1978:181), d.h., man steht vor einer Landkarte und antwortet auf die Frage "Wie heißt dieses Gebirge?" mit "Alpen". In keinem anderen Kontext kann der Artikel sonst weggelassen werden: **Niederlande gefallen mir besser als *USA*; **Alpen sind schwerer zu besteigen als *Vogesen*. Im Pl. würde Artikellosigkeit nämlich die indef. oder die generische Lesart hervorrufen. Beide sind bei den stets inhärent def. EN nicht möglich. Außerdem würde die indef. Lesart die

---

34 BERGER (1996:1356f.) erwähnt, dass manche EN im Laufe der Zeit vom Pl. zum Sg. übergehen können, z.B. *Graubünden* < *in den grauen Bünden* (vgl. auch *Las Vegas, Los Angeles*). *Die Niederlande* bilden im Ndl. mit *Nederland* einen Sg. Eine interessante Numerusmischung praktiziert das Schwed.: Auf den (auch morphologisch) pluralischen EN *Nederländerna* folgt ein präd. Adj. im Sg.: *Nederländerna är stolt över sin mångfald* "Die Niederlande ist stolz auf ihre Vielfalt".

Teilbarkeit des Objekts implizieren, was sich verbietet (**Vogesen sind einfacher zu besteigen als Alpen*). Gilt dies auch schon für *die neuen Bundesländer*?

Ein Satz wie ?*Mich interessieren vor allem neue Bundesländer* erscheint zwar auf den ersten Blick nicht inakzeptabel, er setzt aber die Teilbarkeit der neuen Bundesländer voraus. Das tun auch Sätze wie ?*Ich war schon in einigen/mehreren neuen Bundesländern*. Sie alle sprächen gegen Definitheit und damit gegen den Namenstatus von *die neuen Bundesländer*. Dass pluralische Namen eine unteilbare Größe bezeichnen, erweist sich schnell bei zweifelsfrei inakzeptablen Äußerungen wie **manche Alpen sind schwerer zu besteigen als andere* oder **ich habe schon einige Niederlande/manche USA bereist*.

Um nun die **Definitheitsprobe** bei *die neuen Bundesländer* durchführen zu können, bedarf es einer (strukturell vergleichbaren) echten def. Beschreibung im Pl. So kann man das reale Frequenzverhältnis definiter vs. indefiniter Verwendungen ermitteln. Als Vergleichsphrase wurde *die neuen Häuser* gewählt sowie, um die Trefferzahlen zu erhöhen, *die alten Häuser*. Es wurden jeweils die gleichen Syntagmen abgefragt, also z.B. [- def.] *neue Bundesländer* sowie *neue + alte Häuser* vs. [+ def.] *die neuen Bundesländer* sowie *die neuen + alten Häuser*. Außerdem wurde über den Einbezug der Kontexte überprüft, ob auch tatsächlich indefinite bzw. definite Verwendungen als Treffer erzielt wurden (zu Details s. NÜBLING 2004a).

Tab. 3: Definite und indefinite Verwendungen bei NEUE BUNDESLÄNDER und NEUE/ALTE HÄUSER (COSMAS II-Recherche 2003)[35]

	- def.	**+ def.**	
NEUE BUNDESLÄNDER	2,2%	97,7%	→ onymische Wortgruppe
NEUE/ALTE HÄUSER	44,3%	55,6%	→ freie Wortgruppe

Ergebnis (Tab. 3): Während NEUE/ALTE HÄUSER zu 55,6% def. und zu 44,3% indef. verwendet werden, verhält es sich bei NEUE BUNDESLÄNDER ganz anders: Sie werden zu 97,7% def. und nur zu 2,2% indef. verwendet. Damit sind *die neuen Bundesländer* schon sehr stark auf Definitheit festgelegt. Es wäre interessant zu wissen, ob sich diese Zahlen bis heute verändert haben. Für die seltenen indef. Verwendungen seien zwei Korpusbelege angeführt: "Darin sollen auch andere neue Bundesländer einbezogen werden" (BERLINER MORGENPOST, 29.03.99); "Auch in der Ansiedlung von innovativen Unternehmen schneidet Berlin [...] schlechter ab als andere neue Bundesländer" (ST. GALLER TAGEBLATT, 23.07.98). Der oben als halbwegs akzeptabel eingestufte Satz ?*Ich war schon in einigen/mehreren neuen Bundesländern* kommt also realiter so gut wie nicht vor. Die vermeintliche Akzeptabilität schlägt sich nicht in den Daten nieder. Fazit: Pluralische Namen sind artikelfest, sie benötigen ihn, um einer indef. Lesart vorzubeugen. Der Artikel gehört fest zum Namen, ist jedoch flektierbar: *Das Matterhorn gehört zu den Alpen*.

[35] Wir setzen die abgefragten Syntagmen in Kapitälchen, um uns weder auf die def. noch die indef. Lesart festzulegen, ebensowenig auf Sg. oder Pl.

Der zweite Test bezieht sich auf die **Numerusprobe**, d.h., EN müssen **numerusfest** sein. Üblicherweise beschränken sie sich, da auf nur ein Objekt referierend, auf den Sg., und nur in den Ausnahmefällen, in denen zwei Objekte denselben Namen tragen, lassen sie sich in den Pl. transferieren (*in meiner Klasse gibt es zwei Antjes*). Umgekehrt sollten pluralische Namengruppen auch nur den Pl. erlauben, vgl. *die Alpen, die Vogesen, die Niederlande*. Sie sind damit Pluraliatantum (COSERIU 1989:230, FUHRHOP 1998:145). Sätze wie **das Matterhorn ist die höchste Alpe* sind ungrammatisch, ja man weiß nicht einmal, wie der Sg. von *Alpen* lautet und welches Genus er hätte (*die Alpe? der/das Alp?*). Hier muss der Pl. in jedem Fall gewahrt bleiben: *Das Matterhorn ist der höchste Berg der Alpen*. Für die Numerusprobe haben wir wieder als Vergleichssyntagma *das neue + alte Haus/ein neues + altes Haus* etc. genommen (kurz: NEUE/ALTE HÄUSER; Tab. 4).

Tab. 4: Singularische und pluralische Verwendungen bei NEUE BUNDESLÄNDER und NEUE/ALTE HÄUSER (COSMAS II-Recherche 2003)

	Singular	**Plural**	
NEUE BUNDESLÄNDER	1,2%	98,7%	→ onymische Wortgruppe
NEUE/ALTE HÄUSER	69,2%	30,7%	→ freie Wortgruppe/def. Beschreibung

Ergebnis (Tab. 4): *Die neuen Bundesländer* kommen tatsächlich fast ausschließlich im Pl. vor, nämlich zu fast 99%. Dies gilt keineswegs für freie Syntagmen wie NEUE/ALTE HÄUSER, hier gibt es nur 30,7% Pluralvorkommen. Stattdessen überwiegt app. klar die singularische Verwendung mit fast 70%. Diese Zahlen sprechen deutlich für einen sehr hohen Proprialisierungsgrad von *die neuen Bundesländer*. Hypothetische Sätze wie *?Sachsen ist ein kulturell reiches neues Bundesland* oder *?Mecklenburg-Vorpommern ist das nördlichste neue Bundesland*, die nicht einmal inakzeptabel klingen, kommen realiter nicht vor. Daher sind Korpusrecherchen immer der eigenen Intuition vorzuziehen.

Die wenigen vorkommenden Sg.-Belege bestehen in Appositionen zu einem konkreten Bundesland, z.B. "Östlich breitet sich das neue Bundesland Mecklenburg-Vorpommern aus" (NEUE KRONEN-ZEITUNG, 11.07.98). In einem anderen Fall ist von *Thüringen* die Rede, danach heißt es: "'Wegen des drastischen Geburtenrückgangs habe das neue Bundesland einen enormen Überschuß an Lehrern', sagte Morell" (MANNHEIMER MORGEN, 17.07.98).

Bei der Korpusrecherche hat sich ein weiteres, **graphematisches Indiz** ergeben, das für den Namenstatus spricht: Das Adj. *neu* wird – entgegen der orthographischen Norm – oft (schon) großgeschrieben: <die Neuen Bundesländer>. Zwar schreibt man Adj. innerhalb onymischer Wortgruppen durchaus groß (<das Rote Meer>, <der Erste Weltkrieg>), doch ist dies bei dem jungen Namen <die neuen Bundesländer> (noch) nicht erlaubt. Dennoch tun es viele Zeitungen, aus denen sich das zugrunde gelegte Korpus primär zusammensetzt, und zwar zu immerhin 12% bei den Nom./Akk.-Vorkommen; im Gen. kommt es nur zu 2,8% Adjektivgroßschreibung und im Dat. zu 0,7%. Offensichtlich tendiert die unmarkierte Nennform am ehesten zur Großschreibung.

3.4.2 Vom Namen zum Appellativ (Deonymisierung, Appellativierung)

Seltener sind die entgegengesetzten Entwicklungen vom Namen zum APP. Hier dient als Paradebeispiel die historische Figur des (*Gaius Julius*) *Caesar*, die sich im Dt. (und anderen Sprachen) über ahd. *keisar* zum nhd. APP *Kaiser* 'oberster Herrscher, Regent' entwickelt hat (dass die Entlehnung sehr alt ist, erweist die [k]- statt [ts]-Aussprache von *Kaiser*). Wie die Bedeutungsangabe von *Kaiser* zeigt, hat der Name im Zuge dieser Entwicklung feste Seme angenommen. LEYS (1989a:152f.) beschreibt diese Entwicklung, bei der

> sich der Eigenname sozusagen mit gewissen, auf die Eigenschaften seines Referenten hinzielenden Bedeutungsmerkmalen auflädt. Dann aber verliert der Eigenname auch seinen linguistischen Status eines bloßen und festen Referenzmittels, er wird zum referenzfähigen prädikativen Ausdruck, d.h., zum Appellativ oder zum Abstraktum, wie z.B. im Fall eines *Judas*, eines *Quislings*, eines *Boykotts*, eines *Sandwich*, eines *Sodoms*, oder es lassen sich qualifizierende Adjektive und Verben ableiten, wie z.B. *balkanisieren, finnlandisieren, sokratisch, nixonartig*.

Die semantische Aufladung oder Anreicherung geht von als salient begriffenen Eigenschaften des Objekts aus (THURMAIR 2002a). Im Alltag kommt es oft zu **okkasionellen**, **metaphorischen** wie **metonymischen Namenverwendungen**, die genau dieses semantische Potential nutzen: *Aus ihm wird nie ein Mozart/ein Einstein* ist für alle metaphorisch gut interpretierbar als 'musikalisches' bzw. 'geistiges Genie'. Es deutet einiges darauf hin, dass hierin auch das Merkmal 'männl.' obligatorisch enthalten ist, d.h., dass man solche Prädikate nicht auf Frauen beziehen kann.[36] Auf eine Metonymie geht *Weckglas* (erfunden vom Fabrikanten *Weck*) zurück, ebenso *Diesel* (nach dem Erfinder des Motors) und die Käsesorte *Camembert* (nach der frz. Landschaft). Wenn man *zwei Rembrandts* erwirbt, so handelt es sich um zwei Werke des Malers. Im Zuge der Appellativierung verhalten sich die neuen APP auch grammatisch wie solche: Sie sind zähl- und pluralisierbar, und sie nehmen einen Artikel (Kap. 4).

Jede **Appellativierung** verläuft nach GERUS-TARNAWECKA 1981 über ein Stadium der Metaphorisierung oder Metonymisierung (sog. *situational* oder *occasional appellativization*; s. auch SCHWEICKARD 1992, LÖTSCHER 1995, HARWEG 1997:49–88, KOSS 2002, THURMAIR 2002a). Häufig entwickeln sich PersN zu APP. Oft kann man dies bei *Hitler* beobachten. Die Seme dürften sich im Sinne eines 'größenwahnsinnigen Tyrannen' weitgehend überschneiden.

Eine GOOGLE-Anfrage (16.07.11) zu "der Mozart des" ergab 77.400 Treffer, wobei es zu erstaunlich weitgehenden Metaphern kommt wie "der Mozart des Schachs/des Tischtennis/des Tätowierens". Hier scheint das Sem ausgeprägter Musikalität zugunsten dessen des reinen Genies zu verblassen, doch bleibt abzuwarten, ob diese Appellativierung weitergeht und, wenn ja, in welche Richtung.

---

[36] Eine informelle GOOGLE-Recherche vom 17.07.11 ergab keinen einzigen Treffer für Syntagmen wie "ihr wird nie ein Mozart", "ihr wird kein Mozart", "ihr wird ein Mozart", "sie ist ein Mozart", doch immerhin einen Beleg für "sie ist kein Mozart". Allerdings zitiert THURMAIR (2002a) den Satz "Franziska von Almsick ist der Harald Juhnke des Schwimmsports".

Fest steht, dass diese Entwicklung bei heutigen APP wie *Kaiser* < *Caesar* längst abgeschlossen, d.h., **usualisiert** (lexikalisiert) ist (*complete appellativization* nach GERUS-TARNAWECKA 1981). *Kaiser* ist zu *Kaiserin* movierbar, auch zu *kaiserlich* adjektivierbar, d.h., es bildet schon eine kleine Wortfamilie. Weitere Beispiele: *Mäzen* < *Maecenas* (Gönner von Horaz und Vergil), *Rüpel* < ahd. *Rupilo* zu *Ruprecht, Stoffel* < *Christopherus, Heini* < *Heinrich, Alzheimer* (dt. Neurologe *Alzheimer*), *Watt, Kassandra, Casanova, Don Juan* (BACH 1978:§270, MOTTAUSCH 2007: 72–74).[37] THURMAIR (2002a:16) unterscheidet drei Festigkeitsstufen:

a) "metaphorisch usualisiert" (Typ *Kassandra, Don Juan*),
b) "metaphorisch okkasionell" (Typ *Mutter Teresa, Casanova*) und
c) "metaphorisch ad hoc" (Typ *Harald Juhnke*).[38]

Für die Ermittlung der Festigkeit liefert sie morphosyntaktische Testverfahren. Für Typ a) gilt bspw. die prädikative Verwendung (*er ist ein Don Juan*), die Erweiterbarkeit durch *richtig/echt* (*er ist ein richtiger/echter Don Juan*) und ein Attribut (*er ist ein freundlicher Don Juan*) sowie die Nichterweiterbarkeit mit *zweiter* (**er ist ein zweiter Don Juan*).

Auch **Toponyme** beinhalten das Potential zumindest zu metaphorisierender Appellativierung, z.B. die Bezeichnung "Florenz des xy". So wird *Dresden* als "Elbflorenz" bezeichnet, *Krakau* als "Florenz des Nordens", auch als "Florenz des Ostens". Letzteres wird auch für das ukrainische *Lemberg* und das afghanische *Herat* beansprucht. Schließlich rühmt sich *Abensberg* in Bayern als "Florenz des Südens". Weitere Bsp. sind *Vietnam, Mekka, Schweiz, Silicon Valley* (THURMAIR 2002a).

Nicht selten appellativieren **WarenN**: *Tempo* (heute generell 'Papiertaschentuch'), *Uhu* (oft für jeglichen 'Kleber'), *Tesa(film), Knirps,* auch *Duden* (für jegliches 'Wörterbuch') haben diese Entwicklung durchlaufen (Kap. 10.1.2). Bei alledem wird deutlich, dass hierbei nicht nur APP, sondern auch Stoffbezeichnungen (*Uhu*) und Abstrakta (*Alzheimer*) entstehen können. Zum Übergang von EN-Gliedern > app. Wortbildungsaffixen (Typ *Saufbold, Dummerjan*) s. Kap. 4.2.2.

Manche EN leben mithilfe von Wortbildung als APP weiter. Hier spricht GERUS-TARNAWECKA 1981 missverständlich von *partial appellativization*. Angemessener ist es, mit FLEISCHER (1989a) von **deonymischer Derivation** zu sprechen, denn hier leistet die Derivationsmorphologie die Wortarttransposition und konstituiert auch maßgeblich die Semantik. Außerdem kann sie zu anderen Wort(sub)klassen als nur zu APP führen (Abstrakta, Verben, Adj.). So gibt es viele deonymische Blumenarten-APP wie *Dahlie* (nach dem schwed. Botaniker Dahl), *Fuchsie* (nach dem dt. Botaniker Fuchs), aber auch *Tante-Emma-Laden, Litfaßsäule* (nach dem Drucker Ernst Litfaß) und (*Ein-*)*Weckglas* (nach dem Erfin-

---

37 Auch bei Tieren kommt dies vor: So ist nach BAUER (1996:1619) *Hans* ein 'männl. Kaninchen' und *Heinz* ein 'Bulle'. Aus der Tierdichtung stammen die app. Bezeichnungen *Meister Lampe* < *Lamprecht* 'Hase', *Adebar* 'Storch'.

38 Wie verlässlich eine Ad-Hoc-Appellativierung wirkt, zeigt ein F.A.Z.-Artikel (04.08.11) über angebliche Plagiatstechniken von B. Althusmann. Gefragt wird, ob auch Dissertationsbetreuer Zitate überprüfen müssen. Der Artikel endet wie folgt: "Der Betreuer würde zur Fußnotenhilfskraft für Althusmänner und andere". Der app. Pl. stützt diese Umkategorisierung.

der Weck). Zu *Weckglas* kann man *einwecken* bilden, weitere deonymische Verben sind *röntgen, verballhornen, pasteurisieren, hänseln,* derzeit *riestern, rumhartzen,* auch *googeln,* das sich aus einem WarenN ableitet (DUDEN-Grammatik 2009:§1079, FLEISCHER 1989a:258). "Natürlich schüßler ich" lautet der Slogan eines Schüßler-Produkts. Beispiele für deonymische Adj. sind *kafkaesk, mexikanisch, lutherisch, Rostocker (Hafen)* (zur Großschreibung s. Kap. 4.5.5). Selbst Phraseologismen können mit Namen bestückt sein: *Hinz und Kunz* (< *Heinrich, Konrad*) 'jedermann', *wie bei Hempels unterm Sofa* 'chaotisch, unaufgeräumt', *Ei des Kolumbus* 'einfache Lösung', *frech wie Oskar* (FLEISCHER 1976, FÖLDES 1984/85, 1989, HÄCKI BUHOFER 1995). Zu alledem hat KÖSTER 2003 ein ganzes Lexikon verfasst. – Diese deonymischen Wortbildungen liegen nicht auf der gleichen Ebene wie die Transposition oder Umkategorisierung EN > APP in Abb. 6. Sie stellen Wortbildungsprozesse dar und gehören deshalb auch in die Wortbildung (Kap. 4.2.2).

Insgesamt hat der Prozess der Appellativierung sowie seine Unterteilung in verschiedene diachrone Stadien als noch wenig erforscht zu gelten. Auch die Selektion und anschließende Generalisierung der semantischen Merkmale aus Eigenschaften des bisherigen Namenträgers ist kaum untersucht. Denkbar wäre zudem, dass der Name ein und desselben Namenträgers intralingual zu unterschiedlichen Appellativierungen führt, etwa bei einer Person, die unterschiedliche auffällige Züge trug, oder interlingual, indem eine Person in der einen Kultur verehrt und in der anderen gefürchtet wird (z.B. *Stalin, Mao*).

Zum Weiterlesen:
Neben der bereits genannten Literatur sei GERHARD (1949/50) empfohlen, ebenso KOCH 1963, VATER 1965, FLEISCHER (1964, 1971, 2001), LÖTSCHER 1995, KALVERKÄMPER 1996, DEBUS (1977a, 1980, 2002), HARWEG (1997:89–121), HOFFMANN 1999, NÜBLING (2000, 2004a) und THURMAIR (2002a,b).

4. Grammatik der Eigennamen

Namen befolgen eigene grammatische Regeln, die von denen der APP beträchtlich abweichen können. Wir sehen auch diese Abweichungen als funktional an: Die **onymische Sondergrammatik** dient der Abgrenzung der EN von den APP, aber auch der Schonung ihres Namenkörpers. Dies ermöglicht es EN und APP, von gleichen Ausdrücken Gebrauch zu machen, d.h., man muss nicht zwei getrennte Inventare memorieren. Diesen Luxus leisten wir uns nur bei der Klasse der RufN. Kaum einer ist homophon mit einem APP. RufN leisten das Höchstmaß an Individualisierung, stellen sie doch den persönlichen, von den Eltern ausgesuchten Namen einer Person dar. FamN und OrtsN nutzen weitaus weniger exklusive Einheiten, sie überschneiden sich materiell viel häufiger mit den APP (Kap. 3.4.1, 6.2). Umso wichtiger ist es, dass sie wenigstens an ihrem grammatischen Verhalten erkennbar sind (KALVERKÄMPER 1994).

Theoretisch könnte man das gesamte Onomastikon mit dem Lexikon gleichschalten und die gemeinte Kategorie jedes Mal bspw. mit einem EN- bzw. APP-spezifischen Präfix markieren (wie dies laut SEILER 1983:154 im Tagalog der Fall sein soll). Ein solches syntagmatisches Verfahren beschreibt HOCKETT (1960:311f.) für das Fidschi:

> In Fijian, a word used as a proper name of person or place is marked by the preceding particle /ko/, while words used as 'ordinary' names of things are marked in the same syntactical circumstances by /na/: /na vanua levu/'the (or a) big island' but /ko vanua levu/'Big Island' as the name of the largest island of the Fiji group [...].

Auf kognitiver Ebene erzielt man einen großen Nutzen (man muss sich weniger Wörter merken), doch bezahlt man dies mit einem erhöhten Artikulationsaufwand (Affixe). Nur mit einem Glottisverschluss scheint das Hua die EN-Anzeige zu leisten, was LÖBEL (2002:592) beschreibt:

> Another means of distinguishing proper from common nouns are phonological criteria. Hua, a language spoken in Papua New Guinea, has a large number of proper names which are also common nouns; proper names obligatorily end with a final glottal stop [...]: *kiafuri* 'yellow flower' – *kiafuri'* (male name).

Genau umgekehrt verhält es sich mit den dt. RufN oder den englischen, die HOCKETT (1960:312) auch erwähnt:

> A language may also have a stock of forms which have no function save that of being used as a proper name of one or another individual: English *Mary, William, Robert, Elizabeth.*

Hier liegt der Nutzen in der materiellen Kürze, der Nachteil in der Belastung der Gedächtnisleistung (zu den Vor- und Nachteilen dieser syntagmatischen und paradigmatischen Verfahren s. Abb. 8).

Abb. 8: Markierung von Proprialität zwischen Syntagmatik und Paradigmatik

Verfahren	explizit **syntagmatisch**	←→ **grammatisch**	implizit **paradigmatisch**
Beispiel	*na X* (APP) *ko X* (EN)		*X* (APP) *Y* (EN)
Vorteil	kompetenz**ent**lastend (→ Nutzung der Appellativik)		performanz**ent**lastend (→ Ausdruckskürze)
Nachteil	performanz**be**lastend		kompetenz**be**lastend

Zwischen diesen beiden Polen in Abb. 8, die beide auf ihre Weise ein ungünstiges **Kosten/Nutzen-Verhältnis** haben, vermitteln Strategien, die auf grammatisch (und wortbildungsmorphologisch) unterschiedliches Verhalten zwischen EN und APP setzen (NÜBLING 2005). D.h., die Unterscheidung zwischen EN und APP wird in die Grammatik verlegt (unterschiedliche Flexion, Syntax, Phonologie, auch Schreibung). Das Dt. macht hiervon ausgiebig Gebrauch, denn sehr viele Namen (FamN, OrtsN, ObjektN) sind ausdrucksseitig nur unzureichend von den APP getrennt. An dieser Unterscheidung der EN von den APP sind, wie KALVERKÄMPER (1978:166) herausstellt, alle Ebenen der Sprache beteiligt (er spricht von ihrer "exkludierende[n] Leistung"):

> Es ist jedenfalls interessant [...], daß offensichtlich jede Kategorie (die semantische, phonologische und morphosyntaktische) ihren Beitrag zur Divergenz (diachron gesehen), zur Differenzierung vom Appellativ (synchron gesehen) im Sinne einer 'Homophonie-Flucht' zu leisten imstande ist.

HARWEG (1999:195) bemerkt, dass dabei oft nicht nur die EN per se markiert werden, sondern meist schon eine ganz bestimmte **Namenklasse**:

> Sprachliche Kennzeichen von Eigennamen, Merkmale, an denen die Eigennamen als solche erkannt und von Gemeinnamen unterschieden werden können, gibt es, aufs Ganze gesehen, recht viele, aber die meisten von ihnen bestimmen, wie indirekt und versteckt auch immer, die Eigennamen nicht einfach als Eigennamen schlechthin, sondern bereits als eine bestimmte Kategorie von Eigennamen.

Namen stehen wie keine andere sprachliche Einheit im **Spannungsfeld sprachinterner** (Monoreferenz, Direktreferenz) **und sprachexterner Faktoren** (Gesellschaft, Politik, Kultur, Rechtsprechung, Sprachkontakt). Dies visualisiert Abb. 9, die im Zentrum der Sprache die drei grammatischen Module Phonologie, Morphologie und Syntax verankert, erweitert durch die Graphematik, die einerseits eine eigene grammatische Komponente bildet, sich andererseits aber stark auf diese drei Module bezieht und daher den 1. Ring bildet. Darüber lagert sich das Lexikon, das phonologischen, morphologischen und syntaktischen Regeln gehorcht, doch anfälliger für Einflüsse von außen ist; man denke nur an den mehr oder weniger großen Fremd- und Lehnwortschatz, den sich jede Sprache leistet.

Lexeme können eher entlehnt werden als Phoneme, Morpheme oder syntaktische Regeln (die für Einflüsse von außen offenere Graphematik steht auch in dieser Hinsicht zu Recht zwischen Grammatik und Lexikon).

Das Onomastikon ist schließlich am wenigsten sprachinternen und am ehesten sprachexternen Einflüssen jeglicher Art ausgesetzt. HARWEG (1999:213) vergleicht Namen mit Satelliten, die am weitesten vom Gravitationszentrum entfernt sind und "auch zu Satelliten beliebiger anderer Sprachen werden können" (ebd.). Sie seien "keine eigentlichen Bestandteile der Sprache" (ebd.). Während Lexeme in aller Regel übersetzt werden, gilt dies für Namen nur bedingt, d.h., man transferiert sie meist komplett aus der Fremdsprache. Sämtliche Namengebungspraktiken resultieren aus sozialen und rechtlichen, also sprachexternen Gegebenheiten, etwa wie bei einer Heirat mit der Wahl des gemeinsamen FamN zu verfahren ist. Die Tatsache, dass das Dt. weibl. von männl. RufN trennt, ist sogar gesetzlich vorgeschrieben. Umgekehrt ist sich das Onomastikon auch am weitesten vom grammatischen Zentrum entfernt. Wir werden sehen, dass die EN-Flexion oft in einer Art **"Sparflexion"** besteht, d.h., EN werden seltener flektiert, und wenn, dann agglutinierend und mit weniger Allomorphen als bei den APP.

Abb. 9: Das Onomastikon im Spannungsfeld sprachinterner und -externer Einflüsse (nach DEBUS 2012:32)

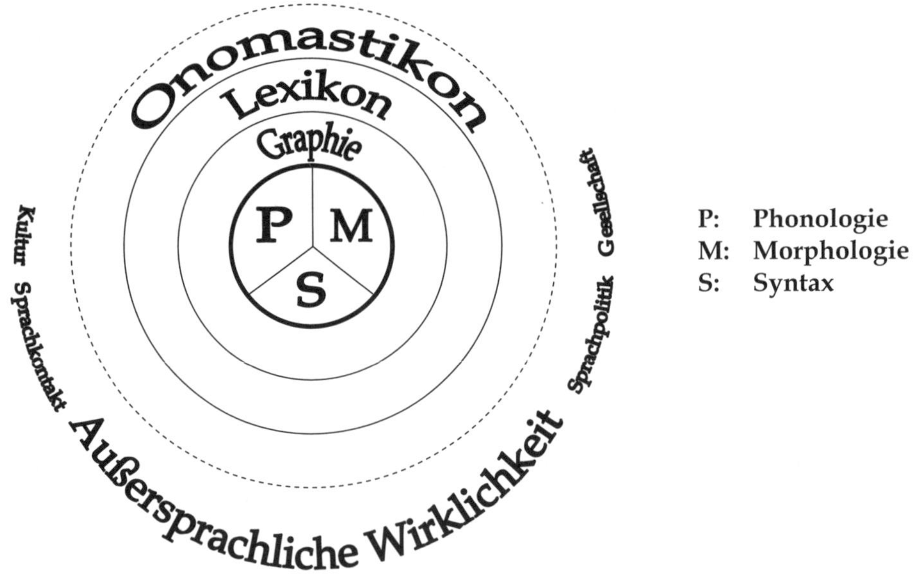

Dieses Kapitel befasst sich mit dem grammatischen Zentrum der Sprache und fragt, inwiefern Namen sich grammatisch anders verhalten als APP (zu diesem Komplex s. FLEISCHER 1964, 1970, 1971, KNOBLOCH 1992, KOLDE 1995, DEBUS 1980, 2005, BLANÁR 2001:81–106, NÜBLING 2004b, 2005, 2012, 2014a,b, demn.). Es arbeitet sich bis zur Graphematik vor. Selbstverständlich sind Textlinguistik, Pragmatik und Stilistik weitere wichtige Komponenten, in denen die Untersuchung von EN wichtiges Thema ist bzw. sein sollte.[39]

4.1 Prosodie und Phonologie

Das ökonomischste Mittel, EN von APP zu unterscheiden, wären unterschiedliche **Akzentpositionen** (oder auch Akzentarten), da kein materieller Mehraufwand betrieben werden müsste. Eine Sprache, die dies zum Prinzip erhoben hat, ist uns nicht bekannt, doch machen das Dt. und das Schwed. davon ansatzweise Gebrauch. Univerbierte Namen wie nhd. *Vómstein, Vóndermühl, Áufderheide, Áufenanger, Ándermatt* sind entgegen der freien Verwendung (hier: *vom Stéin*) auf der ersten Silbe, der einstigen Präp., betont. Umgekehrt tragen zweisilbige toponymische Endglieder wie *-félden, -háfen, -háusen, -kírchen, -wálde* entgegen dem app. Kompositionsakzent (*Réihenhäuser*) meist den Hauptakzent hinten (dies kann regional divergieren): *Rheinfélden, Ludwigsháfen, Kleinháusen, Gelsenkírchen, Eberswálde*; selbst Fiktionyme wie *Entenháusen* folgen dieser prosodischen Regel. FLEISCHER (1964:375) spricht hier von "funktionelle[m] Akzent" und liefert auch Beispiele für einsilbige betonte Endglieder: *Heiligenkréuz, Tiefensée, Hirschenáu.*

Häufiger divergieren die schwed. EN prosodisch. Dort gilt prinzipiell Erstsilbenakzent. FamN wie Alfred *Nobel* sind jedoch hinten betont. Unter den 200 häufigsten schwed. FamN befinden sich 12 endbetonte Namen (manchmal mit graph. Akzent): *Lundin, Wallin, Nordin, Rosén, Norén, Franzén, Lindén, Melin, Molin, Sjölin, Lindell, Hedin* (Kap. 7.4.4, NÜBLING 2004b).

Öfter werden **phonologische Abweichungen** genutzt. Z.B. gelten bei EN andere Lauthäufigkeiten als bei APP. So bildet [ə] im Dt. insgesamt den häufigsten Vokal, aber den seltensten innerhalb von RufN, wo in den Nebensilben Vollvokale wie [a] und [i] dominieren. Daher kann man es Wörtern oft anhören, ob sie EN oder APP sind. Manchmal kommen in entlehnten Namen fremde Phoneme vor (z.B. frz. Nasale oder engl./span. [θ], vgl. *Thatcher, Barcelona*). Weitaus häufiger sind abweichende Lautkombinationen (phonotaktische Verbindungen) - konsonantisch: *Gmeiner, Gstrein, Gsell, Mross, Zschocke*; vokalisch: *Luise, Andreas, Matthias*. Sie alle enthalten zwar dt. Laute, aber in abweichender Kombination; Hiate wie *ui* etc. kommen in dt. Erbwörtern nicht vor.

Systematisch markiert das Hausa (eine tschadische Sprache) PersN, die es aus APP gewinnt und deren langen Auslautvokal es kürzt: *azùmii* (APP: 'Fastenmonat') → *Azùmi* (EN); *angòo* (APP: 'Bräutigam') → *Angò* (EN). Nach LEHMANN (1995:56) gehen die langen Finalvokale der APP auf die weit vorangeschrittene Grammatikalisierung des einstigen Definitartikels zurück. Hier handelt es sich synchron um ein subtraktives EN-Markierungsverfahren.

---

[39] S. KALVERKÄMPER (1978, 1994, 1995), GYGER 1991, FLEISCHER 1992, KNOBLOCH 1994, LÖFFLER (1995, 2002), SANDIG 1995, SCHWITALLA (1993, 1995, 2010), WERNER (1989, 1995), GYGER (1995b), HARWEG (1997:1–48), LENK (2002, 2007, 2014), KRÜGER 2004, BLANÁR 2004; zu einem Überblick mit weiterer Literatur s. DE STEFANI/PEPIN 2010.

4.2 Morphologie

4.2.1 Flexion

Viel häufiger wird die **Flexion** zur EN-Markierung genutzt. Zum einen enthalten Namen alte, erstarrte Flexive, die - da demotiviert - in den EN-Körper inkorporiert sind und sie von den APP unterscheiden, z.B. OrtsN auf *-hausen* oder *-hofen*, die alte Plurale im Dativ konservieren (Kap. 3.4.1). KUNZE 2011 erwähnt GasthausN, die im Nom.Sg. *der Schwanen, der Storchen* lauten. Sie enthalten nicht nur Endungen alter Flexionsklassen (hier: der schwachen Maskulina), sondern die alte Dat./Akk.Sg.-Endung *-en* (< *wir gehen zum/in den Schwanen*) ist in den Nom.Sg. mitgenommen worden (*der Schwanen hat wieder geöffnet*). So differiert der EN *der Schwanen* vom APP *der Schwan*.

Wir wollen uns hier jedoch mit der gegenwartssprachlichen, produktiven Flexion befassen, die man im Vergleich zur appellativischen mit dem Schlagwort **Minimalflexion** betiteln kann: Sowohl syntagmatisch (in der NP) als auch paradigmatisch (bzgl. der Zahl der Allomorphe) werden die dt. Namen nur minimal flektiert. Seit dem 18. Jh. vollzieht sich ein Flexionsverlust, der sich rasant durchsetzt und nur von wenigen wie STECHE (1927:140) hinterfragt wird:

> Die Eigennamen sind die einzigen Wörter der deutschen Sprache, die im 19. Jahrhundert eine tiefgreifende Umgestaltung erfahren haben; die übrige Sprache stimmt dagegen noch fast völlig mit derjenigen unserer großen klassischen Dichter überein. Diese Unterschiede bei den Eigennamen sind altbekannt, aber eine Erklärung findet man eigentlich nie [...]. In der Beugung hat sich während des 19. Jahrhunderts der Verlust der Endungen durchgesetzt.

Heute steuern die Namen direkt auf ihre **Deflexion** zu (s. NÜBLING 2012a).

a) Kasusflexion

Wir beginnen mit der **syntagmatischen Dimension** der Kasusflexion: Bis ins 18. Jh. hinein flektierten PersN auch im Dat./Akk.Sg., vgl. *sie trifft Goethen/Vossen/Lotten*. Bald galt dies jedoch als "vulgär" (PAUL 1917:§111) und "geringschätzig" (BELLMANN 1990:261) und wurde zügig abgebaut. Im Dat./Akk. ist damit die **Deflexion** bereits erfolgt. Derzeit vollzieht sie sich im **Genitiv**, auch bei Toponymen (BERGER 1996a:1357) und anderen Namenklassen. NPs mit EN tendieren hier stark zur **Monoflexion**, d.h., es flektiert möglichst nur noch EIN Element: *Peters Geburtstag/der Geburtstag Peters*, aber *der Geburtstag des Peter-Ø* (oder *die Leiden des jungen Werther*). Der EN *Peter* flektiert nur dann, wenn er es "muss", wenn also kein Artikelwort dabeisteht, das den Kasus anzeigt. Steht der Artikel, so unterbleibt immer häufiger die Namenflexion (älteres *der Geburtstag des Peters* ist zwar noch erlaubt - hier besteht ein klassischer sog. Zweifelsfall -, doch wird dies kaum noch gebildet).[40] Einen Hinweis auf die dahinterstehende Funktion liefert

---

[40] NEEF 2006 sieht in diesem syntaktisch gesteuerten Verhalten von EN ohne festen Artikel (bei ihm sog. "grammatische EN"), das er differenzierter als hier analysiert, einen typologisch seltenen Fall von syntaktisch konditionierter Allomorphie.

die folgende Beobachtung: Aus NÜBLING (2012a) stammen die in Tab. 5 befindlichen Korpusrecherchen zu Toponymen, links von Ländern/Landschaften, rechts von Flüssen. Sie zeigen, dass je unbekannter, also je fremder bzw. weniger nativ der EN ist, umso eher die Flexion entfällt - und zwar, um den EN unangetastet zu lassen und damit wiedererkennbar zu halten (s. NOWAK/NÜBLING demn.). Die grauen Hinterlegungen zeigen das jeweils dominante Flexionsverhalten an.

Linke Tabelle: *des Himalaya* bleibt zu 85% unflektiert, *des Engadin* dagegen nur zu 8%. Rechte Tabelle: Weniger bekannte Flüsse mit fremden Strukturen wie *Yangtse* oder *Orinoco* bleiben unflektiert, während bekannte Flüsse mit nativen Strukturen wie *Rhein, Neckar, Nil* regelmäßig *-s* nehmen.[41] Damit wird deutlich: Die Deflexion schont den Namenkörper, indem sie ihn zu 100% konstant (invariant) hält. Er kann wie ein Bild oder ein Idiogramm visuell bzw. auditiv abgespeichert werden und bleibt in jedem Kontext sofort wiedererkennbar. Hatten wir den Namen in Kap. 2.4 als kontextentbundenes **Etikett**, als **starren Designator** bezeichnet, so findet diese Funktion in diesem Flexionsverhalten ihr direktes formales Korrelat: Hier besteht sog. **diagrammatischer Ikonismus** (d.h. ein Funktion-Form-Abbildungsverhältnis).

Tab. 5: Genitiv bei Toponymen mit Artikel (COSMAS II-Recherche, April 2010)

Name im Gen.	*-Ø*		*-s*
	%	**abs.**	**abs.**
des Himala(y/j)a-	85%	775	132
des Jemen-	83%	217	43
des Kongo-	73%	495	185
des Irak-	68%	3894	1856
des Iran-	65%	1916	1024
des Europa-	46%	36	43
des Balkan-	23%	317	1075
des Engadin-	8%	19	229

Name im Gen.	*-Ø*		*-s*
	%	**abs.**	**abs.**
des Yangtse-	100%	59	0
des Orino(k/c)o-	97%	62	2
des Mississippi-	94%	365	22
des Tiber-	62%	48	30
des Nil-	17%	94	457
des Neckar-	5%	44	935
des Rhein-	0%	64	11393

Kehren wir zur **Flexion von BeiN** zurück, die in Kap. 3.3.2 angesprochen wurde. Diese wird anhand des Beispiels *Walther von der Vogelweide* diskutiert und bildet gegenwärtig einen echten Zweifelsfall. ZIFONUN 2001 hat hierzu eine Akzeptanzuntersuchung[42] durchgeführt, deren Ergebnis wir hier vereinfacht referieren.

Traditionell ist im Gen. nur die Flexion des Ruf- bzw. HauptN *Walther* vorgesehen. In **Poststellung** wurde *die Sprache [Walther]s von der Vogelweide* zu 87% als akzeptabel erachtet, dagegen *die Sprache [Walther von der Vogelweide]s* nur zu 32%

[41] Wie sich Gattungs-EN (z.B. *Schwarzwald, Odenwald*) bzgl. der Genitivflexion verhalten, untersucht FRITZINGER demn.: Hier erweist sich im Vergleich mit vollen APP (z.B. *Nadelwald, Regenwald*), dass bei den Gattungs-EN die wortschonenden *s*-Flexive häufiger vorkommen als bei den APP, die eher auf *-es* zurückgreifen. Die Nullendung kommt selten und wenn, dann bei den Gattungs-EN vor.

[42] Diese Untersuchung basiert auf 53 Informanten und enthält die vier Kategorien a) "voll akzeptabel", b) "geht einigermaßen" (hier zusammengefasst zu "akzeptabel"), c) "fragwürdig" und d) "unakzeptabel".

akzeptiert, zu 38% abgelehnt und zu 30% als fragwürdig eingestuft. Doch kommt es in **Prästellung** mehrheitlich zur **Flexion des Gesamtkomplexes** – trotz des nur attributiven Status des BeiN: *[Walther von der Vogelweide]s Sprache* erhielt 72% Akzeptanz. Dagegen wurde (standardkonformes) *[Walther]s von der Vogelweide Sprache* nur zu 19% akzeptiert, zu 45% abgelehnt und zu 36% als fragwürdig erachtet. Das heißt: Die Prästellung des attributiven BeiN im Gen. fördert die Flexion des Gesamtkomplexes, die Poststellung weniger.

Nun wäre es verfehlt, dem BeiN *von der Vogelweide* in Prästellung plötzlich den Status eines FamN zuzuschreiben (weil Ruf- + FamN immer rechtsköpfig flektieren, vgl. *[Angela Merkel]s Politik*). Vielmehr scheint das zu geschehen, wofür FUSS 2011 argumentiert, nämlich die erste Herausbildung einer sog. Wortgruppenflexion mit einem klitischen (und nicht mehr flexivischen) Gen.-*s*. Für engl. Konstruktionen wie *[the queen of England]s hat* gilt dies längst. Somit flektiert zunehmend der rechte Rand komplexer Attribute.[43] Dabei handelt es sich um eine Reanalyse von einem Gen.- zu einem Possessivmarker sowie um eine Degrammatikalisierung (Flexiv > Klitikon), die bei solchen komplexen EN beginnt. FUSS 2011 geht es v.a. darum, die Analyse präponierter EN als bloße Artikel zurückzuweisen, wie dies ANDERSON (2004, 2008) vertritt. Bei ANDERSON bilden EN eine eigene syntaktische Kategorie (nicht N), während sie postponiert als N analysiert werden müssen. Diesem hybriden EN-Status (je nach Stellung mal Artikel, mal Nomen) begegnet FUSS, indem er nur dem Gen.-*s* die klitische D-Position (Determinans) zuweist und EN weiterhin als Teilklasse der Subst. begreift.

Zur paradigmatischen Seite: Im Ahd. waren die EN noch vollständig in das Flexionsklassensystem integriert, was bedeutet, dass sie allomorphreiche Flexive trugen, vgl. die ahd. Gen.Sg.-Formen *Mari-ūn, Hiltigart-ī, Gundrūn-a; Hartmuot-es, Ott-en*. Im Laufe der Zeit setzte sich das Gen.-*s* aus der starken mask. Klasse bei sämtlichen, selbst den fem. EN durch (*Marias/Gudruns Geburtstag*); damit wurde es komplett **uniform**.[44] Heute bilden EN eine eigene Deklinationsklasse (DUDEN-Grammatik 2009:§298). Wenn ein Flexiv sämtliche Klassengrenzen überschreitet, bezeichnet man es als **überstabilen Marker.** Wieder ist es kein Zufall, dass bei der

---

43 Allerdings gilt es zu differenzieren zwischen BeiN (wie bisher diskutiert) und Attributen, denn ZIFONUN testet auch NPs mit Gen. ohne BeiN wie *Anna aus Mannheim* (*aus Mannheim* hat einen anderen Status als partiell onymisches *von der Vogelweide*). Hier kommt es zu ganz anderen Akzeptanzen: *[Anna aus Mannheim]s Sprache* wird zu 92% abgelehnt, 8% entfallen auf "geht einigermaßen", 0% auf "voll akzeptabel". Dies wäre die Entsprechung zu *[the queen of England]s hat*, d.h., hier ist im Dt. das possessive Klitikon nicht möglich. *[Anna]s aus Mannheim Sprache* ist ebenso inakzeptabel (zu 96%), doch für 4% (= 2 Personen) "voll akzeptabel". Zu diesem Sprachwandel ist noch viel Forschung erforderlich, die v.a. zwischen dem Status als BeiN und als freiem Attribut differenziert, was bis dato nicht geschehen ist.

44 NEEF 2006 macht die interessante Beobachtung, dass *des (heutigen) Deutschlands* zwar nur das kurze Gen.-*s* (oder Null) nimmt, *des Vogtlandes* indessen mehrheitlich das lange *-es*. Er begründet dies mit dem festen Artikel bei *das Vogtland*. U.E. ist dies eher ein Indiz dafür, dass die Landschaft *Vogtland* noch den Status eines Gattungs-EN innehat (das APP *-land* flektiert dann auch wie ein APP), während *Deutschland* vollproprialisiert ist (DUDEN-Grammatik 2009:§309). Auch das alte Dat.Sg.-*e* ist, wenn überhaupt, dann nur bei *Vogtland* möglich: *im heutigen Vogtlande/*im heutigen Deutschlande*. Ähnlich verhält es sich bei *Schwarzwald(e)s*.

reichen Auswahl an Flexivallomorphen ausgerechnet das Gen.-*s* das Rennen gemacht hat. Bezeichnend ist dabei, dass die übliche *-es*/*-s*-Allomorphie, die sich bei den anderen Subst. u.a. nach der Wortlänge richtet (z.B. *des Tages*, aber *des Feiertags*; s. SZCZEPANIAK 2010), bei den EN blockiert ist. Hier existiert nicht die längere, silbische *es*-Endung, sondern nur unsilbisches, uniformes *-s*. Endet der EN selbst auf [s], erscheint die Nullendung (statt app. *-es*): *Klaus'* (aber *Hauses*; NEEF 2006). Einfaches *-s* schont, neben der Null-Endung, am besten den Wortkörper. Eine silbische Endung (*-es*, *-en*) könnte ihn verändern, indem z.B. eine Auslautneutralisierung aufgehoben und die Silbengrenze verschoben würde: Wenn der Name *Plag* [pla:k] um *-es* zu *[pla:.gəs] erweitert würde, hätte dies drei Konsequenzen: Verdoppelung von einer auf zwei Silben, Aufhebung der Auslautneutralisierung und Silbengrenzverlegung vor das [g]. Korrektes *Plags* [pla:ks] vermeidet dagegen dies alles; hier entsteht nur eine etwas komplexere Coda - wenn überhaupt, denn das *-s* fällt durch die Deflexionstendenz ja immer öfter weg.[45]

Auch **funktional** verändert und verengt sich der onymische Gen. zu einem reinen **Possessivmarker** (Besitzanzeige) insbesondere in Prästellung: *Plags Buch, Ottos Mops, Doktor Murkes gesammeltes Schweigen* (s. DEMSKE 2001, EISENBERG/SMITH 2002, FUSS 2011, Kap. 4.4). HENTSCHEL 1994 hat für diesen possessiven Gen. (im Gegensatz zu anderen Gen., s.u.) maximale Akzeptanzwerte ermittelt. *Roms Zerstörung* könnte jedoch so (miss)verstanden werden, als habe Rom etwas zerstört, daher wird *Rom* (als Objektgenitiv) nach EISENBERG/SMITH 2002 zu über 99% nachgestellt: *die Zerstörung Roms*. Regiert eine Präp. wie *anstatt* oder *wegen* den (hier per se nicht-possessiven) Gen., dann unterbleibt oft die onymische Genitivflexion, doch wurde dies noch nicht umfassend untersucht: *Sie kam trotz/wegen */?Annas/Anna* vs. *Sie kam trotz/wegen des Mädchens*. HENTSCHEL (1994:20) hat solche PPs getestet (*unweit Friedrichs, wegen Petras*) und dafür sehr geringe Akzeptanzwerte erhalten. Gleiches gilt für verbal regierte Gen. wie *gedenken, entsinnen*: FUSS 2011 liefert Internet-Belege, z.B. *wir gedenken Maria Magdalena und anderer Frauen*: Der Name bleibt unflektiert, nicht aber die koordinierte NP. Auch HENTSCHEL (1994:20) registrierte für den Testsatz *ich enthielt mich Peters* äußerst geringe Zustimmung. Dass die **onymische Deflexion** nach Präp. vorangeschritten sein muss, belegen häufige Nachfragen bei Sprachberatungsstellen. DUDEN-Zweifelsfälle (2011:382) schreibt nach *südlich, oberhalb, innerhalb* (*Kölns*) das Genitivflexiv vor, nach *einschließlich* nicht. Dagegen beobachtet schon BLATZ (1900:341) die Unterdrückung des "echten" Gen.-*s*:

> In Abhängigkeit von einigen Präpositionen (Adverbien) des Orts, die den Genet. regieren, wie *oberhalb, unterhalb, diesseit(s), jenseit(s), außerhalb, innerhalb, unweit* entbehren Städtenamen häufig das Genetivzeichen *-s*, z.B. *Innerhalb Berlin, unweit Hamburg. Jenseits Salzburg.*

---

45 Auch die spezifisch deonymische Adjektivendung *-sch-* (*Grimm'sche Märchen*; Kap. 4.2.2) bildet heute - wohl aus den gleichen Gründen wie das unsilbische Gen.-*s* - keine eigene Silbe mehr, wiewohl sie dies früher getan hat (*-sch* < *-isch*). Desubstantivische Adj. verwenden weiterhin obligatorisch *-isch*, vgl. *Neid* → *neid-isch, Hof* → *höfisch*, wobei sie app. umlauten, onymisch nicht, vgl. *Hof'sche Klammer*.

b) Pluralflexion

Beim **EN-Plural** bestehen ebenfalls formale und funktionale Unterschiede zum APP. Auffälligerweise bilden die EN ihren Pl. mit einem einzigen, unsilbischen und uniformen Flexiv, das homophon zum Gen. ist: *-s* (*die beiden Leonies/Leos/Frankfurts/Deutschlands*).[46] Hier einen Einfluss aus dem Engl. anzunehmen, ist ebenso abwegig wie beim Gen.-*s* inkl. seinem Apostroph (s. Kap. 4.5.6). Wie in NÜBLING/SCHMUCK 2010 gezeigt, ist das onymische Pl.-*s* über Reanalyse des onymischen Gen.Sg.-*s* entstanden. Nur wenn RufN bereits auf [-s] enden, bilden sie ihren Pl. mit Null oder *-e* (*die beiden Agnes-Ø, die beiden Tobias-Ø/Tobiasse, die Alexe*); wenn FamN auf [-s] enden, bilden sie ihn mit Null oder *-ens* (*die beiden Schulz-Ø/Schulzens*; DUDEN-Grammatik 2009:§§293, 294; s. auch SCHMUCK 2011).

Für das Pl.-*s* gilt der gleiche Vorteil wie für das Gen.-*s*, nämlich die **Schonung des Namenkörpers**. Dies wird besonders dann deutlich, wenn man dem onymischen Einheitsplural die app. Pluralallomorphe gegenüberstellt: *die Schneiders* vs. *die Schneider-Ø, die Freitags* vs. *die Freitage, die Bachs* vs. *die Bäche, die Manns* vs. *die Männer, die Hases* vs. *die Hasen*.[47] Viel stärker als der app. Gen. affiziert der app. Pl. den Namenkörper, v.a. durch den Pluralumlaut, aber auch durch silbische Flexive. EN lauten im Pl. nie um, auch nicht Toponyme (*die Neustadts* vs. *die Städte, die beiden Deutschlands* vs. *die Länder*). Wann genau sich der Umlaut aus dem Namenkörper zurückgezogen hat, ist unbekannt. Eine ältere Schicht enthält ihn noch, vgl. *die Hänse, die Kläuse*. Heute ist er gänzlich unproduktiv, es gilt einzig der *s*-Pl.: *die Jans, die Marks*.[48] Auch APP können durch den umlautlosen *s*-Pl. ad hoc onymisiert werden (*Nachwuchs bei Nashorns*).

Ähnlich wie das Gen.-*s* wird auch das Pl.-*s* häufig unterdrückt, insbesondere dann, wenn der Plural bereits anderweitig angezeigt wird (Deflexion i.S.v. Monoflexion): Eine COSMAS II-Recherche im Mai 2015 ergab für *die beiden Deutschland(s)* die folgenden Treffer: 34 mit Null und 39 mit *-s*. Vermutlich wird auch diese Deflexion durch den Faktor Fremd- bzw. Vertrautheit des Namenkörpers gesteuert, doch stehen repräsentative Untersuchungen noch aus.[49]

---

46 Noch unklar ist, wie sich die Pluralbildung bei Gattungs-EN verhält (Kap. 3.3.1), d.h., ob der app. Teil auch appellativisch pluralisiert. Bei solchen auf *-straße* und *-Allee* ist dies tatsächlich der Fall: *Die Stalin-Alleen Osteuropas gehören der Vergangenheit an* (KOLDE 1995:402). Andererseits könnte man rein oberflächlich auch *Deutschland*, da wirklich ein Land, als Gattungs-EN analysieren, doch kommt es hier nicht zu **die beiden Deutschländer*. Möglicherweise gibt uns gerade die Art der Pluralbildung Aufschluss darüber, ob ein vermeintlicher Gattungs-EN noch ein solches Hybrid ist oder schon als voller Name gelten kann.

47 Wie trennscharf diese Pluralisierungen gehandhabt werden, zeigt Fußnote 38, wo ad-hoc-appellativisch von *Althusmännern* die Rede ist.

48 Auch andere Sprachen wie das Estnische bestätigen die Blockade onymischer Introflexion. Hier kann der (wurzelinterne) Stufenwechsel im Pl. bestimmter EN blockiert sein: Sg.: *mägi* (APP 'Berg') vs. *Mägi* (FamN) → Pl.: *mäed* (APP 'Berge') vs. *Mägid* (FamN). Zu morphologischer Invariabilität bei EN im Frz. s. KALVERKÄMPER (1978:169, 188).

49 In anderen Sprachen wie dem Frz. gilt bei EN komplette Flexionslosigkeit im Plural, vgl. app. *le cheval – les chevaux* [ʃə'val – ʃə'vo] (APP 'Pferd – Pferde') vs. onymisch *Cheval – les Cheval* (FamN), beide [ʃə'val].

Auch **funktional** leistet der **EN-Plural** etwas grundsätzlich anderes als der APP-Plural (LEYS 1989a, COSERIU 1989, SEILER 1983, DEBUS 2005, KOLDE 1995). Zunächst kommen EN viel seltener im Pl. vor als APP, da sie in aller Regel monoreferent sind. Infolge von Nachbenennung bzw. Mehrfachvergabe eines RufN gibt es hier jedoch oft mehrere Träger desselben Namens. Diese bezeichnet man etwa als *die drei Leonies*. Bereits in Kap. 3.2.1 wurde ausgeführt, dass hiermit lediglich drei Mädchen, die zufällig den gleichen EN tragen, gemeint sind.[50] Diese Personen werden sich durch ihre Gleichbenennung nicht ähnlicher, sie teilen sich nicht ein einziges Merkmal mehr als mit einer *Ruth* oder *Vanessa*. Hier liegt bloße EN-Homonymie vor, eine Klasse einander ähnlicher Mitglieder entsteht dadurch mitnichten. Ganz anders bei den APP, wo man die Gegenstände klassifiziert, die "in gewissen typischen Merkmalen" übereinstimmen (DUDEN-Zweifelsfälle 2011:261; s. auch COSERIU 1989). Zu onymischen Pluraliatantum wie *die Alpen, die Niederlande, die neuen Bundesländer* s. Kap. 3.4.1.

c) Genuszuweisung

Schließlich verdient eine weitere Kategorie, die gemeinhin als morphologische begriffen wird, Beachtung: das **Genus**. Dessen Zuweisung funktioniert bei EN grundlegend anders als bei APP. Für das Dt. unterscheidet man prinzipiell drei **Zuweisungsebenen** (KÖPCKE/ZUBIN 1984, 1996, 2005, 2009):

i) lexikalisch: das Genus ist im Nomen enthalten und aus nichts ableitbar (arbiträr): *das Messer, die Gabel, der Löffel*. Es muss auswendig gelernt werden. Bei APP spielt diese Ebene eine große, bei EN eine geringe Rolle.
ii) semantisch: das Genus leitet sich aus bestimmten Eigenschaften der nominalen Bedeutung ab. So werden Menschen und viele Tiere nach ihrem biologischen Geschlecht (Sexus) genusklassifiziert: *die Frau, die Tante, die Lady, die Stute* vs. *der Mann, der Onkel, der Lord, der Hengst*. Früchte sind im Dt. immer feminin[51] (*die Traube, die Ananas, die Guave*), selbst dann, wenn sie auf *-o* enden[52] (*die Mango*), harte Alkoholika sind maskulin (*der Whisky, der Brandy, der Likör*). Da EN keine Semantik zukommt, spielt dieses Prinzip kaum eine Rolle, kaum deshalb, weil dt. RufN i.d.R. EIN Sem enthalten: Das Geschlecht des/der Namenträger/in. Daher gilt: Weibliche RufN sind fem., männliche mask. (zu neutralen Frauenrufnamen in dt. Dialekten wie *das Rita, das Ingrid* s. Kap. 7.2.4 sowie NÜBLING et al. 2013b).

---

[50] Das Gleiche gilt, wenn FamN in den Pl. gesetzt werden: Der Pl. bezeichnet prinzipiell beliebige Träger des gleichen FamN, mehr nicht (vgl. *in meiner Klasse sitzen drei Schmidts*). Auch wenn immer wieder behauptet wird (z.B. WIMMER 1973:134), hiermit könnten nur Mitglieder der gleichen Familie gemeint sein (*nachher kommen Schmidts zu Besuch*), so ist dies zwar möglich, aber nicht obligatorisch (s. das erste Bsp.). Der Kontext regelt die Referenz.

[51] Einzige – alte, unproduktive – Ausnahmen: *der Apfel, der Pfirsich*.

[52] Der Auslaut als Genuszuweisungsebene würde ein formales (phonetisches) Prinzip darstellen, das in anderen Sprachen (Polnisch, Bulgarisch, Spanisch) sehr stark ist, im Dt. jedoch schwach, weshalb wir es hier auslassen (s. aber KÖPCKE/ZUBIN 1984:29–32).

iii) referentiell: das Genus leitet sich aus Eigenschaften des konkreten Referenzobjekts ab. Dies praktizieren wir bei substantivierten Adj.: Auf ein Mädchen würde man mit *die Kleine dort* referieren, da es weiblich ist (wiewohl das Nomen neutral). Diese Ebene ist bei APP von marginaler, bei EN von umso zentralerer Bedeutung: Das Genus der meisten EN erschließt sich nur durch Kenntnis des Referenzobjekts. So sind LänderN immer neutral und ZeitungsN meist feminin, daher: *die Burg* (APP), aber *das (hübsche) Luxemburg* (LänderN), *das Bild* (APP), aber *die BILD* (ZeitungsN).

Ein morphologisch-formales Prinzip überlagert alle diese Zuweisungsebenen: Werden Subst. – einschließlich Namen – diminuiert, so wechseln sie zum Neutrum: *die Stadt – das Städtchen, der Vater – das Väterchen, (der) Peter – (das) Peterchen.*

Da die meisten Namen aus APP entstanden sind, haben sie eine Entwicklung von a) bzw. b) nach c) durchlaufen, d.h., ihr **Genus** ergibt sich aus **Eigenschaften des konkreten Objekts** (Tab. 6 nach FAHLBUSCH/NÜBLING 2014:252).

Tab. 6: Eigennamenklassen und ihr referentielles Genus

	Namen von		Fem.	Mask.	Neut.	fester Artikel?
1	Wüsten	genusfest	++			ja
2	Motorrädern		++			ja
3	Flugzeugen		++			ja
4	Schiffen		++			ja
5	Städten				++	nein
6	Ländern/Kontinenten				++	nein
7	Banken/Versicherungen		++			ja
8	Flüssen	genus-stabilisierend	++	+(+)		ja
9	Autos		(+)	++	(+)	ja
10	Unternehmen		++	(+)	(+)	mehrheitlich
11	Bergen		+	> ++	+	ja
12	Hotels		+	+	> ++	ja
13	Restaurants		+	+	> ++	ja
14	Gebäuden	unfest	+	+	+	ja
15	Straßen		+	+	+	ja
16	Fluren		+	+	+	ja

++: als EN-Genus produktiv; +: vorhanden; (+): resthaft vorhanden, wird abgebaut

Tab. 6 erweist, dass es genusfeste (Nr. 1–7), genusstabilisierende (Nr. 8–13) und genusunfeste Namenklassen gibt (Nr. 14–16). Die diachrone Entwicklung verläuft von unfest > fest und generiert in der genusstabiliserenden Phase Unsicherheiten (s. eingehend FAHLBUSCH/NÜBLING 2014). Genusfest sind die Namen von Wüsten, die immer fem. sind (*die Sahara, die Namib*), ebenso Motorrad-, Flugzeug- und SchiffsN (*die Yamaha; die Landshut; die Kaiser Wilhelm*). Städte-, Länder- und KontinentN sind Neutra (*Mainz, Polen, Afrika*). Auf dem Weg zum festen referentiellen Genus sind die bereits mehrheitlich femininen FlussN (*die Weser, die Donau*) und die maskulinen AutoN (*der Mercedes, der A8*; Kap. 10.1.6). Hotel- und RestaurantN tendieren zum Neutrum (*das Steigenberger, das Ibis; das Heiliggeist, das Turm*).

Die Gültigkeit und Produktivität dieses referentiellen Genuszuweisungsprinzips lässt sich an ein und demselben Namen durchspielen, vgl. *die Continental* (Motorrad, Schiff, Flugzeug) vs. *der Continental* (Auto) vs. *das Continental* (Hotel, Restaurant). In vielen Fällen steht der **Artikel obligatorisch** (s. rechte Spalte in Tab. 6), da er als **Genus-** und damit **Klassenmarker** fungiert: Hier leisten die drei Genera (im Verbund mit [+/- Artikel]) eine echte **Nominalklassifikation**, wie man dies eher aus "exotischen" Sprachen kennt wie dem Chinesischen, Vietnamesischen und Swahili (s. NÜBLING demn.).

Im Zuge der Proprialisierung vom APP > EN wird die alte, vom APP ererbte sog. morpholexikalische Genuszuweisung durch das referentielle Einheitsgenus überschrieben, s. *die Kaiser Wilhelm* als SchiffsN und *das Turm* als RestaurantN. Junge Namen halten also zunächst am app. Genus fest, ohne deswegen ihren Namenstatus zu verlieren (s. Nr. 14–16 in Tab. 6). Bei den BergN (Nr. 11) formiert sich seit wenigen Jahrhunderten ein festes, maskulines BergN-Genus, erkennbar daran, dass fremdsprachlichen (*der Kilimandscharo*) oder syntagmatischen Bergnamen (*der Schauinsland*) sowie Kürzeln (*der K2*) produktiv das Mask. zugewiesen wird. Nichtsdestotrotz existieren viele deappellativische BergN wie *das Matterhorn, das Jungfraujoch* oder *die Zugspitze, die Jungfrau* mit dem alten Genus. Für einen solchen Sprachwandel sind Schwankungen typisch, s. *die/der Rigi, die/der Annapurna*.

Besonders interessant sind die StädteN, die heute alle neutral sind (*das moderne Mainz/Freiburg/Heidelberg/Darmstadt/New York/Amsterdam*), zuvor aber feminin gewesen zu sein scheinen. Ganz am Anfang starteten sie jedoch mit dem alten app. Genus: "Aber diese Einheitlichkeit ist geschichtlich sehr jung; im Ahd. und Mhd. konnten die Namen der Orte und Länder jedes Sprachgeschlecht haben" (STECHE 1927:81). Auch PAUL (1917:§117) bemerkt, dass bei zusammengesetzten OrtsN ursprünglich das Letztglied das Genus regiert habe. Diese alten Genera wurden zunächst in ein einheitliches Femininum überführt: FLEISCHER 1964 zitiert für das 18. Jh. Klopstock und Schiller mit "die hohe Rom", "die rege Zürich", "die edle Bern" (laut FLEISCHER auch noch in heutigen Dialekten).[53] Wie, wann (vermutlich erst im 19. Jh.) und v.a. warum es zur Umklassifizierung zum Neutrum kam, weiß man nicht, doch vermutet FLEISCHER 1964 (auch DEBUS 1980), dass es häufige neutrale StädteN-Endglieder wie *-dorf, -heim, -tal* gewesen seien, die langfristig zur Generalisierung des Neutrums geführt haben. Doch ist zu bedenken, dass es mit *-stadt* und *-burg* auch sehr häufige fem. Endglieder gab. Die Frage ist also noch nicht beantwortet.

Fragt man, wie es dazu kommt, dass eine Objektklasse ein bestimmtes (und kein anderes) Namengenus regiert, so vermuten Viele, es sei das Genus der entsprechenden app. Klassenbezeichnung. Das trifft manchmal zu (aber nicht immer): Das APP *der Berg* dürfte sicher das mask. BergN-Genus motivieren, ähnlich *die Zeitung* das Fem. bei ZeitungsN (*die BILD, die F.A.Z.*), zumal diese APP früher im (genuinen Gattungs-)Eigennamen enthalten sein konnten (< *die Bild-Zeitung*, <

53 DUDEN-Zweifelsfälle (2011:685) zitiert Wieland mit "weil Carthago alle ihre Kräfte zusammennehmen wird".

die Frankfurter Allgemeine Zeitung). Dies lassen auch Namen von GmbHs und AGs vermuten, die alle wegen ihres synt. Kopfs *Gesellschaft* Fem. sind. Häufig kommt es zu elliptischen, weiterhin fem. Bildungen wie *die Deutsche Papier, die Deutsche EuroShop, die Südzucker*, d.h., diese Kürzungen übernehmen das Genus ihres einstigen app. "Sockels" (s. FAHLBUSCH demn.). Die DUDEN-Grammatik (2009:§251) beschreibt bei artikellosen UnternehmensN wie *Nestlé, Apple, HP* Schwankungen zwischen Neut. und Fem. und führt das fem. Genus darauf zurück,

> dass man sich eine Gattungsbezeichnung wie *Firma, Gesellschaft* oder *Gruppe* hinzudenken kann [...]. Man kann das Genus zwar nicht am Firmennamen selbst ablesen, wohl aber an wiederaufnehmenden Wörtern, zum Beispiel Possessiven [es folgen Internet-Belege, DN]: Nestlé hat seinen Halbjahresgewinn dramatisch erhöht [...]; Nestlé hat ihren Umsatz [....] gesteigert [...]. Hat Apple seine Lektion gelernt? [...] Apple hat ihre Umsatz- und Gewinnprognose [...] verringert.

Andererseits kann das Namengenus auch vom Genus des entsprechenden APP abweichen: *die Stadt* ist feminin, StädteN sind aber Neutra; *das Schiff* ist neutral, SchiffsN sind jedoch feminin; *Auto* und *Motorrad* sind Neutra, AutoN aber Maskulina und MotorradN Feminina (s. FAHLBUSCH/NÜBLING 2014, demn.). Zum Genus von WarenN s. Kap. 10.1.6.

Die Wirkung des **referentiellen Genus** lässt sich besonders gut bei **FamN** erkennen, deren Genus sich am **Sexus** des/der Namenträgers/in ausrichtet. Die APP *Mann, Stadt* und *Heim* sind mask., fem. bzw. neutr. Bei entsprechenden FamN wie *Hoffmann, Halberstadt* und *Waldheim* wird dieses lexikalische Genus (und damit das Kopf-rechts-Prinzip) gelöscht, denn je nach Sexus sagt man: *Dort kommt die (Frau)* bzw. *der (Herr) Hoffmann, Halberstadt, Waldheim*.[54] Angesichts der so dominanten Monoreferenzfunktion der EN nimmt es nicht wunder, dass eine so strenge referentielle Genuszuweisung gilt. Auch dies ist als **grammatischer Ikonismus** anzusehen und stützt die Funktion des EN: Eigenschaften des Referenzobjekts bestimmen das Genus, und nicht etwa semantische Eigenschaften, die der EN ja gar nicht hat.

Die einzige **Ausnahme vom referentiellen Genus** bilden die RufN, die, zumindest im Dt., EIN Sem enthalten: 'Sexus'. Dafür hält sich das Dt. zwei getrennte EN-Inventare, vgl. *Doris, Almut* 'weiblich' vs. *Boris, Helmut* 'männlich'. Hier wirkt die semantische Genuszuweisung - sofern man Personen bezeichnet. Andernfalls wirkt das referentielle Genus (*das Doris/das Boris* könnte ein Hotel oder Restaurant sein, *die Boris* ein Motorrad oder ein Schiff; *der Mercedes* bezeichnet ein Automodell und basiert auf einem weiblichen span. RufN). Gegen das Sexus-Sem in EN argumentiert (mit guten Gründen) KUBCZAK (1985:296–299).

Speziell bei weibl. RufN in dt. und lux. Dialekten wurde unlängst eine **pragmatische Genuszuweisungsebene** beschrieben: *s'Gertrud* bzw. *et/dat Anna* im Ripuarischen sind weibliche RufN im Neutrum. Das Neutrum markiert heute eine vertraut-familiäre Beziehung zwischen SprecherIn und Benannter, ein Femi-

---

54 Selbst trochäische Feminina wie *Fliege* werden als FamN eines Mannes anstandslos maskulinisiert: "Der Fliege, das ist doch dieser Typ, der immer anderen Menschen erzählt, wie sie zu leben haben" (F.A.S. vom 14.08.11).

ninum würde, falls es zur Disposition steht, (soziale) Distanz und Fremdheit markieren (s. NÜBLING et al. 2013b). Eine aggressiv-degradierende Wirkung entfaltet das Neutrum dagegen beim weibl. Familiennamen *das Merkel*, womit die hohe Agentivität dieser mächtigen Frau, die außerdem der Geschlechterordnung verwiesen wird, gebannt werden soll: Das Neutrum ist das Genus für Unbelebtes und Handlungsunfähiges (s. NÜBLING 2014c).

4.2.2 Wortbildung

Auch auf der Ebene der Wortbildung sind EN sehr aktiv. Zunächst gibt es hier spezifische, produktive **onymische Suffixe** wie *-ien* oder *-ei* für Länder- und LandschaftsN (*Indien, Kolumbien*, jünger: *Tschechien*, ironisch: *Balkonien; Türkei, Mongolei*; BERGER 1996a, FUHRHOP 1998, FLEISCHER/BARZ 2012:252f.). Sehr viele weibl. RufN enden auf *-a*: *Anna, Maria, Lea, Emma*. Auch OrtsN wie *Wiesa, Heida, Eicha, Schilfa* enden, im Gegensatz zu app. *-e* oder *-Ø*, auf Vollvokal *-a*, der hier eine onymische Markierungsfunktion einnimmt und damit morphologischen Status innehat (FLEISCHER 1970). FLEISCHER (1964:374) beschreibt außerdem Beispiele, in denen onymische Suffixe auf APP übergegangen sind:

> Die Empfänglichkeit der Rufnamen für expressive, "wertende" Formen hat zur Produktivität einer Reihe von Suffixen geführt, die dem appellativischen Wortschatz fremd sind oder erst spät und mit beschränkter Verwendung auftauchen, so besonders *-tz* in *Fritz* (*Fried-rich*), *Heinz* (*Hein-rich*) und dessen Variante *-t(z)sch* in *Fritzsch(e), Nietzsch(e)* usw. [...] Ein Suffix *-i* kennt unsere Literatursprache für den appellativischen Wortschatz heute nicht [...]. Aber im Namenschatz ist es durchaus geläufig: *Rudi* (*Rudolf*), *Hansi* [...].

Mittlerweile, fast 50 Jahre später, hat eine solche Übertragung von *-i* auf APP längst stattgefunden: DEBUS (2005:1840) nennt Beispiele wie *Sponti, Wessi, Ossi*, viele weitere wie *Studi, Ersti* kommen hinzu (v.a. Personenbezeichnungen; mehr dazu in Kap. 7.3.2).[55] Auch heftet sich hypokoristisches *-i* häufig an FamN: *Poldi* (*Podolski*), *Schweini* (*Schweinsteiger*), *Gorbi* (*Gorbatschov*). Erst wenn Affixe produktiv werden (wie hier), ist ihr Affixstatus klar. Ererbte, wenngleich durchaus häufige OrtsN-Ausgänge wie *-hausen, -dorf, -stetten/-stedt, -ing(en)* oder *-sen* bei FamN, die nicht wandern, d.h. auf neue Basen übergehen, sollten jedoch nicht als onymische Suffixe bezeichnet werden (was bspw. FLEISCHER 1970 tut).

Echte onymische Morphologie, die nur dazu dient, den EN-Status (und hier die Klasse der FamN) zu markieren, hat das **Polnische** entwickelt (SZCZEPANIAK 2005). Besonders frequent ist das Suffix *-ski* 'männl.' bzw. *-ska* 'weibl.'.[56] Unter den zehn häufigsten FamN befinden sich *Kowalski, Wiśniewski, Kamiński, Lewandowski, Zieliński, Dąbrowski* und *Szymański*, die jeweils eine transparente Basis (APP, Adj., EN) haben: z.B. *kowal* 'Schmied', *wiśnia* 'Kirsche', *zielony* 'grün', *Szyman* (RufN, dt. *Simon*). Das Suffix leistet ihre Zuordnung (sog. Transposition) zu den FamN.

---

55 Selbst eine Leiche wurde hypokoristisch benannt: *Ötzi*.

56 Im Dt. ist *-ski* sogar in die Appellativik aufgestiegen, wenngleich mit negativem Gehalt, vgl. (ruhrdt.) Wortbildungen wie *Motzki, Besoffski*.

Damit nutzt das Polnische, was sehr verarbeitungsökonomisch ist, andere Wortklassen (und Namenklassen) und transponiert diese in die EN-Klasse der FamN (was ca. eine Silbe mehr kostet). Mit nur einer einzigen Ausnahme arbeiten die 20 häufigsten poln. FamN mit onymischen Suffixen, zu denen es verschiedene Allomorphe gibt. Diese Suffixe sind auch noch heute produktiv: Man kann den FamN wechseln und dabei solche Suffigierungstechniken anwenden (zur Genese dieser Suffixe s. SZCZEPANIAK 2005).

Das **Deutsche** hat keine FamN-Suffixe entwickelt, doch enden immerhin ca. 5.000 verschiedene FamN auf *-ert*. Ausgehend von häufigen FamN wie *Schubert, Ebert, Seifert* hat eine Reanalyse und anschließend eine sekundäre Ausdehnung dieses Suffixes auf andere FamN wie *Beckert, Schreinert, Grubert, Webert* und v.a. *Kleinert* stattgefunden, d.h., es ist leicht produktiv geworden (NÜBLING 2010, KEMPF/NOWAK 2011, DFA III:Kap. II.5). Doch lässt sich dies nicht mit dem Reichtum an onymischer Morphologie im Polnischen vergleichen.

In vielen Sprachen werden häufige **Namen** oder **onymische Wortteile**, meist von PersN, **semantisiert** und in die app. Wortbildung transferiert. Dabei handelt es sich auffälligerweise immer um pejorative Glieder bzw. Affixe:[57] *Heul-/Transuse* (< *Susanne*), *Heul-/Mecker-/Trödelliese* (< *Elisabeth*), *Blöd-/Grob-/Dummerjan* (< *Johannes*), *Prahl-/Großhans, Prozesshansel* (< *Johannes*), *Witz-/Rauf-/Sauf-/Trunken-/Scherz-/Lügenbold* (< RufN-Glied ahd. *-bald* 'kühn'), *Elektro-/Gemüse-/Nörgel-/Mecker-/Trödelfritze* (< *Friedrich*), ähnlich auch *-heini* < *Heinrich*, *-michel* < *Michael*, *-peter*, *-maxe* (WELLMANN 1975:364f., BACH 1978:§271, BRAUN 1997:62, FLEISCHER/BARZ 2012:184, 253).[58] Selbst das (nur periphere) app. männl. Movierungssuffix *-(e)rich* (*Hexerich, Wüterich, Enterich, Gänserich, Mäuserich*) entstammt der Onymik, nämlich RufN wie *Friederich, Diederich*. Von FamN auf *-berger* kommt *Drücke-/Schlauberger*, von *Meier* kommt *Schlau-/Quatsch-/Kraftmeier*.[59] Inwiefern bei dem Prozess RufN > app. Suffix die einstige Sexusspezifik aufgegeben wird (kann eine Frau ein *Prozesshansel* sein, ein Mann eine *Transuse*?), ist nicht geklärt. Solche Prozesse machen deutlich, dass der Weg zu EN weder eine Einbahnstraße noch eine Sackgasse darstellt: Es gibt viele wechselseitige Beziehun-

---

57 Dass diese deonymischen Affixe immer negative Bedeutungen entfalten, liegt daran, dass sie auf Teile bzw. Kurzformen von sehr häufig vergebenen RufN zurückgehen (*Liese, Hans, Fritze*), d.h., diese Namen waren in ihrer Monoreferenz so stark beeinträchtigt, dass sie durch ihren inflationären Gebrauch als APP reanalysiert wurden, wobei hier das Sem der Durchschnittlichkeit bzw. Gewöhnlichkeit extrahiert und generalisiert wurde. Oft waren es Namen niedriger Gesellschaftsschichten (Kurzformen). Der gleiche Effekt muss auch RufN zugrunde liegen, die der (immer despektierlichen) Bezeichnung ganzer Nationen dienen: *Ivan, Thommy*. Zu alledem s. ausführlich MÜLLER 1929, der bei diesen Appellativierungen auch nur negative Eigenschaften verbucht: Mangelnde geistige und körperliche Fähigkeiten, Ungeschickt- und Ungeschlachtheit, Narrheit, Dummheit, Unsauberkeit, Unanständigkeit, Übellaunigkeit, Geschwätzigkeit, Feigheit, Schüchternheit, etc.

58 Ähnliche, durchgehend pejorisierende Prozesse beschreibt HOEKSTRA 1998 für das Friesische; zur Segmentierung und Produktivwerdung des Suffixes *-olf* < ahd. RufN-Glied *-wolf* 'Wolf' s. SONDEREGGER 1998.

59 Zuweilen kommt es zu Ad-hoc-Reanalysen toponymischer Wortteile (*Absurdistan, Belgistan* – mit bananenrepublikanischer Komponente).

gen zwischen EN und APP, auch und gerade auf morphologischer Ebene, wobei sich diese Beziehungen v.a. zwischen PersN und app. Personenbezeichnungen abspielen, d.h. an der Spitze der Belebtheitshierarchie.

Bei der **Ableitung von APP oder Adjektiven aus EN** werden manchmal ebenfalls spezifische Suffixe verwendet (FLEISCHER 1989a). Zu dem gesamten Komplex der Bewohnerbezeichnungen zu LänderN ist auf FUHRHOP (1998:141–186) zu verweisen. Endungen wie *-ianer* (*Ecuadorianer*), *-ese* (*Chinese, Ceylonese*) sind spezifische Endungen für deonymische APP. Speziell zur Ableitung von Adj. aus FamN kennt das Dt. eigene Suffixe ("deonymische Adjektivderivation" nach FLEISCHER/BARZ 2012:318):

> Bei anthroponymischer Basis (und zwar nur Familiennamen; Rufnamen sind nahezu völlig inaktiv [...]) ist eine Tendenz zur Verwendung von *-sch* statt *-isch* erkennbar (*grimmsche Märchen, klopstocksche Gedichte*) [...].

Die heutige Orthographie schreibt entweder (adj.) Kleinschreibung ohne Apostroph vor oder (den im Adj. enthaltenen EN hervorhebend) Großschreibung mit Apostroph: *grimmsche* oder *Grimm'sche Märchen* (s. Kap. 4.5.6) Weitere Beispiele (hier mit Großschreibung): *ein Freud'scher Versprecher, das Müller'sche Grundstück, der Kant'sche Imperativ*. Groß schreibt man auch die als unflektierte Adj. zu klassifizierenden *er*-Ableitungen von StädteN wie *Kölner Dom, Gelsenkirchener Innenstadt*. Ob der EN im Fall unbetonter Nebensilben synkopiert wird oder nicht (ersteres würde die im Dt. präferierten Trochäen erzeugen, letzteres dient onymischer Schemakonstanz) ist oft unsicher und führt zu Zweifelsfällen: *Zür(i)cher/Münch(e)ner/Dresd(e)ner Innenstadt* (aber *Bremer Stadtmusikanten*; DUDEN-Grammatik 2009:§§1109, 1152). Solche Adj. kommen nur attributiv vor: **diese Innenstadt ist Kölner*.

Hatten wir bei der onymischen Pluralbildung festgestellt, dass der Umlaut blockiert ist, so gilt dies gleichermaßen für die **Diminution**: *Paulchen, Hannchen, Susannchen, Karlchen* sind komplett umlautfrei (im Gegensatz zu app. *Mäulchen, Kännchen*, wo Umlaut bis heute die Regel ist). Mit *Bärbel, Hänschen, Kläuschen* existiert eine alte RufN-Schicht, die ihn noch enthält. Wann der grammatische Umlaut aus dem Namenkörper verbannt wurde, ist unbekannt. Auch hier kann als Grund die Gestaltschonung, die höhere Schemakonstanz gelten.[60]

Seit dem Aufkommen von Bei- und FamN im Mittelalter erfahren diese mit Bezug auf Frauen **Movierungen**, die häufig Umlaut enthielten und vom Artikel begleitet waren: *die Bächin, die Zimmermännin*. Die Hochzeit dieser (kaum untersuchten) Movierungen dürfte im 17./18. Jh. liegen. Auch hier zieht sich der Umlaut nach und nach zurück, wohl um die Identifizierbarkeit des zugrundeliegenden FamN zu gewährleisten. So schreibt STUTZ (1794:305): "[N]ur bei den Geschlechtsnamen findet diese Erhöhung des Vokals [Umlaut, DN] niemahls Statt. Von dem Thiere heißt der weibliche Geschlechtsname *Wölfin*, aber die Gattin des Herrn *Wolf* heißt Frau *Wolfin*" (mehr in Kap. 7.3.3).

---

60 Umlautlosigkeit gilt auch für das spezifische deonymische Adj.-Suffix *-sch* < *-isch*, vgl. *die Hof'sche Klammer* vs. app. *Hof* → *höfisch*, *Bauer'sche Regel* vs. app. *Bauer* → *bäurisch*.

Auf der Ebene der **Komposition** realisieren EN gleichfalls besondere Verfahren, die die **Morphotaktik** im Sinne der Morphem-Kombinatorik betreffen: Hier kommt es zu Bildungen, die im app. Gebrauch unmöglich wären, da sie auf der app.-wörtlichen Ebene wider- oder unsinnige Bedeutungen ergäben. Da Namen jedoch frei sind von Semantik, sind die Selektionsbeschränkungen für EN-Komposita weitgehend aufgehoben. FLEISCHER (1970:39) erwähnt OrtsN wie *Kerkerbach, Pfefferteich, Waldfisch*. Selbst äußerlich derivationelle Einheiten kombinieren frei, vgl. den OrtsN *Lieblos* oder die FamN *Unangst, Mißbach* (ebd.:42). Entstanden sind solche Gebilde oft durch Volksetymologie, aber auch über andere Wege. Hier sei auf die zahlreichen sog. Sekundärbildungen der germ. RufN verwiesen (Kap. 7.2.1), die sich gerade durch ihre semantische Inkongruenz auszeichnen. Das Schwed. nutzt bei seinen FamN das Prinzip (sinn-)freier, transparenter Morphotaktik, indem es gezielt Namen vom Typ *Bergdal, Dalberg*, wörtlich 'Bergtal, Talberg', *Stenkvist*, wörtlich 'Steinzweig', kreiert und kultiviert (Kap. 7.4.4). Zum Komplex Komposita aus EN und APP s. HARWEG (1998:305–344).

4.3 Morphosyntax

EN machen von Strategien Gebrauch, die zwischen Morphologie und Syntax liegen. Dazu gehört v.a. der **Artikelgebrauch**, aber auch das noch wenig untersuchte Phänomen der sog. **Wortteilellipse**.

4.3.1 Artikelgebrauch

Man liest oft, dass EN, da inhärent definit, **keinen Definitartikel** benötigen. Für manche Sprachen wie das Engl. gilt dies weitgehend, im Dt. nur für bestimmte **Namenklassen**. KALVERKÄMPER (1978:185) und NÜBLING demn. argumentieren dafür, [+/- Artikelsetzung] als namenklassenkonstituierend zu begreifen: *Ø Marbach* (→ Siedlung) vs. *der Marbach* (→ Gewässer); *Ø Europa* (→ Kontinent) vs. *das Europa* (→ Hotel).

a) **Ohne Artikel** stehen StädteN (*Mainz, Rostock*), viele LandschaftsN (*Sachsen, Tirol*), InselN (*Hiddensee, Rügen*), die meisten LänderN (*Deutschland, Polen*), alle KontinentN (*Australien, Afrika*) und im Norddt. PersN (*Petra, Schulze*) (**primäre Artikellosigkeit** nach DUDEN-Grammatik 2009:§397; s. Tab. 6, rechte Spalte).

b) **Mit Artikel**: Andererseits gibt es mehr Namenklassen mit festem, onymischem Artikel (sog. **primärer Artikelgebrauch**) wie GewässerN (*der Rhein, die Mosel, der Pazifik*), StraßenN (*die Hegelstraße*), GebirgsN (*der Harz, die Eifel*), Ergonyme (*die ZEIT, der Werther* (als Werk)), wenige LänderN (*die Schweiz, der Iran*) und zahlreiche LandschaftsN (*das Elsass, das Tessin*). Dies gilt auch für alle onymischen Pluraliatantum (*die Alpen, die Seychellen, die USA*). Doch steht dieser Definitartikel in keinerlei Opposition zum Null- oder zum Indefinitartikel (*das ist *Elsass, *ein Elsass*), d.h., er ist nicht paradigmatisch eingebettet und entfaltet nicht die üblichen Funktionen des Definitartikels (ANDERSON 2008:185). Manchmal wird er als **expletiver Artikel** bezeichnet. Nur wenn der EN syntaktisch isoliert ist, entfällt der Artikel, etwa in Listen, sowie nach dem Verb *heißen*: *Wie heißt die Straße/der Fluss/das Land dort drüben?* - Antwort: (**Die*) *Hegelstraße*/(**Der*) *Rhein*/(**Die*) *Schweiz* (**sekundäre Artikellosigkeit** nach DUDEN-Grammatik 2009:§400, KOLDE 1995:404). Syntaktisch integriert: *Das hier ist die Hegelstraße/der Rhein/die Schweiz.*

Der Artikel ist fest und gehört zum Namen, auch wenn er nicht inkorporiert ist (wie dies bei *Unter den Linden* oder, mehr noch, den FamN *Vomstein, Vonderheide, Zurbrüggen* der Fall ist). Der onymische Artikel bleibt z.B. flektierbar (*ich sehe den Rhein*) und durch ein Attribut vom Namen trennbar (*der schöne Rhein*).[61] Bei *Unter den Linden* sind diese Verfahren kaum noch möglich, ohne den EN zu zerstören, d.h., der Artikel ist fester inkorporiert: *?wir gehen Unter die Linden, *wir spazieren Unter den schönen Linden.*[62] Ob der onymische Artikel koordinierbar ist oder nicht - Letzteres vermuten KARNOWSKI/PAFEL (2005:56) -, ist noch nicht geklärt (koordiniert: ?*Wir sind auf dem Rhein und Neckar gesegelt;* nicht-koordiniert: ?*Wir sind auf dem Rhein und dem Neckar gesegelt*). Eine GOOGLE-Recherche (22.05.15) spricht deutlich für die Koordination ("Ich bin auf dem Rhein und Neckar unterwegs"). - Der Komplex "EN und Artikel" birgt noch viele offene Fragen, erst recht, wenn man andere Sprachen einbezieht (zum Frz. s. KALVERKÄMPER 1978:171–191). Hinzu kommt schließlich: Zwischen den beiden hier skizzierten Polen "kein Artikel" und "immer Artikel" oszilliert im Dt. die besonders komplizierte **Artikelsetzung vor PersN** (*hier kommt Ø Fabian/der Fabian*); dieser Komplex wird in Kap. 7.2.3 behandelt.

Abgesehen davon kommt es zu **spezifischen Artikelsetzungsmöglichkeiten**, was besonders die artikellosen, aber - gerade beim Indefinitartikel - auch die artikelhaltigen Namen betrifft. Zunächst zum **Definitartikel**: Sobald ein EN attributiv erweitert wird, muss der Artikel stehen. "Hier wird nur auf einen Aspekt eines Individuums, eine Phase seines Lebens referiert" (KOLDE 1995:404): *das moderne Mainz, der junge Goethe, das Mainz des 15. Jhs.* (**sekundärer Artikelgebrauch**; DUDEN-Grammatik 2009:§399).

Tab. 7: Übersicht zum (Definit-)Artikelverhalten

primäre Artikellosigkeit EN ohne festen Artikel unter a) (*Mainz, Polen, Rügen, Europa*)	**primärer Artikelgebrauch** EN mit festem Artikel unter b) (*der Rhein, die Eifel, die Hegelstraße*)
sekundäre Artikellosigkeit bei syntaktischer Isolation (Listenform: *Rhein*), nach *heißen* (*dieser Fluss heißt Rhein*)	**sekundärer Artikelgebrauch** bei erweitertem EN (*das schöne Mainz/das moderne Polen; das Mainz des 15. Jhs.*)

61 Das Problem der Flexion und auch der Schreibung komplexer (syntagmatischer) EN stellt sich v.a. bei Titeln von Büchern, Opern, Zeitschriften, vgl. *Gestern waren wir im Fliegenden Holländer* bzw. *Gestern waren wir in "Der Fliegende Holländer"* (s. Kap. 10.4.5).

62 Immerhin finden sich Belege sowohl dafür ("Für einen Tag kehrte die Staatsoper Unter die Linden zurück"), als auch dagegen ("mit dem Open-Air-Konzert [...] kehren Daniel Barenboim und die Staatskapelle Berlin nach Unter den Linden zurück", GOOGLE, 31.07.11). Dieses Verhalten onymischer Artikel ist ebenfalls ein noch offenes Forschungsthema.

Beim **Indefinitartikel** nennt KOLDE folgende Funktionen:

a) **exemplarischer Gebrauch**: *Ein de Gaulle hätte da anders reagiert!* THURMAIR (2002a:12) sieht den Artikel als "Signal für generalisierende Verwendung, d.h., das mit dem Eigennamen bezeichnete Individuum wird genereller als ein typischer Vertreter seiner Gattung (hier etwa 'erfolgreicher Politiker') gesehen [...]".

b) **metaphorischer Gebrauch** bei nicht-referentieller Verwendung, also als Apposition oder Prädikativ: *Kohl ist eben (k)ein zweiter Adenauer*. Aus den EN werden bestimmte Seme gewonnen, die in Richtung (Ad-Hoc-)Appellativierung deuten (s. auch THURMAIR 2002a, LENK 2007:308). Daher ist die prädikative Position, die für die (per se referentiellen) EN sonst nicht gilt, möglich.

c) **benennender Gebrauch**: Hier wird ein nicht vorerwähntes Objekt eingeführt und "gleichzeitig signalisiert, dass [es] nicht uneingeschränkt zur Sprecher und Hörer gemeinsamen Welt gehört" (KOLDE 1995:405): *Gestern hat eine Mireille angerufen*. Das Objekt bleibt dasselbe, es geht um seine (Un-)Bekanntheit (zur Unterscheidung von sprecher- und hörerindefiniter Referenz s. KOLDE 1992).

d) **modalisierender Gebrauch** mit restriktivem Adjektiv: *bald kam eine/die wohlgelaunte Mireille die Treppe herab*. Es wird wieder ein Aspekt des Individuums herausgegriffen, ähnlich wie beim Definitartikel oben, der hier auch stehen könnte. Etwas anders verhält es sich mit dem Artikel in *Charlotte will in jedem Fall einen Johann Wolfgang heiraten* (KUHN/SERZISKO 1982:285), wo eine Person solchen Namens nicht existieren muss, d.h., hier liegt Nichtreferentialität vor.

KOLDE 1995 befasst sich auch mit dem **Demonstrativartikel** *dies-* vor EN, wofür folgende zwei Konstellationen wiedergegeben seien:

i) **Reklassifizierung des Namenträgers** nach dessen Einführung durch Indefinitartikel: *Gestern hat eine Mireille angerufen. Diese/*die/*Ø Mireille wollte dich unbedingt sprechen*. Oder es wird berichtet, dass es mehrere Mireilles in einer Klasse gibt, von denen eine krank ist: *Diese Mireille ist krank*.

ii) **(Negative) Haltung des Sprechers zum Objekt**: *Ich kann diesen Schulze einfach nicht leiden!* Es dürfte kein Zufall sein, dass KOLDE ein Beispiel für eine negative Haltung wählt, was wohl den pragmatisch unmarkierten Fall darstellt. Dies funktioniert auch mit Toponymen: *Dieses Hamburg ist mir einfach zu teuer. Diese Schweiz hat einfach zu hohe Berge*. KOSS (2002:61) liefert den Satz *Morgen bin ich wieder in dem Regensburg!* und bemerkt, dass der Sprecher lieber woanders wäre. Da der Artikel hier nicht mit der Präp. zu **im* klitisiert, wie dies vor EN obligatorisch ist, handelt es sich um ein Demonstrativ. Wie wir in Kap. 7.2.3 feststellen werden, leistet im Norden Dtlds. auch der Definitartikel vor RufN eine solche Funktion (*Der Peter hat mich geschlagen*).

Damit funktionieren die Artikelwörter bei EN anders als bei APP (s. auch LEYS 1967, 1989b). KOLDE (1995:406) schreibt dazu abschließend:

> Bei Eigennamen bilden also Indefinit- und Demonstrativartikel ein textreferentielles Minimalsystem, während der Definitartikel ganz andere Funktionen hat. Dies

ist ein Zug der Eigennamengrammatik, der diese grundsätzlich von der Appellativgrammatik unterscheidet.

Wichtig ist es, **Korrelationen zwischen Artikelverhalten und Genus** zu betrachten (Tab. 6). Auffälligerweise sind artikellose Eigennamen meist Neutra: Städte, Länder, Kontinente. Oder, mit THIEROFF (2000:276): "Nicht-Neutra stehen mit Artikel".[63] Dies legt die Vermutung nahe, dass der Artikel primär die Genusanzeige leistet (neben der Kasusanzeige). LänderN[64] haben meist LandschaftsN als Vorgänger, die als wenig proprialisierte EN mit und ohne Artikel vorkommen und (wenn mit Artikel) auch auf alle drei Genera verteilt sind: *das Allgäu, der Breisgau, die Uckermark*; artikellos: *Hessen, Bayern, Sachsen* (alle Neutra). Beim Namenklassenwechsel Landschafts- > LänderN lässt sich beobachten, dass der Artikel wegfällt und der Name das Neutrum annimmt: *der Irak, der Iran, der Jemen, der/das Kosovo, der Sudan* wirken formal noch wie LandschaftsN[65], kommen aber oft ohne Artikel und dann im Neutrum vor: "Im Mai 2006 tauchte Gecaj in Kosovo, das inzwischen unter internationaler Verwaltung stand, unter [...]".[66] Die DUDEN-Grammatik (2009:§244) liefert folgendes Beispiel (Unterstreichung: DN):

> (Neutrum, ohne Artikel:) Irak, das seit Herbst 1998 keinen Kontrollen [...] mehr unterlag, scheint sich intensiv um Raketentechnologie zu kümmern. (www.unikassel.de)

Nichts anderes galt auch früher für heutige LänderN wie *Deutschland* und *Dänemark*. So schreibt PAUL (1968, Bd. 2, Teil III, S. 162):

> Früher sagte man auch *das Deutschland*. Jetzt haben die Bezeichnungen mit *-land* wie die mit *-reich* ganz den Charakter von Eigennamen angenommen, so auch *Dänemark*, nachdem es zur Bezeichnung eines Staats geworden ist [...].

Letzte Relikte mit obligatorischem Artikel sind fünf Feminina und einige Plurale wie *die Ukraine, die Türkei, die Schweiz; die Niederlande, die USA*. Zwingt man jedoch diese fem. LänderN in den präponierten Genitiv, entledigen sie sich ihres Artikels und nehmen das neutr. Gen.-*s* an: *Türkeis Regierung, Ukraines Präsident*. Dies legt die Prognose nahe, dass sämtliche LänderN künftig artikellose Neutra werden.[67] Dafür spricht auch der seit 1993 selbständige Staat *Tschechien* (n.) (vorher: *die Tschechei* bzw. *die Tschechoslowakei*).

Der Grund dafür, dass LänderN ein festes, referentielles Neutrum enthalten/annehmen und LandschaftsN nicht, dürfte in einem Prinzip legen, das wir in FAHLBUSCH/NÜBLING (2014:258, 285) **onymischen Ikonismus** genannt haben:

---

63 Gemäß THIEROFFs Auszählung sind 83% aller LänderN Neutra, doch ist dieser Prozentsatz in Wirklichkeit höher, da er die Pluraliatantum, die per definitionem kein Genus enthalten (wie *die Philippinen, die Niederlande, die USA*), als Nichtneutra mitgezählt hat.

64 LänderN sind Bezeichnungen für politisch unabhängige Staaten (Kap. 9.1.2).

65 THIEROFF 2000 stellt fest, dass alle mask. LänderN früher Gebiets- bzw. LandschaftsN waren: Ursprünglich war *Iran* ein Hochland, *Libanon* ein Gebirge, *Tschad* ein See; *Irak, Sudan* und *Jemen* waren Landschaften, *Kongo* und *Senegal* Flüsse (was auch heute noch gilt, nur sind hieraus auch Staaten erwachsen).

66 www.20min.ch/news/schweiz/story/23730857 (07.10.11).

67 Dies widerspricht THIEROFF 2000, der (m.E. fälschlicherweise) das Mask. als Zielgenus sieht.

Länder stellen politische Gebilde dar mit fest umrissenen (oft sogar bewachten) Grenzen. Es handelt sich damit um scharf umgrenzte, gut wahrnehmbar Referenzobjekte: Dies legt ein festes referentielles Einheitsgenus nahe. Landschaften dagegen pflegen für die meisten SprecherInnen nach außen hin unscharf begrenzt zu sein (man weiß allenfalls, wo sie ungefähr liegen), was sie als Benennungsobjekt weniger prototypisch sein lässt. Grammatisch korreliert dies mit Variation in Artikelführung und dreifacher Genuszuweisung. Außerdem sind Länder belebter insofern, als sie agentiv auftreten können, z.B. indem sie Erklärungen abgeben - was für Landschaften weniger gilt: *Frankreich/Dänemark/?Bayern/*das Allgäu hat sich dazu mehrfach geäußert* (zu weiteren belebtheitsbezogenen Aspekten der Artikelhaltig- bzw. -losigkeit von Toponymen s. Kap. 6.2).

4.3.2 Wortteilellipse

Unter der sog. **Wortteilellipse** versteht man die Auslassung des (hier interessierenden) ersten Zweitglieds bei zwei koordinierten Komposita, Typ *Damen- und Herrenbekleidung* (KEMPF 2010). Heute sind EN, da morphologisch nicht segmentierbar, selbst wenn sie kompositionsähnliche Strukturen ererbt haben, nicht (mehr) elliptisch koordinierbar: **ich fahre erst nach Frei- und dann nach Hamburg; *von Heidel- bis Bamberg*. Nach KEMPF 2010 und POLENZ (1994:282) war dies jedoch im 17. Jh. noch möglich, zumindest mit *-land* als Zweitglied: *Lief- und Russland, der Holl- vnnd Engelländischen compagnien; bei den Holl- und Niederländern, die Griech- und Römischen Geschichtsschreiber*. Auch die Wortteilellipse dürfte ein Indiz für die Verfestigung vom Gattungs-EN zum vollen EN sein: *erst kommt die Hegel- und dann die Hauptstraße; erst war sie auf dem Helmholtz- und dann auf dem Goethe-Gymnasium; ?wir fahren ins Sieben- und dann ins Rothaargebirge; ?wir baden nur im Boden- oder in der Nordsee; *die beiden SPD-Politiker Steinbrück und -meier; *die Abgeordneten Brink- und Ackermann*. Hierzu ist mangels Forschung nichts Gesichertes bekannt.

4.3.3 Nachstellung von Bestimmungswörtern

Einzig bei EN können Bestimmungswörter nachgestellt sein, wobei sie manchmal mit Bindestrich angekoppelt werden, manchmal nicht: *Berlin-Spandau, Freiburg-Littenweiler, Basel-Land, Basel-Stadt*, aber: *Mainz(-)Süd, Freiburg(-)Nord*. Der Hauptakzent liegt auf dem nachgestellten Determinans. Damit praktizieren solche EN-Konstruktionen postdeterminierende Verfahren, die sich app. nur peripher finden (*Forelle blau, Schweinefleisch süßsauer*). Bis dato nicht klassifiziert und analysiert sind Komposita vom Typ *Möbel-Schulze, Bettenbühl, Elektro-Huber, Heizöl-Burger* mit dem EN als Letztglied, der hier kaum Kopfstatus besitzen kann.

4.4 Syntax

> Je höher man in der Hierarchie der Grammatik auf der Suche nach Spezifika der EN steigt, umso seltener wird man fündig […]. Ob das an der Lückenhaftigkeit

des Handbuchwissens liegt oder daran, dass sich die EN auf der Ebene des Satzes syntaktisch weniger von den Appellativa unterscheiden als auf der Ebene der Gruppe, wäre zu untersuchen (KOLDE 1995:407).

Außer dass EN, da per se referentiell, nicht (oder nur scheinbar) prädikativ auftreten können (**sie ist/wird/bleibt (k)eine Ursula*), gibt es, zumindest im Dt., auf satzsyntaktischer Ebene kaum Unterschiede zwischen EN und APP. Doch hält die NP-Syntax wichtige Unterschiede bereit. Hier ist die **Stellung onymischer attributiver Genitive** von hoher Relevanz.

ZIFONUN 2001 hat in ihrer Akzeptanzuntersuchung (Kap. 4.2.1) auch die Prä- vs. Poststellung von *Annas Sprache* bzw. *die Sprache Annas* getestet. Der präponierte Gen. (*Annas Sprache*) erhielt den Höchstwert von 100% "voll akzeptabel", während der postponierte Gen. (*die Sprache Annas*) zu 77% als "voll akzeptabel", zu 13% als "geht einigermaßen" und zu 8% als "fragwürdig" eingestuft wurde. Dies bestätigt, was oft beschrieben wird: Der präponierte (oder sächsische) Gen. ist am ehesten bei PersN üblich, am Pol maximaler Belebtheit und Definitheit. Damit scheint ein jahrhundertelanger Sprachwandel zu enden, der nach und nach die früher präponierten Gen. hinter das Bezugsnomen verlagert (was letztendlich der Stärkung der Nominalklammer dient).

Dieser Stellungswandel beginnt nach EBERT 1986 und DEMSKE 2001 schon im 13. Jh. und wird durch folgende Faktoren gefördert: Je länger und komplexer das Genitivattribut, desto eher wird es nach rechts versetzt, außerdem auch dann, wenn es indef. ist. Danach rücken Abstrakta sowie Stoffbezeichnungen hinter das Nomen, schließlich die unbelebten APP (bis ca. 1600) und dann die belebten (bis gegen 1700). Übrig bleiben die EN, wobei es heute eher PersN sind, die links stehen. Das heißt: Die Belebtheitshierarchie wurde von hinten nach vorne abgearbeitet, was DEMSKE (2001:217–220) anhand von Auszählungen dokumentiert. Sie erklärt den Wandel durch die Reanalyse des pränominalen Gen. als Possessiv (und damit als Teil des Artikelsystems; FUSS 2011). Subst., für die per se keine possessive Relation in Frage kommt (wie unbelebte APP oder Abstrakta), wurden deshalb schon früh nach hinten verlagert.

Doch prognostiziert EBERT 1988 langfristig auch für EN die postnominale Stellung: Gegenwärtig scheint die Poststellung zuzunehmen, zumindest bei komplexeren Namen. KUBCZAK 2011 hat für *Annas X* vs. *der/die/das X Annas* bei COSMAS II recherchiert und dabei 90% Prä- und 10% Poststellung ermittelt, ähnlich auch für *Kölns*. Je länger jedoch der Gen., desto eher rückt er nach hinten (*Angela Merkels* steht nur noch zu 75% prä- und zu 25% postnominal). Fast ausschließlich rechts steht die BeiN-Konstruktion *Friedrichs des Großen*. Ausnahmen hiervon bilden Komponisten und Autoren vor den Titeln ihrer Werke: *Carl Philipp Emanuel Bachs Sinfonie G-Dur, Friedrichs des Großen Flötenkonzert*. Ausschließlich pränominal stehen nach KUBCZAK (2011:16) die VerwandtschaftsN *Vater, Mutter, Onkel, Tante, Oma, Opa*: *Mutters Menü, Tantes Marzipan-Glasur* (Kap. 3.4.1a).

EISENBERG/SMITH 2002 stellen korpusbasiert fest, dass von insg. 952 pränominalen Gen. 95% aus einfachen EN bestehen. Die restl. 5% sind sog. "Verwandtschaftsbezeichungen" wie *Omas Ansichten* (die jedoch ebenfalls EN sind und daher zur ersten Gruppe gehören, s. Kap. 3.4.1) sowie komplexe EN und anderes.

Postnominal stehen an EN v.a. (komplexe) InstitutionsN und Praxonyme, aber auch Toponyme, die oft einen festen Artikel mit sich führen (*im Herzen der Schweiz*). Wichtig ist, dass pränominal deutlich mehr einfache PersN (593) vorkommen als einfache OrtsN (313) und dass es sich postnominal umgekehrt verhält (298 PersN vs. 393 OrtsN). EISENBERG/SMITH 2002 erklären dies mit unterschiedlichen Funktionen, die eng mit Belebtheit verknüpft sind: Präponiert dominiert die Lesart als Genitivus subjectivus (*Benedikts Rettung*), postponiert die als Genitivus objectivus (*die Rettung Benedikts*). Im ersten Fall ist Benedikt Agens, im zweiten Patiens.[68] Prototypischerweise sind unbelebte Objekte wie Orte weitaus häufiger Patiens als Agens, Personen hingegen viel öfter Agens als Patiens. Dies erklärt nach EISENBERG/SMITH 2002 die markanten Stellungsunterschiede bei einfachen EN im Gen. und außerdem das Gefälle zwischen PersN und OrtsN.

Auch PESCHKE 2014 bestätigt auf Basis einer COSMAS II-Recherche (DeReKo) ein deutliches belebtheits- und v.a. auch komplexitätsgesteuertes Gefälle bei der Position von PersN und OrtsN im Genitiv: Je komplexer der Name, desto eher wird er (direkt) nachgestellt oder mit *von* angeschlossen. Namen, die im Nom. auf *-s* auslauten (*Rüttgers, Mainz*), weichen besonders häufig auf die *von*-Phrase aus, um der Fehlannahme, *Rüttgers* sei ein Gen., vorzubeugen (zu 56% *von*-Anschluss bei belebtem *Rüttgers*, zu 97% bei unbelebtem *Mainz*). Auch gibt es Hinweise darauf, dass zusätzlich soziale Nähe (widergespiegelt in KoseN wie *Rudi, Poldi*) die Prästellung fördert, was auch die oben konstatierte 100%-ige Prästellung der VerwandtschaftsN erklären dürfte.

Nur peripher zur Syntax gehört, dass das Dt. **spezielle Präpositionen** bzw. präpositionale Verwendungen für EN bereithält: Direktionales *nach* kann (fast) nur vor einem Toponym (ohne festen Artikel) stehen (*wir fahren nach Hamburg*), ebenso veraltetes *gen* (*Hamburg*). Die Präp. *zu* bezeichnet normalerweise eine Richtungsänderung. Nur vor StädteN kann sie statisch interpretiert werden: *Universität zu Köln* (KOLDE 1995:407).

4.5 Graphematik

Die Schreibung der Namen spielt eine enorme Rolle, da Namen wie keine andere Wortkategorie "sichtbar" sind. Hierauf kann man BLANÁRs (an GARDINER 1954 angelehnte) Bemerkung beziehen, die EN seien "Identifikationsmarken, die man nicht mit der Vernunft, sondern mit den Sinnen erfassen kann" (BLANÁR 2001:19). Darum müsse man "eine größere Aufmerksamkeit ihrer charakteristischen, mit Sinnen wahrnehmbaren äußerlichen Seite im Gegensatz zur assoziierten Bedeutung widmen" (ebd.). So nimmt es nicht wunder, dass das **graphische Medium** intensiv zur **onymischen Markierung und Dissoziation** genutzt wird. Laut Telekom-Datenbank 2005 gibt es in Dtld. weitaus mehr <Becker> als <Bäcker>, ca. zehnmal so viele <Haase> wie <Hase>, etwa siebenmal so viele <Schumacher>

---

68 Stehen zwei PersN-Gen. wie *Nowottnys Befragung Kohls*, so wird der erste als Subjektivus und der zweite als Objektivus verstanden, d.h., Nowottny befragt Kohl (EISENBERG 2013, Bd. 2:252–254). Dies entspricht der allgemeinen Agentivitätsabnahme im Satz.

wie <Schuhmacher> und fast doppelt so viele <Bretschneider> wie <Brettschneider>. Die Tel. für standardkonformes <Weißbrot> betragen gerade einmal 24 im Gegensatz zu <Weisbrod> 448, <Weißbrodt> 221, <Weisbrodt> 124, <Weißbrod> 93, <Weissbrodt> 60, <Weissbrod> 30, <Weisbrot> 15. Die onymische Abweichung von der orthographischen Norm ist fast Normalität (und generiert eine Vielzahl an Namenvarianten, mit denen sich die Namenträger stark identifizieren). EN sind als einzige sprachliche Einheit (neben Interjektionen) orthographisch nicht normiert, sie stehen damit jenseits der Norm. Dies ist beachtlich und wird nicht in jeder Kultur so gehandhabt. Hierdurch kann man Homographie mit APP vermeiden. Im Dt. befrachtet man die Schreibung außerordentlich stark mit der formalen Dissoziationsfunktion. Gerade bei Waren- und UnternehmensN, die werbende Funktion haben und visuell gut (wieder-) erkennbar sein müssen, ist die graphematische Seite aus weiteren Gründen von höchster Relevanz (Kap. 10.1, 10.2). Hier kommen weitere Verfremdungstechniken wie Binnenmajuskeln (*InterCityHotel*, *ÖkoLinX*[69]), Diakritika (*mondí*), Fettdruck (*Euro**magazin***) und Punkte im Wort (*C.A.T. oil*, *E.ON*, *ver.di*).

4.5.1 Aufhebung des morphologischen Prinzips

Morphologische (und damit semantische) Schreibungen, etwa im Sinn von Morphemkonstanz, erübrigen sich bei den EN, da erstens morphologische Komplexität afunktional ist (EN identifizieren nur) und zweitens keine Bezüge zu anderen Morphemen der Sprache angezeigt werden müssen bzw. sollen: EN sind vom Wortschatz entkoppelt und tragen keine Bedeutung. Bei morphologisch komplexen Namen (*Freiburg*, *Darmstadt*, *Schäfer*)[70] handelt es sich um Reminiszenzen aus dem app. Vorstadium, die, wenn es sich anbietet, abgebaut werden. Damit korreliert auf phonologischer Seite eine ungemein ausgeprägte Assimilationsbereitschaft gerade in der Morphemfuge (Kap. 3.4.1b), was mitverschriftet wird. Z.B. wird die Morphemgrenze vor dem FamN-Suffix *-sen* < *-sohn* im Dt. graphisch oft verunklart, vgl. *Hansen*, *Hanßen* (< *Hans+sen*), *Thiesen/Matthiesen*, *Thießen/Matthießen* (< *Matthias+sen*), *Lorenzen* (< *Lorenz+sen*), *Geertzen* (< *Gerhard +sen*), *Derxen* (*Derik+sen*).[71] Grundsätzlich unterscheiden sich die dän. von den schwed. patronymischen FamN, indem erstere nur äußerst selten morphologische Schrei-

69 Fraktion im Frankfurter Römer.

70 Manche weigern sich, Namen wie *Frei-burg* oder *Darm-stadt* zu trennen. Nach der Amtlichen Regelung fallen sie unter die morphologische Trennung. Doch gehen GALLMANN 1985 und NEEF 2007 zurecht davon aus, dass "die Bedeutung mutmaßlicher Bestandteile von Namenwörtern für die Gesamtkonstruktion keine Rolle spielt [...], weshalb es fragwürdig ist, entsprechende Fälle [z.B. <Braun-schweig> DN] als Komposita zu klassifizieren" (NEEF 2007: 292). Jegliche Trennungspraxis einstmals morphologisch komplexer Namen ist aufschlussreich, wenn die Silben- gegen die alte Morphemgrenze läuft wie beim FamN *Hirschauer*, wo syllabische Trennung zu <Hir-schau.er> führt, morphologische jedoch zu <Hirsch-auer>.

71 Schwache Gen. können hier ausgeschlossen werden, da diese Namen mehrheitlich in Nichtgenitivgebieten (Schleswig-Holstein) vorkommen (DFA III, Kap. I.2). Dazu gehört, dass es solche Schreibungen, wenngleich seltener, auch mit *o* gibt (*Anderson*, *Anderßon* < *Andreas+sohn*).

bungen praktizieren, letztere dagegen fast immer: *Nils+son* > dän. *Nilsen* vs. schwed. *Nilsson*. Kurzum: In der Appellativik übliche morphologische Schreibungen werden bei EN oft vernachlässigt. Weder bedarf es graphematischer Verdoppelungen, um Morphemgrenzen anzuzeigen, noch der Umlautschreibung bei <Becker, Hollender> (bzw. <Stoiber, Meurer>), da der Name synchron keinerlei Beziehung zu *backen* oder *Holland* (bzw. zu *Staub, Mauer*) unterhält, noch muss <Weisbrod> durch *<ß>- bzw. *<t>-Schreibung eine Verbindung zu *weiß* bzw. *Brot* markieren. Solche Bezüge brauchen bzw. sollen nicht im FamN aktualisiert werden - im Gegenteil: Durch all diese onymischen Sonderschreibungen vermeidet der Name solch eine falsche, ja irreführende Verbindung. Er macht sich ausdrucksseitig onymischer und distanziert sich vom APP. Historisch erklären sich diese Allographien aus frühnhd. und/oder dial. Schreibweisen.

4.5.2 Frei(er)e Graphotaktik

Die **Graphotaktik** ist als "Graphemsyntax" zu bezeichnen, denn sie betrifft die Kombinationsregeln von Graphemen. Zunächst werden alle unter 3.1 erwähnten phonotaktischen Anomalien selbstverständlich auch verschriftet: <Gmeiner, Gsell, Mross> etc., das bedeutet: Mit der Phonotaktik wird gleichzeitig die geltende Graphotaktik verletzt. Darüber hinaus ist die Vernachlässigung kombinatorischer Regeln auf der graphematischen Ebene ausgeprägter als auf der phonologischen, d.h., hier kommt es zu deutlich mehr "Verstößen", die kein Korrelat auf phonologischer Ebene aufweisen.

So verbieten sich im Dt. Verdoppelungen von Umlautgraphemen - nicht so in FamN wie <Gööck, Bööckmann; Schüür, Müürmann>. Gleiches gilt für Konsonantgrapheme nach Nasal- oder Liquid-Graphemen wie <n, m, r, l>. In <Lincke, Franck, Schrempp, Bismarck, Württemberg, Stolpp, Falck, Wolff> und vielen Namen mehr sind diese Gesetze aber aus den Angeln gehoben. Auch nach Diphthongen kommen solche Verdoppelungen nur onymisch vor: <Heuss, Reutter, Reitter, Sautter, Hausser, Gauck>. Ebenso verbietet sich <t> vor <z> nach Nasal- oder Liquidgraphem, nicht so bei EN: <Schwartz[72], Heintz, Holtz, Schmaltz>. Generell erscheinen in EN häufig Graphemverbindungen, die orthographisch nicht, selten oder nur im Fremdwortschatz praktiziert werden (daher wählen wir hier bewusst erbwörtliche EN als Beispiele: <Schaefer, Goethe, Maier, Schmidt, Ralph, Adolph (beide < *-wolf*), Günther, Thalheim>. Am stärksten betrifft dies direkt transferierte FremdN (sog. Xenonyme wie *Beijing, Cambridge, Gbagbo, Szczepaniak*).

4.5.3 Abweichungen von den GPK-Regeln

Gravierender sind **Abweichungen** von den geltenden **Graphem-Phonem-Korrespondenzen (GPK)**: So werden die Namen <Schmid> und <Hofmann>

---

72 Man erwartet bei EN fast solche "Verstöße", wie TrägerInnen von Namen wie *Schwarz* berichten. So gibt es bei GOOGLE (03.12.12) über 21.000 Treffer für *Alice Schwartzer*.

trotz ihrer Schreibung oft mit Kurzvokal ([ʃmɪt], [hɔfman]) ausgesprochen.[73] In manchen Namen bleiben <i>- und <e>-Grapheme stumm (sie gehen auf dial., nicht orthographiekonforme Bezeichnungen der Vokallänge zurück): <Buisdorf> [bu:s]-, <Buer> [bu:ɐ], <Soest> [zo:st]. Horst Schlämmer soll die Grevenbroicher verärgert haben, indem er das (phonologisch stumme) [i] mitartikulierte. Die badische Kleinstadt *Wyhl* wird von Nichtkundigen – zwar GPK-konform, aber falsch – häufig *[vy:l] ausgesprochen (richtig: [vi:l]). Das Graphem <v> korrespondiert nur im fremden und onymischen Wortschatz mit [v]: *Vase, Video – Vanessa, Vera, Valentin.* Im nativen Wortschatz korrespondiert es mit [f]: *Vogel, vier, voll* (s. allgemein NERIUS 1995).

4.5.4 Höhere Frequenz peripherer Grapheme

Periphere Grapheme wie <c, y, x, v, q> kommen in EN ungleich häufiger vor als im Normalwortschatz, selbst in erbwörtlichen Namen: <Crämer, Jacoby, Mayer/Meyer, Carsten, Carl, Corinna, Cindy, Jacqueline, Drexler, Marx>. KLOSA 2002 hat durch den Vergleich der Subst. eines Wörterbuchs mit den PersN zweier Namenlexika (RufN, FamN) bzgl. der Graphemfrequenzen bei APP und PersN beträchtliche Abweichungen ermittelt. Dabei divergieren mit großem Abstand die RufN bzgl. der Anlautgraphemfrequenzen von den APP, die FamN verhalten sich "zwittrig" (ebd.:222), d.h., sie liegen dazwischen, doch dichter bei den APP. RufN legen das auffälligste graphematische Verhalten an den Tag. Z.B. beginnen und enden sie deutlich häufiger mit einem Vokal- oder Sonorantgraphem als APP.

4.5.5 Großschreibung

In Sprachen mit Substantivkleinschreibung hat die **Namengroßschreibung** eine sehr hohe Signalwirkung (wie im Engl., Frz., Span., Poln.). Da im Dt. jedoch allgemeine Substantivgroßschreibung gilt, liefert die Namengroßschreibung hier keine Differenzqualität. Dafür kommt hier die sog. Binnenmajuskel außerordenlich häufig vor: *KurzFilmTage, WirtschaftsWoche* (STEIN 1999, DÜRSCHEID 2000). Historisch hat die Substantivgroßschreibung bei den Namen begonnen (sie werden ab 1560 regelmäßig großgeschrieben), um später auf APP mit menschlichem, dann belebtem Denotat überzugreifen und über unbelebte Konkreta und Stoffnomen bis zu den Abstrakta vorzudringen (um 1710 abgeschlossen; BERGMANN/NERIUS 1998:829–875). Selbst Adj., die einen Namen enthielten (<Römisch, Englisch>), wurden häufig großgeschrieben – ähnlich wie heute im Engl., wo dies durchgehend gilt: <German, Icelandic, Irish>. Auch im Dt. schreiben wir bestimmte deonymische Adj. noch groß, nämlich solche auf *-er* (*Kölner Dom, Schweizer Käse, Hamburger Bucht*)[74] und solche mit dem spezifischen Suffix *-sch-* (dann mit Apostroph zwischen onymischer Basis und Suffix).[75] Neuerdings dür-

---

73 Extreme GPK-Abweichungen finden sich bekanntlich bei EN im Engl. (COATES 1993).

74 Dass es sich hierbei um Adj. handelt, belegt FUHRHOP 2003.

75 FLEISCHER (1989a:256) schreibt hierzu: "Insofern ist die Großschreibung von *Schillersch* u.ä. eine Inkonsequenz" – zumal EN in adj. Komposita kleingeschrieben werden: *goethefreundlich*.

fen sie auch klein und ohne Apostroph geschrieben werden (Kap. 4.5.6): *Grimm'sche/grimmsche Märchen, Hannover'sche/hannoversche Industrie, Heuss'sche/heusssche Schriften* (Duden-Zweifelsfälle 2011:96f.). Die Großschreibung deonymischer Adj. resultiert aus frnhd. Zeit (s. Wegera 1996) und zeigt, dass der onymische Kern die ansonsten strikte Regel, Adj. kleinzuschreiben, (noch) zu brechen vermag. Innerhalb komplexer EN werden auch genuine Adj. großgeschrieben: *das Schwarze Meer, der Kleine Wagen, Kap der Guten Hoffnung*.[76]

In vielen Namen werden auch Präp. großgeschrieben (<Zum Schwanen, An der Mühle, Vondermühl>). Was die Artikelgroßschreibung in EN mit festem Artikel betrifft, so scheint, wenn überhaupt, dann nur der unflektierte Artikel großgeschrieben zu werden: "Eins der langweiligsten Blätter ist Die Zeit, aber auch in der Welt steht nicht viel mehr" (Eisenberg 2013, Bd. 1:327). Dieser Komplex ist insgesamt noch wenig erforscht (bei *die Schweiz, das Elsass* verhält es sich anders). Ein ergiebiges Thema ist die Frage, wie EN die wegen der allgemeinen Substantivgroßschreibung verhinderte Nutzung der Kapitalisauszeichnung kompensieren, etwa durch Vollwortgroßschreibung (DIE ZEIT, DER SPIEGEL), durch Setzung von Anführungszeichen (die "Landshut")[77], durch Kursivierung (die *Landshut*), durch Fettdruck (die **Landshut**), durch das Kontrastmittel der Kleinschreibung (*neues deutschland*) bzw. Binnenkleinschreibung (KAUFhOF), durch Einfärbung (z.B. in Zeitschriften) oder – was historisch öfter vorkommt – durch typographische Sonderauszeichnungen (EN wurden früher manchmal in andere Schrifttypen gesetzt).[78] Tippe 1995 unterscheidet zwischen generellen, namenklassenspezifischen und textgebundenen Markierungsmitteln: Besonders dann, wenn EN von homophonen APP differenziert werden müssen, werde von Anführungszeichen, Vollgroßschreibung etc. Gebrauch gemacht, z.B. *Heimatmuseum in der "Kaffeemühle"* (GebäudeN), *BAUERNHILFE* (InstitutionsN einer Vereinigung).

4.5.6 Syngrapheme

Schließlich machen Namen besonderen Gebrauch von **Syngraphemen** (Apostroph, Bindestrich): So findet die **Apostrophsetzung** vor Gen.-*s* bei EN ihre häufigste Anwendung: *Elke's Frisörsalon, Oma's Küche, Rudi's Autoservice* (Klein 2002, Ewald 2006, Nübling 2014b). Mittlerweile ist sie orthographisch toleriert, da sie zu oft praktiziert wurde, hier also ein Bedürfnis nach Abgrenzung bestand. Diese sog. Toleranzregel (§97 des Regelwerks) lautet:

---

76 Allerdings gilt Adjektivgroßschreibung auch für (nicht-onymische) phraseologische Termini wie <Gemeine Stubenfliege>, <Starkbeborstete Gebirgswaldameise>, <Fleißiges Lieschen>.

77 So auch die F.A.Z. vom 29.08.2011 über den Tropensturm *Irene*: "Mindestens 15 Menschen kamen durch "Irene" ums Leben [....]". – *Landshut* ist der Name einer 1977 entführten Lufthansamaschine (zu FlugzeugN s. Kap. 10.5.3).

78 Im Chin. unterscheiden sich app. und onymische Logogramme nicht prinzipiell (die RufN gehören dem sog. semantischen Typ an, s. Kap. 7.2.4), weshalb EN zur Unterscheidung unterstrichen werden (Brylla 2001b:39; zu Verfahren der EN-Kennzeichnungen in weiteren Sprachen s. Harweg 1999:195–220).

> Von dem Apostroph als Auslassungszeichen zu unterscheiden ist der gelegentliche Gebrauch dieses Zeichens zur Verdeutlichung der Grundform eines Personennamens vor der Genitivendung *-s* oder vor dem Adjektivsuffix *-sch*: *Carlo's Taverne, Einstein'sche Relativitätstheorie.*

Damit erschließt sich die eigentliche Funktion: Der Apostroph, ursprünglich ein Auslassungszeichen für einen Laut, hat eine Reanalyse zu einem morphographischen Grenzsignal erfahren, das den graphischen EN-Körper von nicht-onymischem Material - Derivationssuffixen wie *'sch-* oder Flexiven wie dem Gen.- und dem Pl.-*s* - abhebt, ihn damit schont und seiner sofortigen Erfassung dient.[79] Ihn als angelsächsischen Import zu geißeln, ist verfehlt, denn dafür ist er viel zu alt; außerdem müsste er dann auch bei APP stehen, was nicht der Fall ist: **der Hund meines Bruder's*. Die Apostrophsetzung zwischen EN und Suffix kommt in historischen Texten des 18. und 19. Jhs. extrem häufig vor und wurde mit der Entstehung der Orthographie in den Substandard abgedrängt. Seine wort- bzw. speziell namenschonende Funktion hat sich erst durch jüngste korpusbasierte Untersuchungen (Bankhardt 2010, Scherer 2010, 2013) zweifelsfrei bestätigt: Sie kommen zu dem Ergebnis, dass der Apostroph vor *'sch-* zu 100% einem EN folgt, vor Gen.-s zu 100% bzw. 97%, vor Pl.-s dagegen nur zu 34% - bzw. immerhin, wenn man bedenkt, dass EN nicht häufig pluralisiert werden. Auch als rein graphischer Genitiv-Ersatz nach Nomen auf *-s* (Typ *Ines' Hund*) haftet er zu 92% an EN. Kurzum: Der Apostroph bildet eine enge Koalition mit EN (insbesondere PersN) und stattet ansonsten nur solche APP aus, deren Wortkörper markiert, d.h. schwer zu verarbeiten und daher schonungsbedürftig ist: Fremdwörter, Kurzwörter, Onomatopoetika, Konversionen (s. Nübling 2014b, Nowak/Nübling demn). Eine zusätzliche Bestätigung seiner morphologischen Abgrenzungsfunktion erkennt man in der Werbung in Abb. 46 links (s. Kap. 10.1.4), wo in "Fay's Mineral-Pastillen" der Apostroph zusammen mit dem Gen.-*s* verkleinert und hochgestellt wurde. Solche "Schrumpfungen" mit der Struktur <$X^{'s}$> oder <$X_{'s}$> finden sich häufig, besonders in Logos: Nicht-onymisches Material wird vom Namenkörper entfernt bzw. in seinen Schatten gestellt.

Für dieses graphische Konstanthaltungsprinzip spricht auch der immer häufiger praktizierte Usus, EN innerhalb von Komposita mit **Bindestrich** vom nicht-onymischen Rest abzugrenzen: *Merkel-Besuch, Indien-Reise, Willy-Brandt-Platz, Johannes Gutenberg-Universität.* Das letzte Beispiel verdeutlicht eine weitere Wortschonungsstrategie: Zunehmend werden statt Bindestrichen bloße **Spatien** verwendet, besonders oft bei komplexen Gattungs-EN wie Straßen- und InstitutionsN (*Alexander von Humboldt-Platz, Alexander von Humboldt-Stiftung*), aber auch bei <Zabler Hochzeit Nudeln>.[80] Hierzu schreibt Gallmann (1989:100):

> Bei Eigennamen, vor allem bei Personennamen, werden interessanterweise aus pragmatischen Gründen erhöhte Anforderungen an die Schemakonstanz gestellt.

---

79 Manchmal disambiguiert der Apostroph sogar: <Andrea's Bistro> vs. <Andreas Bistro>.

80 Spatien kommen auch innerhalb von EN vor und sind nicht vorhersagbar. Nerius (1995:418) erwähnt folgende Beispiele: *Neubrandenburg* vs. *Neu-Bamberg* vs. *Neu Lübbenau; Königsmark* vs. *Königs Wusterhausen; Bayrischzell* vs. *Schwäbisch Gmünd.* S. auch *Hohe Fels* vs. *Hohenfels.*

> Die Konstanthaltung wird nicht nur bei der Buchstabenkette angestrebt, sondern auch bei der Segmentierung (am Anfang und am Ende von einfachen Eigennamen; bei mehrteiligen Eigennamen auch zwischen den Eigennamenteilen) [...]. Ermöglicht wird dies durch die Schreibung mit Bindestrich: <die Gorbatschow-Rede>, <die Gorbatschow-feindlichen Kader>, <das Konrad-Escher-Denkmal>, [...] <der San-Bernardino-Tunnel> [...]. Viele Schreiber gehen allerdings so weit, daß sie zugunsten der Schemakonstanz zwischen den zu Wortteilen gewordenen Eigennamenteilen den Wortzwischenraum setzen: <das Konrad Escher-Denkmal>, <der San Bernardino-Tunnel>.

Bei kürzeren Verbindungen erfolgt jedoch oft Zusammenschreibung (*Goethestraße Schillerplatz*). In jedem Fall dienen Apostrophe, Bindestriche und Spatien alle dem gleichen Ziel: der **Schonung, Abgrenzung und Konstanthaltung des Namenkörpers**. Dass dies gerade bei EN so wichtig ist, liegt neben ihren besonderen referentiellen Funktionen daran, dass sie sehr viele nichtnative Strukturen enthalten. Dies gilt per se auch für Fremdwörter, weshalb diese von ähnlichen Strategien der Strukturschonung Gebrauch machen (*s*-Pl., Bindestrich-, Apostroph- und Spatiensetzung etc.; s. EISENBERG 2011).

Zum Weiterlesen:
Die Literatur zu den grammatischen Besonderheiten ist verstreut publiziert und wurde im Wesentlichen genannt. Allgemein führen in die Thematik ein: KALVERKÄMPER (1978, 1994), DEBUS (1980, 2005), KOLDE 1995 und NÜBLING 2005. BLANÁR (2001:81–106) liefert bei Darstellung der Grammatik und Wortbildung der EN auch Ausblicke auf andere Sprachen, v.a. Slowak. Mit dem Komplex EN und Genus befassen sich KÖPCKE/ZUBIN 2005 (AutoN), FAHLBUSCH/NÜBLING (2014, demn.) sowie Nübling demn., wo Artikel und Genus als Classifier analysiert werden. Zum Problem der Artikelführung bei Länder- und LandschaftsN s. THIEROFF 2000 und NÜBLING demn., zu sekundärem EN-Gebräuchen THURMAIR (2002a). Zum engen Konnex von EN und Apostroph s. NÜBLING (2014b). Zur hier vernachlässigten Teildisziplin der "Onomapragmatik" s. LENK (2002, 2007).

5. Eigennamen in der Gebärdensprache

5.1 Zur Deutschen Gebärdensprache

Eine der jüngsten und faszinierendsten Disziplinen der Linguistik bildet die Erforschung der **Gebärdensprache** Gehörloser und Schwerhöriger, eine visuelle Sprache, die über Körperhaltung, Handform und -stellung, Bewegung und Mimik realisiert wird.[81] Bedingt durch das andere Medium funktioniert sie grundlegend anders als die Lautsprache und steht ihr in nichts nach - Kenner sagen, sie sei ihr sogar überlegen. Während das schriftliche Medium unserer Alphabetschrift mehr oder weniger eine Abbildung der Lautsprache darstellt, ist die Gebärdensprache autonom. In Dtld. verständigen sich etwa 100.000 Personen in der sog. **Deutschen Gebärdensprache (DGS)**.

Neben dem riesigen Inventar konventionalisierter Gebärden gibt es für Fremdwörter, unbekannte Fachbegriffe, Abkürzungen und auch EN das sog. **Fingeralphabet**, ein peripheres System, das die Einzelbuchstaben "fingert" (oder daktylisiert). Das Fingeralphabet ikonisiert mehr oder weniger die Form der Buchstaben (abgebildet in STEINBACH 2007:185). Die meisten Gehörlosen beherrschen auch die Alphabetschrift und damit die Schriftsprache, was eine große Leistung darstellt, da sie ja autonom, d.h., ohne Rekurs über die Lautung, erlernt werden muss. Früher war auch der sehr mühsame Erwerb der Lautsprache das Ziel schulischen Unterrichts, wovon man heute stark abrückt.

Was nun die **Namengebärdung** in der DGS betrifft, so ist vorauszuschicken, dass die diesbezügliche Forschung äußerst überschaubar ist und sich für das Dt. auf UHLIG (2011, 2012) und HESSMANN 1996 beschränkt (zu einem Forschungsüberblick über die internationale gebärdensprachliche Onomastik s. UHLIG 2011: 62–63). Wir trennen hier die PersN von den OrtsN, da sie von unterschiedlichen Gebärdungstechniken geprägt sind.

5.2 Personennamen

Der Defaultfall der PersN-Gebärdung besteht darin, die Buchstabenkette des **schriftlichen (amtlichen) Namens** zu fingern (also *M+E+R+K+E+L* für *Merkel*), doch ist dies relativ aufwändig und betrifft nur die Namen neuer, unbekannter, meist selbst nicht gebärdender Personen. Daher wird im Fall von PersN oft nur "initialisiert", d.h., allein der Anfangsbuchstabe des amtlichen Ruf- oder FamN wird gefingert. Die distanzierteste Form besteht in der Initialisierung nur des FamN, im Fall von *Angela Merkel* also lediglich das Fingerzeichen für "M". Dies geschieht meist bei Namen hörender Personen, mit denen man selten und nur

---

81 Als einführende Literatur empfiehlt sich ACHILLES/PIGHIN (2008:Kap. 11), STEINBACH (2007, 2010), BOYES BRAEM 1995, HAPP/VORKÖPER 2006. Sehr informativ ist auch die Göttinger Homepage zu Gebärdensprachen: www.uni-goettingen.de/de/154156.html (30.06.15).

formellen Kontakt hat, wie Politiker, Amtsinhaber, Kontaktpersonen auf Ämtern (UHLIG 2011:67). Dies stellt nur eine Möglichkeit dar, die notfalls immer funktioniert. Im Fall (semi-)transparenter FamN wie *Schneider, König, Merkel, Mappus* und v.a. von OrtsN (s.u.) kommt es auch vor, dass man die wörtliche Bedeutung in die DGS übersetzt, also die Gebärde für 'Schneider', 'König', 'merken' (angelehnt an *Merkel*) oder das Aufschlagen einer 'Mappe' ausführt (STEINBACH 2007:152).

Selbstverständlich tragen auch Gehörlose einen amtlichen Namen, den sie im Schriftverkehr verwenden und den sie untereinander kennen. Alle Gehörlosen (und manche bekannten Hörenden) tragen jedoch einen zweiten, viel häufiger genutzten Namen, den sog. **lebendigen** oder **deskriptiven Namen**. Dies sind echte sog. **Namengebärden,** vom Typ her Spitz- oder ÜberN, die den NamenträgerInnen von außen vergeben werden: "Interessanterweise besteht in diesem System die Möglichkeit, dass Namen ihren Trägern gar nicht bekannt sind. Das ist im amtlichen Namensystem nicht der Fall" (UHLIG 2011:58). Diese Namengebärden sind bei der Vergabe – so wie alle Spitz- oder ÜberN – primärmotiviert (Kap. 3.3.2), ihr wörtlicher Inhalt wird jedoch im Zuge der Onymisierung und Standardisierung demotiviert, arbitrarisiert, zumindest ausgeblendet ("Umwertung" bei UHLIG). Die wörtliche Bedeutung mutiert also schnell zur bloßen Etymologie.[82] Für solche Namengebärden besteht kein festes Inventar, der Name ist "sprechend" und wird (anfänglich) frei gewählt. Ist er einmal fixiert, bleibt er i.d.R. erhalten, wenn das Umfeld sich nicht ändert. Beim Wechsel des sozialen Umfelds (Ausbildung, Umzug in eine andere Stadt) kann jedoch eine Neubenennung erfolgen, wobei dies von den Betroffenen mit einer Persönlichkeits- bzw. Identitätsveränderung gleichgesetzt wird (UHLIG 2011:69). UHLIG betont mehrfach, dass die Namengebärde nicht in die Laut- oder Schriftsprache übersetzbar ist. Die in Kap. 2 und 3 genannten Namenkriterien treffen damit auch auf die Namengebärden zu. In der Gehörlosenkommunikation wird fast ausschließlich die "lebendige" **Namengebärde** verwendet. Die amtlichen (initialisierten) Namen werden wegen ihres Bezugs zur Lautsprache eher abgelehnt.

Abb. 10: Namengebärden für Angela Merkel, Guido Westerwelle und Joschka Fischer (nach STEINBACH 2007:152)[83]

[82] So schreibt DER SPIEGEL (34/2011:108) in einem Artikel zu einem Hamburger Gebärdensprachprojekt: "Wenn er [Christian Rathmann] sich vorstellt, wogt seine rechte Hand am Kopf entlang wie eine Lockenfrisur: Haartolle ist sein Gebärdenname. Er hat ihn als Kind bekommen. Selbst wenn er einmal eine Glatze haben sollte, hieße er noch immer so".

[83] Wir danken Mehmet Aydın für das Nachzeichnen der Namengebärden.

Bei der Benennung unterscheidet man mehrere **Motive**, die man auch für lautsprachliche ÜberN kennt: körperliche und charakterliche Merkmale, typische Verhaltensweisen einschließlich Hobbys. Dabei gilt oft "respektlose Direktheit" (ACHILLES/PIGHIN 2008:164): Angela Merkel wird in Insiderkreisen durch die vor ihrem Bauch gespitzten Finger, ihre Frisur oder die heruntergezogenen Mundwinkel benannt, Guido Westerwelle durch eine Kratzbewegung als Verweis auf seine großporige Gesichtshaut, Joschka Fischer durch seine Körperfülle, Helmut Kohl durch sein Doppelkinn, Karl-Theodor zu Guttenberg durch die dynamisch nach hinten gegelten Haare, s. die Avatare in Abb. 10). Andere werden nach ihrer Schlauheit, nach typischen Gesten, Gangart, fehlender Haartracht etc. benannt.

UHLIG 2011 hat 43 alltäglich verwendete Namengebärden klassifiziert, von denen allein 29 "deskriptiv" (d.h. ÜberN) sind (davon beziehen sich 16 auf Körpermerkmale). 10 Gebärden bestehen in der Übersetzung des amtlichen FamN (Typ *Schneider*), wobei 9 dieser Namenträger Hörende sind - d.h., je weiter sozial entfernt, desto eher rekurriert man auf die amtliche Namenform. Wenn denn Hörende einen deskriptiven Namen (eine Namengebärde) bekommen, dann nur mit Bezug auf ihren Körper. Lediglich ein einziger der 43 Namen wurde initialisiert (die restlichen 3 bestehen aus heute unüblichen Gebärden).

Schließlich gilt bei PersN-Gebärden Einnamigkeit. Es findet keine Geschlechtsspezifizierung statt, auch nicht bei den gefingerten Namen. Statusangaben u.Ä. markiert man ebenfalls nicht am Namen. Namengebärden werden darüber hinaus nicht, wie dies für die lautsprachlichen FamN gilt, vererbt; hierin gleichen sie den ÜberN (Kap. 7.4.2). Mit Namengebärden referiert man auf Personen, man adressiert sie jedoch nicht. Kinder bekommen erst dann ihre individuelle Namengebärde, wenn sie sich so weit entwickelt haben, dass individuelle körperliche oder charakterliche Eigenschaften erkennbar werden.

5.3 Ortsnamen

Etwas anders als PersN werden OrtsN gebärdet, was HESSMANN 1996 untersucht hat, basierend auf einem Korpus von 71 EN-Tokens/34 EN-Types, davon mehrheitlich StädteN. Der Defaultfall besteht (1.) wie bei den PersN im **vollen Daktylisieren (Fingern)**, was v.a. unbekannte, fremde, selten gebrauchte Namen betrifft, besonders wenn sie ins Gespräch eingeführt werden. Dieser Typ kam im Korpus allerdings nicht vor.

Was jedoch bei allen 71 Namenvorkommen ausnahmslos geschah, war (2.), dass die Namen tonlos mitgesprochen wurden, d.h., es wurde immer die **lautlose Mundbewegung** der Sprechenden vollzogen und so der Name, soweit möglich, vom Mund abgelesen. Dies birgt jedoch Unsicherheiten, gerade bei unbekannten Namen, da der gesamte Name so nie visuell eindeutig erfassbar ist. HESSMANN spricht hier auch von "funktionslose[r] Erinnerung an den lautsprachlich gebräuchlichen Namen" (ebd.:224). Deshalb wird diese Sprechbewegung (3.) von viel wichtigeren manuellen Signalen begleitet, z.B. durch das **Initialisieren** des OrtsN (Gebärdung des ersten Buchstabens). Häufiger wird (4.) der Name jedoch durch eine echte **Namengebärde** ergänzt, die einer Art erstarrter def. Beschreibung entsprechen kann: *Amerika* wird durch die Gebärde für Zäune, die die ersten Siedler zum Schutz gegen Indianer aufgestellt haben, repräsentiert.[84] Es gibt dazu ein Allonym, die Gebärdung rot-weißer Streifen auf einer Flagge. Beide Namen sind als solche konventionalisiert, d.h., trotz gewisser Varianz handelt es sich um vollproprialisierte Namengebärden (ähnlich wie sich im dt. Sprachgebrauch *Holland* und *Niederlande* häufig auf das gleiche Objekt beziehen). Weitere Beispiele sind *Italien*, wo der ital. Stiefel nachgeformt wird; grundsätzlich betrifft dies auch Inseln wie *Sylt* und *Japan*, deren Umrisse ikonisiert werden. *Köln* wird durch die Türme des Doms gebärdet, *Venedig* durch einen Gondoliere, *Deutschland* durch historische Pickelhauben: "In Hinblick auf konkrete Verwendungsfälle sind derlei Hinweise meist nicht mehr als etymologische Fußnoten" (ebd.:225), vergleichbar erstarrten Lexemen wie in lautsprachlichem *Freiburg*. In jedem Fall wird irgendein (manchmal nur historisches) Objekt-Attribut zum Namenmotiv, wobei Exklusivität nicht bestehen muss, etwa wenn *Russland* durch bärtige Männer repräsentiert wird. Die gibt es nicht nur dort.

Schließlich besteht eine 5. Strategie darin, die lautsprachliche **(Semi-)Transparenz gebärdensprachlich abzubilden**: *Wiesbaden* wird durch die Gebärde für 'Wiese' + 'baden' repräsentiert, *Berlin* durch Bärentatzen, *Salzburg* durch Salz, *Dortmund* durch 'dort' + 'Mund' – gleich, ob es sich lautsprachlich um erstarrte (einst motivierte) Lexik oder um das Produkt von Volksetymologie handelt. Reine Ähnlichkeiten reichen schon aus: *Bautzen* wird von der Gebärde für 'bauen' begleitet, *Schliersee* von 'schließen' + 'See', *Zwickau* von 'zwicken'. Noch komplizierter wird es, wenn (6.) wortassoziative Prägungen nur an die Mundbildähnlichkeit von EN mit APP anknüpfen (was selten vorkommt): *Potsdam* wird durch die Gebärde für 'Postamt' angezeigt, weil die tonlose Aussprachebewegung von *Potsdam* ähnlich der von *Postamt* ist. Sind Namen einmal ins Gespräch eingeführt, dann genügt bei ihrer Wiederaufnahme eine räumliche Gebärde (als toponymischer Verweis) + das reine Mundbild.

Insgesamt zeigt dieses Spektrum an Möglichkeiten, dass der Bezug zur Lautsprache bei StädteN enger ist als bei PersN und dieser in mehrfacher Hinsicht besteht: Durch die begleitende tonlose Mundbewegung, durch das Fingern von Graphemen (Fingeralphabet) und durch den Bezug auf transparente lexikalische Strukturen (Typ *Wiesbaden*).

Zum Weiterlesen:
Speziell zur Gebärdung von Namen kann nur auf HESSMANN 1996 und UHLIG (2011, 2012) verwiesen werden. Interessant sind auch die schwed. PersN-Gebärden, die HEDBERG 1991 beschreibt. Unter www.uni-goettingen.de/de/154156.html erfährt man viel zur Gebärdensprache allgemein (30.06.15).

[84] Diese Gebärde ist aus der Amerikanischen Gebärdensprache (ASL) entlehnt worden, womit sie ein echtes Endonym wäre (Kap. 3.2.3).

Teil II:
Klassen von Eigennamen

6. Überblick über die Namenklassen

Man kann Namen nach vielen Kriterien klassifizieren. Dazu gibt es unterschiedlich sinnvolle und gut gelungene Versuche, deren Diskussion hier nicht das Thema ist. Das Problem bei vielen Klassifikationsversuchen ist, dass deren zugrunde gelegte Kriterien oft hybride und daher nicht konsequent anwendbar sind. Vieles, was nur kreuzklassifiziert werden kann (also quer zueinander steht) – funktionale wie formale Kriterien –, wird gelegentlich auf eine Ebene projiziert, was zu Inkonsistenzen führt.

Die meisten Klassifikationen sind sich jedoch darin einig, dass Anthroponyme und Toponyme als ObjektN die prototypischsten Namenklassen sind und nicht etwa EreignisN wie Kriegs- oder SturmN. Dem folgen wir hier, wobei wir der Unterteilung konsequent die in der Linguistik immer mehr beachtete sog. **Belebtheits- oder Animatizitätshierarchie** zugrunde legen. Nicht nur ein großer Teil unserer Grammatik, auch die meisten Pfade des Sprachwandels folgen dieser universell gültigen Hierarchie, die nichts anderes abbildet als die (unterschiedliche) Ähnlichkeit von Objekten mit uns selbst. Dass der Mensch sich ins Zentrum der Welt, des Geschehens, der Wahrnehmung und der sprachlichen Erfassung von Gegenständen stellt, ist so selbstverständlich, dass man sich wundert, weshalb das Konzept der Belebtheit und dessen explanativer Gehalt erst seit relativ kurzem für das Dt. und seine Geschichte entdeckt und beschrieben wird.

In den Kap. 2–5 sind wir bereits auf mehrere **Belebtheitseffekte** gestoßen, z.B.: App. Personenbezeichnungen wie *Studi* beziehen ihr **hypokoristisches Suffix** ***-i*** von PersN wie *Rudi* (Kap. 4.2.2). Bei app. Ortsbezeichnungen und Toponymen sind solche Interaktionen untypisch. – Die **Steuerung der Genuszuweisung** erfolgt bei belebten Objekten meist über deren biologisches Geschlecht (**Sexus**): weibl. → Fem., männl. → Mask., d.h., hier bricht das semantische das lexikalische Genuszuweisungsprinzip. – Die sukzessive **Nachstellung des Genitivs** hinter sein Bezugsnomen (*meines Bruders Hund > der Hund meines Bruders*) verlief **belebtheitsgesteuert** und erlaubt heute nur noch PersN, die an der Spitze der Belebtheit stehen, die Voranstellung (*Antjes Katze*). Mehr noch: Steht der PersN davor, so evoziert er eine **agentive oder possessive Lesart** (sowohl die ausgeprägte Handlungsfähigkeit als auch die Fähigkeit zum Besitz eignet nur dem Menschen), steht er dahinter, eine patientive als direktes Objekt einer Handlung (in *Antjes Entdeckung* macht Antje eine Entdeckung, während bei *die Entdeckung Antjes* die Person Antje entdeckt wird; Kap. 4.4). – Schließlich verläuft die Entwicklung der gesamten **Substantivgroßschreibung** entlang der Belebtheitshierarchie (NÜBLING et al. 2013a:229–233, SZCZEPANIAK 2011), wobei diese von [+ belebt] > [– belebt] abgearbeitet wurde und bei den EN begann.

6.1 Das Konzept der Belebtheit und der Individualität

Das Konzept der Belebtheit ist kognitiv gesteuert und umfasst weit mehr als nur die Dichotomie '+/– belebt'. Grob gesagt, gliedert sich Belebtheit in **MENSCHLICH > BELEBT > UNBELEBT**. Genau genommen erstreckt sie sich fein abgestuft über eine mehrsträngige Skala (Abb. 11), d.h., hier wirken verschiedene (teils interagierende) Ordnungsprinzipien. Belebtheit hat also nur bedingt etwas mit Herzschlag, Stoffwechsel oder sonstigen Eigenschaften von Lebewesen zu tun. Für unsere Wahrnehmung haben Menschen den höchsten Belebtheitsgrad, mehr noch: Unsere Verwandten sind (da uns ähnlicher) "belebter" als unsere Nachbarn. Elefanten haben einen höheren Belebtheitsgrad als Frösche und diese als Regenwürmer, obwohl sie sich alle bewegen und Stoffwechsel betreiben. Straßen sind stärker belebt als Steine und diese als Mehl oder Fleiß, da Konkreta als materielle, nach außen hin fest umrissene und zählbare Objekte (wie *Straßen* und *Steine*) für den Menschen besser wahrnehm- und differenzierbar sind als eine diffuse, konturlose Masse wie *Mehl* oder gar (immaterielle) Abstrakta wie *Fleiß* (Kap. 3.1 und Abb. 2). Man erkennt schon jetzt, dass die Namengebung stark belebtheitsgesteuert ist. Was Belebtheit ausmacht, sei nun in aller Kürze skizziert (Abb. 11).[85]

Neben der **Ähnlichkeit eines Objekts mit uns selbst** (**[+ menschlich]**, man könnte auch [+ beseelt] hinzufügen), bildet **Agentivität** die nächstwichtige Belebtheitskomponente, also die Handlungsfähigkeit eines Objekts sowie sein Vermögen, andere Objekte zu affizieren, d.h. zu beeinflussen (Transitivität).[86] Agentivität schließt ferner Bewegungsfähigkeit ein, weshalb häufig Verkehrsmittel wie Flugzeuge, Schiffe, Autos benannt werden (s. Kap. 10.5). Dabei zeigen Sätze (und Satzglieder) im Normalfall ein Agentivitätsgefälle von links nach rechts, d.h., das Subjekt bezeichnet im unmarkierten Fall das Agens, das Verb die Handlung, und das Akk.-Objekt das Patiens, das üblicherweise unbelebt ist: *Silke besucht die Ausstellung*. Manchmal ist es belebt (*Silke besucht Annette*). Ein Dativobjekt bezeichnet einen Handlungsbeteiligten, der, wie das Agens, meist belebt ist: *Silke sagt Annette/ihrem Vater die Wahrheit*. Auch Tiere, insbesondere die mit uns eng verwandten Säugetiere, können agentiv sein. In aller Regel werden Wildtiere nicht benannt, ausnahmsweise jedoch genau dann, wenn sie als Agens auf den Plan treten (und wir womöglich als Patiens), d.h., wenn sie uns gefährlich werden (*Problembär Bruno, Kaiman Sammy*). **Belebtheit im biologischen Sinn** (z.B. Stoffwechsel), die Pflanzen mit einschließt, stellt den dritten Faktor dar. Der vierte Faktor, **Konturiertheit**, betrifft die Wahrnehmbarkeit: Je konturierter ein Objekt ist, desto deutlicher hebt es sich von der Umgebung ab und desto besser ist es perzipierbar. Dies ändert sich bei Kollektiva, die eine nach außen und innen hin schlecht bzw. unscharf konturierte Vielheit an Objekten bezeichnen (*Gebirge,*

85 S. hierzu ausführlich HOPPER/THOMPSON 1980, YAMAMOTO 1999, DAHL/FRAURUD 1996, DAHL (2000, 2008), SZCZEPANIAK 2011.

86 HOHENSINNER 2000 stellt fest, dass Namen von Schusswaffen und Glocken im 15.–17. Jh. sehr oft mit *-in* moviert wurden (*Frankenmarkterin, Pummerin*), was – neben ihrem fem. Genus – mit ihrer hohen Agentivität erklärt werden müsste. Im Mittelalter benannte man Schwerter.

Gestühl, Herde). Sie bleiben jedoch zählbar, d.h., nach außen hin durchaus konturiert wahrnehmbar (*das Gebirge, die Herde*). Im Fall von *Familie* wird deutlich, dass Kollektivität per se nicht Belebtheit ausschließt - und dass eine solche Kombination die Benennungswahrscheinlichkeit erhöht (*Familie Lindemann*). Die **Zähl-** und damit auch **Pluralisierbarkeit** versiegt jedoch bei den Stoff(bezeichnung)en (**die/*mehrere Mehle*; Kap. 3.1), die sich wiederum durch ihre **Materialität** von den Abstrakta abgrenzen.

Abb. 11: Die Belebtheitsskala (nach SZCZEPANIAK 2011:345)

MENSCHEN TIERE PFLANZEN GEGENSTÄNDE KOLLEKTIVA STOFFE ABSTRAKTA

Mutter, Fan, Gorilla, Wurm, Baum, Straße, Stein, Gebirge, Herde, Mehl, Milch, Ehe, Fleiß

zunehmender Individualitätsgrad

[+ menschlich] + + + /- [- menschlich]
[+ agentiv] + + + + + + + /- [- agentiv]
[+ belebt] + + + + + + + + + + + + + + /- [- belebt]
[+ konturiert] + /- - - - - - - - - - - - - - - - - [- konturiert]
[+ zählbar] + /- - - - - - - - - - [- zählbar]
[+ materiell] + /- [- materiell]

Alle diese Faktoren erhöhen den Grad an **Individualität**, an maximaler Distinktivität, Wahrnehmbarkeit und Identifizierbarkeit (s. die "+"-Zeichen). Individualität ist außerdem an die Numeruskategorie der **Singularität** gebunden, d.h., ein einzelner Mensch ist als Individuum besser wahrnehmbar als in einer Gruppe. Sie hängt auch mit **Referentialität** und **Definitheit** zusammen, die ein existierendes, spezifisches Objekt bezeichnen. Wie wir wissen, sind Namen per se inhärent definit und daher (zumeist) mit dem Indefinitartikel inkompatibel (**eine Türkei, *ein Rostock*). Eine onymische Benennung ist an Definitheit gebunden (s. jedoch besondere Verwendungen wie *gestern hat eine Mireille angerufen* in Kap. 4.3.1). Die Kategorie des EN sichert den maximalen Individualitätsgrad, der nur noch von den (per se definiten) Personalpronomen gesteigert werden kann. Die lexikalischen Versprachlichungsmöglichkeiten von Individualität zeigt Abb. 12. Von grammatischen Mitteln wie Artikelsetzung, Syntax etc. wird hier abgesehen.

Abb. 12: Die Versprachlichung von Individualität

max. Individualität

Personalpronomen			Eigennamen	Appellativa	Stoffbez.	Abstrakta
1.Ps.	2.Ps.	3.Ps.				
ich	*du*	*sie/er*	*Antje, Mainz*	*Arzt, Stadt, Sturm*	*Mehl*	*Fleiß*

Personalpronomen übertreffen EN insofern, als sie neben der Monoreferenz auch noch die Nähe zum Ego, zum Sprecher, bezeichnen. Damit weisen sie eine stark deiktische Komponente auf, die ihren Gehalt nur in der konkreten Gesprächssituation zu entfalten vermag (daher sind Personalpronomen - im Gegensatz zu den EN - kontextgebunden, s. die Indikatoren in Kap. 2.4). Das Pronomen *ich* bezeichnet das Maximum an Individualität und an Referentialität (immer vorausgesetzt, der Sprecher oder Schreiber ist bekannt, was normalerweise der Fall ist). Der angesprochene Gesprächspartner ist die dem Ego nächststehende Person, daher folgt auf der Skala *du*. Die beiden Gesprächspartner sind so offensichtlich, dass sich eine Sexusangabe erübrigt (was nicht heißt, dass manche Sprachen sie nicht doch markieren). Personen, über die gesprochen wird, sind oft nicht anwesend (nicht sichtbar), daher wird an ihren Pronomina häufig ihr (von vielen Gesellschaften für wichtig erachteter) Sexus markiert, vgl. dt. *sie, er*. Das Finn. verzichtet jedoch mit dem Einheitspronomen *hän* darauf. Andere Sprachen wie das Japanische kombinieren ihre Pronomen (der 3.Ps., doch auch die der 1.Ps. + der 2.Ps.) mit dem Sozialstatus oder Alter der Person - wichtige Auskünfte, die bei uns eher die RufN und die (zum Namen gehörenden) Titel liefern. Erst dann folgen die im Ausdruck zwar längeren, doch dafür kontextentbundenen **Eigennamen**.[87] Dies führt uns direkt zu ihrer Klassifikation.

6.2 Die Eigennamenklassen

Man wird bei der Namenklassifikation nur dann der Funktion von EN gerecht, wenn man sie strikt nach dem **Belebtheits- bzw. Individualitätsgrad** (der Objekte) anordnet. PersN stehen an der Spitze jeglicher EN, da ihre Namenträger die in Abb. 11 geforderten Kriterien vollumfänglich erfüllen. PersN dürfen damit als die prototypischste Namenklasse gelten, auf die keine Kultur dieser Welt verzichtet. Auch OrtsN (bzw. deren Objekte) haben einen hohen Belebtheits- und Individualitätsgrad insofern, als sie primär den hochrelevanten menschlichen Siedlungsraum bezeichnen oder Orte, die für den Menschen anderweitig eine wichtige Rolle spielen (Landwirtschaft, Freizeit, heilige Orte). Viele (Schweizer) Berge haben erst im 19. Jh. im Zuge ihrer wirtschaftlichen Erschließung (Tourismus, Bergbau) Namen bekommen (Kap. 9.4). In jedem Fall erfolgt die Benennung jeglicher Objekte strikt anthropozentrisch und auch egozentrisch: Der Mensch bezeichnet nur das, was für ihn relevant ist. Dazu gehören, gerade heutzutage, Konsumgüter (WarenN), aber auch sonstige von ihm geschaffene Gegenstände (Ergonyme). Wichtige, vom Menschen verursachte und für seine Existenz bedeutende Handlungen oder Ereignisse wie Revolutionen, Kriege, politische Programme, auch

---

87 Eine interessante Bestätigung dieser Abfolge (Personalpronomen sind individueller als EN) kommt aus der Transsexualitätsforschung: Wie LINDEMANN 1996, die den Namenwechsel beim Geschlechtswechsel untersucht, feststellt, fällt es der Umgebung bedeutend schwerer, nach dem Geschlechts- und Namenwechsel ihreR FreundIn oder Verwandten das neue Pronomen anzuwenden. Der neue Name, der von den Betroffenen oft mit dem nackten Körper verglichen wird, ist für die Umgebung zwar auch nicht einfach zu erwerben, doch einigen sich manche darauf, den Schnitt zwischen EN und Pronomen zu setzen: Neuer RufN, altes Pronomen, z.B. *Alice – er*. Auch wird der Name zeitlich vor dem Pronomen gewechselt.

Fußballspiele, können ebenfalls benannt werden (Praxonyme), auch wenn die Objekte hier ihre Materialität und Konturiertheit verlieren. Schließlich bedrohen den Menschen - nun befindet er sich in der Patiensrolle - Naturphänomene wie Brände, Stürme und Fluten, die er als agentiv konzipiert. Daher unterscheiden wir auch die Klasse der PhänomenN (Phänonyme), obwohl deren Objekten viele Individualitätskriterien fehlen wie Belebtheit, Konturiertheit, Materialität. Ihre (aus menschlicher Sicht) Agentivität ist jedoch so hoch, dass manche dieser Ereignisse einen Namen bekommen, meist diejenigen, die den Menschen in seiner Patiensrolle am stärksten affizieren (also z.B. die meisten Todesopfer "fordern", auch dies ein hochagentiver Ausdruck). Im Folgenden legen wir die in Abb. 13 dargestellte Klassifikation zugrunde, die sich auf DEBUS 2010 stützt.

Abb. 13: Individualitätsbasierte Namenklassifikation

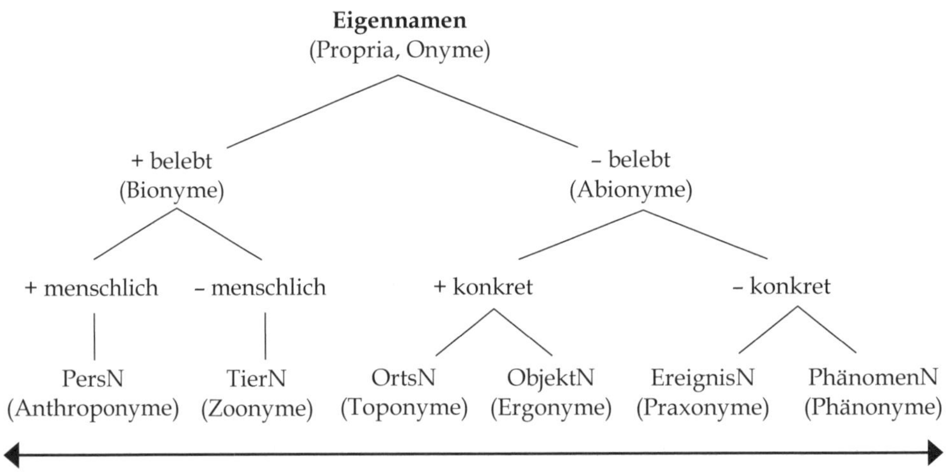

max. Individualität
max. Namenvergabe
Prototyp

[+ menschl.] + + + /- -
[+ belebt] + + + + + + + + + + +/- -
[+ konturiert/+ materiell] + + + + + + + + + + + + + + + + + + /- -
[+ agentiv] + + + + + + + + + + /- (+ + + + + +)
[+ menschl. verursacht] - - - - - - - - - - /+ /- - - - - - - - - - -
[+ menschl. relevant] +

Hierbei handelt es sich um eine grobe Klassifikation. Jede Namenklasse erfährt in ihrem jeweiligen Kapitel weitere Subklassifizierungen. Da Abstrakta und Stoffe nicht benannt werden, haben wir Kriterien, die diese beiden Konzepte unterscheiden, in Abb. 13 ausgeschlossen bzw. zusammengefasst - andere wichtige Kriterien dagegen hinzugefügt wie die menschliche Urheberschaft von Objekten (Siedlungen, die meisten Gegenstände, Handlungen/Ereignisse = [+ menschlich verursacht]). Beim Kriterium der Agentivität haben wir auch den Phänonymen

"+"-Werte zugewiesen, allerdings in Klammern, da deren Agentivität nichts mit Bewusstheit und Intention zu tun hat, sondern nur aus der menschlichen Wahrnehmung resultiert. Praxonymen könnte man ebenfalls Agentivität zuschreiben, da sie – obgleich ja vom Menschen verursacht – auch oft als Agens begriffen werden (*die Aufklärung/die Französische Revolution/der Zweite Weltkrieg erfasste/überrollte ganz Europa*). Metaphorisch wäre auch Ländern und Städten Agentivität zuweisbar, vgl. Sätze wie *Rom beschließt Sparmaßnahmen* oder *Kosovo erklärt sich unabhängig*. Hiervon sehen wir weitestgehend ab.

Einige Namenklassen fehlen: So würde sich [+ menschlich] verzweigen, wenn wir die **GötterN** (Theonyme) dabei hätten (je nachdem könnte man sie auch unter die Fiktionyme fassen; s.u.). GötterN stehen jedoch insofern an der absoluten Spitze der Belebtheits- bzw. Individualitätshierarchie, als der Mensch ein noch agentiveres, zweifellos hochbelebtes Wesen (oder mehrere) über sich stellt, das die Naturgesetze aus den Angeln zu heben vermag und den Menschen mit zahlreichen Ge- bzw. Verboten, die seinen gesamten Alltag dominieren können, in die Patiensrolle verweist. Insofern wäre eine Untersuchung von GötterN interessant (GRAF 1996, POLOMÉ 1996). Immerhin greifen wir bei der Nennung von *Gott* (wohl aus Tabugründen) oft auch nach dem Verfahren links der EN in Abb. 12, nach purem pronominalem *Er*, einem Ausdruck von noch höherer Individualität. Außerdem fehlt die Namenklasse der **PflanzenN** (Phytonyme). Hier würde sich in Abb. 13 der Knoten [- menschlich] nach rechts verzweigen. In Abb. 11 erscheinen die Pflanzen auf der Belebtheitsskala und entkoppeln Belebtheit von Agentivität (zu Phytonymen wie *Zwölfapostelkastanie*, *Gottschalk-Fichte* oder *Donar-Eiche* s. IODICE 2004, GLÄSER 2005a).

Alle anderen Namenklassen, die in der Literatur diskutiert und oft auf der gleichen, ontologisch basierten Skala verortet werden wie in Abb. 13, sind kreuzzuklassifizieren, d.h., sie verlaufen quer zu unserer Typologie: Namen erdachter Objekte (Fiktionyme) betreffen sämtliche Namenklassen, ebenso literarische Namen (Poetonyme) (DEBUS 2010). Auch bestimmte Form- und Strukturtypen von Namen stehen quer dazu (einfache vs. komplexe Bildungsweise; nativ vs. fremd; opak vs. transparent vs. potentiell motivierbar), ebenso weitere Aspekte wie ihre Etymologie und Motivik, ihr juristischer Status, ihr Festigkeitsgrad (kritisch zu Namenklassifikationen s. S. BRENDLER 2004, KALVERKÄMPER 1978:116–121). Abb. 14 liefert einige wichtige Zusammenhänge und Interaktionen in diesem Namenklassenkontinuum, die uns in den folgenden Kapiteln beschäftigen werden. Zunächst: Auch wenn es so aussieht, als würden einige der Kriterien für das Vorliegen eines Namens (wie in den Kapiteln 2–5 beschrieben) aufgeweicht, so handelt es sich durchweg um Namen, da wir einen funktionalen Namenbegriff vertreten. Es gibt nämlich mehr oder weniger prototypische Namen – so wie jeder sprachliche Bereich, den man zuvor für eine feste Klasse/Kategorie/Wortart u.Ä. hielt, bei genauerem Hinsehen einen Prototyp erkennen lässt, um den sich die große Mehrheit der Einheiten einer Klasse gruppiert. So ist es auch bei den EN, denn Menschen werden am häufigsten benannt – Witterungserscheinungen am seltensten. Man kann hier auch von Zentrum und Peripherie der EN sprechen.

Abb. 14: Das Namenklassensystem

Nr.	Namenklasse	Prototyp max. Benennung	onymische Eigenschaften
1	**Anthroponyme** Spitz-/KoseN RufN FamN	**Individualität/ Belebtheit**	fester EN-Bestand/spez. Inventar max. Opakheit viele FremdN/Fremdstrukturen max. Exklusivität/viele Abweichungen wenig Gattungs-EN min. Übersetzbarkeit EN diffundieren nach unten paradigmatische Techniken einfache, kurze Namen eher alte Namen
2	**Zoonyme** HaustierN ZuchttierN WildtierN		
3	**Toponyme** RaumN SiedlungsN GewässerN uvm.		
4	**Ergonyme** WarenN UnternehmensN InstitutionsN uvm.		kein spez. EN-Inventar max. Transparenz native Namen/Strukturen min. Exklusivität/Abweichungen viele Gattungs-EN max. Übersetzbarkeit EN oft von oben recycelt syntagmatische Techniken komplexe Namen eher junge Namen
5	**Praxonyme** KriegsN RevolutionsN VeranstaltungsN uvm.		
6	**Phänonyme** GroßbrandN Hoch-/TiefdruckgebietN WirbelsturmN SturmflutN		

Auf der **Makroebene** bestehen zwischen diesen sechs Namenklassen interessante Verbindungen, aber auch wichtige Unterschiede, die in der rechten Spalte von Abb. 14 aufgeführt sind: Exklusive Inventare mit sehr distinktiven Einheiten leisten sich nur die prototypischen Namen, allen voran die PersN (hier v.a. die RufN) und (bedingt) die OrtsN. Personen-, Tier- und OrtsN interagieren insofern stark, als sie sich gegenseitig Namenmaterial entlehnen: Viele PersN, zumindest FamN, leiten sich aus OrtsN ab (*Leinauer*, *Steinbach*, *Schweitzer*), und viele OrtsN enthalten PersN (*Ludwigshafen*, *Sigmaringen*, *Mozartstraße*). Auch TierN speisen sich, wie wir in Kap. 8 sehen werden, häufig aus toponymischem und anthroponymischem Material.

Immer weniger genuine EN-Strukturen lassen sich in den "unteren Klassen" beobachten - sie bestehen oft aus Gattungs-EN (*Hotel Continental, Orkantief Lothar*) bzw. verwenden generell die meisten nicht-onymischen Bausteine (App., andere Nomen, Adj., Präp.) und Strukturen (Zusammensetzungen, Syntagmen). Wenn sie denn onymisches Material enthalten, dann aus den oberen Namenetagen (Hochs und Tiefs recyceln z.B. komplett menschliche RufN, ebenso tun dies Ikeamöbel, Kleidungsstücke und andere Produkte). Die Hauptexportrichtung von onymischem Material verläuft also von oben nach unten. Wegen ihrer größeren Nähe zu den "Normalstrukturen" erkennt man den Namenstatus der unteren Klassen nicht so schnell von außen (daher die Absicherung durch Gattungs-EN) wie bei prototypischen Namen, die von zahlreichen Abweichungen auf allen Ebenen Gebrauch machen (Kap. 4). Damit geht einher, dass Ergonyme und Praxonyme gut übersetzbar sind und auch oft übersetzt werden (dt. *Der Zweite Weltkrieg*, engl. *Second World War*, span. *La Segunda Guerra Mundial*, poln. *II wojna światowa*). Prototypische Namen basieren dagegen meist auf sehr altem, lang tradiertem Wortmaterial, während die Klassen 4–6 dies seltener tun. Den oberen Namengruppen sieht man auch ihre Klasse schneller an, eben weil sie sich oft eigene (Teil-)Inventare leisten (*Julia, Mario, Oberhausen, Köln*). Das bedeutet, die paradigmatischen Namentechniken (deren kostenintensive Memorierung sich wegen ihrer hohen Frequenz lohnt) finden sich eher in den Gruppen 1–3. Da im Gegenzug die Gruppen 4–6 eher auf syntagmatische Techniken setzen, sind sie im Schnitt auch länger - aber einfacher memorier- und verstehbar. Die Entlehnungsintensität aus Fremdsprachen sowie die Duldung bzw. Nutzung fremder Strukturen ist bei den Prototypen ungleich höher. So leistet sich das Dt. beim Prototyp der RufN (diachron zunehmend) mit Namen wie *Katharina, Johanna* sogar einen prosodisch-phonologisch diametral entgegensetzten, sog. silbensprachlichen Sprachtyp (s. Kap. 7.2 und NÜBLING 2014a).

Auch auf der **Mikroebene** der Namenklassen selbst ergeben sich, wenn man sie ihrerseits subklassifiziert, die gleichen Tendenzen. Innerhalb der Anthroponyme machen die RufN eher von paradigmatischen Techniken (festes Inventar) Gebrauch als die FamN (Kap. 4). Ihre Strukturen weichen auch stärker vom Normalwortschatz ab, und sie werden öfter aus Fremdsprachen entlehnt als FamN. Die Exportrichtung verläuft dabei stets von Ruf- zu FamN (*Heinrichs, Christiansen*) und nicht umgekehrt. Für die Toponyme beschreibt VAN LANGENDONCK (2007:204–210), dass sie mit der Abnahme ihres Belebtheitsgrads umso transparenter werden. Es liegt auf der Hand, dass Städte und Staaten belebter sind als Berge, Flüsse, Meere oder Himmelskörper. Hier sieht VAN LANGENDONCK, v.a. auf Grundlage dt., ndl. und engl. Toponyme, eine (grobe) Korrelation zwischen folgenden strukturellen Merkmalen und abnehmender Belebtheit ("menschlicher Interaktion" in seinen Worten) bzw. zunehmender Markiertheit: Maximal Belebtes ist semantisch minimal markiert und wird auch formal minimal ausgestattet. Er unterscheidet vier Grade: a) kein Artikel, keine spezifischen EN-Marker (*London, Köln, Europa*); b) kein Artikel, aber spezifische EN-Marker, d.h. Suffixe, Kompositionsglieder (*Span<u>ien</u>, Türk<u>ei</u>, Afghan<u>istan</u>, Frank<u>reich</u>*); c) mit Artikel (*<u>der</u> Rhein, <u>die</u> Elbe, <u>der</u> Atlantik, <u>der</u> Mars*); d) mit Artikel und mit sog.

"classifier", d.h. Gattungs-EN (*der Bodensee, der See Genezareth, die Wüste Gobi, die Nordsee, der Schwarzwald*).

Natürlich finden sich unschwer Gegenbeispiele (z.B. StraßenN), doch müsste man diese Korrelation auf Basis eines großen Korpus überprüfen und außerdem historische Entwicklungen berücksichtigen: Womöglich hat die in Kap. 4.3.1 beschriebene Entwicklung von *die Tschechei* > *Ø Tschechien* (seit 1993) auch erhöhte Belebtheit als Grund (ein souveräner Staat ist handlungsfähiger, d.h. agentiver als ein Gebiet, eine Landschaft; s. Kap. 9). Auch ad hoc wirken sich Belebtheitseffekte aus: Wie in Kap. 9.8 im Zusammenhang der Kosmonyme deutlich wird, legen HimmelskörperN mit festem Artikel wie *der Jupiter, der Mars* (vgl. demnächst *fliegen wir zum Mars/zum Jupiter*) genau dann ihren Artikel ab, wenn sie, wie in Horoskopen, personifiziert werden und als schicksalssteuerndes Agens auf den Plan treten: *Mars schaltet den Turbo ein; Jupiter spendiert Ihnen kosmische Energie.* Alle diese in Abb. 14 skizzierten Aspekte und einige mehr sind systematisch noch unzureichend erforscht und werden in den folgenden Kapiteln, soweit möglich, ergänzt und vertieft.

Zum Weiterlesen:
Zu strikt belebtheitsbasierten Namenklassifikationen gibt es nicht viel Literatur. Einen Überblick über bisherige Klassifikationsvorschläge und ihre Kriterien liefert S. BRENDLER 2004, s. auch DEBUS 2010. Gut lesbar und einführend, dazu mit kontrastiver Perspektive, ist NUESSEL 1992. Einen fundierten Überblick über die verschiedenen Namenarten bieten BRENDLER/BRENDLER (2004a).

7. Personennamen (Anthroponyme)

Die **Personennamen** (**Anthroponyme** < griech. *anthropos* 'Mensch') können (nach den OrtsN) als die besterforschte Namenklasse gelten. Das kompakteste Werk, der dtv-Atlas "Namenkunde" von KUNZE 2003, ist derzeit (2015) leider vergriffen. Diese Lücke können wir auf den zur Verfügung stehenden Seiten nicht kompensieren, weshalb oft auf diesen Atlas zu verweisen ist, v.a. was die Geschichte und Verbreitung von PersN im Dt. betrifft. Auch andere Werke werden öfter genannt, damit hier nicht nur bekanntes und gut zugängliches Wissen reproduziert wird, sondern auch Platz für die weniger erforschten Aspekte der PersN bleibt. Trotz der relativ guten Forschungslage sind viele anthroponomastische Themen noch unbearbeitet. Manche werden von Nachbardisziplinen wie der Soziologie, der Psychologie, der Kulturanthropologie oder der Geschichtswissenschaft aufgegriffen, wofür es - da manchmal linguistische Unzulänglichkeiten sichtbar werden - der Kooperation mit der Onomastik bedürfte.

7.1 Der Gesamtname im Deutschen

Der dt. GesamtN ist zweiteilig (man spricht von **Zweinamigkeit** im Gegensatz zur bis in die Neuzeit geltenden Einnamigkeit): Er setzt sich aus **RufN + FamN** zusammen (Abb. 15) und bildet - trotz Getrenntschreibung - ein **Kompositum** mit Hauptton auf dem FamN: *Àngela Mérkel*. Der FamN bildet den Kopf (Grundwort) dieser Verbindung und flektiert (*[Angela Merkel]s Politik*). Damit steht er hierarchisch über dem RufN (ACKERMANN 2014). Dies war nicht immer so: Älter ist der RufN, der im Frühnhd. durch den FamN erweitert wurde, wobei der RufN noch lange der HauptN blieb (Künstlermonogramme aus dem 15./16. Jh. exponierten die Initiale des RufN stärker als die des FamN; Personenlisten waren noch bis ins 18. Jh. nach dem RufN geordnet; auch die FamN-Synonyme *Zu-* bzw. *Nachname* zeugen von der zunächst untergeordneten Stellung; KUNZE 2003:62). Zu diesem diachronen Wandel schreibt BLANÁR (2001:12): "Der Zuname [hier: BeiN], der ursprünglich ein bestimmendes Glied war, wurde zum FN [FamN] aufgewertet, also zum hierarchisch grundlegenden Glied des Benennungszeichens (Xa → xA)".[88] GERHARD (1949/50:21) macht darauf aufmerksam, dass jedes Kind diese Historiogenese des GesamtN in seiner Ontogenese rekapituliert.

Jeder der beiden Namenteile kann erweitert werden, was jedoch nicht die prinzipielle Zweigliedrigkeit des GesamtN sprengt: Viele Menschen haben mehrere RufN (*Anne Sophie*) oder einen sog. BindestrichN (*Eva-Maria*); auch FamN können mehrteilig sein (*Müller-Lüdenscheidt*, *Leutheusser-Schnarrenberger*). Auf der

---

[88] Heute anonymisiert man einen GesamtN, indem man den FamN abkürzt und nicht den RufN (*Beate Z.*, *Markus S.*).

nicht-amtlichen Ebene können weitere sog. **inoffizielle Namen** hinzukommen (Abb. 15 in Anlehnung an KOSS 2002:84). Titel gehören zwar zum GesamtN, bilden aber keinen obligatorischen Bestandteil, mit dem alle Namenträger ausgestattet sein müssen (s. die gestrichelten Linien). Solche Namenzusätze können auch in Amtstiteln (*Rektorin*), Anredenomina (*Frau/Herr*) und Generationskennzeichnungen nach dem FamN (*jun./sen.*) bestehen (LENK 2007). Die inoffiziellen Namen ("nicht-amtliche Ebene") bilden SpitzN, die im Laufe des Lebens hinzukommen und die soziale Beziehung zwischen Namenverwender und -träger markieren (Kap. 7.4.2). Dass die KoseN hier doppelt vorkommen, liegt nur an ihrer unterschiedlichen Basis (links: RufN, rechts: FamN).

Abb. 15: Der zweigliedrige Gesamtname im Deutschen

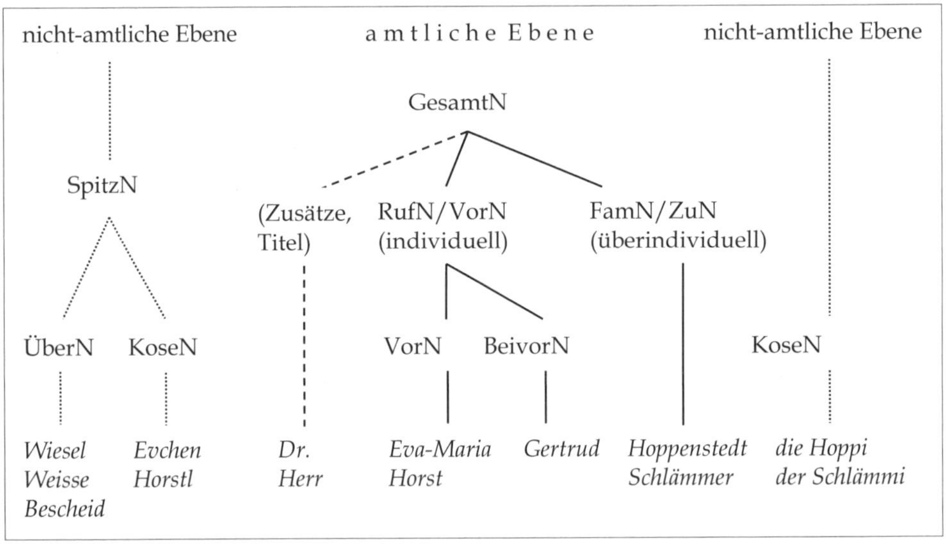

In anderen Kulturen bestehen **dreigliedrige Systeme**, z.B. im Russischen, im Friesischen und - derzeit entstehend - im Dänischen. Dieser Komplex besteht aus RufN, MittelN (Kap. 7.4.1) und FamN. Es gibt auch **einnamige Kulturen** (meist kleine Kulturen) wie das **Isländische**, wo onymische Eingliedrigkeit den Monoreferenzbedarf gewährleistet. Der (einzige) HauptN, der RufN, ist für die alphabetische Einordnung maßgeblich. Mit diesem Namen werden alle IsländerInnen adressiert. Ihm folgt im Telefonbuch (Abb. 16) ein sog. BeiN, bestehend aus dem (meist) väterlichen RufN (Patronym) im Gen. und endend (bei Frauen) auf *-dóttir* 'Tochter' bzw. (bei Männern) auf *-son* 'Sohn' (Kap. 3.3.2). Der BeiN hat im Alltag kaum Relevanz. Am ehesten dient er der genealogischen Verankerung, da Island mit seinen 300.000 EinwohnerInnen eine überschaubare Kultur ist und viele sich kennen bzw. miteinander verwandt sind (zu Näherem hierzu, auch zum Aufkommen echter FamN, s. KVARAN 1995, 2007, zu metronymischen BeiN s. KVARAN 1996). Die Telefonbucheinträge zeigen, dass der BeiN meist differenziert; wenn nicht (z.B. zweimal *Ingibjörg Sigurðardóttir*), leistet dies die Adresse.

Abb. 16: Auszug aus dem isländischen Telefonbuch (1993)

Ingibjörg Sigurðardóttir Fífumóa 3e ....
Ingibjörg Sigurðardóttir Heiðarholti 42 ....
Ingibjörg Steingrímsdóttir Heiðarholti 16 ....
Ingibjörg Þórarinsdóttir Heiðarbóli 10 ....
Ingibjörg Þórhallsdóttir Hólagötu 5 ....
Ingibjörn G Hafsteinsson Hólagötu 37 ....
Ingigerður Guðmundsdóttir Greniteigi 7 ....
Ingigerður Guðmundsdóttir Klapparstíg 7 Nj ....
Ingigerður Helgadóttir Mávabraut 11d ....
Ingimar R Guðnason verksmiðjustjóri Vörðubrún 2 ...
Ingimar Ingimundarson Faxabraut 72 ....

Genaugenommen ist man auch in Dtld. im praktischen Alltag einnamig: Es gibt nur wenige Situationen, in denen wir den GesamtN verwenden (im Telefonbuch, bei Unterschriften). Entweder gebraucht man (in vertrauten Duz-Beziehungen) den RufN (oder einen SpitzN) oder (in distanzierteren Siez-Beziehungen) den FamN, stets in Verbindung mit dem Anredenomen *Frau* bzw. *Herr* (und/oder einem Titel). Durchbrechungen dieser Zuordnungen (FamN - duzen; RufN - siezen) sind markiert: Ersteres wird bei KassiererInnen im Supermarkt beobachtet, letzteres bei frischeren Schwieger(kind)verhältnissen (zu Näherem s. LENK 2002, 2007). Man kann dies auch als "parallele" oder "situative Mehrnamigkeit" auffassen: Je nach Vertrautheit und sozialer Rolle leisten wir uns mehrere Namen (ROLKER 2009b).[89] Zwei davon bilden den GesamtN, der jedoch pragmatisch kaum zum Einsatz kommt.

Ganz anders als im Standarddt. geht man in den meisten dt. **Dialekten** mit dem GesamtN um: Zum einen geht in vielen Dialekten der FamN dem RufN voran (*der Gruber Hannes*), meist in den Gen. gestellt (*'s Grubers Hannes*),[90] zum anderen sind ihre Verwendungsdomänen oft grundlegend anders. Oft gebraucht man statt des FamN sog. Haus- oder HofN: "In Österreich kann einer nach dem Hof *der Wegbauer, Rosenhofer, Schönbichler* genannt werden, auch wenn er mit dem F[am]N *Meier, Schmidt* oder *Steinhauser* in den amtlichen Registern erscheint" (BACH 1952:70; s. auch DEBUS 2013). Meist kommt dem RufN eine weitaus größere Gebrauchsdomäne zu, was durch die kleinere Dorfgemeinschaft und die größere Vertrautheit ihrer Bewohner bedingt ist, während der FamN peripher ist und allenfalls zur Herstellung von Monoreferenz herangezogen wird. Leider gibt es zu diesem Komplex bislang nur wenig Literatur (BERTSCHE 1905, BACH 1952,

89 PersN dürften diejenige Namenklasse bilden, die am stärksten von der (onymisch idealen) Eineindeutigkeit abweicht: Mehrere Personen teilen sich gleiche Namen, und eine Person trägt mehrere unterschiedliche Namen. Letzteres liegt daran, dass Personen in verschiedenen sozialen Rollen agieren, die so relevant sind, dass es ihrer onymischen Markierung bedarf (ROLKER 2009b).

90 Hier ist jeweils der FamN betont, doch kommt es bei den vielen Kombinationsmöglichkeiten auch zu verschiedenen Betonungsmustern (s. BACH 1952:68, BERCHTOLD/DAMMEL 2014).

HEINRICHS 1965, MOTTAUSCH 2004, LENK 2002, 2007) und gar keine zu dessen Diachronie.

Auch in der Presse gibt es interkulturell interessante Unterschiede in der Verwendung der GesamtN, was u.a. LÖFFLER 2002 untersucht hat, der die **Zeitungssprache** der DDR, BRD, der Schweiz und Österreichs verglichen hat und zu drei Typen der Erstnennung gelangt: 1) DDR-Typ: lange Funktionsangabe + RufN + FamN (*der General des ZK der SED und Vorsitzende des Staatsrates der DDR Erich Honecker*), 2) Schweizer Typ: kurze Funktionsangabe + RufN + FamN (*Bundesrat Willy Ritschard*), 3) Österreichischer und bundesdt. Typ: Funktionsangabe + FamN (*Bundeskanzler Schmidt, Regierungschef Kreisky*). Die häufige Nennung des RufN, manchmal sogar eines hypokoristischen KurzN wie *Dölf* < *Adolf* (Kap. 7.4.2) bei Schweizer Politikern mutet für Deutsche wie die Sportberichterstattung an (wo auch Ruf- bzw. SpitzN genannt werden). Darüber hinaus kann man durch bestimmte Variation Sympathie und Antipathie zum Ausdruck bringen, d.h. Beziehungsgestaltung betreiben: Politische Gegner bekommen oft nur den blanken FamN, allenfalls noch *Herr/Frau*, während auf Sympathieträger eher mit Ruf- + FamN referiert wird (LÖFFLER 2002, GYGER 1991, 1995a, LENK 2002).

Kaum Wissen gibt es darüber, ob bei der Wahl des RufN **ästhetische Kriterien** eine Rolle spielen, also die rhythmische und/oder phonologische Struktur des GesamtN (s. jedoch BOSSHART 1973:49–64). SEIBICKE 1997 stellt die Vermutung auf, dass vermehrt Alliterationen entstehen (*Gundula Gause, Claus Kleber*). Er hat Standesamtslisten von Eltern und deren Kindern aus dem Jahr 1988 herangezogen. Bei 783 Vätern mit nur einem RufN alliteriert deren GesamtN 31mal (4%), bei 810 Müttern 69mal (9%), obwohl viele davon bei der Eheschließung den FamN des Mannes übernommen haben dürften. Bei den Neugeborenen staben die GesamtN der Jungen zu 9%, die der Mädchen zu 14%. Ob diese Werte signifikant sind, ist unklar. Anders BOSSHART (1973:52–54), der bei der RufN-Gebung im Kanton Schaffhausen feststellt, dass Alliterationen gerade vermieden werden (sie wurden als "klappernd" und "hässlich" bewertet). Gleiches gilt für den Typ Auslaut des RufN = Anlaut des FamN (*Cornelia Apa, Beat Dellenbach*), der nur in 46 von 1.803 Fällen (2,5%) vorkommt. Auch hier muss bezweifelt werden, dass die Zahlen statistisch aussagekräftig sind. Hier muss weitere Forschung ansetzen.

7.2 Rufnamen

Wir beginnen mit dem persönlichsten aller (offiziellen) PersN, dem **RufN**. Das häufige Synonym *Vorname* vermeiden wir, weil es einen Nach-, Zu- oder FamN impliziert. Für die lange Phase der Einnamigkeit ergibt nur der Terminus *RufN* Sinn, weshalb wir ihn hier generalisieren (er schließt ja keinen FamN aus). Umgekehrt steht in vielen Dialekten der VorN hinter dem FamN (*der Schmidt Karl*), gleiches gilt für Listen (z.B. Telefonbücher). Im Fall mehrerer RufN eignet sich als Bezeichnung für diesen Komplex **IndividualN** (auch als Gegenstück zum ebenfalls oft komplexen FamN; SEIBICKE 1987, 2002a). Der RufN ist der individuellste Name (sieht man von den inoffiziellen SpitzN ab). Wie kaum ein Namentyp unterliegt er dem direkten Zugriff des Menschen: Eltern dürfen ihren Kindern diesen lebenslang anhaftenden Namen aussuchen. Seine Bedeutung für die Identität des Kindes kann kaum überschätzt werden.

Im internationalen Vergleich gelten in Dtld. (auch in Österreich und der Schweiz) relativ strenge **Richtlinien für die RufN-Vergabe** (Coester 1986, Seibicke 2002a:12–16). RufN müssen "ihrem Wesen nach" (Seibicke 2008:21) RufN sein, d.h., im Normalfall aus dem RufN-Inventar schöpfen. Man darf allerdings RufN kreieren, sofern sie wie RufN aussehen. Sie dürfen keine OrtsN, FamN oder sonstige EN sein (was für die USA bspw. nicht gilt), auch keine Titel oder Zahlen. Überschreitungen dieser Normen gehen regelmäßig durch die Presse: Vor einigen Jahren wurde der FamN *Anderson* als RufN zugelassen, da eine Gefährdung des Kindeswohls nicht erkennbar war. Weiter dürfen RufN sich nicht mit APP decken (was in den USA und anderswo erlaubt ist). 2010 wurden deshalb folgende Namenvorschläge abgelehnt: *Pfefferminza, Junge, Puppe, Zecke, Zöllner* – allerdings wurden *Windsbraut* und *Pünktchen* vergeben (Kuntzsch 2011:36, 45, auch Gugutschkow/Hengst 1999:209f., Seibicke 2002b). Bis 2008 galt die Pflicht zur sog. Geschlechtsoffenkundigkeit, d.h., dem Namen musste man das biologische Geschlecht (den Sexus) seines Trägers entnehmen können. Seit dem sog. Fall *Kiran* sind sexusneutrale Namen auch in Dtld. erlaubt (Näheres s. Kap. 7.2.4). Oft ist (so auch hier) Zuwanderung der Hintergrund für onymische Neuerungen (generell zu Rechtsproblemen s. Diederichsen 1987).

RufN leisten sich ein eigenes, von der Appellativik deutlich unterschiedenes Inventar und machen damit von paradigmatischen Techniken der Namenanzeige Gebrauch (Kap. 4). Fleischer (1964:369) sieht den RufN als "Modell" des EN:

> Als Pole stehen sich gegenüber der Personenname [i.S.v. RufN – DN] – sozusagen als 'proprium tantum' – und das Dingwort, die konkrete Gegenstandsbezeichnung als 'appellativum tantum'. Der Personenname ist das 'Modell des Eigennamens'. […] Die übrigen Arten von Namen zeigen gegenüber dem appellativischen Pol eine stufenweise nachlassende Spannung.

Ähnlich schreibt auch Kalverkämper (1978:144):

> Die Vornamen sind es im allgemeinen, die ganz ohne sprachlich realisierte Transpositionssignale auskommen, da sie eo ipso als Propria erkannt werden. Ihre Sprachzeichenfunktion als Propria ist für die Sprechergemeinschaft codifiziert, d.h., sie haben als solche […] das kommunikative Signal 'Proprium' an sich, es ist ihnen durch die *langue* inhärent.

Woran aber erkennt man, ob ein Wort ein RufN ist oder nicht? Analysiert man die 40 häufigsten RufN (d.h. die 20 häufigsten MädchenN + die 20 häufigsten JungenN) von 2010 und vergleicht sie mit den 40 häufigsten (nichtonymischen) Subst. des Dt., dann ergibt sich als phonologisch-prosodischer Hauptunterschied genau das, was man in der phonologischen Typologie unter **Silben- und Wortsprachen** versteht (Szczepaniak 2007, Nübling 2014a): RufN enthalten dominant silbensprachliche Strukturen. Ihre Vokale (v.a. [a] und [i]) haben andere Frequenzen als im Normalwortschatz und, noch wichtiger, andere Verteilungen: Volle Vokale kommen auch in unbetonten Silben vor (*Johánna, Léonie, Maximílian*). Bei

APP ist der Schwa-Vokal [ə] der häufigste Vokal (*Schule, Leute*), jedoch der seltenste bei RufN (abwesend unter den Top 40). RufN sind häufig auch länger und enthalten mehrere phonologische Füße. Oft tragen sie - entgegen den "normalen" Wörtern - ihren Akzent nicht auf der ersten Silbe (*Annétte, Luísa, Elías*). V.a. haben sie einfachere Silbenstrukturen, tendenziell CV.CV (was für den dt. Wortschatz keineswegs gilt), vgl. *Le.na, Li.na, La.ra, Lu.ca* vs. *Zeit* [tsait], *Geld, Sprache*. Das bedeutet: RufN verhalten sich typologisch anders als APP - eine radikale Auszeichnungsstrategie. Dies macht sie sofort erkennbar - und offensichtlich auch schön, denn nach diesem Kriterium suchen wir heute die RufN aus.

7.2.1 Rufnamen und ihre Geschichte

Das dt. RufN-System hat im Laufe seiner langen Geschichte einen tiefgreifenden namentypologischen Wandel erfahren von einem sog. **semantischen zu einem konventionellen Namensystem**. "Semantisch" meint nicht, dass dabei eine Beschreibung (und damit Identifizierung) des Kindes erfolgte, sondern die Eltern drückten Wünsche für das Kind als Erwachsene/n aus (etwa im Kampf sieg- oder in der Gesellschaft erfolgreich, mutig oder friedlich gesonnen zu sein, die Eigenschaften eines verehrten Tieres zu besitzen). Ging dies nicht in Erfüllung, führte dies keineswegs zur Aberkennung des Namens. Da der Name als Programm gedacht war, bezeichnet man ihn als **programmatischen Namen**. Ganz anders heute, wo Eltern Namen primär nach ihrem Klang aussuchen (unbewusst auch nach sozialen Kategorien wie gebildet, jung, modern, dt./weltläufig), d.h., sie streben v.a. nach **Euphonie** (Wohlklang). Der Name beschränkt sich damit auf seine pure Materialität, wozu auch seine (nicht unbedeutende) Schreibung zählt. Nicht zufällig sind EN orthographisch nicht normiert (wenngleich graphisch fixiert), was vielfältigen Distinktionsbedürfnissen entgegenkommt: *Carl/Karl, Detlef/Detlev, Hel(l)mut(h), T(h)orsten*. Natürlich hat jeder Name eine etymologische Bedeutung, doch ist diese i.d.R. nicht bekannt (sie muss nachgeschlagen werden) und damit kaum relevant.

SEIBICKE 1998 untergliedert diesen langen Weg des Namenwandels in sog. "Revolutionen", d.h., in Umbrüche und Paradigmenwechsel. Wir folgen dieser nützlichen Strukturierung weitgehend, nennen die Zäsuren "Umbrüche" und skizzieren die Entwicklung nur in ihren Grundzügen.[91]

Zu **Anfang**, d.h. im Idg. und Germ. bis ins frühe Ahd. hinein, waren **transparente programmatische Namen** die Regel, die sich meist aus zwei nominalen Bestandteilen zusammensetzten: Subst. + Subst., Subst. + Adj., Adj. + Subst., Adj. + Adj. (Tab. 8). Die **Lesart** dieser Komposita war eher kopulativ, d.h., beide Teile hatten gleiches Gewicht und eine lose semantische Verbindung: *Gudrun* 'Kampf + Geheimnis', *Wolfram* 'Wolf'+'Rabe'. An **formalen Beschränkungen** galt, dass weder Stabreim (**Brunber, *Herhart*) noch Endreim (**Lindswind, *Waldbald*) erlaubt war und dass keine Zweitglieder auf Vokal anlauten durften (**Harteber*).

---

[91] Zu dieser Entwicklung s. SCHRAMM (1957, 2013), FLEISCHER 1964, BACH 1978, SCHULTHEIS 1979, BAUER 1998, KOSS (2001:669–675), KUNZE 2003, KOHLHEIM/KOHLHEIM 2004, SEIBICKE (1996, 2004, 2008), ANDERSSON 2009.

Tab. 8: Die Bildung dithematischer programmatischer RufN im Ahd.

2. Glied → 1. Glied ↓	Substantiv		Adjektiv	
	weiblich	männlich	weiblich	männlich
Substantiv	*Gēr-trut* 'Speer+Stärke' > *Gertrud*	*Gēr-nōt* 'Speer+Gefahr' > *Gernot*	*Gēr-lind* 'Speer+sanft' > *Gerlind*	*Gēr-hart* 'Speer+hart' > *Gerhard*
Adjektiv	*Beraht-hilt* 'glänz.+Kampf' > *Berthild*	*Beraht-raban* 'glänz.+Rabe' > *Bertram*	*Liub-swind* 'lieb+stark' (nicht tradiert)	*Adal-beraht* 'edel+glänz.' > *Adelbert, Albert*

Die **Sexusmarkierung** folgte strikt dem Genus/Sexus-Prinzip, wobei hierfür das Letztglied (als grammatischer Kopf) maßgeblich war: FrauenN endeten auf Fem. wie *-hilt* 'Kampf', *-heit* 'Wesen', *-burg* 'Schutz, Burg', MännerN auf Mask. wie *-wolf* 'Wolf', *-brand* 'Waffe, Schwert', *-gēr* 'Speer' – eine frühe Bestätigung dafür, dass Genus und Sexus eine enge Allianz bilden (OELKERS 2003:45–56). Neutrale Zweitglieder gab es nicht. Falls das Letztglied ein Adj. war, dann entschied seine stereotype Semantik über die Sexuszuweisung (FrauenN endeten z.B. auf *-lind* 'mild, sanft', *-swind* 'schnell, stark', *-wīh* 'heilig', MännerN auf *-beraht* 'glänzend', *-bald* 'kühn', *-mār* 'berühmt'). Das Erstglied war prinzipiell wahlfrei und oft zwischen Frauen- und MännerN identisch: *Gertrud, Gerhard, Dietlind, Dietmar*. Dennoch bildeten sich später typische Erst- und Zweitglieder heraus, v.a. Zweitglieder, da sie von Anfang an wegen der Genusrestriktion beschränkter waren.[92] Ob es gravierende lexikalische Unterschiede zwischen Männer- und FrauenN gab, wurde viel diskutiert und eher verneint: Das germ. Stammes- und Sippenwesen mit seinen kriegerischen Konflikten v.a. während der Völkerwanderungszeit spiegelt sich in beiden Geschlechtern. Einzig bei den sog. theriophoren Namen (die Tiere enthalten) scheinen größere Tiere (wie *Eber, Wolf, Bär*), die metaphorisch zu verstehen waren, eher in MännerN vorzukommen, wobei sich diese Frage nur auf das Erstglied bezieht, da die meisten Tierbezeichnungen ohnehin Mask. sind (MÜLLER 1968, GREULE 1996c, ANDERSSON 2009).

Der **1. Umbruch** dürfte im Übergang von sog. **Primär- zu Sekundärbildungen** zu sehen sein: Primärbildungen waren im o.g. Sinn motiviert, d.h., sie enthielten einen Heilswunsch für das Kind; nach DEBUS (1976a) haben sie einen sog. Intentionswert. Sekundärbildungen lassen dagegen einen solchen Sinn vermissen, etwa indem sie Synonyme miteinander kombinieren (so bedeuten *Hildegund* und *Gundhild* 'Kampf+Kampf'), d.h., keinerlei Sinn erkennen lassen; diese haben nach DEBUS nur noch einen sog. Kommunikationswert. Der Übergang von **Primär- > Sekundärbildung** hat sich über Jahrhunderte hingezogen, eine trennscharfe Unterscheidung ist nicht möglich. Was hier den Umbruch markiert, ist die **Dissoziation zwischen APP und EN**: Viele APP wurden (auch sozialer Veränderungen wegen) obsolet (z.B. bestimmte Waffen- und Kampfbezeichnungen), oder sie

92 Manche Zweitglieder waren so frequent, dass sie später zu Suffixen wurden und an neue Stämme gewandert sind, z.B. *-wolf* > *-olf* (SONDEREGGER 1998).

veränderten ihre Bedeutung, was von den EN-Gliedern nicht mitvollzogen wurde, da diese mittlerweile zu bloßen Etiketten, zu Namenbausteinen erstarrt waren. So transportieren die germ. RufN noch heute die Ausdrücke längst ausgestorbener Lexik (z.B. *Adelheid* < ahd. *heit* 'Person, Gestalt', als Suffix erhalten in *Krankheit* etc.). Damit entfiel jegliche semantische Passfähigkeit zwischen Erst- und Zweitglied, die Selektionsbeschränkungen wurden aufgehoben (wobei das Genus/Sexus-Prinzip bis zum Schluss erhalten blieb), es kam zu einer wahren Explosion an neuen Kombinationen. Ob diese zunehmende **Mechanisierung der Kombinatorik** durch soziale Bedürfnisse wie die genealogische Verankerung der Kinder über Kombination der elterlichen RufN-Glieder gefördert wurde, ist umstritten, da nicht klar ist, wie häufig dies tatsächlich praktiziert wurde: So konnten die Kinder von Mutter *Gunthild* und Vater *Gerhard* z.B. *Gunthard* (♂), *Hildger* (♂), *Gerhild* (♀) oder *Hiltgunt* (♀) genannt werden (das Genus/Sexus-Prinzip blieb interessanterweise gewahrt). Auch konnte nur EIN Namenglied tradiert werden (*Hilde*). Wichtig ist, dass die bis dato semantischen Namen konventionalisieren (Abb. 18), d.h. zur puren Form erstarren und sich auf ihre Materialität reduzieren. Die Zeit der Heilswünsche ist vorbei.

2. Umbruch: Zu einer immensen Erweiterung des RufN-Inventars führte der (nur folgerichtige) **Zerfall der alten Zweigliedrigkeit** ab dem 12./13. Jh.: Die Komposita kontrahieren (*Bernhard* > *Bernd, Adalwolf* > *Adolf, Alf*) oder fragmentieren, indem Einzelglieder selbständig werden (sog. monothematische RufN waren vorher zwar existent, vgl. *Ernst, Karl,* doch vergleichsweise selten), z.B. *Wolfgang* > *Wolf, Gerbrant* > *Brant, Adalbrecht* > *Brecht.* FrauenN nahmen hierbei oft auslautendes *-a* oder *-e* an (*Gunda, Hilda/Hilde*), was einen wichtigen Schritt zu einer Formalisierung von Sexus am Wortkörper markiert (Kap. 7.2.4). Umgekehrt kam es auch bei Männern zu Erweiterungen mit *-o* (*Berno/Benno* < *Bernhard, Otto* < *Otmar*). Ein und derselbe Namenstamm konnte so beide Geschlechter bezeichnen (*Oda, Odo*). Meist handelte es sich um sog. hypokoristische Formen (KoseN), die – wie auch heute noch – Eingang ins RufN-Inventar fanden. Weitere solche (oft dial.) Suffixe waren *-z-* wie *Metze* < *Mechthild, Kunz* < *Kuonrat, Fritz* < *Friedrich, -tsch(e)* (*Fritsch, Dietsche*), *-ing* (*Berning*), auch Suffixkombinationen, die EN wie *Landolin, Kordeling, Heinzel-/Konzelmann* ergaben (NAUMANN 1996a). In Braunschweig betrug im 13. Jh. das Verhältnis von Voll- und Kurzformen (inkl. Suffigierungen) 30% zu 70% (KUNZE 2003:28). Insgesamt führte dies zu einer immensen onymischen Anreicherung; viele dieser EN sind, wie unschwer zu erkennen, später zu FamN abgesunken. Dass sie kaum als RufN überdauert haben, liegt an der im Mittelalter immer stärker werdenden sozialen Praxis der intrafamilialen Nachbenennung des gesamten RufN, die in Fürstenhäusern und beim Adel begann (zur Festigung der Familienbindung) und bald nach unten diffundierte (GEUENICH 1997, MITTERAUER 1993, 2011:73–89).[93] Auch wurden Untertanen nach Herrschern benannt. *Heinrich* und *Konrad* waren z.B. so häufige Namen, dass sich

[93] Nicht selten fand auch eine großväterliche Nachbenennung statt, da die Geburt der Kinder früher zeitlich oft mit dem Tod der Großeltern koinzidierte. Man glaubte, dass die Großeltern in den Enkeln weiterlebten.

hieraus die Redewendung *Hinz und Kunz* für 'jedermann' ergab. Dieses zunehmende "Recycling" der immergleichen Namen ließ die RufN-Vielfalt zusammenschmelzen: "Tausende germ. Rufnamen sterben aus" (KUNZE 2003:31). Man erkennt: EN stehen in Abhängigkeit zu sozialen Praktiken, sprachinterner Wandel wird sprachextern beeinflusst. Allerdings ist es ein sprachexterner Wandel, der wieder eine Welle neuer RufN generiert:

3. Umbruch: Die zunehmende **Christianisierung** der Bevölkerung führte buchstäblich zu einem **Paradigmenwechsel**. Biblische RufN (< Lat., Griech., Hebr.) gewannen ab dem 12. Jh. immer mehr an Verbreitung, wobei die aufkommende Verehrung von Heiligen (bei denen germ. Namen nicht ausgeschlossen waren) stark zu deren Verbreitung beitrug (KOHLHEIM 1977a,b). Dabei bildeten sich RufN-Landschaften, die von den lokalen Verehrungen zeugen und sich noch heute weniger in Ruf- als in FamN-Landschaften widerspiegeln (Kap. 7.3.2).[94] Bei diesen Namen handelte es sich oft um vielsilbige, in den Nebensilben vollvokalische und oft nicht initialbetonte Namen wie *Christóphorus, Magdaléna, Johánnes, Christína*, die sich deutlich von den nativen Strukturen unterschieden. Diese EN setzten sich zügig durch, früher im Süden als im Norden, eher in Städten als auf dem Land und früher bei den Frauen als bei den Männern (die durch stärkere Nachbenennungspraktiken bis heute eine geringere onymische Erneuerungsrate haben). STEFFENS 1996 zeigt für Mainz und Umgebung, wie um 1400 die biblischen RufN die germanischen überrunden, um sie, von kleineren Unterbrechungen abgesehen, weiter und bis heute fast ganz zu verdrängen. Allerdings hat noch ein drittes Paradigma, die internationalen Namen, Einzug gehalten.

Die **biblischen RufN** waren für die Bevölkerung opak (unverständlich)[95] und schlossen damit an die mittlerweile verdunkelten germ. RufN an. Nur die Lautstruktur war eine grundlegend andere, und die wurde im Laufe der Zeit "germanisiert": Entweder wurde der nichtinitiale Akzent beibehalten, dann wurden die umgebenden Silben geschwächt bzw. getilgt, oder der Akzent wanderte systemkonform auf die erste Silbe, womit die Folgesilbe(n) reduziert wurden, konkret: *Margaréta* wurde einerseits zu *Gréte, Grieth, Ríta,* andererseits zu *Márgret, Márga* – ebenso *Katharína* > *Tríne, Rína* bzw. *Káthrin, Käthe; Jacóbus* > *Kóbes, Kopp* bzw. *Jákob, Jack* (KUNZE 2003:34f.). Hinzu kamen die oben erwähnten Suffigierungen, sodass *Hänsel* < *Johannes* und *Gretel* < *Margarete* Hinz und Kunz Konkurrenz machten. Auch hier sind viele RufN-Varianten in die FamN abgesunken.

4. Umbruch: Die **Reformation** (16. Jh.) dämmte (in den protestantischen Gebieten) die starke Heiligenverehrung ein. Neben **alttestamentarischen Namen** wie *Rebekka, Esther, Samuel, Abraham* wurden v.a. **germanische RufN** propagiert und damit wiederbelebt. KUNZE (2003:46f.) zeigt am Bsp. von Oschatz Ab- und Wiederanstieg der germ. RufN vor und nach der Reformation: Lag der Anteil um

---

94 Möchte man heutige RufN-Landschaften sichtbar machen, so muss man nur *Servatius* oder *Kilian* in GEN-EVOLU (basierend auf den Tel.-Daten von 1998) eingeben: Überdeutlich zeichnet sich die Region um Köln/Aachen bzw. um Würzburg ab.

95 Dass zu dieser Zeit sowohl die germ. als auch die christl. RufN opak waren, zeigt sich an Volksetymologisierungen, z.B. dass man mit *Bonifatius Bohnen* verband (die man erst nach dem Bonifatiusfest am 14. Mai stecken sollte; KUNZE 2003:41 und Kap. 3.2.2).

1300 noch bei 80%, so fiel er bis 1500 auf unter 5% – um dann sukzessive zuzunehmen und um 1800 wieder bei 45% zu liegen. Die Katholiken hingegen bewerteten die germ. RufN als heidnisch und stellten den Namenstag (mit der Verehrung des/der Tagesheiligen) über den Geburtstag. Auch schrieben die Katholiken bei der Geburt von Kindern die Eintragung des vollen, "unverstümmelten" (Heiligen-)Namens vor (*Katharina, Johannes*), der oft sogar latinisiert wurde (*Wilhelmus*), während die Protestanten verkürzte Namen erlaubten (*Kathrin, Käthe, Hans, Jens, Hennes*). Mündlich wurden sie jedoch auch von den Katholiken gebraucht. So schiebt sich die Konfession über die RufN-Selektion. So sind die offiziellen "katholischen" Namen länger als die "evangelischen". In traditionell protestantischen Ländern wie den Niederlanden und Skandinavien ist auch heute das Inventar an kontrahierten, gekürzten und suffigierten biblischen VollN weitaus umfangreicher als in Dtld., vgl. die in den Niederlanden geläufigen RufN *Lisa* (< *Elisabeth*), *Sanne* (< *Susanne*), *Janne* (< *Johanna*), *Grietje* (< *Margarete*); *Daan* (< *Daniel*), *Thijs* (< *Matthias*), *Bram* (< *Abraham*), *Stijn* (< *Konstantin*) u.v.a.m.

Unter sog. **PietistenN** versteht man **neugebildete programmatische**, wieder **zweigliedrige RufN** (oft SatzN), die imperativisch zu christlicher Lebensführung mahnten und oft aus biblischen Namen übersetzt wurden: *Fürchtegott* (< *Thimotheus*), *Gottlieb* (< *Theophilus*), *Traugott, Gotthelf, Helfgott, Christlieb*. SEIBICKE 2001 stellt fest, dass v.a. Männer so benannt wurden. Manchmal trugen Frauen die gleichen Namen (z.B. *Traugott*), aber öfter movierte man diese (*Gottliebe, Christliebin, Gottlobine*). Von dauerhaftem Bestand war diese Gruppe an semantischen RufN jedoch nicht, vermutlich wegen ihres oft unklaren Geschlechts, auch wegen ihrer Kürzungs- und Suffigierungsresistenz (*Fürchtegott* > **Fürchtel*) – und nicht zuletzt wegen ihres zu plakativen, belehrenden Charakters. Doch waren sie in pietistischen Kreisen durchaus geläufig und sind sie es teilweise noch: Gibt man solche Namen in GEN-EVOLU ein (z.B. *Gotthold, Traugott*), so zeichnen sich deutlich die heutigen pietistischen Zentren ab.

5. Umbruch: Im Gefolge der Reformation ergab sich ab dem 16. Jh. eine neue Welle der **Nachbenennung**, und zwar die nach **Patinnen und Paten**, die oft aus der Verwandtschaft kamen. In manchen (v.a. protestantischen) Gebieten erhielten bis zu 50% der Täuflinge PatInnenN. Um Mädchen nach ihrem männl. Paten benennen zu können, wurden MännerN häufig moviert (*Ánton* > *Antónia, Wílhelm* > *Wilhelmíne*), was die (einseitige) Ableitungsrichtung verstärkt hat und bis heute einen Grund dafür liefern könnte, weshalb FrauenN (auch nichtmovierte) insgesamt a) länger sind als MännerN, b) viel häufiger auf *-a* oder *-e* auslauten und c) oft nichtinitiale Akzentstruktur haben (s. den Akzentumsprung durch Movierung in den Bsp. oben).[96] Da Kinder oft mehrere Paten hatten, kam es auch zu mehreren RufN, auch wenn es insgesamt stets dieselben waren: Nachbenennungen führen immer zu onymischer Monotonie. So kam es, dass viele Persönlichkeiten aus dem 16.–19. Jh. zwei (oder mehr) RufN trugen, was außerdem durch die Mehrnamigkeit beim Adel gestützt wurde: *Gotthold Ephraim Lessing, Johann*

---

[96] Dagegen haben Jungen, die nach ihrer Patin benannt werden sollten, nur einen ähnlich klingenden Namen bekommen (anders im Ostfriesischen, s. Kap. 7.4.4).

Sebastian Bach, Christian Fürchtegott Gellert. Um einen Eindruck davon zu vermitteln, sind im beigefügten Kasten die 20 Kinder von **Johann Sebastian Bach** (1685–1750) genannt. Einige starben im Jahr ihrer Geburt, z.B. *Christiana Benedicta*, deren ersten Namen die nächste Tochter *Christiana Dorothea* bekam (s. Kap. 7.4.4).

Maria Barbara Bach (1684-1720) und **Johann Sebastian Bach** hatten 7 Kinder: Catharina Dorothea, Wilhelm Friedemann, Maria Sophia, Johann Christoph, Carl Philipp Emanuel, Johann Gottfried Bernhard, Leopold Augustus.
Anna Magdalena Bach (1701-1760) und **Johann Sebastian Bach** hatten 13 Kinder: Christiana Sophia Henrietta, Gottfried Heinrich, Christian Gottlieb, Elisabeth Juliana Friederica, Ernst Andreas, Regina Johanna, Christiana Benedicta, Christiana Dorothea, Johann Christoph Friedrich, Johann August Abraham, Johann Christian, Johanna Carolina, Regina Susanna.

Besonders häufige Kombinationen univerbierten bzw. kontrahierten zu Komposita: *Lieselotte* < *Elisabeth Charlotte, Marlies* < *Marie Luise, Annegret* < *Anne Margareta; Anneliese, Annemarie, Marianne* etc. (SEIBICKE 1978a). Sprachinterne Gründe bestanden im mangelnden Differenzierungspotential der immer gleichen RufN. Mit aus diesem Grund bilden sich zu dieser Zeit die FamN heraus (Kap. 7.3.1).

6. Umbruch: Im 19. Jh. übernahm der Staat die Verwaltung der RufN mit Einführung der **Standesämter**. Hier wurde eine feste **Schreibung fixiert**, womit das Stadium, dass Menschen ihre Ruf- und FamN unterschiedlich schrieben, beendet war. So findet sich der RufN von Johannes Gutenberg wie folgt beurkundet: *Johan, Johann, Hans, Hanns, Henchen, Henchin, Hengin, Henne*. Dies alles sind sog. **Allonome** (Namenvarianten) zum **Nomem** *Johannes* (KOHLHEIM 1977a,b). Die Allonomie wurde beseitigt. Wichtiger noch war, dass keine Pfarrer oder andere Instanzen mehr über RufN-Vergabe wachten, sondern dass nun das neue Zeitalter der **freien RufN-Vergabe** beginnt: Allein die Eltern entscheiden jetzt (zunehmend, dieser Prozess dauert bis heute an), frei von Traditionen, über den KindesN. Stand zu Zeiten der gebundenen RufN-Vergabe der Name des Kindes im Grunde genommen schon vor seiner Geburt fest (Verwandte, PatInnen, Herrscher waren "abzuarbeiten"), so lösen sich diese Traditionen, was auch den Namen frei macht: Ab jetzt ist es immer mehr der reine **Wohlklang** (und nur selten die etymologische Bedeutung), der über die Namenwahl entscheidet. **Euphonie** lautet das Prinzip, was der einstigen Programmatik diametral entgegensteht: Die Form (Klang, Kürze, Schreibung) gibt den größten Ausschlag (zu weiteren Namengebungsmotiven s. KOSS 1972, DEBUS 1974, 1985, BOSSHART 1973, KLEINTEICH 1992). Dass die Befreiung der Namenvergabe zu einer reicheren Nutzung des Nameninventars führt, liegt auf der Hand und wird im nächsten Kap. vertieft.

Der vermehrte **Kontakt** mit anderen (Prestige-)**Kulturen** bescherte dem Dt. immer wieder Schübe an neuen Namen: Sog. **HumanistenN** (ab dem 15. Jh.) knüpften an das klassische Altertum an mit Namen wie *Sabina, Cornelia, Claudius, Julius*, die ihre Entsprechung in der Latinisierung und Gräzisierung von FamN fanden (Kap. 7.3.1). Im 17./18. Jh. folgte eine Welle **französischer Namen** wie *Louise, Annette, Charlotte, Louis, Emil*. Im 18./19. Jh. waren **englische Namen** en vogue: *Fanny, Betty, Arthur, Edgar*. Im 19. Jh. folgten **slawische** (*Olga, Sonja*) und

skandinavische Namen (*Ingrid, Helga, Knut, Gustav*). Um die Jahrhundertwende wurden kurze Namenstrukturen präferiert, v.a. bei den Männern, wie *Fritz, Heinz, Horst, Klaus,* die ab den 1920/1930er Jahren zu Komposita (*Karlheinz*) oder BindestrichN (*Karl-Heinz, Hans-Peter*) kombiniert wurden, auch bei den Frauen (*Heidemarie, Ann-Kathrin, Eva-Maria*). Immer wieder entstehen solche Neuerungen in oberen Schichten, verlieren durch Nachahmung ihr Distinktionspotential und werden durch neue Namen ersetzt. So kommt es, dass man Namen ihr Alter anhört: *Karl-Heinz, Hannelore* und *Klaus-Dieter* sind mind. 65 Jahre alt. Mit der Reichsgründung 1871, dem Ersten Weltkrieg und später im Dritten Reich erstarkten die germ. RufN (wobei *Adolf* behördlicherseits nicht als RufN erwünscht war; LORENZ 2007, WOLFFSOHN 2001). Noch vor Kriegsende nahmen die germ. Namen ab und wurden von biblischen und antiken Namen abgelöst, wohl eher wegen ihres Wohlklangs als ihrer Herkunft, denn wie GUGUTSCHKOW/HENGST (1999: 200) hervorheben, werden christliche Namen wir *Markus, Katharina* und *Martin* als "gute alte deutsche Namen" empfunden. Nun kommen langsam Namen auf wie *Petra, Julia, Monika, Andreas, Michael, Thomas*. Die weitere Entwicklung wird in Kap. 7.2.2 skizziert.

7.2.2 Rufnamen in der Gegenwart

Der letzte Umbruch, Nr. 6, der den Übergang von der gebundenen zur freien RufN-Vergabe einläutet, kann gar nicht hoch genug bewertet werden: Erst jetzt kann sich Namenästhetik ausbilden. Eltern benennen ihr Kind als Individuum, nicht mehr nur als Spross ihres Stammbaums oder nach einem Herrscher, Paten oder Heiligen. Dies schlägt sich in zunehmender **Individualisierung der RufN** nieder. Schaut man sich die Paten- und Elternnachbenennungsrate in der Studie von SIMON 1989 für Westfalen (Münster, Ostbevern) vom 17. Jh. bis 1980 an, so rangieren die Werte im 17. und 18. Jh. um die 85–90%, im 19. Jh. um 80%. Erst ab 1900 sinken sie auf unter 80%, um dann rapide auf ca. 10% im Jahr 1980 abzufallen. Der Name eines Kindes war früher vorherbestimmt - was weitgehend auch für sein Leben in diesen geschlossenen Gemeinschaften galt. Auch andere Untersuchungen, z.B. von BOSSHART (1973:12–44) für den Kanton Schaffhausen und von GERHARDS (2003:91) für zwei dt. Städte, bestätigen, dass seit dem Zweiten Weltkrieg und insbesondere seit den 1960er Jahren die Nachbenennung rapide zurückgeht. Dabei erreichte die DDR die niedrigsten Werte (HORNBOSTEL 1997:410), hier hat die Enttraditionalisierung am stärksten gegriffen: Weder Kirche noch Familie bestimmten mehr die RufN-Vergabe. Kartiert man in GENEVOLU (Basis: Tel. 1998) den TraditionsN *Wilhelm*, so ist Westdtld. vollbesetzt, Ostdtld. leergefegt. *Wilhelm* war früher in ganz Dtld. verbreitet, doch ist im Osten die Tradition der Nachbenennung abgerissen. Generell wurden Jungen stärker nachbenannt als Mädchen ("Stammhalterprinzip"; DEBUS 1988b), weshalb MädchenN immer offener für Neuerungen und Einflüsse von außen waren. Heute rückt die Nachbenennung wenn, dann eher in den Zweit- oder DrittN des RufN-Komplexes: Die Tradition ist in die hinteren Rängen verwiesen worden. Der ErstrufN ist befreit von der (Last der) Tradition. Die oberen Schichten haben indessen schon immer stärker nachbenannt, der Adel tut es bis heute (MITTERAUER 1993).

a) Individualisierung

Die **Individualisierung** führt dazu, dass sich immer weniger Kinder gleiche Namen teilen - entgegen der verbreiteten Ansicht, sog. ModeN bestimmten die Namenvergabe: Heute ist die Namenvergabe so individuell, das Namenspektrum so bunt wie noch nie. GERHARDS (2003:107) zeigt, dass sich 1894 unter 100 vergebenen Namen (Tokens) nur 38 verschiedene (Types) befanden, während es 100 Jahre später 81 sind. Frühere Schätzungen gingen davon aus, dass die häufigsten Namen von jeweils ca. 3-6% der Neugeborenen getragen wurden (s. DEBUS 1977b für Kiel). Diese Prozentwerte gehen mit der Zeit stark zurück, bei den Mädchen mehr als bei den Jungen (DEBUS 1976b). Bundesweit gültige Zahlen sind nicht verfügbar, auch nicht für die Schweiz. Die folgenden, regionalen Studien entstammenden Zahlen sind damit nur bedingt vergleichbar, dennoch seien einige genannt: Für den Kanton Schaffhausen stellt BOSSHART (1973:82) für den Zeitraum 1965-1970 fest, dass die 11 häufigsten männl. RufN von 46% der Jungen und die 11 häufigsten weibl. RufN von 33% der Mädchen getragen wurden (Basis: 455 und 422 neugeborene Jungen bzw. Mädchen). Dass sich dies gründlich geändert hat, zeigt MOSER (2009:4) für Zürich: 2008 teilten sich nur 26% der Kinder einen der 100 (!) häufigsten Namen (Basis: 14.480 Geburten; die Geschlechter verhalten sich ähnlich). Für vier dt. Städte (Westberlin, Wiesbaden, Heidelberg, Tübingen) liefert SEIBICKE (2002a:110) einige Zahlen für das Ende der 1980er Jahre: Die Spitzenreiter (Top 1) bewegen sich zwischen 3,6% und 6,2%. Die Werte für die Top 10 reichen von 24% (Berlin, Jungen) bis 42,2% (Tübingen, Jungen). Auch wie viel Prozent der Neugeborenen einen Namen der Top 20 tragen, wurde ermittelt:[97] "[M]it 20 Jungen- und 20 Mädchennamen [gemeint: Top 20 - DN] erfaßt man rund die Hälfte aller Erst- und Einzelvornamen", schätzt SEIBICKE (2002a:112). 2008 waren die Werte schon deutlich geringer: Nur noch 13,4% der Mädchen und 14,2% der Jungen trugen nach Ausweis von BELIEBTE VORNAMEN einen Top-20-Namen. Sowohl der häufigste Mädchen- wie auch JungenN wird nur noch von ca. 1% der Neugeborenen getragen. Die beiden Geschlechter nähern sich also bzgl. des Individualisierungsgrads heute stark an.

Neben dieser **quantitativen** wäre auch eine **qualitative Individualisierungsberechnung** denkbar, indem man den (möglicherweise zunehmenden) **phonologischen** Abstand zwischen den vergebenen RufN ermittelt: *Peter, Günther, Jürgen, Dieter, Rainer* und *Werner* (Top 20-Namen 1945) sind sich phonologisch ähnlicher als *Leon, Paul, Maximilian, Felix* und *Luca* (Top 20-Namen 2010). Noch ist dies nur eine Vermutung, die ihrer empirischen Überprüfung harrt. **Graphematisch** drückt sich diese qualitative Individualisierung in der Tatsache aus, dass ein JungenN wie ['janɪk] auf acht verschiedene Schreibungen kommt: *Jannick,*

---

97 SHIN (1980:134) stellt in ihrer Heidelberger Studie fest, dass 1961 die ersten 10 MädchenN 35% der weibl. Babys abdeckten (davon *Gabriele* mit 4,8%) und 1976 23%. Jungen: 1961 deckten die ersten 10 Namen 40,3% der neugeborenen Jungen ab (allein *Michael* ergab schon 7%), während es 1976 nur noch 28% waren.

Janick, Janik, Yanick, Yannik, Yannick, Yanik, Yannic. Ähnliches gilt auch für MädchenN (*Chantal, Chantale, Chantalle*). Würde man Eltern befragen, warum sie genau diese Schreibweise ausgesucht haben, würden sie vermutlich nicht sagen, um ihren Sohn besser von den anderen *Jannicks* zu unterscheiden (Identifikation), sondern um ihm eine "exklusive Note" zu verleihen, ihn als etwas Besonderes herauszustellen (Individualisierung; Kap. 2.3). Bei solchen "Veredelungsprozessen" erzeugen periphere oder fremde Grapheme wie (<y, x, v, c>, vgl. *Yannic, Yvonne, Cindy, Ronny, Luca*) sowie Akzente (*René, André*) oder das Trema bei *Zoë* den Distinktionsgewinn. Selbst germ. Namen wie *Conrad/Konrad* oder *Rudolf/Rudolph* haben daran Anteil. Die vermehrte phonologische und graphematische Vielfalt prägt seit 1945 zunehmend unsere RufN und ist auf die **Inter-** bzw. **Transnationalisierung** zurückzuführen. Neue Namen kommen zum einen durch Migration, zum anderen durch Entlehnung aus Urlaubs- und Prestigekulturen zu uns (GERHARDS 2003). Diese Entwicklung könnte als **Umbruch Nr. 7** (Kap. 7.2.1) gewertet werden und fördert die qualitative Namenindividualisierung akustisch wie visuell. Schließlich müsste man, was aufwendig und methodisch nicht einfach ist, auch die **NamengeberInnen** nach ihren **Motiven** befragen (KOSS 1972, DEBUS et al. 1973, R. FRANK 1977, KLEINTEICH 1992, MÜLLER 2001).

Doch ist die Nachbenennung noch nicht beendet, sie hat nur ihre Vorlage verändert: Heute sind es u.a. die **Medien**, die neue Namen(schemata) prägen (GUGUTSCHKOW/HENGST 1999:204f.). Der erste Name, bei dem man relativ sicher ist, dass er medial geprägt wurde, ist *Kevin*, da es in den 1980er Jahren gleich mehrere Vorbilder gab (Film, Fußballer, Schauspieler; s. SEIBICKE 1978b, 2008:152f.). Allerdings wird der mediale Einfluss oft überschätzt: In den aktuellen Top 20 befinden sich z.B. keine Medienstars.

b) Namenmoden

Häufig überschätzt wird auch die Existenz von **Namenmoden**. Zunächst darf man grundsätzlich erst seit der **freien Namenvergabe** von Moden sprechen (also ab dem 19. Jh., ab wann die freie Namenvergabe graduell zunimmt), keineswegs in Zeiten gebundener (traditioneller) Vergabe, wo oft mehr als 20% der Frauen bzw. Männer RufN wie *Maria, Margarete, Else* oder *Heinrich, Hermann, Georg* trugen. *Johannes* kam mancherorts sogar auf über 50%. Mode (vgl. die Kleidermode) setzt Freiwilligkeit und Wahlmöglichkeiten voraus. Was damals vorlag, ist eher mit Uniformen zu vergleichen. SEIBICKE (1998:129) schreibt zu den ModeN:

> Man darf sich allerdings auch keine übertriebenen Vorstellungen von der Häufigkeit der Modenamen machen. Verglichen mit den Spitzenreitern zur Zeit der religiös bedingten Vornamengebung und der nach Paten sind die modernen Spitzenreiter Waisenkinder.

ModeN werden unterschiedlich definiert. Wir folgen DEBUS (1977b), wonach Namenmoden aus einer Funktion von Häufigkeit und Kurzfristigkeit bestehen und idealtypisch folgende **Phasenverläufe** umfassen: a) Auf einen langsamen Anstieg (**Innovation**) folgt b) ein rapider Anstieg (**Diffusion**). c) **Adaption** bezeichnet die Phase der größten Verbreitung, die möglichst kurz sein sollte und dann d) in den Rückgang mündet (**Restriktion**).

DEBUS (1977b:561) zeigt solche Modeverläufe anhand von *Elke*, *Antje* und *Heike* in Kiel um 1940, wo *Elke* innerhalb von nur 6 Jahren von 0,5% auf 6% der neugeborenen Mädchen kommt, die beiden anderen jeweils auf 4%. Die Spitzenwerte gelten für je nur ein Jahr und fallen danach ähnlich steil ab. Solche Verläufe sind heute kaum noch zu finden[98] - sie waren aber auch früher nicht die Regel, denn gerade ab den 1960er Jahren gibt es Namen wie *Julia, Katharina, Stef/phanie, Christine/a,* die z.T. weit über 20 Jahre der Spitzengruppe angehören. Noch stärker betrifft dies JungenN wie *Alexander* (27 Jahre), *Christian* (30), *Michael* (35). Dieses Phänomen der sog. **EpochenN** galt für Ost wie West.

Was die "echten" ModeN betrifft, so verringern sich im Laufe der Zeit Gefälle und Höhe der Verläufe, zudem flachen die Spitzen ab. SEIBICKE (2008:153) spricht hier vom "Kräuseln einer Wasseroberfläche" statt hohem Wellengang. Wie wir wissen, erreichen die häufigsten Namen heute gerade noch 1%, die Namenvielfalt hat also stark zugenommen. Dies heißt jedoch keineswegs, dass jedes Jahr die Top 10-Namen ausgetauscht werden: Die Namenbeständigkeit ist viel größer als gefühlt und lässt sich gut an den Top-Listen bei BELIEBTE VORNAMEN ablesen (s. auch MÜLLER 2001, KUNTZSCH 2011:39). Angemessener ist es, mit DEBUS (1977b) von **Modetrends** zu sprechen: Weniger EinzelN als bestimmte **"Zeitgeschmäcker", Namencluster, Strukturen** setzen sich durch.[99] Modetrends bestanden z.B. im Typus der BindestrichN in den 1930er bis 1950er Jahren (SEIBICKE 1978a) oder in den o.g. fries. Namen in Kiel im Dritten Reich. Bestimmte Strukturen erfüllten bspw. die BindestrichN, deren Erstglieder, wie SEIBICKE (2002:84f.) feststellt, zu über 90% einsilbig sind (*Hans-Jürgen, Karl-Theodor*). Dabei trägt der ErstN auffälligerweise nicht den Hauptton, sondern der ZweitN (selbst dann, wenn dieser auch nur einsilbig ist, wie bei *Karl-Héinz, Hans-Érnst*):

> Es sieht so aus, als würde auf diese Weise ein von vielen Mädchennamen (*Annette, Luise, Sieglinde* usw.) bekanntes Klangmuster für die Jungennamen erobert, unter denen es seltener anzutreffen ist (ebd.:84).

Bundesweit haben die germ. RufN, die eher app. "Klangmuster" und Strukturen mit sich bringen, stark an Bedeutung verloren. Andere Kulturen mit neuen Strukturen wie die frz. (*Nicole, Nadine, Yvonne, Chantal, René, André*) oder die engl.-amerik. (*Jennifer, Jessica, Mandy, Justin, Kevin, Dennis*) haben Trends gesetzt. GERHARDS 2003 formuliert nach LIEBERSON 2000 das "Prinzip der moderaten Abweichung" bzw. "der dosierten Diskrepanz", das Modetrends steuert:

> Jede Erneuerung besteht nun meist nicht in einem völligen Austausch der alten Mode, sondern in einer moderaten Veränderung der alten Mode. In der Regel handelt es sich bei den Veränderungen nicht um Revolutionen, sondern um Variationen des Alten und dies deswegen, weil Neuigkeiten mit dem Rahmen und den

98 Bei BELIEBTE VORNAMEN lassen sich die Beliebtheitskurven vieler RufN erstellen.

99 SEIBICKE (2008:151) schlägt für das gleiche Phänomen den (etwas missverständlichen) Begriff "modische Namen" vor.

ästhetischen Bewertungskriterien interpretiert werden, die durch das Alte bestimmt sind.

So fällt auf, dass bestimmte Namen **clustern**, d.h., analoge Namen hervorbringen bzw. nach sich ziehen. Phonologisch ähnliche Namen kommen auf und verstärken bzw. überholen sich gegenseitig. Dies zeigt GERHARDS (2003:144) an der Sukzession der vier Top 10-Namen *Markus* > *Marc* > *Marco* > *Marcel* von den 1970er Jahren bis 1992. Hierzu gehören auch die Varianten *Marcus, Mark, Marko* – und es ist nicht auszuschließen, dass sich dem auch *Mario* angeschlossen hat, denn solche **Namencluster** brauchen nicht auf denselben UrsprungsN (das gleiche Nomem) zurückzugehen. Es reicht die reine Ähnlichkeit an der Oberfläche. SEIBICKE (1994:10) betrachtet auch die DDR-SpitzenN *Sabina* und *Sabrina* als sich gegenseitig verstärkende Varianten, trotz unterschiedlicher Etymologie. 1980 waren in der BRD *Anja, Tanja, Sonja, Antje* und *Katja* beliebt. Ähnliche Seilschaften beobachtet GERHARDS 2003 (bezogen auf die ostdt. Stadt Grimma) für *Steffen, Stefan, Steve*, für *Mandy, Peggy, Cindy, Jenny, Nicky, Emily, Nancy* sowie für *Christian, Christopher, Christoph, Chris*. Es reicht ein LeitN, andere ähnliche Namen scharen sich dann um ihn ("Schneeballeffekt" nach SEIBICKE 2008:153). Was jedoch einen Namen zu einem LeitN qualifiziert, ist noch unbekannt. Bei den bundesweiten Top 20 ergaben eigene Recherchen (NÜBLING 2009a) bzgl. des Typs *Christina* etc. Folgendes: 1945 *Christel, Christa* > 1950 *Christa* > 1960 *Christine* > 1965 *Christine, Kerstin, Kirsten* > 1970 *Kerstin, Christina* > 1980 *Christina* > 1985 *Christina, Kristin* > 1990 *Christina*. Seitdem sind diese Namen aus den Top 20 verschwunden. Wahrscheinlich genügte dieser Name nicht mehr den neuen phonologischen Anforderungen an einen schönen RufN (er war zu hart; s.u.).

Vermutlich sind die Wirkungsweisen von Modetrends noch weiter zu fassen, d.h., auch die Namencluster sind noch zu grobmaschig. Besser passt der offenere Begriff des **Schemas**: In NÜBLING (2009a,b) wurden die Top 20-Namen von 1945–2008 einer prosodisch-phonologischen Analyse unterzogen, was einen Blick hinter die Kulissen erlaubt (Tab. 9, die nur die Top 10 enthält).

Für die Namen beider Geschlechter ergibt sich ab 1970 eine starke Zunahme der Gesamtsonorität, d.h. des Anteils an Vokalen (einschl. besonders sonorer Hiate, vgl. *Lea, Leon*) und an weichen, sth. Konsonanten: Sonoranten wie [m, n, l, j] und sth. Frikativen wie [v, z]. Umgekehrt nimmt der Anteil an Obstruenten (harten Konsonanten wie [p, t, k, s, f] rapide ab, besonders ab 1970 (die entsprechenden Schaubilder finden sich in NÜBLING 2009a,b). Gleichzeitig nähern sich weibl. und männl. Namen stark an, d.h., die Namen **androgynisieren** und verlieren damit an Geschlecht (Kap. 7.2.4). Seit 1980 werden die Namen auch kürzer, d.h., es ballt sich maximale Sonorität auf minimalem Wortkörper: *Lea, Lena, Leonie, Lara, Laura, Emily, Marie, Anna, Hanna*. Kaum ein Name verzichtet auf die Sonoranten [l], [m] oder [n], Obstruenten sind inexistent. Auch die JungenN sind sehr weich, doch enthalten sie noch einen kleinen Sonoritätskontrast, was den "Maoam-Effekt" durchbricht: *Lukas, Luka, Niklas, Luis, Finn, Tim* etc.

Tab. 9: Die Top 10-Namen von 1945, 1975 und 2005

	1945		1975		2005	
	weiblich	männlich	weiblich	männlich	weiblich	männlich
1	*Renate*	*Hans*	*Sandra*	*Christian*	*Leonie*	*Lukas*
2	*Monika*	*Peter*	*Stefanie*	*Markus*	*Hanna*	*Leon*
3	*Karin*	*Klaus*	*Nicole*	*Michael*	*Anna*	*Luka*
4	*Ursula*	*Wolfgang*	*Kathrin*	*Stefan*	*Lea(h)*	*Finn*
5	*Brigitte*	*Jürgen*	*Tanja*	*Andreas*	*Lena*	*Niklas*
6	*Bärbel*	*Uwe*	*Anja*	*Thomas*	*Laura*	*Jonas*
7	*Elke*	*Bernd*	*Yvonne*	*Alexander*	*Emilie*	*Tim*
8	*Ingrid*	*Karl*	*Julia*	*Sven*	*Lara*	*L(o)uis*
9	*Helga*	*Horst*	*Claudia*	*Thorsten*	*Sophie*	*Jan*
10	*Christa*	*Dieter*	*Melanie*	*Jan*	*Marie*	*Paul*

Allein die Gegenüberstellung der Top 10 von 1945, 1975 und 2005 in Tab. 9 genügt, um diesen Wandel zu illustrieren. 2014 haben es bei den Mädchen *Hanna(h), Mia* und *Emma* an die Spitze geschafft, *Sophia, Emilia, Lena, Anna, Lea(h)* setzen den Trend fort. Bei den JungenN stehen *L(o)uis, Leon, Maxilimian* oben, daneben *Ben, Noah, Jonas, Luc/ka(s)* und ähnliche Strukturen. Fazit: Fast sämtliche Top-Namen folgen einem gemeinsamen Sonoritätsideal, das härtere Namen wie *Christa, Brigitte, Horst, Thorsten* längst abgewählt hat.

Für die **Schweiz** (hier: Zürcher Top-Namen) hat MOSER 2009 ganz Ähnliches festgestellt: Mädchen- wie JungenN werden lautlich immer einfacher, weicher ("Entschärfung") und "kindgerechter", es findet eine "**Regression zur Kindlichkeit**" statt (ebd.:18). Er begründet dies damit, dass das Ereignis der Geburt heute seltener denn je eintrete und umso wichtiger geworden sei, außerdem, dass Kindern heute mehr denn je eine Kindheit zugestanden werde und sie daher als Kinder und nicht (wie früher) als künftige Erwachsene benannt werden. Schaut man sich heutige Top-Namen in den deutschsprachigen Ländern an, so handelt es sich (mehr noch bei den Mädchen) um kindliche (reduplikative) Lallformen (*Lilli, Lena, Nina*) sowie mehrheitlich um hypokoristische Kurzformen (*Lilly* < *Elisabeth, Lena* < *Helena, Ne(e)le* < *Cornelia, Mia, Maja* < *Maria, Ben* < *Benjamin, Jan* < *Johannes, Tom* < *Thomas*), d.h., die gesellschaftlich stattfindende Informalisierung, Intimisierung (LINKE 2000) und auch Infantilisierung (NÜBLING 2012b) spiegelt sich in den RufN wider. Diese Trends scheinen in den drei deutschsprachigen Ländern ähnlich zu sein, wenngleich es an Untersuchungen dazu mangelt. Eine Erklärung dieser Befunde ohne Soziologie und Kulturanthropologie ist nicht möglich.

7.2.3 Rufnamen und Grammatik (Definitartikel)

Als die F.A.Z. am 14.07.10 über den Prozess gegen die noch jugendlichen Mörder von Dominik Brunner in München berichtet, ironisiert sie den **Artikelgebrauch**, den der Verteidiger des einen Täters bei dessen RufN verwendet, und schafft dadurch Distanz (die durch die Anführungszeichen verstärkt wird):

> Der Markus, ein schüchterner Junge, zurückhaltend, eher in sich gekehrt. [...] Hier sitze er nun, "der Markus", und hoffe auf ein faires Verfahren. [...] Mit dem jungen Mann unter Mordanklage, "dem Markus", ist man dann schnell auf der Streetworker-Ebene: Wo ist der denn da reingeraten? Das schafft Nähe. Unerwähnt bleibt, dass Markus S. in seinem sozialen Netzwerk im Internet als Wunsch, was er in seinem Leben noch machen möchte, angab: "Ein Bullenrevier in die Luft sprengen." Auf dem Profilbild dazu hatte er eine Pistole in der Hand. Mensch, der Markus. - "Markus S." ließe an einen erwachsenen Menschen denken, der genau wusste, was er tat. "Der Markus" nicht [...] (F.A.Z., 14.07.10).

Im weiteren, kritischen Bericht der F.A.Z., wo es um die Schuldfähigkeit der Täter geht, bleibt der Artikel weg und kommt die Initiale des FamN hinzu. Der Artikelgebrauch durch den Verteidiger wirkt auf die Journalistin verharmlosend, entschuldigend, wahrscheinlich sogar deplatziert und geschmacklos. Sie unterstellt dem Verteidiger zu viel Einfühlung in den Täter, eine Verniedlichung der Tat als Jugendsünde. Diese Effekte benennt sie auch: "Das schafft Nähe" und lasse nicht "an einen erwachsenen Menschen denken, der genau wusste, was er tat". Allerdings scheint der Verteidiger auch nur den vertrauteren, eine Duz-Beziehung evozierenden RufN und nicht den FamN zu verwenden, was diese Effekte zusätzlich verstärkt. Damit sind wir bei einem Thema angelangt, auf das sicher schon alle gestoßen sind. Verwendet man nun den Artikel vor RufN oder nicht? Gilt dies als salopp oder gar vulgär, als ungeschlacht und unhöflich? Standardsprachlich, soviel weiß man, steht er nicht, doch verwenden ihn Viele beim Sprechen. Die Antwort ist nicht ganz einfach und lautet zunächst: Es kommt darauf an, **wo in Deutschland** wir uns befinden (Abb. 17).

Im gesamten **Süden** (einschließlich der **Schweiz**, **Österreichs**, **Luxemburgs**) ist der Artikelgebrauch in der Umgangssprache (und erst recht in den Dialekten) in jedem Kontext unmarkiert, ja obligatorisch - seine Weglassung wirkt hochnäsig und bemüht standardintendiert. In der **Mittelzone** hängt die Artikelverwendung stark vom Kontext ab, und im **Norden** Dtlds. schüttelt man sich, wenn man so etwas hört. Die F.A.Z.-Journalistin ist in Wuppertal aufgewachsen und hat in Essen studiert (also in der mittleren Zone von Abb. 17), der Verteidiger dürfte Bayer gewesen sein und damit aus der Artikelzone stammen. Beim distanzsprachlichen Schreiben (wissenschaftliche oder journalistische Texte mit überregionaler Leserschaft) lassen jedoch alle den Artikel weg, auch im Süden.[100] Es handelt sich um ein Phänomen der gesprochenen Alltagssprache, das sich nach Norden ausdehnt (s. auch GLASER 2008).[101]

---

100 Im Lux., das mit dem Dt. eng verwandt ist, wird der Artikel vor jeden PersN gesetzt und konsequent verschriftlicht: *d'Anni, de Péiter, d'Madame Wirtgen, den Här Wirtgen.*

101 Dies zeigt eine ADA-Karte (Atlas der Deutschen Alltagssprache, 3. Runde, Frage 10e: *ich gehe zu/zum Peter*). Auch die differenziertere Karte (BELLMANN 1990:274) zeigt eine Nordverschiebung des Artikelareals: Hier gehen Köln und Fulda mit dem Süden konform (überall Artikelsetzung). Allerdings müssen die Kasus bedacht werden: *zu(m) Peter* steht im Dat., *Ist (die) Ruth krank?* im Nom. Im Dat. ist der Artikel vor PersN häufiger als im Nom. (s.u.).

Abb. 17: Der nach Norden vordringende Artikelgebrauch vor RufN (nach EICHHOFF 2000:K. 76, Abfrage: *Ist _ Ruth krank?*)[102]

Allerdings gilt es zu differenzieren, denn nicht nur auf die **Region**, sondern auch den **Kontext** (Grammatik und Pragmatik) kommt es an. Die bisher einzige flächendeckende, empirische Untersuchung dieses Phänomens für Dtld. hat BELLMANN (1990:257–293) vorgelegt, der 1987 und 1988 Straßeninterviews in 24 dt. Städten (einschließlich der damaligen DDR) zum Artikelgebrauch in der standardnahen Sprechsprache mit InformantInnen durchgeführt hat, die mindestens in zweiter Generation ortsgebürtig, älter als 40 Jahre alt waren und einen überdurchschnittlichen Bildungsgrad hatten. Jedem Ort liegen 8 bis 15 InformantInnen zugrunde. Dabei wurden acht mit *(der) Peter* zu ergänzende Sätze vorgelegt (ebd.:274). In eckigen Klammern wurde das, worauf es ankommt, hinzugefügt:

1. Gib das mal X. [Dativ]
2. Kennst Du X? [Akkusativ]
3. (auf ein Foto zeigend): Das ist X. [Nom., Namenträger abwesend]
4. (die Tante anrufend): Hallo, Tante, hier ist X. [Selbstnennung]
5. (zum Lehrer): X hat mich geschlagen. [Denunziation]
6. Sieh mal, dort kommt X. [Nom., Namenträger sichtbar]
7. (beim Vorstellen): Das ist X. [Nom., Namenträger anwesend]
8. (Lehrer zur Klasse): X hat sehr gut vorgelesen. [Lob]

102 Für die Erstellung dieser Karte danken wir Georg Drenda.

Ergebnis: Der gesamte **Süden** (einschließlich Köln und Fulda) setzt überall den Artikel. Im Süden ist der Artikel usualisiert.

Umgekehrt kann man aber nicht sagen, dass es im **Norden** keine Artikelverwendung gebe (man muss bedenken, dass die Karte in Abb. 17 auf nur einem einzigen Fragesatz [*Ist _ Ruth krank?*] basiert). Satz 5, der sog. Denunziationssatz *Der Peter hat mich geschlagen*, ist im gesamten **Norden mit Artikel** üblich. Dies entspricht der Artikelfunktion, die wir in Kap. 4.3.1 unter (ii) als die "negative Haltung des Sprechers zum Objekt" identifiziert hatten: In dieser Funktion ist der Artikel also deutschlandweit üblich.[103] Im Süden mit dem generalisierten Artikel tritt dieser Effekt natürlich nicht auf, er lässt sich aber erzielen, indem wir zum deiktisch stärkeren Demonstrativ *dies-* greifen (dem Vorläufer des Definitartikels): *Dieser Peter nervt mich.* Kontextfreie Sätze, die mit *dieser Peter/diese Petra* beginnen, werden in aller Regel negativ fortgesetzt. – Doch auch beim Lobsatz Nr. 8 (*Ø/der Peter hat sehr gut vorgelesen*) hat der Artikel im Norden eine gewisse (doch deutlich geringere) Zustimmung erfahren: **Expressivität** (primär negative, aber nicht nur) scheint das zu sein, was den Artikel für die Sätze 5 und 8 qualifiziert (s. BELLMANN 1990:262–273, WERTH 2014, SCHMUCK/SZCZEPANIAK 2014).[104]

Im Norden wird auch häufig in Satz 1 mit dem RufN im Dat. der Artikel gesetzt (*Gib das mal dem Peter*). Hier scheint der Artikel dem Kasusausdruck zu dienen. ALBER/RABANUS 2011 stellen für viele germ. Sprachen fest, dass der Synkretismus zwischen Nom. und Dat. am konsequentesten vermieden wird, was mit der potentiellen Belebtheit der Referenten zu tun hat und sonst zu Verwechslungen führen könnte. Schließlich impliziert komplette Artikellosigkeit vor RufN kompletten Kasussynkretismus (s.u.). Die Artikelsetzung ist also teilweise kasusgesteuert; daher ist es kein Wunder, dass die oben erwähnte ADA-Karte auf der Grundlage eines Dativsatzes (*ich gehe zu/zum Peter*) ein etwas größeres Artikelgebiet ausweist. Weitestgehend **inakzeptabel** ist der Artikel im Norden in den Sätzen 2, 3, 4, 6 und 7, d.h., wenn der Name im Nom. oder Akk. steht, und zwar in neutraler (nichtexpressiver) Verwendung entweder für sich selbst (Satz 4) oder für jemand Ab- oder Anwesenden. Insbesondere die Sichtbarkeit (Satz 6) oder gar Anwesenheit (Satz 4, 7) des Namenträgers unterdrückt den Artikel: Man zeigt nicht mit dem Finger (oder dem Artikel) auf Personen. Das bedeutet, dass der Artikel vor RufN im Norden noch eine starke Zeigegeste (Deixis) enthält, die deplatziert, ja unhöflich wirkt – und dies ist der Effekt der Artikelsetzung, der von Norddeutschen auch häufig beschrieben wird.

---

103 Der Artikel (oder gar das Demonstrativ) vor blankem FamN (*die Merkel, der Kohl*) wirkt zwar auch salopp bis despektierlich und wird nicht in Anwesenheit der betreffenden Person geäußert. Doch ist die Lage hier anders. Es ist primär die Abwesenheit des Anredenomens *Frau/Herr*, die diesen Effekt produziert, auch ohne Artikel: *Kohl hat gesagt.* Umgekehrt kann der Artikel vor *Frau/Herr* stehen, ohne zu degradieren: *die Frau Merkel, der Herr Kohl.*

104 Historisch trat der Artikel erst relativ spät vor die RufN: Gemäß BELLMANN 1990 wird er erst im 19. Jh. erwähnt, auch mit der bekannten Nord/Südstaffelung und, v.a. anfänglich, negativ kommentiert: Er wirke gemein, geringschätzend, verächtlich, aber – zunehmend – auch vertraulich (ebd.:259–273). Übrigens ist der Artikel dann auf den Plan getreten, als die Kasusflexion am EN abgebaut war (*ich treffe Luisen* > *Luise*). Dies stützt die These vom Artikel als Kasusmarker (s. auch SCHMUCK/SZCZEPANIAK 2014).

Die **Mittelzone** (Duisburg, Kassel, Erfurt, Leipzig, Dresden) folgt mehrheitlich dem Süden. Nur drei der acht Sätze können bzw. müssen artikellos sein: Fast nie steht der Artikel bei der Selbstbezeichnung (Satz 4) und bei der Vorstellung des anwesenden Namenträgers (Satz 7). Schwankend ist (wie übrigens in vielen Städten in ganz Dtld.) der Lobsatz 8, wahrscheinlich weil sich hier artikelfördernde Expressivität mit artikelunterdrückender Anwesenheit des Namenträgers verbindet. Letzteres gilt zwar auch für den Denunziationssatz 5, der jedoch einen Täter anklagt: Auf diesen darf man mit Finger und Artikel zeigen.[105]

In **Süddtld.** ist der Definitartikel generalisiert und entpragmatisiert: Hier entfaltet er keine der o.g. Funktionen und Konnotationen (*die Helen, der Jürg* steht in jedem Kontext). Damit stellt sich am drängendsten die Frage, welche Funktion er erfüllt, denn Definitheit enthält der Name schon selbst. Es muss die **Kasusmarkierung** sein, die der Artikel in diesem vollgrammatikalisierten Stadium leistet: Im Gen. ist die Artikelsetzung vor nachgestellten PersN auch im Standard üblich (*die Leiden der Maria, der Aufstieg des Arturo Ui*). Wie wir gesehen haben, erstreckt sich insbesondere der präonymische Dat.-Artikel weit in den Norden; auch historisch begann die Artikelsetzung im Dat. und Akk., erst später drang sie in den Nom. vor (BELLMANN 1990:258, 261f., SCHMUCK/SZCZEPANIAK 2014).

Die artikellose Standardsprache hat dafür die Satzgliedstellung fixiert bzw. grammatikalisiert, wie Bsp. a) zeigt: Präverbal steht der Nom., postverbal der Dat. und dann der Akk.

a)	(Standard)	Ø Peter [Nom.]	hat Ø Daniel [Dat.]	Ø Stefan [Akk.]	empfohlen.
b)	= (süddt.)	Der Peter [Nom.]	hat dem Daniel [Dat.]	den Stefan [Akk.]	empfohlen.
c)	≠	Dem Peter [Dat.]	hat der Daniel [Nom.]	den Stefan [Akk.]	empfohlen.
d)	≠	Den Peter [Akk.]	hat der Daniel [Nom.]	dem Stefan [Dat.]	empfohlen.

Demgegenüber ist die gesprochene Sprache weitaus freier (die vier Beispiele halten die Namen in den drei Positionen konstant): Bsp. b) entspricht funktional Satz a). Die Beispiele c) und d) zeigen jedoch die syntaktische Freiheit, die die Artikelsetzung erlaubt. Kasus wird morphologisch markiert und entlastet die Syntax – die natürlich ihrerseits von der Informationsstruktur abhängt: Beispiele c) und d) erfordern besondere Kontexte, doch sind sie möglich.

Aus Grammatikalisierungsperspektive stellt der Definitartikel vor EN eine extreme Entwicklung dar, weil die eigentliche Funktion der Definitheitsanzeige obsolet ist: Es handelt sich um einen sog. **Expletivartikel**. Sekundär wird der Artikel für eine andere Funktion, den Kasusausdruck, verwendet. Damit stellt der onymische Artikel ein spätes Stadium einer Grammatikalisierung dar.[106] Nicht zuletzt bilden Artikel + EN eine Nominalklammer, was dem syntaktischen Typus des Dt. als Klammersprache entspricht. Man könnte auch vermuten, dass der Artikel an der Genus- bzw. Sexusanzeige beteiligt ist. Da RufN jedoch inhärent

---

105 Interessant ist die Bemerkung in NAUMANN (1980:194), dass der Artikel – allerdings vor FamN – häufig bei Kriminellen gesetzt werde.

106 Noch grammatikalisierter ist der Artikel dort, wo er nicht einmal mehr referentiell ist, d.h. vor Generika: *Die Menschen verhalten sich wie die Affen*. Auch in dieser Verwendung geht das Süddt. am weitesten, während hier im Standarddt. der Artikel ausbleiben kann.

sexusdefinit sind, ergäbe sich eine solche Funktion nur bei blanken FamN (*die Meier/der Meier*).

7.2.4 Rufnamen und Geschlecht

Wenn denn dt. RufN eine Information über die Trägerperson vermitteln, dann die ihres **Sexus** (biologischen Geschlechts): Dt. RufN sind in aller Regel **sexusdefinit** (womit sie ein festes Sem enthalten). Dies war bislang vorgeschrieben, andernfalls musste (etwa bei **sexusneutralen**, meist fremdsprachigen oder fries. Namen) ein zweiter, geschlechtseindeutiger BeirufN nachgestellt werden. Dies hat sich 2008 mit dem Fall *Kiran* geändert: Ein indischstämmiges Paar wollte seiner Tochter den **Unisex-Namen** *Kiran* geben, ohne einen sexusdefiniten BeivorN hinzuzufügen. Dies wurde von den dt. Behörden zunächst abgelehnt, u.a. weil das Namengeschlecht nicht eindeutig erkennbar sei, zumal wenn, dann eher ein JungenN assoziiert würde, endeten doch viele JungenN auf *-an* (*Christian, Fabian, Stefan*). Die Verfassungsbeschwerde der Eltern war jedoch erfolgreich: Mit dem Namen *Kiran* wurde keine Beeinträchtigung des Kindeswohls, der Entfaltung der kindlichen Identität und Individualität mehr erkannt.[107] Zudem gebe es auch in Dtld. MädchenN auf *-an* (*Susan, Lilian*). Damit sind **Unisex-Namen erlaubt**. Doch wurde 2008 der Namenwunsch *Euro* für ein Mädchen nicht etwa wegen der Ähnlichkeit zur Währung abgelehnt, sondern weil das weibl. Geschlecht nicht erkennbar war; man einigte sich auf *Eurone*.[108] Sexusneutrale Namen sind *Helge, Eike, Hidde, Toni, Wanja, Kim* (teils fries. Namen, s. Kap. 7.4.4). Auch wenn man um Trans- und Intersexualität weiß, so glauben die meisten doch fest an eine angeborene Zweigeschlechtlichkeit als natürliches Ordnungsprinzip, die kulturell (Kleidung, Schmuck, Frisur) so lange und hingebungsvoll praktiziert wird, bis man sie für Natur hält. Dafür spricht die in SEIBICKE (2002a:14–16) artikulierte Warnung, RufN diese Ordnungsfunktion zu entziehen und NamenträgerIn sowie Umwelt mit geschlechtsambigen Namen zu behelligen. Die onymische Geschlechtergrenze wird immer noch streng bewacht – so wie dies bei 'Rasse' in den USA (auch onymisch) früher der Fall war. Als einer der wenigen hinterfragt schon 1986 COESTER die Notwendigkeit einer Geschlechtskennzeichnung:

> Der Durchgriff der Kennzeichnungsfunktion auf Eigenschaften des Namenträgers muss nicht beim Geschlecht halt machen, er kann auch ethnische, rassische oder religiöse Zugehörigkeiten erfassen. Die Diskriminierungsgefahr ist offensichtlich, ein legitimes staatliches Interesse, schon durch das äußere Etikett des Namens Daten sichtbar werden zu lassen, um Klassifizierungen zu schaffen, ist nicht ersichtlich (XLVII).[109]

---

107 S. www.bundesverfassungsgericht.de/entscheidungen/rk20081205_1bvr057607 (27.05.15). Zur Öffnung der onymischen Zwiegeschlechtlichkeit s. auch SCHMIDT-JÜNGST 2014a.

108 Die einzige Ausnahme von dieser bisherigen Segregation ist der Name *Maria*, der Jungen aus religiösen (katholischen) Gründen als ZweitrufN beigegeben werden kann (*Klaus-Maria Brandauer*): Religion subordiniert hier Gender.

109 Nach COESTER (1986:XXXIX) erlaubt die Türkei für Moslems "nur islamisch-arabische Namen". Auch ausländische EN sind verboten. Zu onymischer Stigmatisierung s. Kap. 7.3.4.

Dass die Sexusinformation unwichtig sein könnte, ist in Dtld. kaum vorstellbar, eher dagegen in anderen Ländern wie in Schweden (BRYLLA 2009) und den USA: Sog. *unisex names* sind dort erlaubt, wenngleich die große Mehrheit nach wie vor zu sexusdefiniten Namen greift.[110] Häufige **Unisex-Namen** in den USA sind *Riley, Peyton, Jordan, Jayden, Alexis, Angel,* auch *London, Morgan* und *Parker.*

BARRY/HARPER (1982, 1993) haben Entstehung und Weiterentwicklung amerik. Unisex-Namen untersucht mit, kurz gesagt, folgendem Ergebnis: Die meisten speisen sich aus männl. RufN, werden dann vermehrt an Töchter vergeben - um langfristig als reine MädchenN zu enden, d.h., ab einer bestimmten Durchmischungsstufe meiden Eltern solche Namen für ihre Söhne (s. auch LIEBERSON et al. 2000). BARRY/HARPER (1993:236) deuten dies wie folgt:

> Many of the unisex names [...] support the conclusion [...] that names tend to evolve from masculine to unisex to feminine. This evolution may be attributable to a greater willingness to give a traditional masculine name to girls than to give a traditionally feminine name to boys. Ashley [1989, 244] notes that a unisex name is usually avoided for boys once it is clear that it is being given to girls also.

ALFORD (1988:148) zitiert eine US-Studie von 1980, wonach von ca. 2.600 Studierenden einer Universität 5% der Frauen und nur 1,5% der Männer sexusambige Namen trugen. Wenn man, wie in einer anderen Studie, noch die MittelN (Kap. 7.4.1) hinzuzieht, kommt man für beide Geschlechter auf höhere Werte: Frauen 7%, Männer 3%. Diese markanten Unterschiede erklärt ALFORD 1988 damit, dass Frauen eher maskulin sein "dürfen" als Männer feminin, dass sich die sozialen Rollen der Frauen immer mehr auf bis dato männliche Domänen ausweiten, und dass Niedrigstatusgruppen immer Anleihen an höheren Statusgruppen nehmen. Auch dass FrauenN morphologisch auf MännerN basieren können (*Erica* < *Eric*), aber nicht umgekehrt, erklärt er mit dieser sozialen Asymmetrie. Es sei kein Zufall, dass in den feministischen 1970er Jahren fünf der zehn häufigsten FrauenN einen MännerN als Basis hatten (*Michelle, Christine, Nicole, Denise, Erica*).

Während es v.a. in den USA und in Großbritannien[111] genderonomastische Untersuchungen gibt, frappiert in Dtld. die Tatsache, dass die **Onomastik** jahrzehntelang an der gesamten **Genderlinguistik** vorbeigegangen ist - und umgekehrt die Genderlinguistik an der Onomastik. Nicht einmal der Begriff ***Genderonomastik*** existiert (wie GOOGLE bestätigt),[112] den wir hier selbstverständlich

---

110 Hierzu s. BRYLLA (2001b). Gemäß ALFORD (1988:66), der 60 Namenkulturen auf der ganzen Welt verglichen hat, markieren fast drei Viertel den Sexus onymisch. Sexus ist universell die meistkodierte Information auf Namen (Kap. 7.4.4).

111 In den USA und in GB gehen auch die Fragestellungen weiter und tiefer, z.B., ob extrem weibl. bzw. männl. RufN das Gender-Verhalten ihrer TrägerInnen beeinflussen, was z.B. PETRIE/JOHNSON 1999 speziell für Frauen bestätigen (s. hier weitere Literatur). Auch in den Niederlanden sind diesbezügliche Forschungen weiter entwickelt, s. GERRITZEN (1998, 1999), die z.B. feststellt, dass die Derivation weibl. < männl. RufN (z.B. *Klaaske* < *Klaas*) vor dem 2. Weltkrieg überaus häufig vorkommt und danach rapide abnimmt, da Mädchen eher engl., frz. und slav. Namen bekommen. Zu weiteren gender-onomastischen Arbeiten s.u.

112 Abgesehen von einer (empfehlenswerten!) Hausarbeit an der Universität Duisburg-Essen, die den Terminus verwendet (sowie Verweise auf eigene Arbeiten/Vorträge - DN; 01.06.15).

verwenden werden. Erst 2003 hat OELKERS diesem gravierenden Defizit abgeholfen, indem sie erstmals die Strukturunterschiede zwischen Frauen- und MännerN analysiert hat. Zunächst gilt es jedoch zu klären, wie und wo am Namen prinzipiell Geschlecht ausgedrückt werden kann:

Abb. 18: Formen der Geschlechtsmarkierung an PersN

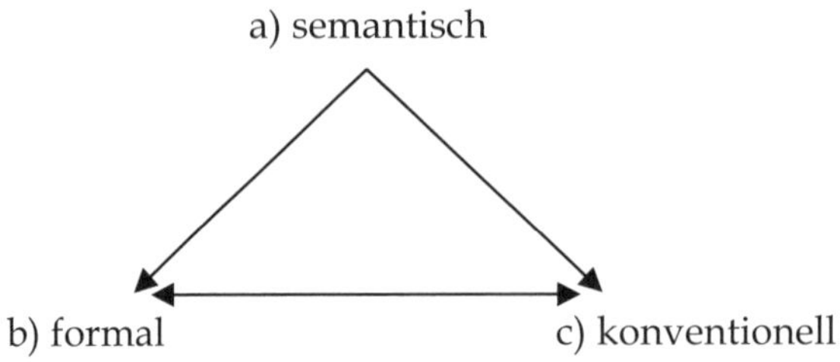

Abb. 18 enthält die drei universell bestehenden Prinzipien, wobei die Pfeile mögliche diachrone Übergänge, also Wandelpfade, anzeigen. Zu den Prinzipien:

a) Beim **semantischen Prinzip** enthält der ("sprechende") Name app. Material. Große Kulturen praktizieren dies, z.B. **Chinesisch, Japanisch, Arabisch, Türkisch** (früher auch das Germanische mit seinen programmatischen RufN). Hier wirken soziale Geschlechtsrollenzuschreibungen (Genderings), je nachdem, welche Stereotype oder (erstrebenswerten) Eigenschaften man den Geschlechtern zuweist. Türk. weibl. RufN sind *Aynur* 'Mondlicht', *Gül* 'Rose', *Inci* 'Perle', *Yeter* 'es reicht', männl. *Yilmaz* 'furchtlos', *Erol* 'werde ein Mann', *Erdinç* 'kräftiger Mann', *Kemal* 'Reife'. Gerne werden Nomina für Blumen sowie "Zärtlichkeit, Feinheit und Schönheit" (ZENGIN 2006:197) zur Benennung von Frauen verwendet, für Männer Charaktereigenschaften wie "Stärke, Macht, Kühnheit und Tapferkeit" (ebd.:190), was viel über eine Kultur aussagt (mehr dazu in ZENGIN 2006; zu den Motiven in germ. RufN s. Kap. 7.2.1). Der RufN der niedersächs. Landtagsabgeordneten Aygül Özkan bedeutet 'Mondrose', was die Medien anfänglich erklärt haben, da den Deutschen ein semantisches RufN-System fremd ist. Wichtig ist bei alledem: Auch wenn solche "sprechenden" (oder "redenden") Namen als "semantische" oder "charakterisierende" Namen bezeichnet werden, so sind sie den APP nur materiell, aber nicht funktional näher: Nach wie vor gilt auch hier, dass sie (bis evtl. auf den Sexus) keinerlei Informationen über die Person liefern (sondern reine Wunschvorstellungen der Eltern, manchmal auch Umstände bei Geburt oder Schwangerschaft; s. GAO 2011 für China). Wieweit semantische Namenkulturen sexusambige Namen zulassen, ist u.W. noch nicht systematisch untersucht und wäre äußerst interessant. Im Chin. gibt es gemeinsame Namen für beide Geschlechter, v.a. politisch motivierte, deren Übersetzungen 'Rote Armee' oder 'Der Osten ist rot' lauten (BRYLLA 2001b).

b) Ganz anders beim **formalen Prinzip**, wo ein opaker Name sexusspezifische Affixe (oder andere sog. overte Bestandteile) trägt, z.B. Movierungssuffixe wie in *Martin-a, Bernhard-ine, Christian-e*. Dieses Verfahren ist im Dt. zwar vorhanden, doch nur schwach ausgeprägt. Viel eher repräsentiert das **Italienische** diesen Typus, wo spezifische Auslaute die Geschlechter (fast) immer erschließbar machen: 95% der weibl. RufN lauten auf *-a* und 4% auf *-e* aus, während 77% der männl. RufN auf *-o*, 14% auf *-e* und 4% auf *-a* enden (s. BARDESONO 2008). Das Ital. setzt das formale System des Lat. fort, vgl. *Claudi-a* vs. *Claudi-us*.

c) Konventionelle Systeme enthalten opake Namen und sehen zwei getrennte Inventare an Frauen- und MännerN vor, die man im Extremfall auswendig lernen muss. Dass *Doris* ein weibl. und *Boris* ein männl. Name ist, "sieht" (oder hört) man nicht, man weiß es aus Erfahrung (ähnlich bei *Almut* und *Helmut*); 'Sexus' bildet einen Lexikoneintrag. Das **Deutsche** hatte einst (im Germ.) ein semantisch-formales System (Kap. 7.2.1), das sich zu einem dominant konventionellen System entwickelt hat, was durch zahlreiche Entlehnungen aus anderen Sprachen verstärkt (aber nicht ausgelöst) wurde (OELKERS 2003:45–56, 2004).

Nach ALFORD (1988:66) gehören 17% seines Sprachsamples Typ a), 33% Typ b) und 50% Typ c) an. Auch wenn das **Deutsche** mehrheitlich dem **konventionellen Typ c)** angehört, so gibt es, versteckt in der phonologischen Substanz und Struktur, durchaus **subtile Hinweise** auf weibl. bzw. männl. Namen, ohne dass es sich hierbei um feste Affixe handelt, z.B. durch das Verhältnis Vokale zu Konsonanten, offene vs. geschlossene Silben, Qualität der Vokale, vokalischer vs. konsonantischer Auslaut, Silbenzahl, Akzentposition etc. Wie GERHARDS 2003 anhand von 16 neuen US-amerik. Namen, die er 184 Leipziger Studierenden vorlegte, herausfand, werden auch unbekannte Namen stark übereinstimmend sexusklassifiziert: Zu (teilweise weit über) zwei Dritteln wurden *Lamecca, Timitra, Maleka, Sukoya, Shatrye* weiblich und *Husan, Oukayod, Cagdas, Rashueen* männlich klassifiziert, was auch den tatsächlich benannten Geschlechtern entsprach. Probleme bereiteten Namen wie *Shameki* (♀), *Chanti* (♂), *Furelle* (♂), *Triciaan* (♀) (in Klammern das reale Trägergeschlecht). Da das Erfahrungswissen bei neuen Namen nicht greifen kann, müssen es also phonologische und prosodische Strukturen sein, die sie einem Geschlecht zuordnen lassen. Auslaute auf *-a* und *-e* lösen weibliche, solche auf Konsonant männliche Klassifikation aus; bei Namen auf *-i* sind die Zuordnungen schwierig (das gilt auch für HundeN; s. Kap. 8.3).

Diesen versteckten (koverten) Strukturen ist erstmals OELKERS (2003, 2004a,b) empirisch für das Dt. nachgegangen. Sie hat gezeigt, in welchen Strukturen statistisch signifikante Sexusunterschiede stecken (die Zahlen betreffen die Top 30 der Namen Neugeborener von 29 Städten im Jahr 1999): [113]

1) **Silbenzahl**: MädchenN enthalten (mit 2,6 Silben) durchschnittlich mehr Silben als JungenN (mit 2,0).
2) **Hauptakzent**: MädchenN sind (mit 53%) häufiger auf einer nicht-initialen Silbe betont als JungenN (zu 15% nicht-initial). Umgekehrt sind JungenN zu 85% erstsilbenbetont, MädchenN nur zu 47%.

[113] Keine signifikanten Unterschiede gab es beim Anlaut, der Zahl der Phoneme und der dunklen Kernvokale.

3) **Konsonanten-/Vokalanteil**: MädchenN enthalten mehr Vokale, JungenN mehr Konsonanten.
4) **Kernvokal** (= betonter Vokal): MädchenN enthalten häufiger (zu 66%) einen hellen Kernvokal (= [e, ɛ, i, ɪ]) als JungenN (mit 45%).
5) **Auslaut**: MädchenN lauten öfter (zu 78%) vokalisch aus, JungenN dagegen konsonantisch (zu 86%).

Am stärksten wirkt Merkmal 1 (Silbenzahl) - es gibt so gut wie keine einsilbigen MädchenN - und 5 (Auslaut). Berücksichtigt man nicht nur heutige KinderN, sondern die jeweils 250 häufigsten Frauen- und MännerufN der **dt. Gesamtbevölkerung** (Stand: 2014), gelangt man zu den Werten in Tab. 10.[114]

Tab. 10: Wichtigste Strukturunterschiede zwischen Frauen- und Männerrufnamen in Deutschland 2014 (Zahlen gerundet)

	Frauennamen Top 250	**Männernamen** Top 250
1. Silbenzahl	Ø 2,6	Ø 2,0
2. Hauptakzent	erste Silbe: 62,4% andere Silbe: 37,6%	erste Silbe: 94,4% andere Silbe: 5,6%
3. Konsonanten-/ Vokalanteil	K<V: 29,2% K=V: 36,4% K>V: 38,8%	K<V: 6,4% K=V: 21,6% K>V: 72,0%
4. Kernvokal	heller Vokal: 60,8%	heller Vokal: 40,0%
5. Auslaut	auf Vokal: 78,0% auf Konsonant: 22,0%	auf Vokal: 25,6% auf Konsonant: 74,4%

Insgesamt ähneln die Werte in Tab. 10 stark denen neugeborener Kinder um die Jahrtausendwende. Es scheint sich also um ziemlich persistente onymische Gender-Marker zu handeln. Betrachtet man die o.g., von GERHARDS 2003 getesteten US-amerik. Namen (*Lamecca, Cagdas*), so wird deutlich, dass genau dieses Wissen bei der Sexusbestimmung unbekannter Namen angewandt wurde.

Der Soziologe GERHARDS 2003 unterstellt dem Dt. fälschlicherweise ein formales System, indem er davon ausgeht, dass einzig der **Auslaut zur Geschlechtsklassifikation** ausreiche. Er fasst die auf *-a* oder *-e* endenden Namen zu den weiblichen und die auf *-n, -s, -d* und *-r* endenden zu den männlichen - wohl wissend, dass es auch (seltenere) umgekehrte Zuordnungen gibt, also Namen wie *Sascha, Uwe* (♂) und *Doris, Marion* (♀). Er überprüft, ob diese Auslautverteilungen im Laufe der Zeit bzw. der zunehmenden sozialen Angleichung beider Geschlechter ab 1968 aufbrechen. Dafür untersucht er die NeugeborenenN zweier dt. Städte zwischen 1950 und 1998. Es geht ihm also um die konkrete Namenwahl

[114] Für die Ermittlung dieser Zahlen sei Knud Bielefeld gedankt, für ihre phonologische Analyse Miriam Schmidt-Jüngst. Entgegen OELKERS 2003 zählen wir den (typisch männlichen) Auslaut *-er* [ɐ] in *Peter, Dieter* etc. als Vokal, was den rel. hohen Wert von 25,6% erklärt.

(Tokens), wobei seine Hypothese darin besteht, dass im Laufe der Zeit mehr konsonantisch auslautende MädchenN und umgekehrt mehr auf *-a* oder *-e* auslautende JungenN gewählt werden (Typ *Marion* und *Uwe*): "Insofern vermuten wir, dass auch in der Vergabe der Vornamen ein Prozess der Androgynisierung nachweisbar sein müsste" (GERHARDS 2003:162). Diese Hypothese hat sich jedoch nicht bestätigt, die Verteilungen blieben konstant (ebd.:164):

> Das Ergebnis unserer Analysen ist damit relativ eindeutig: Vermännlichungs- und Verweiblichungsprozesse von Vornamen lassen sich für die Zeit von 1950 bis 1990 nicht nachzeichnen. Die Klassifikation des Geschlechts eines Kindes durch den Vornamen hat sich im Zeitverlauf nicht verändert.

In NÜBLING (2009a,b, 2012b) wurde dagegen der gesamte Namenkörper phonologisch und prosodisch analysiert. Anhand der jeweils 20 meistvergebenen FrauenN und MännerN zwischen 1945 und 2008 wurde gezeigt, dass insbesondere in den 1970er, aber auch den 1990er Jahren deutliche strukturelle Annäherungen (**onymische Androgynisierungen**) stattfanden: Dies gilt v.a. für die **Silbenzahl** (Abb. 19), die 1945 noch sehr stark divergierte: FrauenN (gestrichelte Linie) hatten im Schnitt 2,6, MännerN (durchgezogene Linie) nur 1,65 Silben - das macht eine Differenz von fast einer ganzen Silbe. Diese vergrößert sich 1960 bis auf 1,15 Silben. Danach findet ein dramatischer Angleichungsprozess statt, wobei die MännerN länger werden (Differenz 1980: 0,1 Silben; Frauen: 2,6, Männer: 2,5 Silben). Seit 1980 werden sowohl FrauenN als auch MännerN (gemeinsam) kürzer (Differenz 2008: 0,25 Silben; Frauen: 2,2, Männer: 1,95 Silben).

Abb. 19: Veränderungen der Silbenzahl von 1945–2008

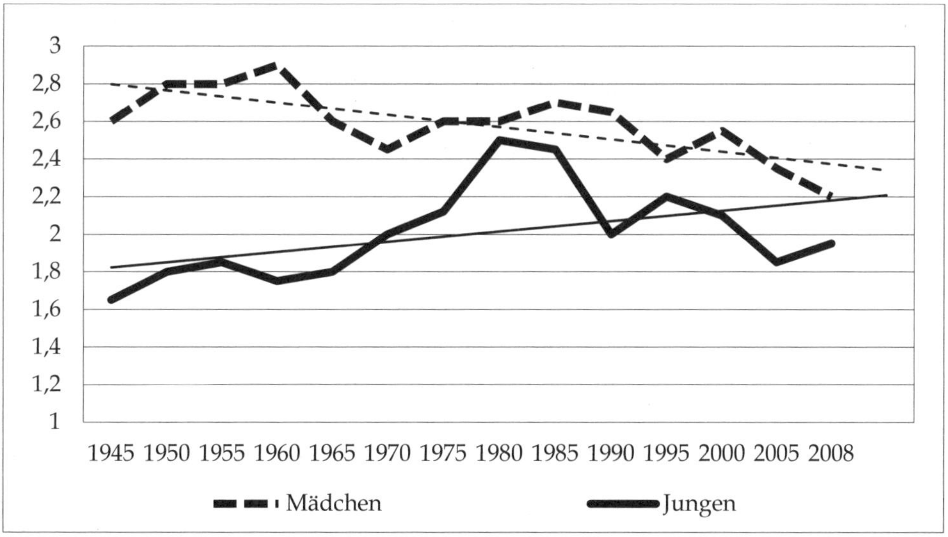

Bzgl. der Länge androgynisieren die Namen also, d.h., die Genderkategorie wird abgestuft, es findet sog. ***undoing gender*** statt. Nicht unerheblich ist dabei die Tatsache, dass die MännerN insgesamt gesehen eher "feminisieren" als dass die

FrauenN "maskulinisieren". Die beiden Geschlechter treffen sich onymisch nicht in der Mitte. Dafür spricht z.B. die quantitative Zunahme an **Nebensilbenvokalen** bei den Männern und deren Qualität (Abb. hierzu in NÜBLING 2009a): Endeten 1945 noch sehr viele MännerN auf Schwa (v.a. <-er> [ɐ], z.B. bei *Peter*), so verschwinden diese fast ganz, um von den vollen Nebensilbenvokalen [a, e, i] ersetzt bzw. erweitert zu werden, die bisher typisch für weibl. RufN waren (und dort weiterhin vorkommen). D.h., aus *Peter, Uwe, Günther, Dieter* 1945 wird 1975 *Christian, Michael, Matthias, Sebastian*. – Schließlich unterscheiden sich die beiden Geschlechter schon immer durch verschiedene **Akzentmuster**: MännerN sind viel öfter erstsilbenbetont als FrauenN. Im Laufe der Zeit nimmt die Erstsilbenbetonung bei den Frauen zu, während sie bei den Männern in den 1970–1990ern sinkt – heute aber wieder zunimmt (da die Namen kürzer werden). Insgesamt sind die Akzentunterschiede immer noch gravierend, hier findet nur schwaches *undoing gender* statt (zu Details s. NÜBLING 2009a, 2012b).

Ob und, wenn ja, wie sich die **Einebnung der onymischen Geschlechterdifferenz** fortsetzt, bleibt zu beobachten. Aktuell zeichnet sich ein bahnbrechender Androgynisierungsschub ab (was Gender in seiner Relevanz abstuft): Bisher war der Namenauslaut *-a* über Jahrhunderte hinweg der verlässlichste weibl. Sexusindikator. Viele MännerN wurden über *-a* zu FrauenN (*Martin-a, Michael-a, Manuel-a*). Dieses Prinzip wirkte so stark, dass fremde MännerN wie ital. *Andrea* (auch *Gabriele*) im Dt. sofort weiblich klassifiziert wurden (*Andrea* kam hier in den 1940er Jahren auf und gelangte 1957–1973 in die Top 10 der MädchenN; www.beliebte-vornamen.de/5149-andrea.htm). Dem ital. MännerN *Luca* (auch *Luka*) wäre es beinahe ebenso ergangen. Er ist heute zwar auch MädchenN, aber vorrangig JungenN (2014: Platz 10 hinter *Lucas/Lukas* auf Platz 4). Der Trend geht zu immer mehr "femininen" MännerN auf *-a*. Weitere solche an Beliebtheit zunehmenden Namen sind *Noah* (2014 auf Platz 8), *Joshua, Jona(h), Nicola, Mika, Elia*.[115] Dabei dient (wie bei *Lucas* und *Luca*) zunächst ein konsonantisch gedeckter (aber immerhin schon mit [a] gefüllter) ähnlicher Name als Sprungbrett (s. das "Prinzip der moderaten Abweichung" in Kap. 7.2.2): War das häufige Vorkommen von [a] in unbetonten Silben eine Neuerung der MännerN ab 1960, so befreit sich dieser Vokal gegenwärtig von seiner konsonantischen Deckung, meist *-s*. Dies scheint auch für *Elias/Elia(h)* und *Jonas/Jona(h)* zu gelten (man beachte aber die graphematische Variante mit stummem, finalem <h>!).

Besonders in der **(Deutsch-)Schweiz** (weniger in Österreich) sind MännerN auf *-a* populär, evtl. wegen des engen Kontakts zum Ital.: Hier führen 2012 *Noah* und *Luca* die Rangliste an. In der **italienischsprachigen Schweiz** befinden sich unter den Top 20 *Elia, Mattia, Enea, Noah, Andrea*. Die "Entwicklungstendenzen bei der **Vornamenwahl von Zürcher Eltern 1988–2008**" hat MOSER 2009 untersucht und bestätigt, dass das Geschlecht bei 90% der Namen am Auslaut erkennbar ist. Auch hier werden die RufN kürzer, weicher und außerdem vielfältiger

---

115 In den Niederlanden ist *Noa* (sic) übrigens ein weibl. RufN geworden (wie *Andrea* bei uns), der es 2012 auf Platz 15 der ndl. Hitliste schaffte, umgeben von *Anna, Isa, Lisa, Eva, Emma* etc. Daneben ist *Noah* als männl. RufN 2012 auf Platz 17.

(Individualisierung). MädchenN sind materiell eintöniger als JungenN, da sie auf ein kleineres Laut- bzw. Buchstabeninventar zurückgreifen (zwei Drittel der Buchstaben in MädchenN bestehen nur aus den 5 Graphemen <a, i, n, e, l>, in JungenN aus den 7 Graphemen <a, i, n, e, l, o, r>).

Kehren wir zu den **typischen Strukturmerkmalen deutscher Frauen- und MännerN** in Tab. 10 zurück. Auf Basis dieser signifikanten Strukturunterschiede wird es künftig möglich sein, einen sog. **Genderindex**[116] bei RufN zu entwickeln. Was ist damit gemeint? Für die meisten klingen FrauenN wie *Janina* und *Alina* "weiblicher" als *Bärbel, Marion* oder *Ruth.* Die MännerN *Horst, Peter* oder *Rolf* klingen "männlicher" als *Elias* oder *Luca.* Auch gibt es Frauen- und MännerN, die sich so ähnlich sind, dass sie den gleichen phonologischen Gendergehalt zu haben scheinen - etwa *Leah* (♀) und *Noah* (♂), die beide Initialakzent, zwei Silben, Liquid und einen Hiat auf [a] enthalten; auch *Almut* (♀) und *Helmut* (♂) sind sich sehr ähnlich. Das erste Paar hat einen hohen weiblichen, das zweite einen hohen männlichen Genderindex. Dieser Eindruck lässt sich objektivieren, indem man die typischen phonologischen Unterschiede (Silbenzahl, Akzentposition, K/V-Verhältnis, Auslaut) zwischen Frauen und MännerN extrahiert, bemisst und in Zahlenwerte überführt. Für einen solchen Versuch eines Genderindexes sei auf NÜBLING 2014d verwiesen, wo Ruf- und die davon abgeleitete Koseformen wie *Gabriele > Gaby, Rudolf > Rudi* miteinander vergleichen wurden und dabei herauskam, dass KoseN viel weniger genderisiert sind als die vollen RufN (mehr in Kap. 7.4.2); dabei rangieren die Werte für Weiblichkeit von +1 bis max. +8, die für Männlichkeit von -1 bis max. -8; Namen mit dem Gesamtwert Null sind androgyn. Damit lassen sich interessante Fragen beantworten, z.B. ob sich der Gehalt an Weiblich- bzw. Männlichkeit im Zeitverlauf ändert. Die Idee eines solchen Genderindexes basiert auf Ansätzen in den USA: BARRY/HARPER (1995, 1998) haben Silbenzahl, Akzentposition und den Auslaut für ihren sog. *phonetic gender score* herangezogen (s. auch SLATER/FEINMAN 1985, CUTLER et al. 1990, HOUGH 2000). U.a. haben BARRY/HARPER 1995 auch anhand der jeweils 25 meistvergebenen Frauen- und MännerN (USA insgesamt sowie Pennsylvania) die Jahre 1960 und 1990 verglichen. Bei beiden Geschlechtern hat eine **Erhöhung des weiblichen Genderindexes** und damit eine **Feminisierung** stattgefunden, mehr noch bei den Männern als bei den Frauen. Die Autoren schließen daraus, dass bislang weibl. Attribute zunehmend auch von Männern präferiert und Androzentrismus abgebaut werde. Sie weisen auf soziale Veränderungen hin, etwa dass Männer

---

116 Konsequenterweise wäre in diesem gesamten Kontext von der konstruierten, kulturell (jeweils unterschiedlich) relevantgesetzten **sozialen Kategorie Gender** zu sprechen, nicht von *Sexus* oder (ambigem) *Geschlecht.* Beim sog. **Gendering** von EN geht es ja nicht um das Interesse an X- und Y-Chromosomen, sondern um viel mehr: Die Segregation und Ungleichwahrnehmung zweier Geschlechter mit weitreichenden Folgen (WENNERÅS/WOLD 1997). Diese Information ist so wichtig, dass sie bei der ersten Nennung von Menschen sofort geliefert werden soll (so wie der erste Anblick eines Neugeborenen nach der Geburt genau diese Information verbalisiert). Ginge es bloß um die Differenzierung unterschiedlicher Menschenausprägungen, so könnte man ebenso Menschen mit blauen und braunen Augen oder solche unter bzw. über 1,70m onymisch sondermarkieren (HIRSCHAUER 2001).

heute mehr mit Kindererziehung befasst sind, mehr Schmuck und Kosmetika verwenden etc. In BARRY/HARPER 1998 werden (mit leicht veränderten Messkriterien) die RufN-Genderings Englands, Australiens und der USA von 1850 bis 1995 verglichen, auch hier mit starken Verschiebungen in den femininen Bereich.[117] Dabei ist zu bedenken, dass diachron neue Parameter für onymisches Gendering entstehen können, die ein solcher Index erfassen muss. Übrigens eignen sich Genderindexmessungen auch für Spitz-, Tier- und WarenN (zu DeodorantN s. ACKERMANN 2011, s. auch Kap. 10.1.5).

Das Wissen um den Komplex "**RufN und Geschlecht**" ist noch sehr unterentwickelt. Vielversprechend wären kontrastive Untersuchungen (BRYLLA 1998, 2001a,b, 2009, SCHMIDT-JÜNGST 2014b). Wenig untersucht ist die Tatsache, dass im Fries. aus männl. RufN weibl. abgeleitet werden, indem man sie nur diminuiert (*Hendrikje, Klaaske*; s. Kap. 7.4.4). In dt. Dialekten sind weibl. (nichtdiminuierte) RufN Neutra, z.B. *(da)s Rita, et Anna,* ohne per se degradierend zu wirken, sondern nur vertraut (s. CHRISTEN 1998, NÜBLING et al. 2013b). Diese Genus/Sexus-Asymmetrie hat bislang weder in der Genus- noch in der Genderforschung Beachtung oder gar eine Erklärung erfahren. Sie besteht auch bei (aggressiven, degradierenden) Verwendungen von *das Merkel*, die deutlich machen, dass hier das Neutrum deagentivierend wirkt, d.h. diese mächtige Frau zum "ungefährlichen" Objekt macht, das unter (männlicher) Kontrolle steht (s. eingehend NÜBLING 2014c). Hierin kann auch die viel ältere Neutralisierung weiblicher RufN begründet sein, denn auch heute noch treten primär die Ehefrau sowie enge weibl. Verwandte ins Neutrum (es handelt sich um den Kontrollbereich des Mannes). – Ein wichtiges Thema ist der RufN-Wechsel im Zuge der biologischen Geschlechtsangleichung bei Transgender-Personen (s. LINDEMANN 1996, SCHMIDT-JÜNGST 2014a, i.Dr., www.namenforschung.net/transonym). Die Namenwahl ist für die Betreffenden von größter Bedeutung und wird genauestens bedacht, denn "[d]ie Nennung des Namens kann so den gleichen Effekt haben wie das Sichtbarwerden des nackten Körpers" (LINDEMANN 1996:157). Körper und Name werden als ähnlich somatisch begriffen. Fragen sind: Wie gehen Trans-Personen mit der Genderdichotomie des RufN-Systems um? Nutzen sie die phonologische Struktur zum *doing gender*? Wird beim neuen Namen maximale Distanz zum alten angestrebt (z.B. *Rolf* >/< *Janina*) oder sucht man eher Ähnlichkeiten (*Petra* >/< *Peter*)? Wie und wann veröffentlicht man den neuen Namen? Wie geht das Umfeld damit um?

Dass das Wissen um "RufN und Geschlecht" von hoher politischer und sozialer Relevanz sein kann, haben WENNERÅS/WOLD 1997 für Schweden gezeigt. In den 1990er Jahren haben sie schriftliche Bewerbungen um Post-Doc-Stellen in der Biomedizin untersucht: Von 62 männl. und 52 weibl. Bewerbern wurden 16 Männer und vier Frauen genommen. Die Qualifikationen der BewerberInnen wurden detailliert nach den fachüblichen Standards verglichen. Es stellte sich heraus, dass die Frauen trotz gleicher Qualifikation für wissenschaftlich weniger kompetent gehalten wurden. Alles in allem, so die Autorinnen, muss eine Frau 2,5-mal so

---

[117] FREDRICKSON 2007 stellt fest, dass *unisex names* einen hohen weiblichen Index haben und daher zur Instabilität neigen, d.h. von männlich > unisex > weiblich.

produktiv wie ein Mann sein, um die gleichen Chancen zu bekommen. Aus diesem Grund werden Bewerbungen in den USA ohne Namennennung eingereicht. Für Dtld. fehlen solche Untersuchungen.

7.2.5 Rufnamen und soziale Schicht

Im Jahr 2009 ging die Meldung durch die Republik, *Kevin* sei kein Name, sondern eine Diagnose. Dahinter stand eine Studie der Universität Oldenburg, in der ca. 500 GrundschullehrerInnen anonym nach ihrer Einschätzung und Einstellung zu KinderN befragt wurden (KAISER 2009, 2010a,b). Als eher positiv, leistungsstark und verhaltensunauffällig wurden Namen wie *Charlotte, Hannah, Simon* und *Jakob* bewertet, während Namen wie *Chantal, Mandy, Kevin, Dennis* und *Justin* gegenteilig eingestuft wurden (dabei fiel auch der o.g. Kommentar).[118] Interessant ist, dass ein ganzes Namencluster, nämlich männl. engl. RufN mit zwei Silben auf *-in*, eine Art Seilschaft bildet, der vermehrt "Verhaltensauffälligkeit" attestiert wurde: *Kevin, Marvin, Justin, Dustin* (Kap. 7.2.2). Das Problem dabei ist weniger, dass solche Namen tatsächlich eher in bildungsfernen Schichten vorkommen, sondern dass die LehrerInnen daraus Erwartungshaltungen ableiten und eine Ungleichbehandlung von Kindern aufgrund ihrer Namen vornehmen könnten. "Erfahrung ist gut, aber Verallgemeinerung ist schlecht", so wird KAISER zitiert (SPIEGEL ONLINE, 18.09.09). Kinder, denen man weniger zutraue, würden strenger korrigiert und bewertet – und damit benachteiligt (s. auch HARNISCH 2011).

Gerade weil RufN keine lexikalische Bedeutung tragen, lassen sie sich umso mehr mit **sozialen Informationen** aufladen (THURMAIR 2002b): Neben der Auskunft zum **Sexus** enthalten sie Informationen zum **Alter** bzw. zu **Attraktivität**, **Intelligenz** und **Image** (RUDOLPH/SPÖRRLE 1999, RUDOLPH 2001, RUDOLPH et al. 2007, FRANK 1993), zur **Regionalität** (*Joseph* vs. *Sören*; UTECH 2011), zur **Ethnizität** (*Fatimah* vs. *Gertrud*),[119] zur **Nationalität** (*Regula, Urs, Beat* deuten auf die Schweiz), früher auch zur **Konfession** (kath. *Anna, Joseph* vs. evang. *Friederike, Hans*) – und v.a. zur **Schichtzugehörigkeit** der NamenträgerInnen. Wie die Untersuchungen z.B. von RUDOLPH et al. 2007 zeigen, sind die Einschätzungen erstaunlich verlässlich, u.a. auch zum Alter (*Karl-Heinz* vs. *Carlo*). Sobald wir jedoch eine Person mit einem sozial aufgeladenen Namen kennen, die der "Botschaft" ihres Namens nicht entspricht, wird diese Verbindung ausgeblendet (d.h., wir empfinden dies nicht als Widerspruch). Diese Assoziationen betreffen den bloßen Namenkörper aus der Distanz. Namen, die jahrzehntelang häufig in ganz Dtld.

---

[118] Wenn die F.A.Z. (17.01.12) süffisant über den Prozess zu einem Banküberfall berichtet und dabei ständig und stets gedoppelt die RufN der Täterin Mandy Sandy L. nennt, dazu Vokabeln und Attribute wie "Busen-OP", "Körbchengröße C", "die Wimpern lang, der Blick etwas trotzig" liefert, werden solche RufN-Stereotype unablässig (re)aktiviert.

[119] Jede dieser sozialen Differenzierungen kann zur Diskriminierung genutzt werden. KAAS/MANGER 2010 haben für Dtld. gezeigt, dass bei schriftlichen Bewerbungen AbsenderInnen mit dt. RufN eine 14% größere Wahrscheinlichkeit haben, zurückgerufen zu werden als solche mit türk. RufN. Dies bestätigen biographische Erzählungen in HANDSCHUCK/SCHRÖER (2010:105,142). Weiter s. GERHARDS/HANS (2006, 2008), LÜTKENHÖNER (2011, 2012).

vorkamen und auch noch vergeben werden, sind hinsichtlich dieser sozialen Informationen weniger markiert (z.B. *Christian, Christine, Andreas, Susanne, Thomas, Petra*). Wir befassen uns in diesem Kapitel nur mit der **Schichtenspezifik** von RufN.

Sicherlich ist ein Grund für die Aufregung um die oben erwähnte *Kevin*-Studie der, dass es in Dtld. unstatthaft ist bzw. war, über Schichten, Klassen, Bildungsnähe bzw. -ferne etc. zu sprechen. Dies hat zur Folge, dass in der **Sozioonomastik** gravierende Forschungsdefizite bestehen: Es gibt (außer UTECH 2011) keine bundesweite Untersuchung zu der Frage, welche sozialen Klassen vermehrt zu welchen RufN(typen/-strukturen) greifen. Doch existieren durchaus punktuell-regionale Studien mit unterschiedlichen Fragestellungen.[120] Einige referieren wir im Folgenden kurz.

Mit LÖFFLER 1969 liegt eine Untersuchung zur "sozialen Differenzierung althochdeutscher Personennamen" vor. Grundlage sind St. Galler Urkunden aus dem 8. und 9. Jh., die 510 sog. HörigenN (EN von Unfreien) und 1250 sog. DonatorenN (EN von Freien oder HerrInnen) enthalten. Diese durchweg germ. Namen werden bei Unfreien öfter gekürzt (zu 36%) als bei Freien (zu 24%), mehr auch bei Frauen als bei Männern. Außerdem unterscheiden sich die Kürzungsarten: Hypokoristische Gemination (Typ *Appo*) und *l*-Diminution (Typ *Hegilo*) kommen bei Unfreien öfter vor als bei Freien. Daneben gibt es verschiedene Bildungselemente: Wortstämme aus der sog. Gefühlssphäre tragen eher die Unfreien (wie *Liub-* 'lieb', *Folk-*, *Wini-* 'Freund', *Wille-*), während die Freien eher Kraft- und Machtlexeme bevorzugen (wie *Beraht-* 'Pracht', *Ger-* 'Speer', *Bern-* 'Bär'). Gleiches gilt für die Zweitglieder: Unfreie präferieren *-lind*, *-mund* 'Schutz', *-liub*, *-heil*, Freie *-bert*, *-ger* 'Schwert', *-hart*, *-hram* 'Rabe'.

Generell hat sich die alte **Einnamigkeit** in niederen Sozialschichten länger gehalten als in höheren.[121] Heutige Reflexe davon existieren durchaus: Hausangestellte, Dienstboten, auch anderes Dienstpersonal (Krankenschwestern, Bedienungen)[122] tragen in dieser Funktion oft nur ihren RufN, bis hin zu

> Heiratsvermittlerinnen (*Elvira*), Briefkasten-Tanten und -Onkel in Illustrierten, [....], Wahrsagerinnen [...] und Sexberaterinnen [...]. Dasselbe gilt für die exotischen Namen von Dirnen [...]. Es mögen dies alte Reste der Sklavennamenwelt sein und Anzeichen dafür, dass ein Personennamensystem innerhalb einer Gesellschaft die Tendenz hat, soziale Extreme, Außenseiter und Bürger, Oben und Unten zu unterscheiden [...] (LÖFFLER 1996:1299).

Umgekehrt manifestiert sich Prestige in **Vielnamigkeit**, sei es, wie beim Adel, durch mehrere Ruf- und längere FamN (*zu Guttenberg* trägt neun RufN), sei es

---

120 Z.B. HESTERKAMP 1965, BOSSHART 1973, DEBUS et al. 1973, DEBUS (1977b, 1988a), ANDERSEN 1977, R. FRANK 1977, SHIN 1980, VAN LANGENDONCK 1980, HORNBOSTEL 1997.

121 Auch deutet die Motivgruppe der FamN < ÜberN, die im Übrigen mehrheitlich negativ sind, auf sozial eher niedrigstehende Gruppen hin, während die FamN < Berufen höherstehende Gruppen repräsentieren.

122 Für Dienstmädchen gab es früher so spezifische Namen, dass sie phraseologisiert wurden, vgl. *jem. zur Minna machen* 'jem. energisch zurechtweisen' (*Minna* < *Wilhelmina*).

durch Mittelinitialen (Kap. 7.4.1) oder durch Namenzusätze wie *Ministerin, Direktor, Dr*. Bis heute sind mehrere RufN eher in oberen Schichten zu finden. In der Sozioonomastik definierte man Schichten früher über den Beruf des Vaters, heute über Beruf und Bildungsgrad (= höchster erworbener Qualifikationsabschluss) beider Eltern (DEBUS 1988a, 1996, SHIN 1980, GERHARDS 2003, UTECH 2011; mehr Schichthinweise kann man den Standesamtsdaten nicht entnehmen). Überformt wird die Praxis, mehrere RufN zu vergeben, durch Konfession (durch frühere Patennachbenennung eher in evang. Kreisen als in kath.), durch Regionalität (im Süden eher als im Norden; SEIBICKE 2002c), durch Stadt/Land-Unterschiede (SIMON 1989) sowie, v.a. früher, durch Geschlecht (Jungen eher als Mädchen). Dies zeigt, dass EIN Faktor selten separierbar ist. Doch bestätigen auch DEBUS et al. 1973, R. FRANK 1977, SHIN 1980 und UTECH 2011, dass es eine Korrelation zwischen Höhe der sozialen Schicht und Anzahl an RufN gibt. Hintergrund ist die hier relevantere und damit häufigere Nachbenennung nach Vorfahren.

Bei sozial motivierten Namenpraktiken ist davon auszugehen, dass Oberschichtphänomene imitiert werden, in untere Schichten diffundieren und dadurch ihr Distinktionspotential verlieren - woraufhin die Oberschicht wieder neue Namen(-typen) wählt (HORNBOSTEL 1997). Dies wird "das alte **onomastische Wettrennen**" genannt (DEBUS 1995:394), was z.B. für das Phänomen der **Bindestrich-RufN** zu gelten scheint. Hier stellt UTECH 2011 (in ihrer bundesweiten Studie mit über 53.000 Namen aus dem Jahr 2004) gegenüber SHIN 1980 (in ihrer Heidelberger Studie mit 5.285 Namen von 1961 und 1976) fest:

> Interessanterweise hat sich gegenüber der Studie von SHIN (1980) ein Wandel vollzogen: Während SHIN in der OM [Oberen Mittelschicht] deutlich mehr Bindestrichnamen ermittelt als in der US [Unterschicht] [...], zeigt sich hier eine umgekehrte Verteilung (UTECH 2011:123).

Auch nimmt nach unten hin (von der obersten Schicht 1 zur niedrigsten Schicht 4) die Geschlechterdifferenz zu: In den unteren Schichten 3 und 4 bekommen deutlich mehr Mädchen als Jungen BindestrichN, und es werden auch weniger traditionelle Namen kombiniert: Während für Schicht 2 Namen wie *Lea-Sophie, Anna-Lena* und *Johann-Friedrich* gelten, sind es in Schicht 4 solche wie *Grace-Chantal, Sissi-Christin, Shawn-Paul* und *Noah-Younes*. Was jedoch die **Mehrrufnamigkeit** (mehrere RufN ohne Bindestrich) betrifft, so führen hier weiterhin die oberen Schichten (und eher die Jungen), wohl weil familiale Nachbenennung, wenngleich stark rückläufig, immer noch nachwirkt (UTECH 2011:139-157).[123] Während in der obersten Schicht 1 nur 19% der Kinder EINEN RufN tragen, sind es in Schicht 4 62%. Umgekehrt tragen 23% der Kinder von Schicht 1 drei RufN gegenüber nur 3% von Schicht 4 (zur Mehrrufnamigkeit s. SEIBICKE 2002c).

Allerdings konstatiert UTECH 2011 die Tendenz, dass sich die unteren Schichten ihre eigenen Namen suchen (also weniger imitieren) und sich damit abkoppeln. Doch enthält Schicht 4 viele MigrantenN, was eine solche Interpretation

---

[123] Für die USA erwähnt ALFORD (1988:138) die oberschichtige Praxis, v.a. Söhne nachzubenennen und ihren Namen "Jr." oder "II", "III" hinzuzufügen. Die Diffusion des prestigebesetzten Zusatzes "junior" zwischen 1913 und 1968 in unteren Schichten hat TAYLOR 1974 untersucht.

problematisch macht: Der Faktor Schicht ist nie extrahierbar. Auch stellt UTECH 2011 fest, dass die am Auslaut praktizierte Geschlechterdifferenz nach unten hin abnimmt, d.h., Geschlecht immer mehr verwischt wird, indem viele MädchenN konsonantisch und JungenN vokalisch auslauten. Auch hier dürften MigrantenN (z.B. türkische) hineinspielen.

Was die **Individualisierungsrate** betrifft, so findet SHIN 1980 für Heidelberg heraus, dass die oberen Schichten weniger Gleichbenennungen vornehmen als die unteren, auch dass nur einfach vergebene Namen oben weitaus häufiger vorkommen als unten. Generell wechselt die Mode bei MädchenN schneller (höhere Erneuerungsrate) als bei den (beständigeren) JungenN. Allerdings tauscht die Unterschicht insgesamt schneller die Top 10 aus als die obere Schicht, wo mehr Namenkontinuität besteht. Generell hat SHIN 1980 bei den JungenN mehr Schichteffekte bemerkt als bei den MädchenN. Insgesamt hat zwischen 1961 und 1976 eine onymische Schichtennivellierung stattgefunden.

Zu einem anderen Ergebnis kommt GERHARDS (2003:111–125), der drei (väterliche) Berufsgruppen und damit Schichten differenziert und überprüft, ob der Anteil an gemeinsamen KindesN zwischen 1894 und 1998 zunimmt (dann fände eine onymische Entschichtung statt) oder abnimmt (dann nähme die onymische Schichtenspezifik zu). Tatsächlich verringert sich die Menge an gemeinsamen Namen (übrigens auch in der DDR), womit Schichtdifferenzen insgesamt zunehmen. Auch andere Parameter deuten kaum auf eine Entschichtung hin und gegen eine Diffusion von oben nach unten.

HORNBOSTEL 1997 befasst sich mit dem Topos, in der "klassenlosen Gesellschaft" der DDR habe es keine diastratische Namenvergabe gegeben. Anhand des Bildungsabschlusses teilt er die Eltern in zwei Gruppen, eine Bildungsgruppe und eine bildungsferne Gruppe. Datengrundlage bildet eine Stichprobe von 2.100 RufN aus den Geburtsregistern von Jena 1975–1995. Die beiden Gruppen teilen sich bei den jeweils 20 häufigsten Namen bzgl. der JungenN zehn gemeinsame Namen, bzgl. der Mädchen bis 1986 nur sechs, danach auch zehn Namen. Die beiden Schichten präferieren also deutlich unterschiedliche Namen, besonders bei den Mädchen. Zu den Top 10 der bildungsfernen Gruppe, die nicht in der Bildungsgruppe auftreten, gehören Namen wie *Mandy, Cindy, Sandra, Nicole, Yvonne*, zu den Top Ten der Bildungsgruppe solche wie *Anne, Julia, Franziska, Katharina, Caroline*. Auch die (generell oberschichtige) Nachbenennungspraxis[124] ist – wiewohl in der DDR insgesamt niedrig – in der Bildungsgruppe mit 5,2% höher als in der bildungsfernen Gruppe mit nur 1,6%. Insgesamt zeigt HORNBOSTEL, dass trotz Individualisierung, Egalisierung und freier Namenvergabe auch in der DDR vertikale (diastratische) Diffusionsprozesse wirkten und eine "Politik der feinen Unterschiede" (so der Titel) herrschte.

Das insgesamt wenig belastbare Wissen um die Schichtspezifik unserer RufN hängt einerseits damit zusammen, dass die von den Standesämtern lieferbaren (durch den Datenschutz stark begrenzten) Daten nicht immer klare Schichtzuwei-

124 Alle sozioonomastischen Untersuchungen erweisen, dass die Oberschicht stärker nachbenennt, besonders bei (erstgeborenen) Söhnen (s. z.B. DEBUS et al. 1973).

sungen erlauben, v.a. aber damit, dass soziale Schicht am RufN nie separierbar ist. Vielmehr ballt sich auf ihm ein Konglomerat aus Alter, Nationalität, Regionalität, Ethnizität, Geschlecht und manchmal auch Religion bzw. Konfession.[125]

7.2.6 Rufnamen und Politik

RufN sind frei wählbar. Oft entstammen sie anderen Kulturen. Damit können die NamengeberInnen u.U. politische Einstellungen kundtun. So wählt man eher Namen aus sog. Prestigekulturen, in denen man z.B. Urlaub macht. Unter den meistvergebenen Namen in Dtld. finden sich viele engl., skand., frz. und ital., seltener jedoch türk., obwohl enger Kontakt zu all diesen Kulturen besteht. So transportieren Namen Wertungen und Einstellungen.

Wir zeigen dies anhand der **Namenvergabe in der DDR**. Zunächst ist, was die häufigsten Namen betrifft, auf die zumindest anfänglich große **Namenähnlichkeit** zwischen DDR und BRD (mehr noch bei den Jungen als bei den Mädchen) hinzuweisen, wie DEBUS 1986, SEIBICKE 1994 und HUSCHKA et al. 2009 feststellen: Viele Jahre waren in Ost wie West Namen wie *Heike, Petra, Claudia, Kathrin* sowie *Thomas, Michael, Andreas, Christian* unter den meistvergebenen. Auch nehmen in beiden Teilen die genuin germ. RufN (Typ *Gertrud, Wolfgang*) ab. Allerdings beobachten HUSCHKA et al. 2009, dass der Anteil derjenigen Namen, die in Ost und West ähnlich beliebt waren, 1964 noch ca. 45% betrug und dann stark abfiel: Ab 1972 oszilliert dieser gemeinsame Namenbestand zwischen 25% und 29%. Umgekehrt nahm der Anteil an exklusiv bzw. typisch ostdt. Namen von 17% 1950 auf fast 50% 1989 zu, d.h., die Schere öffnete sich, besonders ab den späten 1960ern. Was jedoch über die gesamte Zeit gleichblieb, war die **Individualisierungsrate** (Type/Token-Verhältnis der Namen), d.h., in beiden Teilen Dtlds. war die Gleichbenennungsrate der Kinder ähnlich (HUSCHKA et al. 2009:213–215).

Nun zu den Divergenzen: Auch wenn in beiden Teilen Dtlds. eine onymische **Internationalisierung** Einzug gehalten hat, so tun sich bzgl. der Entlehnungskulturen beträchtliche Unterschiede auf, die mit den Jahren zunehmen. Insbesondere ab 1965 ist eine starke **Westorientierung in der DDR** zu beobachten: V.a. angloamerik., aber auch frz. und ital. Namen erfahren deutliche Zuwächse (DEBUS 1986, KLEINTEICH 1992, SEIBICKE 1994, HUSCHKA et al. 2009). Hierzu schreiben WOLFFSOHN/BRECHENMACHER (1999:312):

> Noch 1960 bevorzugten nur ca. 2% der DDR-Eltern englische Vornamen für ihre Kinder. Danach folgte eine regelrechte Explosion. 1985 wurde der Rekord von 16% erreicht, 1990 lag der Anteil nur knapp darunter. Zum Vergleich die Daten aus Westdeutschland: Der BRD-Rekord englischer Vornamen betrug rund 7% 1990.

Ähnliches wird auch für die frz. RufN in der DDR beschrieben, die von 2% im Jahr 1960 auf 13% 1975 ansteigen (BRD 1975: 5,5%), während die ital. RufN 1975 5% erreichen (BRD: 3%). Die span. Namen liegen darunter. Fasst man diese vier westl. Länder zusammen, so erreichen sie zusammen 30%:

---

[125] Natürlich sind auch FamN von sozialen Zuschreibungen betroffen, s. hierzu EIS 1970, RIS (1977:570–576) und HARTMANN 1984, der den Forschungsstand bis 1984 zusammenfasst.

> Insgesamt betrug der Anteil westlicher [...] Vornamen in der DDR seit 1975 konstant 30%: ein klares Bekenntnis der DDR-Bürger zum Westen. Keine Vornamensgruppe hat in diesem Teil Deutschlands je so hohe Werte erzielt; mit großem Abstand die höchsten. Im deutschen Westen erreichte im Rekordjahr 1990 der Anteil westlicher Vornamen nicht einmal 20% (WOLFFSOHN/BRECHENMACHER 1999:313).

Die Autoren deuten diese Namen als "Sehnsuchtsnamen", da sie genau solchen Ländern entstammten, die nicht bereist werden konnten. Für sie ist dies ein klares Bekenntnis zum Westen - und umgekehrt eine Absage an die innere Bindung zum Staat (s.u.). Auch HUSCHKA et al. 2009, deren Zahlen sich auf die gesamte Spanne von 1960 bis 1990 beziehen, bestätigen diese Befunde (Tab. 11). Die jeweils höheren Werte sind grau hinterlegt.

Tab. 11: Herkunft der RufN BRD/DDR 1960–90 (nach HUSCHKA et al. 2009:216)

Sprach(grupp)e, aus der der RufN stammt	**BRD**	**DDR**
dt., griech., lat., hebr.	78%	69%
rom. (frz., ital., span.)	8%	12%
skand.	7%	8%
engl.	4%	7%
slaw.	3%	3%
(andere)	0%	(1%)

Diese Unterschiede lassen sich über GEN-EVOLU kartieren (die Daten basieren auf den Tel. von 1998). Abb. 20 zeigt die Verteilungen für *Mandy* und *Enrico* (die absoluten Zahlen stehen unter dem Namen). Die Zahlen in Tab. 11 kongruieren mit den Verteilungen in Abb. 20. Doch lohnt ein genauerer Blick darauf, was sich dahinter qualitativ an konkreten Namen verbirgt. Dies vergrößert noch die Diskrepanz: Es sind nämlich nicht die gleichen EinzelN, auf die Ost und West zugreifen. Nehmen wir zunächst die **englischen**: Während der Westen zu Namen wie *Jessica, Jennifer, Dennis, Patrick* tendierte, waren im Osten phonologisch wie graphematisch auffälligere Namen en vogue: *Mandy, Peggy, Doreen* (alle einige Jahre in den Top 10), *Cindy, Sandy, Romy, Cathleen/Kathleen – Mike/Maik/Mayk, Ronny* (beide in den Spitzenpositionen), *Ronald, Henry*. Die stark markierte hypokoristische Endung *-y* kam typischerweise im Osten vor, besonders bei den Mädchen.[126] Dem entspricht bei den Jungen *Ronny* und *Henry*, sonst sticht v.a. *Mike* mit seinen Schreibvarianten heraus.[127] Möglicherweise - hierzu fehlen Untersuchungen - hat man eine Geschlechterdifferenz auch über die Namenherkunft und damit -struktur praktiziert, denn bei den JungenN fallen die vielen **romanischen**

126 So ist die unauffälligere Vollform von *Mandy, Amanda*, eher im Westen verbreitet (*Mandy* hat 3.689 Tel., *Amanda* nur 1.400; GEN-EVOLU).

127 HORNBOSTEL 1997 begründet das Paradox, dass die DDR in den 1970er Jahren einerseits sehr viele engl., frz. und ital. Namen präferierte, andererseits konkret genau solche aussuchte, die Westdtld. nicht wählte, damit, gleichzeitig eine Differenz zur BRD aufzubauen.

RufN auf, seien sie (die frz.) finalbetont (*René* ist lange im Spitzenbereich, ähnlich *André*)[128] oder (die ital.) auf *-o* auslautend (*Falko, Silvio, Enrico/Rico, Marko, Mario*). Dagegen scheint es bei den Mädchen nicht ganz so viele rom. Namen gegeben zu haben (*Jeannette, Ramona, Yvonne*). In jedem Fall weisen die Namen einen hohen Fremdheitsgrad auf, phonisch wie graphisch.[129] Im Westen waren frz. Namen bei den Mädchen häufiger (*Nicole, Nadine, Yvonne*), bei den Jungen selten. Es würde sich also lohnen, auch die Struktur der EN genau zu analysieren und gleichzeitig auf eine mögliche onymische Geschlechterdifferenz zu achten.

Abb. 20: Die Verbreitung von *Mandy* und *Enrico* in Dtld. (1998)[130]

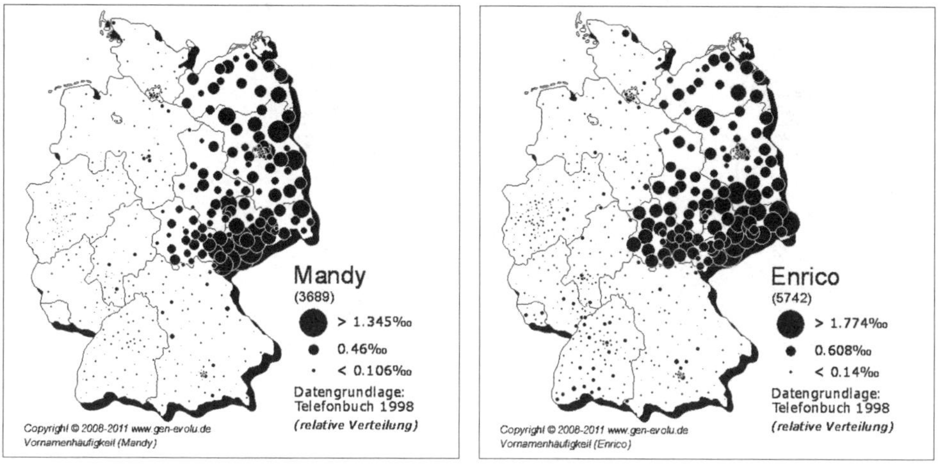

Wie sieht es mit den **slawischen** Namen aus? Sie machen in Ost und West insg. 3% aus.[131] Doch erweist auch hier ein genauerer Blick qualitative Unterschiede: Abb. 21 zeigt, dass typisch russ. Namen wie *Tanja* und *Sascha* im Osten regelrecht gemieden wurden und viel seltener als im Westen waren.[132] Die Verbreitungskarten in Abb. 21 ergeben die Komplementärbilder zu Abb. 20. Damit gilt nicht einfach nur, "dass die marxistische Ideologie keine spürbaren Auswirkungen auf die Vornamen in der DDR gehabt hat" (SEIBICKE 1994:10) – viel mehr noch: Sie hat

128 Allerdings haben Nachfragen ergeben, dass diese Namen faktisch initialbetont und (bei *André*) ohne Nasalvokal ausgesprochen werden.

129 Bei FremdN gab es zahlreiche Schreibvarianten (<Mike, Maik, Mayk, Maic>, <Kat(h)leen, Cat(h)leen, Kathlen, Cathlen> etc.), die nicht immer der Integration im Sinne verstärkter GPK-Bezüge dienten, sondern weitere Verfremdungseffekte bewirkten. Bandbreite, Frequenz, Form und Funktion dieser Schreibungen sind bis dato unerforscht (KLEINTEICH 1992, SCHLIMPERT/SCHULTHEIS 1979, WOLFFSOHN/BRECHENMACHER 1999, GLÄSER 2005b).

130 Unser Dank für die freundliche Genehmigung der Publikation der Karten in Abb. 20 und Abb. 21 geht an Mario Fraust vom Prof. Udolph-Zentrum für Namenforschung, Leipzig.

131 Zu ihrer Entwicklung s. Abb. 47 in WOLFFSOHN/BRECHENMACHER (1999:299), die zeigt, wie diese Namen besonders ab 1975 abnehmen.

132 Ähnliche Kartenbilder ergeben *Olga, Igor, Ivan*. Für diesen Hinweis, speziell auf die russ. Namen zu achten, danken wir Petra Ewald.

negative Auswirkungen gehabt insofern, als russ. Namen vermieden wurden und hier im Osten eine echte Lücke klafft. Ähnlich HUSCHKA et al. (2009:224):

> [W]e conclude that name patterns underscore other sociological evidence that shows a widespread rejection of communist ideology by the vast majority of East Germans. Russian names were extremely unpopular, and silent (but visible) protest was expressed in the choice of alternative name types.

Abb. 21: Die Verbreitung von *Tanja* und *Sascha* in Dtld. (1998)

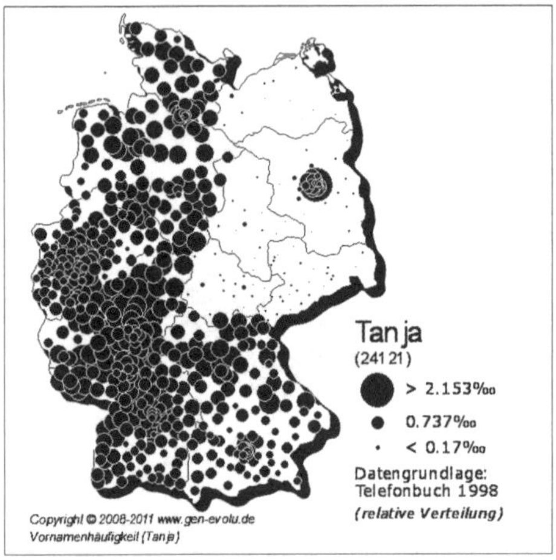

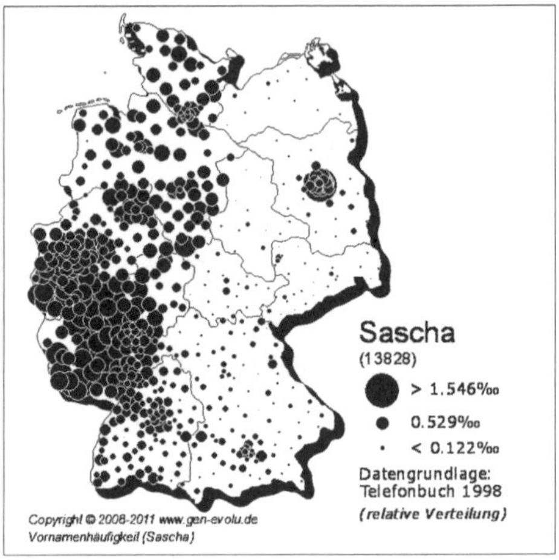

Insgesamt wird deutlich, dass RufN politische Einstellungen auszudrücken vermögen. Hinzu kommen weitere Informationen wie Geschlecht (Gender), soziale Schicht, Alter, evtl. Religion, Ethnizität, auch **Regionalität**. So zeigt die Karte von *Sascha* in Abb. 21, dass nicht nur Ostdtld., sondern auch Bayern kaum Anteil an diesem Namen hat. Natürlich gibt es auch jeweils innerhalb West- wie Ostdtlds. RufN-Landschaften, die heute stärker hervortreten können als solche zwischen Ost- und Westdtld., d.h., die alte politische Grenze muss keine onymische sein. Kartiert man den Namen *Josef*, sticht Bayern heraus, bei *Kilian* die Gegend um Würzburg. In Norddtld. (oft einschließlich des Ostens) massieren sich skand., nd. und fries. Namen wie *Frauke, Birte, Maren, Jens, Torben* (DEBUS 1976, 1977b). Teilweise sind Heiligenverehrungen Grund für Konzentrationen, ebenso dialektgebundene Namenformen. Dieses Bündel an Informationen auf einem RufN lässt sich oft nicht entflechten, was – wie auch Kap. 7.2.5 zur sozialen Schicht gezeigt hat – den Nachweis der Wirkung einzelner Faktoren erschwert.

7.3 Familiennamen

Mit der Entstehung von FamN in Europa gehen viele Kulturen von der Ein- in die Zweinamigkeit über. Dies geschieht zu unterschiedlichen Zeiten und dauert auch unterschiedlich lang. In Dtld. beginnt dieser Prozess im 13. Jh. im Südwesten. Ein festes Datum, ab wann es FamN gibt, kann deshalb nicht genannt werden. Auch ist es nicht einfach, FamN als solche in den frühen Schriftzeugnissen zu identifizieren. Wir verwenden hier den etablierten Terminus *Familienname*. Er wird nicht remotiviert in dem Sinn, dass die ganze Familie (wer immer das sein mag) einen solchen tragen muss (das Paar kann verheiratet sein und trotzdem verschiedene FamN tragen). Daneben gibt es die Synonyme *Zuname* und *Nachname* (BRENDLER 2009, 2011). *Familienname* kann auch ein Personengruppenonym sein, also eine ganze Familie bezeichnen (*Familie Mann*). Da es bisher keine gravierenden Kommunikationsprobleme gab, darf dieses lexikalisierte Kompositum weiterbestehen.

7.3.1 Familiennamen und ihre Geschichte

In Kap. 7.2.1 war von der großen RufN-Monotonie ab dem 15. Jh. die Rede: Verschiedene Nachbenennungspraktiken führten zur Wiederverwendung immergleicher Namen, was aus linguistischer Perspektive einen empfindlichen Monoreferenzverlust des Namens nach sich zog. Eine Reaktion darauf war, mehrere RufN zu vergeben (s. Eltern und Kinder der Familie Bach), doch entkam man damit nicht dem Recycling des begrenzten Inventars. Als eine weitere und effizientere Reaktion darauf ist die Entstehung der BeiN und später der FamN zu sehen, die wir nur in Grundzügen skizzieren, denn hierzu gibt es viel Literatur.[133] Die FamN bildeten sich im 13.–16. Jh. aus BeiN heraus (zu ihrem onomastischen Status s. Kap. 3.3.2), und die BeiN aus unfesten Namenzusätzen.

Abb. 22: Die sukzessive Entstehung fester Zweinamigkeit

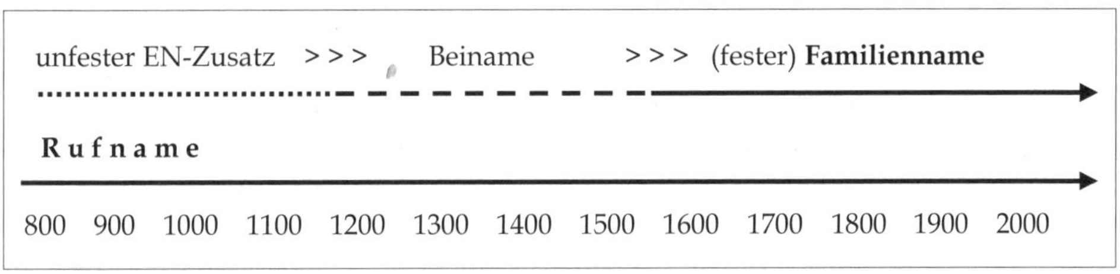

Unfeste (okkasionelle) EN-Zusätze, aber auch feste (usuelle) BeiN kennen wir aus dem Alltag, Erstere, um namengleiche Personen ad hoc unterscheidbar zu machen, Letztere gleichfalls, doch greifen wir hier eher zu etwas beständigeren Charakterisierungen (*Elisabeth aus Kanada, Elisabeth aus Erlangen*). Der Festigkeitsgrad nimmt also nach rechts zu. Am wichtigsten ist der Übergang vom Bei- zum FamN. Für **BeiN** gilt i.A., dass sie

a) irgendwann nach der Geburt, d.h. im Laufe des Lebens vergeben werden,
b) nicht vererbt werden,
c) sich auf eine Einzelperson beziehen (und nicht auf ihre Geschwister),

---

133 Z.B. KUNZE (2003:56–221), BACH 1978, FLEISCHER 1968, KOHLHEIM 1996, KOHLHEIM/KOHLHEIM (2000:11–60), WENZEL 2004, NAUMANN 2007, SCHÜTZEICHEL 2006, SEIBICKE 2008, DEBUS (1978, 2001a, 2009). Zwei regionale, populäre Familiennamenatlanten hat KLAUSMANN (2007, 2009) erarbeitet.

d) motiviert sind, d.h., zur betreffenden Person passen (sie charakterisieren),
e) im Laufe des Lebens wechseln können,
f) bei einer Person mehrfach vorhanden sein können und
g) oft durch eine Art Bindeglied, d.h., eine Präp. und/oder einen Artikel, mit dem RufN verbunden sind, z.B. *Heinrich von/aus Hamburg, Heinrich der Hamburger*. Oft trat auch explizites *dictus, genannt, heißet, den man nennet* dazwischen. Präp. und Artikel sind im Stadium der FamN geschwunden, abgesehen von Reliktgebieten im Süden und im Westen Dtlds. zu Belgien und den Niederlanden hin. Die ndl. FamN haben dagegen Präp. und/oder Artikel häufig konserviert, entweder präponiert (*De Voss* 'Der Fuchs', *De Jong* 'Der Junge', *Van den Broeck* 'Vom Sumpf') oder amalgamiert (*Devoss, Vermeulen* 'Von der Mühle').

Für FamN gilt die Nichtexistenz all dieser Kriterien, wobei im Einzelnen oft schwer zu ermitteln ist, wann z.B. die **Erblichkeit** beginnt (manchmal vererbt sich zunächst ein vermeintlicher FamN, um dann doch wieder zu wechseln). Die Entwicklung der FamN war im 16. Jh. abgeschlossen.[134] Drei retardierende Faktoren für ihre Ausbreitung ab dem 13. Jh. lassen sich benennen: Im Norden, auf dem Land und in den unteren Schichten entstanden sie am spätesten - im Süden, in den Städten und beim Adel am frühesten. Der Gebrauch und v.a. die Schreibung der FamN hat noch lange geschwankt. Letztere wurde erst am 01.01.1900 (mit Inkrafttreten des BGB) endgültig fixiert.

Nicht sichtbar in Abb. 22 ist eine weitere (bereits erwähnte) Verfestigung des FamN: Ist er bis etwa zum 18. Jh. hierarchisch dem RufN unterstellt - erkennbar daran, dass er öfter kleingeschrieben wird als der RufN, dass er in Texten häufig nur anfangs (zur Identifizierung der Person) genannt wird, dass Personenlisten nach dem RufN angeordnet sind -, so "überholt" er später den RufN: Heute gilt der **FamN** als der **offizielle Ausweis einer Person** (der RufN differenziert im Zweifel oder wird einleitend mitgenannt); normalerweise wird mit dem FamN auf Personen referiert, Personenverzeichnisse richten sich nach dem FamN, zur Anonymisierung von Personen kürzt man deren FamN und nicht den RufN ab (*Sanel M.*), etc. Das Abrücken vom FamN erfordert ein explizites Duz-Angebot, was zeigt, dass der FamN-Gebrauch der unmarkierte ist (KUNZE 2003:62f.).[135]

An **Gründen für das Aufkommen der BeiN und FamN** wurde oben mit der gefährdeten **Monoreferenz** ein linguistischer (sprachinterner) Grund geltend gemacht. Dieses Problem verschärfte sich durch äußere Faktoren wie **Bevölkerungszunahme** (die zu benennenden Objekte wurden zahlreicher) und **Bevölke-**

---

[134] S. zu einem Überblick KUNZE (2003:14f). Zu Einzelstudien s. für die Schweiz (Zug) FÄHNDRICH (2000, 2009), für Österreich HAUSNER 2009, für Luxemburg GNIFFKE 2009, für das Nd. LUTHER (2000, 2009), für die hess. Stadt Biedenkopf DEBUS 1978.

[135] Häufig war die Folge RufN + FamN noch unterbrechbar, wie FISCHER 2005 an westfäl. Ruf- und sog. NachN (Bei-/FamN) aus dem 14. und 15. Jh. nachweist. Diese Konstruktionen nennt er "verschränkte Genitive": RufN im Gen. + Bezugsnomen + NachN im Nom. oder Gen. Bsp.: 1367 *albertes hus pottes* 'das Haus von Albert Potte', 1398 *Hinrikes zone des Potgheters* 'der Sohn von Hinrik Potgheter', 1497 *Johans hus Schoninck* 'das Haus von Johannes Schoninck'. Ein systematischer Überblick über solche Verfestigungsprozesse steht noch aus.

rungsverdichtung: Durch die Städtebildung konzentrierten sich mehr Menschen an einem Ort, womit die Anforderungen an ein funktionstüchtiges Onomastikon wuchsen. Hinzu kam **steigende Mobilität**: Handwerker sowie Händler (oft "überzählige" Söhne, die den Hof verlassen mussten) wanderten ab und suchten sich andernorts Arbeit (**Defamiliarisierung**). Außerdem trugen **Adel und Oberschicht** schon sehr früh (ab dem 12. Jh.) FamN, um Besitz und Erbansprüche zu kennzeichnen. Die Bürger imitierten später diese prestigebesetzte Praxis. Auch führte das rom. **Ausland**, mit dem man Handel trieb, schon früh FamN. Daneben nahm die **Verwaltung** zu (Regelung von Erbe, Eigentum, Transaktionen, Gerichtsverfahren, Erhebung von Steuern), die in ihren Texten (Urkunden, Verzeichnisse, Steuerlisten) absolute Eindeutigkeit erforderte. Kirchlicherseits kamen Tauf-, Trau- und Sterberegister auf. Nicht zuletzt befriedigen FamN das Bedürfnis nach **Anzeige familiärer Zugehörigkeit**. Nach STEFFENS 2005 finden sich für **Johannes Gutenberg** zwischen 1418 und 1470 folgende Bezüge auf seine Person: *joh(an)es de Alta villa – Henchen – Henchin zu Gudenberg – Hanns guttenberg – Johan gutenberg – Johann Gudenberg – Johan Gutemberg – hengin Gudenberg – Henne Ginsfleiss – Johan gůotenberg*. Deutlich wird, dass auch *Ginsfleiss* vorkommt (*Gensfleisch* war sein erster BeiN, *Gutenberg* der elterliche Hof), dass noch keine graphische Fixierung stattgefunden hat und dass nicht einmal die Großschreibung konsequent erfolgt (zu deren Aufkommen bei FamN s. BERGMANN/GÖTZ 2009).

Tab. 12: Die 20 häufigsten FamN in Dtld., der Schweiz und Österreich

	Deutschland	**Schweiz**	**Österreich**
1	Müller, -ue-	Müller	**Gruber**
2	Schmidt	Meier	Huber
3	Schneider	Schmid	Bauer
4	Fischer	Keller	Müller
5	Meyer	Weber	Wagner
6	Weber	Huber	Mayer
7	Schulz	Schneider	**Steiner**
8	Wagner	Meyer	**Pichler**
9	Becker	**Steiner**	**Moser**
10	Hoffmann	Fischer	**Hofer**
11	Schäfer, -ae-	**Brunner**	**Berger**
12	Koch	Baumann	*Fuchs*
13	Bauer	Gerber	**Leitner**
14	Schröder, -oe-	*Frei*	Fischer
15	*Klein*	Zimmermann	**Eder**
16	Richter	**Moser**	Schmid
17	*Wolf*	Widmer	Weber
18	*Neumann*	*Wyss*	*Schwarz*
19	*Schwarz*	*Graf*	Schneider
20	Schmitz	Peter	**Winkler**

recte: BerufsN — grau hinterlegt: Patronyme
kursiv: *ÜberN* — nicht in Top 20: HerkunftsN
fett: **WohnstättenN**

Alles, was die BeiN thematisieren, ist später in die FamN übergegangen. Man unterscheidet **fünf große Benennungsmotive**, die sich, wie Tab. 12 mit den jeweils 20 häufigsten FamN in den drei deutschsprachigen Ländern zeigt, sehr ungleich verteilen: In Dtld. gehören allein 16 der 20 häufigsten Namen der Gruppe der BerufsN an (und die vier restlichen den ÜberN).

> Alle folgenden Verbreitungskarten sowie die Zahlen hinter den FamN basieren auf der **DFA-Datenbank**: Diese besteht aus sämtlichen (von Geschäfts- und Doppelanschlüssen bereinigten) Telekom-Daten aus dem Jahr 2005, die im Rahmen des DFG-Projekts "**Deutscher Familiennamenatlas** (DFA)" erworben wurden und für deren Kartierung ein maßgeschneidertes Programm entwickelt wurde (www.familiennamenatlas.de). Vier Atlasbände (zu Vokalismus, Konsonantismus, Morphologie der FamN sowie den Wohnstätten- und HerkunftsN) sind bereits erschienen (DFA I-IV), zwei weitere folgen (zu Berufs- und ÜberN sowie Patronymen). Da sich statistisch 2,8 Pers. 1 Tel. teilen, sind alle Zahlen mit 2,8 zu multiplizieren, um die tatsächliche Anzahl von TrägerInnen zu ermitteln. Auch wenn die Telefondaten (mit immerhin über **28 Mio.** Anschlüssen = **Tokens**) nur ein Drittel der Bevölkerung erfassen, so ist dies die beste verfügbare digitale Datenbasis, die die FamN auf Basis fünfstelliger Postleitzahlbezirke präzise verortet (mehr dazu in KUNZE/NÜBLING 2007, DFA I-IV). Die Zahl der unterschiedlichen FamN (= **Types**) in Dtld. beträgt, zieht man die Verschreibungen und HeiratsdoppelN großzügig ab, ca. **860.600**. 85% der Namenträger sind seit Jahrhunderten ortsfest (wenn, dann sind sie nur in kleinem Radius gewandert), umgekehrt nur 15% (zu)gewandert, d.h., es ergeben sich scharfe Raumbilder. Auf derselben Datenbank basiert auch das seit 2012 laufende Mainzer Akademieprojekt "**Digitales Familiennamenwörterbuch Deutschlands (DFD)**", das das Interesse der Menschen an der Verbreitung, Herkunft und Bedeutung (**Etymologie**) ihres FamN befriedigt (www.familiennamenwoerterbuch.de). Daneben gibt es sechs (unterschiedlich gute, teilw. regional begrenzte, z.T. widersprüchliche und veraltete) Nachschlagewerke: BAHLOW 2005, BRECHENMACHER (1957–63), GOTTSCHALD 2006, KOHLHEIM/KOHLHEIM 2005, NAUMANN 2007, ZODER 1968. Historische Namenkarten lassen sich über GEN-EVOLU erstellen, die auf dem Reichstelefonbuch von 1942 basieren.

Die Top 20 bilden nur die Spitze des Eisbergs und sagen nicht viel über die Masse der ca. 860.000 dt. FamN aus. So haben gerade die HerkunftsN, die oft die Namen kleiner Ort- und Landschaften enthalten, i.d.R. nur wenige TrägerInnen (Tokens). Die Rangfolgen verschieben sich, wenn man mehr Types einbezieht, z.B. die ersten 1.000 oder gar sämtliche FamN (was noch nie jemand getan hat). Auf Basis der 200 häufigsten FamN Dtlds. verteilen sich die Benennungsmotive wie folgt: 1) BerufsN 34%, 2) Patronyme 33%, 3) ÜberN 22%, 4) WohnstättenN 7%, 5) HerkunftsN 4% (MARYNISSEN/NÜBLING 2010:323). Ein interessantes Verfahren, einen repräsentativen Querschnitt zu erlangen, haben FARØ/KÜRSCHNER 2007 mit ihrer sog. "Bottom-up-Methode" entwickelt: Sie haben eine Zufallsauswahl von 1.000

unterschiedlichen dt. (und dän.) FamN (Types) erstellt, indem sie alle Namen der Bewohner der vielen *Lindenstraßen* gesammelt und deren Motivgruppen ermittelt haben. Hier kommt es zu einem ausgeglicheneren Bild: Nun führen 1) die Patronyme mit 33%, gefolgt von 2) den BerufsN (25%), den 3) + 4) Wohnstätten- und HerkunftsN (die oft nicht zu trennen sind, zus. 23%) und schließlich 5) den ÜberN (18%).[136] Dieser Reihenfolge schließen wir uns an.

Die fünf Benennungsmotive transportieren vielfältiges sprachliches Material, was sie für verschiedene historische Disziplinen als wertvolle Quelle ausweist (Tab. 13, wo die linguistischen Disziplinen ausgeklammert sind; Kap. 7.3.2).

Tab. 13: Benennungsmotive - sprachliches Material, interdisziplinärer Nutzen

	Motivgruppe	**enthaltenes sprachl. Material**	**interdisziplinär nutzbar für**
1	Patronyme	RufN	Heiligen-, Herrscherverehrung, mittelalterliche RufN-Vergabe
2	BerufsN	APP, oft komplexe Wortbildung	Kulturanthropologie/Volkskunde, Wirtschaftsgeschichte, Medizin, Technik
3	WohnstättenN	APP (Präp., Artikel), oft komplexe Wortbildung	Geologie, Geographie, Land- und Waldwirtschaft, Siedlungsgeschichte
4	HerkunftsN	Toponyme	Migrationsforschung
5	ÜberN	Adj., Subst., Syntagmen (mit Verben, Adv., Partikeln etc.)	Kulturanthropologie, Mentalitätsgeschichte

1) Patronyme basieren auf der Nachbenennung nach dem Vater (oder dem Dienstherrn), enthalten also einen männl. RufN und verarbeiten damit anthroponymisches Material. Dieses Motiv ist in allen patriarchalischen Kulturen verbreitet (europaweit wie KUNZE 2003:72–83 zeigt). Die Gruppe der Patronymika ist deshalb so vielfältig, da die gesamte RufN-Varianz ungefiltert ins FamN-Inventar überging: Man schätzt, dass ca. 1.000 FamN allein auf den RufN *Nikolaus* zurückgehen, z.B. *Nickel, Nitschke, Nicolai, Nitz, Klaas, Glauser, Klose* etc. (DRÄGER 2011, 2013). Andere RufN stehen dem in nichts nach (zu *Matthias/Matthäus* s. DEBUS 2011, zu *Jakobus* KUNZE 2005, zu *Jürgen* und *Udolph* KUNZE/NÜBLING 2009, zu weiteren KUNZE 2003:75f.). Durch diese Variantenvielfalt finden sich jedoch (fast) keine Patronyme in den 20 häufigsten FamN-Positionen, die Tab. 12 ausweist: Nur in der Schweiz kommt *Peter* auf Platz 20 (grau hinterlegt). *Wolf* auf Platz 17 in Dtld. könnte auch auf gekürztes *Wolfgang* zurückgehen. Die Motivbezeichnungen in Tab. 12 sind stark vereinfacht, denn nicht selten geht ein und derselbe

136 Ähnliche Zahlen ermitteln KOHLHEIM/KOHLHEIM 2001, die die Motive der 1.000 häufigsten FamN untersucht haben: Hier führen die Patronyme mit 35%, die BerufsN folgen mit 20%.

Name auf verschiedene Motive zurück (sog. **Bedeutungskonkurrenzen**). Hier wurde *Wolf* als ÜberN für einen schwarzhaarigen oder grimmigen Menschen eingeordnet (so wie *Fuchs* für einen Rothaarigen, s. Platz 12 in Österreich).

Patronyme sind extrem vielgestaltig und damit auch schwer identifizierbar, einerseits wegen ihrer dialektal überformten und oft gekürzten Basis, wegen zahlreicher Hypokorismen (z.B. Diminutiven) und Schreibvarianten, andererseits wegen verschiedener patronymischer Wortbildungsmuster, die raumbildend sind (DFA III:Kap. II.2): Dominiert im Süden der blanke RufN als FamN[137] (*Peter, Werner, Walter*), so tun sich im Westen Genitivareale mit starken (*Peters*) und schwachen Endungen (*Otten*) auf; nachfolgendes *Sohn* ist weggefallen. Im Norden ist mit *Petersen* die Ausgangskonstruktion noch am besten bewahrt. Auf germ. RufN gehen nach Kohlheim/Kohlheim 2001 ca. 70% der Patronyme zurück, auf nichtgerm. ca. 30%. Dabei ergibt sich ein geographisches Gefälle: Im Süden Dtlds. enthalten die FamN weit mehr RufN germanischer Provenienz, während im Norden nichtgermanische (biblische) dominieren (*Petersen, Hansen*). Da die FamN im Norden später fest wurden als im Süden, konnten die unter den RufN beliebten biblischen Namen in die FamN eingehen. Im Süden dagegen waren die FamN schon verfestigt, als sich die biblischen RufN durchsetzten. Unter **sekundären Patronymen** versteht man die Nachbenennung nach dem Beruf des Vaters, d.h., dies sind deappellativische Namen im Gen. wie *Müllers, Küppers, Kremers, Schmitz* (auch hier einst von *Sohn* gefolgt). Diese massieren sich am Niederrhein.

Die **FamN < RufN** berichten viel über dial. Sprachwandel, historische Schreiblandschaften, über Heiligen- und Herrscherverehrungen im Mittelalter und später, über weitere Praktiken wie etwa die, Patronyme zu latinisieren (HumanistenN wie *Jaboby, Jakobi, Jacoby, Jacobi; Michaelis, Simonis, Andreae, Thomae*; DFA III:Kap. V). Gelehrte wollten so ihre Bildung demonstrieren und an Prestige gewinnen (z.B. *Greif* > *Gryphius, Koppernigk* > *Copernicus*). Dabei kam es auch zu Hybriden wie *Heinzius, Franzius, Fritzius, Lutzius*. Die Praxis der Latinisierung konzentrierte sich im Westen Dtlds. (Saarland, Rheinland-Pfalz). Speziell der Gen. auf -<y> ballt sich im Saarland.

Metronyme (MutterN) oder **Gynäkonyme** (Name der Ehefrau) sind dagegen selten und oft nicht sicher belegbar, z.B. *Gretenmann, Hiltenmann, Neeser, Neske* < *Agnes, Els(e)ner, Ellensohn, Elsenhans, Bethge* < *Elisabeth, Eitner* < *Agathe, Tilgner* < *Ottilie* (KUNZE 2003:77). Sie wurden gebildet, wenn die Frau einen deutlich höheren Sozialstatus als der Mann innehatte, wenn sie (einfluss)reich war, wenn das Kind unehelich oder der Vater früh verstorben war. Weibl. Schutzpatroninnen konnten auch namenbildend sein (*Kathreiner* nach dem Kloster St. Katharina; zu Näherem s. BERNDT 2009, dort weitere Literatur).

2) Die **BerufsN** bilden in Dtld. die zweitgrößte Gruppe und beinhalten, im Gegensatz zu den Patronymen, alte, heute oft ausgestorbene APP. Sie decken in Tab. 12 in Dtld. schon die ersten 14 Plätze ab, in der Schweiz die ersten acht. Dass

---

137 Mit dem Typ des blanken Ruf- als FamN überschneiden sich die beiden PersN-Inventare, was im Alltag hinderlich sein kann und in Schweden verboten ist (KOHLHEIM 2000).

Müller an der Spitze steht, hat den einfachen Grund, dass dieser Beruf in sämtlichen Dialekten heteronymfrei ist und war, d.h., so und nicht anders bezeichnet wird (abgesehen von kleinen *Möller-* und *Miller-*Arealen) – während andere, ebenso verbreitete Berufe wie Metzger oder Bäcker zu viele Dialektwörter und -varianten hatten, um an die Spitze zu kommen (z.B. *Metzger, Metzler, Fleischer, Schlachter/Schlächter, Beinhauer, Fleischhacker* etc.; KUNZE 2003:112f.). Würde man die Allographien von *Schmidt* etc., *Meyer* etc. und *Hof(f)mann* jeweils zu einem Lemma addieren, ergäbe sich statt der Rangfolge in Tab. 12 die folgende: 1. *Müller*, 2. *Schmidt* etc., 3. *Meyer* etc., 4. *Schneider*, 5. *Hof(f)mann*. Man sieht also, dass solche Statistiken mit Vorsicht zu genießen sind.

Auch die BerufsN decken ein riesiges Spektrum ab und reflektieren die hochentwickelte Arbeitsteilung innerhalb vieler Berufe in Mittelalter und früher Neuzeit (NÖLLE-HORNKAMP 1992). Einzig das Bsp. des Schmieds kann hier aufgeführt werden. Extrahiert man aus der DFA-Datenbank alle Komposita auf *-schmied* + Varianten mit mindestens zehn Tel., erhält man 260 unterschiedliche Namen (Types). Nur ein Bruchteil davon befindet sich in Tab. 14 (KUNZE 2003:116f.).

Tab. 14: Differenzierung des Schmiedeberufs anhand häufiger FamN

Komposita auf *-schmi(e)d/-schmidt/-schmitt*			
nach Material	nach Produkt		nach Technik
	Art	Größe	
Gold-, Kupfer-/ Kopper-, Eisen-, Stahl-, Silber-, Blech-, Rot(h)-, Braun-, Blau- etc.	*Messer-, Kammer-, Scha(a)r-* 'Pflugschar', *Pfann(en)-, Huf-, Sichel-, Dürr-* 'Tür', *Waffen-, Wappen-, Beil-, Hammer-, Klingen-, Sensen-, Messer-, Nagel-, Draht-, Döppen-/Pott-* 'Topf', *Kasten-, Krumm-, Pfennig-, Schell-* 'Glocke', *Scher-* 'Schere' u.v.a.m.	*Klein-, Breit-, Grob-, Groß-* etc.	*Kalt-, Warm-, Kohl-/Köhler-* etc.

Die Zahl der verschiedenen Komposita mit *-meyer* (+ Varianten) mit mindestens zehn Tel. beträgt sogar 3.371, die mit *-müller* (ohne Varianten) 450, die mit *-schneider* 83, die mit *-becker* (ohne Varianten) 67. Es liegt auf der Hand, dass dies kulturgeschichtlich wertvolle Daten sind, zumal sich sämtliche Verbreitungsgebiete kartieren und damit präzise bestimmen lassen. Für die Kartierung und Kommentierung von Müllern, Fleischern, Bäckern, Schmieden, Klempnern, Schlossern, Schreinern, Wagnern, Böttchern, Gerbern, Schustern, Ärzten bis hin zu Tierkastratoren, Gauklern, Musikanten sei auf KUNZE (2003:106–137) und den DFA V verwiesen. Unter **indirekten BerufsN** versteht man die Nennung nur des Produkts, des Werkzeugs, des Arbeitsmaterials o.Ä., z.B. *Weißbrod, Sauerbrot, Spitzweg* 'spitzer Weck = Brötchen', *Pfannkuch, Bretz(e)l* für den Bäcker. Sie berühren sich mit den ÜberN.

3) WohnstättenN: Eine reiche Quelle für Landschaftsbezeichnungen jeder Art bieten die WohnstättenN, die eine Lokalisierung der Einheimischen nach der näheren Umgebung des Wohnplatzes, nach dem Haus, dessen Lage etc. leisteten:

Steger, Mo(o)ser, Riedel < *Ried* 'Schilfrohr, Sumpf', *Angermann, Holzer, Zerbrüggen, Zumt(h)or, Zumwinkel, Anderhub, Steinhäuser, Viehauser, Neuhäuser, Langgässer*. WohnstättenN sind einstige APP. In den Top 20 von Tab. 12 sticht Österreich hervor mit fast 50% WohnstättenN: *Gruber, Steiner, Pichler* (< *Bühl* 'Hügel'), *Moser, Berger, Leitner* 'Bergabhang', *Eder* (< *öde* 'unbewohntes Gebiet'), *Winkler*. Die Schweiz hat in den Top 20 immerhin drei, Dtld. keinen. Gebirgige Gegenden sind tatsächlich "anfälliger" für dieses FamN-Motiv, da dort ein dreidimensionales Koordinatensystem besteht (und umgekehrt, da es ländliche Gebiete sind und oft keine ausdifferenzierte Berufslandschaft existiert, die Konglomerationen voraussetzt). In Bayern und auch im Schwarzwald sind die *Müller*-Komposita u.a. deshalb so dicht belegt, weil im Erstglied oft die Lage der Mühle bezeichnet wird: *Berg-, Feld-, Gras-, Grub-, Hain-, Moos-, Ober-, Steg-, Teich-, Wasen-, Wiesenmüller*. Doch auch das flache Westfalen ist reich an WohnstättenN, da dünn besiedelt und mit vielen Einzelhofsiedlungen. Hier stechen als onymische Richtungsangaben im Erstglied die vier Himmelsrichtungen *Ost(er)-, West(er)-, Nord-* und *Süd/ Sud-* heraus, die sich von Nordrhein-Westfalen im Westen bis nach Ostfriesland hinaufziehen (DFA III:418–437). In Bayern dominieren dagegen die Erstglieder *Ober-, Mitter-, Unter-* und *Nieder-* (DFA III:438–452, DRÄGER/KUNZE 2009:224f.).

Abb. 23: Lagebezeichnungen mit Himmelsrichtungen und Lageadverbien

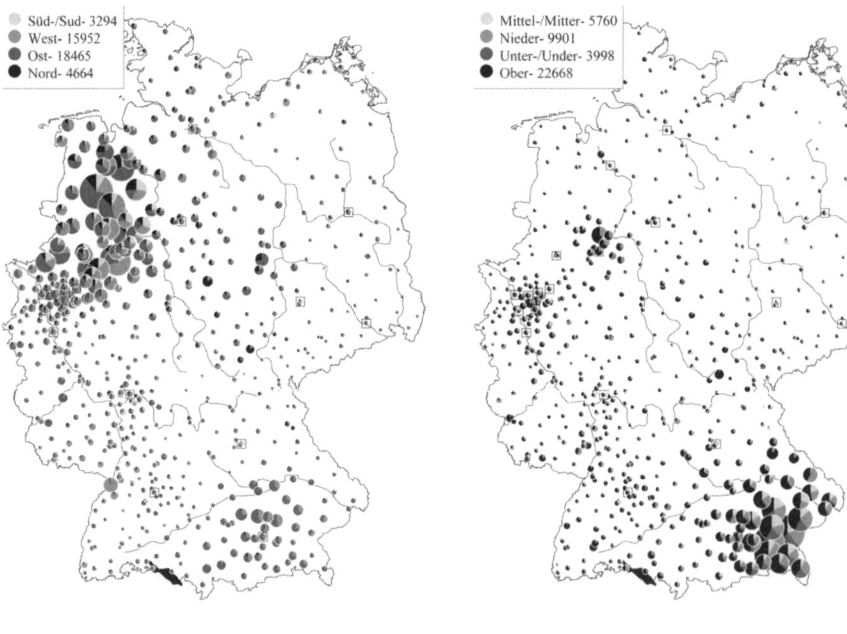

Abb. 24 zeigt links die Komposita auf *-müller* (bezogen auf einstellige PLZ) und rechts die auf *-meyer* (mit Varianten; zweistellige PLZ). Diese zeigen, dass Mischungen zwischen den Motivgruppen (hier: WohnstättenN + BerufsN) keine Seltenheit sind.

Abb. 24: FamN-Komposita auf *-müller* und *-meyer*

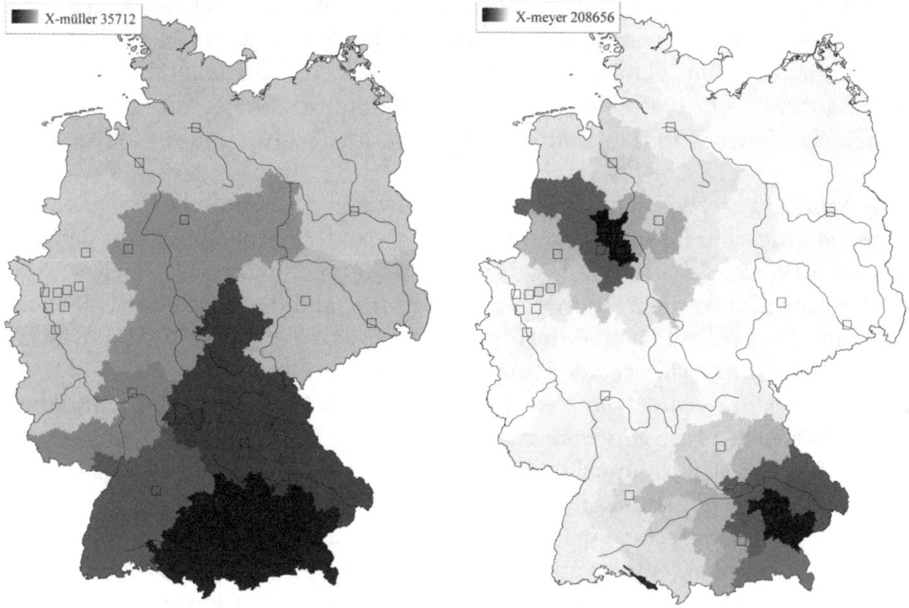

Die früheste Annahme von FamN entstammt diesem Motiv, da der Adel mit Wohnstättenbezeichnungen auf seinen Stammsitz und Besitz referierte. Hierfür benötigte man Präp. wie *von, zu, auf,* die später, v.a. *von* und *zu*, als Adelsprädikate per se reanalysiert wurden (und auch vor anderen als WohnstättenN stehen können; *von Goethe, zu Guttenberg*).

Speziell am **Niederrhein** konservieren die FamN Dutzende von Wörtern für 'Sumpf', 'Brachland', 'Dorngestrüpp', 'Erhebung im Sumpf', die z.T. nur dial. fortbestehen oder untergegangen sind und die die ursprüngliche Landschaft zur Besiedlungszeit durch den Menschen rekonstruieren lassen. Sehr häufig tradiert dieses Gebiet ganze PPs (Präp.+Artikel+Subst.), was bei den FamN als Relikt gilt: *Intveen, Inhetveen, Ingensiep* (< *in den*) alle 'im Sumpf', *Ter-/Verlinden, Van der Linde, Angenendt* (< *an dem Ende*). Generell ist der Niederrhein einschließlich Westfalen eine FamN-Landschaft von hoher Dialektalität und ausgeprägtem Konservatismus (HEUSER/NÜBLING 2010; mehr bei KUNZE 2003:94–105).

Die wohl längsten und skurrilsten FamN bescheren uns WohnstättenN in Westfalen (v.a. Kreis Wiedenbrück), meist einstige Hofflächenbezeichnungen, die den RufN ihres Besitzers amalgamiert haben (es handelt sich um Univerbierungen): *Ottovordemgen(t)schenfelde* 28 Tel., *Johannimloh* 30 (< 'Johannes im Gehölz'), *Johannvorderbrüggen* 14, *Jakobaufderstroth* 12, *Kerstingtombroke* 11 (< 'Christian zum Sumpf'), *Kerstingaufderheide* 7 etc. (TAUBKEN 1999, 2009, 2010).[138] Im **Westfälischen** besteht eine weitere Besonderheit darin, dass man noch heute seinen alten HofN dem FamN nachstellen kann: Der Haus- bzw. HofN war ursprünglich (wie übri-

[138] S. zudem www.owl-namen.de und www.lwl.org/LWL/Kultur/komuna/online_projekte/familiennamengeografie (12.07.15).

gens vielerorts) der bedeutendere und orientierendere ZuN und ersetzte, wenn jemand in einen Hof einheiratete oder diesen pachtete, meist den eigentlichen FamN. Dieser Brauch war so üblich, dass er die seit dem 19. Jh. geltende Vorschrift, nur den alten FamN weiterreichen zu dürfen, überdauerte. Seither wird als Kompromiss der HofN dem FamN hinzugefügt und dabei mit "genannt" (gt.) verbunden: *Heiner Schulte genannt Vöcking, Diedrich Terkamp genannt Ostrop.*

4) HerkunftsN werden neu Zugezogenen von den Einheimischen gegeben und benennen sie nach Herkunftsort, -region oder -land. Sie transportieren dabei Toponyme, und diese oft in ihren früheren Schreibungen oder so, wie sie von den Einheimischen verstanden wurden. So gehen fast alle der 566 unterschiedlichen FamN auf *-hammer* auf einen OrtsN mit *-heim* zurück (DFA IV:196–211). Um Trier herum kommt *Luxemburger* nur 71mal, die ältere Schreibung *Luxenburger* dagegen 238mal vor. Die vielen Westfalen, die bei der sog. Ostsiedlung massenhaft ins heutige Schleswig-Holstein und v.a. Mecklenburg-Vorpommern auswanderten, schreiben sich fast ausnahmslos mit altem <ph>: 8.095 Tel. auf *Westphal* stehen nur 79 auf *Westfal* gegenüber (s. DFA IV:62–69, KUNZE 2003:204).

Je nach Wanderstrecke wurde man nach demjenigen Ort benannt, mit dem die neuen Mitbürger noch etwas anfangen konnten: Kam jemand aus dem Nachbardorf, wurde er nach diesem benannt (*Heimerdinger*), kam er aus einer weiter entfernten Stadt, war diese das Namenmotiv (*Nürnberger*), und war jemand von weit her zugereist, wurde er *Bayer* (*Baier, Beier, Beyer*), *Schwei(t)zer, Hess(e), Schwab(e)* oder schlicht *Ausländer* genannt. So kann man über die in FamN transportierten Toponyme Wanderungsbewegungen und -distanzen ermitteln. Und nicht nur das: Wie J. UDOLPH 2006 nachweist (u.a. an *Rexrodt* und *Würriehausen*), ist es möglich, über FamN sogar die Lage von Wüstungen, d.h. untergegangenen Siedlungen, zu rekonstruieren.

Abb. 25: Die Verbreitung der FamN *Heimerdinger* und *Schwabe* (+ Varianten)

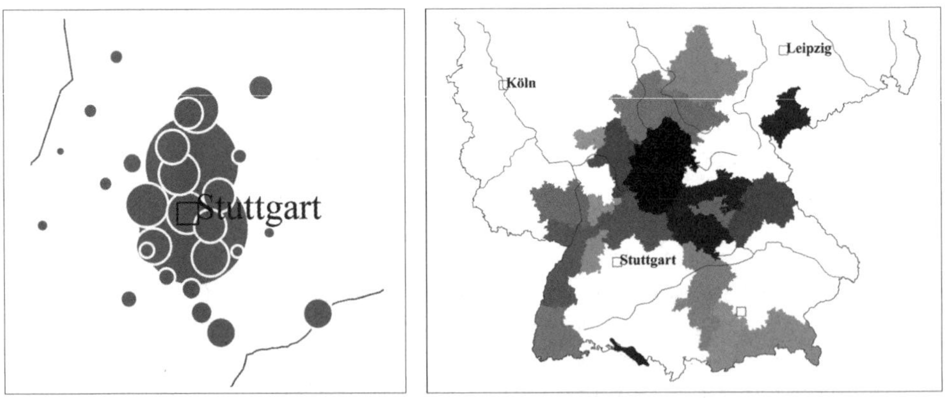

Da die Schreibung der Toponyme sowie die Wortbildung der daraus entstandenen HerkunftsN variiert, entsteht aus ein und demselben OrtsN nicht selten ein halbes oder ganzes Dutzend verschiedener FamN: "Theoret. konnten so viele

Herkunftsnamen entstehen, wie es Ortsnamen gibt, und dazu je mehrere Varianten: *Köllner, von Cölln, Kölsch, Kölling, Cölnermann*" (KUNZE 2003:85; s. auch DFA IV:376ff.). Auf Schwaben basieren z.B. mind. zehn HerkunftsN (nach Frequenz geordnet mit Tel.): *Schwab* 9.242, *Schwabe* 3.581, *Schwaab* 518, *Schwob* 270, *Schwabl* 137, *Schwäble* 73, *Schwaabe* 26, *Schwöble* 14, *Schwäbl* 13, *Schwoob* 9 (DFA IV:104–109). Vergleicht man in Abb. 25 die Verbreitungskarten für die genannten *Schwab*-Varianten rechts (insg. 13.746 Tel.) mit *Heimerdinger* links (200 Tel. zum OrtsN *Heimerdingen*, einem Dorf mit heute ca. 3.500 Einwohnern westl. von Stuttgart), so erkennt man schnell die unterschiedlich großen Radien – und im Fall der Schwaben auch die bevorzugte Wanderungsrichtung: Sie zogen eher nach Nordosten, doch kaum ins nd. Gebiet. Die Benrather Linie überquerten sie nur ungern.

Wenn Menschen StädteN in ihrem FamN transportieren, dann können ihre Vorfahren auch Kaufleute gewesen sein, die dort Handel getrieben haben. Hier sind die Distanzen der FamN zur entsprechenden Stadt meist groß (zu alledem s. DFA IV und KUNZE 2003:84–93). Nicht immer sind HerkunftsN trennscharf von WohnstättenN zu unterscheiden; so könnte *Steinbach* beidem angehören (wohnhaft an diesem Bach oder Herkunft aus *Steinbach*). Diese Tatsache sollte jedoch nicht dazu verführen (wie dies leider öfter geschieht), überhaupt keine Unterscheidung zu treffen, etwa indem man beide zu "geographischen FamN" o.Ä. zusammenfasst. Dazu sind sie viel zu unterschiedlich.

5) ÜberN gehen aus ursprünglich charakterisierenden APP oder Adj. hervor, die sich auf körperliche oder charakterliche Auffälligkeiten des ersten Namenträgers beziehen (zu *Nachlässigkeit* und *Müßiggang* s. MENZEL 2009). Hier ist, wie generell bei ÜberN (Kap. 7.4.2), mit viel Spott und Ironie zu rechnen. Wenn man sich klarmacht, wie häufig Regierende bzw. Führungspersönlichkeiten in FamN enthalten sind (*König* 33.317 Tel., *Kaiser* 31.882, *Graf* 17.962, *Herzog* 11.289), muss man mehrheitlich von (spöttischen) ÜberN ausgehen ('gebärdet sich wie X'). Weitere Motive kommen hinzu, etwa Fastnachts-, Krippen- und andere Schauspiele, in denen man solche Rollen einnahm; auch konnte ein *Graf* ein Dorfschulze sein, ein *König* Schützenkönig.

Die häufigsten ÜberN beziehen sich auf das **Haar**: Seine Struktur (*Strobel, Ströbele, Krause, Krull*), seine Farbe (*Schwarz, Weiß, Braun, Rot(h)*), sein Vorhandensein (*Wollhaupt, Siebenhaar*) oder auch nicht (*Glatz(el), Kahlmann, Kahlkopf*). Tierbezeichnungen wie *Fuchs* oder *Wolf* können metaphorisch verstanden werden. Bzgl. der **Kopfform** war man auch nicht zimperlich: *Ku(h)-, Schweins-, Schaf-, Kitz-, Vogel-, Raben-, Eulen-, Fisch-, Mocken-/Mucken-/Mückenhaupt, Breit-, Hirsch-, Bocks-, Kalbs-, Ochsen-, Rehkopf* etc. (dass sich hierunter auch auf Tierköpfe spezialisierte Metzger befanden, ist nie auszuschließen). *Zitterkopf* bezeichnete einen Kranken. Auch **Körpergröße** (*Groß(e), Lang(e), Klein, Kurz*), -bau (*Grob, Klotz*) und -fülle (*Feist, Vorn-/Fornefett, Dürr/Dörr, Megerle, Schmeling*) haben Hunderte von ÜberN generiert, sodass man gut die (benennungswürdigen) Abweichungen von der Norm zu früheren Zeiten rekonstruieren kann, auch was das Sozialverhalten betrifft (wie Geiz, Boshaftigkeit, Aggressivität, Feigheit; KUNZE 2003:138–153). Sog. SatzN enthalten Verben und beschreiben Verhaltensauffälligkeiten oder

Aussprüche des ersten Namenträgers (*Schnappauf, Trinkaus, Fürchtenicht, Haßdenteufel, Nimmesgern, Schönleben;* DFA III:Kap. IV.3, DITTMAIER 1956). Tab. 12 enthält an ÜberN (kursiv) *Klein, Wolf, Neumann, Schwarz, Frei, Wyss, Fuchs.*

Diese fünf Benennungsmotive weisen auch **soziale und regionale Unterschiede** auf: Patronyme und ÜberN kamen eher auf dem Land als in der Stadt vor und eher bei sozial Niedrigstehenden. Herkunfts- und BerufsN gab es eher in der Stadt, sie zeugen von Mobilität (Reisen) und guter (Aus-)Bildung. Weniger eindeutig sind die WohnstättenN, die einerseits in ländlichen, beruflich kaum ausdifferenzierten und abseits von den Handelswegen liegenden Gebieten verbreitet waren (z.B. Westfalen), andererseits auch vom Adel verwendet wurden. Insgesamt gibt es im Norden deutlich mehr Patronyme und weniger BerufsN als in der Mitte und im Süden Dtlds.

7.3.2 Familiennamengeographie und ihre interdisziplinären Bezüge

Dass FamN vielfache interdisziplinäre Bezüge enthalten, wurde in Kap. 7.3.1 und aus Tab. 13 deutlich. Aus Platzgründen können wir nur auf ganz wenige Beispiele eingehen, die besonders klar zeigen, welche Hinweise die modernen Methoden der FamN-Geographie zu geben vermögen (KUNZE 2001a). **Intradisziplinäre Fortschritte** lassen sich bei der **Etymologisierung der FamN** erzielen: Wenn Namen, denen bisher ein nd. Etymon zugrunde gelegt wurde, eindeutig und in hoher Zahl im Obd. vorkommen (oder umgekehrt), dann kann das Etymon nicht stimmen. Wenn der FamN *Hunger* (der u.a. als 'hungerleidender Landstreicher' gedeutet wurde) sich genau im gleichen (kleinen) Gebiet (im Erzgebirge) des FamN *Unger* befindet, dann ist das gemeinsame Etymon 'Ungar' plausibel. Wenn sich der merkwürdige FamN *Gaa* (der in keinem der FamN-Lexika verzeichnet ist) mit immerhin 291 Tel. in der Gegend von Saarbrücken/Ludwigshafen ballt und wenn eine Kombinationskarte mit *Gard* eine Nachbarschaft dazu ergibt (an der Grenze zu Frankreich), dann ist es plausibel, *Gaa* als eingedeutschten frz. FamN zu deuten. Wenn sich bis dato als slaw. oder baltisch eingestufte FamN an der Westgrenze Dtlds. konzentrieren (wie z.B. *Schillo,* dem bisher ein sorb. Etymon unterstellt wurde), dann sind solche Etymologien mit großer Skepsis zu betrachten (tatsächlich geht *Schillo* auf das frz. Patronym *Gillot* < *Ägidius* zurück). Solche Widersprüche zu bisherigen FamN-Lexika begegnen häufig, wenn man FamN-Geographie betreibt, die erst im digitalen Zeitalter möglich geworden und im Projekt DFD realisiert wird (daher ist den traditionellen Lexika kein Vorwurf zu machen; zum DFD s. HEUSER/SCHMUCK 2014).

Fremdsprachige FamN beantworten nun auch **interdisziplinäre Fragestellungen,** z.B. die nach **Migrationsströmen** (UDOLPH 2011). Man kann viele slaw. FamN erfassen, wenn man ihr häufiges Suffix *-ski* (eher poln.) und *-sky* (eher tschech.) extrahiert und kartiert (dies ergibt insg. 28.359 verschiedene Namen auf *-ski* und 7.217 auf *-sky;* diese Types korrelieren mit 305.447 bzw. 44.344 Tel. = Tokens). Ebenso kann man einen Großteil der griech. FamN erfassen, wenn man den häufigen patronymischen Ausgang *-opoulos* kartiert – und analog türkische, wenn man *-oglu* nimmt. Immerhin gibt es in Dtld. 960 griech. FamN-Types auf *-opoulos* (4.090 Tel.) sowie rund 3.200 türk. FamN-Types auf *-oglu* (11.679 Tel.). Die Verbreitung dieser drei Namenkulturen zeigt Abb. 26. Die Unterschiede in den Kartenbildern sind evident: Die slaw. Namen diffundieren von Osten nach Dtld. und ballen sich im Ruhrgebiet, wo ihre Träger ab Ende des 19. Jhs. in den Zechen arbeiteten (HENGST 2001, RYMUT/HOFFMANN 2006). Ganz anders das Bild bei den Türken und Griechen, die in sämtlichen industriellen Ballungsgebieten arbeiten und leben. Auch nach der Wende blieben sie offensichtlich in Westdtld.

Abb. 26: Slawische (links) sowie griechische und türkische FamN (rechts) in Dtld. (2005)

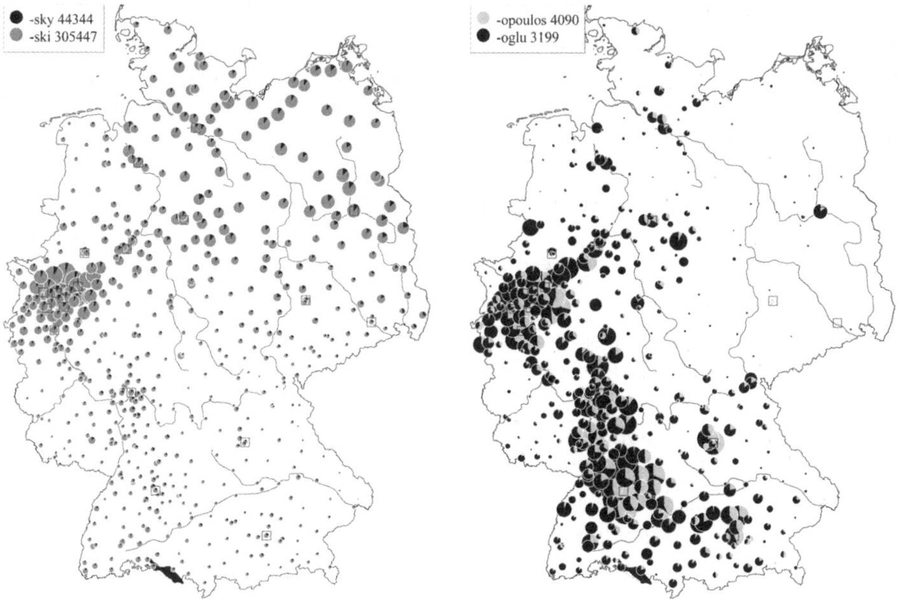

Anhand der FamN-Geographie lassen sich auch frühere **Verehrungen** von **Heiligen, Bischöfen, Herrschern** und deren Einflussbereiche rekonstruieren. So findet sich der Heilige *Severin* von Köln, Bischof im 4. Jh., sehr gut repräsentiert in den FamN *Frings* (2.077 Tel.) und *Brings* (552 Tel.), die sich im Kölner Raum ballen (Karte in KUNZE 2003:83).

Immer deutlicher treten die Bezüge zur **Dialektologie** zutage, nicht nur, wie vordergründig anzunehmen wäre, weil FamN alte dial. Lautungen und Formen konservieren. Vielmehr sind es verschiedene Namenlexeme, deren Verbreitung sich exakt mit ganz anders (z.B. phonologisch) motivierten Dialektarealen deckt, wie unlängst KLAUSMANN 2011 für Baden-Württemberg festgestellt hat: So wird z.B. die Isoglosse zwischen dem West- und dem Ostalem. durch je exklusive FamN untermauert: Im Westen (Rheinebene) *Roß*, *Fässler*, *Kollmer*, im Osten (Schwarzwaldtäler und Schwarzwald) *Öhler*, *Haberstroh*, *Waldvogel*, *Duffner* etc. Damit bestätigt sich die bisherige Vermutung, dass die Schwarzwaldtäler von Osten her besiedelt wurden und die Ost-West-Grenze (die nicht im Gebirge, sondern im Tal liegt), durch heruntergewanderte Schwarzwälder geformt wurde: "Dialektgeographie und Familiennamengeographie führen damit zu eindeutigen Erkenntnissen der Siedlungsgeographie und Siedlungsgeschichte" (ebd.:238).

Für die **Sprachgeschichte** bieten die FamN, da sie mind. 500 Jahre altes, kaum verändertes Sprachmaterial konservieren, eine Fülle an Erkenntnissen, von der Phonologie über die Morphologie hin zu Lexik und historischer Graphematik (DRÄGER/KUNZE 2009). Besonders bei der **Graphematik** ergeben sich klare Raumbilder, die oft noch ihrer Erklärung harren, etwa weshalb in Oberbayern das Simplex *Maier/Mayer* weitestgehend mit <ai/ay> geschrieben wird, dagegen Komposita auf *-meier/-meyer* eher mit <ei/ey>. Konsonantgraphemballungen wie <ck> in *Linck(e), Blanck(e)* finden sich eher im Norden, <tz>-Schreibungen wie in *Holtz, Schultz* noch begrenzter im Nordosten (Mecklenburg-Vorpommern). Auch die <c>-Schreibung in *Konrad/Conrad* und *Jakob/Jacob* dominiert in Norddtld., außerdem <ff> in *Wolff/Wulff*. Dagegen verläuft die Grenze zwischen den Typen *Steffen* und *Stephan* diagonal durch Dtld. (gesamter Norden und Westen <ff>, Süden und Osten <ph> (s. DFA I und II)).

Einem Relikt in der **Umlautschreibung** von FamN gehen DRÄGER/KUNZE 2010 nach, die feststellen, dass bei den Großbuchstaben (im Namenanlaut) juxtaponiertes (danebengestelltes) <e> viel häufiger vorkommt als supraponiertes (darübergestelltes) Trema (Pünktchen), nämlich zu 88% vs. 12% bei <Oe> vs. <Ö> und zu 71% vs. 29% bei <Ue> vs. <Ü> (<Ae> wurde weitgehend durch <E> ersetzt). Häufiger ist also *Oehler, Oechsle, Uebel, Uebach*, selbst dann, wenn die Namen transparent sind (wie *Oechsle*) und an ein APP anschließen könnten (Kap. 4.5.1). Der Grund: Im 16. und 17. Jh. gab es statt des Tremas noch ein übergestelltes <e>, das jedoch im Fall der Majuskeln beim Druck mehr Zeilenabstand erfordert hätte und daher rechts danebengesetzt wurde (bei den Minuskeln war das nicht nötig). Als sich später das Trema durchsetzte, das oben mit den Majuskeln abschloss (also nicht mehr überstand), war das Problem gelöst: Alle app. Umlaute werden seither mit Trema geschrieben. Nur die EN waren schon erstarrt, weshalb sowohl Toponyme (*Aepfelbach, Oehringhausen*) als auch FamN die alte Juxtaponierung zahlreich fortsetzen. Die Verbreitungskarten zeigen, dass die Tremaschreibung süddt. ist. Österreich setzt sie fort – wohingegen die Schweiz <Oe> und <Ue> schreibt. Anders bei den Minuskeln (*Jäger, Förster, Müller*), wo <ä, ö, ü>-Schreibungen klar dominieren (zu Details s. DRÄGER/KUNZE 2010).

Die historische Verdrängung bzw. Ausbreitung von **Lexemen** (z.B. die Expansion von *Küfer/Kiefer* vs. *Binder/Bendler, Fässler*, von *Geiger* vs. *Fiedler*, von *Tischler* vs. *Schreiner*, von *Schneider* vs. *Schröder*, von *Spatz* vs. *Sperling, Lüning* etc.) kann man zuhauf beobachten, wofür auf KUNZE (2001b, 2003) verwiesen sei. Zu **Zahlen** als und in FamN (wie *Zwanzig(er), Dreißig, Ach(t)ziger, Neunzig, Siebenhühner, Siebzehnrübl*) und deren Hintergründen s. KUNZE/NÜBLING 2009.

Auch für die **historische (Dialekt-)Morphologie** erweisen sich die FamN als unschätzbare Quelle. So konnten DAMMEL/SCHMUCK 2009 zeigen, dass sich die Grenze zwischen den beiden konkurrierenden Diminutivsuffixen, nämlich dem nördl. sog. *k*-Suffix (*-ke(n), -je, -ge(n), -che(n)*) und dem südl. sog. *l*-Suffix (*-le, -li, -l, -el* etc.) in den letzten 500 Jahren dramatisch nach Süden verschoben hat, d.h., das *k*-Suffix verdrängt das *l*-Suffix. Die FamN-Geographie zeigt, dass diese alte Grenze (vor ca. 500 Jahren) noch nördl. von Köln verlief, während sie heute weit südl. von Frankfurt verläuft und bis ins Saarland reicht, d.h., das Westmd. hat sein Diminutivsuffix weitgehend ausgetauscht (Doppelsuffixe wie *Stück-el-chen* bestätigen diese Sukzession). Das *k*-Suffix expandiert also deutlich nach Süden, die FamN konservieren den alten Stand (s. auch TIEFENBACH 1987).

Auch die **Entstehung von Diminutivsuffixen** ist bei den EN zu verorten und dehnt sich auf APP aus, wie der Fall des jungen, sich der *k-/l*-Verteilung entziehenden *ing*-Diminutivs im Mecklenburgischen zeigt. Erst zu Beginn des 19. Jhs. wird es für dieses Gebiet beschrieben. Seine Herkunft und sein Aufkommen waren bislang ungeklärt. SCHMUCK 2009 zeigt, dass ein auf PersN ins Mecklenburgische eingewandertes patronymisches Suffix vorliegt, das dort – in einem traditionell diminutivfreien Dialektgebiet – als neues Diminutivsuffix reanalysiert wurde.[139] Der Import kommt dabei aus dem Westfälischen, von wo aus viele Menschen im Zuge der Ostsiedlung im 13. Jh. nach Mecklenburg-Vorpommern ausgewandert sind (s. dort die zahlreichen *Westphal*s).

Abb. 27: Grammatikalisierungspfad des *ing*-Diminutivs (nach SCHMUCK 2009)

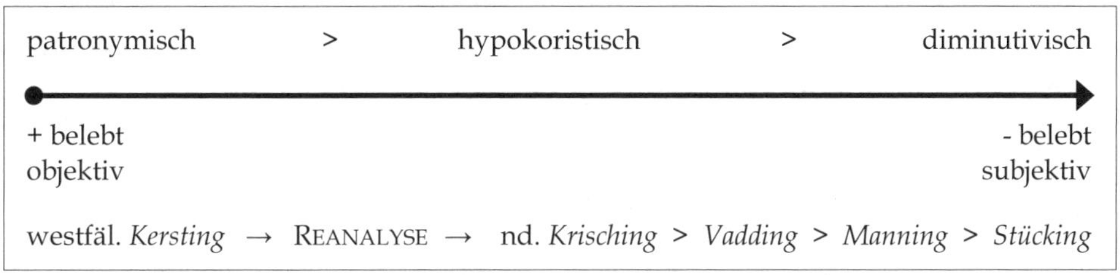

In Westfalen waren (und sind) FamN < Patronymen auf *-ing* extrem häufig (type- und tokenfrequent): *Kersting* < *Kersten*, *Brüning* < *Bruno*, *Benning* < *Bernhard*, *Nolting* < *Arnold*. Selbst sekundäre Patronyme wurden damit gebildet (*Möllering*, *Smeding*), hervorgehend aus dem Motiv 'kleiner X', d.h. Sohn des Vaters, der sich X (*Kersten*, *Benno*, *Möller*) nannte. Auch im Mecklenburgischen behielten sie ihre Produktivität, ihre Bauweise war transparent. Erst im 14.–16. Jh. wurde dieser Typus durch neu aufkommende Genitivbildungen nach und nach verdrängt (*Petering* > *Peters*, *Möllering* > *Möllers*). Zu dieser Zeit hatte jedoch bereits die Reanalyse als hypokoristisches Suffix stattgefunden, d.h., *-ing* heftete sich zum einen an genuin nd. RufN (*Krisching* < *Christian*, *Kating* < *Katharina*, *Hanning* < *Johannes*), zum anderen auch an (onymisch gebrauchte) Verwandtschaftsbezeichnungen wie *Mudding* 'Mütterchen', *Vadding* 'Väterchen', *Döchting* 'Töchterchen' etc., an weitere Anreden und Personenbezeichnungen wie *Herring*, *Jünging*, *Liebing*, *Manning*, *Püpping*, an Tiere (*Lüchting* 'Füchschen') sowie Gegenstände (*Kartöffeling*, *Stücking*) und (seltener) Abstrakta (*Küssing*). Deutlich ist hier die Belebtheits- und

[139] WREDE (1908:132) in Hinblick auf andere Diminutivsuffixe: "Ich behaupte: die Appellativa diminutiva des Deutschen haben ihren Ursprung bei [...] den Personennamen; sie sind von Hause aus Koseformen, von Appellativen gebildet nach dem Muster der Kosenamen".

Individualitätsskala von Abb. 11 und Abb. 12 erkennbar, die bei Sprachwandel- und Grammatikalisierungsprozessen häufig abgeschritten wird. Abb. 27 zeigt den Weg, den der mecklenburgische *ing*-Diminutiv zurückgelegt hat.

Besonders die hypokoristische Funktion von *-ing* wird immer wieder betont. EHLERS 2011 bestätigt, dass *-ing* weniger diminuierend (im Sinne von Kleinheit bezeichnend) als modalisierend, höflich und pragmatisch entschärfend empfunden wird (es verringert die soziale Distanz, ähnlich der Diminution im Ndl.). Genau weil es eher (noch?) solche pragmatischen als propositionalen Funktionen ausübt, kann es sich heute auch mit anderen Basen als Subst. verbinden ("kategorielle Promiskuität" nach EHLERS 2011), z.B. mit Adj. (*dümming*), Interjektionen (*Herr Jeking! Ach Götting!*), Grußformeln (*Tschüssing!*), sogar mit Verben (*Dürfen wir essing?*). Dies belegt, dass *-ing* funktional nicht so weit fortgeschritten ist wie *-chen* oder *-lein*, aber auf dem Weg dorthin. Zentral ist die Einsicht, dass EN als das Zentrum der Belebtheit Ausgangspunkt morphologischer Innovationen sein können. Ganz Ähnliches wird für *-i* beschrieben, das von PersN derzeit auf app. Personen- und Gegenstandsbezeichnungen übergeht: *Leni, Gerdi, Willi, Heini* (> *Ötzi*) > *Mutti, Omi* > *Studi, Ersti, Alki* > *Trabi, Taxi* > *Pulli, Kuli* (Kap. 4.2.2).

Schließlich liefern FamN Beiträge zur **historischen (Dialekt-) Phonologie**. So haben KUNZE/KUNZE 2003 anhand von FamN aus allen Motivgruppen (*Haas(e), Schütz(e), Lang(e), Hess(e), Kunz(e), Kamp(e)* etc.) gezeigt, dass die alte (obd.) **Apokopegrenze** östl. von Köln über 400 km hinweg stabil geblieben ist, während sie sich westl. von Köln in den letzten 500 Jahren nach Norden verschoben hat.[140]

7.3.3 Familiennamen und Geschlecht

Es mutet ungewöhnlich an, **FamN** mit **Geschlecht** in Verbindung zu bringen, doch liegt dies nur daran, dass hierüber kaum geforscht wird. So scheint im öffentlichen Sprachgebrauch auf Frauen und Männer (in gleichen/vergleichbaren Positionen) onymisch unterschiedlich referiert zu werden: Männer werden in der Presse öfter mit dem blanken FamN genannt (*Kohl besucht USA*), während bei Frauen eher ihr RufN oder *Frau* hinzutritt (*Angela Merkel/Frau Merkel besucht USA*; GYGER 1995b:522, EIS 1970:22–24), wobei dies rückläufig zu sein scheint (LEPPÄNEN 2003, LENK 2007:310, ROLLNIK 2014). Nicht selten wird auf Frauen nur mit dem RufN referiert – wie beim türkischen Mordopfer *Tuğçe*, dessen FamN *Albayrak* kaum eine Rolle spielte. Der kontextlos geäußerte Satz *Müller kam zu spät* wird dagegen männlich interpretiert.[141] Wenn auf Frauen mit dem blanken FamN referiert wird – dann meist in Verbindung mit dem Definitartikel –, impliziert

---

140 Zu weiteren phonologischen Phänomenen s. DAMMEL/SCHMUCK 2009 (zur *r*-Metathese und zum intervokalischen *d*-Schwund im Nd.) sowie DFA I und II.

141 Bei einer Frau käme der Artikel *die* hinzu (WITKOWSKI 1973:11). In studentischen Hausarbeiten besteht – trotz der Konvention, auf Forschungen, gleich ob weibl. oder männl. Autorschaft, nur mit "MÜLLER 2004" zu referieren – oft das Bedürfnis, dennoch den Sexus zu kennzeichnen, und zwar meist so, dass auf männl. Autoren mit *Müller – er* verwiesen wird, auf weibl. mit *Frau Müller* oder *Elke Müller – sie*. Dass die Frauen zusätzlich markiert werden, drückt aus, dass sie in diesem Bereich weniger erwartet werden.

dies künstlerisch tätige, divenhafte Berühmtheiten wie Sängerinnen oder Schauspielerinnen, z.B. *die Callas, die Dietrich, die Garbo*. Dieser Effekt tritt bei Männern nicht zutage (*der Pavarotti, der Domingo* drückt nicht mehr aus als *der Westerwelle, der Kohl*, nämlich eine gewisse Saloppheit ohne zwingende Künstlernote).

Mittlerweile belegt ist, dass **SpitzN** (Kap. 7.4.2) von Sportlern eher auf dem (distanzierteren) FamN basieren (*Poldi* < *Lukas Podolski, Schumi* < *Michael Schumacher, Klinsi* < *Jürgen Klinsmann*), solche von Sportlerinnen dagegen auf dem (intimeren) RufN (*Franzi* < *Franziska van Almsick, Kati* < *Katarina Witt, Steffi* < *Stefanie Graf*). KÜRSCHNER 2014 hat die SpitzN von 635 Personensteckbriefen regionaler Sportmannschaften analysiert: Von den 317 FrauenspitzN basieren nur 19% auf dem FamN, von den 318 MännerspitzN dagegen 81%.[142] Eine Erklärung steht noch aus. Vermutlich wirkt hier die generell ausgeprägtere Distanzlosigkeit ggü. Frauen (s. das Bsp. *Tuğçe* oben). Nicht auszuschließen ist, dass (männl.) Sportfans durch Zugriff auf den FamN ihres Idols einem möglichen Homophilieverdacht entkommen wollen.

Geschlecht bei FamN tritt auch bei **Eheschließungen** zutage. Bis vor wenigen Jahrzehnten war die Frau gezwungen, bei der Heirat ihren FamN abzulegen und den des Mannes anzunehmen. Der Frau wurde nicht nur ein wichtiger Identitätsmarker, den auch der FamN in hohem Maße darstellt, entzogen, ihr wurde ein anderer aufgezwungen, und sie gehörte fortan zur Familie ihres Mannes.[143] NUESSEL (1992:37) behandelt diese Praxis im Kapitel "Sexism in names":

> The society's naming practices are inherently sexist. [...] The act of shedding one surname for another is a symbolic gesture of submission through the loss of one's identity and the acceptance of another personality [...]. This custom requires a female to participate in the process of renaming herself. This is a burdensome procedure that involves the completion of many changes of name forms (insurance, driver's license, notification of friends, relatives, and acquaintances, etc.).

Wenige Jahrzehnte zuvor wurde die Frau auch noch mit dem RufN ihres Mannes adressiert: "Frau Thomas Mann" heißt das Buch über das Leben der Frau, die als *Katharina Pringsheim* geboren und aufgewachsen ist und mit der Heirat weitgehend auch ihres RufN verlustig ging. "Frau Thomas Mann" zierte sogar ihr Briefpapier. Am 02.10.11 empört sich in SPIEGEL ONLINE eine Journalistin, die als *Katja Ridderbusch* geboren wurde und heute in Atlanta verheiratet ist, darüber, dass sie häufig, v.a. bei öffentlichen Anlässen, zu *Mrs. James J. Bauser* (dem vollen Namen ihres Mannes) und damit "zum Appendix ihres Mannes" (ebd.) mutiere: "Es befremdet mich, wenn ein Name, dieser erste und klarste Ausdruck der Identität, so hartnäckig missachtet wird" (ebd.).

Obwohl nach dem Grundgesetz "der Gesetzgeber verpflichtet war, ein freiheitliches und gleichberechtigtes Namensrecht zu schaffen" (SACKSOFSKY 2009:75),

---

[142] Wieweit dies auch für PolitikerInnen gilt, ist u.W. unbekannt (vgl. *Gorbi* < *Gorbatschow, Stolti* < *Stoltenberg, Wowi* < *Wowereit, Kretsch* < *Kretschmann*). *Angie* (< RufN) für *Angela Merkel* hat sich nicht durchgesetzt. Hier müssen Forschungen ansetzen.

[143] Auch verschwanden Frauen spätestens dann aus den Stammbäumen ihrer Familie, wenn sie einen neuen FamN bekamen.

wird im BGB von 1949 die alleinige Durchsetzung des **MannesN als Ehe- und FamN**[144] wie folgt begründet:

> Es ist eine natürliche Folge der Innigkeit und der das ganze Leben umfassenden Bedeutung der ehelichen Gemeinschaft, daß beide Ehegatten denselben Ehenamen führen. […] Die Stellung des Mannes bringt es mit sich, daß die Ehefrau seinen Familiennamen erhält, und zwar ist sie diesen Namen zu führen nicht nur berechtigt, sondern [...] auch verpflichtet (BGB 1949:§1355; zit. nach SACKSOFSKY 2004:1).

1958 wurde der Frau erlaubt, ihren sog. MädchenN mit Bindestrich an den MannesN anzufügen (als sog. BegleitN), doch **nur** in ihrem **EheN**, **nicht** im **FamN** (der auch für die Kinder gilt).[145] Die Reform von 1976 schrieb einen **gemeinsamen Ehe- und FamN** vor, der entweder von der Frau oder vom Mann stammen konnte. Erfolgte keine Entscheidung, wurde der des Mannes genommen. Außerdem waren als DoppelN beide Kombinationsmöglichkeiten gestattet (*Müller-Lüdenscheidt* und *Lüdenscheidt-Müller*). Seit 1991 können die Ehepartner getrennte EheN führen, auch DoppelN. Dies wurde 1994 eingeschränkt: DoppelN verbieten sich sowohl als EheN (d.h. EIN DoppelN für beide Partner)[146] als auch als FamN (für Kinder).[147] Behalten die Eltern jeweils ihren GeburtsN, so muss für die Kinder ein einheitlicher FamN festgelegt werden, d.h., Kinder sind namentlich nur EINEM Elternteil zugeordnet (was SACKSOFSKY 2009 kritisiert). Damit bestehen heute bei der EheN-Wahl im Prinzip zwei Möglichkeiten: Entweder behalten beide ihren GeburtsN (getrennte Namenführung), oder beide wählen einen gemeinsamen EheN, entweder den der Frau oder den des Mannes (gemeinsame Namenführung). Wahlweise kann der eine Partner dem einen BegleitN hinzufügen.

Tab. 15: Die EheN-Wahl 1997 (nach MATTHIAS-BLECK 2000:109)

	getrennte Namen	**gemeinsamer EheN**	**gem. EheN ist MannesN**	**gem. EheN ist FrauenN**
Großstadt (> 100.000)	1624 (14%)	8907 (86%)	8530 (96%)	377 (4%)
Mittelstadt (> 40.000)	284 (9%)	2746 (91%)	2634 (96%)	112 (4%)
Kleinstadt (> 20.000)	84 (8%)	927 (92%)	876 (95%)	51 (5%)

Wie wird nun mit dieser neuen Freiheit umgegangen? Erstaunlich zurückhaltend, wie die Ergebnisse von MATTHIAS-BLECK 2000 belegen, die 1997, also drei Jahre

144 Juristisch ist der EheN der NachN der Eheleute, der FamN der der (ehelichen) Kinder.

145 In der DDR wurde 1965 bestimmt, dass man entweder den Namen der Frau oder den des Mannes zum EheN machen muss. DoppelN gab es keine (s. hierzu die eindrucksvolle Karte in DFA III:586). Zur Praxis in der Schweiz s. NAVE-HERZ (2003:134).

146 Es ist aber möglich, dass der/diejenige, der/die den anderen Namen als EheN annimmt, den GeburtsN als sog. BegleitN dem EheN voran- oder nachstellt.

147 Weiterer Gegenstand dieses Gesetzes war das Verbot von mehr als zweigliedrigen EheN.

nach der Gesetzesänderung, die Daten von 21 Standesämtern analysiert hat (darunter 7 Groß-, 8 Mittel- und 6 Kleinstädte; zu Näherem s. ebd.; Tab. 15). Die grau hinterlegten und fettgedruckten Zahlen betreffen die beiden Grundoptionen: Die getrennte Namenführung schwankt zwischen 8% und 14% und nimmt mit der Größe der Stadt zu. Die gemeinsame Namenführung dominiert also klar - und hier zeigen die beiden letzten Spalten, welcher der beiden Partner öfter zum Zuge kommt: Es ist - und dies gilt für jede Stadtgröße - zu weit über 90% der Mann, d.h., wenn denn jemand den Namen ändert, dann - nach wie vor - die Frau. Man sieht also, dass das Namenwahlverhalten extrem traditionell und damit patriarchalisch geprägt ist.[148] Es wäre dringend angesagt, solche Untersuchungen heute, mit größerem zeitlichem Abstand, zu wiederholen (zu sehr ähnlichen Zahlen für Weiden i.d. Opf. 2004–2009 s. KOSS 2010:11, 2011:340).[149]

MATTHIAS-BLECK 2000 hat dem eine **qualitative Untersuchung** folgen lassen, um die Gründe dieser Wahl zu erkunden (33 InformantInnen: 16 Frauen, 17 Männer). Drei Frauen haben sich aus Gründen der Gleichberechtigung für die Beibehaltung ihres GeburtsN entschieden, aber auch aus Gründen der Identität und des Wohlklangs. 29 Befragte (13 Frauen, 16 Männer) haben sich v.a. deshalb für den MannesN entschieden, weil dies normal, unauffällig, selbstverständlich sei. Manche Männer lehnten die mögliche Wahl des Frauen- als EheN entschieden ab. Aufschlussreich ist die Antwort (beider Geschlechter), dass der MannesN der seltenere, schönere, wohlklingendere gewesen sei. Der eine Mann, der den Namen seiner Frau angenommen hat, wurde als Kind mit seinem FamN gehänselt. Während die Antworten der Männer bzgl. der Beibehaltung ihres Namens kurz und bündig ausfielen, rechtfertigte sich dieser Mann über viele Seiten hinweg: Dies zeige, so MATTHIAS-BLECK (2000:111), "dass diese Art der Namenswahl noch ungewöhnlich ist und man sich deshalb auf keine Tradition berufen kann".

Genau hier, an der Macht von Sitten und Gebräuchen und - "widersetzt" man sich diesen - dem Charakter des Normverstoßes, setzt die Kritik von SACKSOFSKY (1995, 2002, 2004, 2009) an, die in der Vorschrift nach EINEM Ehe- und FamN nach wie vor eine **mittelbare Benachteiligung der Frau** sieht und sich daher stark für die Option der DoppelN-Führung als Ehe- und FamN einsetzt. Dagegen ist jedoch der Gesetzgeber, weil 1.) diese Namenketten im Alltag unpraktisch seien (**Erschwerung des Rechtsverkehrs**) und 2.) dem **Kindeswohl** entgegenstünden, da sie dem Kind die Identifizierung mit seiner Familie erschweren. SACKSOFSKY 2009 weist diese Argumente damit zurück, dass, um Namenketten zu vermeiden, auch die Möglichkeit des BegleitN verboten werden müsse und dass das Kind sich gerade durch einen DoppelN mit beiden Eltern identifizieren könne. DoppelN für Kinder wie für Eheleute sprächen umgekehrt für die gleichberechtigte

---

[148] Hier unberücksichtigt blieb die Wahl eines BegleitN zum gemeinsamen EheN, was nur einem Partner erlaubt ist. Dies wird von ca. 12% in Anspruch genommen - fast nur von Frauen (MATTHIAS-BLECK 2000:109).

[149] Ester BLEISE hat dies in einer stud. Hausarbeit für einige Jahrgänge ab 2000 getan und festgestellt, dass zwar der Trend zu getrennten EheN (v.a. in Städten) zunimmt, doch selten mehr als 20% erreicht (Ausnahme: Frankfurt 2009 mit 26%, ähnlich Stuttgart). Wird ein gemeinsamer EheN gewählt, dann immer noch zu über 90% der MannesN.

Partnerschaft - "jedenfalls dann, wenn es beide Partner wünschen" (ebd.:89). Der Gesetzgeber sieht 3.) die **Einheit der Familie** und die Verbundenheit von Mann und Frau nur in der Führung eines einzigen Namens repräsentiert. Auch dem widerspricht SACKSOFSKY 2009, da ein Ehepaar aus zwei Personen bestünde und dafür ein DoppelN "geradezu ideal" sei (ebd.:83). Überzeugend widerlegt sie auch zwei weitere Argumente des Gesetzgebers gegen die DoppelN: 4.) Mangelnde **Akzeptanz** in der Gesellschaft (die Mehrheit der Bevölkerung wünsche keine DoppelN) und 5.) **Tradition** (echte, gewachsene Formen würden zerstört, das Namengefüge würde sich grundlegend ändern). SACKSOFSKY 2009 hält dem entgegen, dass Mehrheiten nicht die Freiheit Andersdenkender beschneiden dürfen (das patriarchalische Einnamenprinzip soll ja nicht verboten werden), und dass Tradition ein beschönigender Ausdruck für überkommene Einstellungen sei. Auch werde nicht deutlich, weshalb sich das "Namengefüge" so stark ändern sollte (angeblich sei die Mehrheit gegen DoppelN, also bliebe es ja beim Alten) und weshalb dieses ein so schützenswertes Gut darstelle. So schließt SACKSOFSKY (2009:89):

> Das (krampfhafte) Festhalten an der Idee, die Einheit in der Ehe müsse sich durch die Wahl *eines* Namens *eines* Partners ausdrücken, ist durch die moderne Entwicklung überholt [...]. Es ist dringend an der Zeit, dass der Gesetzgeber - endlich - auf die Überregulierung im Namensrecht verzichtet und die Entscheidung den Einzelnen überlässt. Einem freiheitlichen Staat stünde dies wohl an.

Das Argument, es bestünde die gleichberechtigte Option, den FrauenN zum Ehe- und FamN zu machen, hat MATTHIAS-BLECK 2000 durch ihre Befragungen widerlegt: Dies stellt deshalb keine echte Option dar, weil diejenigen, die dies tun, einem enormen Rechtfertigungsdruck ausgesetzt sind (vom Typ: sie dominiert ihn, er hat nichts zu sagen). Diese Option verstößt in den Augen der Mehrheit gegen die unhinterfragte, stets positiv konnotierte Tradition, sie weicht ab und ist dadurch markiert und legitimationsbedürftig. Die oben erwähnte "Freiheit" ist also keine (NAVE-HERZ 2003, SCHOTT 1986, SCHWENZER 1991, STRUCK 1991, GIESEN 1993, COESTER 1994). Interessant wären diesbezügliche Vergleiche mit anderen Kulturen, z.B. solchen mit Doppel- und MehrfachN (wie Spanien und Portugal). Zur Gesetzgebung in Österreich und der Schweiz s. KOSS 2011.

Hatten wir es bisher mit geschlechtsspezifischer **Verwendung von FamN** zu tun, so wenden wir uns abschließend einem **systemlinguistischen**, sprachhistorischen Aspekt zu, der seiner umfassenden Erforschung und Erklärung harrt: Der sog. **matrimoniellen Femininmovierung männlicher FamN** zur Bezeichnung der Ehefrau, seltener der Tochter eines Mannes: *Luise Millerin, Anna Schmidtin, Hildegard Heinrichin, Berta Holzhausin, Ida Jungin, die Gottschedin* (BACH 1978:178–186, PLANK 1981:116–119). Allerdings konnte auch der sog. MädchenN der Frau moviert sein, so bei *Anna Hartzerin*, die als solche geboren wurde (ROLKER 2009a). Heute ist diese Form der Movierung standardsprachlich nicht mehr üblich (wenn, dann ironisch-pejorisierend), während sie dialektal noch vorkommt (PAUL

1968:54, BERTSCHE 1905, SEIBICKE 2008:53f., STEFFENS 2014).[150] Von dieser **matrimoniellen** Movierung ist die heute übliche **funktionelle** Movierung zu unterscheiden, die von dem gleichen Suffix Gebrauch macht, doch ein APP zur Basis hat und den weibl. Vertreter eines Menschen oder (Säuge-)Tiers bezeichnet (*Ärztin, Gräfin, Köchin, Nachbarin, Gewinnerin* – egal, ob verheiratet oder nicht; *Hündin, Äffin*). Nur noch peripher bzw. veraltend wird mit dieser deappellativischen Wortbildung matrimoniell auf die Ehefrau des männl. Berufs- oder Amtsinhabers referiert (*die Pastorin* 'Pfarrersfrau'). Eine Unterscheidung zwischen matrimoniell und funktionell ist in historischen Texten nicht immer möglich (*Apothekerin, Bürgerin*), doch war die matrimonielle Funktion sehr häufig.[151]

Die uns speziell interessierende **onymische Movierung** hat einen **FamN** zur Basis und ist seit dem Mhd. belegt (s. Kap. 4.2.2).[152] BACH (1978:180) erwähnt, dass seit dem 14. Jh. – nicht nur im Fall von Witwen – Frauen sogar den gesamten Namen ihres Mannes trugen: *Matheus Wempersche* 'Frau von Matheus Wemper', *Melcher Lamprichtin* 'Frau von Melchior Lamprecht'.

Ungeklärt ist indessen bis heute, warum die Produktivität dieses so stark genutzten Verfahrens im frühen 19. Jh. versiegt. BACH (1978:179) vermutet frz. Einfluss, d.h., dass die im 18. Jh. aufkommenden sexusdefiniten Höflichkeits-Lexeme *Madame* und *Mademoiselle* "der Movierung der F[am]N Abbruch getan und sie schließlich beseitigt […] haben, da sie dem hochsprachigen Frz. unbekannt war[en]". Das darf jedoch bezweifelt werden, da durch die häufige Artikelsetzung (*die Gottschedin*) eine solche Redundanz (wie bei *Madame Gottschedin*) ebenfalls gegeben war. – Eine andere Erklärung, die von den deappellativischen matrimoniellen Movierungen wie *Pastorin, Bürgermeisterin, Apothekerin* ausgeht, bringt PLANK (1981) vor: Indem die matrimonielle Funktion hier zunehmend nicht mehr von der funktionellen unterscheidbar war, trat sie zurück, und zwar in dem Maße, in dem Frauen nun selbst die betreffenden Berufe und Ämter ergreifen konnten. *Apothekerin* war bislang die Frau des Apothekers, doch zunehmend auch die selbst praktizierende Apothekerin. Von hier aus, so wäre schlusszufolgern, ist auch die onymische Movierung vom Typ *Gottschedin* "mitgerissen" worden – obwohl es hierfür weiterhin pragmatischen Bedarf gab: Warum sollten (Ehe-) Frauen nicht mehr so markiert werden wie vorher? Das Problem an PLANKs Erklärung (zunehmende Emanzipation der Frau und ihre Teilhabe am vollen

---

150 Es gibt Movierungsallomorphe wie *-sch(e), -sk(e)* im Nd. (*die Müllersche*), *-s, -(e)n, -sen* < Genitivflexiven im Hess. (MOTTAUSCH 2004, BACH 1978:179–186, STEFFENS 2014, FLORES FLORES 2014). Auch kann das *i* von *-in* geschwächt und synkopiert sein (*die Müllern*). Von all diesen Allomorphie sehen wir hier ab, auch wenn sie relevant sind bei der Frage, ob matrimonielle Movierung vorliegt (die bei Entstehung aus dem Gen. wahrscheinlich ist) oder nicht.

151 HOHENSINNER 2000 beschreibt für das 15. bis 17. Jh. die häufige Movierung von Schusswaffen- und GlockenN (*Sechserin, Pummerin, Stürmerin*). Diese Objekte sind grammatisch fem. und kognitiv von hoher Agentivität (Kap. 6), was dieses Verfahren erklären dürfte. Er erwähnt auch Personifizierungen dieser Gegenstände (Gewehr als Braut des Soldaten).

152 Doch scheint dies noch nicht für das Mhd. zu gelten, wo KLEIN et al. (2009:99) Formen mit Umlaut dokumentieren (die vermutlich nicht schon in der Basis vorhanden waren): *Bæchin, Cůnzin, Langmæntelin*. Allerdings ist hier unsicher, ob es sich schon um FamN handelt.

Berufsspektrum) besteht v.a. darin, dass dies zu Anfang des 19. Jhs. noch nicht gegolten hat; dieser soziale Wandel ist erst 150 Jahre später eingetreten.

Abschließend können wir also nur feststellen, dass das polyseme Movierungssuffix *-in* eine Monosemierung oder Monofunktionalisierung (Vereindeutigung) erfahren hat. Was der genaue Auslöser dafür war, ist noch zu ergründen - evtl. war es die zunehmende Pejorisierung dieser Namen auf *-in* oder *-sche*. - Im **Polnischen** (und anderen slaw. Sprachen) ist die Movierung von FamN teilweise noch gebräuchlich (dies ist namensuffixabhängig und betrifft heute hauptsächlich die Alternanz *-ski* 'männl.' vs. *-ska* 'weibl.', z.B. *Kowalski/Kowalska* (CZOPEK-KOPCIUCH et al. 2007). Andere FamN-Movierungen sind nur noch in Resten vorhanden und pejorisiert. Das **Litauische** ist dafür bekannt, über Suffixe nicht nur Ehefrauen (Ableitungsbasis: MannesN), sondern auch Mädchen und unverheiratete Frauen (Basis: FamN ihres Vaters) zu bezeichnen, d.h., neben Sexus wird auch der Familienstand und das (ungefähre) Alter angegeben. Inwieweit diese asymmetrische Praxis, die sich "ganz natürlich [...] herausgebildet hat" - Männer leiten ihre FamN nicht aus FrauenN ab und geben keine Auskunft über Alter bzw. erfolgte Heirat - hübsches "Kolorit" ist, das "geschützt werden sollte" (MACIEJAUSKIENĖ 2007:475), sei dahingestellt. Immerhin sind die Litauerinnen seit 2003 nicht mehr gezwungen, ihren Familienstand onymisch auszustellen.

7.3.4 Familiennamen und Stigmatisierung

Namen können missbraucht werden, um Personengruppen zu segregieren, herabzusetzen und zu stigmatisieren. Dieses Potential besitzen sowohl Ruf- als auch FamN. Beide Namenarten wurden vor und während der NS-Zeit zur **Diffamierung der Juden** verwendet. Weil daran maßgeblich die FamN Anteil hatten, behandeln wir dieses Thema hier, ohne deswegen die RufN auszuschließen (zur RufN-Gebung der Juden vor 1945 s. BRECHENMACHER 2001).[153] Namenspott über Namenmanipulation bzw. -(re)motivation kommt immer wieder vor und soll die Identität des Namenträgers beschädigen: *Goethe* wehrte sich gegen die Verbindung seines Namens mit *Kot*, der SPD-Fraktionsvorsitzende Herbert Wehner beschimpfte den CDU-Abgeordneten Jürgen *Wohlrabe* als *Übelkrähe*, und Menschen namens *Sager* erhalten öfter das Präfix *Ver-*. Auch wenn solche Assoziationen - wie jegliche Namenwitze - infantil sind, so erzielen sie oft den erwünschten Effekt der Kränkung. In Zeitungsredaktionen gilt es als tabu, auf diese Art Personen herabzusetzen: Ein Name ist und bleibt bloßes Etikett (HARNISCH 2011). Es verbietet sich, mögliche transparente Strukturen zu motivieren, zu semantisieren und damit zu missbrauchen.[154]

[153] Auch slaw. FamN im Ruhrgebiet waren stigmatisiert, wie MENGE 2000 zeigt: Man schätzt, dass etwa 25% der TrägerInnen slaw. FamN ihren Namen im 20. Jh. in dt. bzw. dt. klingende geändert haben (zu den Strategien s. MENGE 2000, auch BURGHARDT 1975).

[154] So kostete es Stefan Raab (bzw. ProSieben) 70.000 Euro, die Lisa Loch als Schadensersatz für seine auf ihre Kosten gehenden Sexismen bekam.

Auf dieser Ebene hat viele Jahrzehnte lang eine beispiellose Degradierung "jüdischer" BürgerInnen[155] stattgefunden. BERING (1983, 1989, 1992a,b, 1993, 1996) hat diesen Komplex der **Namenpolemik** in mehreren Publikationen aufgearbeitet. Gerade zu Zeiten, als die jüdische Bevölkerung so stark assimiliert war wie noch nie, erfolgte ihre **Stigmatisierung** über Namen: Traten bisherige Unterschiede (wie Kleidung, Lebensgewohnheiten, Glaube) immer mehr zurück, so wurde eine onymische Segregation (gegen die sich Namenträger kaum zur Wehr setzen können) als "Ersatz" etabliert und derart naturalisiert, dass der Name als materielles, körperliches Merkmal wahrgenommen werden konnte. Die AntisemitInnen konstruierten eine neue Distinktion, eine Diskriminierung in der zweifachen Wortbedeutung.[156] In dem Maße, in dem ein Namenstigma aufgeladen wird, treten die individuellen Züge der Person in den Hintergrund. Wie ging diese onymische Aufladung vor sich?

Zunächst gilt es festzustellen, dass keine Namen existieren, die exklusiv jüdisch wären, d.h., nur von JüdInnen getragen wurden und werden. Es gibt auch keine typischen grammatischen oder motivbezogenen Merkmale. Onomastisch war keine Grenzziehung zwischen jüdischen und nichtjüdischen FamN möglich. Es gab allenfalls gewisse Massierungen: Ebenso wie manche FamN eher in Bayern oder in Schleswig-Holstein vorkommen, ohne dass wir deswegen erstaunt sind, wenn eine Münchnerin *Christiansen* heißt oder eine Kielerin *Gruber*, so wurden manche FamN häufig, aber keineswegs ausschließlich von jüdischer Bevölkerung getragen: FamN < hebr. RufN (*Abraham, Itzig*), bestimmte HerkunftsN < StädteN (*Oppenheim(er), Berliner*), FamN < Patronymen (*Jacobsohn*), FamN < HäuserN (*Rothschild, Stern*), FamN < Berufsbezeichnungen (*Kohn/Cohn, Kahn/Cahn* 'Priester'), FamN < Über- und PhantasieN (*Morgenthau, Morgenthal, Mandelbaum*), auch sog. galizische EkelN (*Mausehund, Bandwurm*; BERING 1992a:212–222, KUNZE 2003:169). Darüber hinaus wechselten viele JüdInnen ihre Namen und nahmen dabei besonders unauffällige Namen der Mehrheitskultur an. Auch RufN wurden abgelegt: *Isidor, Isaack, Abraham, Moses, David, Aron* etc. (BERING 1996:1306). Dies wurde durch die Emanzipationsgesetze um 1800 in Preußen sogar gefördert (BERING 1992a; zu Österreich s. STAUDACHER 2006). Diese Emanzipationsgesetze schränkte man jedoch bald ein, 1836 wurde den JüdInnen die Annahme christlicher RufN untersagt. Da aber ebensowenig eine feste Grenze zwischen christlichen und jüdischen Namen existiert, erwies sich dieser Sortierungszwang als nicht realisierbar, weshalb das Verbot 1841 wieder aufgehoben wurde.

In den folgenden Jahrzehnten nahm der Antisemitismus immer mehr zu und radikalisierte schließlich. Um die Opfer sichtbar zu machen, musste ein Unterschied etabliert werden. Da es aber keine Kategorie "jüdischer Name" gab (BERING 1996:1303), musste eine solche konstruiert werden. Die Nazis griffen zu den

155 In Anführungszeichen deshalb, da wir uns dem rassifizierten Begriff nicht anschließen (es handelte sich um Deutsche jüdischen wie christlichen Glaubens). Wenn wir dennoch von *Juden/Jüdinnen* sprechen, dann in der Bedeutung, die die Selbstbezeichnung innehat.

156 Die Somatisierung bzw. Biologisierung des Namens korreliert direkt mit der Diffamierung der Juden durch (negative) körperliche Merkmalszuschreibungen wie Plattfüße, krumme Nase etc. (BERING 1992a).

Namen der Opfer und luden sie auf. Hierzu zogen sie zum einen die (fiktionalen) Namen in jüdischen Witzen heran, zum anderen diejenigen (realen) FamN, die beim Namenwechsel am häufigsten aufzugeben gewünscht wurden: *Kohn/Cohn, Levy, Moses, Itzig, Salomon, Schmul, Abraham, Isaack, Hirsch, Israel.*[157] Merkmale, die sich aus dieser Gruppe der sog. FluchtN (und der WitzN) ergaben, wurden bei FamN fortan als "typisch jüdisch" betrachtet: hebr. Abkunft, Transparenz (*Rosenthal, Goldstein*), EkelN, TierN (die eine besondere Tradition hatten), konkrete Zweitglieder wie *-stein, -berg, -thal.* Die meisten dieser Namen kamen, wie BERING (1992a,b) nachweist, auch im sog. "judenfreien" Berliner Adressbuch von 1941 vor. BERING ermittelt 74 belastete Namen, die insgesamt nur zu 25% von JüdInnen getragen wurden - und damit von viel mehr NichtjüdInnen. Umso mehr drängten die Nazis danach, diese Namen als jüdisch zu stigmatisieren. Dies erzielten sie dadurch, dass es nichtjüdischen Personen weiterhin erlaubt war, solche Namen abzulegen, jüdischen aber nicht. Hierdurch erhöhte und verschärfte man den sog. jüdischen Markierungsgrad solcher Namen und schuf die Grundlage für die onymische und weitere soziale Segregation.

Auf der Basis dieser Namengruppe und ihrer Merkmale erfanden die Nazis weitere Namen, v.a. sog. EkelN wie *Fischbein, Bauchgedärm, Schuft,* die in jüdischen Quellen kaum auftauchten, aber durchaus (wenngleich ebenso selten) in nichtjüdischen. Hinzu kam eine gezielte antisemitische Namenpolemik in Zeitungen, Zeitschriften, in Kinderbüchern, Witzblättern, Karikaturen. Alles in allem hafteten diese Namen schließlich ähnlich fest und unabstreifbar an den Juden wie die dunkle Haut an Schwarzen, was sie rassistisch angreifbar machte. Da Haut stets sichtbar ist, Namen aber nicht, hat man die Sichtbarkeit der Namen erhöht, indem man durch ihre frequente Nennung einen "Vorzeigezwang" errichtete (BERING 1996:1308). Diese Sichtbarkeit kulminierte schließlich im Zwangsnamenzusatz *Sara* (für Frauen) bzw. *Israel* (für Männer) und im Judenstern.

Als weitere Strategie appellativierte man die vorgeblich jüdischen Namen, indem man sie antisemitisch auflud, ganz konkret auch durch Artikelsetzungen (*ein/der Cohn*), durch prädikative Verwendungen (*das ist ein Cohn*), sogar durch den app. Plural mit Umlaut ("xfach *Cöhne* statt *Cohns*", ebd.):

> Jüdische Namen waren derart ihrer individualisierenden Kraft beraubt, dass sie nur noch als Begriffe, zumindest Signal für die Bedeutung '(ekliger, raffgieriger usw.) Jude' tauglich waren. Genau so wurde die Zwangsbenennung mit *Israel* und *Sara* dann auch eingesetzt (ebd.:1309).

Die Namen wurden nicht nur konnotativ, sondern auch denotativ befrachtet, sie wurden zu app., antisemitischen Schimpfwörtern mit festem semantischem Gehalt. Zu weiteren onymischen Aggressionstechniken s. BERING (1992a, 1996).

---

[157] Wie groß der Druck war, solche sog. "jüdischen" FamN aufzugeben, zeigen die eindringlichen Bittgesuche der AntragstellerInnen, die von den alltäglichen Schikanen (Erniedrigungen bis hin zu existentiellen Problemen) berichten (s. eingehend BERING 1992a,b).

7.4 Weitere Personennamen

Bisher haben wir die übliche Zweiteilung in Ruf- und FamN übernommen, was eine eurozentrische Sicht darstellt. Diese wird nicht durch die hier folgenden Namentypen der Mittel- und SpitzN sowie der Pseudonyme überwunden, da auch diese Namen unserem Kulturkreis entstammen. Nur in Kap. 7.4.4 kann der Blick kurz über den Tellerrand gehen. Das Thema "Personennamen kontrastiv" oder "Personennamen typologisch" könnte seriös nur in mehreren Bänden abgehandelt werden. Leider gibt es hierzu bislang viel zu wenig Forschung.

7.4.1 Mittelnamen

Manche Kulturen haben **dreigliedrige GesamtN** ausgebildet. Dazu gehört z.B. das **Russische** mit seinem System RufN + Patronym + FamN. Ähnlich wie im Isl. hat das Patronym den Status eines BeiN, denn dieses wechselt von Generation zu Generation, indem es "nach Schablone" (HENGST 2007:623) nach dem väterlichen RufN gebildet wird: *Michail Sergejewitsch Gorbatschow*; seine Frau hieß *Raissa Maximowna Gorbatschowa*, geb. *Titarenko*. Historisch sind viele FamN aus einstigen Patronymen hervorgegangen. Ihre Erblichkeit (seit Mitte des 19. Jhs.) und damit Unveränderlichkeit macht sie zu FamN (zu formalen und lexikalischen Unterschieden von MittelN vs. FamN s. HENGST 2007).

MittelN sind weder Erweiterungen des Ruf- noch des FamN. Sie haben einen eigenen Status inne und maximieren die Monoreferenz, wenngleich es auch hier nur wenige Situationen gibt, in denen der GesamtN verwendet wird (in Dokumenten, bei juristischen Belangen u.Ä.; HENGST 2007, LENK 2007). Auch in **Ostfriesland** wird noch ein solches dreigliedriges System mit lebendiger Patronymik praktiziert: *Almut Frerichs Aden* (*Frerichs*: starker Gen. zu *Frerich* ≈ *Friedrich*), *Frank Harmen Cramer* (*Harmen*: schwacher Gen. zu *Harm* ≈ *Hermann*), *Johann Roolfs Ebeling*; TIMMERMANN 2007, SEIBICKE 2008:22, TAMMENA 2009:209–240).

Die **Entstehung von Mittel- oder ZwischenN** (dän. *mellemnavn*) kann man seit einiger Zeit in **Dänemark** beobachten. Vorausgeschickt sei, dass Dänemark, ähnlich wie Schweden, ein Problem mit seinen FamN hat, da die vielen Namen auf *-sen* (< patronymisches Suffix 'Sohn') nur relativ wenige unterschiedliche RufN als Basis enthalten (was auf frühere Nachbenennungspraktiken zurückgeht): Allein die fünf häufigsten FamN *Jensen, Nielsen, Hansen, Pedersen* und *Andersen* werden von 23% der Bevölkerung getragen. Nach SØNDERGAARD 2000 teilen sich mehr als zwei Drittel der Bevölkerung die 50 häufigsten Namen.[158] Dies führt zu einem Monoreferenzproblem, das in Dänemark anders gelöst wurde als in Schweden. Und zwar, indem sich die Bevölkerung, zunächst inoffiziell, MittelN

[158] MELDGAARD 1983 zufolge hält Dänemark bzgl. des Type/Token-Missverhältnisses (zu wenige FamN, zu viele gleichnamige Personen) den Europa-Rekord. Weltweit sind China und Korea für ihre extrem wenigen FamN bekannt: In ganz China gibt es nur ca. 700 FamN (VITTINGHOFF 1985). In Südkorea tragen 64% der Bevölkerung einen der 10 häufigsten Namen wie *Kim, Lee, Park, Choi, Chung*. Allein *Kim* kommt schon auf 21,6% (LIE 2008:413).

zulegte, die neuerdings, wie das Zitat aus A. UDOLPH (2006:239) belegt, den FamN ersetzen können:

> Die *Jensens*, *Nielsens* und *Hansens* [...] erkennt man am Vor- und Mittelnamen. So nennen die Dänen ihren Altpremier *Poul Nyrup Rasmussen* und verwenden damit sowohl Vor- als auch Mittel- und Familiennamen, während der jetzige Premierminister als *Anders Fogh* bezeichnet wird und sein Familienname *Rasmussen* deshalb zur genauen Identifizierung nur von untergeordneter Bedeutung ist.

Der MittelN war frei von Beschränkungen, es wurden alle möglichen Namen gewählt: OrtsN, RufN, FamN, auch solche anderer Personen (MELDGAARD 2007: 136). Anfangs zählte er als Teil des RufN. Praktisch verwendete man ihn eher wie den FamN, indem er diesem vorangestellt wurde oder diesen ersetzte (was problematisch war, da die alphabetische Einordnung mal dem Mittel-, mal dem FamN folgt). Im 20. Jh. trug über ein Drittel der Bevölkerung einen MittelN. 1961 wurden sie insofern legalisiert und reglementiert, indem bereits in der Familie vorhandene MittelN belassen und großelterliche Namen als MittelN erlaubt wurden. Auch der durch Heirat erworbene Name des/der PartnerIn führte um diese Zeit vermehrt zu Mittel- + FamN-Konstruktionen. 1981 wurde ein Bindestrich zwischen Mittel- und FamN erlaubt: Der MittelN wurde damit immer mehr zum FamN gezogen bzw. angehoben. 2006 wurde der Status des MittelN abermals gestärkt, da er nun auch als alleiniger FamN verwendet werden darf. Zudem sind mehrere MittelN erlaubt. Hintergrund von alledem ist der Wunsch, das sog. *sen*-Namen-, d.h. das große Gleichbenennungsproblem zu lösen. Heute sind MittelN gang und gäbe, nicht selten sogar mehrere. Deutlich wird, dass Dänemark bei der Herstellung von Monoreferenz des GesamtN auf ein syntagmatisches Verfahren setzt (Erweiterung/Verlängerung des GesamtN), während Schweden das Problem paradigmatisch löst (Anreicherung des FamN-Inventars; s. Kap. 7.4.4).

Schließlich verdient eine "Schrumpfform" des MittelN besondere Beachtung, die v.a. in den USA übliche sog. **Mittelinitiale** vom Typ *John F.* [ɛf] *Kennedy*; *George W.* ['dʌblju] *Bush*. Diese Mittelinitiale besteht meist aus der Abkürzung eines weiteren Ruf- oder FamN (bei Kennedy: *F.* < *Fitzgerald*, FamN der Mutter; bei Bush: *W.* < *Walker*, FamN des Urgroßvaters). Söhne bekommen öfter MittelN als Töchter (ASHLEY 1995:1218). Meist basiert die Initiale auf dem RufN eines Vorfahren. Auch NUESSEL (1992:38) beobachtet dies:

> The use of initials for given and middle names is another common male practice, especially for corporate executives. Financier J(ohn) P(ierpoint) Morgan [es folgen weitere Beispiele] exemplify this trend. More recently, some women have adopted and advocated that other women adopt this custom as a strategy to gain preliminary acceptance in correspondence or through nameplates on office doors. The rationale is to use a naming pattern ordinarily associated with males so that one's credibility is not devalued simply by virtue of gender.

Wie ALFORD 1988 außerdem nachweist, werden solche MittelN eher in der Oberschicht und an Erstgeborene vergeben. MittelN sind also mit Status und Geschlecht assoziiert (was VAN TILBURG/IGOU 2014 anhand von Wahrnehmungsstudien bestätigen). Die Mittelinitiale kann sich aus dem vollen MittelN ableiten, sie kann aber auch, wenn keiner vorliegt, frei gewählt werden (wie bei *Harry S Truman*). Man sieht es ihr nicht an, worauf sie basiert.

Dieser bloße **Initialbuchstabe** ist strukturell weit entfernt von üblichen PersN und kommt einer **Zahl** nahe, die man zur bloßen Differenzierung hinzufügt (man artikuliert den Buchstaben ja auch nur als solchen). Ein hohes Individualisierungspotential dürfte er kaum entfalten - doch dafür Status. Dies gilt mit einiger Sicherheit auch für Dtld., wo die Mittelinitialpraxis schon im letzten und vorletzten Jahrhundert in literarischen, männl. geprägten Kreisen aufkam und, so BETZ 1965, "prätentiös" bis "snobistisch" wirkte. Seit einigen Jahrzehnten etabliert sich diese Praxis im akademischen Milieu, vermutlich die USA imitierend. Damit scheint eine Selbstinitiation in den Wissenschaftsbetrieb zu erfolgen, in jedem Fall eine soziale und akademische Aufwertung, die interessanterweise von den NamenträgerInnen selbst ausgeht (SEIBICKE 2008:72, EIS 1970:103–107). Man verleiht sich selbst eine Art Titel. Dieser relativ junge Trend verdiente eine eingehende Untersuchung, auch und gerade unter soziologischen und genderlinguistischen Fragestellungen.[159]

7.4.2 Spitznamen

Die Spitze der Belebtheitshierarchie besetzen **SpitzN**. Individuellere Namen gibt es nicht (Kap. 2.3). SpitzN leisten weit mehr als die bloße Referenz auf eine Person: Sie zeigen die soziale Beziehung und ihre emotionale Bewertung zwischen zwei Personen an. Mit der Verwendung von SpitzN wird sozial integriert und/ oder segregiert (integrativ stets für die Gruppe der Verwender, integrativ oder segregativ für die Benannten). Damit wird eine soziale Handlung vollzogen: "Mit Namen kosen, necken, spotten, schmähen" lautet der Titel von SEIDEL 1993.

SpitzN sind inoffizielle (nichtamtliche), nicht erbliche PersN, die Menschen irgendwann im Laufe ihres Lebens bekommen können, manchmal mehrfach. Normalerweise werden SpitzN von außen vergeben, d.h., die Benannten haben darauf keinen Einfluss. SpitzN-Träger können ihren SpitzN nicht ablegen, manchmal kennen sie ihn nicht einmal, in jedem Fall sind sie ihm ausgeliefert. Was das konkret bedeuten kann, beschreibt ANTOS 2004, der ursprünglich *Antoskiewicz* hieß und nach 24 Jahren Leiden an der Verballhornung und Verspitznamung seines FamN zu *Anton*, *Kiebitz* etc. den FamN *Antos* annahm:

> 24 Jahre trug ich diesen Namen und ertrug stoisch seine gesprochenen wie geschriebenen Verunstaltungen. Ich trug ihn mit jener fatalistischen Selbstverständlichkeit, die einem aus ständigen Verletzungen eine Hornhaut wachsen lässt (ANTOS 2004:22).

Selbst seine Lehrer haben sich an diesen SpitzN vergriffen. Vordergründig wirken diese Manipulationen - zumal des distanzierteren FamN - harmlos, in Wahrheit ist jede Nennung ein "Stich der Marginalisierung" (ebd.:21).

---

[159] Konkrete Fragestellungen wären: Beteiligen sich Frauen daran gleichermaßen? Wann genau (ab welchem akad. Grad/ab welcher Karrierestufe) erfolgt die Selbstaufwertung? Wann hat diese Praxis wo begonnen? In den Natur-, den Sozial- oder Geisteswissenschaften?

Funktional stehen SpitzN den RufN am nächsten, da sie eine große Nähe, oft Intimität zum Namenträger ausdrücken (sie gehen auch mit der Duz-Anrede einher). Diese mitkodierte emotionale Haltung kann positiv oder negativ sein, in jedem Fall stellt sie Nähe her. Bei positiven (hypokoristischen) Namen handelt es sich um **KoseN**, bei negativen (derogativen oder depreziativen) um **Schmäh- oder SpottN**. SpitzN werden eher innerhalb kleiner Gruppen gebraucht. Nichtmitglieder sind nicht befugt, sie zu verwenden. Damit grenzen sich Gruppen nach außen ab und stärken gleichzeitig intern ihre Gruppenidentität.

Abb. 28: Das Spektrum der SpitzN als inoffizielle RufN

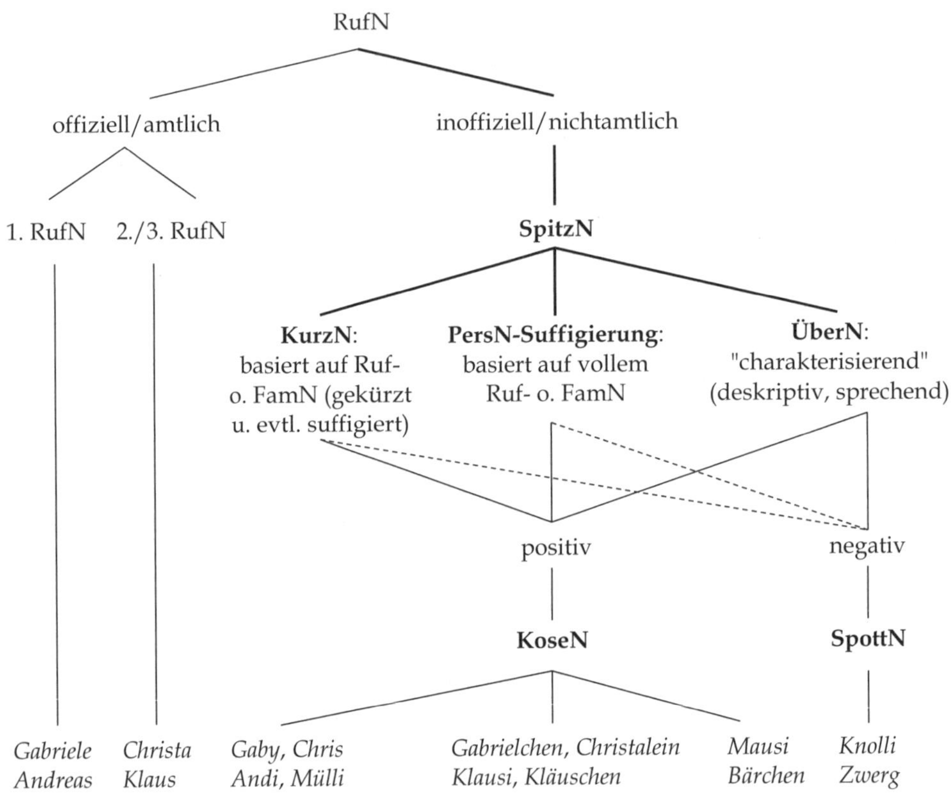

Terminologisch herrscht große Uneinheitlichkeit, was mit einem beträchtlichen Forschungsdefizit einhergeht: SpitzN sind theoretisch und empirisch unzureichend untersucht, wiewohl im Alltag von größter Bedeutung (KANY 1992, 1993, 1995, 1999, ADAMS 2009). Wir verwenden (mit DEBUS 1987:54) den Terminus **SpitzN** als Oberbegriff (und remotivieren ihn nicht als 'spitz, scharf, stechend'). Je nach Form und Funktion leiten wir davon weitere Termini wie KurzN, ÜberN, KoseN, SpottN ab (Abb. 28). Einerseits verzweigen sich SpitzN zu sog. **KurzN** < Ruf- oder FamN (wie *Klausi, Lulu, Mülli*), sowie zu **PersN-Suffigierungen** (wie *Kläuschen*), andererseits zu sog. charakterisierenden Namen, den **ÜberN**: Diese basieren auf app. Material, das bei der Primärbenennung motiviert (prädizierend, charakterisierend) gewesen sein kann und im Laufe der Zeit verblasst, d.h., desemantisiert ist (SEILER 1983:152). Jegliche Modifikation von Ruf- oder FamN bezeichnet man auch als *Sekundärbildung*, die (sprechenden) ÜberN als *Primärbildung* (so FRANK 1975, DEBUS 1988b). Da diese Termini anders besetzt sind (Kap. 7.2.1), bleiben wir hier eher bei *modifizierten EN* und *ÜberN*. Wie Abb. 28 auch zeigt, erzeugen alle diese Verfahren positive Haltungen (KoseN), während negative (SpottN) primär aus ÜberN gewonnen werden. Die einleitende Passage (ANTOS 2004) zeigt jedoch, dass man auch mit der Manipulation von Ruf- oder FamN eine Person schmähen kann. SpitzN bezeichnen also eine emotionale Relation zwischen Namenträger und -verwender. Dabei ist es die namengebende bzw. -verwendende Person, die diese Relation etabliert, definiert, kontrolliert, aktiviert und bewertet. Sie übt damit eine Macht und Kontrolle aus:

> Those who give names are usually in positions of power and authority. Consequently, the act of naming implies that the naming group has a measure of control. [...] To be named by someone else means that that person can and will exert control over our existence (NUESSEL 1992:3).[160]

SpitzN geben auch Auskunft über soziale Werte, Einstellungen, Normen, Ge- und Verbote, Erwartungen und sind daher wandelbar: Wenn, wie im 19. Jh. üblich, Frauen KoseN bekamen, die auf Blumenmetaphern basieren (*Blüte, Knospe, Rose, Lilie, Edelweiß*), dann steht ein Konzept dahinter, das Frauen als auf- und verblühende Naturwesen sieht und ihnen "in der Phase des Jungseins und der 'Frische' die größte gesellschaftliche Wertschätzung und Bewunderung" zuteil werden lässt (STOCKER 2004:149) - was ihren Wertverlust beim "Verwelken" impliziert. Bei solchen KoseN ist die soziale Kategorie 'Alter' eng mit dem Konzept 'Frau' verknüpft. - Zunächst zu den positiven SpitzN, den KoseN.

a) Kosenamen

KoseN entstehen in freundschaftlichen, oft familiären Kleingruppen und fast immer in Liebesbeziehungen (wofür sich der Terminus **Intimname** anböte). **KoseN bei Paaren** können mehrfach vorhanden sein (jeder Partner kann - je nach Situation - verschiedene KoseN bekommen; LEISI 1983:17–33, 1993).[161] Sie sind meist nur den beiden Partnern bekannt und werden **primär adressierend** verwendet. Ihre Verwendung im Beisein Dritter kann deplatziert oder peinlich wirken. Adressiert man sich z.B. mit *Schatzi, Herzchen, Liebling* (was in der Paarsprache oft reziprok erfolgt), so würde man nicht unbedingt im Beisein Anderer vom *Herzchen* sprechen (wenn doch, so wäre dies eine sehr vertraute dritte Per-

---

160 Ein extremes Beispiel für die Ausübung von Macht durch die Zwangsvergabe eines SpitzN ist die Umbenennung von Natascha Kampusch zu *Bibiana* durch ihren Entführer. Die Rolle als Bibiana habe ihr die Abspaltung von ihrer Identität ermöglicht.

161 WYSS 2000 spricht angesichts der häufigen KoseN-Umbenennungen durch LiebespartnerInnen von "iterativen KoseN" (ebd.:202f.). Sie stellt fest, dass es früher deutliche Geschlechterunterschiede beim Gebrauch von KoseN in Liebesbriefen gab: Vor den 1970ern bekamen v.a. Frauen und Kinder KoseN, erst später auch Männer. Die meisten Arbeiten bestätigen, dass mehr Mädchen/Frauen als Jungen/Männer KoseN bekommen (z.B. DEBUS 1988b).

son). Mit KoseN konstruiert und definiert man einerseits eine enge Beziehung, andererseits grenzt man sich dadurch auch nach außen hin ab, da andere diese Namen nicht verwenden dürfen, ja oft nicht einmal kennen. KoseN bestehen entweder **1)** aus **Modifikationen meist des RufN**, **2)** aus **ÜberN**, oder **3)** auch aus frei kreierten, oft lautmalerischen **Neuschöpfungen**. FRANK (1975:201) gliederte seine SchülerkoseN in 1) und 2) und kam hier auf ein Verhältnis von 70% : 30%.

Zu 1): **RufN** können zur KoseN-Gewinnung **gekürzt** und/oder **erweitert**, auch als Vollform **suffigiert** (und hierbei meist diminuiert) werden (NAUMANN 1976, 1980, 1996a). So gibt es von *Barbara* folgende KoseN: *Barb, Barbi, Bärbi, Bärbel, Bärbelchen, Babi, Babex, Babsi, Babusch, Babuschka, Brabbel* (NAUMANN 1996a: 1757). Die individuelle Manipulation des individuellsten Namens scheint diesen Koseeffekt zu generieren. Nicht selten kommt es zu (kindlich wirkenden) Lallformen bzw. Reduplikationen (*Lulu* < *Ludwig, Luise; Momo* < *Moritz, Monika*), zu Kontraktionen oder anderen Modifikationen (z.B. *Hajo* < *Hans-Joachim*). Schließlich kann hypokoristisches *-i* (*Klausi, Hansi*) bzw. ein Diminutivsuffix (*-el, -chen, -lein*) hinzugefügt werden (oder mehrere: *Gustelinettchen* < *Augustine*). Auch der FamN kann zur Basis werden, wobei dies eher für hypokoristische (zärtliche) Namen in größeren Gruppen gilt (z.B. Sportler-, Schüler-, LehrerspitzN: *Schumi* < *Schumacher, Poldi* < *Podolski*), weniger für KoseN in Paarbeziehungen.[162] Gerade Namen auf *-i* sind oft sexusneutral: Viele amerik. *unisex names* (Kap. 7.2.4) enden auf *-i(e)/-y* (wobei graphematisch *-ie* eher Frauen und *-y* Männern zukommt). Auch im Dt. sind sie nicht geschlechtseindeutig (GERHARDS 2003:160, DEBUS 1987:70). Merkwürdig ist, dass KoseN generell den sonst so wichtigen Sexusunterschied nivellieren, denn oft entstehen für Frau wie Mann identische KoseN-Produkte wie *Toni, Uli, Sigi, Alex, Chris*. NÜBLING (2014d) hat anhand einer Genderindexberechnung von über 600 vollen RufN und deren hypokoristischen Kürzungen (basierend auf dem Korpus von NAUMANN 1976) bestätigt, dass sich die Genderindexe der weibl. und männl. KurzN stark annähern: Beträgt die Differenz (auf einer insgesamt 16-stufigen Genderskala, s. Kap. 7.2.4) zwischen den vollen RufN 6,2 Punkte, so reduziert sich dieser Abstand bei den daraus abgeleiteten SpitzN auf zwei, d.h., der strukturelle Gender-Abstand zwischen den Ruf- und den Spitznamen beider Geschlechter verringert sich auf weniger als ein Drittel. Anteil daran haben identische KurzN wie *Michaela/Michael* → *Micha, Christina/Christian/Christoph* → *Chris, Alexandra/Alexander* → *Alex, Andrea/Andreas* → *Andi/y* (DEBUS 1988b:41f., NAUMANN 1980:198f.). Ausgerechnet im Auslaut, wo üblicherweise Sexus am verlässlichsten kodiert wird, ersetzt hypokoristisches *-i* den Sexusmarker (*Eva* → *Evi, Olaf* →*Oli*) – wenn das Namenende nicht ganz gekappt wird (*Alex, Chris*). Auch können FrauenkurzN (*Chris, Brix*) plötzlich einsilbig werden und konsonantisch auslauten – sonst typischerweise männl. Strukturen – und umgekehrt MännerkurzN auf *-a* auslauten (*Micha*). Diese zunehmende Geschlechtsindifferenz in Paarbeziehungen deckt sich mit Befunden aus der Soziologie: Für die Paar**bildung** (der Werbephase) ist Geschlecht eine wichtige Res-

---

162 *Ötzi* (Fußnote 33) hat ein Toponym als Basis bekommen. Zur hypokorisierenden, ja wiederbelebenden Funktion dieses Namens s. ORTNER 1993.

source – für die Paar**beziehung** aber hinderlich, da das aufwändige Geschlechterspiel der Individualwahrnehmung, die auf Dauer viel wichtiger ist, im Weg steht (HIRSCHAUER 2013). Dies wird auf vielen Ebenen gespiegelt, z.B. der Kleidung. Außerdem adressieren KoseN primär. Dafür bedarf es nicht der Sexusinformation: Man sieht die angesprochene Person.[163]

Zu 2): Die häufigsten **KoseN < ÜberN** lauten (gemäß einer Umfrage von NAMBOS naming & research) *Schatz* und *Schatzi* (zus. 47%), *Hase* (3,9%), *Liebling* (3,5%), *Schnuckel/Schnucki* (3,1%), *Mausi* (2,8%) und *Bär/Bärchen/Bärli* (2,2%). Erst dann folgt die eben besprochene Veränderung des RufN mit nur 1,5%. Auffälligerweise werden auch diese charakterisierenden (deskriptiven) ÜberN reziprok und damit geschlechtsindifferent verwendet: "Dabei verhalten sich die Geschlechter relativ gleich [...]" (ebd.). Auch bei diesem Namentyp greift (und bestätigt sich) die oben genannte Irrelevanz von Geschlecht in Paarbeziehungen.

Was die weiteren KoseN < ÜberN betrifft, so nutzt man Bezeichnungen von **Tieren** (neben *Mausi, Bärchen* auch *Käfer, Spatz*), durchaus auch von solchen, die man verabscheut (*Spinne, Motte, Frosch, Laus, Schnecke*). Der lexikalische Gehalt war evtl. bei der Erstbenennung primärmotiviert, ansonsten ist er ausgeblendet. Dies gilt auch für weitere "neckende" APP wie *Stinker, Schweineigel, Biest, Lausemädchen, Moppel,* die alle positiv gemeint (und damit demotiviert) sind. Andere Benennungsmotive sind **Süßigkeiten** (*Torte, Gummibärchen*), **Blumen** (*Rose*) und **Märchenfiguren** (*Fee, Hexe*), die eher Frauen erhalten. Dies scheint prinzipiell auch für Diminutiva zu gelten.

Umfragen von Studierenden ergaben, dass große Tiere wie *Bär, Tiger* eher auf Männer und kleine wie *Biene, Ente, Maus* auf Frauen bezogen werden (s. auch SPILLNER 2013). Ungeklärt ist, ob bzw. in welchem Ausmaß Genus/Sexus-Parallelität (wie hier suggeriert) gilt. Gegenbeispiele sind *Schatz* und *Liebling* für beide Geschlechter; doch scheinen fem. Subst. als männl. KoseN selten zu sein. Es interagieren semantisch-stereotype mit grammatischen Eigenschaften.

Dass sowohl das Prinzip "RufN-Modifikation" als auch das Prinzip "ÜberN" (Abb. 28) hypokoristische Effekte erzeugt, zeigt sich auch daran, dass beide Prinzipien kombiniert werden können (*Herzens-Gustelinettchen, Elkemaus*).

Zu 3), den freien **KoseN-Schöpfungen**, hat LEISI 1993 ein Zürcher Namenkorpus erstellt ("etymologisch ungestützt", ebd.:492): *Mimeli, Tschigo, Schputz, Schmünz*. Diese "linguistischen Urzeugungen" ikonisieren laut LEISI das "ganz Andere", das "völlig Einmalige" der geliebten Person (ebd.:492).

Die Frage ist, weshalb der alte Name in Paarbeziehungen nicht nur ersetzt, sondern, wie LEISI (1993:492) feststellt, oft regelrecht gemieden wird (Namentabu). Vermutlich sei eine Liebesbeziehung ein so wichtiger *rite de passage*, eine so

---

[163] Zu den engl. KoseN < RufN-Modifikationen und deren geschlechtsspezifischen Asymmetrien s. WIERZBICKA (1992). PETRIE/JOHNSON 1999 stellen für engl. Kurz- bzw. KoseN (sog. *diminutive names*) fest, dass sie zwar zu einem gleichen Prozentsatz (ca. 78%) bei beiden Geschlechtern vorkommen, dass jedoch nur Frauen *unisex-* (zu 20%) und *cross-sex*-Namen (zu 11%) tragen (45% *sex-specific names*). Dagegen tragen 71% der Männer sexusspezifische KoseN (und nur 11% *unisex names*, keiner einen *cross-sex name*). Auch zeigten sich Korrelationen zwischen dem Gendergehalt des Namens und dem Genderverhalten der Person.

einschneidende soziale Veränderung, dass sie einen neuen Namen erfordere (ähnlich wie man einen OrdensN bekommt, wenn man sich in den Dienst Gottes stellt). Durch einen KoseN wird die Person aus ihrer Verwandtschaft herausgelöst und dem Namenverwender zugeeignet. Den alten Namen zu nennen, hieße, den Namenträger in den alten Strukturen zu belassen. Ob hier tatsächlich Namenmagie wirkt, wie LEISI 1993 vermutet, sei dahingestellt. Der Gedanke dahinter ist, dass man mit dem Besitz des neuen Namens auch einen neuen Menschen in Besitz nimmt (Kap. 7.4.4).[164]

KoseN kommen nicht nur in Paarbeziehungen vor, auch Eltern geben sie ihren Kindern oder diese ihren Geschwistern. Die Eltern werden dagegen mit den hypokoristischen VerwandtschaftsN *Mutti, Mama, Mami, Vati, Papa, Papi* etc. angesprochen (diese sind regional unterschiedlich verteilt), d.h., hierfür gibt es eine Art festes Inventar (Kap. 3.4.1; SEIBICKE 2008: 73). Fremden gegenüber verwendet man es allerdings nicht (**meine Mami/*die Mami*), zumindest wirkt dies infantil. **KoseN von Kindern** hat FRANK 1975 anhand von 1.300 Elternbefragungen im Ruhrgebiet erhoben und festgestellt, dass insgesamt ein Drittel der Kinder KoseN trägt. Davon entsprechen 23% dem Bildungstyp "ÜberN" und 77% dem Typ "Namenmodifikation". Bei ÜberN stellt er geschlechtsspezifische Unterschiede fest: Jungen-KoseN leiten sich häufig aus der app. Jungenbezeichnung ab (*Bubi, Kerlchen, Filius, Jüngel, Männchen*), während Mädchen typischerweise nach Tieren oder wertvollen Objekten benannt werden (*Kätzchen, Häschen, Mäuschen, Wachtel, Sternchen, Schätzchen*). Bei KurzN dominiert der Bildungstyp "1. Silbe des RufN + *-i*" (*Dagi* < *Dagmar, Detti* < *Detlef*), es folgen das Herausschneiden von einer Silbe (*Bi* < *Birgit, Flo* < *Florian*) bzw. das von zwei (*Doro* < *Dorothea, Bene* < *Benedikt, Assi* < FamN *Asbach, Andi/Andy* < *Andreas*) sowie weitere Verfahren (ebd.:520–524). Nach DEBUS (1988b:35) bekommen Mädchen 1,5mal häufiger KoseN als Jungen.

Auch unter SchülerInnen, ArbeitskollegInnen, FreundInnen, d.h. innerhalb kleiner Gruppen, werden KoseN vergeben. Selbst prominente SportlerInnen erhalten sie, wobei es hier sowohl zu Namenmodifikationen (*Schweini, Steffi*) als auch zu ÜberN kommt (*der Kaiser, der Terrier*). Eine besondere Namenmodifikation, nämlich die Namenkürzung zu sog. Buchstabierakronymen, kommt anderen Prominenten zu: Was genau man hiermit signalisiert (Nähe? Zugehörigkeit zum engeren Kreis? Fan?), ist u.W. noch nicht geklärt. Dominique Strauss-Kahn wurde in bestimmten Kreisen *DSK*, Karl-Theodor zu Guttenberg *KT* genannt.[165]

Übrigens sind viele einstige namenmodifizierende KoseN als neue VollN in das RufN-Inventar aufgestiegen, oft erkennbar an hypokoristischen Suffixen, die heute – wie im Fall des sog. *z*-Suffixes – unproduktiv sein können: *Lutz, Hinz, Fritz; Mareike, Frauke, Swantje, Antje, Nina, Lisa, Lilly* (NAUMANN 1976, DEBUS

164 Wahrscheinlich besiedeln KoseN und RufN unterschiedliche Pole, zumindest Positionen auf einer Nähe-/Distanz-Skala. Der RufN ist der Name, mit dem man den Partner als einst fremde Person kennengelernt hat, daher ersetzt oder modifiziert man ihn. Rügt man seine/n Partner/in, so verwendet man oft genau dafür den RufN.

165 Die NWZ titelte am 07.03.11: "Wenige demonstrieren für 'KT'". Nach dem versuchten Comeback von zu Guttenberg schreibt die F.A.Z. (27.11.11.): "'KTG' taufte der Journalist diesen Untoten. Ein neuer Name, ein Akronym, wie für eine Institution".

1988b). Die alte Schicht *z*-haltiger RufN hat auch den Weg in die FamN eingeschlagen (*Heinz(e), Kunz(e), Fritz(e)* etc.); oft sind diese Namen sogar mehrfachsuffigiert (*Konzelmann, Heinzelmann* < *-z* + *-el* + *-mann*, alle diminuierend). SEIBICKE (2008:73) spricht bei den PersN von "drei konzentrischen Kreisen", die "um unser Ich gelagert" sind: KoseN, RufN, FamN. Diachron bestehen vielfältige Übergänge zwischen diesen onymischen Nähegraden. Im Zuge der öffentlichen Familiarisierung und Intimisierung kommt es immer häufiger zur Veröffentlichung von KoseN in Printmedien, z.B. in Todesanzeigen. Besonders ertragreich sind Gratulationen zu Geburts- und Hochzeitstag (s. LINKE 2001a, KRÜGER 2004, SPILLNER 2013).

b) Spottnamen

Schließlich betrachten wir noch die **negativen ÜberN**, die in Abb. 28 als "SpottN" zusammengefasst sind und die wir nicht weiter ausdifferenzieren, handelt es sich doch bei Schmäh-, SchimpfN etc. nur um graduelle Unterschiede im negativen Bereich. Hier bestehen ganz andere Funktionen als bei KoseN: Nicht die adressierende Funktion, sondern die **Referenz auf Andere** dominiert. Oft kennen die NamenträgerInnen ihren SpottN nicht einmal. SpottN fördern die Gruppenintegration der SpottN-Kenner und -VerwenderInnen. Dabei sind es meist sozial Tieferstehende, die sozial Höherstehenden SpottN verleihen und dadurch die soziale Hierarchie nivellieren (vgl. den SpottN *Birne* für Helmut Kohl, der in den 1980ern in bestimmten Kreisen verwendet wurde und diese gefestigt hat):

> Einem anderen nach eigenem Willen einen Namen zu geben, ist ja auch als ein Akt des Besitzergreifens zu verstehen. [...] Die Spitznamen der Lehrer/innen, wie überhaupt von Vorgesetzten, sind natürlich auch ein Mittel, sich des Autoritätsdrucks zu erwehren, die Personen auf eine Ebene "herunterzuholen", auf der man mit ihnen wie mit Gleichgestellten oder gar Untergebenen umgehen kann. Solche Übernamen werden i.a. nur untereinander benutzt und dürfen auch nur intern verwendet werden, es sei denn, man will provozieren (SEIBICKE 2008:207).

SpottN für SchülerInnen kommen folglich seltener vor als solche für LehrerInnen: Nach KIENER/NITSCHKE 1971 und KIENER/DUSKE 1972 vergeben Kinder zunächst mehr SpitzN als Erwachsene, was mit dem erhöhten Bedürfnis von Kindern nach Gruppenzugehörigkeit erklärt wird.[166] 70% aller SchülerInnen tragen einen SpitzN, die beliebten weit häufiger als die unbeliebten. Nur 10% dieser SpitzN sind abwertend, d.h. SpottN (mehr bei Jungen als bei Mädchen), während es LehrerspitzN zu 45% sind. KIENER/DUSKE 1972 deuten dies als "Entlastung vom Dominanzdruck", die SchülerInnen ermächtigen sich des "Herrenrechts" der Namenvergabe. Der Rest ist neutral bis positiv konnotiert.[167] SchülerspitzN variieren zu 51% den Ruf- oder FamN, zu weiteren 12% bilden sie Assoziationen dazu (z.B.

---

166 So auch NAUMANN 1976, der PersN-Modifikationen bei SchülerInnen untersucht hat: Von der 5.–8. Klasse nimmt ihre Anzahl zu, stagniert bis zur 10. Klasse und fällt schließlich ab. Auch ALFORD (1988:156) bestätigt für die USA, dass SpitzN typisch für Adoleszente seien.

167 Ob es neutrale SpitzN gibt oder ob dies die sog. KurzN (*Uschi, Alex*) leisten, ist umstritten. U.E. besteht der Mehrwert eines Spitz- inkl. KurzN gerade darin, Beziehung und Bewertung auszudrücken (s. auch NAUMANN 1996a). Unterschiede bestehen in der Intensität dieser Wertung, nicht in der Qualität (entweder positiv oder negativ).

Schmetterling zu *Schmedding*, *Melone* zu *Melanie*). Zu 13,5% erfolgen Anspielungen auf körperliche Merkmale. LehrerspitzN beziehen sich doppelt so häufig auf Äußeres (26%) und auf Verhalten (23%). Nur 32% leiten sich aus dem Namen ab (s. auch LUKESCH 1993, SEIDEL 1993).

Per se ist einem ÜberN nicht anzusehen, ob er positiv oder negativ verwendet wird: Es gibt viele ironische, neckende Namen (*Lausemädchen*), es gibt an PersN angelehnte ÜberN, deren schein-appellativischer Gehalt nicht motiviert ist (z.B. *Stinker* als Silbenverdrehung von *Kerstin*), es gibt sog. EchoN, die häufig Geäußertes der Namenträger aufgreifen wie *Freilich-freilich* (KANY 1992:23, SEIDEL 1993:47) und solche, die das Gegenteil meinen (*Pudding* für einen Bizepsstarken; KANY 1999): Es ist allein die Pragmatik, die diese Entscheidung trifft.

ALFORD (1988:82–85), der 60 verschiedene Kulturen onomastisch untersucht hat, gibt zu bedenken, dass (deskriptive) ÜberN wegen ihres vertraulichen Charakters grundsätzlich nur schwer zu erheben sind. Sie sind (wohl) in allen Kulturen vorhanden und übersteigen in vielen sogar den Gebrauch der offiziellen Namen. Negative ÜberN kommen häufiger vor als positive und beziehen sich meist auf Physis, Charakter und Verhalten der benannten Person. V.a. in Kulturen mit kleinen RufN-Inventaren kompensieren sie Monoreferenzdefizite der offiziellen PersN. – Das SpitzN-Inventar der badischen Kleinstadt Möhringen hat BERTSCHE 1905 erkundet: Hieran lässt sich exemplarisch das Spektrum an Basen und Motiven für SpitzN studieren, deren Kreativität, Kombinatorik, drastischer Gehalt sowie das soziale Normgefüge, das sie erkennen lassen. 70% der Erwachsenen haben einen sog. SchimpfN ("Unnamen"). Dabei kommt es durchaus zu erblichen und ehelichen Übertragungen solcher Namen (KANY 1992:25).

Diachron sind viele einstige **ÜberN** (mehrheitlich negativ) zu festen **FamN** erstarrt und bilden hier eine eigene Motivgruppe: FamN < ÜberN (Kap. 7.3.1). Auch sind, wie erwähnt, viele einstige **KoseN** längst ins **RufN-Inventar** aufgestiegen, allerdings Frauen- als MännerN: *Christel, Bärbel, Heidi, Neele, Ulla, Mia – Heinz, Mark, Tim(o), Tom, Ben* (NÜBLING 2014d:110). Ihr genauer Anteil ist nicht bekannt und eine Trennung nicht immer möglich (manche, wie *Lilly* oder *Ben*, wurden bereits als KurzN entlehnt). Ob es bei der RufN-Vergabe einen Trend hin zu Kose- als offizielle RufN gibt, was ein Korrelat in der sozialen Intimisierung und Informalisierung hätte, wird in NÜBLING (2012b) behandelt.

7.4.3 Pseudonyme

Nach GLÄSER (2009:509) definiert sich ein **Pseudonym** wie folgt:

> Das *Pseudonym* ist ein neben dem bürgerlichen Namen existierender sekundärer, fakultativer Name, den eine Person aus sozialen, politischen, beruflichen oder privaten Gründen selbst wählt, um die eigene Identität für eine bestimmte Zeitspanne oder auf Dauer zu verbergen – oder auch, um auf diese Weise höhere Erfolge und stärkere Popularität in ihrer Tätigkeit zu erzielen.

Pseudonyme (< griech. *pseudein* 'täuschen') legt man sich also – im Gegensatz zu den bisherigen Namentypen – selbst zu: Hier verschmelzen NamengeberIn und NamenträgerIn zu einer Person. *Anna Seghers* (nach einem ndl. Maler) ist ein

Pseudonym für *Netty Reiling*, *Loriot* (< frz. *loriot* 'Pirol') für *Vicco von Bülow* und *Willy Brandt* für *Herbert Frahm*. Bei vielen Pseudonymen weiß man normalerweise nicht, dass es überhaupt welche sind (*Lenin*, *Stalin*, *Tito*). Im Showbusiness begegnen einem möglicherweise mehr Pseudonyme (KünstlerN) als echte Namen (Orthonyme). Gründe für die Annahme von Pseudonymen bestehen darin, den bürgerlichen Namen zu vermeiden oder einen neuen, passenderen Namen für die eigene Person oder eine bestimmte Rolle zu erwerben - oder beides. Dieser Namenwechsel ist engstens mit Identität verbunden. Man kann damit einer alten entgehen und eine neue erlangen,[168] man kann auch temporär, in je verschiedenen Kontexten, andere Identitäten leben, oft mithilfe mehrerer Pseudonyme. Kurt Tucholsky nannte sich *Kaspar Hauser*, *Peter Panther*, *Theobald Tiger* und *Ignaz Wrobel*. Oft sind sprechende Namen oder Nachbenennungen nach anderen Personen als Botschaft zu verstehen.

Die **Bildung von Pseudonymen** reicht von minimalen bis zu maximalen Distanzierungen vom bürgerlichen Namen (zu den Verfahren s. SEIBICKE 2008:39–44, GLÄSER 2009:518–522). Bei ersteren wird der bürgerliche Name nicht einmal verdeckt, weshalb es fragwürdig ist, hier von Pseudonymen zu sprechen (SEIBICKE 2008:33), manchmal kommt es nur zu kosmetischen Veränderungen: *Hape* (< *Hans-Peter*) *Kerkeling* und *Marlene* (< *Maria Magdalene*) *Dietrich* haben ihre RufN kontrahiert und damit kürzer, vielleicht auch etwas weniger bürgerlich bzw. christlich gemacht, *Bert* (< *Bertolt*) *Brecht* hat ihn nur gekürzt, *Rainer* (< *René*) *Maria Rilke* ins Dt. transponiert. Solcherlei geschieht auch im Alltag, etwa wenn sich *Karl-Heinz* zu *Carlo* verjüngt. Daher schlägt SEIBICKE 2008 vor, nur dann von Pseudonymen zu sprechen, wenn der stärker identifizierende FamN geändert wird. Dem folgen wir hier, wenngleich es Übergänge gibt: Manche machen ihren alten RufN zum neuen FamN: *Valentin Ludwig Frey → Karl Valentin*, *Udo Jürgen Bockelmann → Udo Jürgens*, *Peter Alexander Neumayer → Peter Alexander*.

Bei den neuen FamN eröffnen sich vielfältige Möglichkeiten, die aus der Suche nach einem möglichst unauffälligen **TarnN** (Kryptonym) oder nach einem möglichst auffälligen, individualisierenden Namen resultieren. Zu Ersterem: Wenn *Herbert Frahm* sich *Willy Brandt* nennt, so tarnt er sich damit, ebenso *Erich Kästner*, der, unter Schreibverbot stehend, als *Berthold Bürger* publizierte. Beide entzogen sich dadurch der Verfolgung, ihr neuer Name war unauffällig. *Klaus Nakszyński* nannte sich *Klaus Kinski*, um sich onymisch an das Land anzupassen, in dem er gelebt hat. Dient das Pseudonym primär der Verbergung der wahren Identität, d.h. der Irreführung, und geschieht dies in kriminellen oder konspirativen (Geheimdienst-)Kreisen, z.B. bei der Stasi, spricht man von **DeckN**.[169] KÜHN (1995, 2004) stellt fest, dass zur Irreführung bspw. Männer weibl. RufN wählen und

---

[168] So hat ein Missbrauchsopfer der Odenwaldschule jahrelang unter einem Pseudonym gelebt und geschrieben. Das Pseudonym "habe ihn davor bewahrt, dass sein ganzes Leben mit den Erinnerungen an die Odenwaldschule überschwemmt werde" (F.A.Z. vom 25.11.12).

[169] DeckN werden graphematisch meist sondermarkiert wie etwa in *"Carlos" in Paris verurteilt* (F.A.Z., 17.12.11) als DeckN für den Terroristen Ilich Ramírez Sánchez. Ebenso *Ein "Rockefeller" unter Mordverdacht* (F.A.Z., 26.01.12) als DeckN für Christian Karl Gerhartsreiter, der sich zwischenzeitlich auch Christopher Chichester und Christopher Crowe nannte.

umgekehrt. Bei FamN als DeckN greift man oft zu unauffälligen AllerweltsN (*Müller, Schröder, Hoffmann*). Häufig enthalten sie (indirekte) Hinweise auf den Beruf des/der konspirativ Tätigen. DeckN sind oft nur der betreffenden Organisation bekannt. Die Verbindung mit *alias* deutet auf solche Zusammenhänge hin. DeckN sind, da sie nicht im Pass eingetragen werden, inoffizielle Namen.

Die gegenteilige Funktion haben **Künstlerpseudonyme**, die eine Botschaft vermitteln (und dennoch dem Schutz der Privatsphäre der Namenträgerin dienen können): Internationalität (*Doris Kappelhoff* → *Doris Day*, *Gerd Höllerich* → *Roy Black*), erhöhte Exklusivität, besonders bei einem bürgerlichen AllerweltsN (*Friedrich Stowasser* → *Friedensreich Hundertwasser*, *Hans Bötticher* → *Joachim Ringelnatz*). In diese Gruppe der Pseudonyme zur Kennzeichnung einer neuen Identität gehören auch Ordens- oder KlosterN für Nonnen bzw. Mönche. Auch gibt es Fälle von pseudonymischem Geschlechtswechsel, häufiger von weiblich zu männlich (z.B. um als "männlicher" Autor leichter Anerkennung zu finden: *Ricarda Huch* → *Richard Hugo*, *Karen Blixen* → *Isak Dinesen*) als umgekehrt (*Holger Mischwitzky* → *Rosa von Praunheim*). Wie komplex die Motive und die konkrete Namenwahl sind, zeigt der Blick auf jeden individuellen Fall: Der Filmregisseur *Rosa von Praunheim* setzt sich gegen Homophobie ein und wählte den weibl. RufN *Rosa* in Anlehnung an den sog. Rosa Winkel, das Abzeichen, das Homosexuelle in KZs tragen mussten. *Praunheim* ist der Frankfurter Stadtteil, in dem er aufwuchs, und der *von*-Zusatz hat den Namen "veradelt" (Aristonym).

Die bisherigen Beispiele bestanden fast immer in einem zweiteiligen GesamtN. Auch hier kann es zu Abweichungen kommen: Dem Volk nahe sein wollen SchlagersängerInnen, die sich nur *Michelle*, *Heino* und *Heintje* nennen, Gott nahe sein wollen Ordensschwestern und -brüder, die sich *Mutter Teresa*, (*Schwester*) *Edelburgis* oder (*Bruder*) *Lukas* nennen. *Loriot*, weder Ruf- noch FamN, ist ebenfalls einteilig. Pseudonyme können in den Pass eingetragen werden, man kann auch mit ihnen Unterschriften leisten. Sie sind (bis dato) geschützt und dürfen nicht von anderen übernommen werden. Im Gegensatz zum echten Namenwechsel koexistieren sie nur mit dem bürgerlichen Namen. Ein Lexikon zu Pseudonymen bietet BARTHEL 1986, zu weiterer Literatur s. GLÄSER 2009.

Die Motive für die Selbstverleihung von Pseudonymen, deren genaue Wahl sowie der (erhoffte sowie erfolgte) Identitätswechsel sind noch wenig erforscht. Dies gilt auch für die sog. *nicknames* (BenutzerN) in Internetforen, Singlebörsen,[170] Computerspielen etc. (s. ZIEGLER 2004, GATSON 2011).

7.4.4 Personennamen in anderen Kulturen

In vielen Kulturen gibt es andere **Namentypen** als das, was man in Europa unter Ruf- und FamN versteht (wobei auch diese jeweils sehr unterschiedliche Domänen und Funktionen aufweisen können: Ein RufN wird in Dtld. z.B. weitaus seltener gebraucht als in Schweden oder den USA).

---

170 Was man hier an Informationen onymisch kodieren kann bzw. soll, lässt sich dieser Seite entnehmen: www.kostenlose-singleboersen.de/singleprofil/pseudonym (12.07.15).

Gut zugänglich sind die Untersuchungen zum **Namensystem des Zulu** (Bantu-Gruppe) von KOOPMAN (1979a,b, 1987, 1989), der folgende fünf Namentypen unterscheidet: a) Der **HausN** ist der persönlichste und wichtigste Name, der dem Kind kurz nach seiner Geburt gegeben wird; es ist ein sprechender Name (meist SatzN), der Umstände der Geburt enthalten kann ('Es hat geregnet'), das Aussehen des Neugeborenen ('großes Mädchen'), Wünsche für das Kind ('Respektiere deine Geschwister', 'Gott ist gnädig', 'Sei glücklich'), die Struktur der Familie ('noch ein Junge', 'endlich ein Mädchen'), die Verfassung der Eltern ('wir haben lange gewartet') etc.; dieser Name darf nicht von jedem verwendet (oder auch nur gewusst) werden; b) Der **StadtN**, auch *europäischer Name* genannt, ist für die Kommunikation außer Haus, ursprünglich v.a. mit den Weißen, gedacht und ein christlicher oder westl. Name (z.B. *Mary, David, Nelson*); c) **SpitzN** werden meist von der peer group vergeben; d) Der **ClanN** ist am ehesten mit unserem FamN vergleichbar; e) der **EhrenN** kommt zum ClanN hinzu oder ersetzt diesen und ehrt bzw. erhöht den/die Adressierte(n) (zu einer guten Hinführung in andere Namenkulturen s. HANDSCHUCK/SCHRÖER 2010).

Faszinierende Verhältnisse haben sich in **Ostgrönland** herausgebildet: Nach dem Tod einer Person bestand (bis zur Christianisierung um 1900) ein striktes, dauerhaftes Verbot, ihren Namen auszusprechen – selbst dann, wenn ein Kind nach ihr benannt wurde (das Kind bekam einen SpitzN). Mehr noch: Da PersN aus dem allgemeinen Lexembestand (v.a. Tier-, Pflanzen- und Körperteilbezeichnungen, Jagd- und Fischerei-Ausdrücke) gewonnen wurden, war das mit dem Namen homophone Lexem ebenfalls tabu und musste durch ein Synonym (Umschreibung) ersetzt werden: 'Forelle' wird heute umschrieben mit *kapurniaraq* 'das, was man mit einem Spieß fängt', 'Ohr' mit *tusaat* 'das was man zum Hören braucht', 'Möhre' mit *itturmiilaq* 'das was im Boden wächst' etc. Ca. 30% des ostgrönländ. Lexikons besteht aus solchen Syntagmen, was entsprechend die Divergenz zum Westgrönländischen vergrößert (s. KUBLU/OOSTEN 1999, DORAIS 2010).

Im Folgenden können nur einige onymische Kulturunterschiede gestreift werden. Ziel ist nicht eine erschöpfende Abhandlung, sondern das Aufzeigen offener Forschungsfelder.

a) Nachbenennungspraktiken

Befasst man sich mit anthropologischer Literatur zu nichteuropäischen Kulturen, so stellt man bald fest, dass als **Vorlage von Nachbenennungen** auch ganz andere Personen, selbst Götter, Geister und Tiere, dienen können. In jedem Fall gilt, dass Nachbenennung immer eine prestigebesetzte Vorlage voraussetzt (Eltern, Paten, Heilige, Herrscher, Fußballer, Medienstars) und dass sich der/die Nachbenannte dieser unterstellt. Nachbenennung ehrt einerseits sowohl die Person, die als Vorlage dient, als auch die, die sich onymisch in ihre Tradition stellt, andererseits depersonalisiert und entindividualisiert sie: Die soziale Rolle (z.B. 'Tochter/Sohn von X') tritt in den Vordergrund und ersetzt die Individualität, das Kind ist nur Teil einer Ahnengalerie (BLOCH 2006:104, ROLKER 2009b, 2014). Gleiches gilt für die religiöse und dynastische Nachbenennung: Das Individuum wird in Traditionsstränge eingebunden und damit, nach ALFORD 1988, eher kategorisiert als individualisiert. Unsere westliche Namenkultur ist seit Jahrhunderten so patriarchalisch durchsetzt, dass dies gar nicht mehr auffällt. Beispiele dafür wurden genannt: So setzen die vielen **Patronyme**, die die größte Gruppe unserer FamN stellen, den Vater als Familienoberhaupt voraus, der nur im "Notfall", wenn unbekannt (uneheliche Geburt) oder verstorben, durch ein **Metronym** ersetzt werden konnte - oder wenn die Frau deutlich statushöher war. Noch heute wird bei der EheN-Wahl zu über 90% der MannesN (**Andronym**) gewählt (s. Kap. 7.3.3). Wird der FrauenN zum EheN, spricht man von **Gynonym**.

Manche Kulturen (das frühe China, dort alternativ noch heute möglich) vererben Namen über die Mutter (**matrilineare Kulturen**), ihr tradierter Name ist ein **Metronym**. Ungewohnt in unserer Kultur, doch weltweit nicht selten ist das Phänomen der sog. **Teknonymie**, der Benennung von Eltern nach ihrem (ältesten) Kind (s. NEEDHAM 1954 zu den Penan auf Borneo). So beschreibt BLOCH 2006 für das Volk der Zafimaniry im Hochland Madagaskars, dass ein Mensch erst mit seiner Elternschaft volles Mitglied der Gesellschaft wird. Auch eine Heirat ist erst dann möglich, wenn das erste Kind geboren ist. Nach diesem werden beide Eltern benannt (und damit onymisch liiert). Heißt das Kind *Solo*, nennt sich die Mutter fortan *renin'Solo* 'Mutter von Solo', der Vater *rain'Solo* 'Vater von Solo'.[171] Der soziale Auf- bzw. Einstieg durch das Kind erklärt seinen hohen onymischen Stellenwert als Nachbenennungsvorlage. Ein Elternteil nicht mit seinem Teknonym zu benennen, ist eine aggressive Handlung. Nach ALFORD (1988:90–94), der 60 Namenkulturen verglichen hat, kommt Teknonymie bei 21 Kulturen, also einem Drittel, vor. Teknonymie kann auch die Großeltern-, Tanten- oder Onkelschaft thematisieren. Kinderlose nehmen fiktive Teknonyme an, etwa nach einem jüngeren Bruder ('Mutter/Vater von RufN ihres/seines jüngeren Bruders'), nach einem Geist - oder auch einem Hund. Ob Teknonymie von starker Kinderverehrung zeugt, ist umstritten. Eher wird gemäß ALFORD 1988 die Elternschaft gefeiert. Wahrscheinlich dient Teknonymie auch der Vermeidung des persönlichen Namens, was in vielen Kulturen ein Mittel der Respektbekundung ist - auch in unserer, wenn man ein Anschreiben mit (höflicherem) "Sehr geehrte Frau Ministerin" statt mit "Sehr geehrte Frau von der Leyen" beginnt.

Schließlich vergleicht ALFORD 1988 den Gebrauch von Teknonymen mit dem von **Verwandtschafts- oder Familienbezeichnungen** statt persönlicher Namen (bei uns: *Mutti, Mutter, Vati, Vater* etc.). Fast 50% der untersuchten Kulturen ersetzen persönliche Namen ganz durch solche Anreden (auch durch *Tante, Großmutter, Onkel, Schwester, Bruder, Cousin/e*), insbesondere dann, wenn die Person angesprochen wird. Solche Kulturen sind eher klein, wenig komplex und familienzentriert. Auffälligerweise adressiert man mit Familienbezeichnungen öfter nach oben als nach unten (im Dt. *Mutti, Vati, Großmutter, -vater* etc. bzw., kombiniert mit dem RufN, *Tante Inge, Onkel Otto*). (Enkel-)Kinder, Nichten und Neffen werden dagegen kaum so angesprochen. Im Zuge der Demokratisierung, Nivellierung von Hierarchien und Individualisierung nimmt dies in Deutschland und

---

171 In unserer Kultur gibt es eine Art ideelle Teknonymie, etwa wenn man Sigmund Freud als *Vater der Psychoanalyse* bezeichnet. Solche Väter sind zahlreich, Mütter dagegen äußerst rar.

der Schweiz ab (s. MACHA 1997, LINKE 2001b, CHRISTEN 2006).[172] Dieser Usus impliziert nicht nur Verwandtschaft, sondern Rolle und Verantwortung. Allerdings erinnert die Familienanrede bei uns kaum noch an Verpflichtungen oder feste Rollenerwartungen. In anderen Kulturen sind diese viel ausdifferenzierter und verbindlicher. Die Verwendung onymisierter Verwandtschaftsbezeichnungen statt (oder in Verbindung mit) PersN dient also einerseits der Respektbekundung, andererseits rückt sie Rollenerwartungen in den Mittelpunkt,[173] die über die Individualität gestellt werden. Vor diesem Hintergrund ist auch die Teknonymie zu interpretieren. Referierend werden dagegen häufiger die PersN verwendet, da hier die Identifizierung der Person im Vordergrund steht, was EN besser leisten (in der adressierenden Konstellation ist diese Person ohnehin anwesend) und da umgekehrt Respekt gegenüber Abwesenden weniger angezeigt ist.

Weltweit gibt es zahlreiche andere Nachbenennungspraktiken, etwa sog. **Pentheronymika** (SchwiegervaterN), die SCHILLER 2014 für das historische Preußisch-Litauische beschreibt: Schon vor dem 15. Jh. nahmen Schwiegersöhne den RufN (oder eine andere Namenform) des Vaters ihrer Frau an (z.B. *Nikžentis* 'Schwiegersohn des *Nikas*'). Solche Pentheronymika sind später ins litauische FamN-Inventar eingegangen. – Über Fälle der Nachbenennung von Menschen nach Hunden in Australien berichtete WALSH 2011, wobei **Hunde** wichtige soziale Funktionen innehaben und voll in die menschliche Gesellschaft integriert sind. Im Sudan (bei den Dinka, Nuer und Mundari) sind **Rinder** mit Reichtum, Macht und Status assoziiert und von höchster sozialer Relevanz. Der Anthropologe EVANS-PRITCHARD (1940:36) spricht sogar von "intimate symbiotic relationship" zwischen Mensch und Vieh. Zu heiraten, ohne im Besitz zahlreicher Rinder zu sein, ist z.B. nicht möglich. Hier werden Jungen nach Rindern benannt: "A youth generally takes his first ox-name from the beast his father gives him at his initiation, but he may later take further names from any oxen of his herd which delight him" (EVANS-PRITCHARD 1940:45f).[174] **Nekronymie** nennt man die Benennung nach Verstorbenen (meist aus der eigenen Familie), was z.B. auf Borneo praktiziert wird. Dort soll es 26 Nekronyme für 26 Verwandtschaftsverhältnisse geben.[175]

b) Namenerstvergabe, Namenwechsel, "Lebensabschnittsnamen"

Die **soziale Geburt** des Menschen erfolgt immer mit seiner Benennung und kann zeitlich von der **biologischen Geburt** entkoppelt sein (s. eingehend HIRSCHAUER

---

172 CHRISTEN (2006:246–257) beschreibt für die Schweiz den Wandel weg von der Familien- hin zur individuellen Rufnamen-Anrede von Kindern an die Eltern, wobei Mütter deutlich länger *Mutti* o.Ä. bleiben als Väter.

173 Das gleiche Prinzip erfüllen in den deutschsprachigen Kulturen die häufigen Titel und Amtsbezeichnungen vor dem (oder statt des) PersN (*Bundesrätin Widmer-Schlumpf*): Auch hier wird damit eher nach oben als nach unten adressiert, Respekt bekundet, an die soziale Rolle erinnert – und dies alles noch gesteigert, indem man den PersN weglässt (und *Frau* bzw. *Herr* hinzufügt, möglicherweise noch weitere Titel).

174 Wenn LIEBERSON (1984:84) berichtet, dass in den USA des 19. Jhs. 84% der MaultierN auch an Sklaven vergeben wurden, so hat dies einen ganz anderen Stellenwert.

175 Nekronyme sind allerdings auch die Namen von Toten (z.B. *Ötzi*), s. die Namen von Skeletten (*Lucy*), Mumien (*Juanita*), Moorleichen (*Moora*, *Tollund-Mann*) etc.

et al. 2014). In 60% der von ALFORD 1988 untersuchten Kulturen benennt man Kinder innerhalb der ersten neun Tage (so auch in Dtld.), in anderen z.T. erst nach einigen Jahren. Einen Grund dafür stellt hohe **Säuglingssterblichkeit** dar. In solchen Kulturen werden Kinder erst dann, wenn sie an Gewicht und Kraft zunehmen, benannt oder bei späteren Initiationsriten zur Aufnahme in die menschliche Gesellschaft. Die Trauer über gestorbene Kinder, die noch namenlos sind, ist geringer, oft entfällt sogar eine Bestattungszeremonie. War ein Kind bereits benannt, so kann es vorkommen, dass das nächste Kind im Glauben, es reinkarniere das gestorbene, identisch benannt wird (vgl. Bachs 14. Kind, das bei der Geburt starb und dessen Name *Christiane* auf das 15. übertragen wurde; Kap. 7.2.1).

Wenn biologische und soziale Geburt entkoppelt sein können, dann auch in die andere Richtung: Viele Paare benennen ihr Kind schon lange vor der biologischen Geburt. Sog. (meist geschlechtsindefinite) **Protonamen** für den Fötus sind Namen für "Personenanwärter" und werden später duch den echten Namen ersetzt. Sie lauten *Krümel, Würmchen, Zwerg, Floh, Zecke* etc. Der echte Name wird zwar pränatal ausgiebig verhandelt, manchmal auch schon paarintern verwendet, doch kaum schon veröffentlicht (s. eingehend HIRSCHAUER et al. 2014). Damit bauen die Eltern bereits früh eine Beziehung zu ihrem Kind auf. LAYNE 2006 hat in den USA in den 1990er Jahren Menschen befragt, die eine **Fehlgeburt** erlitten haben. Während manche gerade durch Nichtbenennung diesen Vorfall vergessen wollen, geben andere dem abgegangenen Kind bald oder auch erst Monate oder Jahre später einen Namen, um es betrauern zu können: "[They] transform their 'baby' from a 'nobody' into a 'somebody' whose memory will be cherished" (ebd.:49). Bei einem namenlosen Fötus ist Trauer nicht möglich. Die Benennung ist umso wichtiger, als die Eltern sonst nichts "Greifbares" zurückbehalten: "In the absence of bodies, names play a particularly important role" (LAYNE 2006:47). Da das Geschlecht oft unbekannt ist, werden häufig Unisex-Namen vergeben (*Sammy, Robin*), oder die Eltern entscheiden sich für ein Geschlecht. Fragen wie die, ob der ursprünglich vorgesehene Name (evtl. weil er in der Familientradition steht) verwendet wird oder ob er für das nächste Kind "frei" bleibt, sind noch unbeantwortet. Für Dtld. fehlen solche onomastischen Forschungen.[176]

Kulturen, die ihre Kinder erst später benennen, nutzen als Zeitpunkt oft solche **Entwicklungsschritte**, die das Kind "menschenähnlicher" machen (der menschliche Prototyp läuft, spricht und ist erwachsen): Wenn es den ersten Zahn bekommt, wenn es krabbeln oder laufen kann, wenn es sprechen kann, wenn es

[176] Ebenfalls kaum erforscht ist die Vergabe von **ZwillingsN**, etwa ob es hier zu vermehrter Namenähnlichkeit kommt (vom Typ *Hanni und Nanni*). NUESSEL (1992:13f.) referiert eine angelsächsische Studie zu den Namen von 187 Zwillingspaaren: Demnach wird zu 62% alliteriert (*Mary* und *Maureen*), zu 17% endgereimt (*Arlene* und *Charlene*) und zu 21% keine Ähnlichkeit gesucht. Dabei ist die Namenähnlichkeit eineiiger Zwillinge höher als die zweieiiger. – Auf den Seiten der amerik. *social security* finden sich die häufigsten ZwillingsN, die deutlich für Namenähnlichkeiten sprechen: Die drei häufigsten weibl. ZwillingspaarN waren 2010 *Ella & Emma, Olivia & Sophia, Gabriella & Isabella*, die entspr. männl. *Jacob & Joshua, Ethan & Evan, Jayden & Jordan*, und die fünf häufigsten gemischter Paare *Madison & Mason, Emma & Ethan, Taylor & Tyler, Madison & Michael, Jayda & Jayden*.

abgestillt ist (selbst essen kann), wenn ein individueller Charakter erkennbar wird, wenn es in die Pubertät kommt. Durch kulturelle Praktiken kann auch die Sichtbarkeit der Namengebung erhöht werden: beim ersten Nägel- oder Haareschneiden, beim ersten Tätowieren oder Piercen, bei der ersten Ölung, der Beschneidung. Unser Kulturkreis nutzt(e) den religiösen Ritus der Taufe. All dies sind Initiationsriten, die die Namengebung flankieren und ihr die gleiche Funktion, nämlich die Aufnahme als gesellschaftliches Vollmitglied, zuschreiben. Meist erfolgt dabei auch die onymische Geschlechtsbestimmung. In spät benennenden Kulturen wird das noch namenlose Kind mit APP wie 'Baby', 'Mädchen', 'kleiner Junge' o.Ä. bezeichnet (für Griechenland s. HANDSCHUCK/SCHRÖER 2010:185). Früher sah man unbenannte = ungetaufte Kinder bösen Mächten ausgeliefert, weshalb sie vor der Taufe nicht aus dem Haus durften. Oder man tat umgekehrt alles, den Namen des Kindes geheimzuhalten, um es vor dem Zugriff böser Geister zu bewahren (gemäß der Vorstellung "namentlicher = physischer Zugriff"). Um sie als wertlos erscheinen zu lassen, gibt man Kindern auch **Tarn- oder SchutzN** wie 'Stein', 'Stuhl', 'Pfannenstielchen', 'Bohnenblättchen', was aus China (HANDSCHUCK/SCHRÖER 2010:124), aber auch der Rheinpfalz des 19. Jhs. berichtet wird (BÄCHTOLD-STÄUBLI 2000:VI, 955). Zum gleichen Zweck vergibt man EkelN wie *Wutz, Würmchen, Igel, Tier,* was für Sachsen belegt ist (ebd.). All diese Praktiken (und viele andere mehr) fallen in den großen Bereich der **Namenmagie**, die auf der Gleichsetzung von Name und Benanntem basiert und damit den Namen materialisiert bzw. somatisiert: "Das Aussprechen des Namens bewirkt ein Ergreifen der ganzen Person des Benannten" (BÄCHTOLD-STÄUBLI 2000, Bd. 6:958).

Selbst wenn eine Erstbenennung (bei der Geburt oder später) stattgefunden hat, so kommt es weltweit eher selten vor, dass man diesen Namen lebenslang behält: "[N]icht Einnamigkeit und lebenslänglich unveränderte Namen, sondern Vielnamigkeit und Namenswechsel erscheinen im kulturvergleichenden wie historischen Blick als der Normalfall" (ROLKER 2009b:8). Vor dem Hintergrund, dass – bis auf den Chromosomensatz – nichts gleichbleibt (der gesamte Phänotyp ändert sich vom Säuglings- bis zum Greisenstadium), verwundert Namenkonstanz eher. Auch erfordern als sehr wichtig erachtete soziale Zäsuren, die meist mit Identitätswechseln einhergehen, einen Namenwechsel – selbst in unserer Kultur, die von großer **Namenstabilität** geprägt ist: bei Heirat, bei der bis vor kurzem eine/r einen neuen FamN annehmen musste, und bei Eintritt in einen Orden, wo der Mensch sich in eine neue Gemeinschaft begibt und kaum mehr etwas dem alten Leben gleicht. Auch bei der Adoption wird der Name geändert. Ansonsten herrscht bemerkenswerte Stabilität. Andere Kulturen sehen viel mehr Namenwechsel – verbunden mit Identitätswechseln – vor (zu Details s. ALFORD 1988). Bei der **Heirat** besteht nach ALFORD 1988 für Frauen eine doppelt so hohe Wahrscheinlichkeit wie für Männer, ihren Namen zu ändern (ebd.:88):

> Here, however, we find a marked sex difference: in eleven societies, women's names change at marriage; while in only five societies do men's names change at marriage. The implications, of course, may be that the woman's identity changes more at marriage than a man's or that the woman's identity is submerged in her husband's.

Auch bei einer schweren **Krankheit** kann Namenwechsel erfolgen, um die Identität zu verdecken und so den Kranken vor dem Zugriff übernatürlicher Mächte zu schützen. Gleiches geschieht beim **Tod** von Verwandten: Man will dem feindlichen Geist des/der Toten entkommen oder Geister daran hindern, auf die Erde zurückzukehren, wenn sie ihnen bekannte Namen hören. Andere Kulturen beenden mit dem Namenwechsel der Hinterbliebenen die Zeit der Trauer. In Japan bekommen **Tote** einen neuen (buddhistischen) Namen, was ursprünglich nur Nonnen und Mönchen vorbehalten war, doch seit dem 17. Jh. auf die (wohlhabendere) Bevölkerung übergriff und heute ein Statussymbol darstellt. **Postume Namen** werden vom Priester, passend zu Persönlichkeit und Leben des/der Verstorbenen, ausgesucht und verschriftet. Sie sind nicht ganz billig und werden in Holztäfelchen (auf dem Grab, im Schrein) eingraviert. Alles in allem steht eine umfassende Dokumentation und Auswertung sog. **LebensabschnittsN** (inkl. TotenN) noch aus.

c) Geschlechtsmarkierung

Fast 75% der 60 untersuchten Kulturen nehmen (immer oder weitgehend) eine onymische Geschlechtsmarkierung vor, sei es semantisch (17%), formal (33%) oder konventionell (50%; s. Kap. 7.2.4). Geschlecht ist damit die häufigste Information auf Namen, ebenso auf Kleidung und Ornamentierung. Die Wahrscheinlichkeit der onymischen Sexusmarkierung nimmt mit Größe und Komplexität einer Gesellschaft zu. Eine binäre Kategorisierung dient der Komplexitätsreduktion, eine ganze Gesellschaft wird ad hoc zweigeteilt. Kleine Gesellschaften setzen eher auf Botschaften im Namen und weniger auf Geschlechtsdifferenzierung.

Auch wenn wir in Kap. 7.2.4 für die USA die Möglichkeit von *unisex names* erwähnt haben, so wird dort üblicherweise durchaus Sexus markiert: "The vast majority of American given names are predominantly sex-typed" (ALFORD 1988: 148). Ähnlich wie in Dtld. greift man auf zwei segregierte Inventare zu, und ebenso betrifft auch in den USA die Nachbenennung eher Söhne als Töchter und hierunter mehr Erstgeborene. Trotz mehr Freiheiten im System ist die amerikanische Namenvergabe sehr traditionell, v.a. bei Jungen: Namen wie *John, Robert, Joseph, James* waren (und sind) seit vielen Jahrzehnten in den Top-Positionen. Die Erneuerungsrate ist gering, die Namenuniformität groß. Dies resultiert aus familialen Nachbenennungspraktiken und ist diastratisch mit Mittel- und Oberschicht assoziiert. So erklärt sich ihre Persistenz.

Man muss nicht weit gehen, um eine Namenkultur zu finden, die die onymische Sexusgrenze stark vernachlässigt – übrigens eine kleine Kultur, wie von ALFORD 1988 richtig beobachtet, nämlich die **ostfriesischen RufN**. EBELING 1995 und TAMMENA (2005, 2009) beschreiben erstens, dass hier über Derivation nicht nur Frauen- aus MännerN, sondern umgekehrt (und nicht selten) Männer- aus FrauenN generiert werden: Aus weibl. *Frauke* entstanden *Frauko* und *Fraukeus* (*-us* ist männl. Endung), außerdem: *Gesine* → *Gesinus*, *Gesche* → *Geschemann*, *Greta* → *Gretus*, *Katharina* → *Katharino* (TAMMENA 2009:130–136). Zweitens gibt es viele echte und häufig verwendete sexusambige Namen, was historisch auf die genuin fries. *a*-Endung für MännerN zurückgeht, die durch Sprachkontakt mit *a*-auslautenden FrauenN gemischt wurden und heute beide meist auf *-e* auslauten: *Abbe, Hidde, Hille, Ebbe, Ude, Tiade*; teilweise finden sich auch noch MännerN (neben vielen FrauenN) auf *-a*: *Elsa, Tamma*. Sexusambig sind darüber hinaus *Engel, Adel, Lübke, Rindelt*. Systematisch sind germ. RufN auf (weibl.) *-b(e)rich* < *-burg* (*Heb(e)rich* < *Hathuburg, Sob(e)rich* < *Sothburg, Wolb(e)rich* < *Waldburg*) mit solchen auf (männl.) *-rich* (*Dietrich, Heinrich*) zusammengefallen und in der Folge auch wechselseitig verwendet worden. Der weibl. *-b(e)rich*-Ausgang kontaminierte auch mit männl. *-brecht* und hat deshalb oft *-t* angenommen (*Wolbrecht* < *Wolb(e)rich* < *Waldburg*). Drittens kam es durch starke Nachbenennung nach Verwandten und PatInnen zu direkten Namentradierungen: Töchter konnten die Namen männlicher Vorfahren bekommen und (seltener) Söhne die weiblicher (TAMMENA 2009:105, 113–123, 139–144). Viertens können beide Geschlechter das Diminutivsuffix *-ke* tragen (solche Namen sind zu VollN geworden); hierzu gehört der/die berühmte *Eike*, der/die schon öfter dt. Gerichte beschäftigt hat. Auch *Heike* und *Elke* sind im Ostfries. sexusambig. Fünftens und letztens treffen sich die konventionellen Frauen- und MännerN wie weibl. *Fennen, Maiken, Ricken* und männl. *Onnen, Eissen, Focken* spätestens auf der phonologischen Ebene: Es gibt kaum saliente Strukturunterschiede, die als klare Sexusmarker dienen könnten. Lautstrukturell und auch prosodisch (dominanter Erstsilbenakzent) überlagern sich beide Geschlechter beträchtlich – weit mehr als im Standarddt.

Trotz dieser bemerkenswerten Überschneidungen gibt es auch einige Unterschiede: Eine ost- wie auch westfries. (einseitige) Möglichkeit der **Movierung weiblicher Namen** bestand in der bloßen **Diminuierung von MännerN**: *Albertje, Behrendje* (< *Bernhard*), *Cordje* (< *Conrad*), *Hendrikje, Willemtje*. Generell kommt Diminution ungleich häufiger bei Frauen- als bei MännerN vor (TAMMENA 2009:36, 125–129; zum Westfries. s. GERRITZEN 2002, zum Ndl. GERRITZEN 1998). Hier scheint das Konzept 'Frau = kleiner (junger?) Mann' zugrunde zu liegen.[177] Eine weitere, auch der Sexusmarkierung dienende fries. Besonderheit besteht in der Tatsache, dass sich einstige (offensichtlich häufige) Verwandtschaftsbezeichnungen zu echten RufN entwickelt haben: *Moder, Moederke* (mit zahlreichen Varianten) < 'Mutter', *Broer, Brörke, Brörik* etc. < 'Bruder', *Süster, Susterke* < 'Schwester', *Sohnke, Suhnke* < 'Sohn', *Famke, Feemke, Fentje* etc. < 'Tochter'. Auch *Frauke* 'Ehefrau, Hausherrin' ist über die häufige Anrede ins RufN-Inventar abgesunken. Selbst einige häufige Berufsbezeichnungen sind statt zu FamN zu RufN abgedriftet, z.B. *Schelte, Scholto* 'Richter', *Schotte* 'Steuereintreiber' (TAMMENA 2009:69–75).

d) Familiennamen kontrastiv

War bisher von persönlichen Namen die Rede, so soll abschließend ein Blick auf FamN in anderen Kulturen geworfen werden. Auch hier mangelt es an kontrastiven Studien, vielleicht weil FamN als zu ähnlich und daher als weniger interessant begriffen werden (s. jedoch PULGRAM 1993). Dass dem nicht so ist, zeigt

---

177 BENTZIEN (1968:49) bemerkt Ähnliches bei Rinder- und PferdeN im 18. Jh. in Mecklenburg: "Etwa 30% aller Namenbelege weisen die Diminution *-ke* und *-ick* auf. Ihr Vorkommen beschränkt sich interessanterweise fast ganz auf die weiblichen Tiere". Auch im Frz. wurden FrauenN systematisch über Diminution aus MännerN abgeleitet (*Henriette, Jeanette*).

exemplarisch ein Blick auf das **schwedische FamN-System**. Man braucht nur ein paar berühmte SchwedInnen aufzuzählen: *Astrid Lindgren*, *Alfred Nobel* oder Mitglieder von ABBA: *Fältskog*, *Andersson*, *Ulvaeus*. Bis auf die Patronyme (hier: *Andersson*) entspricht nichts dem dt. FamN-System, obwohl der kulturelle Unterschied vergleichsweise gering ist.

Tab. 16: Die häufigsten FamN in Schweden, Norwegen und Dänemark

Nr.	Schweden (2006)	Norwegen (2006)	Dänemark (2007)
1	*Johansson*	*Hansen*	*Jensen*
2	*Andersson*	*Johansen*	*Nielsen*
3	*Karlsson*	*Olsen*	*Hansen*
4	*Nilsson*	*Larsen*	*Pedersen*
5	*Eriksson*	*Andersen*	*Andersen*
6	*Larsson*	*Nilsen*	*Christensen*
7	*Olsson*	*Pedersen*	*Larsen*
8	*Persson*	*Kristiansen*	*Sørensen*
9	*Svensson*	*Jensen*	*Rasmussen*
10	*Gustafsson*	*Karlsen*	*Petersen*
11	*Pettersson*	*Johnsen*	*Jørgensen*
12	*Jonsson*	*Pettersen*	*Madsen*
13	*Jansson*	*Eriksen*	*Kristensen*
14	*Hansson*	*Berg*	*Olsen*
15	*Bengtsson*	*Haugen*	*Christiansen*
16	*Jönsson*	*Hagen*	*Thomsen*
17	*Petersson*	*Johannessen*	*Poulsen*
18	*Carlsson*	*Andreassen*	*Johansen*
19	*Magnusson*	*Jacobsen*	*Knudsen*
20	*Lindberg*	*Halvorsen*	*Mortensen*
Summe d. Patronyme von Position 1–50	32	33	43
Summe d. Patronyme von Position 1–100	45	57	67

Was *Lieschen Müller* in Dtld., ist *Svensson* in Schweden. Die schwed. FamN sind ca. 500 Jahre später als die dt. entstanden. Zwar griff der Adel ab dem 16. Jh. zu FamN, doch wurde die Bevölkerung, die jahrhundertelang das patronymische BeiN-Prinzip praktiziert hat (wie heute noch auf Island, s. Kap. 3.3.2, 7.1), erst gegen Ende des 19. Jhs. zu festen FamN verpflichtet. Die meisten kürten ihr aktuelles Patronym zum FamN. Da in Schweden (auch in Dänemark und Norwegen) durch starke Nachbenennungen das von Generation zu Generation recycelte Ruf- und BeiN-Inventar ausgedünnt war, bilden die sog. ***son*-Namen** noch heute den schwed. (bzw. skand.) Prototyp: Fast 20% der SchwedInnen tragen einen der Top 5-Namen *Johansson*, *Andersson*, *Karlsson*, *Nilsson* oder *Eriksson*. Ähnlich sieht es in Dänemark aus, wo 70% einen *sen*-Namen tragen, und in Norwegen (s. Tab. 16, wo nur die grau hinterlegten FamN keine Patronyme sind).

Diese mangelnde Monoreferenzleistung des FamN hat die Namensysteme in eine Krise gestürzt. In Schweden hat NOREEN 1924 zehn Gebote für gute FamN ausgearbeitet, die primär auf die Herstellung von Monoreferenz abzielten und sowohl die Übernahme von Produkt- oder bloßen RufN verboten als auch lächerliche oder anstößige Namen. Empfohlen wurde und wird ein kurzer, der schwed. Schreibung, Morphologie und Appellativik entsprechender FamN, was zur Propagierung sog. **Naturnamenkomposita** vom Typ *Lindgren* 'Lindenzweig' oder *Fältskog* 'Feldwald' führte, die man seither einfach, schnell, günstig und ohne großen Aufwand gegen den alten Namen eintauschen kann und auch soll.

Diese Namenkomposita entstammen dem Adel (man entnahm seinem Wappen zwei Bestandteile) und wurden, da prestigebesetzt, vom Bürgertum imitiert und modifiziert. Es wurden immer mehr Naturwörter verwendet, und auch die Reihenfolge konnte umgekehrt werden (z.B. *Bergdal* 'Bergtal', *Dalberg* 'Talberg'). Da dieser Typ auf Kombinatorik beruht, zweigliedrig und gut aussprechbar ist, sowie app. Elemente enthält, stellt er keine hohen kognitiven Anforderungen. Daher hat er Karriere gemacht: In den seit 1921 mehrfach aufgelegten FamN-Katalogen wurden diese Komposita massenhaft generiert. Die Auflage von 1992 enthielt 22.000 neue Komposita, heute erledigt man die Namenänderung im Internet. Wichtigste Bedingung: Der FamN darf nicht schon vergeben sein. Der Vorteil der Komposita besteht in einer begrenzten Anzahl von Lexemen (Bausteinen), mit denen schier unbegrenzt viele Kombinationen erstellt werden können, deren wörtliche Bedeutung oft unsinnig ist und die sich daher gut als bloßes Menschenetikett eignen (*Lindström* 'Lindenstrom', *Ekström* 'Eichenstrom', *Bergqvist* 'Bergzweig' etc.). In Tab. 16 erscheint dieser Typ mit *Lindberg* auf Position 20.[178]

Mit *Ulvaeus* und *Nobel* gelangen wir zum dritthäufigsten FamN-Typ, den sog. **GeistlichenN**. Es handelt sich um latinisierte (oder gräzisierte) Namen, die denen der dt. HumanistenN entsprechen, diese jedoch an Vielfalt und Frequenz weit übertreffen. Der FamN *Nobel* (mit Finalbetonung) geht ursprünglich auf einen OrtsN, *Nöbbelöv*, zurück, der zum FamN *Nobelius* latinisiert und später zu *Nobel* gekürzt wurde (ähnlich auch *Noreen, Linné*). *Ulvaeus* mit der skand. Wurzel *ulv-* 'Wolf' enthält dagegen noch die volle lat. Endung, ähnlich wie *Celsius*, die Übersetzung von schwed. *högen* 'Hügel'. Dieser Namentyp divergiert stark von der schwed. Appellativik und markiert so den onymischen Status. – Schließlich ist noch der Typ der sog. **SoldatenN** zu erwähnen. Das sind deadjektivische oder desubstantivische ÜberN, die kriegerische Tugenden oder Gegenstände bezeichnen: *Stark* 'stark', *Rask* 'schnell', *Modig* 'mutig', *Stål* 'Stahl', *Svärd* 'Schwert' etc.

Damit wird deutlich, dass auch benachbarte Kulturen onymisch stark divergieren können (in Schweden gibt es z.B. keine FamN aus Berufen, kaum Herkunfts-, Wohnstätten- und ÜberN). Im Gegensatz zum Dän., das mit seinen entstehenden MittelN Monoreferenz herstellt und damit auf der syntagmatischen

---

178 Zu den skand. FamN bis Position 50 und den Maßnahmen gegen die Namenmonotonie in Dänemark und Norwegen s. NÜBLING 2011 sowie Kap. 4, 7.4.1. Primär zum Schwed. s. ANDERSSON (1979/80), BRYLLA (1992, 1995, 1996, 2002), NÜBLING (1997a,b, 2004b, 2005), zum Dän. MELDGAARD (1983, 2007), SØNDERGAARD 2000, J. UDOLPH 2006, zum Norw. VEKA 2001.

Ebene agiert, greift das Schwed. mit der Erweiterung seines FamN-Inventars auf paradigmatische Techniken zurück (Kap. 4 und 7.4.1).[179] Sein variables und flexibles FamN-System kann sich Schweden deshalb leisten, weil es als dritten, unveränderlichen EN eine 10-stellige **Personennummer** vorschreibt, ohne die man in Schweden keine Amtsgeschäfte tätigen kann. Diese Zahlenkette hat rein identifizierende Funktion[180] - die Individualisierung leisten Ruf- und FamN, umso mehr, als man beide selbst aussuchen kann, wenn man sie ändern möchte.

Zum Weiterlesen:

Den kompaktesten Überblick zu Ruf- und FamN liefert KUNZE 2003 (digital 2005), zu empfehlen ist ferner SEIBICKE (2002, 2008). Zur mentalitätsgeschichtlichen Deutung der Veränderungen s. KOHLHEIM 2009, zu SpitzN FRANK 1975, NAUMANN (1976, 1980, 1996a), SEIDLER 1993, NÜBLING (2014d) und v.a. KANY (1992, 1993, 1995, 1999). Mehr zu ModeN bei DEBUS (1977b). Zum Komplex "Name und Geschlecht" s. OELKERS (2004a,b), ausführlich OELKERS 2003, zur Diachronie NÜBLING (2009a,b, 2012b). Die Psychoonomastik konnte hier nicht behandelt werden, hierzu überblickend HARTMANN 1984, RUDOLPH/SPÖRRLE 1999, RUDOLPH 2011, RUDOLPH et al. 2007. Zur Sozioonomastik s. Kap. 7.2.5. Für DeckN ist KÜHN (1995, 2004) einschlägig, für die Stigmatisierung von EN BERING (1992a,b), zu einem guten Überblick s. HARNISCH 2011. Die Patennachbenennung hat SIMON 1989 ausführlich und Ders. 1991 gerafft dargestellt. Zu Themen rund um FamN und ihre Entlehnungen aus anderen Kulturen sind die Bände von HENGST/KRÜGER (2009, 2011) zu empfehlen. Zur dt. FamN-Geographie und ihrem Beitrag zur historischen Phonologie, Graphematik und Morphologie s. DFA I–IV. Zahlreiche Beiträge zur FamN-Geographie in Europa finden sich in HEUSER et al. 2011. Zur Nutzung von PersN auch diachron s. ROLKER (2009b,c, 2014). Zu PersN im Sprachvergleich ist ALFORD 1988 zu empfehlen sowie der Sammelband VOM BRUCK/BODENHORN 2006. Europ. PersN-Systeme behandelt übersichtlich und umfassend der Band BRENDLER/BRENDLER 2007. Im positiven Sinn populär ist HANDSCHUCK/SCHRÖER 2010, ebenso KAISER 1998, die beide über PersN in anderen Kulturen unterhaltend informieren. Speziell zu FamN dt.-schwed. s. NÜBLING (1997a,b, 2004b, 2005), zu FamN dt.-fläm.-ndl. MARYNISSEN/NÜBLING 2010, zu FamN dt.-portugiesisch STRAUCH 2006.

[179] Zum nicht weniger eigenständigen ndl. und fläm. FamN-System s. die Arbeiten von MARYNISSEN (1995, 1999, 2005, 2010), MARYNISSEN/NÜBLING 2010.

[180] Zur "Syntax und Semantik" dieser Personennummer: Die Ziffern 1–6 kodieren das Geburtsdatum (Jahr+Monat+Tag, z.B. *730811*); 7. Ziffer: *1–4*: InländerIn, *5–9*: AusländerIn; 8. Ziffer: Geburtsdistrikt; 9. Ziffer: Sexus (gerade Zahl 'weiblich', ungerade Zahl 'männlich'); die 10. Ziffer bildet die Differenz der Quersumme der ersten 6 Zahlen zur nächsten Zehnerzahl. Damit enthält der Gesamtcode Informationen zu Alter, Geburtsort, Herkunft und Sexus.

8. Tiernamen (Zoonyme)

Auf die Frage "Welche Sachverhalte werden im Dt. durch EN bezeichnet?", die 1979 an 70 Studierende der Universität Mannheim gerichtet wurde, gaben 84% "Menschen" an, 70% "Tiere" und nur 40% "Örtlichkeiten" (BAUER 1998:59). Dieser Befund sowie die Tatsache, dass viele Millionen Deutsche ein Haustier pflegen, steht der wissenschaftlichen Beschäftigung mit TierN diametral entgegen: In Dtld. gab es bis vor Kurzem fast keine fundierte Forschung zu **TierN** (**Zoonymen** < griech. *zoon* 'Tier'). Unlängst sind jedoch mit DAMMEL et al. (2015a, b) zwei Bände mit 20 thematisch breit angelegten Beiträgen erschienen; der Überblicksartikel von DAMMEL et al. (2015c) liefert den Stand der Forschung.

Die TierN-Vergabe ist deshalb so bedeutsam, weil sie das Verhältnis einer Kultur bzw. des Menschen zum Tier widerspiegelt: Bekommt das Tier einen Namen, und, wenn ja, unter welchen Bedingungen? Sind es art-, womöglich rassespezifische Namen wie *Bello, Hasso, Rex, Lumpi, Waldi* früher bei Hunden? Erweitert sich das Inventar, werden Tiere zunehmend individualisiert? Mehr noch: Greift man womöglich ins Inventar der PersN und, wenn ja, zu welchen? Dies könnte eine Anthropomorphisierung nahelegen, eine soziale Annäherung des Tiers an den Menschen (genauer s. WIEDENMANN 2015). Spielt die Relation Mensch-Tier bei der Namengebung eine Rolle, also ob der Mensch Haus und (nicht selten) Bett mit seinem Tier teilt oder ob er es ausbeutet (Milch, Wolle, Eier) oder gar isst? Wird bei TierN auch das Geschlecht markiert? Teilen sich Weibchen und Männchen gleiche Namen oder eher nicht - und verändert sich das diachron? Unterscheiden sich diesbezüglich die verschiedenen Haustiere (Hunde, Katzen, Kaninchen) - und wie verhält es sich bei Nutztieren wie Rindern, Schafen, Schweinen? Wann werden eher Nummern vergeben als Namen?

8.1 Tiernamenklassen

Zunächst untergliedern wir die Klasse der TierN nach ihrer Bedeutung für den Menschen (Abb. 29). Ob die Unterteilung in städtische und ländliche TierN sinnvoll ist, sei dahingestellt (WARCHOL 2004, DEBUS 2010).[181] In jedem Fall ist die 3. Ebene der Einteilung in **Zoo-, Haus-, Nutz-/Zucht-** und **WildtierN** von großer Bedeutung, da sie die Relation des Menschen zum Tier anzeigen. Die Namengebung folgt bekanntlich egozentrischen Kriterien. Am wichtigsten und am reichsten bestückt dürften heute die **Haus- oder HeimtierN** sein, da ihre Namenträger mehr und mehr in die menschliche Familie integriert werden und nicht

---

[181] Die nach WARCHOL 2004 dritte Gruppe, die literarischen TierN, lassen wir weg, da auf einer anderen Ebene liegend (auch GLÄSER 2005a:80 hat sie als Subklasse integriert). So gesehen könnte man auch die Klasse der StofftierN aufmachen.

selten ihr beliebtestes Mitglied bilden.[182] Für viele Menschen ersetzt der Hund/die Katze den Partner/die Partnerin oder ein Kind. Auch als Statussymbol sind solche Tiere (meist Rassetiere) nicht zu unterschätzen. Die Ausgaben für hochwertiges Haustierfutter, Spielzeug und eine Palette weiterer Accessoires, für die Erziehung, Bespaßung und Unterbringung z.B. von Hunden steigen Jahr für Jahr und sorgen für Milliardenumsätze. **ZootierN** gewinnen immer mehr an Bedeutung, zumal damit verbundene Tierpatenschaften viel Geld einbringen. In deren Nähe könnte man auch die **ZirkustierN** stellen. **Nutz- und Zuchttiere** erfahren dagegen andere Namengebungspraktiken. **Wildtiere** werden am seltensten benannt. Was hier fehlt und durchaus benannt wird, sind die **Versuchstiere**, die am ehesten zu den Nutztieren zu stellen wären, sowie freilebende (daher eher zu den Wildtieren gehörende) **Forschungstiere**, deren Verhalten man beobachtet (zu einer differenzierteren Klassifikation s. JONELEIT 2015).

Abb. 29: Subklassifikation von Tiernamen

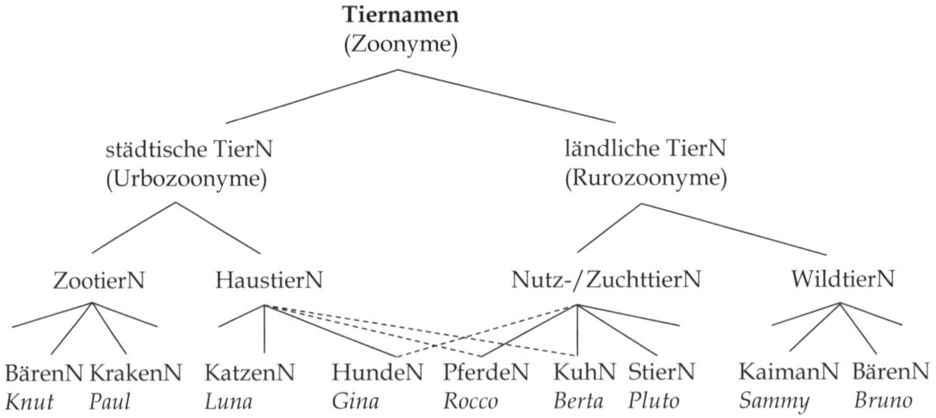

In Abb. 29 zeigen die gestrichelten Linien zur 4. Ebene hin an, dass die Trennung zwischen Haus- und Nutztieren nicht ganz einfach ist: Milchkühe bei Kleinbauern, die über zehn Jahre lang täglich gemolken und versorgt werden, haben einen anderen Status als Mastbullen, die nach einem Jahr geschlachtet werden. Ähnliches gilt für Pferde und Hunde: Man kann sie einerseits kommerziell als Zuchttiere begreifen, andererseits als Haustiere mit persönlicher Bindung. Bei Hunden kommt hinzu, dass bei Jagd-, Wach-, Hüte-, Such- und Blindenhunden ein Nutzaspekt vorhanden ist, der jedoch nicht ihren Status als Haustier ausschließt.

Abb. 30 benennt die **Faktoren** der **Tierbenennung** und der damit korrelierenden **Namenarten**: Zunächst ist zu betonen, dass auch Nummern und Codes Namen i.e.S. sind, die die Identifikation leisten (NÜBLING 2015). ZuchtN (wie *Tina von den Hochseebächen* für einen Zuchtwelpen) sind am ehesten mit WarenN zu vergleichen, da sie primär werbende Funktion innehaben und meist durch einen Ruf-, womöglich auch KoseN ersetzt werden, sobald das Tier in eine Familie

[182] Wir verwenden einen anderen Begriff von Haus- und Nutztieren als DOBNIG-JÜLCH 1996.

kommt und hier zum Individuum wird (LEPPLA 2015). Das bedeutet, dass ein und dasselbe Tier verschiedene Namen(arten) tragen kann. Selbst Versuchstiere wie Makaken tragen neben einer Nummer (die der Pathologe kennt) Ruf- und sogar KoseN (die TierärztInnen und -pflegerInnen gebrauchen, s. NÜBLING 2015).

Abb. 30: Faktoren der Tierbenennung und damit korrelierende Namenarten

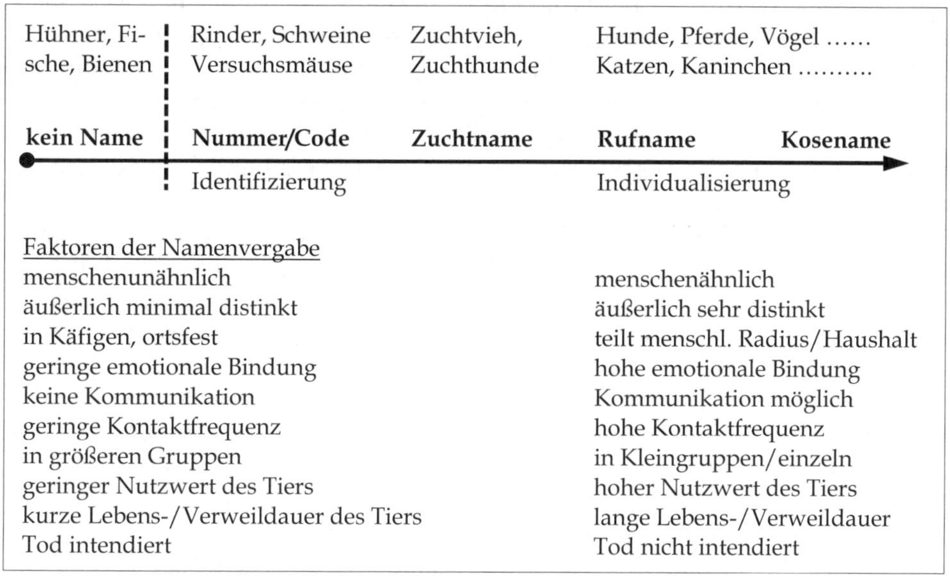

Faktoren, die eine **individualisierende Namenvergabe** fördern, sind die prinzipielle Ähnlichkeit des Tiers mit uns selbst. Dies führt z.B. dazu, Affen zu benennen, auch wenn sie, im Gegensatz zu einem Hund, nicht unseren Aktionsradius teilen, ja nicht einmal auf ihren Namen hören. Tiere sollten äußerlich distinkt sein, um überhaupt unterschieden und damit benannt werden zu können (bei Versuchsmäusen hilft man durch Fellfärbungen nach). Sehr wichtig ist eine hohe emotionale Bindung und die Möglichkeit der Kommunikation (etwa ob das Tier auf seinen Namen oder auf Befehle hört), ebenso eine hohe Kontaktfrequenz (vgl. täglich gemolkene Kühe mit Mastbullen). Auch spielt die Gruppengröße eine Rolle: Bei individueller Betreuung (Hund, Katze, Pferd, Kuh) erfolgt eher Benennung als bei kollektiver (Schafe, Hühner, Fische, Bienen). Hinzu kommt im Fall der Nutztiere ihr Nutzwert, die Verweildauer des Tiers beim Menschen sowie die Tatsache, ob sein Tod geplant ist oder nicht (s. hierzu AERTS 2015).

8.2 Zootiernamen

Die Vergabe von **ZootierN** hat sich mit dem Medienhype um die Eisbären *Knut* und *Flocke*, den Kraken *Paul* und viele Zootiere mehr zu einer immer üblicheren Praxis entwickelt, mit der die Zoos beträchtliche Einnahmen erzielen. An der Namensuche beteiligen sich u.U. Tausende von Menschen. Mit ZootierN haben sich GLÄSER 2005 und empirisch EWALD/KLAGER 2007 befasst. Letztere haben sechs dt. (kleinere) Zoos befragt und dabei Folgendes erfahren:

Insgesamt erhalten ca. 14% aller Zootiere einen Namen, genauer: von den Säugetieren 30,7%, von den Vögeln und Reptilien jeweils ca. 4,0%. Hier bestätigt sich der Faktor der Ähnlichkeit zum Menschen. Außerdem wirken Größe, Kraft und Gefährlichkeit des Tiers, womit sich die Agentivität (s. Kap. 6.1) als relevant erweist. Auch (vermeintliche) Schutzbedürftigkeit (Kindchenschema) ist namenförderlich. Fische, Amphibien und Wirbellose, die zudem schwer von ihren Artgenossen zu unterscheiden sind, bleiben unbenannt. Tiere in Einzelhaltung bekommen eher Namen als (gleiche Tiere) in Gemeinschaftsgehegen.

Nur 12% der TierN wurden von der Öffentlichkeit vergeben. Die interne Namenvergabe durch die TierpflegerInnen ist der Normalfall und bestätigt den benennungsfördernden Faktor der hohen Kontaktfrequenz.

Nur ein kleiner Teil der ZootierN ist (primär-)motiviert, d.h. ein ÜberN, wobei zu 9% die Benennung nach körperlichen Eigenschaften erfolgt (z.B. Fellfarbe: *Bunte, Weißnase*), zu 6% nach anderen Eigenschaften wie typischen Lautäußerungen (*Knatter, Gaggerine*) und zu 5% nach der Herkunft des Tiers (Heimatland oder -zoo: *Namibia, Münchner*). Mit 38% dominieren die PersN (*Hugo, Otto, Achim*), weitere 23% entfallen auf sog. euphonische Namen, unter denen sich jedoch auch PersN befinden (*Fatima, Fedja, Kira*). 7% bekommen fremdsprachige APP (*Dzomba, Pazur*) und ca. 5% sog. arttypische Namen (*Bambi, Cora*). Insgesamt wird die unerwartet hohe Personifizierung über die Anthroponyme hervorgehoben. Einige Zootiere bekommen sogar RufN + FamN: *Benny Albert Hopsi, Sara Krummhorn* und *Karl Lagerbock*. Ein Uhu wurde gar promoviert: *Dr. Hugo Nussschmidt*. Die Sexusmarkierung wurde bei ZootierN bislang nicht untersucht. Dass sie wichtig ist, erweisen nicht nur die o.g. Namen, sondern Aufrufe zur Benennung von Zootieren, bei denen oft betont wird, dass der Name erst nach der Geschlechtsbestimmung vergeben werden kann: "Nächste Woche bekommen die Luchsbabys Besuch vom Tierarzt, der sie impfen und ihr Geschlecht bestimmen wird - damit man ihnen Namen geben kann" (F.A.Z., 10.07.10).

Zirkustiere werden dagegen zu 100% benannt. Dass Geschlecht sowie Exotik und Individualisierung bei ihren Namen, mit denen man sie auch ständig adressiert, hochrelevant ist, zeigt der Beitrag von FAHLBUSCH/SCHMIDT-JÜNGST 2015.

8.3 Haustiernamen

In Dtld. leben über 8 Mio. Katzen und ca. 5,5 Mio. Hunde (Tendenz: steigend), d.h., in 16,5% der Haushalte lebt eine Katze und in 13,3% ein Hund (laut Industrieverband Heimtierbedarf). Hinzu kommen immerhin 5,6 Mio. Kleintiere (Hamster, Hasen, Meerschweinchen etc.) und 3,4 Mio. Vögel. Bei Haustieren ist mit einem Höchstmaß an onymischer Individualisierung zu rechnen. Keine Namenvergabe ist so unreglementiert wie die an das eigene Haustier.

Angeblich sprechen 99% der HalterInnen mit ihrem Hund (in einer Art Kindersprache) und setzen dabei echtes Verständnis voraus. In den USA gaben 57%

der Befragten als Grund für die Tierhaltung an, "um jemanden zu haben, mit dem man sprechen kann" (WIEDENMANN 2005:300). Über 70% erklärten, dass ihr Haustier "sehr stark" oder "ziemlich stark" zur Familie gehöre (ebd., "soziale Inklusionstendenz" genannt). Die Anwendung humaner Riten auf Haustiere nimmt stark zu. Als Beispiel erwähnt WIEDENMANN die zunehmende Verbreitung von Tierfriedhöfen in Dtld.: Waren es in den frühen 1990er Jahren noch 25 bis 30, sind es 2010/2011 ca. 120, "eine Zunahme von 400%!" (WIEDENMANN 2015:277). ABEL/KRUGER 2007b erwähnen für Australien und die USA, dass der Mensch oft das Essen mit dem Hund teilt und den hündischen Geburtstag feiert.

Im Folgenden seien die Ergebnisse von SCHAAB 2012 zu **HunderufN** resümiert, die auf einer Studie von 1.000 in einem Hundeforum erhobenen Fragebögen basiert. Auch war von Interesse, ob sich die Hundebenennung gewandelt hat. Immerhin hat ein Umbruch in der Mensch-Hund-Beziehung von einem Nutz- zu einem Haustier stattgefunden. Hatten Hunde früher auf Höfen, an der Kette liegend und in einer Hundehütte schlafend, primär Wachfunktion (auch Jagd-/Hütefunktionen), so hat sich heute eine Verschiebung hin zur affektiven Haustierhaltung mit Einbindung in Haus und Familie vollzogen. Möglicherweise reflektiert dies die Namengebung. Als diachrone Vergleichskorpora dienten HundeN-Sammlungen aus dem 18. (ANDREAE 1916) und 19. Jh. (BRANKY 1907); beide wurden um die rein literarischen und fiktiven HundeN bereinigt. So ergaben sich 279 HundeN bei ANDREAE 1916 und 1024 verwertbare HundeN bei BRANKY 1907.

Zu den Ergebnissen: Hinter den 1.000 erhobenen HundeN(tokens) verbergen sich 692 verschiedene Namen(types). Davon waren 538 (78%) nur einmal vergeben (1 Type/1 Token). Dies spricht für eine **hohe onymische Individualisierung**. Nur 154 HundeN (22%) wurden mehr als ein Mal vergeben.

Tab. 17: Die häufigsten Hundenamen (nach SCHAAB 2012)

	Zahl so benannter Hunde (Tokens)	**Hündinnen**	**Rüden**
1	11	–	*Ben/Benny, Sam/Sammy*
2	9	*Gina*	–
3	8	–	*Charly, Merlin*
4	7	–	*Max*
5	6	*Aimy/Amy, Luna, Ronja*	*Timmy/Timmi*
6	5	*Lilly/Lilli, Sina, Trixi(e)*	*Bal(o)u, Blacky, Lucka, Bobby, Leo, Nero, Osk/car, Paul*
Positionen 1–6 (Types):		7	14

Tab. 17 enthält die am häufigsten vergebenen HundeN (graphische und morphologische Varianten wie *Lilly/Lilli* und *Ben/Benny* wurden zu einem Type gefasst). 11 Tokens, d.h. 11 gleich benannte Hunde (Rüden) bilden das Maximum an Homonymie. Als wichtiges Ergebnis ist festzuhalten, dass Hündinnen, indem sie sich seltener gleiche Namen teilen, deutlich individueller benannt werden als Rüden: In den Gleichbenennungspositionen 1–6 sind die HündinnenN mit nur 7

Types halb so häufig vertreten wie die RüdenN mit 14. Auch bei den Menschen werden Frauen unterschiedlicher benannt als Männer. Weiteres Ergebnis: Typische HundeN wie *Bello, Lumpi, Waldi* kommen kein einziges Mal vor; nur *Rex* war dreimal vertreten, allerdings in keinem Fall bei einem Schäferhund. Die typischen HundeN (Kynonyme) haben also ausgedient.

Dafür entdeckt SCHAAB 2012 einen hohen Anteil an Anthroponymen. In Anlehnung an die Klassifikation von PferdeN in SCHWERDT 2007 (s. Kap. 8.4) hat sie die HundeN nach Bildungsweise und Namenbasis[183] analysiert (s. Tab. 18, grau hinterlegt): HunderufN können a) ihrerseits auf anderen EN basieren (*Paula, Hitchcock, Sydney*), b) auf APP (*Kaiser, Socke*, inkl. Abstrakta: *Energy*), c) können sie aus einem Satz (*Quo vadis*), Syntagma (*Number Five*) oder Adj. (*Lucky, Sunny*) bestehen oder d) opak, d.h. undurchsichtig sein (PhantasieN wie *Banu, Asca, Sito*). Tab. 18 zeigt, dass mit 72,3% "andere Namen" als Basis dominieren, darunter klar die Anthroponyme. 13,3% entstammen APP, 3,2% Adj. Zu den HundezuchtN links kommen wir in Kap. 8.4, zu den Katzen- und KaninchenN unten.

Tab. 18: Klassifikation von Zucht-, Haushunde-, Katzen- und Kaninchennamen

Hundenamenbasis	**Zuchthunde** n = 3.132	**Haushunde** n = 1.000	**Katzen** n = 650	**Kaninchen** n = 977
a) ein anderer Name:	**25,8%**	**72,3%**	**72,5%**	**68,8%**
Anthroponyme	18,3%	58,5%	56,0%	53,2%
Toponyme	3,1%	2,1%	1,0%	0,6%
Ergonyme	2,6%	1,8%	1,5%	1,6%
andere EN-Klasse	1,7%	9,9%	13,5%	13,4%
b) ein APP:	**8,4%**	**13,3%**	**18,5%**	**19,6%**
Personenbez.	2,7%	3,7%	5,0%	2,3%
Konkreta	4,4%	7,8%	12,0%	16,7%
Abstrakta	1,3%	1,8%	1,5%	0,6%
c) Syntagmen, Adj.	**2,2%**	**3,2%**	**6,0%**	**8,0%**
d) opak	**63,6%**	**11,2%**	**3,1%**	**3,7%**

Auch für die **historischen HundeN** aus dem 18. und 19. Jh. wurde diese Analyse durchgeführt: Insgesamt hat sich der Anteil an MenschenN heute mehr als verdreifacht, d.h., auch diachron hat eine starke Zunahme an hündischer Anthroponymisierung stattgefunden. Entstammten um 1900 nur ca. 30% der HundeN anderen Namenklassen, so sind es heute 72%. Besonders häufig hat man früher nach Göttern, Sagengestalten und Helden nachbenannt, was heute selten geworden ist. Wenn früher nach Toponymen benannt wurde, dann v.a. nach Flüssen und Bergen (*Donau, Mont Blanc*) – heute eher nach Städten (*Sydney, Boston*) und

183 Es ist nicht immer leicht, Namen nur einer dieser Rubriken zuzuordnen (auch spielt das Wissen der OnomastInnen eine Rolle). Besonders die opaken Namen geraten zu einer Art Abfalleimer, d.h., nicht deutbare Namen wandern hierein, auch wenn sie mit besonderen Kenntnissen evtl. anders deutbar wären. Deshalb ist mit gewissen Unschärfen zu rechnen.

Ergonymen, v.a. nach Getränken. Basierten früher ca. 25% der Namen auf APP (*Luchs, Maus, Grille*), so sind es heute nur 13%, und die sind mehrheitlich engl.- bzw. fremdsprachig (*Amigo, Lady, Cookie, Muffin, Beauty, Joy*). Früher bestanden 10% aus SatzN (*Putzenweg, Gibacht*) sowie Adj. (*Lustig, Treu, Charmante*), heute sind es nur noch 3% (*Blacky, Lucky*). Von all diesen transparenten (denominalen) HundeN (aus Rubrik b) und c)) sind 66% fremdsprachig. Opak waren früher 34%, heute sind es noch 11%.[184]

Was die **Sexusmarkierung** betrifft, so werden menschliche RufN sexuskonform auch an die Hunde vergeben, ebenso FamN berühmter Personen (*Bismarck, Lagerfeld* für Rüden). Bei HundeN aus Toponymen, Ergonymen sowie opakem Material markiert der Auslaut Sexus: *-a* gilt für Hündinnen (*Tequila*), *-o* oder Konsonant für Rüden (*Barolo, Calvados, Namib*). Die *i/y*-Endung ist ziemlich geschlechtsambig (*Sydney, Inari*), s. hierzu Tab. 19, die sich jedoch nur auf die 112 opaken Namen bezieht.[185]

Tab. 19: Auslaut und Sexus bei den 112 opaken HundeN

Name endet auf...	Anzahl bei Hündinnen	Anzahl bei Rüden
-a	25	2
-i(e)/-y	20	9
-o	1	15
-u	3	1
Konsonant	6	30

Soweit diese erste Untersuchung, die zu vielen weiteren Fragen inspiriert: Wie ist die morphologische Struktur dieser Namen, wie stark wird z.B. diminuiert? Gibt es rassespezifische Benennungsunterschiede? Wie erfolgt die Namengebung bei primär als Nutztieren gehaltenen Hunden (Polizei-, Such-, Jagdhunden)? Weiß man etwas über die Nachbenennung nach Vorgängerhunden? SCHAAB 2012 berichtet, dass Hunde sogar nach verstorbenen Verwandten nachbenannt wurden (zur umgekehrten Nachbennenung von Menschen nach Hunden s. Kap. 7.4.4 a). Schließlich: Wie verhält sich all dies in anderen Ländern? Während in Dtld. nur in 13% der Haushalte ein Hund lebt, sind es in Finnland mit 25% fast doppelt so viele. Hier kommt es zu viel weitergehenden onymischen und sozialen Mensch-Hund-Phänomenen wie z.B. Namenstagen und -festen für Hunde und Katzen und speziellen Tiernamenkalendern (SAARELMA 2015). ANWARD/LINKE 2015 beschreiben für Schweden die in Zeitschriften zunehmende Praxis, in Infokästen, die bestimmte Personen steckbriefartig vorstellen, bei den Angaben zur Familie Hund und Katze (oft namentlich und/oder bildlich) anzusippen. Auch werden in dt. Todesanzeigen immer wieder Tiere unter den Trauernden genannt. Solche namenpragmatischen Umbrüche gilt und lohnt es zu untersuchen.

---

184 Zur Benennung von Hunden im Alten Ägypten s. NOWAK 2015.

185 Zu Ähnlichem bei Hunden und Katzen in Australien und den USA s. ABEL/KRUGER (2007a,b).

Mit KRASS 2014 und HOLZSCHUH 2015 liegen nun empirische Untersuchungen zu (650) Katzen- und (977) KaninchenN vor: Tab. 18 zeigt, dass Katzen zu 72,5% und Kaninchen zu 68,8% menschlich benannt werden, wobei betont wird, dass dies v.a. aktuelle Kindernamen seien wie *Lilly, Neele, Paul, Felix, Max*. Katzen und v.a. Kaninchen scheinen eher Kleinkindstatus zu haben als Hunde. Öfter als bei Hunden (13,3%) bedient man sich bei Katzen (18,5%) und Kaninchen (19,6%) deappellativer (transparenter) Namen wie *Krümel, Keks, Flocke, Klopfer, Socke, Maus, Fluse.* Kaninchen sind Streicheltiere und dürften sich onymisch ähnlich verhalten wie Stofftiere (deren Benennung noch gänzlich unerforscht ist). Bei den Ergonymen werden (im Gegensatz zu Hunden) weniger Alkoholika als Süßigkeiten entlehnt: *Bounty, Nesquick, Milka*. Auch Adjektive schlagen mit 6% bzw. 8% stärker als bei Hunden (3%) zu Buche, wobei - ähnlich wie bei den APP - häufig auf das Fell rekurriert wird. Opake Namen bilden mit nur 3–4% das Schlusslicht.

8.4 Nutz- und Zuchttiernamen

Am 24.01.12. berichtet die F.A.Z. in dem Artikel "Der Wurst ein Gesicht geben" über einen Landwirt, der es dem Kunden ermöglicht, sich im Internet das konkrete (Freiland-)Schwein auszusuchen, von dem er das Fleisch beziehen möchte. Der Vertreiber will eine Individualisierung vermeiden: "Wir geben den Schweinen keine Namen, nur Nummern, denn es sind Nutztiere" (ebd.). Man bestellt also Fleisch oder Wurst von "Schwein 1", "Schwein 2" etc.

Da sowohl bei **Nutztieren** wie Kühen, Rindern, Schafen als auch bei **Zuchttieren** wie Pferden, Hunden, Katzen der kommerzielle Aspekt dominiert, fassen wir beide zusammen, auch wenn die Namengebung aus guten Gründen divergiert: Nutztiere, so steht zu vermuten, werden durch einen Namen oder auch eine Nummer primär identifiziert (die affektive Bindung ist bei Vieh geringer als beim Haushund), während Zuchttiere verkauft werden: Hier hat der Name werbende Funktion. Er soll zum Kauf anregen und das Tier als etwas Besonderes, Einzigartiges und auch Wertvolles herausstellen (Rassepferde oder -hunde sind Statussymbole). Insofern besteht, wie erwähnt, eine Nähe zum WarenN. Daher ist zu erwarten, dass ZuchttierN individueller und ausgefallener sind als NutztierN.

Eine empirische Arbeit zu PferdezuchtN hat SCHWERDT 2007 vorgelegt, in der sie 5.000 **PferdeN (Hipponyme)** von der Deutschen Reiterlichen Vereinigung untersucht. Sie überprüft, inwieweit die von DOBNIG-JÜLCH 1996 formulierten Benennungsmotive für individuell betreute Tiere zutreffen, nämlich a) nach der Fellfärbung, b) nach sonstigen körperlichen/charakterlichen Merkmalen und c) nach Personen. Dabei gilt, dass die Vergabe von ZuchtpferdeN hochgradig reglementiert ist und dass sich diese Reglements auch sehr zwischen den einzelnen Zuchtverbänden unterscheiden (z.B. Westfalen, Oldenburg, Holstein, Hessen). DOBNIG-JÜLCH (1996:1589) betont, dass das Ausmaß an Detailregelungen sogar noch weiter gehe als bei den PersN. Zu Auszügen aus dem Pferdenamenrecht und zu den Bestimmungen von neun Züchtervereinigungen, die auch noch geschlechtsspezifische Unterschiede vorsehen und oft zwischen Kalt- und Warmblütern unterscheiden, s. SCHWERDT (2007:12–15), die anschließend resümiert:

> Es zeichnen sich folgende Prinzipien ab: Benennung aller Fohlen nach dem Anfangsbuchstaben des Mutternamens, Benennung weiblicher Tiere nach dem Anfangsbuchstaben des Mutternamens, aber Benennung männlicher Tiere nach dem Anfangsbuchstaben des Vaternamens und schließlich der Fall, dass der Zuchtverband für ein Geburtsjahr Buchstaben vorgibt, mit denen die Namen des ganzen Fohlenjahrgangs beginnen sollen. Es ist also zu unterscheiden zwischen dem Vaterprinzip, dem Mutterprinzip und dem Jahrgangsprinzip (SCHWERDT 2007:15).

SCHWERDT 2007 analysiert 5.000 Namen, wovon 2.500 auf Freizeit-/Turnierpferde entfallen und 2.500 auf Zuchttiere (da die ZuchttierN nach Zuchtgebieten getrennt wurden, beziehen wir uns in Tab. 20 nur auf das Zuchtgebiet Hannover mit 1.061 PferdeN). Sie verwendet dabei das Raster, das wir bereits bei den HaustierN (in Tab. 17) kennengelernt haben, d.h., ob der Name a) onymisch oder b) appellativisch basiert ist. Sehr gering ist der Anteil an c) Syntagmen oder Adj., während der Rest auf d) opake (intransparente) Namen entfällt.

Tab. 20: Klassifikation von 2.500 Freizeit-/TurnierpferdeN und von 1.061 ZuchtpferdeN (Hannover; nach SCHWERDT 2007, Prozente gerundet)

	Freizeit-/Turnierpferde		**Zuchtpferde (Hannover)**	
Pferdenamenbasis	abs.	rel.	abs.	rel.
a) ein anderer Name:	**962**	**38,4%**	**396**	**37,3%**
Anthroponyme	713	74,2%	304	76,8%
Ergonyme	125	13,0%	31	7,8%
Toponyme	91	9,5%	53	13,4%
andere EN-Klassen	31	3,3%	8	2,0%
b) natives Appellativ:	**324**	**13,0%**	**162**	**15,3%**
Personenbezeichnung	135	41,7%	79	48,8%
Konkreta	129	39,8%	53	32,7%
Abstrakta	60	18,5%	30	18,5%
b') fremdspr. Appellativ	**292**	**11,7%**	**98**	**9,2%**
c) Syntagmen, Adjektive	**37**	**1,5%**	**16**	**1,5%**
d) opak	**885**	**35,4%**	**370 + 19**	**36,7%**

Ein grober Abgleich der Prozentzahlen zwischen den Namenbasen der Freizeit- und Turnierpferde sowie der Zuchtpferde ergibt keine gravierenden Differenzen. Daher beziehen wir uns im Folgenden auf die **Freizeit- und Turnierpferde** (zumal SCHWERDT 2007 hierzu viel mehr Beispiele liefert): Ca. 38% sind onymisch basiert, wobei drei Viertel auf PersN entfallen (*Amadeus, Angela, Elsa, Gina, Julchen, Wilhelm Busch*). Es folgen mit 13% überraschend die Ergonyme (*Bacardi, Baileys, Bolero, Fandango, Tabasco*). Knapp 10% sind Toponyme (*Amsterdam, Corfu, Gascogne, Sassnitz, Woodstock*). Die restlichen Prozente entfallen auf Phänonyme,

Chrononyme und Theonyme (*Monsun, Mistral, Scirocco;*[186] *Empire, Renaissance; Apollo*). 13% sind appellativisch basiert, darunter 42% Personenbezeichnungen (*Gräfin, Experte, Anwalt, Bandit*), 40% Konkreta (*Ginster, Steinmarder, Nektar, Eiswein*) und ca. 18% Abstrakta (*Aspekt, Respekt, Eskapade, Melodie*). Fremdsprachige App. wurden extra gezählt, 66% davon sind englisch. Adj. (ca. 1,5%) sind *Perplex, Relevant, Resolut, Schwarze*. Der große Rest, über 35%, ist opak. Es wird deutlich: Das Spektrum an Namenbasen ist enorm und verbietet sich größtenteils für die menschliche Benennung (entgegen anderen Kulturen wie den USA).

SCHWERDT 2007 untersucht auch die **Sexusmarkierung**: Bei PferdeN < PersN wird das Geschlecht 1:1 übertragen, d.h. bei RufN nach dem Sexus-Sem, bei FamN nach dem referentiellen Genus (Sexus der TrägerIn), also *Garbo* für eine Stute, *Hemingway* für einen Hengst. RufN auf *-a* gelten für Stuten, die auf *-o* für Hengste. Bei Toponymen wirkt ihr Genus (*die Moldau, die Weichsel* → Stuten) oder ihr Auslaut: *-a* (*Manila, Montana*) → Stuten, alle anderen Auslaute für Hengste/ Wallache (*Memphis, Santiago, Amsterdam*). Alkoholika beziehen sich öfter auf Hengste (*Grand Marnier, Kir Royal, Wisky* [sic]), es sei denn, sie enden auf *-a Sangria* für eine Stute). Bei den APP herrscht Genus/Sexus-Parallelität - außer *Avocado* (Fem.), das wegen *-o* für einen Hengst gilt. Das formale Auslautprinzip ist stark und dominiert meist die anderen Prinzipien wie Genus und Semantik.

SCHWERDT 2007 untersucht auch **PferdeN aus dem 19. Jh.** und stellt dabei eine starke Verschiebung von früher app. zu heute onymisch basierten Namen fest: Im 19. Jh. waren knapp 60% der Namen app. motiviert, heute sind es noch 13%, mit den fremdsprachigen insg. 24%. Andere EN wurden im 19. Jh. zu gut 40% genutzt, was bis heute ähnlich blieb. Ergonyme, die heute auf Platz 2 der onymisch basierten Namen stehen, kamen im 19. Jh. gar nicht vor; auch waren fremdsprachige Namen früher viel seltener. Ähnlich wie bei den HundeN wurden bei den Pferden früher vermehrt GötterN verwendet. Dafür haben heute die opaken Namen mit ca. 35% einen großen Anteil inne. Bezogen auf die Motive von DOBNIG-JÜLCH 1996 (Fellfärbung > sonstige Merkmale > PersN) ist bei den Pferden eine klare Verschiebung von links nach rechts zu konstatieren.

Vergleicht man die **PferdeN** mit den **HundeN** in Kap. 8.3, zeigt sich, dass Hunde doppelt so stark anthropomorphisiert werden als kommerziell genutzte Pferde. Auch scheinen hypokoristische Suffixe bei HundeN häufiger zu sein als bei PferdeN, doch fehlen dazu Zahlen. Dagegen sind PferdeN mehr als dreimal so häufig opak als HundeN.[187] Ähnlich verhält es sich mit der Art der Sexusmarkierung. Überaus deutlich wird, dass Geschlechtsoffenkundigkeit auch bei TierN als striktes Prinzip gilt - zumindest für Tiere, die dem Menschen nahestehen. Wie weit dieses Sexusprinzip reicht, d.h., ob es mit zunehmender Entfernung vom Menschen (Hase, Meerschweinchen, Maus, Vogel, Schildkröte) abnimmt, deuten

---

186 Solche Witterungserscheinungen sind APP, da sie wiederholt auftreten (s. Kap. 12).

187 Dies könnte daran liegen, dass die genealogisch motivierte Berücksichtigung des Mutter- bzw. Vater(anfangs)prinzips zu Kontaminationen und anderen phonologischen Techniken führt, mit denen die FohlenN formal an einen/die ElternN angebunden werden (SCHWERDT 2007:18), z.B. *Attavit* < *Attache* und *Vita*. Auch haben PferdeN (man denke an den höheren Wert dieser Tiere, s. Pferderennen) werbende Funktion, ähnlich wie WarenN (Kap. 10.1).

erste Sondierungen an (DAMMEL et al. 2015c), doch ist dies noch weiterer Forschung vorbehalten. Bei Nutztieren wie Kühen vs. Rindern impliziert der Sexusunterschied andere Nutzungsmöglichkeiten (Milch vs. Fleisch), d.h., auch hier dürfte eine strikte onymische Sexusunterscheidung erwartbar sein (s.u.).

Was **HundezuchtN** betrifft, so sind auch diese stark reglementiert. LEPPLA 2015 hat über 3.000 ZuchtN von Schäferhunden analysiert, die sich aus einem Zucht- und einem ZwingerN zusammensetzen und adlige Anklänge enthalten: *Tina von den Hochseebächen, Aristo vom Dalbornhof*. Untersucht wurde nicht der (feste) Zwinger-, sondern der erste Name. Tab. 17, linke Spalte, enthält die Zahlen, die mit denen der Haushunde stark kontrastieren: MenschenN werden mit nur 25,8% viel seltener vergeben als bei Haushunden (72,3%), dafür dominieren mit 64% klar die opaken PhantasieN. Die Sexusmarkierung erfolgt überdeutlich (sie ist auch vorgeschrieben) und stereotyp, indem Hündinnen oft nach Blumen (*Rose, Nelke, Blümchen*) und kleinen Tieren (*Biene, Maus*) benannt werden, Rüden nach Bäumen (*Ulme, Esche*), großen Tieren (*Panther, Bär*) und imposanten Naturphänomenen (*Vulkan, Granit*). Auch Personenbezeichnungen wie *Star, Sieger, Heldin, Pharao, Prince, Chef* drücken mehr Prestige aus als solche bei Haushunden. Bei (Farb-)Adj. gelten helle Farben für Hündinnen (*Pink, Celeste, Blanca*), dunklere für Rüden (*Azur, Blue, Ocker*). Zu Näherem s. LEPPLA 2015.[188]

Abb. 31: Die europäische Rinderohrmarke[189]

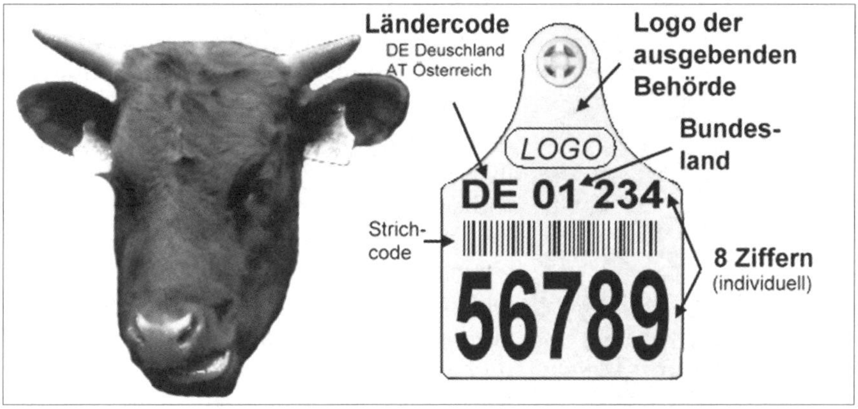

Anschließend wenden wir uns einem anderen Bereich der NutztierN zu, nämlich der reinen **Identifizierung von Rindern über Ohrmarken** (Abb. 31). **Nutz- bzw. Ressourcentiere** dienen der Gewinnung von Fleisch, Milch, Eiern, Wolle etc. und leben in unterschiedlich großen Gruppen unterschiedlich lange mit unterschiedlicher Betreuungsintensität in Ställen landwirtschaftlicher Betriebe (von ihrerseits unterschiedlicher Größe) oder auf Weiden und Almen (zu diesem Komplex s. AERTS 2015). Während man Bullen i.d.R. nach einem Jahr Mast schlachtet, wer-

188 Bis dato unerforscht sind Schweine-, Ziegen-, Schafs-, Hasen-, auch RinderzuchtN, sieht man von miszellenartiger, wissenschaftlich wenig belastbarer Literatur ab.

189 Jürgen Kohlenberg sei für die Abdruckgenehmigung gedankt (www.code-knacker.de).

den Kühe 10 bis 15 Jahre lang gemolken, bevor man sie schlachtet. Für Bullen und Kühe (wie für andere Nutztiere) gelten nach der Europopäischen Viehverkehrsverordnung (VVVO) vom 27.07.1999 strenge Identifikationsregeln.

Von der Geburt bis zur Schlachtung trägt jedes Tier eine gelbe Ohrmarke (Abb. 31). Neben der reinen, EU-weit obligatorischen Identifikation jedes **Rindes** kann man der Marke Land und Bundesland entnehmen. Das Rind wird durch eine Zahl identifiziert - und dabei bleibt es i.d.R. auch beim **Bullen**, da ein RufN ihn zu stark individualisieren würde, zumal er nur kurz auf dem Hof verbleibt.

Anders bei **Kühen**, v.a. in Kleinbetrieben (von bis zu 50 Tieren), wo jede Kuh neben ihrem Zahlencode einen individuellen RufN trägt, der ihr nach der Geburt gegeben wird und der mit ihrem Geburtsdatum auf einer Tafel über ihr im Stall eingetragen ist.[190] Bei Almabtrieben (s. Foto) wird die Individualisierung der geschmückten (man beachte den Blumen-Kopfschmuck) und selbstverständlich benannten Kühe (hier: *Berkane*), deren Empfang mit einem Volksfest gefeiert wird, am offenkundigsten. Eine informelle Befragung eines Landwirts im Schweizer Wallis 2010 ergab, dass er jede seiner Kühe genau kenne und auch jederzeit wiedererkenne - wie umgekehrt jede Kuh ihren Besitzer und ihren Namen kenne. Zu den Kühen besteht eine enge emotionale Bindung, auch durch die zeitaufwändige Betreuung v.a. im Winter, wenn die Kühe im Stall sind.

Die Kühe bekommen individuell ausgesuchte Namen, meist nach Aussehen oder Charakter. Dabei wird kein festes Nameninventar recycelt. Auch werden sie nicht nach "Vorgängerkühen" nachbenannt. Belastend für die Landwirte ist der Abtransport der Kühe zur Schlachtung. Man würde, so die feste Versicherung, niemals ihr Fleisch essen.

Kühe in Großbetrieben bleiben vermutlich bei ihrem Zahlen- und Strichcode oder bekommen wenn, dann weniger individuelle Namen, doch fehlen hierzu belastbare Studien (s. jedoch die Studie zu Bayern von KIRCHINGER 2004, 2015 und generell REICHMAYR 2015). Dass **Kühe** bzw. **Rinder** noch primär nach ihrer **Fellfarbe** benannt werden, wie dies DOBNIG-JÜLCH 1996 verschiedenen Arbeiten entnimmt, scheint obsolet zu sein.[191] Kühe bekommen mehrheitlich weibl. RufN, auch PhantasieN und deappellative Namen. Den Wandel hin zu FrauenN setzt man ab Mitte des 19. Jhs. an. Man hat hierfür die Massenzucht verantwortlich gemacht, die neben geringeren Unterschieden in Fellmusterung

190 Für das Foto, den Besuch eines Almabtriebs sowie die Gelegenheit zur Befragung eines Schweizer Landwirts in Grimentz danke ich (DN) herzlich Elke und Ralph Meurer.

191 Zur differenzierten Namengebung der afrikanischen Rinder der Nuer nach Fellfarbe und Musterung s. EVANS-PRITCHARD (1940:41–45).

und -färbung auch hornlose Rinder generiert; Horngröße und -form waren aber früher häufiges Benennungsmotiv, das nun wegfiel. Auch führt der Rückgang des händischen Melkens dazu, dass physische Besonderheiten weniger wahrgenommen werden. Deshalb griff man zu den weiblichen RufN, wobei der Namen *Maria* tabu zu sein scheint.

BENTZIEN 1968 hat Rinder- und PferderufN in Mecklenburg aus dem 18. Jh. analysiert (512 EN-Tokens/91 EN-Types) und dabei festgestellt, dass noch zu 71% allein die Fellfarbe und zu 12% weitere äußere Merkmale im RufN thematisiert wurden (Wesenseigenschaften zu 14%). Menschliche RufN waren extrem selten, was BENTZIEN 1968 mit der geringen "Beseelung" der Tiere begründet: Die reine Identifikation stand im Vordergrund und nicht die Individualisierung.

Dies hat sich BAUSINGER 1971 zufolge gründlich geändert, der 6.200 Namen(tokens) des Katalogs der Zuchtviehversteigerung eines Fleckviehzuchtverbands von 1959 untersucht hat: Der Typ der deskriptiven Namen (ÜberN) ist auf 3% gesunken, stattdessen offenbart sich eher das, was wir bei den Hunderuf- und den PferdezuchtN kennengelernt haben, nämlich eine "außerordentlich bunte Mischung anderer Namensbezeichnungen" (ebd.:174) wie *Picasso, von Bismarck, Kain, Bristol, Palermo,* aber auch APP wie *Bussard, Pflug* – zumindest bei den männl. Tieren, denn bei den weibl. Zuchttieren ist der deskriptive Anteil höher:

> Die [...] Prozentsätze sind genau seitenverkehrt: bei den weiblichen Tieren tragen 82% menschliche Vornamen, 18% andere Namen; bei den männlichen Tieren tauchen 18% menschliche Vornamen auf, während das Gros von 82% andere Namen trägt (BAUSINGER 1971:175).

Abb. 32: Namenbasen weiblicher und männlicher Rinder nach BAUSINGER 1971

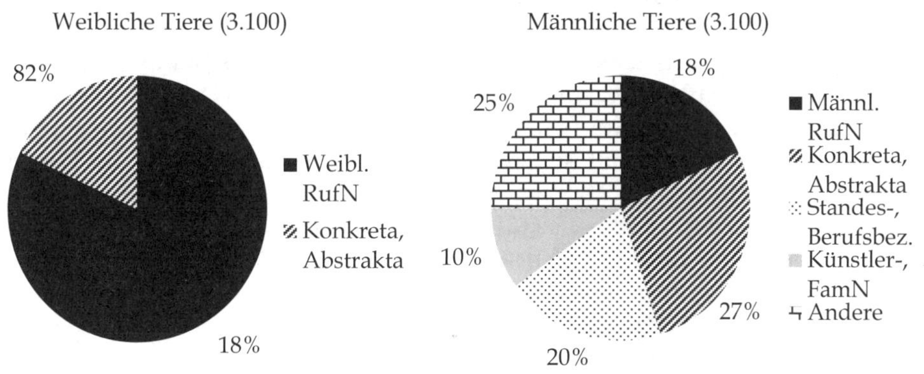

Zu Abb. 32: Bei den 82% KuhN < FrauenrufN handelt es sich um sehr gewöhnliche wie *Bärbel, Gerlinde, Doris, Fanny, Lotte,* während die entsprechenden BullenN meist antiquierte MännerN enthalten: *Meinulf, Peppo, Markolf, Rufus, Kain.* Die 82% "anderen Namen" bei den Bullen sind zu 20% Standes- und Berufsbezeichnungen wie *Pilot, Pianist, Fabrikant, Markgraf, Minister.* Die zweitgrößte Gruppe mit über 10% bilden Abstrakta wie *Pax, Rekord, Profil, Profit,* danach, auch mit 10%, Konkreta wie *Pfahl, Prügel, Pickel, Pflug,* und schließlich Künstler- und andere bekannte PersN wie *Picasso, Perikles, Perseus, Ramses, Rembrandt.* Es folgen opake Namen, danach APP anderer Tiere (*Panther, Puma, Bison, Bär*), auch ironische wie *Frosch, Mops, Papagei, Pudel*. Die 18% "andere Namen" bei den Kühen sind weniger spektakulär: *Blume, Lilie, Lady, Biene, Lerche, Forelle, Rhone, Delta, Koralle.*

Den Grund für die Unterschiede sieht BAUSINGER in sprachexternen Faktoren: Während die Namenvergabe bei weibl. Kälbern bald nach der Geburt durch den Landwirt erfolge und diese Namen auch gebraucht würden, da die Kühe gemeinsam gehalten werden, greife man zu praktischen, sog. "gewachsenen", eher alltäglichen Namen. Anders bei den Zuchtbullen, die meist allein gehalten und daher nicht von anderen Gruppenmitgliedern unterschieden werden müssen. Ihre Benennung erfolge meist sehr spät (oft auch nicht durch die Landwirte), nämlich vor ihrer Versteigerung; dadurch erhalte der sog. "gemachte" Name anpreisende Funktion. Auch achte man bei den Bullen stärker auf das Vater-Anfangsprinzip (gleicher Anlaut), und weil es hier zu Dynastien komme, könne oft nur derselbe Anfangsbuchstabe (wie hier z.B. *P-*, s. die Beispiele oben) verwendet werden; dies führe zu Problemen, neue Namen zu finden, und erhöhe deren Ausgefallenheit. Die ZuchttierN-Vergabe ist also äußerst komplex und stark von sprachinternen wie -externen Faktoren geprägt.[192]

Mit NÜBLING 2015 liegt ein Beitrag zur **Versuchstiernamengebung** vor, der das Spektrum zwischen bloßer Nummerierung (bei sämtlichen Versuchstieren obligatorisch) bis hin zu Ruf- und Kosenamen (z.B. bei Makaken) aufzeigt. Auch wird anhand der genetisch fast identischen Mäuse gezeigt, welcher Maßnahmen es bedarf, sie phänotypisch so zu kennzeichnen, dass sie namen-, genauer: nummernfähig werden (z.B. durch Fell- oder Ohrmarkierungen).

8.5 Wildtiernamen

Wildtiere werden, was kaum verwundert, am seltensten benannt. Ähnlich wie Naturereignisse (Kap. 12) bekommen sie meist dann einen Namen, wenn sie als Agens den Menschen in die Patiensrolle zwingen, d.h. ihm gefährlich werden. *Problembär Bruno* hat dies mit seinem Leben bezahlt. *Kaiman Sammy*, der 1994 die Badegäste eines Sees schreckte und den alliterierenden BeiN *Bestie vom Baggersee* bekam, landete im Zoo und hat seitdem seine Namenklasse gewechselt. Ein anderes Schicksal ereilte *Killerwels Kuno*, der, nachdem er sich einen Welpen einverleibt hatte, ausgestopft in einem Museum zu besichtigen ist. Weniger gefährlich als skurril war *Trauerschwänin Petra*, die sich 2006 in ein Tretboot verliebte. Zuvor, als man noch von einem Erpel ausging, hieß sie *Schwarzer Peter*.

---

192 Wie die volkskundlichen Arbeiten von BENTZIEN 1968 und BAUSINGER 1971 zeigen, ist die Verbindung von Kulturanthropologie und Onomastik von großer Bedeutung. Leider wird sie heute kaum noch praktiziert. Hier ist auch auf die Untersuchung von LPG-TierN im Raum Magdeburg von SCHÖNFELD (1987:217–219) hinzuweisen, wo interessante Benennungspraktiken beschrieben werden, z.B. die, Zugkühen MännerN zu geben wie *Hans, Max, Moritz, Schimmel* – mehr noch: "Von ihr [der Zugkuh] wurde häufig im männlichen Geschlecht geredet" (ebd.:217). Abgesehen von diesen Führungspositionen schlägt sich die Sexusdifferenz immer onymisch nieder.

Bei all diesen Namen handelt es sich um Gattungs-EN, die den app. Sockel mit sich führen (mit dem sie zuweilen staben, vgl. *Killerwels Kuno, Problembär Bruno, Paddy, der Papageitaucher*). Genauer sind es sog. halbgenuine Gattungs-EN, da dieser Sockel weggelassen werden kann, gerade im weiteren Fließtext (Kap. 3.3.1). Dies spricht für einen insgesamt geringen Grad an Namenprototypik. Die anderen TierN-Klassen verzichten auf eine solche Anbindung an die Appellativik. Was weiter auffällt, ist die durchgehende Vergabe menschlicher RufN, d.h., die Tiere werden anthropomorphisiert, aber selten durch hypokoristische Suffixe verniedlicht. Der emotionale Abstand bleibt auch onymisch gewahrt. Schließlich ist die starke Genus-Sexus-Beziehung unübersehbar: Alle Namen geben Auskunft über das Geschlecht - wobei sich dieses, schaut man genauer hin, eher am Genus des Sockelnomens auszurichten scheint, s. die anfängliche Klassifizierung des Schwans (m.) als Erpel. Und dass sich hinter *Kaiman Sammy, Killerwels Kuno* etc. wirklich Männchen verbergen müssen, sei stark bezweifelt[193] - ebenso, dass *Schildkröte Lotti* ein Weibchen ist.

Die WildtierN sind noch komplett unerforscht. Dabei bergen sie viele interessante Fragestellungen, etwa was die Mindestbedingung für ihre Benennung darstellt, z.B. wie prominent (oder gefährlich) ein wirbelloses Tier sein muss, um einen Namen zu bekommen (*Krake Paul*) und wie schnell umgekehrt "Eintagsfliegen" wie Bären, Wölfe und Luchse benannt werden.

Für Forschungszwecke (z.B. Verhaltensstudien) werden Wildtiere als sog. **Forschungstiere** durchaus benannt (s. Ackermann et al. 2015, Joneleit 2015). In der Biologie diskutiert man, ob menschliche Namen nicht besser durch Zahlen oder Buchstaben ersetzt werden sollten, um den objektiven Blick auf das Tier zu gewährleisten (man denke an die Schimpansologin Jane Goodall, die ihren Tieren menschliche Namen gegeben hat und dafür kritisiert wurde).

Zum Weiterlesen:

Die beiden Bände "Tiernamen – Zoonyme" von Dammel et al. (2015a,b) bieten eine Fülle von Beiträgen zu Haus- wie NutztierN. Der Überblicksaufsatz von Dammel et al. (2015c) liefert kompakt den aktuellen Stand zur Tiernamenforschung. Zu ZootierN s. Ewald/Klager 2007, zu PferdeN Schwerdt 2007, zu HundeN Schaab 2012, zu KatzenN Krass 2014, zu KaninchenN Holzschuh 2015 sowie allgemein Dobnig-Jülch 1996. Über TierN in Schweden informieren Leibring (2002, 2009, 2015), Saarelma 2015 und Anward/Linke 2015.

[193] Auch *Krake Paul*, der seinen Namen dem Gedicht "Der Tintenfisch Paul Oktopus" (von Boy Lornsen) verdankt, scheint ein Weibchen gewesen zu sein. Im Internet "argumentieren" Menschen anhand seines Namens für das männliche Geschlecht (!).

9. Ortsnamen (Toponyme)

OrtsN oder **Toponyme** (< griech. *topos* 'Ort, Örtlichkeit') stellen eine Klasse der EN dar, die sich auf Objekte der Erdoberfläche bzw. des Weltalls bezieht. Als alternative Termini für **OrtsN** oder **Toponym** können auch Lokal- oder ÖrtlichkeitsN verwendet werden (DEBUS 1980; zur Terminologie s. auch WITKOWSKI 1995:288–294, ZGUSTA 1996:1885f., WINDBERGER-HEIDENKUMMER 1998:189). Im Folgenden bezieht sich **OrtsN** auf die gesamte Gruppe geographischer bzw. kosmographischer Namen, die Siedlungs-, Gewässer-, FlurN etc. umfasst.

Grundlegende allgemeine Merkmale von OrtsN sind ihre kartographische Fixierbarkeit und ortsfeste Gebundenheit (ŠRÁMEK 2007:26). Man kann sie mit folgenden Gegensatzpaaren einkreisen:

- Verortung im Weltall (Kosmonyme) – auf der Erde (Geonyme)
- Land (SiedlungsN) – Wasser (GewässerN)
- großräumig (Makrotoponyme) – kleinräumig (Mikrotoponyme)
- besiedelt (Oikonyme) – unbesiedelt (Anoikonyme)

Tab. 21 gibt einen Überblick über die Ausprägung dieser Merkmale zu den wichtigsten im Folgenden behandelten Namengruppen:

Tab. 21: Merkmale der OrtsN-Typen

	Weltall	**Erde**	**Land**	**Wasser**	**Makro-top.**	**Mikro-top.**	**besiedelt**	**unbesiedelt**
Staaten-/LänderN	–	+	+	–	+	–	+	–
LandschaftsN	–	+	+	–	+	–	+	–
SiedlungsN	–	+	+	–	+	–	+	–
GewässerN	–	+	–	+	+ (-)	- (+)	–	+
Berg-/GebirgsN	–	+	+	–	+ (-)	- (+)	–	+
FlurN	–	+	+	–	–	+	–	+
StraßenN	–	+	+	–	–	+	+	–
GebäudeN	–	+	+	–	–	+	+	–
HimmelskörperN	+	–	–	–	+	–	–	+

Im Gegensatz zu **Makrotoponymen** (weithin bekannten Namen geographischer Großobjekte wie Städte, Flüsse, Gebirge) ist der Kommunikationsradius von **Mikrotoponymen** auf eine Dorf- bzw. Stadtgemeinschaft begrenzt. Letztere benennen kleinere Objekte wie z.B. Straßen, Viertel und Flurstücke, aber auch kleinere Gewässer, Siedlungen sowie Höfe (KLEIBER 2004:3515).[194]

Einige Gruppen von Toponymen sind Jahrhunderte bzw. Jahrtausende alt (z.B. 5.000 Jahre alte FlussN, römerzeitliche oder frühmittelalterliche SiedlungsN und FlurN), bei ihnen kommt es nur noch selten zu Neubildungen. Ihr Bestand ist weitgehend abgeschlossen, z.T. sogar rückläufig. Auf der anderen Seite stehen recht **junge EN-Gruppen**, die ständig anwachsen, wie StraßenN, BaggerseeN etc. Zu den traditionellen Toponymen wie Flur-, Siedlungs-, GewässerN liegt viel Literatur vor, die primär etymologisch ausgerichtet ist. Ein Gesamtüberblick ist nicht ansatzweise möglich, es können lediglich die jeweils grundlegenden Titel genannt werden. Zu den jüngeren Namengruppen finden sich bisher nur wenige Untersuchungen - hier bleiben noch viele Fragen offen. Die Kapitel werden im Folgenden von den Makrotoponymen zu den Mikrotoponymen angeordnet (Tab. 21), die HimmelskörperN folgen, als Ausnahmegruppe, am Schluss.

Tab. 22: Artikelgebrauch bei OrtsN (nach NEEF 2006:282)

Ohne Artikel	**Mit Artikel**
SiedlungsN: *Köln, Deggendorf, Weiler* WüstungsN: *Rexrod, Wittighausen*	
LänderN (Neut.): *Deutschland, Italien* Schwankend (Mask.): *Iran, Irak*[195]	junge LänderN < LandschaftsN (Mask., Fem.): *der Libanon, der Iran, die Slowakei*
Einige LandschaftsN: *Tirol, Franken*	LandschaftsN: *das Elsass, der Spessart;* *die Ortenau, der/das Rheingau*
	GebäudeN: *die AOL-Arena, die Goldene Gans, die Hildegardis-Apotheke*
	StraßenN: *der Graben, das Schulterblatt;* *die Langgasse, der Kurfürstendamm*
	FlurN: *das Bruch; der Holzweg,* *die Nonnenwiese*
	Berg- und GebirgsN: *der K2, der Himalaya;* *die Zugspitze*
	GewässerN: *der Rhein, die Mosel; der Schwarzbach, die Gonsbach* (regional), *der Bodensee*
	HimmelskörperN: *der Mars; der Krebsnebel*

Toponyme führen oft einen **festen**, sog. **primären Definitartikel**, der in jedem Kontext (außer dem sog. Listenkontext, also z.B. auf einer Landkarte oder in einem Verzeichnis) erscheint (s. die rechte Spalte von Tab. 22; zu weiteren Artikelverwendungen s. Kap. 4.3.1). In Tab. 22 beschränken wir uns darauf, die Toponymklassen aufzulisten, die mit bzw. ohne Artikel auftreten. Ihre Anordnung erfolgt nach Belebtheit, genuine Gattungs-EN sind von EN durch Semikolon abgesetzt. Hier bestätigt sich das Prinzip von VAN LANGENDONCK 2007, dass mit

194 Zur Problematik der Termini *Makro-, Mikrotoponym, FlurN* s. auch WITKOWSKI (1995:292).
195 S. dazu auch Kap. 4.3.1.

hoher Belebtheit Artikellosigkeit einhergeht (zu Näherem s. Kap. 6.2). StaatenN führen immer den Artikel, da sie als genuine Gattungs-EN einen app. Bestandteil enthalten, der den Artikel erfordert: *Die Bundesrepublik Österreich unterzeichnete den Vertrag*. Gleiches gilt für Straßen- und GebäudeN.

Die **Etymologie** steht bei der Erforschung von Toponymen im Vordergrund. Besonders für die ältesten Namen, etwa Gewässer-, Siedlungs- und FlurN, bleibt eine zusammenhängende Sammlung, bei der möglichst der älteste schriftliche Beleg erhoben werden sollte, unentbehrlich.[196] Gewonnen wird diese Belegsammlung aus **schriftlichen Quellen** wie Urkunden, Besitzrechtverzeichnissen (Urbare), Zinsbüchern, Landkarten. In einigen Fällen ist auch eine Erhebung der mundartlichen Realisierung angebracht, die zuweilen deutungsrelevant sein kann. Toponyme unterscheiden sich aufgrund von Volks- (Kap. 3.2.2 sowie FETZER 2011) bzw. Schreiber- und Beamtenetymologien teilweise erheblich von ihren Ursprungsformen (s. auch GREULE 2004c). Wegen ihres hohen Alters enthalten sie häufig sprachlich isoliertes, opakes Material, das durch lautliche Umbildung sekundär transparent gemacht wird (bei FlurN z.B. in Anlehnung an einen PersN: *Stoffelsbaum* < *Staffelbaum* (mhd. *staffel* 'Stufe') oder an ein APP: *Hundspiel* < *Hundsbohel* ('Hundsberg'). Zu Volksetymologie in SiedlungsN s. auch Kap. 9.2).

Soll eine **Sammlung historischer Belege** für die diachrone Entwicklung eines Namens aussagefähig sein, muss die Datierung der schriftlichen Quellen so exakt wie möglich angegeben werden. Um welchen Quellentyp handelt es sich (Urkunde, Urbar, Stadtplan etc.)? Wie ist die Quelle zu datieren? Liegt eine Originalurkunde, Abschrift (Kopial) oder Fälschung vor? Ist es möglich, den Schreibort/ die Schreibkanzlei zu ermitteln bzw. im Idealfall den Schreiber zu identifizieren? Bei edierten Quellen sollte festgestellt werden, wie exakt die Namenbelege wiedergegeben sind (grundlegend zur **Quellenkritik** s. DEBUS 2004, 2008, HAUSNER 1995, SCHÜTZEICHEL 1977).

9.1 Raumnamen

RaumN oder **Choronyme** (< griech. *chora* 'Land, Raum') sind EN für größere geographische Flächen, Gebiete oder Räume (BACK 1996:1348f., BANDLE 2000a:565, POLENZ 1977:377). Sie umfassen Namen für naturräumliche Objekte (Erdteile, Landschaften, Regionen, Landstriche) und künstliche, politische oder administrative Einheiten (Staaten, Länder).

9.1.1 Staatennamen und Ländernamen

Balkonien, Ithilien, Zamonien und *Phantásien* sind erfundene Länder, in die man nur als fauler Urlauber, Hobbit, Käpt'n Blaubär oder Glücksdrache Fuchur reisen kann. In ihrer Bildungsweise ähneln sie aber geläufigen LänderN wie *Italien, Argentinien, Australien*, sodass man sie durchaus als prototypisch bezeichnen und

[196] Die in den folgenden Kapiteln aufgeführten Etymologien stützen sich weitgehend auf die einschlägige Literatur, sind aber im Einzelnen mit Vorbehalt aufgenommen worden.

ohne Zögern hier einreihen kann. Dies liegt an der **onymischen Morphologie** (hier dem LänderN-Suffix *-ien*), die den EN eindeutig seiner Klasse zuweist (Kap. 4.2.2). Captain Kirk befehligt das Raumschiff *Enterprise* im Namen der *Vereinigten Föderation der Planeten*, ein seltenes Beispiel für einen fiktiven StaatenN, der an *Vereinigte Staaten von Amerika* oder *Vereinigte Arabische Emirate* erinnert. Im allgemeinen Sprachgebrauch werden **StaatenN** und **LänderN** oft nicht präzise gegeneinander abgegrenzt, zuweilen sogar gleichgesetzt.[197] Unter Ersteren kann man nach BACK (1974:5, 1977:66) rechtlich genormte oder zumindest gängige und zugelassene Benennungen von vollsouveränen Staaten, auch von teilsouveränen Gebieten verstehen, die eine politisch-administrative Einheit bilden. Zwei Versionen müssen unterschieden werden: die **Lang-** oder **Voll-** (*Bundesrepublik Österreich*) und die **Kurzform** (*Österreich*). Letztere ist in den meisten Fällen identisch mit den allgemein gebräuchlichen LänderN. Ausnahmen bilden z.B *United Kingdom/Vereinigtes Königreich* und *United States/Vereinigte Staaten*, historisch auch *Reich* (für *Deutsches Reich*), denn hier dient die Staatsform oder sogar eine Abkürzung davon (*U.K., USA, DDR*) als Kurzform. Klassische langformige StaatenN bestehen aus einem **geographischen Bestandteil** (EN; meist LänderN oder Völkerbezeichnungen) und einem **staatsrechtlichen, institutionellen Bestandteil** (APP für die Staatsform): *Republik Österreich, Royaume de Belgique, Estados Unidos Mexicanos*. Eine Ausnahme davon bildete der EN *UdSSR* (*Union der Sozialistischen Sowjetrepubliken*), da er keine geographischen Bestandteile enthielt. Die syntaktische Struktur ist appositionell (*Repubblica Italiana*) oder attributiv mit subordiniertem Subst. (*Commonwealth of Australia, United States of America*) bzw. Adj. (*République française*). Dies hängt von der in der jeweiligen Sprache bevorzugten syntaktischen Konstruktion ab (BACK 1974:7f.).

Im Gegensatz zu StaatenN gelten LänderN für ein physisch-geographisch oder auch anthropogeographisch einheitlich bestimmtes Territorium. So sind folgende Situationen im Verhältnis Staat/Land denkbar:

- Ein Land bildet keinen einheitlichen Staat. Historisch war dies der Fall bei *Polen*, dessen Staatsgebiet nach den poln. Teilungen im 18. Jh. aufgelöst wurde und bei *Deutschland*, das vor der Wiedervereinigung aus zwei Staaten bestand (*Bundesrepublik Deutschland/Deutsche Demokratische Republik*).
- Ein Staat ist ein Verbund mehrerer Länder (*United Kingdom of Great Britain and Northern Ireland*, bestehend aus *England, Schottland* und *Wales* sowie *Nordirland*), ein Zusammenschluss verschiedener Territorien (z.B. Inselstaaten wie *Palau*), oder er besteht nur aus einem Landesteil (*Demokratische Republik Timor-Leste – Osttimor* als von Indonesien unabhängiger Teil der Insel *Timor; Haiti* und *die Dominikanische Republik* als Teile der Insel *Hispaniola*).

Neben den Komposita auf *-land* (*Deutschland, Finnland*) und *-reich* (*Frankreich, Österreich*) finden sich **typische Endungen** (FUHRHOP 1998:141–186). Das ur-

---

[197] S. die defizitäre Definition von ERNST (2011:91): "Staatennamen [...] bezeichnen politisch eigenständige und anerkannte Territorien", LänderN bezeichnen "historisch gewachsene Gebiete [...], die politisch nicht autonom sind" (wie *Böhmen, Sachsen, Kreta*).

sprüngliche Flexiv *-en* (Dat. Pl.) begegnet in vielen LänderN, die auf Völkerbezeichnungen zurückgehen (*Frankreich, Polen*). Später wurde es auch auf andere übertragen (*Ägypten, Syrien*). Wie eingangs erwähnt, ist das Suffix *-ien* (mhd. *-īe*, eingedeutscht aus lat. *-ia* (fem. Endung zur Ableitung der lat. LänderN aus Völkerbezeichnungen: *Germani* > *Germania* etc.) verschmolzen mit *-en*: lat. *Hispania* > mhd. *Spanje* > nhd. *Spanien*) besonders häufig und auch weiterhin für die Neubildung von LänderN produktiv (*Äthiopien, Jordanien, Ozeanien*). Daneben steht die Endung *-ei* (< mhd. *-īe*) für fem. LänderN (*Türkei, Mongolei*). Bei solchen **Neuschöpfungen** von LänderN wird das Ableitungssuffix *-ia* meist durch die eingedeutschte Entsprechung *-ien* ersetzt: *Bolivien* (span. *Bolivia*, nach *Simón Bolívar*), *Kolumbien* (span. *Colombia*, nach *Christoph Kolumbus*). Erhalten blieb *-ia* z.B. in *Tansania* (entstanden aus den historischen StaatenN *Tanganyika* + *Zansibar*). Ein Verzeichnis der offiziellen Namen aller 194 von den Vereinten Nationen anerkannten Staaten liegt in einer Fassung des Auswärtigen Amts[198] und des Ständigen Ausschusses für Geographische Namen (StAGN) vor.[199]

Zwischen 1989 und 1992/93 gab es einen heftigen **Streit**, in den Medien auch als Bindestrich- bzw. Gedankenstrich-Krieg (tschech. *pomlčková válka*, slowak. *pomlčková vojna*) bekannt, um den neuen StaatenN für die ehemalige Sozialistische Republik Tschechoslowakei (*Československá socialistická republika*, abgekürzt *ČSSR*). Im Jahr 1990 schlug der damalige Präsident Václav Havel den Namen *Tschechoslowakische Republik* vor, unter Streichung von *sozialistisch*. Diesen lehnte man jedoch wegen der mangelnden Repräsentation der Slowakei ab. Daraufhin stand die Schreibung mit Bindestrich zur Debatte, die besonders kontrovers diskutiert wurde. Die tschech. Seite fasste das Syngraphem nämlich im Gegensatz zu den Slowaken als Gedankenstrich – somit als Trennstrich – auf und sah darin ein Symbol für separatistische Tendenzen. Schließlich legte man 1990 zwei Varianten fest: *Československá federativní republika* als tschech. und *Česko-slovenská federatívna republika* als slowak. Form. Daran entzündete sich wiederum heftiger Streit, die slowak. Seite forderte die nicht rechtschreibkonforme Großschreibung des *s* in *slovenská*. Im April 1990 wurden dann zwei neue Varianten eingeführt: *Česká a Slovenská Federativní Republika* (tschech.) und *Česká a Slovenská Federatívna Republika* (slowak. *Tschechische und Slowakische Föderative Republik*). 1993 kam es schließlich zur endgültigen Trennung in zwei unabhängige Staaten (PRESCH 2002:11–19).

9.1.2 Landschaftsnamen

LandschaftsN (auch **GebietsN**) stehen in der Größenordnung zwischen Flur- und SiedlungsN auf der einen, sowie LänderN auf der anderen Seite. Von Ersteren unterscheiden sie sich durch ihre Großräumigkeit. Im Gegensatz zu LänderN sind sie kleinräumiger, benennen nur Regionen innerhalb eines größeren Staaten-

---

[198] www.auswaertiges-amt.de/cae/servlet/contentblob/332368/publicationFile/204317/Staatennamen.pdf (17.05.15).

[199] http://141.74.33.52/stagn/Portals/0/140408_STAATENNAMEN_13_ol.pdf führt, wenn auch nicht konsequent, Genus und Numerus an (falls abweichend von Neut. bzw. Sg.; 17.05.15).

gebildes (das *Elsass* als Teil Frankreichs), zuweilen auch staatenübergreifende Gebiete (*Friesland*). Sie können politische Einheiten (*Sachsen* als Bundesland) bilden, aber auch rein territorial definiert werden (*Sachsen* als historisches Siedlungsgebiet des Volksstamms der Sachsen). Einige LandschaftsN beziehen sich auf autonom verwaltete Bundesländer bzw. -staaten (*Bayern, Rheinland-Pfalz, Texas, Ohio*) und stehen somit den LänderN nahe. Wie diese stehen sie dann ohne Artikel und sind durchgehend Neut. (Kap. 4.3.1). Oft handelt es sich aber nicht um politisch-rechtliche, sondern v.a. um geographisch, kulturell oder historisch gewachsene Einheiten (BANDLE 2000a:545). Eine genaue Definition von LandschaftsN steht noch aus; die Abgrenzung zu LänderN kann nicht immer eindeutig getroffen werden (ERNST 2004:181).

Zu den frühesten, in karolingische Zeit zu datierenden LandschaftsN gehören Bildungen mit **Personengruppenbezeichnungen** auf **-ingōz/-ungōz, *-sētjanez/-sēt(ō)z* und **-warjōz* (alle in der Bedeutung 'Bewohner, Leute'): *Holtsētun* > *Holstein, *Bai-warjōz* > *Bayern*. Weitere Grundwörter sind (nach BERGER 1996a:1357, DEBUS/SCHMITZ 2004:3507, GREULE 2004d:45f.): **-gawja* 'Siedlungslandschaft; Gegend, Land' (*Breisgau, Rheingau*), *-eiba* 'Region' (**Wetereiba* > *Wetterau*), *-feld* (*Eichsfeld*), *-lant* (*Holland, Bergisches Land, Wendland*), *-mariska* 'Marsch, Sumpf' (*Dithmarschen*), *-mark* 'Grenze, Grenzland, Bezirk' (*Steiermark, Uckermark*), *-rīchi* 'Gegend, Bereich' (*Westrich*), *-tal* (*Inntal*), *-wald* (*Odenwald*).

Im fränk. Siedlungsbereich bildete sich v.a. der Namentyp FlussN + **-gawja* heraus (*Kinzehgouwe* > *Kinziggau*) aus, daneben waren auch Siedlungs-, Flur- und PersN sowie Richtungsangaben + **-gawja* (*Sundgouwe* > *Sundgau* 'Südgau') möglich. Im Mittelalter kamen neue LandschaftsN auf, die sich auch zu LänderN entwickeln konnten (*Ostarrīchi* > *Österreich*). Besonders produktiv war das Grundwort *-land* (*Suderland* > *Sauerland* 'südliches Land'). LandschaftsN können in elf **Motivgruppen** unterteilt werden (nach REITZENSTEIN 1998):

1) Raumbezeichnung: *in pago Albigaugense* (817) > *Allgäu* ('Landschaft in den Bergen, Berggau')
2) Geländeerhebung: *montium altissimi Taunus* (1. Jh.) > *Taunus* (zu idg. **teu-* 'angeschwollenes Erdreich, Höhe'), *Steigerwalt* (1151) > *Steigerwald* ('ansteigender Wald')
3) Gewässer: meist als Komposita *in pago Rhenense* (764/12. Jh.) > *Rheingau, in pago Moinigaugio* (766) > *Maingau*
4) Geländebeschaffenheit: *Grapfeld* (1754) > *Grabfeld* (zu 'grau')
5) Bewuchs: *Des Vichtelbergs* (1542) > *Fichtelgebirge* (zu mhd. *viehte* 'Fichte')
6) Tiere: *in silva Speshart* (794/1279) > *Spessart* (zu 'Specht')
7) Himmelsrichtung: *Westerwald* (1048) > *Westerwald*
8) Verkehrswege: *berstraza* (1255) > *Bergstraße* 'Straße am Berg'
9) Siedlungen, Burgen: SiedlungsN *Chieming* (804) > *Chiemgau;* BurgN *Michelenburg* (995) > *Mecklenburg, Wirdeneberch* (1124) > *Württemberg*
10) Institutionen: *Abbatia* (1177–1182) > *Abteiland, Probstei*
11) Völkerbezeichnungen: *Hessen, Franken* (< *in Vrankon, ze Hessen* (Dat. Pl.)), *Friesland, Böhmerwald, Preußen*

InselN sind noch weitgehend unerforscht und werden sowohl zu LänderN (*Grönland, Madagaskar*) als auch zu LandschaftsN (*Kreta, Wangerooge*) gezählt. Weiteres bei BANDLE (2000b:452-460).

9.2 Siedlungsnamen

Hintertupfingen,[200] *Hobbingen*[201] oder *Entenhausen*[202] finden sich auf keiner handelsüblichen Landkarte, allerdings erkennen wir in diesen fiktiven Bezeichnungen sofort Namen von Städten und Dörfern. Dies liegt vornehmlich daran, dass sie häufige Bildungsmuster imitieren: MÜLLERS Großes Deutsches Ortsverzeichnis enthält 3.904 Einträge mit der Endung *-hausen* und 1.954 auf *-ingen*. Unter **SiedlungsN** oder **Oikonymen** (< griech. *oikos* 'Haus') sind im weitesten Sinne alle Namen für Objekte zu verstehen, die von Menschen besiedelt sind und eine kleinere räumliche Ausdehnung als Länder- oder LandschaftsN aufweisen. Dazu zählen sowohl größere Siedlungsplätze wie Dörfer und Städte als auch kleinere Siedlungsformen wie Hofstellen.

Es existiert eine Reihe von **Siedlungsnamenbüchern**, wie das "Historische Ortsnamenbuch von Sachsen" und die Reihen "Historisches Ortsnamenbuch von Bayern", "Niedersächsisches Ortsnamenbuch" u.v.a.m.[203] Einen Gesamtüberblick und Etymologien bietet neben BACH (1953/54) und FÖRSTEMANN 1913 der Dudenband "Geographische Namen in Deutschland" (BERGER 1999). Ca. 3.000 SiedlungsN aus dem heutigen und ehemaligen dt. Sprachgebiet umfasst das "Deutsche Ortsnamenbuch" (NIEMEYER 2012). Für die Schweiz liegt das "Lexikon der schweizerischen Gemeindenamen" (KRISTOL 2005) vor, für Liechtenstein das "Liechtensteiner Namenbuch" (STRICKER et al. 1999),[204] für Österreich das "Althochdeutsche Namenbuch" (HAUSNER/SCHUSTER 1989ff.) und für Tirol "Die Gemeindenamen Tirols" (ANREITER et al. 2009). Die Möglichkeiten digitaler Erfassung nutzt das an der Universität Regensburg erstellte "Digitale Ortsnamenbuch Online (DONBO)", das zunächst 217 SiedlungsN in Niederbayern und der Oberpfalz verzeichnet (BUCHNER/WINNER 2011).[205] Für Sachsen ist das "Digitale Historische Ortsverzeichnis von Sachsen" zu nennen.[206] Mit der Kartierung von SiedlungsN (und FlurN) setzt das Projekt "Südwestdeutscher Ortsnamenatlas" neue Impulse (MAKRUTZKI/RIECKE 2011). Ein "Kleiner Atlas der Siedlungsnamen Deutschlands" ermöglicht die Online-Kartierung von einzelnen OrtsN und OrtsN-Typen.[207]

---

200 In Süddtld. spöttisch für 'abgelegenes Dorf', s. ADA (zweite Runde, Frage 26; 17.05.15).

201 Nur in einem Atlas von Mittelerde bzw. "Herr der Ringe" von J.R.R. TOLKIEN zu finden.

202 Über die genaue Lage gibt die Seite www.donald.org von D.O.N.A.L.D Auskunft (17.05.15).

203 Hier wird OrtsN im Sinne von SiedlungsN verwendet.

204 http://historischerverein.li/taetigkeiten/projekte/abgeschlossene-projekte/liechtensteiner-namenbuch (17.05.15).

205 Informationen auch unter www-donbo.uni-regensburg.de (17.05.15).

206 Es handelt sich um die Internetausgabe auf der Gundlage der Printausgabe von 2006, s. http://hov.isgv.de (17.05.15).

207 http://deutschlandkarten.nationalatlas.de/wp-content/namensatlas (17.05.15).

Im juristischen Sinn spricht man statt von SiedlungsN auch von **GemeindeN** (SEUTTER 1996:115f.). Ein Gesamt-GemeindeN kann aus einem historisch gewachsenen Kern (*Homburg*) sowie weiteren charakterisierenden **Zusätzen** bestehen: einem vorangestellten APP (*Bad Homburg, Stadt Allendorf, Markt Heidenfeld*) bzw. sonstigen Unterscheidungsmerkmalen (*Schwäbisch Hall, Gau Algesheim*) und/oder einer angefügten differenzierenden geographischen Beschreibung (*Bad Homburg vor der Höhe, Frankfurt am Main, Rothenburg ob der Tauber*; SEUTTER 1996:119). Diese Zusätze sind weitgehend juristisch definiert. So ist etwa der Zusatz *Bad* an die Vorschriften des Kurortrechts gebunden. Die offizielle Schreibung der GemeindeN richtet sich nach deren Eintragung im amtlichen Gemeindeverzeichnis.
Erste **differenzierende Zusätze** kamen bereits um 1100 (in Zeiten intensiven Siedlungsausbaus) auf, wenn innerhalb der Gemarkung oder in einem benachbarten Gebiet eine Ortschaft gleichen Namens lag. Sie traten dann oft an den EN und verschmolzen z.T. mit ihm. Zu diesen Namenzusätzen gibt es noch wenige Untersuchungen (z.B. DRÄGER 2012/2013:297–314). Unterscheidungsmerkmale waren die Größe, z.B. *Groß-* (*Großwinternheim, Groß-Umstadt*), *Michel-* 'groß' (*Michelbach*), *Langen-* (*Langen-Brombach*), *Lützel-* 'klein' (*Lützelseifen*), *Klein-* (*Kleinwinternheim, Klein-Umstadt*), *Wenig-* 'wenig, kaum' im Sinne von 'klein' (*Wenigumstadt*), das Alter, z.B. *Alt-* (*Alt Langenhagen*), *Neu-* (*Neu-Anspach*) und die Lage, z.B. *Ober-* (*Oberheimbach, Ober-Wühre*), *Mittel-* (*Mittelbexbach, Mittel-Wühre*), *Unter-* (*Unterailsfeld, Unter-Wühre*), *Nieder-* (*Niederheimbach, Nieder-Olm*). **Geographische Angaben** sind ebenfalls früh zu Namenzusätzen geworden (*Münster Eiffel* (1425) > *Bad Münstereifel; Roide vur deme Walde* (14. Jh.) > *Radevormwald*). Besonders häufig trat die Lage an einem Fluss hinzu, z.B. *Biberach an der Riß, Horb am Neckar, Bübingen (Saar), Bingen am Rhein,* aber auch landschaftliche Verortung: *Hamm (Westfalen), Roßdorf (bei Darmstadt).* Die Zusätze gewannen zunehmend werbewirksamen Charakter wie *Bad* (*Bad Kreuznach, Aix-les-Bains, Nieuwvliet-Bad*) oder die in den 1930er und 1950er Jahren auftretenden Prädikate *an der Bergstraße* und *an der Weinstraße* (s. auch HUISMAN 1986:54–70). 2011 sorgte eine Ergänzung auf den Ortsschildern der Stadt Hagen für Diskussionsstoff:

> Ein Jahr lang hat der Schilderstreit Hagen in Atem gehalten, jetzt kehrt wieder Ordnung ein auf den Ortseingangstafeln der Stadt. Bis Ende Juli wird der Zusatz "Stadt der FernUniversität" [...] entfernt (www.derwesten.de; 13.07.11).

Kritisiert wurde die von Sponsoren bezahlte Schilderaktion wegen ihres Werbecharakters, des eigenmächtigen Handelns der Stadtverwaltung und v.a. wegen der ungewöhnlichen Binnenmajuskel (*FernUniversität*), die der Schreibung des InstitutionsN entspricht. Anschließend befasste sich der nordrhein-westfäl. Landtag mit diesem Thema und beschloss am 25.10.11 eine Änderung der Gemeindeordnung: Zukünftig soll es den Kommunen erlaubt sein, den GemeindeN um Zusätze zu erweitern, die "auf der Geschichte oder der heutigen Eigenart oder Bedeutung der Gemeinden beruhen".[208] Diese sollen auch auf den Ortseingangs-

---

208 Gemeindeordnung NRW §13 unter https://recht.nrw.de (17.05.15). Ansonsten gibt es ähnliche Regelungen für Namenzusätze in anderen Bundesländern (GROTHENN 2008), für Hessen s. Hessische Gemeindeordnung HGO §13, www.rv.hessenrecht.hessen.de (17.05.15).

schildern stehen dürfen. Kurz nach Inkrafttreten des Beschlusses trafen auch schon die ersten Anträge ein: *Attendorn* wünschte sich den Zusatz *Hansestadt, Hagen* möchte sich auch künftig als *Stadt der Fernuniversität* ausweisen, und der Solinger Stadtrat beschloss die Erweiterung zu *Klingenstadt Solingen*.[209] Das Statistische Bundesamt gibt jedes Jahr in seinem Gemeindeverzeichnis einen Überblick über die Namens- und Grenzänderungen der Gemeinden.[210] Als Trend in den Jahren 2010/2011 zeichnen sich eindeutig **werbewirksame Namenzusätze** ab: *Stadt Hanau > Gebrüder-Grimm-Stadt Hanau, Verl > Stadt Verl, Elsdorf > Stadt Elsdorf, Olding > St. Olding, Stadt Belzig > Stadt Bad Belzig, Wienhausen > Klostergemeinde Wienhausen*. Wie sich dieser Trend weiterhin auswirkt, wird in den nächsten Jahren fassbar sein und lohnt eine eingehende Betrachtung.

Neben den GewässerN gehören die SiedlungsN zu den ältesten Toponymen. Für die **Rekonstruktion der Siedlungsgeschichte** einer Region sind sie von größter Bedeutung. Chronologisch können sie nach folgenden Sprachstufen eingeordnet werden:

a) keltisch: Die früheste fassbare Schicht bilden die Namen kelt. Herkunft. Hier treten einige typische SiedlungsN-Grundwörter auf:

Tab. 23: Häufige Grundwörter in kelt. SiedlungsN

Grundwort	Bedeutung	Beispiele
-bona	kelt. *bona* 'Bau, Anbau, Stadt'	*Wien* < *Vindobona* 'weiße Stadt'
-briga	kelt. 'Berg, Burg'	*Boppard* < *Boudobriga* 'Burg des *Bouduos*'
-dūnum	altir. *dūn* 'Burg'	*Kirchzarten* < *Tarodūnum* 'Burg des *Taros* oder am Fluss *Taros*', *Ladenburg* < *Lopodūnum* 'Burg des *Lopos*'
-durum	gall. *doro* 'Tür, Tor, Mündung'	*Tüddern* < *Teudurum* zu kelt. **teuta* 'Volk, Land', *Riol* < *Rīgodulum, Rīgodurum* zu kelt. **rigo* 'König'
-magus	inselkelt. *mages* 'Ebene, freies Feld'	*Worms* < *Borbetomagus* 'Feld am Fluss *Borbeta*', *Remagen* < *Rigomagus* 'Königsfeld'

Bestimmungswörter sind häufig FlussN (*Borbetomagus*) oder PersN (*Boudobriga*). Als Simplizia treten auf: *Thun, Dhaun, Daun* < altir. *dūn* 'Burg', *Baar, Barr* < altir. *barr* 'Spitze, Gipfel, Laub', *Bonn* < kelt. **bona* 'Berg, Burg'. Daneben stehen Derivate z.B. auf *-ia/-io, -sk-, -iss-*: *Maienfeld* (Graubünden) < *Magia* zu kelt. **mago* 'Feld, Ebene', *Irsch* < *Ivasum* zu gall. **ivo* 'Eibe', *Windisch* < *Vindonissa* zu kelt. **vindo* 'weiß' sowie mit *-n-* und *-t-*Suffix: *Mayen* < *Magina* zu kelt. **mago* 'Feld, Ebene', *Traben* < **Trabena* unklar, evtl. 'Wohnort' zu kelt. **treb* 'Wohnung' oder FlussN *Tauene, Kell/Hermeskeil* < **Kalliton* zu kelt. **kalli* 'Wald'.

---

209 Berichterstattung unter www.derwesten.de am 19.11.11 und 01.01.12.

210 Verfügbar unter www.destatis.de/DE/ZahlenFakten/LaenderRegionen/Regionales/Gemeindeverzeichnis/NamensGrenzAenderung/NamensGrenzAenderung.html (17.05.15).

Die **galloromanischen SiedlungsN** mit dem Zugehörigkeitssuffix *-acum* enthalten den Namen des ersten Siedlers bzw. Besitzers. Sie sind heute meist mit der Endung *-ach/-ich* im Rheinland, an der Mosel, im Saarland, in Elsass-Lothringen und in der Schweiz verbreitet, z.B. *Breisach* < *Brīsiacus* zu kelt. *Brisios, Mainz* < *Mogontiacum* zu kelt. *Mogons, Kreuznach* < *Cruciniacum* zu gallorom. **Crucinus, Zülpich* < *Tolbiacum* zu kelt. *Tolbios, Jülich* < *Iuliacum* zu lat. *Julius, Lorch/Lörrach* < *Lauriacum* zu kelt. *Laurios, Billig, Wasserbillig* < *Billiacum* zu kelt. *Billius.* Es können sowohl röm. als auch kelt. PersN erscheinen.

b) lateinisch: In den ehemals röm. besetzten Gebieten finden sich neben gallorom. SiedlungsN auch solche, die direkt auf das Lat. zurückgehen: *Kastel* < *castellum Mattiacorum* 'Kastell der Mattiaker', *Altrip* < *Alta Ripa* 'hohes Ufer', *Köln* < *Colonia Claudia Ara Agrippinensium* 'claudische Kolonie und Opferstätte der Agrippinensier', *Koblenz* < *Confluentes* 'die Zusammenfließenden', *Rheinzabern* < *Tabernae* 'Laden, Schankwirtschaft, Raststation', *Trier* < *Augusta Treverorum* 'Stadt des Augustus im Land der Treverer', *Konstanz* < *Constantia* < PersN *Constantius.* Diese römerzeitlichen Namen sind nicht mit SiedlungsN zu verwechseln, die erst im Mittelalter aus Lehnwörtern gebildet wurden, z.B. ahd. *cella* 'Klausur eines Einsiedlers' (< lat. *cella*) > *Zell*, oder künstlichen, im Mittelalter entstandenen Namen (sog. Mönchslatein), z.B. *Münster* < *Monasterium, Singrist* < *Signum Christi.*

c) germanisch: Die ältesten germ. SiedlungsN datieren um Christi Geburt. Es handelt sich um suffigierte Insassenbezeichnungen mit den Zugehörigkeitssuffixen *-ing/-ung* (*Göttingen* 'bei den Leuten an der Wasserrinne', *Salzungen* 'bei den Leuten an der Salzquelle') oder Stellenbezeichnungen mit den Kollektivsuffixen *-ithi/-idi* (hauptsächlich im nordwestl. und mittleren Dtld. bis zur Elbe verbreitet, z.B. *Essen* < *Astnide* (874), 'Ort mit Trocken-, Schmelzofen', *Apolda* 'Ort mit vielen Apfelbäumen', *Friesoythe* < *Frieß Oitha* (1582) 'Gegend mit vielen Inseln'[211]) und *-ahi* (z.B. *Affaltrach* 'Ort mit Apfelbäumen', *Birka* 'Ort mit Birken', *Haslach* 'Ort mit Haselgebüsch'). Zu den Komposita gehören Namen auf *-lar* 'Weideplatz; Moor' (*Goslar, Wetzlar* 'Weideplatz an der *Gose* bzw. *Wetifa*'), *-mar* 'stehendes Gewässer, Sumpf' (*Weimar*, ahd. *wīh* 'heilig'), *-lō* 'niedriges Gehölz, Hain, Wald' (*Iserlohn* 'Eisenwald', *Gütersloh* 'Wald des *Guther*') und *-aha* 'fließendes Wasser' (*Biberach* 'Biberwasser', *Küßnach* (Südbaden) < PersN **Chusso;* KAUFMANN 1977).

d) slawisch: In Gebieten mit slaw. Besiedlung östl. der Elbe und im Donaugebiet finden sich auch SiedlungsN slaw. Herkunft, die teilweise stark eingedeutscht wurden. Hauptverbreitungsgebiete slaw. SiedlungsN sind im Md. Thüringen, Sachsen, Sachsen-Anhalt, im Nd. Mecklenburg-Vorpommern, Brandenburg, Wendland sowie im Obd. Bayern und Österreich (EICHLER 1996:126; zur Integration von slaw. Toponymen s. EICHLER/ŠRÁMEK 1984, HENGST 1977, 1978, 1981, 1985, 2003, RIPEĆKA 1996, WALTHER 1984; zu slaw. Toponymen in Schleswig-Holstein s. WULF 2000). Die Übernahme ins Dt. ist äußerst komplex verlaufen,

---

211 Zu SiedlungsN auf *-ithi* und ihrer Verbreitung s. UDOLPH 1991.

weshalb wir sie hier nur in Grundzügen aufzeigen können. Bei einigen SiedlungsN wurde durch die Eindeutschung sekundäre Transparenz[212] des Namens oder einiger Bestandteile hergestellt. **Totale sekundäre Transparenz** mit Angleichung an dt. Toponyme liegt vor bei *Langhagen* (< altpolab. *Lągkavel* zu slaw. **łąka* 'sumpfige Wiese'), *Saalhausen* (< altsorb. **Zalěsno* 'die hinter dem Wald'). **Homonymie** zu APP ist zu beobachten bei *Badegast* (< altsorb. 'Ort des *Badogošč*'), *Caputh* (< altpolab. **Kopyto* 'Huf'), *Gold* (< altpolab. **gol'a* 'Heide, Waldung'), *Schmerz* (< altsorb. *Smiřč* 'Fichten'), *Wandrerruh* (< altpolab. **Vądrava* 'Wasser, Gewässer'). **Partielle sekundäre Transparenz** der ersten Konstituenten zeigt sich in *Bademeusel* (< slaw. PersN *Badomysl*), *Muschelwitz* (< altsorb. **Myslešovici* zum slaw. PersN *Mysleš*), *Schlagwitz* (< slaw. PersN *Sławko*), *Steinitz* (altsorb. **Stanici* zum PersN *Stan*), Transparenz der zweiten Konstituenten bei *Blattersleben* (< altsorb. PersN **Bratrosłav*), *Marzahn* (< altpolab. **Marčana* 'Sumpf'), *Sierhagen* (< altpolab. **Žirava* 'Weide, Futter'; hierzu auch Kap. 3.2.2). Daneben sind auch slaw. Suffixe zur Ableitung von Toponymen unterschiedlich ins Dt. integriert worden. Gelegentlich wurden auch ursprünglich dt. genitivische SiedlungsN an slaw. SiedlungsN mit *-itz* angeglichen (*Seiferitz* < *villa Siffridis* 1361).[213] Als Basis für slaw. SiedlungsN können APP (meist Tier- und Pflanzenbezeichnungen: *Kummer* aso. **Komory* oder **Komoře* 'Ort mit viel Mücken') oder EN (PersN, FlussN etc.) dienen. Die Suffixe in SiedlungsN, die mit PersN gebildet werden, können zugehörigkeitsanzeigend (z.B. *-ici/-ovici*: *Schleiz* 'Ort der Leute des *Slava*') oder possessivisch (besitzanzeigend: z.B. *-ov*: *Leuna* 'der Ort des *Lun*') sein.

Tab. 24: Die häufigsten slaw. SiedlungsN-Suffixe und ihre Varianten

Suffixe und eingedeutschte Varianten	**Beispiele**
-ici/-ovici/-ica/-ovic > *-itz, -witz/-fitz, -itzsch, -(t)z, -isch, -s, -schütz, -wig*	*Grömitz* < altsorb. *grob* 'Graben', *Liebschütz, Coswig* < altsorb. *kos* 'Amsel'
-ina/-iny > *-in, -ein, -en*	*Lübben* < altsorb. PersN *L' uba*, *Malchin* < altpolab. PersN *Maloch*
-ov, -ava > *-ow, -au, -a, -e, -o*	*Döbrichau* < altsorb. PersN *Dobrich*, *Güstrow* < altpolab. *guščer* 'Eidechse'
-sk(o) > *-zig, -tzeke, -enz*	*Diebzig* < altsorb. **dub* 'Eiche', *Dölzig* < altsorb. **Dol'sk-* 'Talort'
-jane > *-en(a), -e(h)ne, -ahn, -hain*	*Grizehne* < altsorb. *grod' c* 'Burg', *Mockrehna* < altsorb. *mokry* 'feucht'

Aktuell leben ca. 60.000 Sorben v.a. in der Oberlausitz und in Brandenburg, ca. 20.000 davon sind noch aktive Sprecher des Sorb. Seit 1994 wird mit dem Sorben/Wenden-Gesetz (SWG) der Schutz der nationalen und kulturellen Identität der

---

212 HENGST (1985, 2012/2013) fasst dies exakter mit dem Terminus "scheinbare sekundäre semantische Verankerung (sssv)".

213 Historische Belege s. http://hov.isgv.de/Seiferitz_%282%29 (17.05.15).

Sorben sowie der sorb. Sprache geregelt, das auch eine zweisprachige Beschilderung von öffentlichen Gebäuden, Straßen etc. vorsieht:[214]

Abb. 33: Dt.-sorb. Ortsschild der Stadt Bautzen[215]

e) deutsch: In der ahd. und mhd. Phase entstand eine Vielzahl von SiedlungsN, die sowohl zeitlich als auch räumlich gestaffelt auftreten. Wohl in Analogie zu den häufigen Namen auf *-dorf, -heim* etc. setzte sich das Neut. als Einheitsgenus durch (zur Genuszuweisung bei EN s. Kap. 4.2.1c). Das Genus tritt zutage, wenn der SiedlungsN mit Adj. ergänzt wird: *das schöne Frankfurt*. In der Mehrzahl liegen Komposita (*Rüdes-heim, Leins-weiler*) vor. In vielen Fällen ist die Erstarrung des Dat. Pl./Sg. zum Nom. auffällig: *bei dem Luckenwalde* (Dat. Sg.) > *Luckenwalde* (Nom.). Anhand der Endglieder kann man die dt. SiedlungsN in einer summarischen **Leittypenchronologie** anordnen (DEBUS/SCHMITZ 2004, KLEIBER 1996):

1) Zu den **frühesten deutschen SiedlungsN-Typen** aus der Periode der fränk. Landnahme (5./6. Jh.) zählen die Namen auf *-ing(en)* (*Sigmaringen* 'bei den Leuten des *Sigimar*', *Freising* 'bei den Leuten des *Frigis*') und *-heim* 'Heim(at), Wohnort' (*Rüsselsheim* < PersN *Rucilo*). Teilweise wurde *-heim* bis zur Unkenntlichkeit verändert wie in *Lorsch* < *Lauresham* (764/12. Jh.) < PersN **Louros, Bochum* < *Bokheim* (1150) < 'Buche'. Kerngebiet der *heim*-Namen bildet die Mittelrheinregion um Mainz, Worms und Speyer. Die *ingen*-Namen sind vorwiegend im alem. Raum verbreitet (Abb. 34). Daneben stehen Namen mit *-dorf, -dorp* 'bäuerliche Siedlung, Dorf' (*Düsseldorf* 'Dorf an der *Düssel*'), die im ganzen dt. Sprachgebiet auftreten.

2) Während des **7. bis 9. Jhs.**, einer Periode intensiver Kolonisationstätigkeit, entstanden SiedlungsN mit *-bach/-beck* 'Bach' (*Ansbach* < PersN *Onold, Gladbeck* < 'glänzender Bach'), *-stadt/-stedt* 'Stelle, Ort' (*Ingolstadt* < PersN *Ingold, Helmstedt* < PersN *Helmo*), *-hausen* 'bei den Häusern' (*Mühlhausen* < 'Mühle', *Recklinghausen* < PersN *Rikold*) und *-hofen* 'bei den Höfen' (*Sonthofen* < 'Süden', *Osthofen* < 'Osten'). Fast ausschließlich am Mittelrhein, an der Mosel, in Schwaben, Franken und im Elsass verbreitet, sind SiedlungsN auf *-weiler* 'Siedlung' (*Badenweiler/-wil* < 'bei den Bädern', *Rapperswil* < PersN *Ratpert*). Namen auf *-leben* 'Erbhinterlassenschaft' (*Fallersleben* < PersN *Valar, Eisleben* < PersN *Iso*) finden sich in Ostschleswig, Nord- und Mitteldtld. zw. Saale und Elbe.

---

214 www.mwfk.brandenburg.de/cms/detail.php/bb1.c.250117.de (17.05.15).

215 Quelle: Wikimedia Commons, Urheber: Frank Weiner (17.05.15).

Abb. 34: Die Verbreitung der SiedlungsN auf *-heim* und *-ingen* (Quelle: DFA-OrtsN-Datenbank)

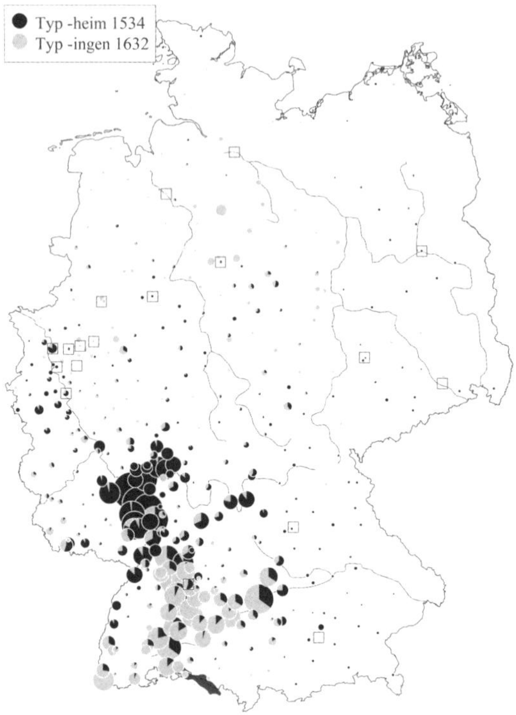

3) Im **11. Jh.** kam es aufgrund starken Bevölkerungswachstums zu intensiver Urbarmachung bislang unbesiedelter Landstriche, v.a. der Waldgebiete durch Rodungen. Charakteristisch sind Namen auf *-bo(r)stel* 'Hausstelle' (zwischen Kiel, Minden und Braunschweig: *Fallingbostel* < PersN *Fastulo, Hohenborstel*), *-büttel* 'Anwesen, Haus' (von Holstein bis zur Unterweser: *Wolfenbüttel* < PersN *Wolfher, Brunsbüttel* < PersN *Brun*), *-hagen/-hain/-hahn* 'Einfriedung, umhegter Ort' (Mittel- bis Norddtld.: *Meinerzhagen* < PersN *Meinhard, Lichtenhain* 'hell, licht'), *-scheid* 'Grenze, Scheide' (Mittelgebirge, meist in Grenzlagen: *Remscheid* < PersN **Remis-, Lüdenscheid* < PersN *Ludolf*), *-seifen* 'langsam fließender Bach' (Mittelgebirge: *Mühlensiepen, Schöneseiffen*). Weit verbreitet sind *-born/-brunn* 'Brunnen, Quelle' (*Heilbronn,* < 'heilig', *Paderborn* < FlussN *Pader*), *-berg/-burg* 'befestigte Höhe' (*Würzburg* < 'Würzkräuter', *Nürnberg* < 'Fels'), *-feld(e)* 'offene Fläche, Acker' (*Bielefeld* < 'Beil' oder 'Bergkegel', *Krefeld* 'Krähe'). **Typische RodungsN** wurden gebildet mit den Grundwörtern *-rod/-roth/-ried/-reut(h)* 'Rodung' (*Wernigerode* < PersN *Werin, Wüstenrot* < ungeklärt, evtl. zu *wüst* 'leer', *Bayreuth* < 'Bayern'), *-grün* 'grüne Fläche' (Fichtelgebirge, Vogtland, Thüringen: *Wernersgrün* < PersN *Werner, Leupoldsgrün* < PersN *Leupold*) und *-wald(e)* 'Wald, unbebautes Land' (meist in Ostdtld.: *Greifswald* 'Greif', *Finsterwalde* 'dunkel').

4) Aus wirtschaftlichen Gründen entstanden im **17./18. Jh**. viele Siedlungen, z.B. im Zuge der Industrialisierung eines Landstrichs. Prinzip der Namengebung war meist die Verbindung PersN (Name des Gründers, Besitzers, Fürsten) + Grundwort (BACH 1953/54:§284, JOCHUM-GODGLÜCK 2001). Meist wurden bestehende Bildungsmuster wieder produktiv, z.B. *-weiler*: *Friedrichweiler*, *Ludweiler* (gegr. 1604, Klammerform zu **Ludwigs-weiler*), *-burg* (*Oranienburg*, *Gustavsburg*), *-stadt* (*Friedrichstadt*, *Theresienstadt*, *Johanngeorgenstadt*). Bereits im 17. Jh. zeichnete sich eine Bevorzugung des Grundworts *-thal* ab (*Klarenthal*, *Ernstthal*). Auch die Art des industriellen Gewerbes konnte einfließen, z.B. *-hafen* (*Friedrichshafen*, *Wilhelmshaven*), *-mühle* (*Türkismühle*), *-hütte* (*Glashütten*), *-hammer* (*Platinenhammer*, heute *Jägerfreude*, Stadtteil von Saarbrücken).

Aus verschiedenen Gründen kann es zu **Namenwechseln** kommen, bei dem der SiedlungsN vollständig ersetzt wird. Für eine Änderung müssen heute, wie beim Wechsel von FamN, wichtige Gründe vorliegen, z.B. Anstößigkeit des Namens oder potentielle Verwechslungsgefahr mit einem anderen SiedlungsN.[216] Umbenennungen aufgrund negativer Konnotationen kamen zu allen Zeiten vor, auch wenn die wörtliche Bedeutung etymologisch mit dem Namen nichts zu tun hat: *Pissenheim* (< PersN *Pisso*) > *Werthoven* (1934), *Eichloch* ('Eichenwald'[217] > *Rommersheim* (1931), *Blödesheim* (< PersN *Blado*) > *Hochborn* (1971), *Krebsjauche* ('Krebsbach') > *Wiesenau* (1919). In der 1986 neu entstandenen Gemeinde *Zederik* (Utrecht) veranstaltete die Kommunalverwaltung ein Preisausschreiben, um einen schöneren Namen zu finden. Ursprünglich lag ein gleichlautender FlussN zugrunde, aber das Suffix *-erik* hat in Ableitungen auch pejorativen Charakter (ndl. *botterik* 'Grobian', ndl. *zatterik* 'Säufer'). Der Name *Zederik* blieb allerdings bis heute erhalten (HUISMAN 1986:68f.).

Die Stadt *Sankt Petersburg* wechselte aus **politischen Gründen** mehrfach ihren Namen: *Sankt Petersburg* (1703) > russifiziert *Petrograd* (1914) > *Leningrad* (1924) > *Sankt Petersburg* (1991). Solche politisch motivierten Umbenennungen können sich allerdings nicht immer im Sprachgebrauch durchsetzen:

> [...] daß ich am 24. Mai 1940 in Leningrad geboren wurde - sosehr ich diesen Namen für die Stadt verabscheue, die vor langer Zeit von den einfachen Leuten kurz und liebevoll "Pieter" - von Petersburg - genannt wurde. [...] Von der Nation wird diese Stadt entschieden als Leningrad erlebt; mit der zunehmenden Vulgarität dessen, was sie umfaßt, wird sie mehr und mehr zu Leningrad. Außerdem klingt dem russischen Ohr "Leningrad" als Wort bereits so neutral wie "Bau" oder "Wurst". Und doch sage ich lieber "Pieter", denn ich erinnere mich an diese Stadt in einer Zeit, wo sie noch nicht wie "Leningrad" aussah [...] (BRODSKY 1990:8).

Bei Namenwechsel aus politischen Gründen steht die **Ehrung** von Herrschern, Politikern oder Ideologen im Vordergrund: *Buchhorn* > *Friedrichshafen* (1811 nach Friedrich I. von Württemberg); *Chemnitz* > *Karl-Marx-Stadt* (1953) > *Chemnitz* (1990; BENSON 1986). Nach dem Ende der Kolonialzeit in Afrika und Indien wur-

---

216 Der Ständige Ausschuss für geographische Namen (StAGN) hat dazu einige Richtlinien formuliert (GROTHENN 2008).

217 Die Umbenenung erschien aufgrund der dial. Aussprache mit initialem langem *a* und *sch* nötig (KAUFMANN 1976:50f.).

den viele Namen aus der Sprache der Kolonialherren in die jeweiligen Landessprachen geändert: *Léopoldsville* > *Kinshasa* (1966), *Salisbury* > *Harare* (1982), *Bombay* > *Mumbai* (1996).[218] Zum sich häufig als problematisch erweisenden Gebrauch von Endonymen und der Meidung von Exonymen s. HARNISCH 2008.

Zwischen 1967 und 1978 reduzierten die Länder der Bundesrepublik in Hinblick auf eine effizientere Verwaltung die Anzahl ihrer Gemeinden, Landkreise und Regierungsbezirke. Dies hatte erhebliche Auswirkungen auf die SiedlungsN-Landschaft zur Folge. Namen **aufgelöster Gemeinden** verschwanden von der Landkarte, während es gleichzeitig zu Neubenennungen kam. Dies betraf nicht nur neu entstandene Gemeinden und Stadtbezirke, sondern auch Straßen, Schulen und andere öffentliche Einrichtungen, die nun aufgrund von Namengleichheit umbenannt werden mussten. Am stärksten wirkte sich die **Gebietsreform** in Bayern, Nordrhein-Westfalen, Niedersachsen, Hessen und dem Saarland aus. In Hessen reduzierte man zwischen 1972 und 1977 die Zahl der Gemeinden von 2.684 um 84% auf 424 (I. FRANK 1977:328). In der gesamten Bundesrepublik fiel sie zwischen 1961 bis 1981 von 24.503 auf 8.501 (FRANK 1996:8). Gebietsreformen wurden auf Kreis- und Gemeindeebene seit 1994 auch in den neuen Bundesländern durchgeführt. Insbesondere Sachsen stellte Leitlinien für die Vergabe der neuen Namen auf (BAUMANN/KRÜGER 1994). Ähnliche Reformen gab es auch in den Niederlanden, der Schweiz, Frankreich und Belgien (HUISMAN 1986:55f.).

Die ursprünglichen SiedlungsN der Teilgemeinden blieben meist noch als **StadtteilN** erhalten, ansonsten führte die Auflösung der Einzelgemeinden zu deren Schwund. Die neue Gesamtgemeinde bekam oft den Namen der größten bzw. bedeutendsten der zusammengelegten Gemeinden, zuweilen waren auch die zentrale Lage im geographischen Mittelpunkt, der historisch älteste oder interessantere Name ausschlaggebend (zu weiteren Kriterien s. DALLMEIER 1979:8f., FRANK 1996:10). Allerdings existieren bislang noch keine statistischen Auswertungen. Die Namen der neu gebildeten Gemeinden entstanden a) aus einem **Zusammenschluss** der GemeindeN oder b) durch **Neuformung**. Für einen Zusammenschluss ergaben sich folgende Möglichkeiten:

1) Beliebt war die Kombination zu sog. **KopulativN**, da so die Namen der Teilgemeinden erhalten blieben (*Stadecken-Elsheim* < *Stadecken* + *Elsheim*). Probleme ergaben sich zuweilen bei der Festlegung ihrer Reihenfolge (FRANK 1996:16f.). Meist wurden diese KopulativN aber von amtlicher Seite nur ungern gesehen und v.a. die Bundespost hat sie wegen der Länge abgelehnt. Allerdings ist dieses Muster schon seit 1850 in Bayern in Gebrauch, z.B. *Pfronten-Berg* (1865), *Wolframs-Eschenbach* (1917), *Garmisch-Partenkirchen* (1935; SEUTTER 1996: 135). I.d.R. verbindet man diese Namen mit Bindestrich (*Grenzach-Wyhlen, Bietigheim-Bissingen, Bad Neuenahr-Ahrweiler*), es gibt jedoch auch Ausnahmen mit Zusammenschreibung wie *Walddorfhäslach* < *Walddorf* + *Häslach, Tönisvorst* < *Sankt Tönis* + *Vorst*. Als Motivation für die Bildung der KopulativN kann u.a. der Wunsch gelten, historisch, wirtschaftlich oder touristisch bedeutsame Namen zu erhalten, sowie

218 Zu Aspekten der kolonialen und postkolonialen Toponymie s. STOLZ/WARNKE 2015.

Gleichberechtigung und Gleichrangigkeit der zusammengeschlossenen Gemeinden zu demonstrieren (Frank 1996:14–20).[219]

2) Zusätze können hinzugefügt (*Neukyhna* < *Kyhna* + *Lissa* + *Pohritzsch* + *Zaasch* + *Zschernitz*) oder weggelassen werden (*Mohrkirch* < *Mohrkirchosterholz* + *Mohrkirchwesterholz*, *Barnitz* < *Groß Barnitz* + *Klein Barnitz*).

3) KontaminationsN sind Verbindungen der Bestandteile zweier oder mehrerer SiedlungsN zu einem neuen GesamtN. Ihr Anteil gilt als gering (Frank 1996:20). Dennoch können auf diese Weise Namenbestandteile der Gemeinden teilweise erhalten bleiben und gleichzeitig lange DoppelN vermieden werden. Folgende Bildungsmuster treten auf:

Tab. 25: Mögliche Kombinationen bei KontaminationsN

2. Name → **1. Name ↓**	**+Erstglied**	**+Endglied**
Erstglied+	*Ehrenkirchen* < *Ehrenstetten* + *Kirchhofen* *Kirchwald* < *Kirchesch* + *Waldesch*	*Mainhausen* < *Mainflingen* + *Zellhausen* *Hainburg* < *Hainstadt* + *Klein-Krotzenburg*
Endglied+	Nicht belegt	*Schemmerhofen* < *Lagenschemmern* + *Aufhofen* *Feldhorst* < *Steinfeld* + *Havighorst*

Für **Neuschöpfungen** ergeben sich die Möglichkeit einer **primären Namengebung** (Bildung eines neuen EN aus APP) und einer **sekundären Namengebung** (Nutzung bereits vorhandener EN; Frank 1996:8f., Huisman:1986):

1) Komplette deappellativische Neubildungen sind relativ selten (Frank 1996: 22f.). Die Motivik bezieht sich meist auf naturräumliche Gegebenheiten: *Seewald*, *Schöneck*, *Waldbrunn*.

2) Namenübertragung liegt bei der Transposition eines schon vorhandenen geographischen EN in eine andere Toponymklasse vor (See-, Berg-, FlurN > SiedlungsN). Bei einigen dieser Toponyme handelt es sich um genuine Gattungs-EN, die diesen Status verlieren. In der Folge führt dies zu Veränderungen im Artikelgebrauch (Artikellosigkeit) und in der Genuszuweisung (Neut.): *Hinweise zu einigen Veranstaltungsterminen rund um den Möhnesee* (GewässerN) vs. *Veranstaltungen in Möhnesee* (www.moehnesee.de; 14.02.12); *das heutige Möhnesee* (SiedlungsN); s. auch Kap. 3.3.1. Es gibt Übertragungen von LandschaftsN: *Knüllwald*, *Saterland*, *Butjadingen* ('jenseits der Jade', urspr. Name einer Halbinsel) und GewässerN: *Diemelsee*, *Erlensee*, *Siegbach*. Auch Teilabschnitte von Flüssen sind namengebend

---

219 Schließen sich mehr als zwei Gemeinden zusammen, sind BindestrichN nicht mehr praktikabel. Ein dreigliedriger KopulativN ist allerdings in Belgien belegt: *Zichen-Zussen-Bolder*.

(*Oberweser, Oberaurach*), sowie BergN (*Breuberg, Staufenberg*), BurgN (*Hohenstein, Glauburg, Wildeck*), FlurN (*Pflückuff, Suthfeld, Ravenstein*) und Namen von Kirchen oder kirchlichen Einrichtungen (*Sankt Katharinen*). Die **Wiederbelebung von WüstungsN** begegnet häufig in den Niederlanden: *Reimerswaal* (< *Reymerswale*, 1632 geräumt). Zahlreiche Siedlungen auf den neuen Poldern der Zuidersee tragen die Namen mittelalterlicher untergegangener Orte (HUISMAN 1986:55f.). In Dtld. wurde dieses Muster nur selten praktiziert. Das Aufgreifen eines historischen Namens liegt beim SiedlungsN *Linsengericht* vor. Die fünf zusammengefassten Gemeinden bildeten im Mittelalter einen gemeinsamen Bezirk mit eigener Gerichtsbarkeit, der im Volksmund *Linsengericht* hieß (die Motivik ist unklar; I. FRANK 1977:335f.). Einen ähnlichen Hintergrund haben *Freigericht* und *Schöffengrund* (Gerichtsbezirk).

3) Möglich ist auch die **Neukomposition** von geographischen Namen (Fluss-, Berg-, FlurN) oder Teilen davon mit anderen EN oder APP zu SiedlungsN: EN + EN, z.B. (*Ammerbuch* < FlussN *Ammer* + Name des Naturparks *Schönbuch, Nisterau* < FlussN *Nister* + FlurN *Au* und EN + APP/APP + EN (neues Grundwort + schon bestehender EN, meist GewässerN, z.B. *Biebergemünd, Argenbühl, Remshalden, Glanbrücken, Waldems*). Besonders häufig tritt *-t(h)al* auf. Allein in Hessen kamen 36 neue *-tal*-Namen hinzu (*Lahntal, Maintal, Niddatal*). In Sachsen setzt sich diese Tendenz in den 1990er Jahren fort (*Müglitztal*; s. auch SEUTTER 1996:133, FRANK 1996:31f.). DALLMEIER (1979:190) spricht von einem "klischeehaften, bedeutungsschwachen und einfallslosen Grundwort". Ähnlich beliebte Namenbestandteile sind *-stadt, -stein* und *-berg*: *Erftstadt, Parthenstein, Crinitzberg*. Bei Neuschöpfungen übernimmt man oft **ältere Bildungsmuster**. V.a. werden regionaltypische, bereits vorhandene Muster nachgebildet wie z.B. Komposita mit *-grund* im fränk. Raum. Beliebt ist der Bezug auf die typische Landschaft und naturräumliche Gegebenheiten (FRANK 1996:37f.). Einige SiedlungsN-Elemente wie *-tal, -berg, -au, -stein, -stadt* sind besonders produktiv, während ältere Bestandteile wie *-heim, -ingen* etc. keine Rolle mehr spielen. Diese Tendenz führt allgemein zu einer abweichenden Verteilung der Namen auf *-tal, -berg* etc. Eine Erfassung der neuen SiedlungsN, deren quantitative Auswertung, die Interpretation ihrer Motivik und die Untersuchung von Bildungsmustern und regionalen Besonderheiten sowie der Auswirkungen auf die Namenlandschaft (Kartierung) stehen noch weitgehend aus.[220]

Manchmal entstanden **Konflikte bei Neubenennungen**. In seltenen Fällen kam es sogar zu einer Rück- oder Umbenennung, z.B. bei der Rückbildung der misslungenen Fusion der Städte Gießen und Wetzlar zur Großgemeinde *Lahn* (weitere Beispiele bei FRANK 1996:12). Nach der Zusammenlegung von *Mörfelden* und *Walldorf* hatte das hess. Staatsarchiv verschiedene Namenvorschläge gemacht: *Guntheim* (alter HofN), *Mersfeld* (alte Schreibweise von *Mörfelden*), *Waldfelden* und *Wallfelden*. Das Innenministerium wählte schließlich den KontaminationsN *Wald-*

[220] Allgemein dazu FRANK (1977, 1988:460–462, 1996:7–41); speziell zu Bayern s. DALLMEIER 1979, zu Sachsen BAUMANN/KRÜGER 1994.

felden, "weil er die besonders grüne und waldreiche Umgebung der [...] Stadt charakterisiert" (PRESCH 2002:9). Die Gemeinden lehnten die auf Landesebene getroffene Entscheidung ab und setzten sich schließlich 1978 mit *Mörfelden-Walldorf* durch.

WüstungsN sind Namen von heute verlassenen, unbewohnten ehemaligen Siedlungen, in Erweiterung auch Namen aufgegebener Industrieanlagen, Wehranlagen, kirchlicher Einrichtungen oder abgegangener Mühlen (BANDLE 2007:301, SCHUH 1985, 1996).[221] Da sie sich jedoch von den SiedlungsN durch das Charakteristikum [- besiedelt] unterscheiden, kann man WüstungsN auch zu den FlurN zählen. Am deutlichsten wird der Übergang, wenn der Artikel antritt: *Appenbach* (WüstungsN) > *in der Abenbach* (FlurN), *Bulgensheym* (WüstungsN) > *in der bolgeshey(m)* (FlurN), *hinder hegeheim* (WüstungsN) > *uff dem Hegum* (FlurN; SCHUH 1985:341, RAMGE 2011b:173,175).[222]

Rund 70% der Namen von Wüstungen leben in FlurN weiter. Solche sog. **WüstungsflurN**, die aus dem EN einer aufgegeben Siedlung entstanden sind bzw. auf deren Gemarkung hinweisen (wüstungsindizierende Namen), gelten als siedlungsgeschichtlich besonders interessant (SCHUH 1996:1715). Mit ihrer Hilfe ist es möglich, nur aus historischen Quellen bekannte Ortschaften genauer zu lokalisieren. Aufgegebene Hofsiedlungen können Namen wie *Althof, Oldehof, Höfe, Hus-, Dorpstede, Hofstatt* andeuten. Der FlurN *Bellenheim* (bei Mainz-Marienborn) erinnert an ein ehemaliges Dorf gleichen Namens.

Wüstungen entstanden immer wieder, jedoch gilt als zentrale Phase die Zeit zwischen dem **14. und 16. Jh.** Die meisten Dörfer wurden wegen der ungünstigen Lage und mangelnder Wasserversorgung aufgegeben. Die meisten Wüstungen finden sich in Mittel- und Norddtld. Ihre Zahl kann regional sehr unterschiedlich sein. DEBUS/SCHMITZ (2004:3470) zählen 127 WüstungsN im nordhess. Kreis Wolfshagen, denen 52 bestehende Siedlungen gegenüberstehen. Wichtige Hinweise auf nicht mehr existierende Siedlungen können neben schriftlichen Quellen und archäologischen Befunden auch FamN geben, die auf WüstungsN zurückgehen (z.B. *Rexrodt, Würrienhausen*; J. UDOLPH 2006:59f.).

9.3 Gewässernamen

Von ungewöhnlich klingenden FlussN wie *Efze, Urff, Eifa, Grenff* und *Rhünda* (Nebenflüsse der *Schwalm*) bis hin zu den werbewirksam verlockenden Namen beliebter Badeseen wie *Silbersee* und *Blaue Adria* spannt sich der Bogen der GewässerN. Unter **GewässerN** oder **Hydronym** (< griech. *hydor* 'Wasser') versteht man den EN von einem Fluss, Bach, Kanal, See, Teich etc. Man unterscheidet zwischen **FlussN** oder **Potamonymen** (< griech. *potamos* 'Fluss'), die sich auf flie-

---

221 Nach KUHN (1996:81) sind unter WüstungsN jedoch nur solche Namen zu verstehen, die für bereits wüst gefallene Orte vergeben wurden. So zählt er Namen dazu, die an röm. Siedlungsreste erinnern (z.B. *Heidenmauer*). Diese Definition hat sich nicht durchgesetzt.

222 Dies ist nicht immer der Fall. Gegenbeispiele zu diesen Belegen sind FlurN aus WüstungsN ohne Artikel wie *In Schrimlingen* (HAUBRICHS 1985:495).

ßende Gewässer beziehen (Fluss, Bach, Quelle, Kanal etc.), und **SeeN**, die auf stehende Gewässer referieren (See, Teich, Baggersee, Sumpf, Lache etc.). Hydronyme können sowohl Makrotoponyme (Meeres-, Fluss-, SeeN) als auch Mikrotoponyme (Bach-, Weiher-, TeichN) sein. Ihre grundlegenden Merkmale sind [+ Wasser/- besiedelt]. Oft repräsentieren sie die älteste Namenschicht einer Region. Auffällige Namenähnlichkeiten im europ. Raum (z.B. *Isar, Isère, Iser*) gaben den Anstoß zur Theorie einer **alteuropäischen Hydronymie** (zeitliche oder räumliche Gesamtheit aller GewässerN), d.h., man setzte voreinzelsprachliche idg. GewässerN voraus. Diese Theorie ist zwar nicht unumstritten, aber bislang noch nicht schlüssig widerlegt (s. dazu SCHMID 1995:760, BANDLE 1984:18–29). Unbestreitbar dürfen GewässerN jedoch als die ältesten, konstantesten und konservativsten EN gelten, die häufig über Jahrtausende tradiert worden sind.

Die **GewässerN-Forschung** hat eine lange Tradition, dementsprechend umfangreich ist die Liste der Literatur. Mit dem Namenbestand der dt. Flusssysteme beschäftigt sich die Reihe "Hydronymia Germaniae". Erfasst werden die Hydronyme eines Gewässersystems, deren Lokalisierung und die historischen Erstbelege, aber keine Hinweise zur Etymologie. Die seit 1985 erscheinende Reihe "Hydronymia Europaea" weitet das Untersuchungsfeld auf Europa aus. Darüber hinaus liegen einige regionale GewässerN-Bücher vor, z.B. für Brandenburg (FISCHER 1996). Bisher fehlt v.a. ein zuverlässiges etymologisches Lexikon, das jedoch derzeit in Form eines "Deutschen Gewässernamenbuchs (DGNB)" entsteht (GREULE 2011). Dringend steht noch eine umfassende **Revision der Etymologie** alteurop. FlussN vonseiten der Indogermanistik aus. Eine systematische, zusammenfassende Übersicht der ältesten Schicht der FlussN fehlt noch (s. dazu auch BICHLMEIER 2012/2013:397–437). Neben den oft umstrittenen Etymologien der GewässerN sind einige besonders interessante Aspekte bislang kaum in der Forschungsliteratur beachtet worden, z.B. die Frage nach dem Genus der FlussN (s. FAHLBUSCH/NÜBLING 2014:260–264) und nach der Mehrnamigkeit von Fluss- und Bachläufen, die eine eingehende Betrachtung lohnen.

9.3.1 Flussnamen

Warum sagt man *der Rhein*, aber *die Elbe*? Was haben die *Neiße* und die *Nidda* gemeinsam? Wieso heißt der *Kinsbach* zwei Kilometer weiter *Zornheimer Graben*? Oft werden solche alltäglichen Fragen an die Onomastik herangetragen, die nicht ohne weiteres einfach beantwortet werden können. FlussN sind die **ältesten Toponyme** einer Region - dies ermöglicht es, mit ihrer Hilfe eine weitreichende Rekonstruktion historischer Sprachverhältnisse und Siedlungsbewegungen zu leisten (beispielhaft an dem Namen des Flusssystems des Mains bei GREULE 1996b:1548–1553, der Lahn bei GREULE 1998:1–62). Für die **Chronologie** der FlussN gilt folgende Anordnung:

a) alteuropäisch: KRAHE (1964, 1977) setzt die Entstehung der alteurop. GewässerN zwischen einer hypothetischen idg. Einheitssprache und der Ausgliederung der Einzelsprachen an. Alteurop. ist hierbei keine Sprachbezeichnung, sondern verweist auf die Zugehörigkeit eines Namens zu einer Namenklasse, deren sprachlicher Ursprung als idg. eingestuft wird. Die alteurop. FlussN bilden keine einheitliche Schicht, da ihr Entstehungszeitraum sehr unterschiedlich sein kann. Sie lassen sich chronologisch nur relativ, nicht absolut festlegen (WALTHER 2004a: 18). SCHMID 1995 spricht daher auch von einem Netz alteurop. Namen, das weder räumlich noch zeitlich einheitlich ist. Für eine Einordnung eines FlussN als alteurop. müssen folgende Bedingungen erfüllt sein (SCHMID 1995:756):

- Der Name darf nicht aus einer Einzelsprache erklärbar sein.
- Er muss ein idg. Etymon und die morphologische Struktur eines idg. Erbwortes aufweisen.
- Semantisch müssen sog. Wasserwörter mit einer Bedeutung aus dem Wortfeld 'fließen, strömen, Fluss, sumpfig' bzw. Eigenschaften des Wassers (z.B. Farbe) oder deren Derivate zugrunde liegen.
- Räumlich sind alteurop. Namen auf Europa beschränkt (von Skandinavien bis Unteritalien, von den brit. Inseln bis zum Baltikum, mit Grenzen am Don und in Nordgriechenland).
- Zu dem Namen muss mindestens ein wurzel- und strukturverwandter FlussN im europ. Bereich vorliegen.

Ein alteurop. FlussN kann nur mithilfe historischer Belege näher etymologisiert werden. Der Name *Elz* (südl. Odenwald) etwa ist historisch als *villa Alantia* (773), *Ellentz* (1416) belegt. Somit kann man von einer Namenform **Alantia* ausgehen. Diese ist weder germ. noch kelt. deutbar, kann aber auf eine idg. Wurzel **el-/*ol-* 'in Bewegung setzen, fließen' zurückgeführt werden. Vergleichbar sind die Namen *Aland* (Elbegebiet), *Alantà* (Litauen). Eine nähere Bestimmung der Etymologie der Namen lässt sich aber letztlich nur durch die **Indogermanistik** leisten (BICHLMEIER 2009). KRAHE 1964 weist nach, dass die Entstehung der alteurop. FlussN vor der Ersten Lautverschiebung (vor 1.500 v. Chr.) gelegen haben muss. Wahrscheinlich war die alteurop. Hydronymie im 2. Jahrtausend v. Chr. nördl. der Alpen bereits voll ausgebildet. Nach Südeuropa wurde sie wohl um 2.000 v. Chr. eingeführt. Man kann das **Alter alteuropäischer GewässerN** also mit ca. **4.000 bis 4.500 Jahren** angeben. Aus ihrer Entstehungszeit sind keine schriftlichen Zeugnisse überliefert. Bei der **räumlichen Verbreitung** lassen sich einige **Kontinuitätszentren** erkennen, in denen die Tradierung der Namen durch Besiedlungskontinuität über mehrfachen Sprachwechsel hinweg gewährleistet war (z.B. Rhein-, Moselgebiet, Baltikum). Nördl. der Alpen bilden die alteurop. FlussN die älteste fassbare Sprachschicht. Auf der Pyrenäenhalbinsel, in Süditalien, Griechenland und Südfrankreich gibt es teilweise ältere voridg. Namenschichten (ägäisch-pelasgisch, iberisch). Die meisten alteurop. FlussN lassen sich auf sog. **Wasserwörter** zurückführen, d.h. auf Bezeichnungen für (fließendes) Wasser. Häufigstes Bildungsmuster ist die Derivation. Dabei wird kombiniert: bedeutungstragende Wurzel + Ableitungssuffix + Flexionsuffix, z.B als Partizipialbildung: *Ala+nt+ia* (*Elz*) oder komparativisch: *Ila+r+a* (*Aller, Iller*); **Al+s+ina* (*Else*) etc. Ausführlich dazu s. KRAHE 1964, SCHMID 1981.

Tab. 26: Häufige alteurop. Wasserwörter (alphabetisch; nach KRAHE 1964)

Alteurop. Wurzel	**Bedeutung**	**Beispiele**
*adu-/*adro-	'Wasserlauf'	_Attel, Eder, Oder_
_*am-_	'Flussbett, Graben'	_Ohm, Ammer, Ems_
_*ap-_	'Wasser, Fluss'	_Appelbach, Aisne, Efze_
_*av-_	'Quelle, Flusslauf'	_Ave, Auma_
*drou̯os-	'Flusslauf'	_Drau, Drohn_
_*el-/*ol-_[223]	'fließen, strömen'	_Ilm, Elz, Aller, Alster_
_*er-/*or-_	'in Bewegung setzen, erregen'	_Ahr, Ahre, Aar, Arn_
*mor-	'stehendes Wasser, Meer, Sumpf, sumpfiger Wasserlauf'	_Mohra, Mörn_
*ned-/*nod-	'nass, Flut'	_Neta, Nede_
*neid-/*nid-	'fließen'	_Neiße, Nied, Nethe, Nidda_
*pel-/*pol-	'gießen, fließen'	_Pola_
*rei̯-/roi̯-/ri̯-/reg-	'fließen, feucht, Wasser'	_Regen, Regnitz_
*sal-	'Bach, fließendes Wasser, Strömung'	_Saale, Salm, Selz_
*ser-/*sor-	'fließen, strömen'	_Saar, Sarthe, Serre_
*sou̯os-	'Feuchtes, Flüssigkeit'	_Save, Seve, Savone_
*u̯eis-/*u̯is-	'fließen, zerfließen'	_Wiese, Weser, Vezouze_
_*u̯er-/*u̯or-_	'Wasser, Regen, Fluss'	_Würm, Varenne_

Neben den Wasserwörtern, gibt es auch zahlreiche Benennungen nach **Eigenschaften des Wassers** (besonders nach der Farbe) oder des Flussbettes.

Tab. 27: Benennungen nach Eigenschaften des Wassers

Alteurop. Wurzel	**Bedeutung**	**Beispiele**
_*ag-_	'treiben, in Bewegung setzen'	_Aire, Eger_
*albh-	'weiß, hell, klar' später 'Fluss'	_Elbe, Aube, Albe_
*arg-	'klar, glänzend'	_Arge, Argen_
*bhel-	'glänzend, weiß'	_Balsenz_
*dreu-/*dru-	'laufen, eilen'	_Drôme, Traun_
*eis-/*ois-/*is-	'(sich) heftig, schnell bewegen'	_Isen, Eisbach_ (< _*Eisina_), _Isar, Isère_
*kar-	'hart, steinig'	_Charente, Cher_
*ner-/*nor-	'tauchen, Höhle, Grube'	_Nera, Niers_
*oudh-	'reich, reichlich'	_Auda_
*ter-/*tor-	'schnell, stark'	_Taro_

223 Zur Problematik der Wurzelrekonstruktion s. BICHLMEIER 2009. Nach neueren Erkenntnissen müsste statt _*el-/*ol-_ eigentlich idg. *h_1elh_2- angesetzt werden (ebd.:180f.). Auf die geforderte Rezeption neuerer, zuverlässigerer indogermanistischer Studien und Wörterbücher musste hier verzichtet werden. Dies ist für künftige Untersuchungen dringend anzuraten.

b) vordeutsch-nichtkeltisch: Vereinzelte nichtkelt./nichtgerm., kaum zuzuordnende Sprachen sind nur aufgrund von Toponymen greifbar und können ebenfalls ihre Spuren in GewässerN hinterlassen haben (z.B. Rätisch *Arlberg, Arl(enbach)*; GREULE 2004a:3463). Zu dieser Schicht zählen v.a. die EN mit anlautendem *P-* (*Pader, Parthe, Prüm, Pleiße* etc.) und die sog. ***-apa*-Namen** (*Haspe* < *Hasapa* 1220, *Kierspe* < *Kirsuppu* 11. Jh., *Netphe* < **Nedapa, Erft* < *de ripa fluuii arnapi* 796, *Dautphe* < *Dudephe* 1238, *Aschaff* < *Ascapha* 7. Jh., *Walluff* < *Waldaffa* 881). Im Nd. erscheint *-apa* ('Wasser') meist als *-(e)pe* (*Wölpe, Dörpe*), im Süden mit Lautverschiebung als *-aff(a), -of(f)* (*Aschaff, Horloff*). Morphologisch handelt es sich bei den *apa*-Namen um für alteurop. FlussN ungewöhnliche Komposita.[224] Da vorgerm. *p* im Germ. zu *f* verschoben wurde und im Kelt. hätte schwinden müssen, ist die sprachliche Zuweisung der Namen mit anlautendem *P-* sowie auf *-apa* nach wie vor schwierig. In diesem Zusammenhang entstand auch die Theorie eines vorgerm. Substrats in einem Gebiet zwischen Nordostfrankreich, den Niederlanden, Belgien, Niedersachsen und dem Niederrhein, dem sog. **Nordwestblock** (KUHN 1977), da Namen dieser Gruppe fast gänzlich in den kelt. Siedlungsgebieten, südl. des Mains, der Mosel und der Loire fehlen. Die Theorie ist jedoch nicht unumstritten. Es handelt sich wohl um keine geschlossene Namenschicht, vielmehr weisen *-apa*-Namen sowohl voreinzelsprachliche als auch germ./dt. Bestimmungswörter auf (z.B. *Holzape*; UDOLPH 1994, DITTMAIER 1955). Der Ausbau und die Produktivität dieser EN sind am Main und im Rheinland bis in germ./dt. Zeit anzusetzen (GREULE 1992:6, 1996b:1551, 2004b:3533). Als Simplex taucht *apa* nur vereinzelt auf, z.B. in *Appel(bach)* < *Apula*. Bei sog. sekundären *-apa*-Namen ist das Suffix nachträglich zur Verdeutlichung an FlussN unterschiedlicher sprachlicher Herkunft getreten, z.B. *Kerspe* (< **Kersajō*), *Dörspe* (< **Thurissa*), *Milspe* (< **Milisa*). Einige ursprüngliche *-apa*-Ausgänge wurden hingegen durch *-bach* ersetzt (*Dreisbach* < *Dreisafa* 8. Jh., *Schwarzbach* < *Svacepe* 12. Jh.).

Zur vorgerm. Schicht können auch die Namen **lateinisch-romanischen Ursprungs** gezählt werden. Allerdings sind in den zum röm. Reich gehörenden germ. Provinzen nur wenige Spuren von Hydronymen lat. Herkunft zu finden, da die Römer die bereits bestehenden GewässerN meist übernommen haben. Es existieren nur wenige Ausnahmen wie z.B. *Vinxtbach* (< *finis* 'Grenze', Übertragung des SiedlungsN *Vinxt* auf das Gewässer), *Flaumbach* (< lat. *flumen* 'Fluss').

c) keltisch: Morphologisch weisen kelt. FlussN Ähnlichkeiten mit alteurop. Namen auf (z.B. Ableitung mit Suffixen). Meist sind sie aufgrund ihrer Verbreitung in West- und Süddtld., Frankreich, Oberitalien, der Schweiz und auf den brit. Inseln als kelt. einzuordnen. Gilt eine germ. oder dt. Etymologie als ausgeschlossen und findet sich ein entsprechendes APP im Kelt., kann der Name zu dieser Schicht gerechnet werden. Da das untergegangene Festlandkelt. (z.B. Gall.) nur fragmentarisch überliefert ist, muss man häufiger Entsprechungen in inselkelt. Sprachen (z.B. Gälisch, Kymrisch, Bretonisch) heranziehen.

---

224 DITTMAIER 1955 zeigt Beispiele, Entstehungstheorien und die geographische Verbreitung der FlussN mit *-apa* auf.

Tab. 28: Häufige kelt. FlussN-Wurzeln

Wurzel	Bedeutung	Beispiele
**ambe*	'Bach'	*Amper, Emmer*
**an(am)*	'Sumpf'	*Ahrbach, Enz*
**briga-*	'Hügel, Höhe'	*Brent, Bregenzer Ach*
**glan*	'hell, rein, lauter'	*Glan, Glane*
**dubro*	'Wasser'	*Tauber*
**céte*	'Wiese, Weg'	*Kinzig*
**kambo*	'krumm'	*Kamp, Chamb*
**labaros*	'rauschend'	*Laber, Laaber*
**trago* + Superlativ **-(i)sama*	'sehr schnell laufend'	*Traisen, Dreisam*

Im Einzelfall bleibt die Zuordnung eines FlussN zu bestimmten Namenschichten umstritten. Nicht geklärt ist z.B., ob der *Rhein* (um 52 v. Chr. *Rhenum*, 762 n. Chr. *Hrin*) zu den kelt. FlussN (zu kelt. **rēnos*, altir. *rían* 'Meer') oder zu den alteurop. gezählt werden muss (zu idg. **reinos* < **-rei*, **-roi* 'fließen').

d) germanisch: BANDLE 1984 geht davon aus, dass alteurop. Wortbildungsmuster noch in germ. Zeit produktiv waren, aber durch das Auftreten der Komposita v.a. mit dem Grundwort germ. **ahwō* 'Wasser' allmählich abgelöst wurden. Ahd. *aha* < germ. **ahwō* tritt regional auf als *-ach* (im Süden und Südwesten Dtlds.: *Brigach, Wutach*), *-ohe* (in der Oberpfalz: *Frankenohe, Fichtenohe*), *-ig* (in Süddtld.: *Hässig, Rinnig*), *-a* bzw. *-e* (hauptsächlich in Nord- und Mitteldtld.: *Salza, Werra*). Manchmal ist *aha* auch geschwunden wie in *Elz* < *Elzach* oder umgedeutet worden zu sekundären *-bach*-Namen (*Salz-aha* (810) > *Salzbach, Elm-aha* (795) > *Elmbach*).

Die ***-aha*-Namen** weisen eine gesamtgerm. Verbreitung auf. An Entsprechungen existieren in anderen germ. Sprachen engl. *-ey*, schwed./dän. *-å*, norw. *-aa* (dän. FlussN *Rye Å, Køge Å*). Sie blieben v.a. in Süddtld. lange produktiv. Daneben wurden weiterhin FlussN mit *-apa* neu gebildet, wobei sich die *-apa-* und *-aha*-Namen in ihrer Verbreitung weitgehend ausschließen (mit Ausnahme eines hess., durch Überschichtung entstandenen Mischgebiets; DITTMAIER 1955, v.a. K. 2, 4). Die Bestimmungswörter beziehen sich v.a. auf Eigenschaften des Wassers, die natürliche Umgebung des Gewässers, Tier- und Pflanzenbezeichnungen etc. Auch konnte *-aha* an ältere, nicht mehr verstandene FlussN sekundär treten: *Brigana* (1095) > *Brigach*. Neben den dominierenden Komposita gibt es auch einstämmige germ. FlussN wie *Ahe, Ach, Aa* (alle zum Simplex *aha*), *Speyer(bach)* (< **Spīra* ungeklärte Etymologie), *Düssel* (< *Tussale* (1065) 'rauschendes Wasser').

e) slawisch: Im Zuge der Völkerwanderung siedelten sich slaw. Stämme ab dem 6. Jh. östl. von Elbe und Saale, in Nordostbayern, Niederösterreich, Kärnten und der Steiermark an. In diesen Gebieten ist also mit einer slaw. GewässerN-Schicht zu rechnen. Simplizia wie *Rietscke* < slaw. **rěčka* 'Flüsschen', *Rauda* < slaw. **ruda* 'die Rote' tauchen selten auf. Häufiger sind Derivate mit slaw. Basen und den typischen Ausgängen *-ica* (*Kremnitz* < **Kremen-ica* 'Kieselbach', *Löwitz* < **Lěw-ica* 'linker Bach'), *-nica* (*Oelsnitz* < *Oleš-nica* 'Erlenbach', heute SiedlungsN), *Leuschnitz* < **Łuž-nica* 'Sumpfbach'), *-ovica* (*Teißwitz* < **Tis-ovica* 'Eibenbach'), *-ina* (*Kössein* < **Kos-ina* 'Amselbach'; GREULE 2007:33). Allerdings gibt es auch Namen auf *-itz*, die nichtslaw. Ursprungs sind, v.a. im Fränk. (UDOLPH 1986:155): *Pegnitz* < *Pagniza* (889) zu idg. **bhog-* 'fließendes Wasser', *Rednitz* < *Radantia* (810) zu idg. **redh/rodh* 'fließen, Flusslauf'; *Wörnitz* < *Warinza* (9. Jh.) < **Varnatia* zu idg. **uer-* 'Wasser, Regen, Flüssigkeit'. Die Endung *-itz* resultiert aus abgeschwächtem idg. *-entia*.

f) deutsch: Typisch ist die Zunahme der Komposita in ahd. Zeit, wobei als häufigstes Grundwort *-bach*, nd. *-beke* in ca. 65–80% aller dt. FlussN vorherrscht (KRAHE 1964:18). Häufige Bestimmungswörter sind Adj. (*Schwarz-bach*), Subst. (*Eber-bach*) und Adv. (*Ober-bach*). Als Simplizia liegen v.a. substantivierte Adj. vor: *Glatt* zu ahd. *glat* 'glänzend', *Krumm* zu ahd. *krump* 'krumm', *Lude* zu as. *hlūd* 'laut, helltönend', *Lauter* zu ahd./as. *hlūt(t)ar* 'rein, klar'. Aus Subst. abgeleitet sind die FlussN *Rieth* < ahd. *hriot* 'Ried', *Lache* < ahd. *lacha* 'Pfütze', *Sulz* < ahd. *sulza* 'Salzwasser', *Spring* < ahd. *sprinc* 'Quelle', *Wande* < ahd. *wanda* 'Strudel, Wirbel'.

Besonders NPs gewinnen in der jüngsten FlussN-Schicht an Bedeutung. Sie bestehen meist aus einem flektierten Adj. + Grundwort (*Fränkische Saale, Bensheimer Bach, Weißer Main*). Univerbierung (Zusammenrückung) liegt vor in *Tiefenbach, Schwarzenbach, Lautenbach*, die aus präpositionalen Fügungen im Dat. oder Akk. (**am tiefen Bach*) entstanden sind. Verschmelzung mit Präsenspartizipien (*Klingen(d)bach, das vallende Wasser* (1436) > *Fallendwasser*) und mit PersN im Gen. (*Sigemars Bach* (1299) > *Simmerbach*) kommen ebenfalls vor. Daneben spielen auch Klammerformen (*Sindelbach* < **Sindelfinger Bach, Gonsbach* < *Gonsenheimer Bach*) und Rückbildungen eine Rolle, die durch Reduktion aus mehrsilbigen SiedlungsN entstanden sind (*Aid* < *Aidlingen, Ette* < *Ettenhausen, Ditz* < *Ditzenbach*). Häufig wird *-bach* sekundär an ältere Namen angehängt oder ersetzt Grundwörter wie *-apa* und *-aha* (*Kraich* (1488) > *Kraichbach, Albaha* (775) > *Aalbach*).

Tab. 29: Häufige Grundwörter dt. FlussN-Komposita (nach GREULE 1996a:1535)

Grundwort	Bedeutung	Beispiele
-bach/nd. *-beke*	'kleiner Fluss'	*Gonsbach, Ellerbek*
-graben	'Rinne, Wassergraben'	*Landgraben*
-brunnen/-born	'Quelle'	*Mühlbrunnen*
nd. *-flöte, -flüte*	'Abflussgraben'	*Grenzflüte*
-floß	'kleiner Bach, Rinne'	*Klingelfloß*
nd. *-föhre, -föhrde*	'Wasserlauf'	*Kuhföhre*
obd. *-gießen*	'tiefer, langsam fließender Flussarm'	*Taubergießen*
-grund	'Abgrund, Tal, Schlucht'	*Mühlgrund*
-kanal	'Kanal'	*Bechtheimer Kanal*
-klinge	'Waldbach'	*Kreuzklinge*
nd. *-riede, -riehe*	'Bach, Graben'	*Feldriehe*
obd. *-runz*	'Graben, Bachbett'	*Saurunz*
-wasser/nd. *-water*	'Wasser'	*Schwarzwasser*

Liegt den ältesten FlussN meist ein Wasserwort zugrunde, den kelt./germ. ein APP, das sich auf Eigenschaften des Wassers und des Flussbettes bezieht (interne Motivation), dominieren in der jüngeren Schicht schließlich **Benennungen nach der Umgebung und menschlichem Einfluss** (externe Motivation):

Interne Motivation (primäre Benennungsmotive):

- Eigenschaften des Wassers: Farbe (*Schwarzach, Rötenbach*), Geräusche (*Klingenbach*), Geruch, Geschmack (*Sauerbach*), Temperatur (*Kaltbach*), Reinheit des Wassers (*Lauter*)
- Bewegung: Schnelligkeit (*Wilde*) oder Trägheit (*Milde*)
- Wasserführung (*Hungerborn, Dürrbach*)
- Eigenschaften des Bettes oder Ufers (*Stein-, Moos-, Tiefenbach*)

Externe Motivation (auch sekundäre Benennungsmotive):

- äußere Gestalt des Flusslaufs (*Krummbach, Gabelbach*)
- Umgebung: Fauna (*Biberbach*), Flora (*Eschbach*), Gelände (*Talbach*)
- Relative Lage (*Zwerchbach* 'Querbach', *Ostrach*)
- Menschliche Nutzung (*Mühlbach*)
- Besitzer oder Nutzer (*Nonnenbach, Geroldsbach*)
- Historische Sachverhalte (*Zehntgraben, Galgengraben*)
- Siedlung oder Gebäude (*Dorfbach, Kirchbach*)

Immer wieder taucht die Frage nach dem **Genus der FlussN** auf. Die Menschen suchen nach einer Regel für die Geschlechtszuweisung: Ist die Länge des Flusses ausschlaggebend (lang = männl., kurz = weibl.), die Belebtheit des Wassers (unruhig, aufbrausend, wirbelnd = männl., ruhig, gemächlich = weibl.) oder stecken sogar die antiken Flussgottheiten dahinter? Eine Leserfrage an den Zwiebelfisch (SPIEGEL ONLINE 07.07.05)[225] lautete:

> Unlängst entbrannte in meinem Freundeskreis eine Diskussion über die Geschlechtlichkeit von Flüssen und ich bügelte etwas vorschnell die Teilnehmer mit profundem Halbwissen ab: große Flüsse seien männlich (der Rhein, der Main, der Mississippi), kleine Flüsse weiblich (die Lahn, die Ruhr, die Mosel). […] Wie hält es nun der Deutsche?

Der Zwiebelfischbearbeiter Bastian SICK hat eine Antwort parat und schließt:

> Wer auf einen unbekannten deutschen Flussnamen stößt und folglich nicht weiß, ob es sich um einen männlichen oder weiblichen Namen handelt, der wird sich vermutlich für den weiblichen Artikel entscheiden. Die Wahrscheinlichkeit ist groß, dass er damit richtig liegt. […] Von 72 deutschen Flüssen mit einer Länge von mehr als 100 Kilometern sind lediglich acht männlich […] (ebd.).

Im Dt. sind FlussN alteurop. Herkunft fem. (was auch auf opake nichtdt. EN übertragen wird: *die Rhone, die Themse*), fremdsprachige, außereurop. hingegen mask. (*der Amazonas, der Jangtsekiang, der Luapula*).[226] Dies gilt mit wenigen Aus-

---

[225] S. auch DAS MAGAZIN 9/2010 und Wissenschaft im Dialog: Wie kamen Flüsse zu ihrem Artikel (www.wissenschaft-im-dialog.de; 17.05.15).

[226] S. dazu ausführlich FAHLBUSCH/NÜBLING (2014:260–264).

nahmen: Unter den 50 längsten Flüssen der Welt (alle außer *Wolga* und *Donau* außerhalb Europas) gibt es etwa nur zwei fem. FlussN, die beide auf *-a* auslauten: *Lena, Meghna.*[227] Das heutige Genus der europ. FlussN ist in den meisten Fällen ererbt und oft in entsprechenden ehemaligen Suffixen kodiert. Alteurop. Namen mit dem Muster Wurzel + fem. Suffix *-a* (*Alba* > *Elbe, Nita* > *Nied, Sal-a* > *Saale*) dominieren. Die meisten heute mask. europ. FlussN gehen auf das seltenere mask. Suffix *-o-s* zurück, das eher im Süden Europas zu finden ist (*Avos* > *der Ave, Reinos* > *der Rhein, Nikros* > *der Neckar, Aenus* > *der Inn, Moenus* > *der Main*). In Einzelfällen kam es zu einem Genuswechsel (mask. > fem.), z.B. *Danuvius* > *die Donau, Saravus* > *die Saar, Savus* > *die Save, Dravus* > *die Drau* – wahrscheinlich unter dem Einfluss der germ. FlussN mit den (vor)germ. fem. Suffixen *-apa* und *-aha*. Bei den in der dt. Sprachstufe überwiegenden Komposita richtet sich das Genus nach dem Endglied. FlussN mit dem häufigsten Grundwort *-bach* können – je nach Dialekt – entweder mask. oder fem. sein (*der Schwarzbach* vs. *die Umbach*, s. auch NAUMANN 1996b).

Trotz der relativen Unveränderlichkeit und hohen Konstanz der FlussN unterliegen sie doch einer gewissen **Variabilität**. Die Namen großer Flüsse haben meist überregionalen Bekanntheitsgrad. Da sie seit jeher als wichtige Verkehrs- und Handelswege dienten, verbreitete sich häufig auch ein einheitlicher Name entlang ihres gesamten Laufs. Im Idealfall gilt dieser heute von der Quelle bis zur Mündung, was vielfach das Ergebnis amtlicher Namenlenkung darstellt (GREULE 1986:314). Von **Mehrnamigkeit** (ausdrucksseitig unterschiedliche Namen beziehen sich auf dasselbe Referenzobjekt) spricht man nach GREULE 1986 dann, wenn ein Wasserlauf mehrere unterschiedliche **AbschnittsN** oder **AlternativN** (zwei EN für den Gesamtflusslauf) trägt, die nicht auf ein gemeinsames Etymon zurückgeführt werden können. Historisch belegt ist dies für die pfälz. *Lauter*: *super fluuio Murga seu Lutra* (837) = über dem Fluss *Murg* oder *Lauter*. Der SiedlungsN *Erfurt* (*Erphesfurt* (742) 'Furt durch die **Erfesa*') geht auf einen FlussN zurück, der ursprünglich ein AbschnittsN der *Gera* war. *Ulmena* 'Wasserschwall' (1325 *uff der Ulmene*) war wahrscheinlich TeilN der *Selz* 'Bach' (< kelt. **Salisia*) und hat sich nur noch in den SiedlungsN *Ober-* und *Nieder-Olm* (Rheinhessen) erhalten. Die *Donau* trug in der Antike an ihrem Unterlauf den Namen *Ister*, Ober- und Mittellauf hießen *Danubius*. Erst durch die Eingliederung aller Gebiete entlang des Stroms ins Römische Reich wurde erkannt, dass es sich um einen einzigen Flusslauf handelte; der Name *Donau* setzte sich durch. **Diachron differenzierte Mehrnamigkeit** liegt vor, wenn der Gesamtlauf zu verschiedenen Zeiten unterschiedlich heißt. Bspw. trug ein Bach bei Saarbrücken nacheinander folgende Namen: 13.–15. Jh. *Breidenbach*, 16. Jh. *Schleuffbach/Harnißbach*, seit 1687 *Pulverbach*.

Historisch gesehen war die **Mehrnamigkeit mit unterschiedlichen AbschnittsN**, die lediglich für ein bestimmtes Teilstück galten, die Regel. Erst mit der Verbreitung einer einheitlichen Sprache im Siedlungsgebiet eines Flusses und durch **amtliche Festlegungen** kann sich ein einziger Name für den gesamten Flusslauf v.a. im schriftlichen Gebrauch durchsetzen, während in der mündlichen

[227] http://de.wikipedia.org/wiki/Liste_der_längsten_Flüsse_der_Erde (17.05.15).

Kommunikation die AbschnittsN weiter bestehen können. Die Ausbreitung eines **GesamtN** ist v.a. bei kleineren Bächen auch heute nicht ganz abgeschlossen, sodass häufig ältere Namenformen oder AbschnittsN weiter bestehen, die in Konkurrenz zu den neueren Benennungen treten. So heißt der in Zornheim (Rheinhessen) entspringende Bach zunächst *Kinsbach*, sobald er die Gemarkungsgrenze passiert hat, *Zornheimer Graben*. In vielen Fällen setzt sich ein **AbschnittsN** auf Kosten der anderen für einen größeren Bereich (**partieller Namenwechsel**) oder für den Gesamtlauf durch (**vollständiger Namenwechsel**). Alle AbschnittsN können aber auch von einem neuen GesamtlaufN abgelöst werden, z.B. wurden die AbschnittsN *Brulesbach* und *Frankenbach* für einen Zufluss der Blies durch den heute gültigen GesamtN *Bexbach* ersetzt.

Allonymie liegt vor, wenn sich ein Name in unterschiedlicher Sprachumgebung in verschiedene Richtungen entwickelt (Kap. 3.2.3). So wurde lat. *Rhodanus* (zu idg. **rodh* 'fließen, Flusslauf') zu frz. *Rhône* und dt. *Rotten* (heute nur noch für den Oberlauf im Wallis gebräuchlich). Diese Variation kann sowohl interlingual (dt. *Rhein*, ndl. *Rijn*, frz. *Rhin*) als auch intralingual (dial. Varianten: rip. *Ring*, alem. *Ri*, pfälz. *Roi* für *Rhein*) auftreten. Letztere ist teilweise auch nur morphologisch motiviert: die AbschnittsN eines schweizerischen Flusses entstanden durch unterschiedliche Wortbildungen aus der gleichen Grundform: *Linth* (Abschnitt Quelle bis *Zürichsee*) < **Linda* vs. *Limmat* (Abschnitt *Zürich* bis Mündung) < **Lindo-magum*. Ebenso können Grundform und Diminutiv nebeneinanderstehen (*Bocktobel* – *Bocktöbile*; BERCHTOLD 2001:57).

Abb. 35: Beispiel für amtliche Namengebung: Decision Card für die Benennung des *Mississippi* durch das *US Geographic Board*[228]

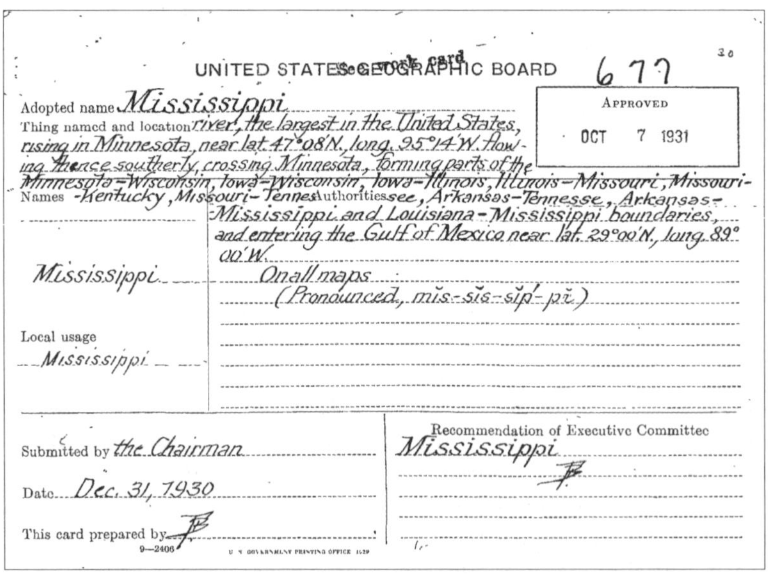

UNITED STATES GEOGRAPHIC BOARD work card 677 30

APPROVED OCT 7 1931

Adopted name Mississippi

Thing named and location river, the largest in the United States, rising in Minnesota, near lat. 47°08'N., long. 95°14'W. flowing thence southerly, crossing Minnesota, forming parts of the Minnesota-Wisconsin, Iowa-Wisconsin, Iowa-Illinois, Illinois-Missouri, Missouri-Kentucky, Missouri-Tennessee, Arkansas-Tennesse, Arkansas-Mississippi and Louisiana-Mississippi boundaries, and entering the Gulf of Mexico near lat. 29°00'N., long. 89° 00'W.

Names: Mississippi — Authorities: On all maps (Pronounced, mĭs-sĭs-sĭp'-pĭ)

Local usage: Mississippi

Submitted by the Chairman

Date Dec. 31, 1930

This card prepared by [initials]

9—2406 U S GOVERNMENT PRINTING OFFICE 1929

Recommendation of Executive Committee: Mississippi [initials]

228 http://geonames.usgs.gov/apex/f?p=gnispq:3:0::NO::P3_FID:1629903 (U.S. Geological Survey Department of the Interior/USGS U.S. Geological Survey; 17.05.15).

Die ehemalige Mehrnamigkeit großer U.S.-amerik. Flüsse lässt sich auf der Internetseite des *United States Board on Geographic Names* (*USGS*) verfolgen, die dazu interessantes Material liefert: Für den *Mississippi* verzeichnet sie etwa über 100 Namenvarianten und AbschnittsN, u.a. *Escondido, Mee-chee-see-bee River, Neekoosa-ho-xa-tay-ra*. Der amtliche Name des Flusses wurde 1931 festgelegt (Abb. 35).[229]

Von **Namenübertragung** spricht man, wenn der Name eines Flusses auf einen anderen Flusslauf (**homogene Namenübertragung**) oder auf ein anderes Referenzobjekt, z.B. eine Siedlung oder ein Flurstück (**heterogene Namenübertragung**) übergeht. Dabei kann es ebenfalls zu Namenwechsel kommen, wenn der Fluss selbst einen neuen EN erhält: Im 12. Jh. ging der Name des Baches **Andula* auf die Siedlung *Andel* (Kreis Bernkastel-Kues) über, heute heißt er *Goldbach*. Am häufigsten wird der FlussN auf eine Siedlung übertragen (meist ist der FlussN der ältere EN): *Spira* > SiedlungsN *Speyer*. Der umgekehrte Fall ist wesentlich seltener: Die FlussN *Altmühl* und *Neumagen* gingen wohl aus den Namen der kelt. Siedlungen **Alk[i]monios* bzw. **Novimagus* hervor; der FlussN *Darm(bach)* ist vermutlich eine Rückbildung aus dem SiedlungsN *Darmstadt*. Äußerst selten finden FlussN als WohnstättenN Eingang in FamN (*Aa, Ilse, Necker*). Häufiger begegnen sie dagegen als Grundlage für GebietsN (GREULE 2004d), z.B. gingen die Namen der frz. Départements *Aine* und *Orne* aus FlussN hervor, ebenso die LänderN *Jordanien* (< *Jordan*), *Niger/Nigeria* (< *Niger*), *Paraguay* (< *Río Paraguay*) sowie *Sambia* (< *Sambesi*).

9.3.2 Seenamen

Auffälligerweise werden SeeN in Publikationen, die sich mit dt. GewässerN beschäftigen, nur sporadisch behandelt (z.B. DOTTER/DOTTER 1987, SPERBER 1970: 196–216, UDOLPH 1990). Die Forschung im skand. Raum ist hier wesentlich weiter gediehen. Liegt das an der relativen Seenarmut Dtlds. (Seen von größerer Ausdehnung kommen nur im Nordosten und im Alpenland vor), dem im Vergleich zu den FlussN geringen Alter der SeeN oder an ihrer eintönigeren Motivik? Da sie häufig sprachlich durchsichtig sind, gelten SeeN, jedenfalls in der etymologisch ausgerichteten Hydronomastik, auf den ersten Blick als nicht sehr ergiebig. Namen von neueren, vorwiegend künstlich angelegten Gewässern wie Bagger- und Stauseen werden sogar explizit ausgeklammert.

SeeN beziehen sich auf stehende Gewässer. Man kann sie weiter in **Limnonyme** (< griech. *limne* 'Binnensee'), **Tiphonyme** (< griech. *typhos* 'Teich'), **Helonyme** (< griech. *helos* 'Sumpf') und **Pelagonyme** (< griech. *pelagos* 'Meer') unterteilen. Insgesamt weisen sie eine ähnliche Typologie wie FlussN auf: Neben Simplizia (*Weiher, See*) stehen v.a. Zusammensetzungen und Nominalgruppen, deren Bestimmungswörter in der Mehrzahl von SiedlungsN (*Bodensee* zum SiedlungsN *Bodman*,[230] *Zürichsee, Neusiedler See*), aber auch von Landschafts-

---

[229] Geographic Names Information Systems (GNIS), abrufbar unter http://geonames.usgs.gov/pls/gnispublic (17.05.15).

[230] Zur Etymologie des *Bodensees* s. BOESCH (1981:37f.).

(*Vierwaldstätter See*), Fluss- (*Ammersee*) oder BergN (*Pilatussee*) abgeleitet sind. Neben der geographischen Zuordnung werden die Seen benannt nach:

- Lage: *Unter-/Obersee, Bergsee*
- Wasserstand: *Dürrensee, Hungersee, Totensee*
- Qualität des Wassers: *Trübsee, Schliersee* < mhd. *slier* 'Lehm, Schlamm'
- Größe/Form: *Großsee, Tegernsee* (zum ahd. Adj. **tegar* 'groß')
- Pflanzen/Tiere: *Tannenseeli, Aalsee, Ägelsee* ('Egelsee'), *Bibersee*
- Anwohner/Besitzer: *Bichelsee* (zum PersN *Bichilo*), *Gerzensee* (zum PersN *Gerzo*), *Mindelsee* (zum PersN *Mundilo, Mindilo*)

Häufigstes Grundwort ist *-see*, (s.o.), daneben kommen *-weiher* (*Stockweiher*), *-maar/-meer* (*Pulvermaar, Steinhuder Meer*), *-teich* (*Mühlenteich*) etc. vor.

Die für die Öffentlichkeit zugänglich gemachten **Badeseen** sind meist künstlichen Ursprungs. Sie entstehen aus alten Steinbrüchen, bei Kiesgewinnung oder Tagebau (Baggersee), durch Abtrennung eines Flussarms aufgrund von Flusslaufregulierungen (z.B. Altrheinseen) oder als Stauseen. Die **Namen von Badeseen** bilden also die jüngste Schicht der GewässerN. Ein Blick auf online verfügbare Listen[231] zeigt das eindeutige Hauptmotiv ihrer Benennung, nämlich nach einer nahegelegenen Siedlung (*Arlesheimer See, Badesee Muflingen, Dörnthaler Teich*). Interessant sind jedoch die Ausnahmen: Namen wie *Blaue Adria, Blauer See* (achtmal belegt), *Hawai-See, Silbersee* (allein 16-mal in ganz Dtld. belegt - spielt hier Karl May eine Rolle?), *Sonnensee* etc. Als Gründe für diese abweichende Namengebung gelten eindeutig Werbezwecke. Die Verbandsgemeinde Obere Aller (Magdeburger Börde) sowie die Städte Helmstedt und Schöningen suchten im April 2011 unter der Überschrift "Grenzenlose Seensucht" neue, ansprechendere Namen für den *Helmstedt-Harbke See*, den *Tagebausee Schöningen-Südfeld* und den *Tagebausee Treue*, da diese als Naherholungsgebiete und Badeseen ausgebaut und touristisch genutzt werden sollen.[232] Eine Jury plädierte dafür, ein bekanntes, regional bezogenes Element für alle SeeN zu bestimmen. Die Wahl fiel auf die Höhenzüge in der Region als Namengeber der einzelnen Tagebauseen. So entschieden sich die zuständigen Stadträte für *Lappwaldsee* als neuen Namen für den *Helmstedt-Harbke See* (ein Ergebnis für die beiden anderen Seen konnte nicht ermittelt werden).[233]

[231] www.seen.de und www.badeseen.rlp.de/servlet/is/1844/ (17.05.15).
[232] www.obere-aller.de/news/1/136645/nachrichten/136645.html (17.05.15).
[233] www.stadt-helmstedt.de/index.php?id=1487 (17.05.15).

Tab. 30: Übersicht über Schichten und Charakteristika der GewässerN

GewässerN-Schicht	Alter	Verbreitung	Charakteristika	Motivik	Morphologie
Alteurop. voreinzelsprachl.	Schwerpunkt im 3.–2.Jahrtausend v. Chr.	Skandinavien bis Unteritalien, brit. Inseln bis Baltikum, Grenzen am Don und in Nordgriechenland	Nur voreinzelsprachl. zu erklären, meist Namen größerer Gewässer, Namenähnlichkeiten in ganz Europa	"Wasserwörter", Wortfeld 'Fluss, Wasser, fließen'	Primäre Bildungen und Derivate: Wurzel + Ableitungssuffix (+ Flexionsendung)
Unbestimmte Zuordnung: Nichtgerm./nichtkelt.	Keine einheitliche Schicht, Bildungsmuster bis in germ./dt. Zeit wirksam	Nordwesteuropa von Nordostfrankreich, den Niederlanden, Belgien, bis Niedersachsen und dem Niederrhein	Erhalt von idg.* *p*, markantes Verbreitungsgebiet, problematische sprachl. und zeitliche Zuordnung	Zunehmend Eigenschaften des Wassers, Flussbettes, der Umgebung	Besonderheit: Komposita mit *-apa* ('Wasser') + voreinzelsprachl. bzw. germ. Bestimmungswörter
Kelt.	Ca. 800–400 v. Chr.	Westeuropa von West- und Süddtld., der Schweiz, Frankreich, den brit. Inseln bis Oberitalien	Entsprechungen im kelt. Sprachraum, Übernahme alteurop. Wortbildungsmuster	Zunehmend Eigenschaften des Wassers, Flussbettes, der Umgebung	Ähnlich alteurop.: Primäre Bildungen/ Derivate
Germ.	Ca. 500 v. Chr.	Deutschsprachiger Raum, Skandinavien, brit. Inseln	Entsprechungen in anderen germ. Sprachen, Auftreten von Komposita	Eigenschaften des Wassers oder der natürlichen Umgebung	Zunehmend Komposita. Typisches Grundwort: germ **ahwo* 'Wasser'.
Slaw.	Ca. 600–1200 n. Chr.	Meist östl. der Elbe und Saale, am Obermain, in Kärnten und der Steiermark	Entsprechungen im slaw. Sprachraum. Vorwiegend Derivate mit charakteristischen Endungen (z.B. *-itz*)	Eigenschaften des Wassers oder der natürlichen Umgebung	Primäre Bildungen/ Derivate: Häufigstes Suffix ist die slaw. Stellenbezeichnung *-ica*/*-nica* (> dt. *-itz*)
Dt.	Seit 750 n. Chr.	Gesamter deutschsprachiger Raum	Überwiegend Komposita und Wortgruppen	Vermehrt externe Benennungsmotive, wie Lage, Nutzung etc.	Selten Simplizia; überwiegend Komposita und Nominalgruppen

9.4 Berg- und Gebirgsnamen

> "Oh sieh', sieh'", rief Heidi in großer Aufregung, "auf einmal werden sie rosenroth! Sieh' den mit dem Schnee und den hohen, spitzigen Felsen! wie heißen sie, Peter?" "Berge heißen nicht", erwiderte dieser (SPYRI 1880:46).

Diese Stelle aus dem berühmten Kinderbuch von Johanna SPYRI (erschienen 1880) illustriert die Haltung vieler Bewohner von Gebirgslandschaften zu den markantesten Landmarken, die sie umgeben: Sie werden nicht bewohnt oder genutzt, also haben sie keine Namen. Dabei ist das längste Toponym der Welt ein BergN:

> Taumatawhakatanghangakoauauotamateaturipukakapikimaungaoronukupokaiwnenuakitanatahu heißt ein neuseeländischer Berg, frei und verkürzt übersetzt: "Der Felsgipfel, den Tamatea, der Mann mit den dicken Knien, hinabglitt, als er auf einer Flöte seiner Geliebten vorspielte." Protest in Wales: Der Name sei jüngst künstlich verlängert worden, um den walisischen Rekordhalter im Guinness-Buch zu übertrumpfen (GEO.de 07.02.05).

Ist der neuseeländische BandwurmN auch nicht allzu geläufig, so kennt heute jeder die Namen der berühmtesten Erhebungen: *Olymp, Matterhorn, Mount Everest, Berg Sinai, K2, Zugspitze, Großer Hundstod, Wetterspitze, Watzmann* etc. gehören zu den **BergN** bzw. **Oronymen** (< griech. *oros* 'Berg'). *Die Alpen, die Pyrenäen, die Anden, der Himalaya, das Riesengebirge* sind **GebirgsN** (Namen für eine Gruppe von Bergen). Diese werden oft auch zu den LandschaftsN gezählt, da sie namengebend für ganze Regionen sein können. Berg- und GebirgsN werden immer mit Artikel gebraucht. Das Genus der BergN ist gewöhnlich mask. (kann aber regional schwanken - schweizerdt. *die Rigi*), bei Komposita richtet es sich nach dem Grundwort (s. Kap. 4.2.1c und FAHLBUSCH/NÜBLING 2014).

Abb. 36: Die höchsten Berge aller dt. Bundesländer[234]

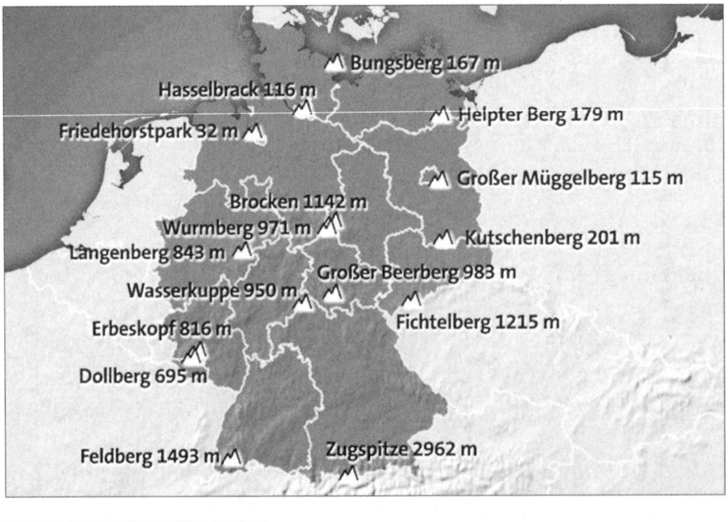

234 www.tagesschau.de/multimedia/bilder/berge104_v-grossgalerie16x9.jpg (17.05.15).

Während die EN von Hochgebirgszügen (*Matterhorn*, *Zugspitze*) und markanten, weit sichtbaren Erhebungen (*Donnersberg*, *Feldberg*) zu den Makrotoponymen zählen, werden die Namen kleinerer Erhebungen (*Lerchenberg*) eher zu den Mikrotoponymen gerechnet und häufig zusammen mit FlurN betrachtet. Der app. Namenstandteil *-berg* muss per se keine große Erhebung bezeichnen, sondern meint generell eine Erhöhung in **Relation zur Umgebung**. Daher ist bei BergN mit den Bestandteilen *-berg*, *-hügel* etc. nicht immer eine beachtliche Höhe des Objekts zu erwarten, v.a. nicht in relativ flachen Landstrichen (Abb. 36). Zu den **höchsten Bergen Deutschlands** (höchste Hauptgipfel) gehören *die Zugspitze* (2.962m), *die/der Hochwanner* (2.744m) und die *Watzmann*-Mittelspitze (2.713m). Der *Windmühlenberg* und der *Silberberg* in Niedersachsen erheben sich ganze 91m bzw. 74m, der *Yding Skovhøj* als höchster Berg Dänemarks gerade einmal 170m über den Meeresspiegel. Der Münchner Stadtteil *Hasenbergl* (benannt nach einem Lehmhügel) ist nur 3m höher als seine Umgebung (REITZENSTEIN 2004:280).

Die BergN in den Hochgebirgszügen sind relativ jung, nur wenige datieren ins Hochmittelalter oder in die frühe Neuzeit. So trugen viele Schweizer Gipfel bis ins 18. Jh. noch keine EN. Erst im Zuge der wirtschaftlichen Erschließung der Berglandschaften für den Bergbau, die Almwirtschaft und den Tourismus im 19. Jh. wurden BergN eingeführt und systematisch in Kartenwerken erfasst, z.B. auf der Topografischen Landkarte der Schweiz, die 1845–1865 entstand. Diese jüngeren Namen wurden oft von Geographen, Bergsteigern oder Fremdenführern verliehen. So taufte der Gletscherforscher Louis Agassiz (1807–1873) während einer Expedition gleich mehrere namenlose Gipfel (*Scheuzerhorn*, *Escherhorn*, *Hugihorn* etc.; GURTNER 2007:20).

Tab. 31: Häufige app. BergN-Bestandteile (neben *Berg*)

Namenbestandteil	Beispiele
Bichl, Bühl 'Hügel'	*Ochsenbühl*
Eck, Egg 'Abhang'	*Scheidegg, Hocheck*
Fluh, Flüe 'Klippe, jäher Felsabhang'	*Bachflue, Weiße Fluh*
Grat 'Gebirgskamm, Bergkette'	*Gornergrat*
Gupf 'Bergkuppe'	*Hutgupf*
Horn 'pyramidenähnliche Bergspitze'	*Matterhorn*
Joch Vertiefung in Form eines Jochs	*Jungfraujoch*
Kar 'Gebirgskessel'	*Hochkar*
Kofel 'felsiger Gipfel'	*Spitzkofel*
Kogel 'runder Gipfel'	*Mittagskogel, Ochsenkogel*
Kopf Name nach der Form	*Seekopf, Erbeskopf*
Kuppe, Koppe 'rundlicher Gipfel'	*Schneekoppe, Wasserkuppe*
Ruck, Rück 'langgestreckter Hügel'	*Bocksruck, Hunsrück*
Spitze 'Bergspitze'	*Dreiländerspitze, Zugspitze*

Zu den häufigsten **Benennungsmotiven** zählen die **Höhe** (*Ardennen* zu gall. **ardu* 'hoch', *Gran Sasso* ital. 'großer Stein)' und die geologische Beschaffenheit (s. STEINER 2011). Besonders der Reichtum an **Bodenschätzen** spiegelt sich in den Namen wider: *Silberberg, Erzgebirge, Salzberg.* Zentral sind auch die Motive **Schnee und Eis**: *Sierra Nevada* (span. 'Schneegebirge'), *Mont Blanc* (frz. 'weißer Berg'), *Dent Blanche* (frz. 'weißer Zahn'), *Himalaya* (sanskrit 'Aufenthalt des Schnees'), *Libanon* (zu aramäisch *laban* 'weiß') und **Flora/Fauna**: *Schwarzwald* (nach der dunklen Farbe der Nadelbäume), *Ölberg* (**Ölbaumberg,* Benennung nach Olivenbäumen), *Grasberg, Waldköpfl, Gamsjoch, Schafkopf, Hirschberg, Widderstein, Geiersberg.* Das Motiv der **Lage** findet sich bei den *Pyrenäen* (Berge bei der Stadt *Pyrene*); besonders häufig spielt die Grenzlage eine Rolle: *Grenzeckkopf, Grenzkogel, Scheidlaner.* **PersN** finden sich in *Julische Alpen* (nach *Julius Cäsar*), *Karwendel* (< PersN *Gêrwendtil*), *Benedeiktenwand* (nach dem hl. *Benedikt*), *Vincentpyramide* (nach dem Erstbesteiger), *Pik Lenin, Mount Everest* (nach dem Landvermesser *George Everest*).

Amtliche v.a. zu Kolonialzeiten vergebene Namen stehen oft neben den einheimischen: für den *Mount Everest* gibt es noch die nepalesischen *Sagarmatha* ('Stirn des Himmels') bzw. tibetischen Namen *Qomolangma* ('Mutter des Universums'). Bekannt ist auch die offizielle Gleichsetzung des engl. *Ayers Rock* mit dem Aborigine-Namen *Uluru,* nachdem die australischen Ureinwohner das Gebiet um den Berg zugesprochen bekommen hatten. Der zweithöchste Gipfel der Welt trägt offiziell den Namen *K2.* Der Landvermesser Thomas George Montgomerie nummerierte 1856 die Gipfel des Karakorum (Gebirge in Zentralasien) durch (Abb. 37) und verlieh damit unbewusst dem Gipfel seinen Namen (*K* steht für *Karakorum, 2* für den zweithöchsten Gipfel vom Blickpunkt des Vermessers aus).[235] Daneben trägt er den pakistanischen Namen *Lambha Pahar* (Urdu 'hoher Berg'), sowie den chin. *Qogir* ('großer Berg'). Die Balti, die in den Tälern der Region siedeln, übernahmen den engl. Namen in der Form *Ketu.* Der Bergsteiger und Linguist ADAMS CARTER (1975:52f.) beobachtete, dass *Ketu* auch app. für 'großer Berg' benutzt wird.

Abb. 37: Ersterwähnung des *K2*[236]

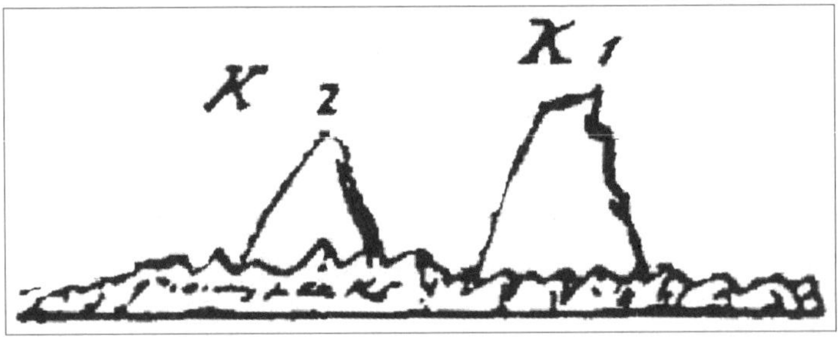

Weitere Namentypen wie **TalN** oder **Namen von Kletterrouten** (z.B. *Diagonale, Gläserne Zelle, Panik im Schlachthof*) können hier nicht behandelt werden (ANREITER 2004; KULLY 1996, POSCH/RAMPL 2015, SCHARF 2015, WILDFEUER 2009).

235 Der *K1* (heute *Masherbrum*) ist eigentlich kleiner, aber von Westen her gesehen der höhere (weil nähere) Gipfel.

236 Nach der Originalzeichnung von Thomas George Montgomerie 1856 (Quelle: Wikimedia Commons; 17.05.15).

9.5 Flurnamen

Der SPIEGEL berichtet über ein gruseliges Erlebnis bei harmloser Gartenarbeit:

> Kurt Bachmann und sein Sohn Uwe haben kaum zu graben begonnen, da stoßen sie auf etwas Hartes. Sie stutzen. Sie graben weiter - und staunen: Menschliche Knochen liegen dicht unter der Grasnarbe ihres Grundstücks in Hessisch-Lichtenau [...]. Es ist ein menschliches Skelett. Der Länge nach ausgestreckt, die Arme ordentlich über dem Bauch verschränkt. Am merkwürdigsten daran: Der Kopf sitzt nicht mehr auf dem Hals - sondern ruht zwischen den Knien (SPIEGEL ONLINE 22.10.08).

Die beiden Hobby-Gärtner hätten mit solchen Funden rechnen können, denn ihre Wohngegend ist auch als *Galgenberg* oder *Galgenhügel* bekannt. Die Archäologen bestätigten später: Hier befand sich ein mittelalterlicher Richtplatz, in deren Nachbarschaft die Hingerichteten ohne große Umstände verscharrt wurden. FlurN können auf diese Weise oft direkte Auskunft über die frühere Nutzung eines Gebiets geben.

Unter **FlurN** oder **Agronymen** (< griech. *agros* 'Acker, Feld') versteht man im weitesten Sinne die Namen für kultivierte, landwirtschaftlich genutzte Flächen (Äcker, Gärten, Wiesen etc.), gemeindeeigene Einrichtungen (Rechtspflegestätten, Backhäuser etc.) und natürliche Objekte (Waldstücke, Quellen, Wege etc.) außerhalb geschlossener Siedlungen. Sie sind die prototypischen Mikrotoponyme. Wesentliches Charakteristikum stellt ihre Kleinräumigkeit dar. Ihre kommunikative Reichweite beschränkt sich i.d.R. auf die Dorfgemeinschaft: Sie sind "Lokalisierungs- und Orientierungsmittel in klein(st)räumigen Referenzwelten" (WINDBERGER-HEIDENKUMMER 2011:290).[237]

Man kann FlurN heute in der Tat als **bedrohte Namenart** bezeichnen. Durch Katastererfassung, Flurbereinigung und Überbauung wird ihr Bestand ständig reduziert. In fünf Landkreisen Mittelsachsens ergaben Untersuchungen, dass von den FlurN des 16. Jhs. bereits im 19. Jh. nur noch 10% bis 20% verwendet wurden (NAUMANN 2001:706). Von insg. 311 erhobenen FlurN in den Gemarkungen Offenbach/Main und Biber sind 39,2% (122 Namen) im Laufe der Jahrhunderte verloren gegangen (SCHWARZ 1967:47). Dieser **Rückgang** hat sich im 20. Jh. noch verstärkt. Dabei sind diese im bäuerlichen Umfeld gebrauchten, meist mündlich tradierten Namen sprach- und kulturgeschichtlich besonders interessant. In ihrer Motivation **objektbezogen**, erlauben sie oft Einblicke in historische Strukturen (z.B. Flurnutzung, Besitzstrukturen). Großen Aussagewert haben sie für Siedlungs-, Kultur- und Sprachgeschichte. Bspw. ergeben sich Erkenntnisse im Hinblick auf **galloromanische Substratzonen** (nachgewiesen am Ober- und Mittelrhein, im Schwarzwald und an der Mosel (= *Mosella Romana*: gallorom. Sprachinsel bis ins 12. Jh.)). Mithilfe von LehnN (*Adach* (FlurN in Mainz-Bretzenheim) < *Ageduth* < gallorom. **Akeduchta* < lat. *aquaeductus* 'Wasserleitung') und ReliktwortN (*Gumme* (FlurN in Schweighausen/Schwarzwald) < gallorom.

---

[237] S. dazu auch RAMGE (1998:83) und WINDBERGER-HEIDENKUMMER (1998:192f.).

cumba 'Tal, Schlucht') können Gebiete mit **galloromanischer Kontinuität** rekonstruiert werden. Maßgeblich ist oft auch die Aussprache: So weisen endbetonte Namen (*Sihmont* (FlurN in Müden/Mosel) [zɪ'mont] < lat. *summus* + *mons*) auf rom. Herkunft hin (KLEIBER/PFISTER 1992, KLEIBER 1985, 1991, 1994, 1996).

Morphologisch dominieren Komposita, neben einigen Simplizia wie *Brühl, Bein, Bruch*. Häufig ist ein Adj. Bestimmungswort, das mit dem Grundwort verschmilzt, meist unflektiert (*Langgewann*), aber auch flektiert auftritt (wahrscheinlich als erstarrtes Dativflexiv: (*an der*) *Langen Gewann*). Möglich sind Getrennt- sowie Zusammenschreibung, die auch konkurrierend vorkommen können: *Breitwiese* vs. *Breite Wiese*. Die Mehrzahl der FlurN kommt mit Präp. vor: *Im Stümpfchen, Hinter Hausen* etc. Zu den wichtigsten Namenmotiven gehören:

- Geländeform: *Krummacker, Winkel, Kühzagel* 'Kuhschwanz'
- Bodenbeschaffenheit: *Goldacker* (guter oder schlechter Boden), *Sandkaute, Bruch* ('Moorboden, Sumpf')
- Gewässer: *Am Mühlbach, Domherrenteich, Rheinfeld*
- Vegetation: *Böllenfalltor* (zu *Belle* 'Pappel'), *Tann, Kirschgarten*
- Tierwelt: *Geiersberg, Wolfsgrube, Dachslöcher*
- Rodung: *Ansang* (zu sengen), *Brand, Neureuth* 'neue Rodung'
- Bodennutzung: *Driesch* ('Ödland'), *Krautgarten, Weingarten*
- Tierhaltung: *Ochsenweide, Kuhweg, Gänsewiese*
- Besitz: *Herrenwiese, Münchfeld* 'Mönchfeld', *Benderswiese* (< FamN *Bender*), *Almende* ('Gemeindebesitz')
- Vor- und frühgeschichtliche Fundplätze: *Hinkelstein, Heidenkeller, Hünenfeld*
- Volksglaube, Sagen: *Teufelsgewann, Schatzkaute, Wichtelbach*
- Rechtsleben: *Galgenfeld, Ketzerkaute* (Richtstätte für Ketzer), *Stahlberg* 'Gerichtsort'

FlurN gehören zu den am intensivsten untersuchten Toponymen; die Literatur ist ungemein umfangreich. Zu den Namen einzelner bzw. mehrerer benachbarter Gemarkungen liegen mittlerweile gut dokumentierte, kleinräumige Studien vor. Allerdings ist die Erfassung der FlurN nicht überall flächendeckend durchgeführt worden. In neuester Zeit entwickeln sich aus den kleinräumigen Sammlungen auch landschaftlich zusammenhängende **digitale FlurN-Bücher**, welche großräumige Verteilungen aufzeigen. Das "Digitale Flurnamenlexikon Rheinland-Pfalz (DFL)" (www.flurnamenlexikon.de; 17.05.15) erfasst über 10.000 FlurN (Abb. 38, Näheres bei STEFFENS 2011). Besonders durch die Möglichkeit, digitales Belegmaterial zu kartieren, eröffnen sich neue Arbeitsgebiete für die **FlurN-Geographie**. Großräumige Karten erscheinen schon in den "Rheinischen Flurnamen" von DITTMAIER 1963. Auf computergestützer Kartierung basierend und wegweisend sind der "Westfälische Flurnamenatlas" (MÜLLER 2000–06) sowie der "Hessische Flurnamenatlas" (RAMGE 1987). Für Hessen liegt die Datenbank "**Hessische Flurnamen**"[238] vor und in gedruckter Fassung das "Südhessische Flurnamenbuch"

---

238 www.lagis-hessen.de/de/subjects/index/sn/fln (17.05.15).

(RAMGE 2002). Die hess. FlurN-Datenbank enthält neben den Namenartikeln auch die Möglichkeit zur Kartierung (Abb. 39, RAMGE 2011a).[239]

Abb. 38: Beispiel für einen Eintrag im DFL: Der FlurN *Bruchweg* in Mainz

« Vorheriger Treffer   Zurück zur Ergebnisliste | Neue Suche

Beleg:inf(er)ius amme bruchwege

Belegjahr: 1314 (4. Dezember)

Gemeinde: Mainz (Stadt Mainz)

Geographische Lage: Beginnt an der Saarstraße und endet am Landwehrweg.

Quelle: HStADa A2 168/158

Beschreibung: 1314-1964 Bruchweg, 1968-heute Dr.-Martin-Luther-King-Weg. Mhd. *bruochwec stm., "Weg an oder in einem Bruch, Moorweg". Zu ahd. bruoh, mhd. bruoch stnm. "Moorboden, Sumpf". Bruch, m. n. "Sumpf, Moorland, sumpfige Buschparzelle, tiefgelegenes sumpfiges oder mooriges Land, nasser Wiesengrund". Verwandt mit dem aus dem Keltischen stammenden Brühl, seine ursprüngliche Bedeutung war "Rand, Grenze". Mhd. wëc, -ges, wëg, stm. "Weg, Straße". Weg ist die gangbare Verbindung zwischen zwei Orten, sowohl Fuß- als auch Fahrweg, innerhalb des Ortes auch gepflastert. Mit Weg m. via ist eine unbefestigte oder nur leicht befestigte Strecke zum Begehen und meist auch zum Befahren gemeint.Der Weg führte von Bretzenheim zum Gartenfeld und endete in dem Feuchtgebiet zwischen Gonsenheim und Mombach, dem Bruch. Heute Standort des Fußballstadions (Bruchwegstadion). An der Einmündung in die Finther Straße Fund jungsteinzeitlicher Scherben der sog. Spiralkeramik.

Der FlurN *Strut* 'Sumpf, Gebüsch, Buschwald' benennt mit Wald oder Büschen bestandene Feuchtgebiete und ist überall westl. der Elbe verbreitet, am häufigsten in Hessen. Hier zeigt seine Gesamtverbreitung, neben den in Abb. 39 ersichtlichen südhess. (Wald-)Gebieten, Häufungen im Taunus, Westerwald sowie Vogelsberg, wobei er in Gießen, im Lahntal und im Rhein-Main-Gebiet fast völlig fehlt (RAMGE 1987:K. 120).[240]

Die traditionelle Punktsymbolkarte präsentiert die Belegdichte eines FlurN-Typs und kann auch zur Abgrenzung verschiedener Varianten dienen (Abb. 39, Abb. 40a). Ein neu entwickelter Darstellungstyp ist die Popularitätskarte (VOGELFÄNGER 2010). Diese basiert auf der kommunikativen Reichweite des Namens, wobei ein gehäuftes Vorkommen durch Überschneidungen dieser Kommunikationsareale ermittelt wird. Während die Punktsymbolkarte nur Einzelbelege und ihre Dichte darstellt, stellt die Popularitätskarte Verdichtungsräume noch schärfer heraus. So zeigen die Beispiele *Siefen* 'enges schluchtartiges Tal mit Rinnsal; feuchte Stelle in Acker und Wiese' bzw. *Siepen* 'träge rinnender Bachlauf' selbst auf einer stark vereinfachten Karte (Abb. 40b) markante Häufungen im Mittelge-

[239] Weitere FlurN-Bücher im Internet: http://namenbuch.gmg.biz (Liechtenstein); http://ortsnamen.ch (Schweiz); http://flurnamensuche.germanistik.uni-bonn.de/Flurnamen.php (Deutschland; 17.05.15; s. dazu auch VOGELFÄNGER 2011).

[240] S. dazu auch die Verbreitungskarte unter www.lagis-hessen.de/de/subjects/index/sn/fln (17.05.15).

birgsraum und v.a. im Bergischen Land (VOGELFÄNGER 2010:137–150, zu *Siefen* ebd.:165–169).[241] Die Verbreitung des FlurN *Seife(n)* in Hessen weist ebenfalls Ballungen in den Mittelgebirgen v.a. im westhess. Raum, im Taunus und an der oberen Lahn auf (RAMGE 1987:K. 120). Diese zusammenhängende räumliche Verbreitung müsste durch kartographische Erfassung der angrenzenden Gebiete (Rheinland-Pfalz, Thüringen) ergänzt werden – die Digitalisierung der FlurN-Bestände sollte dies in Zukunft realisierbar und zu einer zentralen Aufgabe der FlurN-Archive machen.

Abb. 39: Südhess. Flurnamenbuch: Verbreitung des FlurN *Strut*[242]

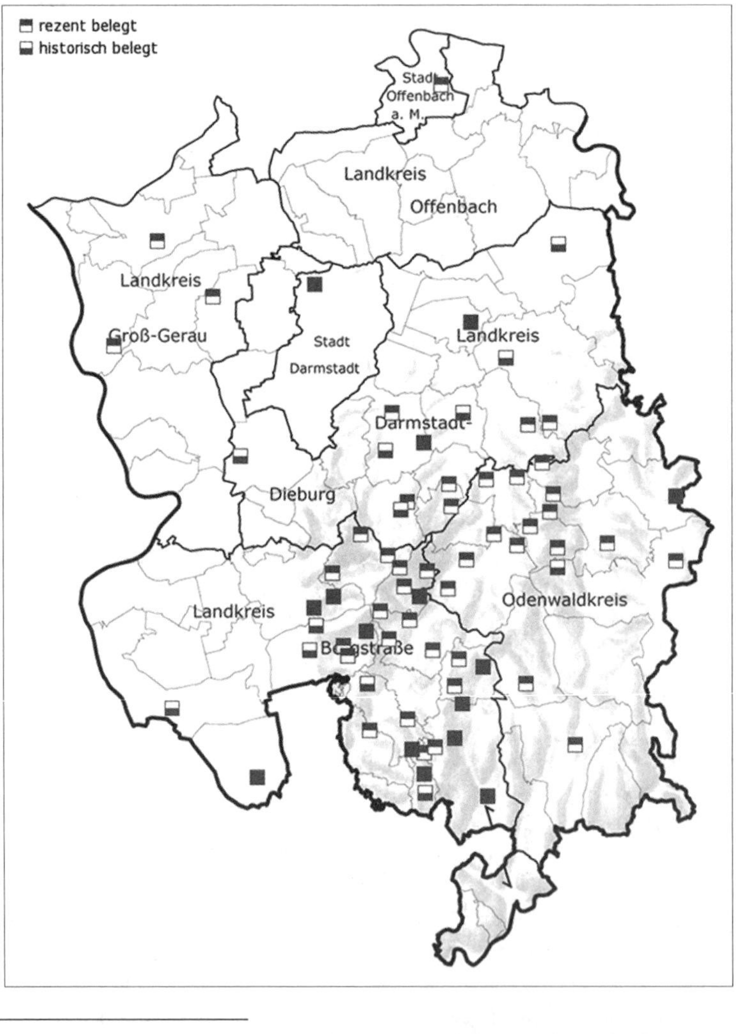

[241] Der Aussagewert farbiger Karten ist noch höher. Auf der Punktsymbolkarte können mit Graustufen nur einfache lautgeographische Oppositionen dargestellt werden.

[242] Aus dem "Südhessischen Flurnamenbuch", verfügbar unter www.lagis-hessen.de/de/subjects/index/sn/shfb (17.05.15).

Abb. 40: Verbreitung des FlurN *Siefen, Seipen, Seifen* am Niederrhein[243]

a) Punktsymbolkarte b) Popularitätskarte

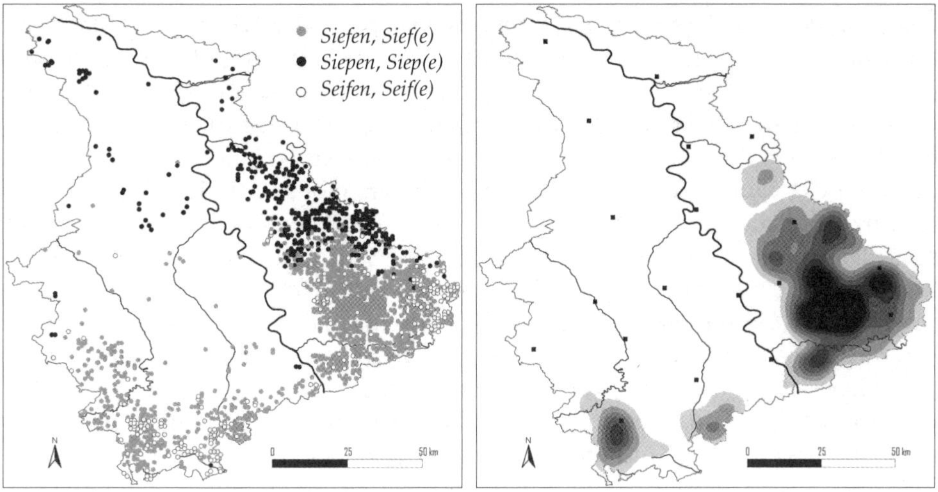

FlurN verschwinden durch Überbauung des Geländes, Aufgeben landwirtschaftlicher Flächen und Flurbereinigungen. Dennoch leben sie fort in StadtteilN (*Kreuzberg* (Berlin), *Großer Grasbrook* (Hamburg), *Münchfeld* (Mainz)), BaugebietsN (*Die Orscheläcker* (< PersN *Ursula*, in Reinheim (Südhessen)), StraßenN (*Bruchweg*; Abb. 38) oder GewerbegebietsN (*In der Bein* (in Zornheim (Rheinhessen), s. Foto) < *Beunde*, zu mhd. *biunte* 'freies, besonderem Anbau vorbehaltenes und eingehegtes Grundstück'). S. auch WEINACHT 1985, ROSENFELD 1985. In die Nähe der WarenN (Kap. 10.1) rücken FlurN als WeinlagenN (*Geisenheimer Erntebringer, Kröver Nacktarsch, Gimmeldinger Meerspinne*). Als WohnstättenN gingen FlurN häufig in FamN ein (*Vonderau, Kulenkampff*), können aber ihrerseits auch den FamN des Grundbesitzers als namengebendes Motiv enthalten. RAMGE (2011c) zeigt interessante Einsatzmöglichkeiten der FlurN-Kartographie für die FamN-Forschung: FlurN, die einen FamN enthalten, sind zwischen dem 15. und 18. Jh. entstanden, ihre räumliche Verteilung kann mit Einschränkungen die historische Verbreitung der FamN widerspiegeln (z.B. die Verbreitung des FamN *Gerlach* in FlurN wie *Gerlachsloch, Gerlachsweg* in Hessen; RAMGE 2011c:206f.).

---

243 Dankenswerterweise zur Verfügung gestellt von Tobias Vogelfänger (Nordrheinisches Flurnamenarchiv).

9.6 Straßennamen

"Walther Poppelreuter war auch ein Nazi" titelte die Mainzer ALLGEMEINE ZEITUNG am 04.01.12. Der Pate der *Poppelreuterstraße* in der Landeshauptstadt war nicht nur Spezialist für Hirnverletzungen, sondern auch seit 1931 NSDAP-Mitglied. Eine Kommission zur Umbenennung von Straßen wurde gebildet, der auch HistorikerInnen angehörten und die das Gesamtkataster der StraßenN nach zweifelhaften Fällen durchforsteten.[244] Mainz ist dabei kein Einzelfall. Vielerorts wird der Wunsch geäußert, eine Straße umzubenennen, gibt es Auseinandersetzungen um StraßenN, die ideologisch bedenklich sind. Die Diskussion ist außerordentlich aktuell; auch die Auflistung in HARNISCH (2011:35f.) und eine rege Berichterstattung in der Presse zeugen davon.[245] **StraßenN** oder **Hodonyme** (< griech. *hodos* 'Weg') bzw. **Dromonyme** (< griech. *dromos* '(Renn-)Bahn, Platz') sind Namen für innerörtliche Verkehrswege und dienen der Orientierung innerhalb von Siedlungen. Generell lassen sich zwei Haupttypen unterscheiden: eine ältere Schicht **primärer StraßenN** und eine jüngere Schicht **sekundärer StraßenN**. Auf einem mittelalterlichen Stadtplan hätte man keine **Barbarossastraße*, **Straße des Heiligen Römischen Reiches*, keinen **Kaiserplan* oder **Canossaplatz* gefunden. Politische und ideologische Inhalte sowie Erinnerungen an berühmte Persönlichkeiten waren in dieser Zeit nicht denkbar (BERING/GROSSSTEINBECK 1994:105). Nach GLASNER (1999, 2002) ist die mittelalterliche Namenmotivation der **primären StraßenN** evidenzgesteuert und ein Spiegel der Welt. "Kein mittelalterlicher Straßenname ist ohne Sinnzusammenhang mit der Straße entstanden, die er bezeichnen sollte" (SCHWAN 1936:16). Typische Benennungsmotive, die weit bis ins 19. Jh. Gültigkeit hatten, waren (nach FUCHSHUBER-WEISS 1996:1470, KETTNER 1988:141):

- Zielpunkt: *Frankfurter Straße*
- Gewerbe- oder Erwerbstätigkeit: *Schustergasse*
- Beschaffenheit: *Steinweg*
- Besonderheit des Geländes: *Hubelgasse* zu *Hübel* 'Hügel'
- äußere Gestalt der Straße: *Langgasse*
- Lage, Funktion, Nutzung des Geländes: *Nordstraße*, *Schulstraße*
- nennenswerte Gebäude: *Stadthausstraße*, *Domstraße*
- auffälliges Hauszeichen: *Schulterblatt*[246]
- dort lebende, sozial herausragende Personen oder Familien: *Betzelsstraße* (< RufN *Betzelinus*)
- eine im Einzugsbereich wohnende soziale Gruppe (*Judengasse*)
- Spott/Ironie (*Lumpengasse*, *Törichtengasse*)

Im mündlichen Gebrauch entstanden zunächst Übergangsformen von eher app. Charakter (*Unter den Webern*), die sich zu einem reinen Proprium (*Weberstraße*)

244 2012 wurde die Straße umbenannt in *Im Sommergarten*.

245 S. dazu auch die Beiträge in FRESE 2012.

246 Die Straße *Schulterblatt* im Hamburger Schanzenviertel ist nach dem gleichnamigen Wirtshaus benannt, mit einem Wal-Schulterblatt als Aushängeschild (BECKERSHAUS 2002:326).

entwickelten (REUSSE 1966:96). Im 12./13. Jh. verfestigten sich die StraßenN allmählich. Sie mussten einfach und eindeutig sein, in der alltäglichen Kommunikation verständlich und sich im tatsächlichen Erscheinungsbild der Straße wiederfinden, d.h., die *Krumme Straße* verlief nicht geradlinig, in der *Gerbergasse* waren Gerber ansässig etc. Primäre StraßenN waren vornehmlich beschreibend und dienten der Orientierung (**Orientierungsfunktion**). Die schriftliche Fixierung der Benennungen setzte erst im 14. Jh. ein. Ein für einen ganzen Straßenzug gültiger Name war selten; stattdessen gab es eine "Unzahl von Lokalnamen-, Platz- und Teilgassenbenennungen" (GROHNE 1912:7). So trug die heutige *Schusterstraße* in Mainz im 14. Jh. die AbschnittsN *Unter den Kordwendern* (Lederverarbeiter), *Unter den Schwerfegern* (Waffenschmiede) und *Unter den Kannengießern* (Kaltschmiede; HEUSER 2008:448). Aus primären StraßenN lassen sich Topographie und Sozialgeschichte einer Stadt hervorragend rekonstruieren.

Sekundäre StraßenN bilden eine neuere, seit dem 18. Jh. allmählich anwachsende und heutzutage dominierende Schicht. Sie entstehen nicht mehr durch die Interaktion der Sprachteilnehmer, sondern werden von der Administration vergeben (PATZKE 2001/02:4). Dadurch unterliegen sie seit dem 18. Jh. zunehmend dem Einfluss politischer und ideologischer Systeme. Seither ist ein deutlicher Umbruch in den Benennungsmotiven zu beobachten. Nach KETTNER (1988:142) werden StraßenN nun zum Medium der Verbreitung von Ideen, Vorstellungen und Wünschen, zu Instrumenten offener oder verdeckter politischer Propaganda und Werbung. Es erfolgt eine "politische Bewußtseinsbildung durch Toponymie" (KORFF 1992:325). Der StraßenN wird zum Mnemotop, zum Denkmal mit **Erinnerungsfunktion**. Deutliche Brüche markieren den Übergang vom Kaiserreich zur Weimarer Republik (*Kaiser-Wilhelm-Ring* > *Bebelring* 1922 in Mainz), der Zeit des Nationalsozialismus (*Forsterstraße* > *Horst-Wessel-Straße* 1933 in Mainz), der Nachkriegszeit (*Adolf-Hitler-Platz* > *Halleplatz* 1945 in Mainz) und der Auflösung der DDR (*Straße der Kosmonauten* > *Closewitzer Straße* 1991 in Jena). KETTNER stellt jedoch bezgl. der Wirksamkeit politischer StraßenN für das Alltagsleben fest:

> Mittel zur Verbreitung politischer Ideen kann ein Straßenname nur innerhalb sehr enger Grenzen sein. Politische Assoziationen auslösen und damit politisches Denken beeinflussen kann der Name nur, wenn seine etymologische Struktur und sein politisches Umfeld durchsichtig sind. Wenn das Wissen über den Namen verloren geht, geht auch die politische Wirksamkeit des Namens verloren [...]. Politische Straßennamen – in Marburg oder anderswo – funktionieren als politische Namen, d.h. politisch wirksame Namen also im Grunde nur zur Zeit der Namengebung und kurze Zeit danach. Später sind sie allenfalls noch Zeugen für die politischen Wünsche früherer Generationen (KETTNER 1988:150).

Die Motivik seit dem 19. Jh. unterscheidet sich also grundlegend von der mittelalterlichen. Generell kann man zwischen EN mit kommemorativer und deskriptiver Funktion unterscheiden, wobei Nachbenennungen aus dem Bereich der Anthroponyme und Toponyme dominieren (Abb. 14). StraßenN nach PersN haben reinen Erinnerungscharakter. Benennungen nach Toponymen können lokalisierend sein, z.B. nach Zielorten, zu denen die Straßen führen (*Alzeyer Straße*) oder kommemorativ, z.B. nach Partnerstädten (*Dijonstraße*) und nach ehemaligen dt. Gebieten (*Schlesisches Viertel*). Sog. deskriptive StraßenN beziehen sich nach GROSSSTEINBECK/BERING (1994:197) auf die unmittelbare Umgebung oder die Funktion der Straße. Am häufigsten begegnen ehemalige FlurN (*Im Anger*) und Benennungen nach Gebäuden (*An der Jugendherberge, Kirchstraße*). Verkehrs- und Transportwesen haben ebenfalls Einfluss auf die Namengebung (*Bahnhofstraße*).

Tab. 32: Primäre und sekundäre StraßenN (nach HEUSER 2008:17)[247]

	Primäre Namen	**Sekundäre Namen**
Funktion	Hinweis- (*Unter den Schmieden*) und Orientierungsfunktion (*Krautmarkt*) objektbezogen (*Langgasse, Schusterstraße*)	Orientierungs- (*Bahnhofstraße*) und Erinnerungsfunktion (*Goethestraße*) Träger und Übermittler ideologischer/politischer Botschaften (*Freiheitsplatz, Adolf-Hitler-Straße, Willy-Brandt-Platz*)
Entstehung	durch alltägliche, mündliche Kommunikation und Interaktion der SprachteilnehmerInnen	administrativ ausgewählt und vergeben, nicht ohne bürokratischen Umbenennungsakt veränderbar
Zeit	Mittelalter bis frühe Neuzeit	seit dem 18./19. Jh.
Eigenschaften	mündlich überliefert, selten schriftlich nicht normiert kennzeichnen den historischen Stadtkern	schriftlich fixiert normiert dominieren die neu entstandenen Stadtteile
Namenwechsel	bedingt durch Änderungen der realen Gegebenheiten volksetymologische Umdeutungen	bedingt durch politische, gesellschaftliche Veränderungen, aus wirtschaftlichen Gründen
Bildungsweisen	frühe Bildungen mit *Unter* (*Unter den Leingaden*) i.d.R. Komposita auf *-gasse, -weg, -plan* u.a. (*Betzelsgasse, Steinweg, Geilerplan*)	überwiegend Komposita auf *-straße* (*Mozartstraße*), *-platz* (*Fichteplatz*), *-allee* (*Rheinallee*) etc. präpositionelle Fügungen (*An der Dreispitz*)

Die Bildung von **thematischen StraßenN-Feldern** ist seit dem 19. Jh. ebenfalls typisch. Solche Motivgruppen (Dichter-, Komponisten- und Malerviertel) erfüllen hauptsächlich einen mnemotechnischen Zweck: Sie erleichtern die Memorierbarkeit der Namen und geben Orientierungshilfe. Gleichzeitig sind sie Ausdruck zeitgeschichtlich motivierter Namenmoden. Blumen-, Baum- oder Vogelbezeichnungen hatten nach dem Zweiten Weltkrieg und in den 50er bis 70er Jahren des 20. Jhs. in neu angelegten Siedlungen ihre Hochphase. WEBER (1990:48) formuliert überspitzt, dass der Zeitgeschmack ungefähr alle dreißig Jahre bei Straßen nach Pflanzen- und Baumbezeichnungen zu verlangen scheint. Eine eigene Gruppe bilden FlurN imitierende Namen (*Am Finkenhain*). Diese finden sich häufig in vorstädtischen Siedlungen. Bei der Vergabe der Namen hat es vielleicht den

[247] Zu primären und sekundären Namen s. FLEISCHER (1992:47), FUCHSHUBER-WEISS 1996.

Wunsch nach (allerdings nicht vorhandener) Naturnähe gegeben. GROSSSTEINBECK/BERING (1994:111) sprechen von einer "Verdrängungsmentalität gegen die Realitäten des modernen Industriezeitalters".

Die **Bildungstypen** Präp. + Artikel + Subst. und Adj. + Subst. (*Unter den Webern, Enge Gasse*) herrschten im mittelalterlichen Namenkorpus zunächst vor, wobei deren EN-Status nicht immer sicher ist. Sie wurden zunehmend durch Komposita abgelöst (*Bei den Augustinern* > *Augustinergasse*). Die Mehrzahl der modernen StraßenN sind Komposita, wobei das app. Grundwort auf die Straßenart hinweist (*Straße, Allee, Ring, Damm, Weg, Gasse*). Damit handelt es sich um typische **genuine Gattungs-EN** (Kap. 3.3.1).

Im 19. Jh. kam es vielerorts zu einer **aufwertenden Umbildung** durch den Wechsel von *-gasse* zu höherwertigem *-straße* (FLEISCHER 1992:10). In frühen dt. StraßenN kommt *-straße/-strate* zunächst nur im Nieder- und Ostoberdt. vor, *-gasse* im West- und Ostmitteldt. sowie im Westoberdt.; in mitteldt. Grenzbereichen konkurrierten beide (KOHLHEIM/KOHLHEIM 2006).

Seit den 1930er Jahren treten vermehrt **Komposita mit Bindestrich** auf. Es gibt zwar keine einheitliche Regelung zum Gebrauch dieses Syngraphems in StraßenN, jedoch wird er meist bei mehrteiligen PersN eingesetzt (*Dr.-Martin-Luther-King-Weg, Johann-Maria-Kertell-Platz*) (zum Einsatz des Bindestrichs zur Konstanthaltung des Namenkörpers s. auch Kap. 4.5.6). Die Konstruktion APP + Genitivobjekt (*Platz der deutschen Einheit, Straße der Jugend*) kommt in Westdtld. eher selten vor, war jedoch häufig in der StraßenN-Gebung der DRR anzutreffen (*Promenade der Völkerfreundschaft, Straße des 30. Jahrestages der DDR*). Vermutlich wurde sie aus dem Russ. übernommen.

Die **StraßenN im 20. Jh.** spiegeln die wechselvolle Geschichte dieser von politischen Umbrüchen geprägten Epoche wider. Für BAKE (2000:5) ist die Straßenbenennung ein "Seismograph für politische Strömungen". Geprägt durch langwierige politische Diskussionen zeigt sie Konsens und Auseinandersetzungen innerhalb der Gesellschaft an. So drängt sich in der Zeit der Weimarer Republik das Bild eines **Namenkampfes** als Fortsetzung des politischen Straßenkampfes auf. In Köln kam es 1922 während der Diskussion über StraßenN in der Stadtverordnetenversammlung sogar zu Handgreiflichkeiten (während einer Sitzung über die Umbenennung des *Hohenzollern-* und *Kaiser-Wilhelm-Rings* nach Walter Rathenau und Matthias Erzberger, GROSSSTEINBECK/BERING 1994:180). Vereinzelt wurden bei nächtlichen Aktionen Straßenschilder abgehängt oder übermalt. Solche eigenmächtigen Umbenennungen sind typisch für Zeiten politischer Unruhe. Nach der Machtergreifung benannten die Nationalsozialisten dominierende Plätze und Straßen nach Adolf Hitler (AZARYAHU 1991:54, 1999:357) – fast jede dt. Stadt wies nach 1933 eine *Adolf-Hitler-Straße* auf – oder nach sog. Kämpfern bzw. Blutzeugen der Bewegung (v.a. Horst Wessel; FUCHSHUBER-WEISS 1983:29, 1996: 1472, KARWELAT 1988:9). Das Reichsbürgergesetz vom 14.11.1935 legte fest, dass sämtliche nach Juden benannten Straßen oder -teile unverzüglich umzubenennen seien (KLEINFELD 1996:20). Der Umgang der Nationalsozialisten mit den StraßenN spiegelt den bewussten und demonstrativen Einsatz politischer Symbole, die umfassende Politisierung sowie Gleichschaltung aller Lebensbereiche wider. Die

Gegenbewegung setzte direkt nach dem Zweiten Weltkrieg ein. Zusammen mit anderen politischen Symbolen des Dritten Reichs wurden auch die StraßenN dieser Zeit schnell beseitigt:

Abb. 41: "An Era passes as Germans exchange street signs": Die *Adolf Hitler-Straße* wird zur *Bahnhof-Straße* (Trier)[248]

Nicht immer wurden Namen aus der Zeit vor 1933 wiederbelebt. Im **Ostteil** der Republik lösten antifaschistisch und antiimperialistisch motivierte Namen die nationalsozialistischen ab (*Karl-Liebknecht-Straße*), im **Westen** dagegen eher unverfängliche, unpolitische (z.B. nach ErfinderInnen: *Carl-Benz-Straße* oder Tieren/ Pflanzen: *Drosselweg*, *Holunderweg* etc). Die allgemeine Namengebung im geteilten Dtld. schlug zwei unterschiedliche Wege ein. In der **Bundesrepublik** erfolgten größere Umbenennungsaktionen nur im Falle von Eingemeindungen, um Doppelungen zu vermeiden. Neue Namen wurden aus möglichst unbedenklichen Bereichen gewählt. Verdienstvolle Persönlichkeiten aus allen gesellschaftlichen Bereichen, etwa TheologInnen, WissenschaftlerInnen, PädagogInnen rückten in den Vordergrund. Bei der Entstehung von Neubaugebieten fanden meist die alten FlurN Berücksichtigung. Nach BAKE (2000:6) sind die Benennungen stets Ausdruck für den jeweiligen Stand der **Aufarbeitung von Geschichte**. Seit den

248 Foto des US-amerik. Verteidigungsministeriums aus: ZIEMKE, E. (1990): The U.S. Army in the Occupation of Germany 1944–1946. Verfügbar unter www.army.mil/CMH/books/ wwii/Occ-GY/ch15.htm (17.05.15).

1970/80er Jahren wurden z.B. zunehmend WiderstandskämpferInnen und Opfer des Nationalsozialismus gewürdigt, den StraßenN so wieder vermehrt eine Erinnerungs- bzw. Erziehungsfunktion beigelegt.

Entsprechend der Einschätzung von StraßenN als Sozionymen, als sozial determinierten und sozial prägenden Sprachelementen, unterlag die StraßenN-Gebung in der **DDR** offizieller Normierung (DEBUS 1986:142f.). Sie sollte die neue politische Ordnung zum Ausdruck bringen. Obwohl die Benennungsmotive sehr vielfältig und grundsätzlich mit denen in der Bundesrepublik vergleichbar waren, manifestierten sich doch gerade hier die Unterschiede der politischen Systeme. Viele der verordneten StraßenN in der DDR verstießen gegen die grundlegenden Regeln wie Schreib- und Sprechbarkeit oder Merkfähigkeit etc. (*Straße der Thälmann-Pioniere, F.-E.-Dzierzynski-Straße, Straße der Befreiung 8. Mai 1945*). **Nach 1990** setzten umfangreiche Umbenennungen ein. Alle ideologisch motivierten Namen, die an die sozialistische Gesellschaftsstruktur erinnerten, wurden ausgetauscht und weitgehend durch unverfängliche, entpolitisierte oder historische ersetzt (FUCHSHUBER-WEISS 1996:1473).[249]

Eine Entwicklung der Namenvergabe geht auf leere Gemeindekassen und den Trend zum **Sponsoring** zurück: die Benennung nach ansässigen Unternehmen oder Geschäften. So verkaufte z.B. die Gemeinde Blumberg bei Berlin 1995 angesichts eklatanten Geldmangels, StraßenN in einem neu entstandenen Gewerbegebiet zu je 20.000 DM an Unternehmen, die sich dort ansiedelten. Nun gibt es dort eine *Mc-Donald's-Straße* und eine *Möbel-Hübner-Straße*.[250]

StraßenN als **Spiegel der Machtverhältnisse** geben auch das Verhältnis zwischen den Geschlechtern wieder. Sie zeigen an, "wer geehrt werden soll und welche Leistungen als ehrwürdig angesehen werden" (NIESYTO 1994:38). Die Repräsentation von **Frauen in StraßenN** verdient eine eigene Untersuchung, hier nur einige kurze Bemerkungen: Deutschlandweit ist nur ein kleiner Teil (durchschnittlich ca. 3%) der Straßen nach Frauen benannt. Der geringe weibl. Anteil an der überwiegend männl. dominierten Erinnerungskultur veranlasste Frauenbeauftragte, nach geeigneten Kandidatinnen für Neubenennungen zu suchen. 1994 betrug der Frauenanteil in Mainzer StraßenN 2,4% und stieg 2009 auf 3,5%.[251] In Lemgo sind 4,5% zu verzeichnen, Darmstadt kommt auf 5,4% (PÖPPINGHEGE 2007:107), Freiburg i.Br. 2006 sogar auf 6%.[252]

Die Benennung der Straßen, sofern es sich um innerkommunale Verkehrsverbindungen handelt, erfolgt auf der Grundlage der landesgesetzlichen Gemeindeordnungen durch den Gemeinderat. Für die Vergabe der Namen gibt es keine expliziten rechtlichen Bestimmungen, jedoch ist Rücksicht zu nehmen auf die Funktionen, die der StraßenN üblicherweise erfüllen soll: Kennzeichnungs- und Orientierungsfunktion, Traditionsüberlieferung, Ehrung herausragender Persön-

---

249 Weitere Beispiele aus Leipzig und anderen ostdt. Städten bei GLÄSER (1993:121f.).

250 KÜHN (2000a:268, 2001:311f.); s. auch BERING et al. (1999:135), WERNER 2008.

251 www.mainz.de/medien/internet/downloads/Web_Vergessene_Frauen_Leitfaden_2014.pdf (21.06.15).

252 Einen Überblick gibt die Broschüre "Frauen auf die Straßen(-)schilder!" der Stadt Dresden, www.frauenstadtarchiv.de/fsa-dresden_strassennamenbroschuere3.pdf (17.05.15).

lichkeiten (WINKELMANN 1984:43, SEUTTER 1996:126). In der Praxis haben sich nun **Prinzipien** durchgesetzt, die 1981 in der Satzung des dt. Städtetages festgehalten wurden (HOTTENROTT 1953, WINKELMANN 1984):

- Die Zahl der StraßenN ist möglichst gering zu halten.
- StraßenN sollen klar und einprägsam sein, gleichklingende Namen sind zu vermeiden. Aus EDV-technischen Gründen sollen sie nicht mehr als 25 Zeichen umfassen.
- Neben allgemeinen Grundwörtern sollen auch andere Bezeichnungen, je nach Bedeutung, Lage und Charakter der Straße, verwendet werden.
- Die Erhaltung der FlurN ist vorrangig.
- Die Benennung innerhalb zusammenhängender Baugebiete soll möglichst einer thematischen Ordnung folgen.
- Keine Verwendung anstößiger Namen.
- Grundsätzlich erfolgt die Benennung nur nach bereits verstorbenen Persönlichkeiten. Die Vergabe von Namen lebender Personen ist an deren Zustimmung gebunden.
- Umbenennungen werden nur in Ausnahmefällen vorgenommen (mögliche Verwechslungsgefahr, historisch belastete Namen, beabsichtigte Ehrung einer Person).
- Vermeidung von Namen mit ideologischem Hintergrund.

Mit dem vom Kölner Forschungsprojekt um Dietz BERING entworfenen umfassenden Kategorienraster wurde die **StraßenN-Forschung** auf einen neuen Weg gebracht (BERING et al. 1999). Dennoch steht vielerorts die Darstellung und Auswertung des Namenmaterials einer Stadt noch aus. Interessante Untersuchungsgegenstände wären etwa die Namengebung in einzelnen Stadtvierteln sowie die Rate an Um- und Neubenennungen in bestimmten Epochen (hier ist WERNER 2008 als Muster zu nennen). Besonders an umfassenden **kontrastiven Studien**,[253] die nicht nur das Namenkorpus einer einzelnen Stadt betrachten, sondern auch auf nationaler bzw. internationaler Ebene die Methoden und Prozesse von Namensuche sowie -vergabe einander gegenüberstellen, mangelt es noch. Schon STEGER (1973/75:75) sah im Vergleich der Benennungsmotive internationaler Namengebung "die Aufgabe zukünftiger vergleichender Namenforschung" – eine Forderung, die bislang nur selten umgesetzt wurde. Das Material für eine **vergleichende StraßenN-Forschung** ist außergewöhnlich reichhaltig. Von rund 1,2 Mio. Straßen heißen 7.630 *Hauptstraße*, 6.988 *Dorfstraße*, 4.979 *Bahnhofstraße*, 2.893 *Kirchstraße*, 2.248 *Schillerstraße*, 2.172 *Goethestraße*. Hier zeigt sich eine auffallend einheitliche Namengebung bei uns (etwa HOTTENROTT 1953). Insgesamt existieren 396.345 unterschiedliche StraßenN.[254]

---

[253] Als vergleichende Studie zu den StraßenN städtischer Randbezirke wäre zu nennen MAUF/SLADECZEK (2012/2013). Zahlenmaterial zu Namenbestandteilen und ein Vergleich BRD/DDR bietet JUNG 2014. Auf einem Städtevergleich basiert die Sudie von BEHNE 2013.

[254] Pressemitteilung der Deutschen Post AG vom 18.07.01: http://presseservice.pressrelations.de/standard/result_main.cfm?aktion=jour_pm&r=69920&quelle=0&pfach=1&n_firmanr_=101724&sektor=pm&detail=1 (17.05.15).

Einen interessanten Ausblick gibt HELLFRITZSCH (2006:159–181) mit der Kartierung **digital gespeicherter StraßenN** (auf der Grundlage von Telefonverzeichnissen). Dabei treten eindeutige Verbreitungsareale zutage, z.B. die Beschränkung der *Petersilienstraßen/-gassen* auf den nd. Raum. Die Verteilung der ErinnerungsN *Konrad-Adenauer-Straße* und *Wilhelm-Pieck-Straße* spiegelt die unterschiedliche politische Entwicklung im geteilten Dtld. wider. Auch bei den Benennungen nach Schriftstellern finden sich regionale Schwerpunkte, z.B. *Eduard-Mörike-Straße* im südwestdt. Bereich und die *Ernst-Reuter-Straße* im nd. Raum. Die Karten in HELLFRITZSCH 2006 belegen eindrücklich, dass die Kartographie auch für die StraßenN-Forschung überaus lohnend ist.[255]

9.7 Gebäudenamen

Die Einordnung der GebäudeN bzw. **Oikodomonyme** (< griech. *oikodome* 'Gebäude') ist zuweilen unklar. So werden sie zuweilen zu den Ergonymen (WALTHER 2003:567f., WEBER 2004:469f.) gezählt. Vergleicht man aber die Gebäude- und HausN mit anderen Toponymen, erfüllen sie eindeutig die geforderten Kriterien: Sie sind ortsfixiert, werden (zumindest teilweise) kartographisch erfasst, erfüllen das Merkmal [+ besiedelt] und dienen der Bezeichnung eines Ortes. Die GebäudeN umfassen Namen von Häusern, Burgen, Schlössern, Sportstätten, Sakralbauten (Kirchen, Klöster) sowie von Höfen und Mühlen[256] etc.

9.7.1 Hausnamen

Am 28.09.11 veröffentliche die FRANKFURTER NEUE PRESSE die Preise der geplanten, neu zu errichtenden Häuser rund um den Frankfurter *Römer*: Die *Goldene Schere* kostet über 2 Mio. Euro – ein Schnäppchen hingegen ist das *Neue Rote Haus* für rund 900.000 Euro. Es handelt sich hierbei um nach alten Plänen rekonstruierte Häuser, welche die Namen ihrer im 2. Weltkrieg zerstörten Vorgängerbauten erhalten sollen. So gehört eben zu einem Haus mit historischer Fassade, auch wenn es im Jahr 2012 entstehen wird, ein altehrwürdiger Name.[257] Diese erscheinen auf den ersten Blick besonders phantasiereich: Elefanten, Affen, Greifen und Einhörner tummeln sich in der mittelalterlichen Stadt, die ganze Menagerie wird noch durch kräftige Farben (*Goldener Löwe*) ausgemalt. Warum aber heißt ein Haus *Zum Bunten Mantel*, *Judentanz*, *Zum Freßkeller* oder *Zum faulen Apfel*? Auf viele Fragen gibt es noch keine Antworten, da sowohl Einzel- als auch vergleichende Studien fehlen.

HausN[258] wurden seit dem 12./13. Jh. in rheinischen und süddt. Städten (z.B. Basel, Freiburg, Köln) üblich, wobei der **Rhein als Verbreitungsschiene** diente

---

255 Verbreitungskarten bietet auch JUNG 2014.

256 Zur Benennung von Höfen s. HARVALIK 2004, von Mühlen s. ZSCHIESCHANG 2015.

257 Zu dem Projekt der Frankfurter Altstadtrekonstruktion s. auch www.domroemer.de mit einer Dokumentation der historischen und geplanten Gebäude (17.05.15).

258 Zur Problematik der Termini *HausN* und *HäuserN* s. KUNZE (2003:105).

(GROHNE 1912:88f.). Seit 1565 waren sie in Freiburg sogar offiziell verordnet. In erster Linie dienten sie vor dem Aufkommen von StraßenN als **Identifizierungs- und Orientierungshilfe**. Meist waren sie an der Hauswand aufgemalt bzw. in Form eines **Hausschilds** bildlich dargestellt (Abb. 42; BACH 1953/54:§516, KOSS 2002:148).

Abb. 42: HausN und -zeichen *Zur Wilden Gans* in Mainz (Fotos: R. Heuser)

"Häuser wie auch ihre Bewohner tragen in der mittelalterlichen Stadt Namen, und nicht selten wird der Name des einen auf die anderen übertragen oder umgekehrt" (ROLKER 2009c:65). Berühmtes Beispiel ist *Johannes Gensfleisch*, der 1397 im Hof *Zum Gutenberg* geboren und später als *Johannes Gutenberg* bekannt wurde (KOSS 2002:148). Um 1332 war in Mainz die Hälfte der Einwohner mit ihren HausN in Urkunden registriert (KUNZE 2003:105). Die enge **Verknüpfung** mit dem Namen der Bewohner konnte auch zu Umbenennungen von Häusern führen, wenn der Besitzer des Hauses wechselte (ROLKER 2009c:69f.). So wurde der Mainzer Hof *Zum Widder*, der von der gleichnamigen Familie bewohnt war, seit dem 15. Jh. nach einer Besitzübertragung *Zur alten Krone*. V.a. in Städten mit alter HausN-Tradition wie Köln oder Mainz finden sich im späten Mittelalter häufig Ableitungen von StraßenN aus HausN (Haus *Zum Mailand* > *Mailandsgasse*, Haus *Zum Himmel* > *Himmelgasse*). Häuser, die durch ihre Lage (Eckhaus) oder ihren Verwendungszweck (Badehaus, Zunfthaus) hervortraten, sowie markante Häuserkomplexe waren oft straßennamengebend (SCHNEIDER 1954:376).

Die **Motivik** der HausN reicht von Gewerbebezeichnungen über Tiere, Pflanzen, Gegenstände bis hin zu christlicher Symbolik (SCHMIDT 1968). Für Häuser mit bestimmten Funktionen wurden entsprechende Motive bevorzugt, z.B. für Beginenhäuser (ordensähnliche Laien-Gemeinschaft) das Sinnbild des Lammes als Hauszeichen sowie -name (BACH 1978:§244; s. auch SCHNEIDER 1954:377).

Ins Auge fallen auch die vielen Namen, die an BurgN erinnern: *-burg* (*Zur Wolkenburg, Zur Meideburg, Zur Schmiedeburg*), *-berg* (*Zum Sonnenberg, Zum Salzberg, Zum Rheinberg*), *-eck* (*Zum Eiseneck, Zum Windeck*) und *-stein* (*Zum Salmenstein, Brunstein*). Darüber hinaus geben HausN häufig Rätsel auf und sind nicht deutbar. Ländliche HausN unterscheiden sich wiederum von den städtischen (s. dazu DEBUS 2013). Zur Erhebung der historischen HausN muss man v.a. städtische Urkunden, Zins- und Gerichtsbücher sowie historische Stadtpläne auswerten. In einigen Fällen sind auch bei restaurierten älteren Gebäuden noch **Inschriften** bzw. **Hausschilder** erhalten. Seit dem Ende des 18. Jhs. wurden die HausN durch Hausnummern verdrängt und erlitten damit einen **Funktionsverlust**. Sie blieben aber v.a. in Form von GasthausN oder ApothekenN als Werbeträger erhalten (JEHLE 1996:1601–1606, HELLFRITZSCH 1996a:1590–1592). Gebäudebezeichnungen ehrender Art kennt man noch von öffentlichen Gebäuden wie Schulen, Universitäten. Hier handelt es sich jedoch um EN von Institutionen (Kap. 10.3).

Tab. 33: Häufige Motive der HausN (nach GUYER 1953:8)

Benennungsmotiv	**Beispiele (in Auswahl)**[259]
Lage/Aussehen des Hauses	*Zum gemalten Haus, Zum roten Haus, Hohes Haus*
Gewerbe/Nutzung	*Zum halben Backhaus, Zum großen Hammerschlag, Zur Münze*
Waffen, Schmuck, Hausgeräte, Kleidungsstücke	*Zum Bunten Mantel, Zum Schlegel, Zum Kleinen Hornaffen, Zum Biberhut*
Pflanzen und Früchte	*Zur kleinen Blume, Zum faulen Apfel, Zur Traube*
Tiere und Fabelwesen	*Zur Henne, Zum Affen, Zum Lindwurm, Zum Frosch*
Gestirne, Naturerscheinungen	*Zum Stern, Zum Gauckelstern, Zur Sommerwonne*
Religion (Heilige, Symbole), Mythologie	*Zum Paternoster, Zum Jagteufel, Zu der Begine, Zum Lateran*
Hoheitszeichen	*Alte Krone*
SpottN	*Zum Ungefugen, Guck in die Hölle*
SiedlungsN	*Zum großen Paris, Zum Mailand, Zum Lamparter*
BesitzerN	*Zum Herbold, Zum kleinen Adolf, Zum Humbrecht*

9.7.2 Gasthausnamen

"Saß der Großvater im *Adler, Ochsen* oder *Zur Post* beim Bier, geht der Enkel ins *Bistro Relax, Belettis Pizzeria* oder *Lipstik*" (KÜHN 2000b:10). Historische GasthausN erfüllen noch die klassischen Merkmale eines Toponyms, da sie ortsfest an einem Gebäude haften und aus dem HausN erwachsen sind (*Zum Schwan*). Bei modernen **Gaststätten- und RestaurantN** hingegen handelt es sich um sog. GeschäftsN, die nicht mehr an einen Ort gebunden sind: Das *Cafe Extrablatt* gibt es z.B. über 50 Mal in Dtld. (WOLK 2005:122f., Kap. 10.2.6).

Namen für Gasthäuser sind zunächst aus traditionellen HausN entstanden und spielten eine wichtige Rolle als Orientierungspunkte, z.B. für Ortsfremde, um eine Unterkunft zu finden (JEHLE 1996:1601). Anfänglich noch homonym mit den HausN, lösten sich die GasthausN als EN öffentlicher Restaurants zunehmend von den entsprechenden Gebäuden ab. Zieht der Gaststättenbetreiber um, nimmt

259 Aus dem Digitalen Häuserbuch – einem Verzeichnis der Mainzer HausN aus dem Jahr 1450; www.mainz.de/microsite/digitales-haeuserbuch/index.php (21.06.15).

er heute den Namen aus Werbegründen einfach mit. Deutlicher wird dieser Wandel noch bei den EN von Ketten (*McDonald's*, *Starbucks* etc.), die eher einen MarkenN darstellen, als dass sie einen konkreten Schnellimbiss bzw. ein konkretes Café bezeichnen. An dieser Stelle wollen wir die modernen GaststättenN allerdings mitbehandeln, da sie nach WOLK (2005:125) "eine heterogene Gruppe im Grenzbereich zwischen Toponymen und Ergonymen" darstellen (zur Abgrenzung zu den GeschäftsN s. Kap. 10.2.6).

Greifbar wird die Entwicklung auch bei den **Benennungsmotiven**. Traditionell kommen die heraldischen Muster besonders reichhaltig vor (*Adler*, *Krone*). Abgeleitet von Zunftschildern sind *Bär* (für die Bankiers), *Schlüssel* (für die Großkaufleute) oder *Anker* (für die Schiffer). Beliebt war auch die nähere Bestimmung durch das Adj. *alt* (*Alter Hirschen*, *Alte Mühle*) und durch Farbadj. (*Schwarzer Ochsen*, *Blauer Löwe*; JEHLE 1996:1602, KUNZE 2011:138). Bräuche wie die Kennzeichnung von Weinschenken mit grünen Zweigen (*Zum Grünen Kranz*) konnten ebenfalls namengebend werden (BACH 1953/54:§516). Zu den frequentesten Benennungsmotiven zählen:

- **Tiere**: Benennung nach Tieren kommt am häufigsten vor. Europaweit ist *Goldener Löwe* (engl. *Golden Lion*, frz. *Lion d'Or* etc.) wohl der beliebteste GasthausN, gefolgt von *Hirsch*, *Adler*, *Weißes Ross* etc. (STEIGER 1996:292). Allein *Adler*, *Löwe*, *Ochse*, *Hirsch*, *Ross* und *Schaf* machen 80% der nach Tieren benannten Gasthäuser aus (JEHLE 1996:1603). *Adler* und *Löwe* sind meist heraldisch motiviert und erst in zweiter Linie als Symboltiere der Evangelisten. Bei *Hirsch* handelt es sich um ein Symbol aus Jägerei und Heraldik, bei *Ochsen(kopf)* um ein Innungszeichen der Metzger, während die nach Pferden (*Ross*/*Rössle*) benannten Gasthäuser Poststationen waren. Allerdings dominieren die Benennungen nach Tieren, wie auch nach anderen heraldischen Motiven, eindeutig im dt. Südwesten, von wo sich dieser Typ ausgebreitet hat (KUNZE 2011:144).
- **Lage**: Im Norden und Südosten Dtlds. herrscht die Benennung nach der Lage (*Marktschänke*, *Deichkrug*, *Zum Gautor*) vor. KRAUSE/STERNKOPF (1998: 110f.) stellen fest, dass auch in Sachsen heute noch das Motiv der Verortung besonders beliebt ist.
- **BesitzerN** (*Gasthaus Müller*, *Bei Helga*) sind v.a. im Westen und Nordwesten von Dtld. stärker vertreten. So liegt der FamN-Anteil in Münster/ Westfalen, wo jeder fünfte GasthausN einen FamN enthält, wesentlich höher als in Passau (WOLK 2005:136f.).
- Als moderne Erscheinung sind **fremdsprachige Namen** flächendeckend verbreitet: *Al Cortile*, *Barrio Alto*, *Taverne Naxos*, *Maharaja Palace*, *Quartier Mayence*, *Irish Pub*.

Bei den Bildungsweisen zeichnen sich ebenfalls typische **Verbreitungsräume** ab (Abb. 43). WOLK 2005 stellt bei einem Vergleich der Namen in Passau und Münster ein Verhältnis im Gebrauch von Präpositionalgefügen von 14,6% zu 6,2% fest. Regionaltypisch ist auch der Gebrauch von Präp. + Art. im Dat. + Subst. im Dat. (*Zum Löwen*). Verkürzt tritt der Name auch ohne Präp. als *Löwen* auf. Tritt ein Adj. hinzu, wird deutlich, dass hier ein zum Nom. erstarrter Dat. vorliegt (*Goldener Löwen*), der zum onymischen Marker wird (Kap. 4.2.1). Eine Verbreitungskarte der GasthausN mit *Löwe* (auf Grundlage von Telefonverzeichnissen; KUNZE 2011:K. 1) zeigt eine deutliche Verteilung: Isoliertes *Löwe* kommt nur drei Mal verstreut vor und geht höchstwahrscheinlich auf den BesitzerN zurück. Der GasthausN *Löwen* ist besonders dicht im dt. Südwesten belegt und nimmt nördl. des Mains sowie westl. des Mittelrheins ab (KUNZE 2011:130f. und Abb. 43). Darüber hinaus zeigt sich eine deutliche Opposition zwischen nördl. *Zum Löwen* und südl., präpositionslosem *Löwen*. In Grundzügen wiederholt sich das Bild auch bei anderen GasthausN mit ähnlicher Motivik. Zu weiteren regional verbreiteten Namen s. KUNZE (2011:135–138).

Abb. 43: Verbreitung der GasthausN mit *Löwe*[260]

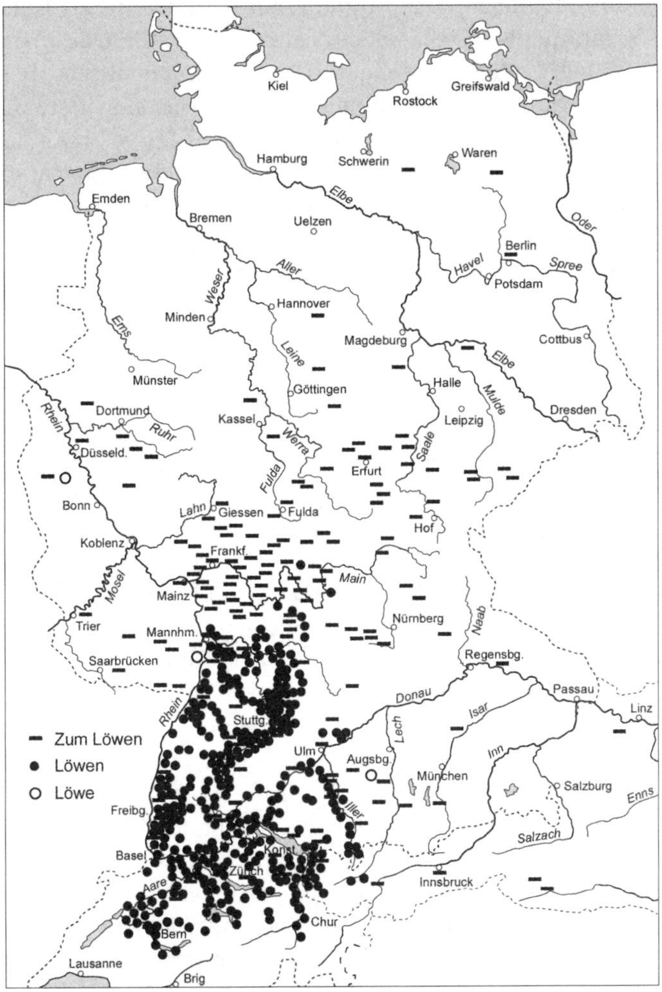

260 Dankenswerterweise zur Verfügung gestellt von Konrad Kunze.

Häufige Bildungsweisen sind (nach ZIFONUN 2009):

- Simplizia: *Specht, Bodega, Kamin, Kreta*
- Komposita: *Bauernschänke, Weintorklause, Augustinerkeller*
- artikellose NP: *Heiliger Aal, Goldene Ente, Gonsenheimer Hof*
- mit Artikel: *Der Hänfling, Die Bierbumb*
- mit Präp.: *Zum Gebirg, Bei Helga, Zur Dorfschänke, Zur Kanzel*
- Gattungs-EN: *Weinhaus Michel, Cafe Extrablatt, DoMo Sushibar, Heinrichs – Die Wirtschaft* (Kap. 3.3.1)

Bei GasthausN mit dial. Besonderheiten (*Domsgickel, Gaustubb, Leiter'che*) beobachtet WOLK (2005:132) auch den häufigen Gebrauch von Diminutiven als Ausdruck für Bekanntes, Vertrautes, Gemütlichkeit. Der Artikel kongruiert mit dem Genus des APP: *Das Geschwollene Herz, Der Goldene Anker.* Liegt dem GasthausN ein PersN oder ein PhantasieN zugrunde, greift neut. Genus als Defaultfall (Kap. 4.2.1c, DUDEN-Grammatik 2009:§250): *das Lotus, das Red Chili, das Alexis Sorbas* etc. Moderne GaststättenN zeichnen sich oft durch graphematische Besonderheiten aus, wie den Apostroph-Gebrauch (*Rita's Treff, Schröder's, Meijer's Häusje*), Groß- und Kleinschreibung des ganzen Namens (*SAUSALITOS, ALEX, hafeneck*). Die bewusste, spielerische Abweichung von der sprachlichen Norm soll Aufmerksamkeit erregen (WOLK 2005:134f.). "Als erforschtes Gebiet innerhalb der Onomastik können die Gasthausnamen folglich kaum bezeichnet werden", schreibt WOLK (2005:121). Dies hat sich noch nicht wesentlich geändert, auch wenn mittlerweile einige Untersuchungen zu diesem Thema vorliegen (z.B. SCHRÖER 2014).

9.7.3 Apotheken-, Burgen-, Kloster-, Sportstättennamen

ApothekenN liegen wie die GasthausN im Grenzbereich zwischen Haus- und UnternehmensN. Allerdings können wir hier zwei Muster voneinander trennen: Der GeschäftsN vom Typ *Löwen-Apotheke* kann zu den Toponymen zählen – die Namen sind historisch meist aus einem HausN erwachsen und ortsfest, da mit dem Gebäude verbunden. Den vollständig eingetragenen UnternehmensN *Löwen Apotheke Zürich GmbH* rechnen wir hingegen zu den Ergonymen (Kap. 10.2).

Seit dem 15. Jh. treten symbolische Benennungen vermehrt, ab dem 18. Jh. sogar als Massenerscheinung auf. Als traditionelle, ältere Motive kommen meist Tiere und Pflanzen vor, die ähnlich wie bei den HausN wohl meist symbolische Bedeutung haben. KRAUSE/STERNKOPF 1997 verzeichnen für ihr Untersuchungsgebiet Sachsen 52 *Löwen-*, 35 *Adler-* und 11 *Bären-Apotheken.* Nach Pflanzen benannt sind: *Anemonen-Apotheke, Rosen-Apotheke.* Auch religiöse Motive tauchen auf (*Apotheke zum güldenen Engel*) neben der Benennung nach Himmelskörpern (*Sonnen-, Sternapotheke*) und Gegenständen (*Ring-, Anker-, Kronen-Apotheke*). Demgegenüber stehen die weitaus häufigeren jüngeren Namengebungspraktiken: Bildungen mit PersN (HeiligenN: *Hildegardis-Apotheke, Marien-, Rochusapotheke*) und Namen historischer Persönlichkeiten, als ErinnerungsN oft mit regionalem Bezug (*Frauenlob-, Gutenberg-, Mercatorapotheke*) oder Benennung nach der Lage (*Apotheke am Höfchen, Bahnhof-Apotheke, Südapotheke*).

BurgenN sind Namen befestigter Adelssitze. Mhd. *burg* meinte zunächst allgemein 'befestigte Siedlung', bezeichnete ursprünglich also auch urbane Siedlungen (SiedlungsN *Augsburg*) und wurde in dieser Bedeutung seit dem 12. Jh. durch mhd. *stat* abgelöst, während sich *burg* auf 'Burg, Befestigungsanlage' verengte (Kap. 3.4.1a). Vorrangig waren Burgen Macht- und Statussymbole und dienten als Wohnsitz der Adelsfamilie. Einer längeren Belagerung hielten sie trotz des wehrhaften Charakters oft kaum stand. Ihre Erbauer nutzten häufig geographisch vorteilhafte Lagen wie schroffe Felsen oder Berge. Bei der Bildung der BurgenN dominieren eindeutig Komposita. Simplizia, wie *Stein* oder *Egg* sind selten. Die häufigsten **Motive** der BurgenN (BOXLER 1996, SCHNELBÖGL 1996:311f.):

- Benennung nach der **Lage** ist besonders häufig: Höhenburgen tragen oft den Namen der Erhebung, auf der sie errichtet wurden. Deshalb tauchen Elemente wie *-eck* (*Sooneck, Lahneck*), *-fels* (*Ehrenfels, Rheinfels*), *-stein* (*Königstein, Rheinstein*) und *-berg* (*Fürstenberg, Reichenberg*) oft auf, daneben auch *Stauf* 'Kegelberg' (*Hohenstaufen*), *Horn* 'Landvorsprung' (*Hornburg*), *Schreck* 'Sprung, steile Höhe' (*Schreckenstein*), *Scharf* 'steil' (*Scharfeneck*). Diese Benennungen waren derart prototypisch, dass schließlich sogar Burgen in der Ebene einen Namen mit *-berg, -stein* tragen konnten. Ableitungen von SiedlungsN und BergN liegen vor bei *Flügelsberg* (< SiedlungsN *Flüglingen*), *Schilteck* (< SiedlungsN *Schiltach*), *Veldenstein* (< BergN *Velden*).
- **PersN**: Hier erfolgte die Benennung nach dem Erbauer oder Besitzer der Burg (*Wilhemsstein, Châteaurenard, Baldenstein*).
- **Heraldik**: Mit Wehrhaftigkeit signalisierenden Namen wollte man beeindrucken. Daher waren v.a. Tiere, die als mächtig, stark sowie unheimlich galten und eine heraldische Bedeutung hatten, namengebend: Raubvögel wie *Falke, Adler, Rabe*, Raubtiere wie *Wolf, Löwe, Bär* und mythische Tiere wie *Drache* und *Greif*: *Habsburg* (< *Habichtsburg*), *Drachenfels, Greifenstein*.
- Ab 1200 entstanden vermehrt **Ruhm- und PropagandaN**, die sich von Süden und Westen her ausbreiteten. Beliebt waren ritterliche Tugenden: *Gutenberg, Liebeneck, Senftenberg, Werdenstein* (zu mhd. *wert*), *Ehrenfels, Limburg* (< *Lintburg* zu mhd. *lint* 'geschmeidig, sanft'), *Miltenberg, Treuenfels*.
- **Französische ModeN** kamen im 12. Jh. auf (SCHNELBÖGL 1996:301f.): *Pyrmont* (heute *Bad Pyrmont*) < *Pyerremont* ('Petersberg'), *Montclair* ('Lichtenberg'), *Montfort* ('Starkenberg'), *Aspremont* ('Scharfenberg'), *Monreal* ('Königsberg'). Durch den Einfluss der Kreuzzüge entstanden *Mons Tabor* (Berg in Palästina, heute *Montabaur*), *Montjoie* (nach einem Berg in der Nähe von Jerusalem).
- **Politische Namen** sollen Wehrhaftigkeit und Schutz (z.B. *Anhalt* 'Stützpunkt, Rückhalt, Sperrburg') vermitteln (SCHNELBÖGL 1996:309f.). Beliebt waren v.a. Zusammensetzungen mit *Land-* 'Territorium' (*Landshut, Landskron, Landau, Landsberg*) und *Fried-* 'Friede, Waffenstillstand' (*Friedberg, Friedland*). *Hohen-* diente als Symbol für die Macht der Besitzer: *Hohenstaufen, Hohenzollern, Hohenlohe* < *Hohlach* 'zum hochgelegenen Wald'.

Im 14./15. Jh. benannten sich geadelte Bürgergeschlechter im Stile der BurgenN: *Kressenstein* (< FamN *Kreß*), *Hallerstein* (< FamN *Haller*), *Ziegelstein* (< *Ziegelhütte*) (SCHNELBÖGL 1996:301f.). Ab 1500 verloren die Burgen ihre Funktion, allerdings gingen ihre Namen als WohnstättenN in die FamN ein und wurden so überliefert (FamN *Rabenstein, Falkenstein*).

Klöster wurden zunächst nach der Siedlung (*Kloster Lorsch, Kloster Fulda*) oder nach dem Gründungsheiligen (*St. Maximin, St. Gallen*) benannt. Im 13. Jh. kamen jedoch auch **KlosterN** hinzu, die auf geistliche Sphären verweisen: *Marienstern, Himmelsthron, Himmelpfort.* An SiedlungsN angelehnte Grundwörter enthalten *Gotteszell, Gnadenthal, Christgarten.* Gleichzeitig waren auch Benennungen nach Toponymen aus dem Heiligen Land in Mode: *Kloster Tabor, Abtei Nazareth, Kloster Bethlehem* (BACH 1953/54:§521f., REITZENSTEIN 1996b:1593–1596).

Wurden **Sportstätten** ursprünglich nach ihrer Lage (*Stadion am Bruchweg, Millerntorstadion*) oder zu Ehren einer Persönlichkeit (*Fritz-Walter-Stadion*) benannt, zeichnet sich in den letzten 15 Jahren ein grundlegender Wandel ab. SPIEGEL ONLINE berichtete am 21.01.11 von der zunehmenden Kommerzialisierung im Fußball: "Immer mehr Profivereine verkaufen den Namen ihrer Arena. Unternehmen finden zusehends Gefallen am lukrativen Rechte-Deal. Die Folgen: abstruse Sportstätten-Namen und resignierte Traditionalisten". Die viel diskutierte Praxis des Stadionsponsorings bedingt einen Wechsel der traditionellen StadionN.[261] Der Sponsor möchte zu Werbezwecken sein Logo und seinen Namen auf dem Stadion sehen. Den Anfang machte 2001 das Hamburger *Volksparkstadion*, das zur *AOL-Arena* (heute *Imtech Arena*) wurde. Viele Fans sind mit den neuen StadionN nicht einverstanden und protestieren dagegen – allerdings ist der Namenverkauf mittlerweile gängige Praxis geworden (zur identitätsstiftenden Funktion der StadionN und zu Fanprotesten s. BERING 2007:448f., 2011:27f.).

Tab. 34: Sponsoren als Namengeber von Fußballstadien[262]

Verein	Alter Name	Neuer Name
Borussia Dortmund	*Westfalenstadion*	*Signal-Iduna-Park* 2005
FC Bayern München	*Olmypiastadion*	*Allianz-Arena* 2005
FC Schalke 04	*Arena auf Schalke*	*Veltins-Arena* 2005
VfB Stuttgart	*Neckarstadion*	*Mercedes-Benz Arena* 2008
Eintracht Frankfurt	*Waldstadion*	*Commerzbank-Arena* 2005
1. FC Nürnberg	*Frankenstadion*	*easyCredit-Stadion* 2006–2012
1. FSV Mainz 05	*Bruchwegstadion*	*Coface-Arena* Neubau 2011
Dynamo Dresden	*Rudolf-Harbig-Stadion*	*Glücksgas-Arena* 2010–2014
Hamburger SV	*Volksparkstadion*	*AOL-Arena* 2001–2007
Greuther Fürth	*Stadion im Sportpark Ronhof*	*Trolli ARENA* 2010–2014

[261] Das Max-Planck-Institut für ausländisches und internationales Privatrecht hielt 2010 ein Symposion "Die Vermarktung von Namensrechten an Sportstätten im nationalen und internationalen Recht" ab, 2015 fand ein "Naming Right Summit" in Frankfurt/Main statt.

[262] S. dazu auch BERING (2007:438–441).

Stadien ohne **SponsorN**, wie *Tivoli* (Alemannia Aachen), *Erzgebirgsstadion* (Erzgebirge Aue), sind heute selten. Eine systematische Untersuchung steht noch aus: Welche neuen Bildungsweisen ergeben sich (Ablösung des Grundworts *Stadion* durch *Arena*)? Warum lehnen Fans die neuen Namen oft ab? Wie sieht das Verhältnis zu den UnternehmensN aus? Wie oft kommt es zu Namenwechseln?

9.8 Himmelskörpernamen

Unter **HimmelskörperN** oder **Kosmonymen** (< griech. *kosmos* '(Welt-)Ordnung, Weltall') versteht man die Namen aller natürlichen[263] astronomischen Objekte: Monde (*Io, Umbriel*), Kleinplaneten (*Sekhmet, Rüdigerkollar*), Kometen (*Halley, Shoemaker-Levy 9*), Planeten (*Mars, Saturn*), Sterne (*Sirius, Regulus, Bellatrix*), planetarische Nebel (*Ameisennebel, Katzenaugennebel*), interstellare Wolken (*Adlernebel, Pferdekopfnebel*), Sternsysteme (*Muskelmännchen, Plejaden, Christbaumhaufen*), Sternbilder (*Andromeda, Großer Bär, Grabstichel*), Galaxien (*Magellansche Wolke, NGC 4676* (auch: *Die Mäuse*)), Galaxienhaufen (*Lokale Gruppe, Stephans Quintett*) etc.[264]

Bisher ist das Gebiet der HimmelskörperN von der Onomastik weitgehend ausgespart worden. Man zählt sie gewöhnlich nicht zu den Toponymen, sondern zuweilen zu den Phänonymen (BAUER 1998:59; s. auch Kap. 12) mit der Begründung, dass z.B. Kometen nur periodisch erscheinen und folglich als Naturphänomen betrachtet werden können. Mit den anderen OrtsN verbindet die Kosmonyme jedoch ihre **Kartierbarkeit** (z.B. auf Sternenkarten), die Ortsgebundenheit (auch wenn es sich um bewegliche Objekte handelt, sind sie an Umlaufbahnen und bestimmte Regionen im Weltall gebunden) sowie die Ausdehnung bzw. Verortung im Raum. Die HimmelskörperN sind zum Teil **traditionell**, d.h. in **historischen Sternenkatalogen** und antiker astronomischer Literatur überliefert oder von den jeweiligen Entdeckern des Objekts vergeben. Heute werden die Namen zusätzlich durch die *International Astronomical Union* (*IAU*) verbindlich festgelegt, reguliert und publiziert. Die traditionellen Namen entstanden zum größten Teil in der Periode vor dem Gebrauch optischer Hilfsmittel, d.h., sie beziehen sich auf die geringe Menge der mit bloßem Auge sichtbaren Objekte. Besonders im 20. Jh. nahm durch die Entwicklung leistungsfähiger Teleskope und weiterer Beobachtungsmethoden (wie Weltraumteleskopie) die Zahl der entdeckten Himmelskörper und somit auch deren Namen sprunghaft zu. Wurden im **Sternenkatalog des Ptolemäus** (um 150 n. Chr.) noch überschaubare rund 1.025 Sterne beschrieben, geht man heute von rund 50.000 Mio. Fixsternen allein in unserer Milchstraße und ca. 100 Mio. Galaxien sowie einer Unmenge von Kleinstobjekten aus (KUNITZSCH 1959:13).

Nach BAUER (1996:1620) verhalten sich alle HimmelskörperN wie die Unika *der Mond, die Sonne*, werden aber zu EN, "sobald sie als Bestandteile einer wissenschaftlich-astronomischen Nomenklatur auftreten".[265] Während die Gemeinspra-

[263] Künstliche Himmelskörper sind z.B. Satelliten, Raumsonden, Raumstationen.

[264] Etymologie von HimmelskörperN in ALLEN 1963, KUNITZSCH/SMART 2006, ROOM 1988.

[265] BAUER spricht von GestirnN, ohne genau zu definieren, was er damit meint.

che die SternN mit Artikel verwendet, entfalle er beim wissenschaftlichen Gebrauch, so BAUER. Diese Aussage ist jedoch nicht ganz zutreffend. In der Fachsprache der Astronomie finden PlanetenN z.T. auch mit Artikel Verwendung (*Nächstes Ziel interplanetarer Sonden war der Saturn; Hinweise auf die Existenz von Wasser auf dem Mars*). Horoskope, eine weitverbreitete, populäre Textsorte, erwähnen PlanetenN ausnahmslos artikellos, da sie hier personifiziert werden (zur Korrelation kein Artikel/max. Belebtheit s. Kap. 6.2):

> Mars bringt im Mai und Juni neue Impulse in Ihre Partnerschaft. Ein Liebesurlaub oder ein kurzer Ausflug zu zweit wäre nun genau das Richtige. Dank Venus erwarten Sie ein romantischer April, ein gefühlvoller Juli und ein prickelnder September. [...] Ab Anfang Juni gelingen kreative Arbeiten leicht. Jupiter lässt die guten Ideen nur so sprudeln (Hervorhebungen RH).[266]

Auch in der populärwissenschaftlichen Literatur erscheinen MondN und traditionelle SternN ohne Artikel (*Gibt es Leben auf Europa?*[267]). Der **Taufakt** (Namenverleihung durch den Entdecker oder eine Institution) spricht ebenso für den EN-Charakter wie die Nichtübersetzbarkeit und internationale Gültigkeit (im Gegensatz zu den Unika: dt. *Mond, Sonne*, engl. *moon, sun*, frz. *lune, soleil*; Kap. 3.2.1). Für Sternbilder gelten international die lat. Namen, auch wenn z.T. deren dt. Übersetzung gebräuchlich ist (dt. *Chemischer Ofen* – lat. *Fornax*).

Bei der Namengebung von Himmelskörpern werden in erster Linie Theonyme (*Jupiter*) bzw. Anthroponyme (fiktional: *Andromeda* (griech. Sagengestalt), real: *Hale-Bopp* (Astronome)) herangezogen. Gemäß Abb. 14 wird Namenmaterial von oben nach unten entlehnt, d.h., Kosmonyme enthalten oft Anthroponyme oder andere Toponyme, aber nicht umgekehrt. Daneben bekommen viele Himmelskörper metaphorische deappellativische Namen v.a. aus der Tierwelt (*Großer Bär*). WEINBERGER (2005:129f.) stellt zusammenfassend fest, dass die belebten anthropomorphen und theriomorphen Namenmotive bei SternbildN (*Andromeda, Fische*), die von der Antike bis ins 17. Jh. dominierten, im 18. Jh. von unbelebten Motiven (Werkzeugbezeichnungen wie *Zirkel*) abgelöst werden. Die Benennung nach technischen Geräten ist erst seit der Neuzeit gebräuchlich. So verbirgt sich hinter *MACHO 96* kein besonders männl. Schwarzes Loch. Hier ist vielmehr das *MACHO Alert System* (*MACHO = Massive Astronomical Compact Halo Objects*) Namenpate. Die meisten modernen HimmelskörperN beinhalten app. Bestandteile (*Gomez' Hamburger*,[268] *Andromeda Nebel*) oder greifen ganz auf APP (und Adj.) zurück (*Rotes Rechteck*). Wichtigste schriftliche **Quellen** für Kosmonyme sind die antike (z.B. von Ptolemäus) und arab. astronomische Literatur (z.B. Anwā-Bücher (philologische Lexika, Enzyklopädien)) sowie die europ. mittelalterlichen und neuzeitlichen **Sternenkataloge** (s. dazu KUNITZSCH 1959, 1961).

---

[266] Aus einem Jahreshoroskop im Internet für das Sternzeichen Jungfrau (2012). Stichproben in weiteren Horoskopen zeigten den gleichen artikellosen Gebrauch.

[267] www.br.de/mediathek/video/sendungen/alpha-centauri/alpha-centauri-europa-2002_x100.html (17.05.15).

[268] Der Rote Riesenstern, der seine Hülle verliert, wurde nach dem Aussehen (erinnert an das bekannte Fastfood) und seinem Entdecker, dem Astronomen Arturo Gomez benannt.

9.8.1 Planeten- und Mondnamen

Zu den auffälligsten und am frühesten beobachteten extraterrestrischen Objekten gehören die **Planeten** oder Wandelsterne, die eine auffällige Bahn ziehen (zu historischen Bezeichnungen der Planeten, von Sonne und Mond s. EILERS 1976). Die Griechen ordneten den Planeten **Gottheiten** zu, wobei sie auf babylonische Vorbilder zurückgriffen (z.B. *Ištar, Marduk* etc.). Die griech. GötterN wurden später von den Römern durch die heute noch gültigen röm. Namen ersetzt (*Venus, Mars, Jupiter*). Das Benennungssystem nach **römische GötterN** führte man auch für später entdeckte Planeten weiter: *Uranus* (1781), *Neptun* (1846), *Pluto* (1930, heute in die Klasse der Zwergplaneten eingestuft, s.u.). Alternativ fanden teilweise auch arab. Namen Eingang in die mittelalterliche europ. Literatur (z.B. im Parzival: *Zval* (= *Saturn*), *Almustri* (= *Jupiter*), *Almaret* (= *Mars*) etc.).

Die ersten **Planetenmonde** entdeckte Galileo Galilei im Jahr 1610. Es handelte sich dabei um die vier größten Jupitermonde, die er nach den Geliebten des Göttervaters *Io, Europa, Ganymed* und *Kallisto* taufte. Bei der Benennung neuentdeckter Monde wird das **mythologische Benennungssystem** beibehalten, z.B. heißen die Monde des Saturn nach Titanen (*Thetys, Enceladus, Rhea*). Ab dem 19. Saturnmond treten auch Riesen aus anderen Mythologien hinzu, z.B. nord. *Ymir* (= Saturn XIX), Inuit *Paaliaq* (= Saturn XX), kelt. *Bebhionn* (= Saturn XXXVII). Die innerhalb des Ringsystems befindlichen Satelliten des Saturns tragen mit mythischen Hirtengestalten assoziierte Namen (die sog. Schäfermonde *Daphnis* und *Pan*). Als einzige Ausnahme erhielten die Monde des *Uranus* Namen aus den Theaterstücken William Shakespeares, nachdem William Herschel 1787 mit *Oberon* und *Titania* das Motiv vorgegeben hatte: *Ariel, Miranda, Ophelia, Prospero.*

Die ca. 540.000 **Kleinplaneten** (Objekte zwischen Mars und Jupiter und im Kuiper-Gürtel jenseits des Neptun) nummeriert man i.d.R. durch (SIMEN 1996: 995–997, HOFFMANN 1996a:1632f.). Zusätzlich tragen sie oft einen EN. Das Repertoire, aus dem diese geschöpft werden, ist besonders reichhaltig: Erhielten sie zunächst ebenfalls Namen aus der griech. Mythologie (*Trojaner, Ceres, Pallas, Juno*), waren diese bald erschöpft, sodass ihre Entdecker in der Folge zu kreativen Benennungen griffen. Die Nummern 1227–1234 taufte ihr Entdecker Karl Reinmuth nach Pflanzen (*Geranium, Scabiosa, Tilia, Riceia*). Zunächst vergab man ausschließlich weibl. Namen; diejenigen mit männl. Paten wurden feminisiert (*Gaussia* < *Gauß*). Oft handelt es sich um die Ehefrauen, Töchter und Enkelinnen der Entdecker (*Anneliese, Karin, Miltred, Ruth*) – sogar deren KoseN hielten Einzug (*Muschi, Tinchen*) –, zum anderen um besonders bewunderte bzw. beliebte Frauen (*Marlene* zu Ehren von Marlene Dietrich). Als weiteres Motiv dienten latinisierte und feminisierte StädteN (*Bamberga, Berolina, Dresda, Moguntia, Sonneberga*), teilweise auch Firmen (*Hapag, Zeissia, Askania*) und technische Geräte (*The Norc* nach dem *Naval Ordonance Research Calculator*).[269]

Die Bezeichnung von **Exoplaneten** orientiert sich an dem EN oder der Katalognummer des Hauptsterns. Darauf folgt ein Kleinbuchstabe beginnend mit *b*

---

[269] Ausführlich dazu s. SCHMADEL 2012. Eine Liste mit 1.000 KleinplanetenN findet sich bei ROOM (1988:233–280), eine komplette Liste unter www.minorplanetcenter.net (17.05.15).

(*Gliese 581e, OGLE-2005-BLG-390Lb*). Gleichzeitig gibt es auch inoffizielle EN, die von den Entdeckern vergeben werden: Sie griffen z.B. für *Ypsilon Andromedae b,c,d* die von einer Schulklasse vorgeschlagenen SpitzN *Dinky* (der kleinste der Gruppe), *Twopiter* (hat die zweifache Jupitermasse) und *Fourpiter* (die vierfache Jupitermasse) auf.[270] Der 1999 entdeckte Exoplanet *HD209458b* wird von seinen Entdeckern auch *Osiris* (nach einem altägyptischen Gott) genannt.

Besonders zahlreich sind **extraterrestrische Toponyme** für die topographischen Objekte auf der Oberfläche der Planeten und Monde des Sonnensystems. Zuständig für Prüfung und Vergabe dieser Namen ist die *Working Group for Planetary System Nomenclature* (*WGPSN*) der *International Astronomical Union* (*IAU*).[271] Sie bietet auch eine Liste mit mythologischer Literatur als Auswahlhilfe und gibt die Benennungsmotive für die einzelnen topographischen Objekte vor. Als Motivgruppe für die Mondkrater (*Al-Bakri, Galileo, Kopernikus, Einstein, Planck, Grissom*) wurden **Nachbenennungen** folgender Art festgelegt:

> Deceased scientists and polar explorers who have made outstanding or fundamental contributions to their field. Deceased Russian cosmonauts are commemorated by craters in and around Mare Moscoviense. Deceased American astronauts are commemorated by craters in and around the crater Apollo. [...] First names are used for small craters of special interest.[272]

Vermehrt wird auch die Öffentlichkeit in die Namenvergabe der IAU einbezogen, z.B mit der Aktion NameExoWorlds (Benennung von Exoplaneten) oder der Suche nach Namen für fünf Merkurkrater. Vorgegeben war die Benennung nach Künstlern. Aus 3600 Vorschlägen wurden ausgewählt: *Carolan* (Komponist), *Enheduanna* (Poetin), *Karsh* (Fotograf), *Kulthum* (Sängerin) und *Rivera* (Maler).[273]

9.8.2 Sternnamen

Zu den Kosmonymen gehören u.a. die **SternN** oder **Astronyme** (< griech. *astron* 'Gestirn'). Die hellsten und auffälligsten Sterne tragen ihre traditionellen griech., lat. oder arab. EN. Diese sind nur bei Hobbyastronomen, in populärwissenschaftlichen Werken, in den Medien sowie der Nautik gebräuchlich, nicht aber in der wissenschaftlichen astronomischen Literatur. Einige Unternehmen bieten Taufen von Sternen an. Diese gekauften Namen haben allerdings keinen offiziellen Status, sie sind nur für die PatInnen selbst von Bedeutung. Die meisten neu entdeckten Sterne kennt man nur unter ihrer offiziellen **Katalognummer**. Das älteste **Katalog-Benennungssystem** geht auf die sog. Bayer-Bezeichnungen zurück, die Johann Bayer 1603 in seinem Werk *Uranometria* publiziert hat. Sie basieren auf der Helligkeit/Position + Sternbild im Gen.: Für den hellsten Stern des Sternbilds *Centauri* ist dies *α Centauri*. Daneben stehen die sog. Flamsteed-Bezeichnungen

---

270 www.womanastronomer.com/dfischer.htm (17.05.15).

271 http://planetarynames.wr.usgs.gov (17.05.15). Hier gibt es auch Listen mit allen Toponymen innerhalb des Sonnensystems, deren Etymologie, Benennungsdatum etc.

272 http://planetarynames.wr.usgs.gov/Page/Categories (17.05.15).

273 www.nameexoworlds.org, www.iau.org/news/pressreleases/detail/iau1506 (17.05.15).

(Nummer nach der Position + Sternbild im Gen.: *1 Lyrae*), basierend auf John Flamsteeds *Historia coelestis Britannica* von 1712. Heute identifiziert man einen Stern nach modernen Katalogisierungssystemen. Sie bestehen aus einem Akronym, abgeleitet aus dem KatalogN (z.B. *BD* < *Bonner Durchmusterung*),[274] dem AutorenN (z.B. *WT* < *Wroblewski+Torres*), aus Instrumenten oder Observatorien (z.B. *IRAS* < *Infrared Astronomical Satellite*). Ergänzt werden sie durch eine alphanumerische Folge, die eine Katalognummer oder Koordinatenangabe beinhaltet (*BD38° 3238*). Aufgrund der unterschiedlichen Systeme können Sterne viele verschiedene Namen tragen:[275]

Tab. 35: Traditionelle EN und moderne Katalogbezeichnungen für Sterne

Traditioneller EN	Bayer- bzw. Flamsteed-Bezeichnungen	Moderne Katalogisierungen
Beteigeuze	*Alpha Orionis*	*HR 2061; BD +7 1055; HD 39801*
Wega	*Alpha Lyrae* bzw. *3 Lyrae*	*HR 7001; BD38° 3238; HD 172167*
Sirius	*alpha CMa* bzw. *9 CMa*	*HR 2491; HD 48915; BD-16 1591; HIC 32349; CCDM J06451-1643*

Viele der **traditionellen SternN** sind arab. oder griech. Ursprungs. Ein Großteil der antiken astronomischen Literatur ist über die Vermittlung arab. Übersetzungen tradiert und im europ. Raum bekannt geworden. Im Mittelalter traten daher zu den antiken Bezeichnungen viele arab. SternN hinzu, wobei die Transkription ins Lat. deren Etymologie häufig verdunkelt hat (dt. *Beteigeuze* < arab. *yad al-ǧauzā* 'Hand der Riesin'). KUNITZSCH/SMART (2006:11) untersuchen 254 SternN, von denen 70% arab. und 19% griech.-lat. Herkunft sind. Der Rest ist aus diversen Sprachen entlehnt worden oder basiert auf modernen Kunstbildungen.

Zu den **griechischen SternN** zählen *Castor, Elektra, Merope* etc. Einige davon haben ihren Ursprung wahrscheinlich im sumerisch/babylonischen Kulturkreis (KUNITZSCH 1959:16). Lat. Herkunft sind Namen wie *Bellatrix* ('Kriegerin') und *Regulus* ('kleiner König'). Die Namen **arabischer Herkunft** können in zwei Gruppen unterteilt werden:

- Aus dem Griech. **übersetzte Namen**: *Algol* < arab. *ra's al-ġhūl* 'Kopf des Ghul, Dämonenhaupt' ist eine arab. Übertragung des Namens *Gorgonea Primus* (nach Ptolemäus). Der Name ist seit dem 10. Jh. im Westen bekannt und somit einer der ältesten überlieferten arab. SternN in Europa (KUNITZSCH 1959:69, 115f.). Bei *Altair/Atair* < altarab. *al-nasr al-ṭā'ir* 'der fliegende Adler' handelt es sich ebenfalls um eine Übersetzung aus griech. *Aetos* 'Adler' (KUNITZSCH/SMART 2006:17f.).
- **Original** arab. Namen: *Fomalhaut* = *a Piscis Austrini* (hellster Stern des Sternbilds *Südlicher Fisch*) < arab. *fam al-hut* 'Maul des Fischs/Wals' (KUNITZSCH 1959:84, 164f.)

---

[274] Heute übliche Sternenkataloge sind z.B. Henry Draper Catalog (HD), General Catalog (GC).

[275] Zu Listen mit arab. SternN und deren Etymologie s. KUNITZSCH 1961. Rezente SternN mit Etymologie und AlternativN in HOFFMANN (1996a:1635f.).

In der **Neuzeit** wird häufig nach dem **Entdecker** (*Kapteyns Stern*, 1897 vom Astronom Jacobus C. Kapteyn entdeckt) oder nach dem **Aussehen** benannt (*Pistolenstern*, die ihn verdeckende Staubwolke erinnert an eine feuernde Pistole). Existieren keine überlieferten Namen, können auch neue erfunden werden, wie *Peacock* für *a Pavonis* für den Gebrauch im Navigationsalmanach der *Royal Air Force*. Begleitsterne in einem Mehrfachsternsystem kennzeichnet man mit lat. Großbuchstaben: *Sirius B* ist etwa der Begleiter des helleren *Sirius A*.

Sternbilder tragen die ältesten astronomischen Namen. Bei ihnen handelt es sich um auffällige Konstellationen heller, mit bloßem Auge erkennbarer Sterne, welche die Orientierung am Nachthimmel erleichtern. Anordnung und Namen der Sternbilder sind kulturell sehr verschieden. Unterscheiden muss man zwischen den eigentlichen **SternbildN** der heute noch gültigen Sternbilder und den Namen von Sternenfiguren (Asterismen), die lediglich Teile eines Sternbilds darstellen, wie z.B. *Großer Wagen* als Teil des Sternbilds *Großer Bär*.[276]

Abb. 44: Historische und moderne Darstellung der Sternbilder

a) hist. Sternbild *Andromeda*[277]

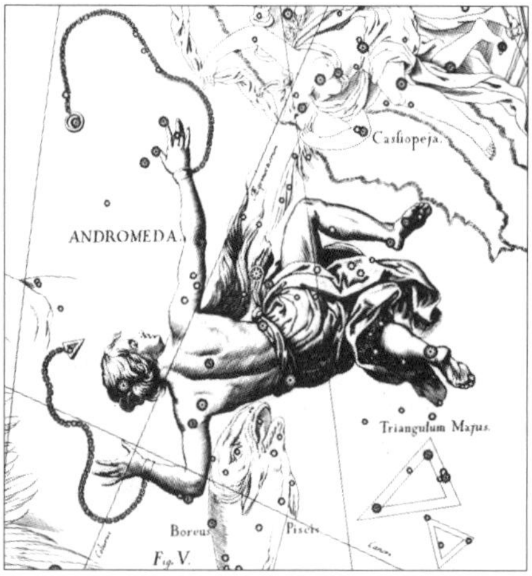

b) Sternbild *Andromeda* heute[278]

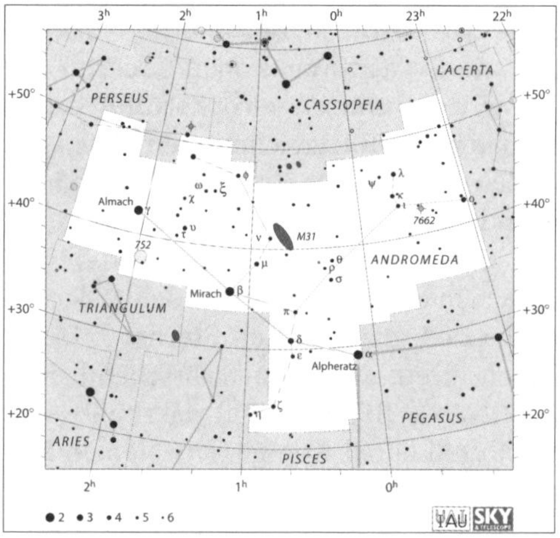

Aufgrund der Erweiterung der Sternenbeobachtung über den Bereich des mit bloßem Auge Sichtbaren hinaus, erwiesen sich antike Orientierungssysteme wie die der Sternbilder bald als unzulänglich. Diese gab man schließlich auf und ersetzte sie durch Felder, die den Namen des Sternbilds erhielten. Der Sektor um das Sternbild *Andromeda* umfasst allerdings einen größeren Bereich, weit mehr Objekte und ist genauer definiert als das traditionelle Sternbild (KUNITZSCH 1959: 13f.; Verzeichnis der Namen bei WEINBERGER 2005:130–132). Wurden die Sternbilder in der Vergangenheit eher zufällig durch imaginäre Linien zu Bildern ver-

276 Zur Geschichte der Sternbilder, ihrer Namengebung und -bedeutung s. auch RIDPATH 2004.

277 Johannes Hevelius: Uranographia, 1690 (Quelle: Wikimedia Commons; 17.05.15).

278 Quelle: www.iau.org/public/constellations (17.05.15), IAU and Sky&Telescopemagazine (Urheber: Roger Sinnott und Rick Fienberg).

bunden, sind ihnen seit 1928 durch die IAU feste Koordinatenlinien zugeordnet (Abb. 44). Diese beschränkt man auf 88 Konstellationen und verwendet sie u.a. zur angenäherten Ortsangabe von Himmelsobjekten.[279] 1930 legte die IAU auch die SternbildN verbindlich fest. Ihre Herkunft kann man nach Weinberger (2005: 124) in zwei Gruppen unterteilen, nämlich in von Ptolemäus verzeichnete und solche, die erst im 17./18. Jh. eingeführt worden sind. Von den 88 heute gültigen Sternbildern tragen 48 Namen ptolemäischen (*Perseus, Orion*) und 40 neuzeitlichen Ursprungs (*Pfau, Chemischer Ofen*).

Zum Weiterlesen:

Zu OrtsN allgemein sind Bach (1953/54), Naumann 2001 sowie die entsprechenden Kapitel in Eichler et al. 1996, Debus/Seibicke 1996 grundlegend. Mit der Unterscheidung von Länder- und StaatenN beschäftigt sich Back (1974, 1977, 1996). Einen Überblick über LandschaftsN geben Berger (1996a,b), Debus/Schmitz 2004, Greule (2004a), Polenz (1961, 1977); zum Artikelgebrauch bei LänderN s. Thieroff 2000. Als Einführung in die SiedlungsN bieten sich an: Greule (2004c), Naumann (2001:688–702) sowie zu GewässerN Ders. (2001:708–710), Greule (1996a, 2004b). Die alteurop. Hydronymie thematisieren Krahe 1964, Schmid (1977, 1981, 1995), Udolph 2004. Zu SeeN gibt es kaum Literatur: Bandle 2005, Reitzenstein 2011. Erste Ansätze zu BergN bieten Pohl (1997, 2011), Pohl/Schwaner (2007:203–210), Reitzenstein (1996a, 2004), Weibel 2011. Die Literatur zu FlurN ist reichhaltig, grundlegend sind: Kleiber 2004, Naumann (2001:702–708), Tyroller (1996a,b) Waser 2004. Speziell zur FlurN-Geographie liegen vor: Ramge (1987, 1996), Vogelfänger (2010, 2011), Rampl 2011. Zu StraßenN gibt es neben vielen älteren Werken neuere Forschungsansätze in Bering (2001a,b, 2002), Bering et al. 1999, Glasner 1999. Grundlegendes zu den StraßenN findet man in Fuchshuber-Weiss (1983, 1985, 1996), Kettner 1998, Kohlheim/Kohlheim 2007, Naumann (2001:684–716, 2004), Steger 1996, Tarpley 1996. Einen Überblick zu GebäudeN gibt Naumann (2001:711–713). Speziell zu HausN s. Bach (1953/54:§516), Weber 2004. Zu GaststättenN gibt es neuere Untersuchungen von Jehle 1996, Krause/Sternkopf (1998, 1999), Wolk 2005, zu ApothekenN liegt wenig vor, mit Ausnahme von Hellfritzsch (1996a,c), Krause/Sternkopf 1997. Zu BurgenN sind Bach (1953/54:§518f.), Boxler 1996, Schnelbögl 1996 grundlegend. Walther (2004b) untersucht WehrbautenN allgemein. Zu KlosterN s. Reitzenstein (1996b). StadionN geht Bering (2007, 2011) nach. Nur als erste oberflächliche Einführung zu HimmelskörperN geeignet ist Hoffmann (1996a); zur Etymologie grundlegend sind Kunitzsch (1959, 2004), Kunitzsch/Smart 2006.

---

279 www.iau.org/public/constellations mit Liste der SternbildN. S. auch Hoffmann (1996a: 1634), www.skyandtelescope.com/letsgo/helpdesk/Constellation_Names.html (17.05.15).

10. Objektnamen (Ergonyme)

Ein neues Produkt ohne Name? Kaum vorstellbar. Ungetaufte Konzerne? Ausgeschlossen. Namenlose Vereine? Inexistent. In Wirtschaft, Politik, Kultur und Gesellschaft spielen EN eine bedeutende Rolle. Aber obwohl sie für uns alle zum Alltag gehören, verlassen wir mit Benennungen **vom Menschen geschaffener Gegenstände** sowie Einrichtungen nun endgültig die klassischen Arbeitsbereiche der Onomastik. Ordnende Eingriffe in die Natur, z.B. durch Gliederung des Raums (Gebäude, Siedlungen, Straßen etc.; Kap. 9) gehören dabei nicht zu den sog. Ergonymen (< griech. *ergon* 'Werk, Erzeugnis').[280] Angesiedelt zwischen Monoreferenz und Klassenbezeichnung, ist ihnen manchmal sogar der EN-Status abgesprochen worden. Da sie häufiger transparente Strukturen aufweisen, def. Beschreibungen ähneln, eine "Bedeutung" haben, relativ jung sowie teilweise recht instabil sind, gelten sie nach wie vor als eher uninteressant und werden deshalb von der Forschung wenig beachtet - einzige Ausnahme bilden die WarenN. Aus diesem Grund sollen die folgenden Abschnitte nun erste Einblicke vermitteln, an verschiedenen Stellen publizierte, qualitativ höchst ungleiche Arbeiten zusammenführen und den Weg zu spannenden neuen Forschungsfragen weisen. Bei den Ergonymen handelt es sich nämlich um eine der **offensten, innovativsten Namenklassen** überhaupt. Immer wieder kamen bzw. kommen neue Objekte hinzu, die individuell benannt werden müssen. Wir wollen uns im Folgenden eingehender mit EN von Waren, Unternehmen, Institutionen, Kunstwerken und Verkehrsmitteln beschäftigen.

10.1 Warennamen

"Hast Du mal ein Papiertaschentuch für mich?", *"Reich mir doch bitte die Nuss-Nougat-Creme!"*, *"Darf ich Deine Korrekturflüssigkeit benutzen?"* – Sätze dieser Art hört man so gut wie nie im Alltag. Stattdessen würden wir nach *Tempo, Nutella* bzw. *Tipp-Ex* fragen. Marken bestimmen unser Leben so sehr, dass viele in den allgemeinen Wortschatz übergegangen und zu APP geworden sind (Kap. 3.4.2). Für Unternehmen haben solche Warenzeichen eine **immense Bedeutung**, der Wert von *Coca-Cola*[281] etwa wird mit 81,6 Mrd. US-Dollar beziffert.[282] Es verwundert daher kaum, dass WarenN zu den am besten erforschten Ergonymen zählen. Eine schier unüberschaubare Fülle von Literatur aus den verschiedensten Fachgebieten be-

---

280 Einige Klassifikationen verwenden den Begriff *Chrematonym* (< griech. *chrema* 'Ding, Gegenstand') in gleicher Bedeutung. Da *Ergonym* zusätzlich die menschliche Handlung bzw. Leistung betont, bevorzugen wir diesen von BAUER (1998:52f.) eingeführten Terminus.

281 Die erwähnten WarenN sind auch ohne spezielle Auszeichnung nicht als frei zu betrachten.

282 www.bestglobalbrands.com/2014 (21.06.15). Man muss hier zwischen UnternehmensN (*The Coca-Cola Company*) und WarenN (*Coca-Cola, Fanta, Lift*) trennen. S. dazu weiter unten.

schäftigt sich mit dem Thema (zu einem Forschungsüberblick s. RONNEBERGER-SIBOLD 2004:566–569). Wir wollen uns ihm nun v.a. aus linguistischer Perspektive nähern: WarenN sind Namen, unter denen **Konsumgüter oder Dienstleistungen** auf dem Markt angeboten werden. Dabei unterscheiden sie sich von allen anderen Bezeichnungen des gleichen Objekts sowie von parallel existierenden, nicht dem Verkauf dienenden EN: *2-Acetoxybenzoesäure* stellt einen pharmazeutischen Wirkstoff dar, dessen gemeinfreier "International Nonproprietary Name"[283] *Acetylsalicylsäure* lautet. Vergeben von der Weltgesundheitsorganisation, vereinfacht er vornehmlich die Fachkommunikation. In der Apotheke erhalten VerbraucherInnen die Substanz als wirksamen Bestandteil unterschiedlicher Medikamente von diversen Herstellern unter den WarenN *Aspirin, ASS-ratiopharm, Godamed* etc. (KOSS 1999:388f., s. auch ANREITER 2002, WEHKING 1984).

Weitgehend synonym werden auch *ProduktN, HandelsN* sowie *MarkenN* gebraucht – allerdings mit jeweils leicht abweichender Akzentsetzung. In der Onomastik hat sich der Terminus *WarenN* durchgesetzt, dem wir hier ebenfalls den Vorzug geben wollen. Er kennzeichnet das Objekt am präzisesten, da der Begriff *Ware* ('bewegliches Gut, das Gegenstand des Handelsverkehrs ist'; GABLER-WIRTSCHAFTSLEXIKON) bereits die kommerzielle Nutzung signalisiert. Ein solcher Hinweis fehlt dem Ausdruck *ProduktN*. Dahingegen birgt *HandelsN* Verwechslungsgefahr mit der *Handelsmarke*, welche Handelsunternehmen für eigene Produkt(reihen) verwenden (Edeka: *Gut&Günstig*, Real: *TiP*, Rewe: *ja!*). Eine Untergruppe der WarenN bilden **MarkenN**. Sie sind entweder durch Eintragung ins Markenregister beim Dt. Patent- und Markenamt geschützt (Registermarke) oder haben aufgrund allgemeiner Bekanntheit Verkehrsgeltung erlangt (Benutzungsmarke; §4 MARKENG, GABLER-WIRTSCHAFTSLEXIKON).[284] Oft besteht der vollständige WarenN (*Nivea For Men Cool Kick After Shave Balsam*) eines Herstellers (*Beiersdorf Aktiengesellschaft*) gestaffelt aus der Dach-/Programmmarke (*Nivea*), der Familien-/Produktgruppenmarke (*For Men*), der Einzel-/Produktmarke (*Cool Kick*) und weiteren spezifischen Zusätzen für verschiedene Ausführungen, Geschmacksrichtungen, Größen, Formen, Farben etc. (*After Shave Balsam*; s. HEEGEN 2013). UnternehmensN bzw. ihre Bestandteile können sekundär als MarkenN auftreten (*Google, Siemens, VW*). In der Praxis kommt es allerdings zu vielfachen, auch terminologischen Überschneidungen.[285] Daneben gibt es WarenN, die weder amtlich gesichert sind noch breitere Durchsetzung im Markt errungen haben, z.B. im Möbel- oder Versandhandel (Bettwäsche *Birgit*, Küchenprogramm *Ulm*, Porzellanserie *Elegance*).[286] S. insgesamt RONNEBERGER-SIBOLD (2004:558f.). Besonderheiten lassen sich am besten im Sprach- und Produktvergleich erkennen (z.B. DUFFERAIN 2012, ECKKRAMMER/THALER 2013, ERNST 2014, GABRIEL 2003, MUNDT 1981, MUSELMANN 2010, RONNEBERGER-SIBOLD 2008a, RÜCKERT demn., SCHMITT 2007, SIALM-BOSSARD 1975, VINCZE 2008, VOIGT 1982, ZILG 2006, 2012).

---

283 www.who.int/medicines/services/inn (21.06.15).

284 www.dpma.de/marke (u.a. Recherche im Markenregister möglich; 21.06.15), FEZER 2009.

285 Zu Terminologie, Erscheinungsformen und Strategien s. etwa BRUHN (2001b), ESCH 2010, KASTENS (2008:30–33), LATOUR (1996:50–75).

286 *Otto*-Katalog Frühjahr/Sommer 2012. Sie erleichtern v.a. die Bestellung (KOSS 2002:179f.).

10.1.1 Funktionen und Anforderungen

Wie frischgebackene Eltern suchen auch Unternehmen nach dem perfekten Namen für ihr neugeborenes Produkt. Die Liste der von verschiedenen Seiten gestellten Anforderungen ist ebenso lang wie die der fatalen Fehlgriffe (*Audi e-tron* – frz. *étron* 'Kothaufen', *Chevrolet Nova* - span. *no va* 'geht nicht', *Fiat Uno* - finn. 'Trottel')[287], sodass sich eine eigene Branche auf sog. "Branding" spezialisiert hat (s. etwa GOTTA 1988, LATOUR 1996).[288] Als zentraler Bestandteil im Marketing-Mix muss der Name das betreffende Produkt nicht nur eindeutig identifizieren, sondern gleichzeitig auch **werbenden Charakter** besitzen, also Aufmerksamkeit sowie Kaufinteresse bei der Zielgruppe in allen relevanten Märkten wecken. Er sollte daher u.a. kurz, einprägsam, auffällig, originell, wohlklingend, leicht wahrnehm- und aussprechbar sein, zudem positive Assoziationen[289] hervorrufen. Diverse sprachliche Mittel und kreative Wortschöpfungstechniken (Kap. 10.1.3) stehen hierzu bereit: Besonderheiten im Schriftbild wie durchgängige Großschreibung (*OMO*), Binnenmajuskeln (*BahnCard*) oder kleine Anfangsbuchstaben (*bofrost**) springen ins Auge, ebenso Buchstabenverdoppelungen ohne Lautwert (*Mexx*), Satzzeichen (*JOOP!*) sowie willkürliche Akzente (*mondí*). Alternierende CV-Strukturen sorgen für einfache Artikulation, wobei ein hoher Vokal-Anteil euphonisch anmutet; wegen seines häufigen Auftretens im normalen Wortschatz vermeidet man Schwa jedoch systematisch. Im An- und ggf. Auslaut treten bevorzugt stl. Plosive auf, sth. Konsonanten dagegen im Wortinnern (*Panamera*).[290]

Die **Assoziationen** sollen bestimmte Wünsche der KonsumentInnen ansprechen bzw. überhaupt erst auslösen. Dabei sind v.a. postmaterialistische Werte wie Anerkennung, Lebensfreude, Selbstverwirklichung (Zusatz- bzw. Sekundärnutzen) wichtiger als Hinweise auf die materiellen Produkteigenschaften, etwa Effizienz, Qualität, Zuverlässigkeit (Grund- bzw. Primärnutzen). Eine Differenzierung vom Wettbewerber lässt sich in Zeiten gesättigter Märkte nämlich leichter über verschiedene Identitätsangebote erreichen. WarenN sollen erlebnisbetonte innere Bilder bei den KundInnen auslösen und ihnen suggerieren, dass sie diese erstrebenswerten Eigenschaften durch Verwendung des Produkts selbst verkörpern wie beim *Lancôme Roseraie des Délices Le French Touch Absolu Lipstick Rose Candy*, der Pariser Eleganz mit dem Glamour von Hollywood kombiniert (Zusatznutzen), statt einfach nur das ästhetische Färben der Lippen zu versprechen (Grundnutzen). Gerne ahmt man zur Erzeugung solcher stereotypen Vorstellungen bestimmte fremdsprachliche Lautgestalten[291] nach, die das Produkt aufwerten, indem sie wissenschaftliche Seriosität (Latein, Griechisch), südländische Eleganz und Lebensfreude (Französisch, Italienisch, Portugiesisch, Spanisch = Romanisch) oder Modernität bzw. Fortschrittlichkeit (Englisch) ausstrahlen. Be-

---

287 Weitere Beispiele in GABRIEL (2003:66–70), PLATEN (1997:155–158) und im MARKENLEXIKON.

288 Zur Kreation von WarenN s. LATOUR (1996:97–132), HERSTATT 1985, PLATEN (1997:161–183).

289 Zu deren Erzeugung und Abgrenzung s. RONNEBERGER-SIBOLD (2004:572f., 2007b:136–144).

290 Ausführliches zur Lautsymbolik u.a. bei ERTEL 1969, KLINK 2000, 2003, LOWREY/SHRUM 2007 sowie YORKSTON/MENON 2004. S. auch Kap. 10.1.5.

291 Deren genaue Bestimmung erläutert RONNEBERGER-SIBOLD (2004:594f., 2005:95–97).

sonders gut eignen sich hierfür halbtransparente[292] Wortschöpfungen. Sie lassen auf eine mehr oder weniger eng umgrenzte Produktgruppe schließen, aber nicht auf ein konkretes Erzeugnis. Verkaufspsychologisch sind kurze, evokative Namen, die einen Spielraum für unterschiedliche Assoziationen eröffnen (*Sebamed*), effizienter als ausführliche, heute veraltet wirkende Beschreibungen (*Labetrunk für Magenleidende*). Wegen ihrer ausgeprägten Deskriptivität könnte man sie auch gar nicht mehr schützen lassen. Ein WarenN hat, soll er als MarkenN eingetragen werden, mehrere **gesetzliche Auflagen** zu erfüllen. Hier die wichtigsten:

- Er muss Erzeugnisse oder Dienstleistungen eines Unternehmens eindeutig von anderen unterscheiden und darf folglich mit keinem Namen in derselben international festgelegten Produktklasse identisch oder diesem nur zu ähnlich sein. Der Verwendung von *Rotkäppchen* als MarkenN sowohl für einen Camembert (Klasse 29: Milchprodukte) als auch einen Sekt (Klasse 33: alkoholische Getränke) steht also nichts entgegen.[293]
- Bundesweit bekannte MarkenN genießen auch unabhängig von den angemeldeten Produktklassen umfassenden Schutz vor Nachahmern, die deren Wertschätzung in der Bevölkerung ausnutzen wollen.
- Darüber hinaus darf der Name nicht allein aus APP bestehen, die im normalen Sprachgebrauch zur Bezeichnung des Produkts dienen. *Zucker* wäre z.B. kein schutzfähiger MarkenN, *Südzucker* hingegen schon.
- Der Name darf die VerbraucherInnen nicht über Art, Beschaffenheit und Herkunft des Produktes irreführen oder gegen die guten Sitten verstoßen.

Zu sprachlichen und gesetzlichen Anforderungen insgesamt s. RONNEBERGER-SIBOLD (2004:560–565, 572–575, 592f., 597–599, 2009a:142, 150). Juristische Details finden sich in §§3, 8f. MARKENG, FEZER 2009, LATOUR (1996:169–176) und SEUTTER 1996. Die Entwicklung des dt. Markenrechts stellt WADLE (1997, 2001) dar.

10.1.2 Onymischer Status[294]

Seit 1974 sind nicht weniger als 30 Mio. *Golfs* von den Bändern gelaufen, über 1,3 Mrd. Maschinenladungen werden in Dtld. pro Jahr mit *Persil* gewaschen und weltweit mehr als 2 Mrd. Kästen *Sprite* verkauft.[295] Angesichts solcher Zahlen drängt sich förmlich die Frage auf, ob man hier überhaupt noch von EN sprechen darf. Tatsächlich hat die Linguistik den onymischen Status der WarenN kontrovers diskutiert, gerade weil sie gleichzeitig außerordentlich viele Objekte bezeichnen und dabei auf dramatische Weise das **Gebot der Monoreferenz verletzen** (Übersicht bei ACKERMANN 2011:3f., KOSS 2002:185f.). Grammatisch verhalten

---

[292] Zu den Transparenzgraden und ihrer Erzeugung s. RONNEBERGER-SIBOLD (2000, 2004:573f.).

[293] Ähnlichkeit und Verwechselbarkeit behandelt STOLL (1999, 2001), die 45 Produktklassen stehen unter www.dpma.de/service/klassifikationen/nizzaklassifikation (21.06.15).

[294] Der onymische Status von WarenN wird auch in Kap. 3.3.4 thematisiert.

[295] www.spiegel.de/wirtschaft/unternehmen/a-905933.html, www.sueddeutsche.de/wirtschaft/1.495617 sowie www.thecoca-colacompany.com/heritage/pdf/Coca-Cola_125_years_booklet.pdf (21.06.15).

sie sich ebenfalls wie APP, können neben Definit- auch mit Indefinitartikel erscheinen oder in den Pl. treten (*"Kaufberatung für einen Golf IV!"*, *"Falls der Golf ausgeht und nicht mehr anspringt..."*, *"Wie schnell sind eure Golfs im Rückwärtsgang?"*).[296] Unzählbare Substanzen nehmen oftmals Quantoren zu sich (*"Zuerst extra viel Nesquik, dann Milch und dann auslöffeln bis am Boden nix mehr ist"*).[297] Allerdings tragen viele Konsumgüter eigens kreierte, in Lautung sowie Graphie häufig vom Standard abweichende PhantasieN (*Autan, Sinalco, Xetra*). Diese bleiben meist gleich, auch wenn sich Aussehen, Zusammensetzung etc. ändern. Darüber hinaus sind sie durch ihren Markenregister-Eintrag rechtlich fixiert (Taufakt) und differenzieren das entsprechende Erzeugnis von anderen (Kap. 10.1.1).

Im Gegensatz zu den Klassen ähnlicher Gegenstände bezeichnenden APP, welche sich nur einige wichtige Merkmale teilen, kann man Produkte gleichen Namens faktisch nicht auseinanderhalten. Sämtliche relevanten Eigenschaften fallen durch die moderne industrielle Massenfertigung **absolut identisch** aus. Derselbe Referent existiert also mehrmals. Ihm liegt ein klar definiertes Modell, eine Rezeptur oder Technologie zugrunde, auf deren Basis genaue Kopien hergestellt werden. So lassen sich die 24 *Binding*-Bierflaschen eines Kastens lediglich zählen, aber keineswegs voneinander unterscheiden. Unter allen rund 435 Trägern des FamN *Binding* in Dtld. gleicht hingegen keiner dem anderen. WarenN stellen damit eine Übergangsform zwischen EN und Gattungsbezeichnungen dar, wobei sie - wie in der Kapiteleinleitung bereits angedeutet - vollständig in die Klasse der echten APP übertreten, d.h. **deonymisiert** werden können. So bezieht sich *Fö(h)n*[298] nicht mehr nur auf die Geräte von AEG, sondern auf sämtliche Haartrockner, auch anderer Hersteller. Ähnliches gilt für *Jeep* ('Geländewagen'), *Pampers* ('Wegwerfwindeln für Kleinkinder') oder *Reißwolf* ('Aktenvernichter'). S. insgesamt RONNEBERGER-SIBOLD (2004:557f.); Weiteres bei GABRIEL (2003:36–39), LATOUR (1996:145–149), LÖTSCHER 2008 und PLATEN (1997:29–32, 121–129).

10.1.3 Bildungsweise

Angesichts von rund 36.000 Namen (RONNEBERGER-SIBOLD 2008b:128), die pro Jahr ins dt. Markenregister eingetragen werden, ist Kreativität bei der Schöpfung neuer WarenN gefragt. Hierfür eröffnen sich denn auch mannigfaltige Möglichkeiten. Weil die Zusammensetzung der WarenN aus MarkenN und weiteren Zusätzen äußerst vielfältig gerät, die linguistische Aufarbeitung aber noch aussteht, wollen wir uns nur mit der Bildungsweise von Ersteren beschäftigen und folgen dabei weitgehend RONNEBERGER-SIBOLD (2004:575–590, 599–601, 2008a: 778). Zunächst muss man zwischen übernommenen, also bereits existierenden Begriffen (*Lord*) oder Mehrwortverbindungen (*Du darfst*) auf der einen sowie neu erzeugten Namen auf der anderen Seite unterscheiden. Letztere teilen sich noch einmal in

[296] Thread-Überschriften aus dem Tuning-Forum www.autoextrem.de (04.01.12).

[297] Aus einem Erfahrungsbericht auf www.ciao.de (04.01.12).

[298] *Fön* bzw. *FOEN* ist eine seit 1909 eingetragene Marke der AEG Hausgeräte GmbH und seit 1996 der Electrolux Rothenburg GmbH (https://register.dpma.de/DPMAregister/marke/register/114176/DE; 21.06.15). Das APP schreibt sich <Föhn>.

Einzellexeme (*Milka*) und Syntagmen (*Froot Loops*) auf. Beide können nach den gültigen Normen der dt. bzw. einer fremden Grammatik oder in unterschiedlichem Grad unregelmäßig gestaltet sein. An regulären Bildungsmustern kommen etwa Komposition, Derivation sowie Konversion vor. Daneben finden sich außerordentlich viele Techniken der irregulären Wortschöpfung (Abb. 45Abb.).

Lautsymbolik, also die Nachahmung von Sinneseindrücken (*Schwip Schwap*), und die **freie Schöpfung** (*Elmex*) benötigen kein vorhandenes sprachliches Ausgangsmaterial. In allen anderen Fällen liegt dieses vor. Bei der **Verfremdung** wird eine existierende vollständige sprachliche Einheit (sog. Ausgangsform) umgestaltet. Hierzu gehören orthographische Verfremdung (phonetische Umschrift: *Vileda* < 'wie Leder'), Anagramm (Buchstaben-Umstellung: *Lycra* < *Acryl*), Lauterweiterung (Hinzufügung eines Einzellauts: *Schauma* < *Schaum*) und -ersatz (Ersetzung eines Einzellauts: *Wella* < *Welle*). Ebenso verfahren die diversen Kürzungsstrategien: Die morphologische Struktur der Ausgangsform berücksichtigen die elliptische **Kürzung** (Verwendung nur eines Kompositionsgliedes: *Selters* < *Selterswasser*) und die Akronymie. Letztere tritt in Gestalt von Buchstabierakronymen (erste Buchstaben von Konstituenten, alphabetisch ausgesprochen: *AEG* < *Allgemeine Elektricitäts-Gesellschaft*), Lautwertakronymen (erste Buchstaben von Konstituenten, ausgesprochen mit ihrem Lautwert: *Agfa* < *Actien-Gesellschaft für Anilin-Fabrikation*) sowie akronymischen Kürzungen (längere Anfangssequenzen der Konstituenten: *Fewa* < *Feinwaschmittel*) auf. Kurzwörter ohne Berücksichtigung der morphologischen Struktur entstehen durch Apokope (Kopfwort: *Rei* < *Reinigungsmittel*), Aphärese (Schwanzwort: *Sil* < *Persil*) oder diskontinuierliche Kürzung (einzelne Wortteile in der richtigen Reihenfolge: *Pril* < *Persil*).

Wortschöpfungen ohne vorhandene Ausgangsform untergliedern sich in extragrammatische **Derivation** und **Wortkreuzung** (extragrammatische Komposition). Erstere liegt entweder als Pseudosuffix- (*Nutella* < engl. *nut* + ital. *-ella*) oder Pseudokonfixbildung[299] (*Keratherm* < *Keramik* + *-therm*) vor – jeweils mit einem offenkundigen Suffix bzw. Konfix an einer erkennbaren Basis, aber außerhalb der normalen Wortbildungsregeln. Bei der Kreuzung, welche die größte formale Gestaltungsfreiheit lässt, handelt es sich um freie Zusammenfügungen von zwei oder mehr Lexemen. Vollständig erhalten sind diese in der Gelenk- (Ende des ersten Bestandteils überlappt mit dem Anfang des zweiten: *Aromaster* < *Aroma* + *Master*) und der Einschlusskreuzung (ein Bestandteil schließt den anderen als Teil seiner Lautfolge ein: *ComMunich@tion* < engl. *communication* + *Munich*). Daneben gibt es Kontur- (Matrixwort umhüllt eingekreuztes Wort, seine silbisch-rhythmische Gesamtkontur bleibt erhalten: *Riesecco* < *Riesling* + *Prosecco*), Halbvoll- (ein vollständig erhaltenes und ein gekürztes Wort, keines liefert die Gesamtkontur: *Duracell* < lat. *durare* 'ausdauern' + engl. *cell*) sowie Splitterkreuzungen (zusammengefügte Wortfragmente: *Persil* < *Perborat* + *Silikat*). Selbstverständlich treten häufig Mischformen auf, z.B. Kombinationen mit Lautersatz oder orthographischer Verfremdung (*Schogetten* < *Schok[olade]* mit Lautersatz + frz. *-ette-n*). Viele Beispiele finden sich bei LÖTSCHER 1992 sowie im MARKENLEXIKON.

---

299 Zu Typologie und Geschichte der Pseudokonfixbildungen s. RONNEBERGER-SIBOLD (2009b).

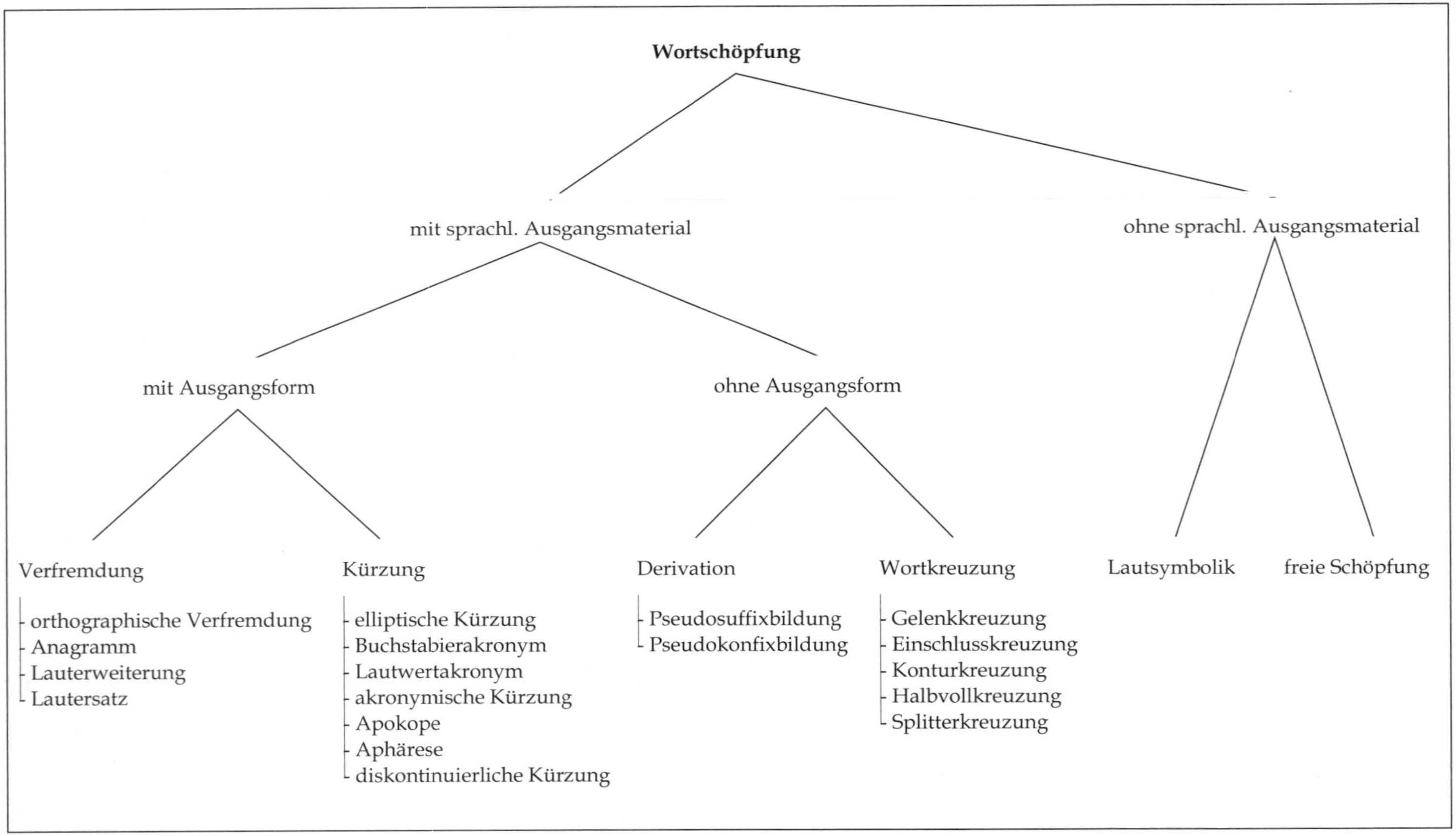

Abb. 45: Wortschöpfung bei MarkenN (vereinfachte Darstellung nach RONNEBERGER-SIBOLD 2004:579-584)

10.1.4 Historische Entwicklung

Kriegsheld[300] wäre heute sicher ein Ladenhüter, während *PlayStation* die Menschen Anfang des 20. Jhs. wohl überfordert hätte: So wie sich die angebotenen Produkte verändern, wechseln auch ihre Namen. Da diese allerdings immer positiv besetzte Assoziationen wecken und ein erstrebenswertes Lebensgefühl entwerfen sollen, spiegeln sie das zeitgenössische soziale, politische, wirtschaftliche bzw. kulturelle Umfeld sowie dessen Veränderungen. Jedoch liefern WarenN nicht immer ein getreues Abbild fundamentaler **gesellschaftlicher Werte**, weshalb sie sorgfältig interpretiert werden müssen. In einem DFG-Projekt vollzieht RONNEBERGER-SIBOLD (2005, 2007a,b, 2008a,b, 2009a) die Entwicklung dt. MarkenN von 1894 bis 1994 nach: Anfangs bestehen sie häufig aus übernommenen Lexemen bzw. Syntagmen, z.B. der Nennung des Herstellers oder einer genauen Produktbeschreibung. Die ausführlichen **deskriptiven Namen** sind meist lang, regelmäßig gebildet, transparent[301] und enthalten zum Großteil dt. Elemente. Bevorzugt aktivieren sie die Assoziationsbereiche Zuverlässigkeit (*Dr. Richter's Feigen-Brust-Bonbons*), Tradition (als Heimatverbundenheit: *Aechte Würzburger Rhabarber-Pillen*) sowie Macht (in Form von Herrscherverehrung: *Kaiser Wilhelm Sekt*).

Abb. 46: Reklamemarke von *Fay's ächten Sodener Mineral-Pastillen* (vor dem Ersten Weltkrieg) und Annonce für *Naether's Patent-Reform-Kinderstühle* aus der österr. Tageszeitung "Das Vaterland" (20.12.1903; ÖNB/Wien)

Nach der Jahrhundertwende bildet sich eine eigene Werbesprache heraus, die auch zur Professionalisierung der MarkenN-Gebung führt. Im Laufe der Zeit werden immer mehr Namen bewusst erzeugt statt einfach nur übernommen, wobei griffige **phantasievolle Einzellexeme** vorherrschen. Unregelmäßige Wortschöpfungen verdrängen allmählich reguläre Muster und sorgen für einen Kreativitätsschub. Insbesondere freie (Splitter-)Kreuzungen legen auf Kosten der reglementierteren Pseudosuffixbildungen zu. Gerne setzt man sie zur Erzeugung **fremdsprachiger Lautgestalten** ein. Bis 1914 dominiert das Dt. noch klar, danach

300 MarkenN für Tabakwaren aus dem Jahre 1914.

301 Zur Regelmäßigkeit der Bildungsweisen s. RONNEBERGER-SIBOLD (2008a).

aber nimmt sein Anteil kontinuierlich ab. Häufiger treten nun nicht-native Elemente auf, auch gänzlich fremde Namen gewinnen an Beliebtheit.[302] Nach wie vor handelt es sich hauptsächlich um lat.-griech. Anleihen, die zunächst überwiegend durch klassische Bildungsinhalte (*Minerva-Chocolade*), später zunehmend durch Fachwortschatz (*Ferratin* < lat. *ferrum* 'Eisen') Hochwertigkeit und Exklusivität suggerieren sollen. Daneben stellen engl. sowie rom. Komponenten in der ersten Hälfte des 20. Jhs. eine unbedeutende Randerscheinung dar.

Hinsichtlich der Assoziationen markieren beide Weltkriege deutliche Zäsuren. 1914 erreichen im Zuge nationalistischer Begeisterung die Felder **Macht** sowie **Tradition** ihre Höchststände, was sich in militaristischen Anspielungen (*Vormarsch*) bzw. der Bezugnahme auf germ.-dt. Geschichte (*Rabenschlacht*)[303] niederschlägt. Nach dem verlorenen Krieg fallen sie in den Zwanziger Jahren zurück, um dann 1934 wieder leicht anzusteigen. Zehn Jahre später ist auch davon nichts mehr zu spüren, stattdessen pendeln sie sich auf niedrigem Niveau ein. Während der NS-Zeit drücken knapp 60% der MarkenN **Zuverlässigkeit** aus. Da ideologisch befrachtete Vokabeln bzw. Symbole wie *Volk* oder *Hermann der Cherusker* der nationalsozialistischen Propaganda (*Volksempfänger*) vorbehalten und moderne Fremdsprachen nicht opportun sind, weichen die NamenschöpferInnen in vielen Warenklassen (z.B. Arzneimittel, Haushalts-, Lederwaren) auf unverfängliche, opake Pseudolatinismen aus, um keine anstößigen Assoziationen zu wecken (*Hamigol* < *Hamburg-Amerikanische Mineralölgesellschaft* + *-ol*).

Später werden lat.-griech. inspirierte MarkenN wieder transparenter und beschränken sich zunehmend auf wissenschaftlich-technische Kontexte, an Beliebtheit büßen sie jedoch nicht ein. Auch insgesamt überwiegen heute **halbtransparente, evokative Formen**, welche die Eigenschaften des Produkts lediglich andeuten, ohne es aber genauer zu beschreiben. Das neuerliche Erstarken der Assoziation Zuverlässigkeit in den 1970er Jahren dürfte mit der (gefühlten) wirtschaftlichen Unsicherheit während der Ölkrise zusammenhängen. In solchen turbulenten Zeiten stehen oft materialistische Werte im Vordergrund. Danach aber gehen diese endgültig zurück. Nur langsam entwickelt sich das **Englische** zur dominierenden Prestigefremdsprache, die fast jedem Produkt unabhängig von dessen Eigenschaften oder Herkunft einen Hauch Modernität verleiht (*Glycerin-Honig-Cream*). Anfang der 1990er Jahre steigt seine Verwendung dann sprunghaft an (*Chicken Sticks 'n Dip*). Dies steht in Zusammenhang mit der Bewunderung der US-amerik. orientierten Pop-Kultur, einer verstärkten Adressierung jugendlicher Käuferschichten, der erhöhten Präsenz des Engl. im Alltag sowie dessen Kenntnisstand innerhalb der Bevölkerung. Das Rom. bleibt durchweg eher unbedeutend und weist nach wie vor eine enge Bindung an Produkte, die das Leben angenehm gestalten (Nahrungs- und Genussmittel, Haushaltsgeräte), sowie stereotype Vorstellungen von den entsprechenden Ländern auf (*Würzella*, *Grilletten*). Zu bevorzugten Lautstrukturen s. RONNEBERGER-SIBOLD/WAHL 2013, zu aktuellen Trends der MarkenN-Gebung dies. 2014.

302 Zur Entwicklung sprachlich hybrider MarkenN s. RONNEBERGER-SIBOLD (2007a).
303 Beides MarkenN für Tabakwaren aus dem Jahre 1914.

10.1.5 Warennamen und Geschlecht

"*Dynamic Power* - Eine Welt von Luxus und Eleganz", "*Golden Cashmere* - für dynamische Typen":[304] Schnell wird klar, dass hier etwas verkehrt ist. Produkt sowie Slogan passen einfach nicht zusammen. Auf der einen Seite Harmonie, Sanftheit, Zärtlichkeit, auf der anderen Energie, Kraft, Vitalität. Doch die von uns unbewusst wahrgenommenen Unterschiede gehen noch tiefer. Auch auf lautlicher Ebene werden Geschlechterstereotype kodiert. Durch den gezielten Einsatz von **Phonosemantik** versuchen die Hersteller, ihr Sortiment mit gewünschten Assoziationen aufzuladen. Besonders bei Produkten, die sich speziell an eine weibl. bzw. männl. Zielgruppe richten sollen, kommen Strategien des Gendermarketings zum Tragen. Hier bedient man sich ähnlicher Strukturmerkmale wie sie auch in Frauen- und MännerrufN vorkommen (Kap. 7.2.4).

US-amerik. Studien (CASSIDY et al. 1999, KLINK 2009) haben ergeben, dass engl. Muttersprachler ihr Wissen über **geschlechtsspezifische phonologische Muster in RufN** auch bei WarenN aktivieren und es somit unbewusst zur Ableitung relevanter Produkteigenschaften nutzen. Außerdem beurteilen Versuchspersonen PhantasieN von gendertypischen Artikeln deutlich positiver, wenn die lautliche Struktur zur Zielgruppe passt. Für das Dt. geht ACKERMANN 2011 in einer empirischen Studie das erste Mal der Frage nach, wie Geschlecht bei WarenN phonologisch markiert wird. Dazu nimmt sie mit Deodorants eine relativ homogene Produktgattung unter die Lupe, die ein großes Variantenspektrum aufweist und eindeutig nach KundInnen differenziert. Bei ihrer Untersuchung des gesamten Namenkörpers[305] treten signifikante Strukturdifferenzen zutage. So weisen FrauendeoN im Vergleich zu solchen für Männer durchschnittlich

- mehr Silben (*Purple Passion* vs. *Boost*),
- eine höhere Gesamtsonorität (*Heavenly* vs. *Kick-off*),
- mehr helle Vokale (*Violet Senses* vs. *Alaska*),
- weniger geschlossene Silben (*Asia Garden* vs. *Extreme Cool*),
- eine höhere Auslautsonorität (*Magnolia* vs. *Cobalt*),
- weniger Konsonantencluster im Auslaut (*Inspire* vs. *Sport Instinct*) sowie
- mehr Hiate (*Aloe Vera* vs. *Fresh Active*) auf.

Einzig für den Anlaut lassen sich, wie bei RufN auch, keine Unterschiede feststellen. Insgesamt klingen weibl. DeoN weich und angenehm, männl. hingegen hart sowie kraftvoll. Dies setzt sich im **Produktdesign** fort, das für Erstere helle, verspielte Muster wählt, Letztere aber eher mit dezenten, dunklen Farben versieht (ACKERMANN 2011). Die Erforschung von Zusammenhängen zwischen WarenN und Geschlecht steckt noch in den Anfängen. Wünschenswert wären Strukturanalysen einzelner Erzeugnisarten für eine geschlechtsdifferenzierte Klientel (z.B. Armbanduhren, Jeans, Kosmetika, Parfüm, Rasierer, Schuhe), v.a. auch mit diachroner Ausrichtung. Zudem könnte man testen, wie sich genderkonform konstruierte fiktive WarenN auf Akzeptanz und Absatz der Produkte auswirken.

---

304 WarenN und echter Slogan sind genau vertauscht; www.duschdas.de (04.01.12).

305 Es werden nur die geschlechtsspezifischen EN der Einzelprodukte berücksichtigt.

10.1.6 Das Genus von Warennamen

Schon morgens wird an dt. Frühstückstischen über eine Frage leidenschaftlich debattiert: Heißt es *der, die* oder *das Nutella?*[306] Zahlreiche Zeitungsartikel, Internetforen sowie Bastian SICK (2004:19–22) haben sich des Problems angenommen. Eine Lösung ist deswegen noch lange nicht in Sicht. Dieser Situation begegnen wir bei intransparenten WarenN öfter.[307] Ähnlich sieht es etwa für *die/das Aspirin, die/das Cola* oder *der/das Tesa* aus. Wie Fremdwörter müssen solche PhantasieN in unsere Sprache "eingepasst" werden und ein grammatisches Geschlecht erhalten. Dabei wirken drei generelle, teilweise widerstreitende Prinzipien, die im Folgenden anhand des Instant-Kakaogetränks *Kaba* erläutert werden sollen; Entsprechendes gilt für die anderen Beispiele (nach DONALIES 2008):[308]

- Beim **Gestaltprinzip** basiert die Genuszuweisung morpholexikalisch auf der sprachlichen Form des Namens, insbesondere dessen Auslaut. Wörter und RufN auf *-a* (Kap. 7.2.4) sind im Dt. meist fem.: "*Also ich kann hier mal wieder die Kaba Pfirsich nur empfehlen.*"
- Das **Leitwortprinzip** (Sockelgenus) richtet sich nach dem korrespondierenden APP für die Produktart ("Basisbegriff" nach KÖPCKE/ZUBIN 2005: 97). In unserem Fall käme *der Kakao*[309] in Frage: "*Der Kaba ist zu süß, wenn Du mehr als 3 Esslöffel in die Milch einrührst.*"
- Von Ausgangsform oder Ursprungssprache wird das **Quellgenus** übernommen. *Kaba* stellt eine akronymische Kürzung aus *Kakao- und Bananenpulver* dar: "*Vorstellen möchte ich euch heute das Kaba mit Vanillegeschmack.*"

Viele Fälle sind eindeutiger und folgen vornehmlich dem Leitwortprinzip: *das Ariel* (*das Waschmittel*), *die Camel* (*die Zigarette*), *der Labello* (*der Lippenstift*) etc. Weiterhin gibt es im Dt. einige Wortfelder mit mehr oder weniger einheitlichem **referentiellem Genus**, das jedoch nicht auf ein Basislexem zurückgeführt werden kann: FlugzeugN, MotorradN sowie SchiffsN (s. Tab. 6 und Kap. 10.5) gehören zu den Fem., AutoN hingegen sind mask.: *der A8, der Fiesta, der Golf*. Nur in Verbindung mit APP setzt sich deren Genus meist durch: *die A8 Limousine, das Fiesta Coupé, das Golf Cabrio*. Ansonsten wird das Ursprungsgenus (*die Fiesta, das Golf*) konsequent durch das Mask. ersetzt,[310] sobald ein Lexem als AutoN fungiert. Gleiches gilt für jedes beliebige Element komplexer Namen (*der Mercedes A 160 CDI Classic → der 160, der CDI, der Classic*). Hierbei handelt es sich um das Genus des ursprünglichen app. Sockels *Wagen*: 1886 baute Carl Benz seinen ersten **"Motorwagen"**, im Produktionsprogramm der Daimler-Motoren-Gesellschaft von

---

[306] Dabei ist es unerheblich, ob wirklich die Marke von Ferrero oder ein Konkurrenzprodukt auf dem Tisch steht. *Nutella* wird mittlerweile wie ein APP für Nuss-Nougat-Creme verwendet. Andere WarenN lehnen sich daran an: *Nulacta, Nutoka, Nusstella* etc.

[307] Ein ähnliches Problem besteht auch bei Phantasiefirmen (Kap. 10.2, FAHLBUSCH demn., FAHLBUSCH/NÜBLING 2014). Zu Schwierigkeiten bei der Übersetzung s. KÜNZLI 2004.

[308] Die Beispielsätze entstammen alle dem Testberichte-Portal www.ciao.de (04.01.12).

[309] Manchmal sind allerdings mehrere Basisbegriffe denkbar. In unserem Fall etwa neben *der Kakao* auch *die heiße Schokolade* oder *das Kakaopulver* bzw. *-getränk*.

[310] Ausnahmen bilden heute z.B. *die Corvette C6, die Dodge Viper* und *die AC Cobra*.

1897 stehen u.a. folgende WarenN: *Daimler-Victoria-Wagen, Daimler-Geschäftswagen, Daimler-Lastwagen* etc. Das heute gebräuchliche Wort *Auto(mobil)* wurde erst gegen Ende des 19. Jhs. zunächst als Fem. aus dem Frz. entlehnt. Offiziell spricht man immer noch vom *Personenkraftwagen* (*Pkw*; FAHLBUSCH/NÜBLING demn.). Durch die unterschiedlichen Genuszuweisungen lassen sich auch verschiedene Produkte gleichen Namens auseinanderhalten: *der Yamaha* (Receiver), *die Yamaha* (Motorrad), *das Yamaha* (Klavier; KÖPCKE/ZUBIN 2005, DUDEN-Grammatik 2009:§240–249).

Abb. 47: Das Genus des WarenN *Nutella* im dt. Sprachgebiet[311]

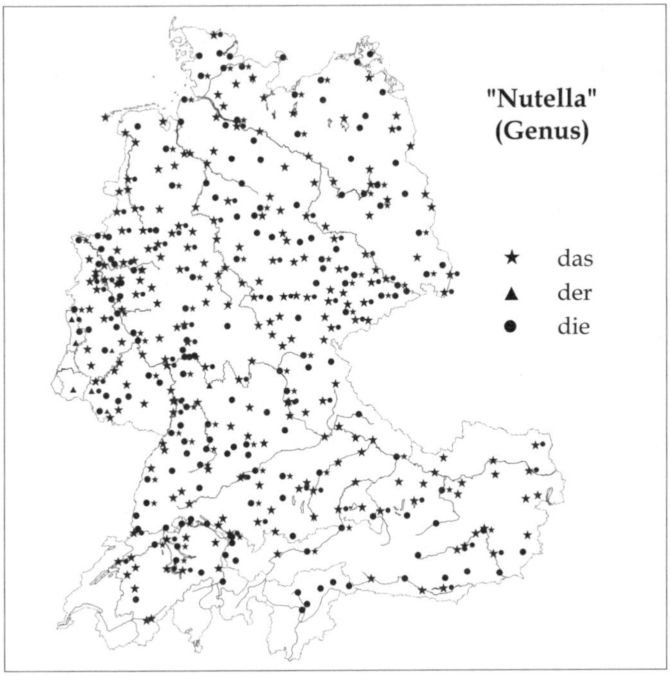

Zur einleitenden Artikelfrage bezieht der Hersteller Ferrero wie folgt Stellung: "Tatsächlich ist **nutella** ein im Markenregister eingetragenes Fantasiewort, das in der Regel ohne Artikel verwendet wird. Es bleibt somit jedem selbst überlassen, welchen Artikel er vor nutella setzt."[312] Selbst DUDEN-Zweifelsfälle (2011:676) gibt keine richtige Hilfestellung, und so wird diese Freiheit weidlich genutzt. Nahezu im gesamten dt. Sprachraum ist sowohl das Neut. als auch das Fem. gebräuchlich (Abb. 47). Allein im äußersten Westen der Bundesrepublik, in Ostbelgien und Luxemburg tritt das Mask. häufiger auf (vermutlich wegen frz. *le Nutella*). In Südtirol dagegen kommt wohl der Einfluss des Ital. (ital. *la Nutella*) zum Tragen: Hier kennt man nur *die Nutella*.

---

[311] Unser Dank gilt Stephan Elspaß und Robert Möller für die Erstellung einer schwarz-weißen Version der ADA-Karte (vierte Runde, Frage 24d).

[312] www.nutella.de/faq (21.06.15).

10.2 Unternehmensnamen

Als Leuchtreklame, auf Plakatwänden oder in den Medien: UnternehmensN begleiten uns im Alltag auf Schritt und Tritt. Schließlich lässt sich mit dem guten Namen bestens werben. Von elementarer ökonomischer Bedeutung ist er besonders in gesättigten Märkten, wo sich Konzerne wie Produkte häufig nur noch durch dieses **Alleinstellungsmerkmal** grundsätzlich voneinander abheben. Deshalb werden hohe Anforderungen an ihn gestellt. Neben der eigentlichen Benennungsfunktion soll der Name zusätzlich positive Assoziationen hervorrufen und Vertrauen schaffen, also sowohl identifizieren als auch charakterisieren. Darüber hinaus sorgt er für unverzichtbare Orientierung in der Wirtschaftswelt.

Die Onomastik rechnet UnternehmensN klassischerweise den InstitutionsN zu (so z.B. VASIL'EVA 2004, s. Kap. 10.3). Allerdings unterscheiden sich beide Objekte v.a. durch ihre Zielsetzung. Erstere sind privatwirtschaftlich organisiert und trachten hauptsächlich nach **Gewinn(maximierung)**, Letztere hingegen beabsichtigen meist als gemeinnützige Einrichtungen reine Kostendeckung. Daraus resultieren andere Namenfunktionen: Werbewirksamkeit auf der einen, eher sachliche Auskunft auf der anderen Seite. Diese gewichtigen Differenzen machen eine Trennung beider Klassen u.E. unumgänglich. Für uns handelt es sich bei UnternehmensN fortan um EN rechtlich selbständiger Wirtschaftseinheiten, die nachhaltig rentable Leistung in Form adäquater Verzinsung des eingesetzten Kapitals anstreben (GABLER-WIRTSCHAFTSLEXIKON; zur Abgrenzung von GeschäftsN s. Kap. 10.2.6). Der Gesetzgeber spricht von der ***Firma*** (< lat. *firmare* 'bekräftigen, beglaubigen') und meint damit den im Handelsregister eingetragenen, vor Missbrauch geschützten Namen, unter dem Kaufleute bzw. Gesellschaften ihre Geschäfte betreiben sowie Unterschriften leisten (§17 HGB).[313] Fälschlicherweise wird der Begriff jedoch oft synonym zu *Unternehmen* oder *Betrieb* gebraucht.

Das 1794 erlassene Allgemeine Landrecht für die Preußischen Staaten (ALR) enthält u.a. die erste umfassende Kodifikation des Handels- und Gewerberechts auf dem Gebiet des heutigen Dtlds. Hinsichtlich der zu führenden Firma legt es lediglich fest, dass sie sich von anderen deutlich zu unterscheiden habe. Spätere Gesetzeswerke weisen weitaus restriktivere, rechtsformabhängige Bestimmungen auf, die allerdings mit der Novelle des Handelsgesetzbuches (HGB) im Jahre 1998 ersatzlos entfallen.[314] Seither muss der Name allein zur Kennzeichnung geeignet sein, **Differenzierungskraft** besitzen und die Rechtsform (z.B. *AG*, *GmbH*, *KG*) nennen. Außerdem darf er keine irreführenden Angaben machen (§§18f., 30 HGB). Demnach hat jede Firma aus lat. Buchstaben oder arab. Ziffern zu bestehen, nicht aber aus bildhaften Zeichen. Abgesehen davon existieren sämtliche Gestaltungsfreiheiten (s. insgesamt CANARIS 2006:17f., 182–188, FAHLBUSCH 2010: 6–8 sowie KOSS 2009:544–548). Die gesetzlich vorgeschriebene Monoreferenz unterstreicht dabei den EN-Status der UnternehmensN.

313 *Firma* und *UnternehmensN* sind also strenggenommen Synonyme. Das Kompositum *FirmenN* stellt damit einen Pleonasmus dar, der im Folgenden vermieden werden soll.

314 Damit sanktioniert der Gesetzgeber nur eine ohnehin schon seit Längerem gängige Praxis.

Im Gegensatz zu den WarenN hat die Onomastik Firmen lange Zeit eher stiefmütterlich behandelt (Forschungsüberblick bei FAHLBUSCH 2011:52f. und demn.). Im Folgenden wollen wir daher einige interessante Aspekte dieser Namen an der Schnittstelle von Linguistik und Wirtschaftswissenschaft präsentieren. Gleichzeitig bieten sich viele Anknüpfungspunkte für eigene Untersuchungen. Zu Branchenbüchern oder Gelben Seiten einer Stadt als Datenbasis s. Kap. 10.2.6.

10.2.1 Benennungsmotiv

Zentrales Merkmal eines UnternehmensN ist sein Benennungsmotiv. Das HGB unterscheidet hier Personal-, Sach-, Phantasie- und Mischfirmen (CANARIS 2006: 182). Tab. 36 fasst die verschiedenen Möglichkeiten zusammen:

Tab. 36: Benennungsmotive von UnternehmensN (nach FAHLBUSCH 2011:56)

Benennungsmotiv	Erläuterung	Beispiele
Person (= Personalfirma)	(Ruf- und) FamN eines oder mehrerer Gesellschafter des Unternehmens, meist dessen Gründer.	*Bilfinger Berger AG* *Henkel AG & Co. KGaA*
Sache (= Sachfirma)	Die Firma nimmt direkten Bezug auf den Gegenstand und/oder den Sitz des Unternehmens.	*HeidelbergCement AG* *Software Aktiengesellschaft*
Phantasie (= Phantasiefirma)	Beliebiges Wort oder Syntagma. Eine Verbindung zur genauen Tätigkeit muss nicht erkennbar sein.	*MLP AG* *Vivacon AG*
Gemischt (= Mischfirma)	Freie Kombination der vorgenannten Möglichkeiten. Es können alle drei Motive in einem Namen vorkommen.	*Carl Zeiss Meditec AG* *Infineon Technologies AG*

Das Benennungsmotiv übt einen starken Einfluss auf die Gestalt des Namens aus. So lassen z.B. PersN und PhantasieN kaum den genauen Geschäftsgegenstand erkennen, Sach- bzw. Mischfirmen hingegen meist schon. Die Wahl einer dieser vier Möglichkeiten hängt wiederum v.a. von **Alter und Branche** des Unternehmens ab: Aktiengesellschaften, die heute nur einen (oder mehrere) FamN führen, bestehen im Mittel seit über 100 Jahren (*BAUER AG*, gegr. 1790). Phantasievolle Bestandteile weisen hauptsächlich die jüngsten Namen auf (*LANXESS AG*, gegr. 2004). Zwischen beiden Polen liegt das Benennungsmotiv 'Sache' (*Software AG*, gegr. 1969). Baubranche und Industrie setzen auf traditionsreiche FamN, Finanz- sowie Immobiliendienstleister wollen mit Sachfirmen bzw. -zusätzen Seriosität suggerieren. Gesellschaften aus den Bereichen Chemie/Pharma, Energie und IT versprechen mit ihren PhantasieN Innovationen (FAHLBUSCH demn.).

10.2.2 Bildungsweise[315]

Die Klassifikation der WarenN von RONNEBERGER-SIBOLD (2004:575–592, s. Kap. 10.1.3) lässt sich in etwas abgewandelter Form auch auf die UnternehmensN übertragen (FAHLBUSCH 2010:13–16).

Abb. 48: Bildungsmuster der UnternehmensN (nach FAHLBUSCH 2010:14)

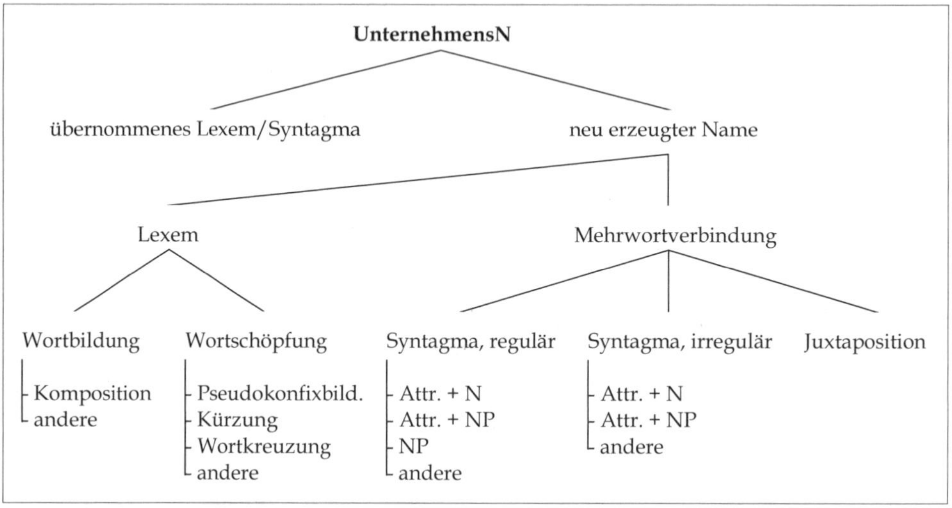

Bei UnternehmensN handelt es sich entweder um übernommene, also bereits existierende Begriffe (*Allianz*) bzw. Syntagmen (*HUGO BOSS*) oder um neu erzeugte Namen. Letztere liegen als Einzellexeme (*Commerzbank*) sowie Mehrwortverbindungen (*STADA Arzneimittel*) vor. An regulären Wortbildungsmustern findet sich hauptsächlich die Komposition (*Rheinmetall*). Pseudokonfixbildungen (*centrotherm photovoltaics* < lat. *centrum* + pseudolat. Bindevokal *-o-* + *-therm*), Kürzungen (*BayWa* < *Bayerische Warenvermittlung landwirtschaftlicher Genossenschaften*) und Kreuzungen (*AIXTRON* < frz. *Aix-la-Chapelle* 'Aachen' + *Elektronik*) herrschen bei der keinen Regeln unterliegenden Wortschöpfung vor (s. auch Kap. 10.1.3). Zu den Mehrwortverbindungen zählen reguläre Syntagmen, bestehend v.a. aus Subst. oder NPs mit prä- bzw. postponierten Attributen, wobei die vorangestellten flektiert werden müssen (*Heidelberger Druckmaschinen*) und die anderen meist nach Präp. erscheinen (*Telegraphen-Bau-Anstalt von Siemens & Halske* > *Siemens*). Abweichungen kommen beim irregulären Syntagma z.B. durch Wegfall der Flexionsendungen (*Hannover[aner] Rückversicherung*) oder der Präp. (*Manufactur-, Confections- und Tuchgeschäft [von] C. Karstadt* > *ARCANDOR*) zustande. Überwiegend unregelmäßig gestaltet sich auch die Juxtaposition aus willkürlich nebengeordneten, ursprünglich meist wesensfremden übernommenen bzw. neu geschaffenen Lexemen oder Mehrwortverbindungen, welche keinerlei syntakti-

315 Entgegen KREMER 1996, der Firmenkern, -zusatz und fakultative Erweiterung trennt, betrachten wir stets den gesamten Namen, jedoch ohne die obligatorische Rechtsformangabe.

sche Subordination mehr aufweisen (*ARQUES Industries*). Einzig die Aneinanderreihung von FamN (*Roth & Rau*) entspricht noch der dt. Grammatik.

10.2.3 Historische Entwicklung[316]

Früher hießen sie *Haarmanns Vanillinfabrik, Norddeutsche Affinerie* oder *Portland-Cement-Fabrik Dyckerhoff & Söhne*. Im 20. und 21. Jh. ist daraus *Symrise, Aurubis* bzw. *Dyckerhoff* geworden. Diese Beispiele kann man beliebig erweitern. Sie offenbaren, wie stark sich die Namen großer dt. Aktiengesellschaften verändert haben. Bei Börsengängen, Fusionen, strategischen Neuausrichtungen etc. passen die Unternehmen ihre Firmen meist an veränderte öffentliche Vorstellungen bzw. Rahmenbedingungen sowie ihr neues Selbstbild an. Damit spiegeln jene die Entwicklung des ökonomischen, politischen und sozialen Umfelds wider, zeichnen **Wirtschaftsgeschichte**, aber auch den gesellschaftlichen Wertewandel nach.

Abb. 49: Briefkopf der *Telegraphen-Bau-Anstalt von Siemens & Halske* (heute: *Siemens AG*) um 1870 neben dem Logo der *Norddeutschen Affinerie AG* (heute: *Aurubis AG*) von 2000 (Quelle: Siemens AG, Aurubis AG)

Mitte des 19. Jhs. dominieren **Personal- und Sachfirmen** oder entsprechende Kombinationen. Diese frühen Namen haben fast ausschließlich deskriptiven Charakter. Mit durchschnittlich mehr als drei Lexemen bzw. acht Silben sind sie äußerst lang und syntaktisch komplex (*Aktien-Gesellschaft der Gerresheimer Glashüttenwerke, vorm. Ferd. Heye, Gerresheim bei Düsseldorf* > *Gerresheimer*). Überwiegend regelmäßig gebildet, zeigen sie kaum Besonderheiten im Schriftbild, wie etwa durchgängige Großschreibung. Vornehmlich dt. Begriffe weisen detailliert auf Inhaber, Herkunft, Tätigkeitsfeld oder Erzeugnisse hin (*Glockengießerei und Maschinenfabrik Hemmer, Hamm & Co.* > *Heidelberger Druckmaschinen*). Durch diese volle Transparenz lässt sich von den allermeisten Firmen direkt auf den genauen Geschäftsgegenstand schließen. So möchte man deutlich machen, wer hinter dem

---

[316] Die Darstellung stützt sich auf FAHLBUSCH 2011. Untersucht wurden die Namen der 160 Aktiengesellschaften in Dax, MDax, SDax und TecDax seit ihrer Gründung. Zur Entwicklung der UnternehmensN s. auch KREMER 2012 und LÖTSCHER 2012.

Unternehmen steht und/oder was es herstellt, um die Qualität der Güter, Zuverlässigkeit sowie Vertrauenswürdigkeit hervorzuheben. Besonderes Augenmerk liegt auf der Etablierung und Andeutung einer Tradition. Internationalität, Luxus oder Spaß sind als Leitbilder hingegen noch unbedeutend und finden sich daher nicht in den UnternehmensN. Auch deren Wohlklang spielt keine Rolle.

Abb. 50: Anteil der Benennungsmotive Person, Sache und Phantasie[317]

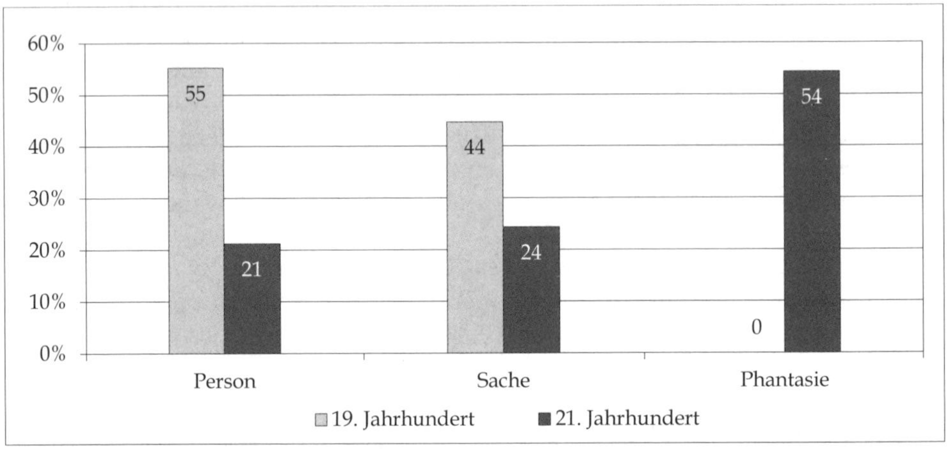

Wie Abb. 50 zeigt, haben **Phantasiefirmen** ihren Anteil kontinuierlich ausgebaut und herrschen heutzutage eigenständig oder in Zusammensetzungen vor (*Drogerie- und Farbwarenhandlung Gehe & Comp.* > *Celesio*). Keine neue Aktiengesellschaft benennt sich im 21. Jh. mehr allein nach ihrem Gründer, nur die wenigsten weisen über den Namen noch auf ihre Herkunft hin. Eine Vorreiterrolle spielen hier Dienstleistungs- und Technologie-Unternehmen, die seit den 1970er Jahren verstärkt aufkommen. Mit einfallsreichen, moderneren Firmen setzen sie sich vom etablierten verarbeitenden Gewerbe ab, das jedoch bald nachzieht. Der Weg zum alleinigen PhantasieN führt dabei meist über eine vorläufige Mischform. Neugründungen müssen sich nämlich erst am Markt etablieren und nehmen daher anfangs zusätzlich ihren Gegenstand im Namen auf, den sie bei ausreichender Bekanntheit wieder ablegen (*Morphosys Gesellschaft für Proteinoptimierung* > *MorphoSys*). In Logos, Internetadressen sowie für den öffentlichen Auftritt verwendet man die praktischeren **Kurzformen** häufig bereits lange vor dem offiziellen Eintrag ins Handelsregister (FAHLBUSCH 2013). Abkürzungen umfassender deskriptiver Syntagmen der Anfangsjahre tauchen ebenfalls vermehrt auf und werden nicht mehr als Akronyme, sondern eigene Firmen angesehen (*Badische Anilin- & Soda-Fabrik* > *BASF*). Neben dem Fortlassen von Sachzusätzen führt dies dazu, dass die UnternehmensN heute bedeutend kürzer sind als früher. Derzeit besteht der Großteil aus ein oder zwei Wörtern mit zusammen zwei bis vier Silben.

317 Berücksichtigt sind Neugründungen der Anfangszeit (1790–1869) und die aktuellen Namen im Jahre 2009. Treten die Benennungsmotive kombiniert in Mischfirmen auf, so ist der entsprechende Wert beiden je zur Hälfte zugeschlagen. Zur Datenbasis s. FAHLBUSCH 2011.

Dadurch nimmt auch die **Transparenz** der meisten Firmen weiter ab, weshalb Assoziationen stetig an Relevanz gewinnen. Kurze, relativ abstrakte Lexeme, die i.d.R. eine mehr oder minder bewusst erzeugte konnotative "Bedeutung" haben, sollen rund um den Globus bei Kunden wie Geschäftspartnern gewünschte Empfindungen auslösen und das intendierte Image transportieren. Dabei aktivieren sie lediglich allgemeine Vorstellungsbereiche, erlauben aber keinen Rückschluss mehr auf eine konkrete Branche (*TAKKT*). Dergestalt können die Namen unterschiedliche Sparten umfassen und somit Erweiterungen bzw. Veränderungen der Geschäftsfelder flexibel mittragen. Weil viele Unternehmen im Zuge der Globalisierung ins Ausland expandieren, werden **internationale Konnotationen** wichtiger. Der Ausdruck von Tradition hingegen verliert kontinuierlich an Bedeutung. Eine entscheidende Rolle spielt heute die weltweite Aussprech- und Verstehbarkeit. Aus diesem Grund ersetzen Aktiengesellschaften dt. Zusätze durch englischsprachige (*Centrotec Hochleistungskunststoffe* > *Centrotec Sustainable*), lassen sie komplett entfallen (*Metro SB-Großmärkte* > *METRO*) oder ergänzen angelsächsische Beschreibungen (*Mannesmann Demag* > *Demag Cranes*). Ferner weichen sie auf Buchstabierakronyme (*BMW*) aus, kreieren einen neuen Namen (*MTU Friedrichshafen* > *Tognum*) oder übersetzen den ursprünglichen (*Arthur Pfeiffer Vakuumtechnik* > *Pfeiffer Vacuum Technology*). Immer häufiger resultieren daraus **rein fremdsprachliche Firmen**, wobei das Engl. seinen Anteil seit den 1950er Jahren merklich ausbaut. Gleichwohl liegen lat.-griech. Bestandteile zur Andeutung von Technik oder Wissenschaftlichkeit weiter knapp vorne. Gänzlich native UnternehmensN begegnen inzwischen nur noch selten.

Dies hat weitreichende Folgen für deren Struktur. Lediglich ein Name von fünf gehorcht zurzeit den Regeln der dt. oder einer anderen Sprache. Bereits ab 1930 kommt es zu einer fortwährenden Einebnung grammatischer Hierarchien, in deren Verlauf die **Juxtaposition** zum typischen Bildungsmuster aufsteigt. Gegenwärtig besteht sie i.d.R. aus einem meist phantasievollen "HauptN", der sich als Kurzform im alltäglichen Sprachgebrauch durchsetzt (s.o.), ergänzt um eine mehr oder weniger genaue Beschreibung des Geschäftsgegenstandes (*Singulus Technologies*). Zunehmende Kreativität und Experimentierfreude lassen v.a. die ebenfalls sehr populären Wortschöpfungen erkennen, denen meist keine sinnvollen sprachliche Ausgangsformen mehr zugrunde liegen. Besonders sth. Laute, volle Nebentonvokale oder offene Endsilben optimieren ihren **Wohlklang** (*E.ON*). Doch auch insgesamt werden die Namen weicher und entwickeln sich in eine ähnliche Richtung wie die aktuellen Mode-RufN (Kap. 7.2.2). Zugleich möchte man aber nicht allzu konturlos bzw. "niedlich" wirken. Bewusst integrierte Konsonantenverbindungen sollen z.T. kontrapunktisch eine gewisse Härte entgegensetzen, Seriosität bzw. Vertrauenswürdigkeit ausstrahlen (*elexis*). Die meisten Aktiengesellschaften setzen so auf Ausgewogenheit zwischen Wohlklang und einigen "charakteristischen" Elementen. In ihrem Bemühen um Differenzierung wenden sich die Firmen darüber hinaus immer stärker von der Orthographie ab. Mit **Besonderheiten im Schriftbild**, sog. Attraktoren (KREMER 2007:181), wollen heute viele Unternehmen Aufmerksamkeit erregen, sich visuell von ihren Wettbewerbern abheben. Allein die Qualität der Produkte bzw. Dienstleistungen sowie ein Hinweis darauf im Namen reichen nicht mehr. Über die Hälfte aller absichtlichen "Regelverstöße" entfällt auf die durchgängige Großschreibung eines Bestandteils oder sogar einer ganzen Firma (*SOLON*). Ebenfalls beliebt sind Binnenmajuskeln (*SolarWorld*), komplett in Minuskeln gesetzte Lexeme (*adidas*) und das Auslassen eigentlich erforderlicher Spatien (*ElringKlinger*).

10.2.4 Wirkung

Das Herzstück der Corporate Identity eines Unternehmens bildet sein Name. Unerlässlich für die verschiedensten Marketingaktivitäten zur erfolgreichen Außendarstellung, soll er möglichst überall auf der Welt positiv wahrgenommen werden. Dieser intendierten **Werbewirksamkeit** gehen KREMER/KROOK 1998 in einer Erhebung unter Antwerpener BWL-Studierenden nach. Ihre Leitfrage: Welche Bildungsmuster entsprechen den Anforderungen bestimmter Branchen (Finanzen, Software, Transport) am besten? Die auf fläm. Firmen basierenden Ergebnisse dürften auch in Dtld. Gültigkeit besitzen:[318]

- Einzuschätzen, welcher Branche Unternehmen mit einem PhantasieN angehören, fällt nicht leicht. Vielfach liegen die Befragten hier falsch.
- Kreative Namen sind bei allen drei Wirtschaftszweigen äußerst beliebt, besonders im Finanzsektor. Für die beiden anderen Sparten erachtet eine größere Gruppe der TeilnehmerInnen zudem Hinweise auf den Geschäftsgegenstand als passend. Wenn sie aber ein bestimmtes Unternehmen aus dem Telefonbuch kontaktieren sollen, holen Sach- und in geringerem Maße auch Personalfirmen bei allen drei Branchen auf.
- Am negativsten beurteilen die Befragten PersN. Sie gelten u.a. als altmodisch, gewöhnlich, unauffällig, wenig prestigeträchtig sowie eher für kleinere Unternehmen geeignet. Phantasiefirmen hingegen sind individuell, wirken modern, wecken Interesse und fallen auf. Aussagekräftige Sachfirmen erwartet man am ehesten bei großen Konzernen, die teure, qualitativ hochwertige Produkte herstellen.
- PhantasieN prägen sich dem Gedächtnis der TeilnehmerInnen am besten ein, Personal- und Sachfirmen hingegen am schlechtesten.

Die Ergebnisse der Studie könnte man im Hinblick auf weitere wichtige Einflussfaktoren wie Alter oder Internationalität der Unternehmen sicher noch verfeinern. Auch müsste die Population u.a. um andere Generationen und Bildungsgrade erweitert werden. So hat etwa BERGIEN (2007:267f.) herausgefunden, dass jüngere Menschen kreative Namen mit fremdsprachlichen Elementen viel positiver aufnehmen als ältere. Um folglich repräsentative **Empfehlungen** zur erfolgversprechenden Bildungsweise von UnternehmensN aus linguistischer Perspektive geben zu können, ist eine solche empirische Studie abermals in größerem Rahmen durchzuführen (s. FAHLBUSCH demn.).

---

318 KREMER/KROOK 1998 unterscheiden als Typen PersN, GegenstandsN, AbkürzungsN und symbolische Namen, was (abgesehen von zahlreichen Mischformen) ungefähr unserer Einteilung in Personal-, Sach- und Phantasiefirmen entspricht (Kap. 10.2.1).

10.2.5 Namen von Volkseigenen Betrieben in der DDR

Unternehmen gibt es genaugenommen nur im Kapitalismus, nicht aber im **Kommunismus**. Als marktwirtschaftlich ausgerichtete, örtlich ungebundene juristisch-finanzielle Einheiten verfolgen sie das Ziel, ihren Gewinn zu maximieren. Die Volkseigenen Betriebe (VEB)[319] der ehemaligen DDR stellten zwar ebenfalls Güter her oder erbrachten Dienstleistungen, strebten jedoch lediglich Kostendeckung bzw. Planerfüllung an. Ihre Namen sind linguistisch gut untersucht (z.B. RÖSSLER 1976). Im Vergleich zu "echten" westdt. UnternehmensN weisen sie einige abweichende Besonderheiten, aber auch ähnliche Tendenzen auf:

Tab. 37: Prototypische Bildungsmuster der Namen Volkseigener Betriebe in der DDR in absteigender Häufigkeit (nach RÖSSLER 1976)

Bildungsmuster	**Beispiel**
VEB + APP + OrtsN	*VEB Blechverarbeitungsmaschinenwerk Aue*
VEB + APP	*VEB Blockflötenbau*
VEB + PhantasieN + APP + OrtsN	*VEB "Modesta" Bekleidungswerke Johanngeorgenstadt*
VEB + APP + PhantasieN + OrtsN	*VEB Schwermaschinenbau NOBAS Nordhausen*
VEB + PhantasieN + APP	*VEB mytron Elektro-physikalischer Gerätebau*
VEB + APP + PhantasieN	*VEB Trikotagenwerk Doppel-Moppel*
VEB + PhantasieN + OrtsN	*VEB Elgawe Plauen*

Die verwendeten APP stellen überwiegend Komposita dar und lassen sich in vier Gruppen einteilen: Branche (*VEB Steinindustrie*), Produktionsstätte (*VEB Kraftfuttermischwerk*), Tätigkeit (*VEB Hubtischbau*), Erzeugnis (*VEB Heimtextilien*). Überraschend hoch fällt der Anteil von **PhantasieN** aus, die allerdings nie alleine auftreten. An erster Stelle steht die akronymische Kürzung (*VEB Galfütex Schmölln* < *Galanteriewaren für Textilien*), gefolgt von Lautwertakronymen (*VEB "EKO" Erstlings- und Kinderbekleidungswerk Oschatz*) und Wortkreuzungen (*VEB Robotron* < *Roboter* + *Elektronik*). Buchstabierakronyme finden sich hingegen nur selten (*VEB KIB Leipzig* < *Kraftfahrzeug-Instandhaltungsbetrieb*). Häufig erscheinen auch beliebige Wörter (*VEB "Kranich"-Schuhfabrik*), "fortschrittliche Idealbegriffe" (*VEB Lederwerke "Einheit"*), "Symbole der Arbeiterklasse" (*VEB Schuhkombinat "Banner des Friedens"*) oder wichtige Daten (*VEB Edelstahlwerke "8. Mai 1945"*). Typisch sozia-

---

[319] Die gesetzlich festgelegte Bezeichnung *Volkseigener Betrieb* erscheint in der Mehrzahl der Fälle als *VEB* abgekürzt (RÖSSLER 1976:129).

listisch - aber gleichzeitig bewusst seltener - sind PersN als ergänzende EhrenN (*VEB Maschinenbau "Karl Marx" Babelsberg*). Um eine solche Auszeichnung für hervorragende Leistungen konnten sich die Betriebe bewerben (s. insgesamt RÖSSLER 1976; zu den Bildungsmustern s. Kap. 10.1.3).

Zur Produktivitätssteigerung wurden mehrere VEB in **Kombinaten** zusammengelegt, die meist Entwicklung, Fertigung sowie Absatz komplexer Produkte umfassten. Daraus resultierten selbstverständlich neue Namen, deren Grundmuster folgendermaßen aussah: *VEB Chemiekombinat Bitterfeld* (zur genauen Bildungsweise s. RÖSSLER 1976:163). Die juristisch nicht mehr selbständigen Teilbetriebe benannte man dabei so exakt wie möglich (*VEB Landmaschinenbau "Rotes Banner"* > *VEB WEIMAR-KOMBINAT - Landmaschinen - Betrieb 4: Landmaschinenbau "Rotes Banner"*; s. auch SCHREIBER 1994:168f.). Mit Wiedervereinigung und **Einführung der Marktwirtschaft** wurden sowohl Kombinate als auch VEB privatisiert oder geschlossen, was mit einer prinzipiellen Änderung der EN einherging. Ideologische Bezüge verschwanden in der Folge vollständig.

> Die im Namen dokumentierte zentrale Reglementierung wurde abgestreift. An ihre Stelle traten die Zwänge des Marktes. Auffallen, Auf-sich-aufmerksam-Machen, Herausragen aus der Vielfalt (SCHREIBER 1994:164).

Deswegen erhielten umgewandelte Unternehmen neue, modernere Firmen (*VEB Reh-Kinderbekleidung* > *Reh Fashion GmbH*), bei einer Rückgabe an den ehemaligen Besitzer erschienen wieder die alten Namen (*VEB Schuhkombinat "Paul Schäfer"* > *Lingel Schuhfabrik*; SCHREIBER 1994:165). Insgesamt hat eine **Angleichung** an westdt. Standards (Kap. 10.2.3) stattgefunden. SOMMERFELDT (2004:132) stellt Anfang des 21. Jhs. bereits keine wesentlichen Unterschiede mehr zwischen den alten und neuen Bundesländern fest. Neben den VEB gab es in der ehemaligen DDR noch landwirtschaftliche Produktionsgenossenschaften (LPG) sowie Produktionsgenossenschaften des Handwerks (PGH). Mit ihren Namen beschäftigen sich u.a. HELLFRITZSCH (1996b), KLUG 1984 und SOMMERFELDT 1980.

10.2.6 Verhältnis zu Geschäftsnamen

Am Mainzer Schillerplatz liegt das Traditionsgeschäft *Juwelier Willenberg*. Im Handelsregister der Landeshauptstadt sucht man es jedoch zunächst vergeblich. Dort findet sich nämlich als Firma *Richard A. Willenberg* - nach dem Sohn des Gründers (MAINZER NAMEN). Auf der anderen Seite des Rheins steht hinter dem Wiesbadener Restaurant *Lumen* die *AOXOMOXOA Caféhaus Betriebs GmbH* und in Frankfurt/Main bewirtschaftet die *Steigenberger Hotels AG* u.a. die Häuser *Frankfurter Hof*, *InterCityHotel* sowie *Metropolitan*. Da diese abweichenden Namen gerade in **Einzelhandel und Gastgewerbe** sehr häufig vorkommen (zu GasthausN s. Kap. 9.7.2),[320] müssen GeschäftsN (*Juwelier Willenberg, Lumen, Frankfurter Hof/InterCityHotel/Metropolitan*) von den UnternehmensN (*Richard A. Willenberg, AOXOMOXOA Caféhaus Betriebs GmbH, Steigenberger Hotels AG*) getrennt werden.

---

320 Zum Status von HotelN allgemein (Ergonyme vs. HausN = Toponyme) sowie deren Bildungsweise in Rumänien und Italien s. WOCHELE (2007, 2009).

Erstere gelten etwa für Filialen, Niederlassungen oder Kleinbetriebe und können vom offiziellen Namen des Unternehmens als übergeordneter, örtlich ungebundener Instanz abweichen.[321] Sie dürfen frei erfunden sein oder auch Teile der Firma enthalten, beziehen sich aber allein auf das Ladenlokal. Für rechtsverbindliche Handlungen muss der vollständige UnternehmensN herangezogen werden: Auf dem Ladenschild und in den Gelben Seiten o.Ä. findet sich demnach der GeschäftsN, die offizielle Firma steht dagegen im Impressum von Homepages, auf Rechnungen etc. (FAHLBUSCH demn., KOSS 2002:187, SEUTTER 1996:174).

Abb. 51: Die Geschäftsräume der *Gebr. Alexander Rhein. Musikinstrumentenfabrik* in der Mainzer Bahnhofstraße im Jahre 1909 (Foto: Gebr. Alexander)

Traditionsreiche Geschäfte tragen häufig den **Namen ihres Gründers** bzw. Inhabers, z.T. ergänzt um eine Angabe des Gewerbes (*Metzgerei Erwin Riechardt*; MAINZER NAMEN). Insgesamt aber gehen PersN zurück (BERGIEN/BLACHNEY 2009).[322] Neben den beiden klassischen Bildungstypen (RufN +) FamN + APP (*Fritsch Heizungsbau*) sowie APP (+ RufN) + FamN (*Reisebüro Schäfer*) finden sich unzählige weitere Kombinationen aus PersN, OrtsN, PhantasieN oder APP. Eine erste Übersicht bietet SCHREIBER (1994:166–168). Wie bei UnternehmensN sind Elemente aus Fremdsprachen (*Coiffeur am Bahnhof*) aber auch Besonderheiten im Schriftbild (*electrohaus berger*) beliebt. Als PhantasieN werden gerne **Komposita** mit Begriffen wie *-land* (*Teppichland*), *-paradies* (*Küchenparadies*) oder *-shop* (*Backshop*) genommen (GLÜCK/SAUER 1997:133–139, ZEHETNER 1981). Zu KinoN und FriseurN existieren eigene Untersuchungen von OTTO 1993 bzw. GERDES 2005.[323]

---

[321] Kleingewerbetreibende müssen als Nicht-Kaufleute unter ihrem RufN und FamN (*Rita Müller*) auftreten. Zusätzliche GeschäftsN (*Bücherstube*) sind erlaubt, rechtsverbindlich bleibt aber der volle PersN. Allerdings können sie sich ins Handelsregister eintragen lassen und dann eine richtige Firma auch ohne PersN (*Bücherstube e.Kfr.*) führen.

[322] Zu FamN in UnternehmensN s. FAHLBUSCH 2014.

[323] GeschäftsN in Schweden untersucht LEIBRING (2012, 2014).

10.3 Institutionsnamen

Christlich-Soziale Union in Bayern, Bundeskriminalamt, Neue Pinakothek, Gottfried Wilhelm Leibniz Universität Hannover, Turn- und Sportgemeinschaft Hoffenheim 1899 e.V. – was so verschieden klingt, lässt sich doch ganz leicht einem Oberbegriff zuordnen, nämlich den InstitutionsN. Sie stellen eine sehr **offene, heterogene Klasse** dar, die häufig zu einer Art Sammelbecken gerät. Insbesondere, weil eine allgemein anerkannte Definition ihres Objekts, der Institution (< lat. *institutio* 'Einrichtung'), fehlt. Je nach Sichtweise zählen z.B. der Bundestag, die Ehe, das Grundgesetz, die Schule oder auch die Sprache dazu (s. etwa GABLER-WIRTSCHAFTSLEXIKON). Daher nimmt es kaum wunder, dass die spärliche onomastische Literatur, welche sich dem Gesamtkomplex widmet – zu Einzelthemen gibt es Aufsätze v.a. aus anderen Disziplinen – äußerst Disparates darunter fasst. VASIL'EVA (2004:617) nennt u.a. ArmeeN, BetriebsN, BibliotheksN, KirchenN, KrankenhausN, ParlamentsN, ParteiN, StaatsN, SportstättenN, SportverbandsN.

Im Bemühen um eine eindeutigere Abgrenzung wollen wir dem umgangssprachlichen Gebrauch des Wortes *Institution* bzw. der DUDEN-Definition den Vorzug geben. Für uns handelt es sich demnach um **Namen öffentlicher Einrichtungen**, die dem Wohl oder Nutzen der Allgemeinheit dienen und im Gegensatz zu Unternehmen (Kap. 10.2) keine Gewinnorientierung aufweisen, z.B. Bildungsstätten, Parteien, Vereine.[324] Explizit festzuhalten bleibt darüber hinaus, dass der Terminus *InstitutionsN* kein Synonym für *Ergonym* darstellt (entgegen VASIL'EVA 2004:605f. oder KNAPPOVÁ 1996:1567). Unterscheiden muss man ihn weiterhin von Benennungen evtl. ausgegliederter Gesellschaften (*TSG 1899 Hoffenheim Fußball-Spielbetriebs GmbH*), die dann als UnternehmensN gelten. Durch Änderungen der Rechtsform kann es ferner zu Namenklassenwechseln kommen: *Rheinischer Dampfkessel-Überwachungsverein (DÜV) Köln-Düsseldorf* (InstitutionsN) > *TÜV Rheinland AG* (UnternehmensN). Institutionen sind zudem nicht per se ortsgebunden und daher von den oftmals **homonymen Namen der Gebäude**, in denen sie ihren Sitz haben, zu trennen. So bezeichnet *Reichstag* u.a. das Parlament des Norddt. Bundes, des Dt. Kaiserreichs, der Weimarer Republik sowie den von 1884 bis 1894 errichteten Kuppelbau in Berlin, wo heute der *Deutsche Bundestag* zusammentritt (VASIL'EVA 2004:606). Schließlich müssen nicht alle Gebäude einer Institution auch deren Namen tragen (auf dem Campus der Johannes Gutenberg-Universität Mainz stehen etwa das *Philosophicum*, das *ReWi* und das *SB II*). Generell fällt auf, dass es sich meist um **syntaktisch komplexe Mehrwortbenennungen** handelt, die zu großen Teilen aus app. Material bestehen und daher i.d.R. transparent sind. Aus der enormen Vielfalt unterschiedlicher InstitutionsN wollen wir eine kleine Auswahl präsentieren, die gleichzeitig zu eigener Forschung, auch mit diachroner Perspektive, anregen soll. Besonders für Schul- und VereinsN bietet das Internet eine wahre Fundgrube.

---

[324] Die Bedeutsamkeit dieser Unterscheidung belegen EWALD/SIELER 2014 mit ihrer Studie zu Namen von Alten- und Pflegeheimen in privat-gewerblicher (*Pro Seniore Residenz Dresden*) vs. in freigemeinnütziger bzw. kommunaler (*Caritas-Altenheim St. Josef*) Trägerschaft.

10.3.1 Namen von Parteien

2011 entert die fünf Jahre zuvor gegründete *Piratenpartei Deutschland* zum ersten Mal ein dt. Länderparlament, nämlich das Berliner Abgeordnetenhaus. Dort sitzt ebenfalls *Die Linke*, ein Zusammenschluss von *Linkspartei.PDS* und *Arbeit & soziale Gerechtigkeit – Die Wahlalternative* (*WASG*). Hervorgegangen aus der *Sozialistischen Einheitspartei Deutschlands* (*SED*), benennt sich Erstere 1989 in *Sozialistische Einheitspartei Deutschlands – Partei des Demokratischen Sozialismus* (*SED-PDS*) um. Seit 1990 heißt sie nur *Partei des Demokratischen Sozialismus* (*PDS*) und mit dem Jahr 2005 schließlich *Linkspartei.PDS*. Diese aktuellen Beispiele machen deutlich, dass ParteiN auch heute noch "**Spiegel ihrer Zeit**" sind und

> Einblicke in die gesellschaftliche Verfasstheit [gewähren], weil sie Werte und Normen, Meinungen und Stimmungen, bestehende Macht- und Herrschaftsverhältnisse sowie Reform- und Modernisierungsprozesse reflektieren. Damit lassen sie Rückschlüsse auf die Namenträger (Mitglieder, Art der Gruppierung), die Namengeber (Ziele, Motive, Ideale) und die Namenadressaten (Anhänger, Wähler) zu (HOINLE 2002:32).

Anhand der Geschichte von ParteiN lässt sich zudem viel über die Entwicklung des politischen Systems herausfinden. Bereits 1955 erkennen TREUE/KANDLER:

> Eine umfassende Untersuchung des in Parteinamen vorkommenden Wortschatzes sowie eine Typologie der Parteinamen nach Wortarten und syntaktischer Struktur [...] wäre eine wichtige Grundlage für die Erforschung der Sprache im politischen Leben überhaupt (TREUE/KANDLER 1955:214).

Trotz der guten Beleglage (z.B. WENDE 1981) hat die Onomastik ParteiN bis heute nicht beachtet. Im Gegensatz zu anderen EN ist bei ihnen der Name Programm. Es handelt sich um Mittel der politischen Meinungsbildung (TREUE/KANDLER 1955:210), Kurzformeln der Politik (PALONEN 1995:449) bzw. **politische Glaubensbekenntnisse** (HOINLE 2002:38), die Schlüsselinformationen über Leitgedanken, Weltanschauung, Zielgruppen etc. liefern, also das Profil in wenigen Schlagworten zusammenfassen. Laut Parteiengesetz muss sich sowohl der Name als auch dessen Kurzform von bereits bestehenden unterscheiden (§4 PARTG). Zur Wahl des Dt. Bundestags im Jahre 2009 sind nicht weniger als 27 Parteien angetreten – von der *Allianz der Mitte* (*ADM*) bis zur *Deutschen Zentrumspartei* (*ZENTRUM*). Die Bildungsmuster ihrer EN geraten äußerst vielgestaltig, sodass sich allein drei Haupttypen herauskristallisieren. Viele weitere Varianten, die meist nur ein einziges Mal auftreten, weist Tab. 38 nicht aus (s. auch VASIL'EVA 2004:611):

Tab. 38: Haupt-Bildungsmuster dt. ParteiN

Bildungsmuster	Beispiel
Adj. + *Partei/Union* + OrtsN	*Christlich Demokratische Union Deutschlands* (*CDU*)
Adj. + *Partei/Union*	*Freie Demokratische Partei* (*FDP*)
Die + APP	*Die Republikaner* (*REP*)

Die Tabelle offenbart, dass ParteiN hauptsächlich aus APP sowie Adj. bestehen, insbesondere einigen **wenigen Grundwörtern** mit ideologischem Sinngehalt.[325] Sie weisen auf Programmatik (*demokratisch, national, sozial*), Ideengeber, Zielgruppen, politische Akteure (*Arbeiter, Christen, Lenin*), die Art der Vereinigung (*Bündnis, Partei, Union*) und/oder den Geltungsbereich (*Bayern, Deutschland, Europa*) hin (HOINLE 2002:34). Die Anordnung dieser Komponenten zeigt gewisse Analogien (*Marxistisch-Leninistische Partei Deutschlands, Nationaldemokratische Partei Deutschlands, Sozialdemokratische Partei Deutschlands*). Durch ihre Transparenz unterscheiden sich die Namen kaum von def. Beschreibungen (*die Liberale Partei* (EN) vs. *eine liberale Partei* (def. Beschreibung); TREUE/KANDLER 1955:211). Neue Parteien durchbrechen häufig die herkömmlichen Bildungsmuster, um Aufmerksamkeit zu erregen und sich zu profilieren. Das führt dann zur bereits erwähnten Ausdifferenzierung der Strukturtypen (*Ab jetzt...Bündnis für Deutschland, für Demokratie durch Volksabstimmung; Bürgerrechtsbewegung Solidarität; CHRISTLICHE MITTE – Für ein Deutschland nach GOTTES Geboten*; PALONEN 1995:454).

Da solche langen EN äußerst unpraktisch sind, werden im Alltag Kurzfassungen bzw. die meist dreigliedrigen Buchstabierakronyme bevorzugt (*CSU, FWD, ödp*). Mit der Zeit lösen sich diese von der ursprünglichen, wörtlichen Bedeutung ab und ihre Ausgangsformen treten im öffentlichen Bewusstsein immer mehr in den Hintergrund. So geraten sie zu **bloßen Etiketten**, welche folglich als eigenständige opake "PhantasieN" gelten dürfen (TREUE/KANDLER 1955:211). Offensichtlich wird der Vorgang, wenn in den Medien Fragen aufkommen wie "*Sind die Grünen noch grün?*" (WDR5, 25.11.11) oder "*Wie christlich ist die CDU eigentlich noch?*" (WELT ONLINE). Vor diesem Hintergrund stellt HOINLE 2002 fest, dass sich ParteiN zu MarkenN entwickelt haben, die ein festes Image transportieren, unter dem man wechselnde Köpfe und neue Inhalte anbieten kann.

> [Dabei] haben sie viel ideologischen Ballast abgeworfen. Der Name bekundet immer weniger die innere Haltung der Repräsentanten, er ist vielmehr Teil der Selbstdarstellungsstrategie einer Partei (HOINLE 2002:47).

10.3.2 Namen von Behörden

Vom *Bundesamt für Güterverkehr* über die *Bundesanstalt für den Digitalfunk der Behörden und Organisationen mit Sicherheitsaufgaben* zur *Bundesmonopolverwaltung für Branntwein* – in Dtld. gibt es für fast alles eine eigene Behörde bzw. ein zuständiges Ministerium. Die meisten dieser **Verwaltungsorgane** werden in der Öffentlichkeit allenfalls am Rande wahrgenommen. Ihre Benennungen wirken nüchtern, sachlich sowie deskriptiv. Dennoch handelt es sich um genuine GattungsEN. Tab. 39 präsentiert die häufigsten Bildungsmuster von Namen dt. Bundesbehörden; sie ließe sich noch verfeinern und etwa um die Landesebene (*Bayerisches Landesamt für Statistik und Datenverarbeitung, Landesamt für Besoldung und Versorgung NRW, Landeskriminalamt Niedersachsen*) erweitern.[326]

---

[325] Diese werden höchst unterschiedlich interpretiert (TREUE/KANDLER 1955:212, 216).

[326] S. etwa die Liste unter www.bund.de/DE/Behoerden/behoerden_node.html (21.06.15).

Tab. 39: Haupt-Bildungsmuster von Namen dt. Bundesbehörden

Bildungsmuster	Beispiel
Bundesamt/-ministerium für + APP	*Bundesamt für Strahlenschutz*
Bundesanstalt für + APP	*Bundesanstalt für Straßenwesen*
APP-*Bundesamt*	*Eisenbahn-Bundesamt*
*Bundes*APP*amt*	*Bundeskartellamt*

Nur in den Namen von Forschungseinrichtungen finden sich auch PersN (*Paul-Ehrlich-Institut. Bundesinstitut für Impfstoffe und biomedizinische Arzneimittel, Robert Koch-Institut, Johann Heinrich von Thünen-Institut. Bundesforschungsinstitut für Ländliche Räume, Wald und Fischerei*). Aus diachroner Perspektive sind BehördenN besonders interessant, spiegeln sie doch die **politisch-technische Entwicklung** eines Landes wider. So gibt es z.B. in der Weimarer Republik das *Reichsamt für wirtschaftliche Demobilmachung*, während der NS-Zeit den *Reichsbeauftragten für künstlerische Formgestaltung* und in West-Dtld. das *Bundesministerium für innerdeutsche Beziehungen*. Im Zuge der Hartz-Reformen benennt sich die *Bundesanstalt für Arbeit* in *Bundesagentur für Arbeit* um, da sie ihre neue Dienstleistungskultur gleich im Namen vermitteln möchte. Die Medien verwenden häufig Kurzformen der langen offiziellen EN oder prägen gleich eigene Bezeichnungen. So wie beim *Bundesbeauftragten für die Unterlagen des Staatssicherheitsdienstes der ehemaligen Deutschen Demokratischen Republik*, dessen Haus nach dem jeweiligen Leiter mit der Gründung 1991 *Gauck-Behörde*, ab dem Jahr 2000 *Birthler-Behörde* und seit 2011 *Jahn-Behörde* genannt wird. Zu Namen von EU-Behörden s. KAŁASZNIK 2013.

10.3.3 Namen von Museen

1754 entsteht in Braunschweig das *Kunst- und Naturalienkabinett* (heute: *Herzog Anton Ulrich-Museum*) als erstes öffentliches Museum des europ. Kontinents. Während es sich bei solchen frühen Sammlungen meist um Bestände aus feudalen Schatzkammern handelt, kommen im 19. Jh. vermehrt bürgerliche Neugründungen auf. Heute existieren in Dtld. über 6.000 Museen mit ganz unterschiedlichen Schwerpunkten wie Heimat, Kunst oder Naturkunde. Sie alle bewahren keineswegs einfach nur Zeugnisse aus der Vergangenheit, sondern dokumentieren unsere soziokulturelle und technische Entwicklung.[327] Ihre eigenen Namen sind Teil genau dieser Geschichte. Wenn sich etwa das *Museum für Kunsthandwerk* in *Museum für Angewandte Kunst Frankfurt* umbenennt oder das *Historische Museum der Stadt Wien* in *Wien Museum*, sagt das u.a. viel über die zunehmende Kommerzialisierung des gesamten Kulturbetriebs. Dennoch ist das Echo in der Forschung gering. Allein GROHNE 1956 bespricht einige berühmte europ. MuseumsN (*Eremitage, Louvre, Uffizien*). Aus einer anderen Richtung nähert sich ihnen

[327] www.museumsbund.de/de/das_museum. Dort finden sich weitere ausführliche Informationen zur Geschichte des Museums, dessen Definition etc. (21.06.15).

HANEMANN 2008, indem sie deren Bedeutung für die Sammlungskonzeption exemplarisch am *Historischen Museum Bamberg* aufzeigt. Durch ihre Transparenz legen diese genuinen Gattungs-EN eine Identität für jede einzelne Institution fest und prägen entscheidend das Bild in der Öffentlichkeit, z.B. was Ausrichtung und ausgestellte Exponate betrifft.

> Der Name eines Museums soll mit wenigen Buchstaben eine komplexe und geschichtlich gewachsene [...] Institution definieren und repräsentieren. Zwangsläufig steht der Name damit immer in mehreren Spannungsfeldern: [...] zwischen Sammlungsgeschichte und neuerer Sammlungskonzeption; zwischen Sachorientierung und Marktzwängen; zwischen Tradition und der Notwendigkeit, ein sich veränderndes Publikum immer noch ansprechen zu können (HANEMANN 2008:23).

Die konkreten Ausprägungen der Namen sind zwar vielfältig, einige Strukturmuster kommen jedoch immer wieder vor (Tab. 40). OrtsN treten häufig hinzu, wenn es ähnliche Einrichtungen mehrfach gibt (*Bauernhausmuseum Amerang, Bauernhausmuseum Bielefeld, Bauernhausmuseum Lindberg*). Bei FamN kann es sich entweder um postum geehrte Stifter- und GönnerInnen (*Wallraf-Richartz-Museum*) oder aber die gefeierte Persönlichkeit selbst (*Adam-Ries-Museum*) handeln.

Tab. 40: Haupt-Bildungsmuster dt. MuseumsN

Bildungsmuster	**Beispiel**
APP*museum* (+ OrtsN)	*Brauereimuseum Dortmund*
OrtsN + APP*museum* (+ OrtsN)	*Badisches Landesmuseum Karlsruhe*
(Ruf- +) FamN + *Museum/Haus*	*Otto-Lilienthal-Museum*
Museum für + APP (+ OrtsN)	*Museum für Moderne Kunst*
Adj. + *Museum* (+ OrtsN)	*Ägyptisches Museum Berlin*

10.3.4 Namen von Bildungsstätten

SchulN haben eine Menge unterschiedlicher Funktionen und müssen dabei mindestens ebenso viele Anforderungen erfüllen. Wie bei Unternehmen werden die Namen bewusst gewählt, um das beabsichtigte Image nach außen zu tragen. So versprechen sich (ältere) SchülerInnen v.a. Prestige, Steigerung ihres Selbstwertgefühls sowie klare "Revierabgrenzung" (FUCHSHUBER-WEISS 1999:144):

> Der Name unterscheidet das Gymnasium von anderen Schularten (institutionell). Er sorgt für die räumliche Zuordnung (lokal). Er ermöglicht eine klare Selbstidentifikation als Schüler dieser Schule (mental).

Eltern, LehrerInnen, PolitikerInnen etc. fordern ferner Unverwechselbarkeit, breite Akzeptanz, große Bekanntheit, regionalen Bezug und Nähe zum pädagogischen Profil für eine positive Charakterisierung der Einrichtung (FUCHSHUBER-WEISS 1999:145–153). Die betreffenden Ländergesetze kennen zwei Möglichkeiten: Mindestanforderung stellt die "Schulbezeichnung" dar, bestehend aus Schulart sowie Standort (*Grundschule Lüssow*). Zusätzlich darf der Träger einen "Schulnamen" wählen (*Grundschule "Türmchenschule" Reutershagen*). Aus onomastischer Sicht ist diese Differenzierung jedoch terminologisch unhaltbar, da auch im ersten Fall eindeutig identifizierende, feste genuine Gattungs-EN vorliegen: *Grundschule Bentwisch* (EN) vs. *die Grundschule in/von Bentwisch* (def. Beschreibung). Trotzdem erweist sich eine Trennung in **einfache** (Schulart + Standort) bzw. **erweiterte SchulN** (Schulart + weiterer Baustein + ggf. Standort), welche die Einrichtung noch weiter individualisieren, als sinnvoll (EWALD 2012:5–9). Bei ihrer Untersuchung der Namen öffentlicher Grundschulen und Gymnasien in Mecklenburg-Vorpommern sowie der Volksschulen in Oberfranken stellt EWALD 2012 neben schulartspezifischen auch regionale Unterschiede fest. Nachfolgend sollen ihre Ergebnisse kurz referiert werden (Tab. 41).[328]

Tab. 41: Bildungsmuster dt. SchulN (nach EWALD 2012:26)

	Mecklenburg-Vorpommern		Oberfranken
	Grundschule	Gymnasium	Volksschule
einfache SchulN	128 46,4%	8 16,0%	86 79,6%
erweiterte SchulN	148 53,6%	42 84,0%	22 20,4%
davon mit PersN erweitert	77 52,0%	30 71,4%	21 95,5%
davon PersN als Kompositum	8 10,4%	20 66,7%	21 100,0%
Person überregional bekannt	52 67,5%	26 86,7%	13 61,9%

Gymnasien tragen im Vergleich zu Grundschulen viel häufiger erweiterte Namen als Alleinstellungsmerkmal. Ihre PatInnen, die nur selten eine direkte biographische Verbindung zur Institution bzw. ihrem Standort aufweisen, sind außerdem überregional deutlich bekannter (*Albert-Einstein-Gymnasium Neubrandenburg* vs. *Grundschule "Dr. Otto Steinfatt" Wittenförden*). In Oberfranken kommen einfache GrundschulN noch öfter vor (*Volksschule Stockheim*) als in Mecklenburg-Vorpommern.[329] An Erweiterungen treten im Süden Dtlds. fast ausschließlich **PersN** auf (*Jean-Paul-Volksschule Bayreuth*), im Nordosten hingegen verbreitet auch regionale Markierungen (*Grundschule "Am Hellbach"*). Bei den PatInnen handelt es sich in Mecklenburg-Vorpommern v.a. um SchriftstellerInnen, PädagogInnen und WissenschaftlerInnen, in Oberfranken nimmt man gerne Heilige, SchriftstellerInnen oder Vertreter des bayrischen Königshauses. Auf diese Weise soll die Persönlich-

[328] Mit den Veränderungen der SchulN in den neuen Bundesländern nach der Wende beschäftigen sich eingehend KÜHN 1999 sowie SOMMERFELDT (1994b).

[329] In der ehemaligen DDR durften allein Schulen mit herausragenden Leistungen erweiterte Namen tragen, sodass diese evtl. nach wie vor als Qualitätsausweis gelten (EWALD 2012:11).

keit geehrt, an sie erinnert bzw. ihre Vorbildfunktion hervorgehoben werden. Die Integration der PersN zeigt dabei ebenfalls auffällige Unterschiede: Während im Freistaat alle kompositionell eingebunden sind (*Anna-Volksschule Forchheim*), liegt dieser Anteil an der Ostsee nur bei 10,4%. Hier überwiegen asyndetische Nachstellungen in Anführungszeichen (*Grundschule "Gebrüder Grimm"*).[330]

Viele dt. **Universitäten** gehen auf landesherrliche Gründungen des 15. bis 18. Jhs. zurück, wobei sich die Fürsten gerne im Namen der neuen Institution verewigen (*Albertina* (Freiburg i.Br.) nach Erzherzog Albrecht VI., *Ludoviciana* (Gießen) nach Landgraf Ludwig V.). Diese Tradition wird im 19. Jh. in Preußen fortgeführt (*Rheinische Friedrich-Wilhelms-Universität Bonn, Westfälische Wilhelms-Universität Münster*) und in geringem Maße auch bei Neu- bzw. Wiedergründungen des 20. Jhs. (*Otto-Friedrich-Universität Bamberg*). Die derzeit häufigsten Bildungsmuster dokumentiert Tab. 42. Stets enthalten sie als Kern den Begriff *Universität* oder *Hochschule* (genuine Gattungs-EN). OrtsN sind dabei asyndetisch nachgestellt, PersN kompositionell eingebunden. **Gründer und Förderer** finden sich in doppelten RufN-Kombinationen (*Eberhard Karls Universität Tübingen, Ludwig-Maximilians-Universität München*), **Patrone** erscheinen oft mit RufN und FamN (*Heinrich-Heine-Universität Düsseldorf, Justus-Liebig-Universität Gießen*). Bei Letzteren handelt es sich um Persönlichkeiten, die zwar keinen direkten Bezug zur Institution selbst aufweisen, dafür aber oft zu deren Standort, an dem sie z.B. geboren sind oder längere Zeit gelebt haben (LÖTSCHER 1996).

Tab. 42: Haupt-Bildungsmuster dt. UniversitätsN

Bildungsmuster	Beispiel
Universität + OrtsN	*Universität Hamburg*
Adj. + *Universität/Hochschule* + OrtsN	*Technische Universität Darmstadt*
RufN + FamN + *Universität* + OrtsN	*Friedrich-Schiller-Universität Jena*
RufN + RufN + *Universität* + OrtsN	*Albert-Ludwigs-Universität Freiburg*

Trotz der eindeutigen Regel (DUDEN-Grammatik 2009:§113), dass PersN als Bestandteil umfangreicherer Namen mit **Bindestrich** verbunden werden, handhaben dt. Universitäten die Setzung dieses Syngraphems ganz unterschiedlich. Das reicht von völligem Verzicht (*Carl von Ossietzky Universität Oldenburg*) über teilweise Auslassung (*Johannes Gutenberg-Universität Mainz*) bis hin zu vollständiger Durchkoppelung (*Otto-von-Guericke-Universität Magdeburg*). Die knappe Durchsicht der Beispiele hat gezeigt, wie fruchtbar ein Vergleich von Schul- oder UniversitätsN in unterschiedlichen Regionen Dtlds. sein kann. Viele weitere Bundesländer harren hier noch der Bearbeitung. Auch die historische Dimension dürfte dabei spannende Einsichten gewähren (s. etwa HOMANN 2001, MEIER 1993). Zu Namen US-amerik. Colleges und Universitäten s. das ausführliche, diachron ausgerichtete Lexikon von BRENNER 2003.

330 Zu Schul- und KindergartenN in Rheinland-Pfalz s. BRANDMÜLLER demn.

10.3.5 Namen von Vereinen[331]

Angeln, Briefmarken, Feuerwehr, Fußball, Gesang, Heimat, Kaninchen, Karneval, Kegeln, Kleingarten, Kunst, Schützen, Selbsthilfe, Tierschutz, Tourismus, Turnen, Wohlfahrt - über 580.000 **nicht-wirtschaftliche eingetragene Vereine** gibt es in Dtld.[332] Viele von ihnen tragen stolze Namen wie *Arbeiter-Samariter-Bund Deutschland e.V., BV. Borussia 09 e.V. Dortmund, Mainzer Carneval-Verein 1838 e.V.* Das Kürzel *e.V.* (< *eingetragener Verein*) weist auf den Rechtsstatus hin, gehört aber nicht zum eigentlichen EN. Die Anfänge der dt. Vereine liegen im ausgehenden 18. Jh. In ihrer Gründung manifestiert sich der "Übergang von einem ständisch organisierten Zusammenleben zur bürgerlich-städtischen Industriegesellschaft" (STELLMACHER 2010:58). Ihre Namen sind somit "aussagekräftige Zeugen für gesellschaftliche Zustände, soziale Identität und regionale Bindungen" (ebd.:59). Um die Bildungsmuster näher zu betrachten, sollen nun Sport- sowie Brieftaubenzuchtvereine im Mittelpunkt stehen.

Im napoleonisch besetzten Dtld. treffen sich national ausgerichtete junge Männer unter der geistigen Vaterschaft Friedrich Ludwig Jahns zur gesunden und wehrhaften Körperertüchtigung in den ersten Turnvereinen. Um die Wende zum 20. Jh. kommen dann die Fußballer hinzu. Gegenwärtig ist jeder dritte Bundesbürger Mitglied eines **Sportvereins**.[333] Deren Namen setzen sich meist aus ihrem Sitz (OrtsN), der (ursprünglichen) Sportart - heute meist in abgekürzter Form (*FC* < *Fußballclub, TSG* < *Turn- und Sportgemeinschaft, VfL* < *Verein für Leibesübungen*) - sowie dem Gründungsjahr zusammen:

Tab. 43: Bildungsmuster von SportvereinsN (nach STELLMACHER 2010:59f.)[334]

Bildungsmuster	Beispiel
OrtsN + Sportart + Gründungsjahr	*Hannoverscher Sportverein von 1896*
Sportart + Gründungsjahr + OrtsN	*Männer-Turn-Verein 1881 Ingolstadt*
Sportart + OrtsN + Gründungsjahr	*Turn- und Sportverein München von 1860*

Außerdem kann eine Ordinalzahl hinzutreten (*1. FSV Mainz 05 e.V.*). Daneben sind weitere Ergänzungen in Form von PersN (*Turnverein Jahn-Rheine 1885 e.V.*) oder ÜberN (*Borussia*[335] *VfL 1900 Mönchengladbach e.V.*) möglich, v.a. bei mehreren Vereinen in einem Ort (STELLMACHER 2010:60 stuft beide Zusätze fälschlich als BeiN ein).[336] Tab. 44 zeigt die verschiedenen Benennungsmotive der ÜberN:

---

331 Zu den unterschiedlichen Bedeutungsfacetten von *Verein* in Volkskunde, Geschichts- und Rechtswissenschaft s. STELLMACHER (2010:58).

332 www.npo-info.de/vereinsstatistik/2014 (21.06.15).

333 www.dosb.de/de/organisation/organisation (21.06.15).

334 Bei den Beispielen in den Tabellen entfällt jeweils das obligatorische *e.V.*

335 Näheres zum ÜberN *Borussia* bei RAITHEL 2008.

336 Eine große Sammlung von VereinsN und ihrer Geschichte bietet www.vereinsnamen.de. Die Einteilung in BezeichnungsN (*FC*) und WortN (*Arminia*) ist abzulehnen (21.06.15).

Tab. 44: Benennungsmotive der ÜberN (angelehnt an STELLMACHER 2010:60–62)

Benennungsmotiv der ÜberN	**Beispiel**
Vereinsfarben	*SC Rot-Weiß Oberhausen*
Kraft, Erfolg	*Düsseldorfer Turn- und Sportverein Fortuna 1895*
Aufmunterung, Anfeuerung	*SC Gut Heil Neumünster von 1881*
Kameradschaft, Zusammenhalt	*Eintracht Frankfurt*
Heimat, Herkunft	*Aachener Turn- und Sportverein Alemannia 1900*
Verbindung zu Unternehmen	*TSV Bayer 04 Leverkusen*

In der Sportberichterstattung, in Logos (Abb. 52) und Internetadressen werden oft Kurzformen der sehr langen offiziellen Namen verwendet: *Bayern* (< *Fußball-Club Bayern München e.V.*), *Hertha* (< *Hertha, Berliner Sport-Club e.V.*), *Werder* (< *Sport-Verein "Werder" von 1899 e.V.*). Daneben haben viele Teams einen **SpitzN**, der sich auf die Trikots (*Fußballclub Gelsenkirchen-Schalke 04 e.V. = die Königsblauen*), den VereinsN (*Verein für Leibesübungen Wolfsburg e.V. = die Wölfe*), das Logo (*1. Fußball-Club Köln 01/07 e.V. = die Geißböcke*) o.Ä. bezieht. Im Profisport kommt es bei Sponsorenwechseln häufig zu **Umbenennungen**,[337] v.a. von Eishockey- und Basketballmannschaften. Die Kommerzialisierung hat hier zu einer Aufgabe traditioneller EN sowie einer Anlehnung an US-amerik. Vorbilder geführt: *Frankfurt Skyliners* (1999) > *Opel Skyliners* (2000) > *Deutsche Bank Skyliners* (2005) > *Fraport Skyliners* (2011). Auch die Namen der Fanclubs von Sportvereinen bieten ein spannendes Forschungsgebiet.[338]

Abb. 52: Aktuelle Logos dt. Fußballvereine

[337] Die verordneten Namenwechsel in der DDR behandelt STELLMACHER (2010:63f.).
[338] Zu Namen brit. und österr. Fußballvereine s. COATES 2008 bzw. PROCHAZKA 2014.

Ende des 19. Jhs. kommt in Dtld. die **Taubenzucht** auf und erste spezielle Vereine bilden sich heraus. Ihre Namen weisen gewöhnlich folgendes Schema auf: Vereinsart + HauptN + OrtsN, ergänzt um eine fünfstellige Nummer zur eindeutigen Identifikation, deren Position allerdings variieren kann (*Brieftaubenverein 07345 "Auf zur Heimat" Rheine i.W. e.V.*; SAUERMANN 1984). Die Top 5 der HauptN in den Jahren 1908, 1927 sowie 1982 stellt Tab. 45 zusammen. Ein solcher ist jedoch nicht zwingend (*Brieftaubenzuchtverein 09437 Rehungen e.V.*).

Tab. 45: Beliebte HauptN von Taubenzuchtvereinen (nach SAUERMANN 1984)

1908	1927	1982
1. *Heimkehr*	1. *Heimatliebe*	1. *Heimatliebe*
2. *Kriegspost*	2. *Heimkehr*	2. *Gut Flug*
3. *Heimatliebe*	3. *Gut Flug*	3. *Heimkehr*
4. *Blitz*	4. *Blitz*	4. *Sturmvogel*
5. *Kolumbia*[339]	5. *Luftpost*	5. *Kehre wieder*

Die Treue der Taube und ihre glückliche Rückkehr in den Heimatschlag stehen zu allen Zeiten im Mittelpunkt, gefolgt von der Schnelligkeit sowie dem Einsatz der Vögel zur Nachrichtenübermittlung. Vokabeln des Wettkampfes selbst, Begriffe aus der Luftfahrt, das Zusammengehörigkeitsgefühl der Mitglieder oder patriotische Töne begegnen eher selten. Insgesamt differenzieren sich die HauptN immer weiter aus und werden individueller. 81% von ihnen erscheinen im Jahre 1982 nur noch ein einziges Mal, was insbesondere am Einsatz von Toponymen liegt (*Auf zum Ruhrtal, Elbbote, Emslandflieger*). Unzählige weitere Vereine sowie ihre Besonderheiten kommen für eigene Untersuchungen in Betracht. Materialsammlungen bietet die Kulturanthropologie/Volkskunde, etwa für bestimmte Freizeitbeschäftigungen (z.B. Trachtenvereine, s. HIRZ 2000) oder Gemeinden (z.B. Taunusstein, s. KÖRMER 1979).

10.4 Kunstwerknamen

Jedes Kunstwerk trägt heutzutage ganz selbstverständlich einen Namen, auch wenn dieser *Ohne Titel* lautet (ROTHE 1986:31). Berühmte bzw. populäre Bücher, Gemälde, Musikstücke sowie Filme sind teilweise in einem solchen Maße präsent, dass sie geradezu sprichwörtlich werden und z.B. Zeitungen nicht nur in Überschriften auf sie Bezug nehmen, wobei jeder sofort die Anspielung versteht: *Ein Quantum Frost, Ich bin dann mal off, Viel Lärm um nichts* (SPIEGEL ONLINE). Tagtäglich begegnen sie uns in Buchhandlungen, Radiosendungen oder Ausstellungen, gleichwohl hat die Onomastik Namen von Kunstwerken bislang schlicht überse-

[339] Zu lat. *columba* 'Taube'.

hen. Die relevante Forschung findet hier v.a. in den jeweiligen Fachdisziplinen statt - allerdings i.d.R. unter nicht-linguistischen Gesichtspunkten (A. BRENDLER 2004:529-533). Als KunstwerkN gelten die **Titel**[340] sämtlicher **geistig-kreativer Schöpfungen** aus den Bereichen Literatur, Musik, bildende und darstellende Kunst, z.B. Dichtung, Oper, Bildhauerei.[341] In vielerlei Hinsicht unterscheiden sich diese Arbeiten von Konsumgütern, weshalb wir ihre Namen direkt unter die Ergonyme, aber in unmittelbarer Nachbarschaft zu den WarenN einordnen (entgegen A. BRENDLER 2004:529). Zunächst identifizieren sie das originale Werk und differenzieren es damit von anderen. Auch bei Kopien oder sonstigen Vervielfältigungen, etwa in Form von Postern, Büchern, Tonträgern etc. meinen sie stets die ursprüngliche schöpferische Leistung des Künstlers. Wenn wir von einem Roman, einem Theaterstück, einem Klavierkonzert o.Ä. sprechen, beziehen wir uns weder auf das Originalmanuskript, noch auf die konkrete Materialisierung bzw. Aufführung, sondern vielmehr auf das **abstrakte Opus**, welches häufig von der Reproduktion, z.B. auf Grundlage von Instruktionen wie Notationen oder Regieanweisungen, aber auch dem (Vor-)Lesen lebt.

> [Die] Einzigkeit künstlerischer Werke [ist] eine spezielle: Nur als Typen, als 'allgemeine' […] bzw. als 'abstrakte' Gegenstände […] sind sie einzig(artig), in ihren jeweils konkreten Instanziierungen zwischen Buchdeckeln, auf der Bühne, auf der Kinoleinwand oder auch im Konzertsaal sind sie dies keineswegs. Dennoch reden wir in der Regel, auch wenn es jeweils um eine konkrete Instanz geht, wie etwa die Filmvorstellung, zu der man eine Kinokarte besitzt, so, als bezögen wir uns direkt auf den Typ (ZIFONUN 2009:529).

Gerade fremdsprachige KunstwerkN werden oft **übertragen** (Sartres Drama *Huis clos* ist in Dtld. unter dem Titel *Geschlossene Gesellschaft* bekannt, Van Goghs Gemälde *De sterrennacht* heißt bei uns *Sternennacht* und der James Bond-Film *From Russia with Love* lief als *Liebesgrüße aus Moskau* in dt. Kinos).[342] Einzig PersN und OrtsN (Goethes *Egmont*, Puccinis *Tosca*; Picassos *Guernica*) bleiben meist erhalten (s. auch Kap. 3.2.3). Aus der Vielzahl an unterschiedlichen Kunstrichtungen und der ebenso unüberschaubaren Fülle von Klassifikationsversuchen ihrer Titel - v.a. zu den Namen literarischer Werke gibt es **unzählige Typologien** (ROTHE 1986:20-26) - wollen wir eine kleine Auswahl beispielhaft darstellen. Für eigene Untersuchungen bietet es sich an, z.B. die SPIEGEL-Bestsellerliste, die Charts, die Oscar-Gewinner, aber auch Opernführer, Fernsehzeitungen, Verlagsprogramme, Ausstellungskataloge, Monographien zu einzelnen Künstlern oder die Nachschlagewerke von BERKOWITZ 1975, MIES 1960, ROOM (1996, 2000a,b) auszuwerten.

---

340 Zur Etymologie s. ROTHE (1986:11-13) und PFEIFER (2005:1434). Der von WALTHER (2003: 101) verwendete Terminus *Titelname* (u.a. auch für InstitutionsN, StaatenN, Repräsentantenbezeichnungen) ist wegen seiner Mehrdeutigkeit abzulehnen. Wir verwenden *Name* und *Titel* synonym. Nach §§5, 15 MARKENG sind Titel mit Erscheinen des Werkes geschützt.

341 Zu Titeln wissenschaftlicher Werke s. DIETZ 1995.

342 Als Beispiele wählen wir im Folgenden deutschsprachige Titel bzw. bei fremdsprachigen, so sie existiert, die Version, unter der das Werk bei uns bekannt ist. Zur Übertragung von KunstwerkN s. NORD 1993, speziell zu Filmtiteln BOUCHEHRI (2008, 2009). Deren prinzipielle Übersetzbarkeit spricht nicht gegen ihren EN-Status (KALVERKÄMPER 1996).

10.4.1 Namen von literarischen Werken

Das Erste, was uns von einem Buch begegnet, ist oft sein Titel. Gerade in der heutigen Zeit mit ihrem überaus großen Angebot an Krimis, Liebesgeschichten, Science-Fiction-Romanen etc. fällt ihm aufgrund seiner **Werbewirksamkeit** besonderes Gewicht zu (GERIGK 2000:21f.).[343] Einen Namen tragen literarische Werke aber bereits in der Antike. Jedoch sind die wenigsten von ihnen eindeutig bezeugt, konkrete Belege findet man häufig nur bei anderen Autoren. **Authentische deutsche Buchtitel** lassen sich nicht vor 1200 zuverlässig nachweisen. Als einer der ersten gilt Thomasins von Zerclaere *Der welsche Gast* (1215/16). Doch auch danach bilden sie noch lange Zeit eine Seltenheit. Heute werden daher zur Benennung dieser Texte u.a. die Hauptfiguren (*Iwein, Parzival, Tristan*) herangezogen. Nur sporadisch enthalten die frühen Werke Hinweise ihrer Urheber wie etwa das Nibelungenlied, welches nach Handschrift C mit den Worten *hie hat daz maere ein ende. daz ist der Nibelunge liet* schließt.[344]

Abb. 53: Titelblätter der *Insel Felsenburg* und des *Abenteuerlichen Simplicissimus*[345]

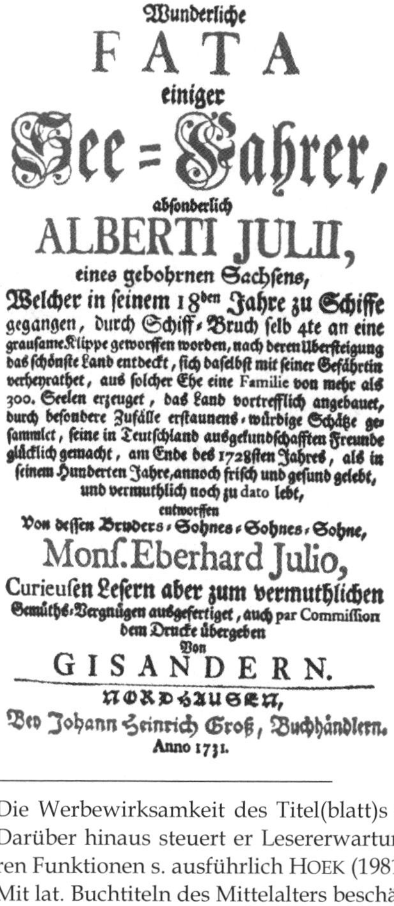
Wunderliche
FATA
einiger
See-Fahrer,
absonderlich
ALBERTI JULII,
eines gebohrnen Sachsens,
Welcher in seinem 18den Jahre zu Schiffe gegangen, durch Schiff-Bruch selb 4te an eine grausame Klippe geworffen worden, nach deren Übersteigung das schönste Land entdeckt, sich daselbst mit seiner Gefährtin verheyrathet, aus solcher Ehe eine Familie von mehr als 300. Seelen erzeuget, das Land vortrefflich angebauet, durch besondere Zufälle erstaunens-würdige Schätze gesammlet, seine in Teutschland ausgekundschafften Freunde glücklich gemacht, am Ende des 1728sten Jahres, als in seinem Hunderten Jahre, annoch frisch und gesund gelebt, und vermuthlich noch zu dato lebt,
entworffen
Von dessen Bruders-Sohnes-Sohnes-Sohne,
Monſ. Eberhard Julio,
Curieusen Lesern aber zum vermuthlichen Gemüths-Vergnügen ausgefertiget, auch par Commiſſion dem Drucke übergeben
Von
GISANDERN.
NORDHAUSEN,
Bey Johann Heinrich Groß, Buchhändlern.
Anno 1731.

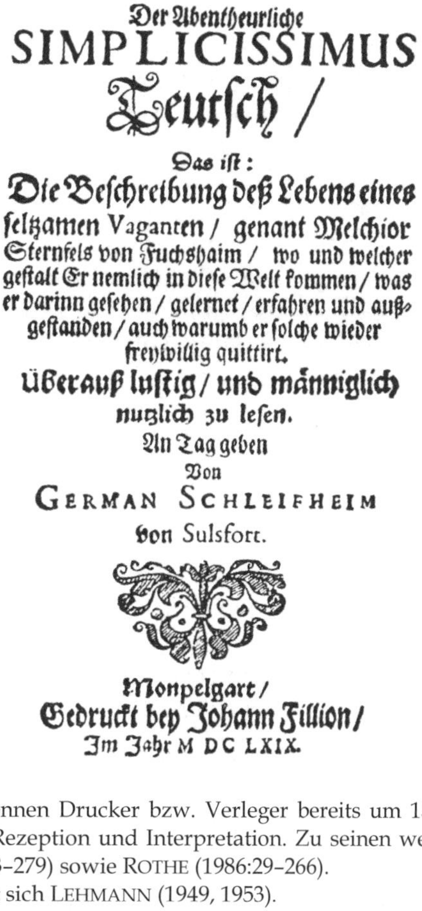
Der Abentheurliche
SIMPLICISSIMUS
Teutsch /
Das ist:
Die Beschreibung deß Lebens eines seltzamen Vaganten / genant Melchior Sternfels von Fuchshaim / wo und welcher gestalt Er nemlich in diese Welt kommen / was er darinn gesehen / gelernet / erfahren und außgestanden / auch warumb er solche wieder freywillig quittirt.
Überauß lustig / und männiglich nutzlich zu lesen.
An Tag geben
Von
GERMAN SCHLEIFHEIM
von Sulsfort.
Monpelgart /
Gedruckt bey Johann Fillion /
Im Jahr M DC LXIX.

[343] Die Werbewirksamkeit des Titel(blatt)s erkennen Drucker bzw. Verleger bereits um 1500. Darüber hinaus steuert er Lesererwartung, Rezeption und Interpretation. Zu seinen weiteren Funktionen s. ausführlich HOEK (1981:273–279) sowie ROTHE (1986:29–266).

[344] Mit lat. Buchtiteln des Mittelalters beschäftigt sich LEHMANN (1949, 1953).

[345] Für das Einscannen danken wir Gerd Schubert (Johann-Gottfried-Schnabel-Gesellschaft).

Zunächst als Gegenstand bzw. Thema paraphrasierende, dem mündlichen Vortrag angepasste **Incipit-Formel** noch im Text selbst genannt, lösen sich solche Titel-Vorläufer allmählich ab und erscheinen in Form einer **Überschrift**. Ende des 15. Jhs. stellt man dem eigentlichen Manuskript immer häufiger ein separates **Titelblatt** voran, das sich um 1500 inkl. des Namens als Bestandteil jedes gedruckten Buches etabliert. Letzterer kann aber trotzdem je nach Ausgabe variieren und wird erst sukzessive mit dem Werk untrennbar verknüpft. Zur einfacheren Unterscheidung erhalten nun auch ältere Texte nachträglich einen Titel, zunehmend stammen diese aber vom Autor selbst - Gedichtüberschriften hingegen bürgern sich in Dtld. erst ab dem 18. Jh. ein. Im **Barock** steht auf der ersten Buchseite ein langer, graphisch untergliederter Satz, der nicht selten den kompletten Inhalt wiedergibt, Schreibart, Quellen, Zielgruppen, Autor, Verleger, Erscheinungsort sowie -jahr nennt. Die genaue Grenze zwischen dem Titel als EN des Werkes und der Zusammenfassung bzw. den weiteren Bestandteilen kann man jedoch kaum zweifelsfrei ziehen (GÖTZ 2011:71f.). Das Ausmaß dieser Angaben, die aus über 350 Wörtern bestehen können, geht allmählich wieder zurück, und im 18. Jh. setzen sich schließlich die heute noch gebräuchlichen **knapperen Formen** durch. Die beiden Bücher von Johann Gottfried Schnabel (Pseudonym: Gisander) und Hans Jakob Christoffel von Grimmelshausen (Pseudonym: German Schleifheim von Sulsfort) etwa, deren Titelblätter aus den Jahren 1731 bzw. 1669 Abb. 53 zeigt, werden gegenwärtig unter den Namen *Insel Felsenburg* respektive *Der abenteuerliche Simplicissimus* geführt (s. insgesamt BAUER 1998:212f., A. BRENDLER 2004:533f., GÖTZ 2011:67, 70f., ROTHE 1968:13–15, 31–38, SCHRÖDER 1938, 1999:10–29, VOLKMANN 1967:1153–1168, 1304–1312).

Außerhalb der Onomastik sind Titel literarischer Werke gut erforscht. Die Typologien genügen allerdings nicht immer linguistischen Anforderungen. Meist fassen sie zudem Lyrik, Epik und Drama zusammen, wobei eine Differenzierung nach einzelnen Gattungen oft sinnvoller wäre. Im Folgenden wollen wir zwei verschiedene Herangehensweisen exemplarisch vorstellen: KUHNEN (1953:9–65) unterscheidet acht Typen von **Gedichtüberschriften**,[346] wobei Kombinationen selbstverständlich möglich sowie häufig sind (Tab. 46). Auf Basis eines knapp 12.500 Namen umfassenden Korpus identifiziert NORD (1993:51–55) drei übereinzelsprachliche Haupt-Bildungsmuster, nämlich Einfachtitel, die aus einer mehr oder weniger langen Einheit (von einem Wort bis zu einem Satz) bestehen (Fallada: *Der Trinker*), Doppeltitel[347] mit *oder* (Brentano: *Godwi oder Das steinerne Bild der Mutter*) sowie Titelgefüge aus einem Haupt- und einem oder mehreren Untertiteln (Kästner: *Fabian. Die Geschichte eines Moralisten*).[348] Anhand der syntaktischen Struktur teilt sie diese in weitere Subtypen ein. Tab. 47 zeigt ihre Klassifikation, die sich noch verfeinern und erweitern ließe. Bei der enormen Bandbreite

346 Den Terminus *Titel* reserviert KUHNEN (1953:7) für "ausgedehntere Werke".

347 Zur Herausbildung des Doppeltitels s. ROTHE 1970.

348 ROTHE (1986:17, 327f.) unterscheidet Ober- (bestehend aus Haupttitel, ggf. ergänzt um *oder* und einen Nebentitel) sowie Untertitel. Der Übergeordnete Titel nennt zusätzlich die Reihe oder den Zyklus, in dem das Werk erscheint. Die Geschichte der Untertitel und ihr Verhältnis zu den Obertiteln beschreibt ROTHE (1986:301–303, 321–327).

dürfte es allerdings kaum möglich sein, sämtliche Erscheinungsformen zu erfassen (ROTHE 1986:18f.). Als prototypisch erweisen sich im dt. Sprachraum unabhängig von der Gattung **Einfachtitel** (von 74,8% bei Kinderbüchern bis zu 99,1% bei Erzählungen) in Gestalt von NPs, weit vor Titelgefügen und Doppeltiteln (NORD 1993:56–63, 82–85). Insgesamt haben sie zwar keine spezifische Form, neigen aber zur Ellipse (ROTHE 1986:26).[349]

Tab. 46: Typen von Gedicht-Überschriften (nach KUHNEN 1953:9–65)

Typ	**Beschreibung**	**Beispiel**
Motivüberschrift	Kern- oder Nebenmotiv	Schiller: *Die Freundschaft*
Gattungsüberschrift	Gattung oder Gattungsform	Klopstock: *Elegie*
Rollenüberschrift	Sprecher der Verse	Goethe: *Prometheus*
Anrede- und Widmungsüberschrift	Adressat der Verse	Eichendorff: *An Fouquet*
Situationsüberschrift	Umstände, Konstellation	Hölderlin: *Am Abend*
Vortragsüberschrift	Vortragsweise, Stimmung	Trakl: *In den Nachmittag geflüstert*
Versüberschrift[350]	eine dem Gedicht entnommene Versstelle	Brentano: *Einsam will ich untergehen*
Sentenzüberschrift	dem Gedicht voranstehender Kernsatz	Droste-Hülshoff: *Carpe Diem!*

Tab. 47: Bildungsmuster von Titeln literarischer Werke (nach NORD 1993:63–82)

Typ	**Beschreibung**	**Beispiel**
Nominaler Titel	eine oder mehrere NPs, ggf. erweitert	Mann: *Mario und der Zauberer*
Satzförmiger Titel	Haupt- oder Nebensätze, Satzreihen und -gefüge	Kästner: *Als ich ein kleiner Junge war*
Adverbialer Titel	Adv.; Adverbial, meist eingeleitet durch eine Präp.	Fontane: *Unterm Birnbaum*
Verbaler Titel	Infinites Verb, ggf. ergänzt um ein Objekt, Adv. oder eine PP	Goethe: *Gefunden*
Adjektivischer Titel	Adj., ggf. ergänzt um ein Adv. oder eine PP	Tucholsky: *Allein*
Interjektionsförmiger Titel	Ausruf o.Ä. mit Interjektion(en)	Janosch: *Oh, wie schön ist Panama*

349 Für das Frz. s. HOEK (1981:72–83), zu Groschenroman-Titeln s. KACZMAREK/WULFF 1979.
350 Bei ursprünglich namenlosen Gedichten wird oft die erste Zeile als Titelersatz geführt.

10.4.2 Namen von Werken der bildenden Kunst

An der Schwelle der Ewigkeit (van Gogh), *Frau Cézanne im Gewächshaus* (Cézanne), *Landschaft mit dem Sturz des Ikarus* (Bruegel) - beim Gang durchs Museum dienen die Namen der ausgestellten Gemälde, Skulpturen oder Installationen nicht nur der Identifikation, meist bieten sie zudem eine erste **Interpretationshilfe** (HOEK 2001:36f.). Als ihre frühen Vorläufer gelten griech. Bildepigramme sowie mittelalterliche Tituli, welche Form und Sinngehalt des Werkes erläutern. Bis zur Renaissance existieren jedoch kaum allgemein anerkannte Namen. Dies liegt v.a. daran, dass die bildende Kunst noch mehr Handwerk denn eigenständige, individuelle Ausdrucksform ist und es sich bei zeitgenössischen Gemälden weitgehend um Auftragsarbeiten handelt, die stereotype Motive eines kanonischen Repertoires zeigen. Zum Entschlüsseln ihrer Botschaft ist kein Titel erforderlich. Darüber hinaus benötigen sie als mehr oder weniger private, unbewegliche Gegenstände im Besitz von Kirche bzw. Adel keine differenzierenden Benennungen.

Dies ändert sich grundlegend erst im 15./16. Jh. Mit Erfindung des Buchdrucks können Grafiken nun verhältnismäßig leicht vervielfältigt sowie verbreitet werden. Auch aus der öffentlichen Präsentation und der Entstehung von Fachliteratur erwächst bald die Notwendigkeit **eindeutiger Identifikation**. Daher erhalten bislang namenlose Meisterwerke nun ebenfalls einen Titel. Dieser beschreibt - zunächst mit Rückgriff auf Mythologie, Geschichte, Religion, später durch Anknüpfung an Orte und Stimmungen - den Inhalt oder Sinngehalt des Bildes ausführlich. Meist in der Form Gattung (*Stilleben*) bzw. Typus (*Pietà*) plus charakteristisches Merkmal bei häufig vorkommenden Motiven (da Vinci: *Madonna mit der Nelke*) oder Nennung der Auftraggeber (Tizian: *Madonna des Hauses Pesaro*), des Bestimmungs- (Tizian: *Venus von Urbino*) bzw. Aufbewahrungsortes (Michelangelo: *Pietà Rondanini*). Die fortschreitende Emanzipierung von Künstler und Œuvre geht einher mit einem immer breiteren Themenspektrum. Gegen Ende des 19. Jhs. wird auch die **Wahl des Titels** zu einem schöpferischen Akt. Er bezieht sich weniger auf das tatsächlich Dargestellte, sondern vielmehr auf das Kunstwerk an sich - Motiv und assoziativer, bisweilen abwegiger Name müssen folglich nicht mehr zwangsläufig übereinstimmen (Klee: *Lenkbarer Großvater*).

> Die Titel entfernen sich vom Bild. Sie benennen nicht mehr das vordergründig Inhaltliche, sondern einen Impuls, der vom Bild ausgeht, mag er nun auf eine Empfindung, auf einen symbolischen Sinngehalt oder auf eine Verzerrung ins Ironisch-Groteske zielen (KRÖLL 1968:21).

In den Epochen zuvor ist die Betitelung von Kunstwerken eher unbeständiger, informeller Natur gewesen, und auch heute noch können die **nicht-normierten Namen** von Gemälden aus dieser Zeit variieren. Nur in seltenen Fällen stammen sie vom Künstler selbst, hauptsächlich aber von Sammlern, Händlern, Mäzenen, Kuratoren etc. Neue Interpretationen führen oft zu Umbenennungen. Mehrere konkurrierende Titel für ein und dasselbe Kunstwerk stellen dabei keine Seltenheit dar: Ein Gemälde von Claude Monet aus dem Jahre 1875, das eine Frau mit Sonnenschirm neben einem kleinen Jungen beim Spaziergang zeigt, heißt einmal *Der Spaziergang, Frau mit Sonnenschirm*, in einem anderen Katalog aber *Auf der*

Felsenklippe oder Madame Monet und ihr Sohn Jean. Eine Winterlandschaft des frz. Impressionisten von 1867 trägt gleichzeitig drei **verschiedene Titel**: *Route devant la ferme Saint-Siméon. Effet de neige; Environs d'Honfleur, neige* sowie *Paysage d'hiver. La tasse de chocolat* von Auguste Renoir (1878) ist auch als *La tasse de café* und *La tasse de thé* ausgestellt worden. Im Gegenzug können Maler mehrere ihrer Arbeiten gleich nennen (Picasso: *Violon*). Darüber hinaus tragen Werke unterschiedlicher Künstler denselben Namen (Klimt, Munch, Rodin: *Der Kuss*). All das erschwert natürlich die Klassifikation der Titel und ihre linguistische Auswertung[351] (s. insgesamt BOSREDON 1997:244–255, A. BRENDLER 2004:540–544, HOEK 2001:23–36, 83–85, KRÖLL 1968:16–21 sowie MCGRATH 1998:119f.).

10.4.3 Namen von Musikstücken

Korrekterweise benennt man klassische Musikstücke durch ihre Gattung (*Sonate, Symphonie, Suite*), ergänzt um Tonart und Opusnummer bzw. den Verweis auf ein Werkverzeichnis des Komponisten. Dem Laien aber sagen *Klavierquintett in A-Dur (op. 114/D 667), Klavierstück in a-Moll (WoO 59)* oder *3. Sinfonie in Es-Dur (op. 97)* zunächst nicht viel. Bekannt sind sie nämlich unter ihren **volkstümlichen Namen** *Forellenquintett* (Schubert), *Für Elise* (Beethoven) und *Rheinische Sinfonie* (Schumann). Diese wurden meist nicht vom Künstler selbst vergeben, sondern von Verlegern, Kritikern, Freunden, Hörern oder Interpreten, um einzelne Stücke auszuzeichnen und leichter identifizieren zu können. Häufig enthalten sie daher einen Hinweis auf die Stimmung oder ein anderes aussagekräftiges Charakteristikum (BERKOWITZ 1975:V). MIES 1960 unterscheidet neun verschiedene Motivationen dieser nicht seltenen zusätzlichen Benennungen:

Tab. 48: Benennungsmotive klassischer Musikstücke (nach MIES 1960:4–6)

Benennung nach	Beispiel
dem Gesamtcharakter des Werkes	Mozart: *Dissonanzenquartett*
instrumentalen Eigenheiten des Werkes	Haydn: *Paukenschlagsinfonie*
der Bestimmung des Werkes	Beethoven: *Die Weihe des Hauses*
musikalischen Zitaten und Themen	Brahms: *Preisliedsonate*[352]
einer Widmung	Beethoven: *Kreutzersonate*
dem Entstehungsort des Werkes	Mozart: *Pariser Sinfonie*
dem Fundort des Werkes	Mozart: *Lambacher Sinfonie*
Äußerlichkeiten	Haydn: *Sonnenquartette*[353]
einer Anekdote	Haydn: *Rasiermesserquartett*[354]

351 Der Bildungsweise frz. Titel widmet sich ausführlich BOSREDON 1997.
352 Die ersten Takte erinnern an *Walters Preislied* aus Wagners *Die Meistersinger von Nürnberg*.
353 Eine Sonne zierte das Titelblatt der Originalausgabe.
354 Haydn gab einem engl. Verleger dieses Quartett im Austausch gegen dessen Rasiermesser.

Die Benennungsmotive können derart vielgestaltig sein, "daß man fast eine Musikgeschichte und eine Musikästhetik schreiben muß, will man den Gründen der Namengebungen genau nachgehen und sie zu einer echten Systematik ausbauen" (MIES 1960:6). Auch heute bleiben daher die Hintergründe einiger Titel ungewiss, wie etwa bei Mozarts *Jupitersinfonie*. Zudem wechseln sich teilweise **konkurrierende Varianten** im Verlauf der Rezeption ab. Am festesten sind dabei solche, die auf bestimmten musikalischen Zügen beruhen. Heute geben Komponisten ihren Werken häufiger eigene Namen, v.a. seit dem Impressionismus (Albéniz: *Meeresrauschen*, Debussy: *Das Meer*, Ravel: *Wasserspiele*). Trotzdem müssen sich diese nicht durchsetzen: Beethoven nannte seine *Klaviersonate Nr. 14 op. 27 II in cis-Moll* zusätzlich *Sonata quasi una Fantasia*, doch heute wird sie i.d.R. als *Mondscheinsonate* betitelt (A. BRENDLER 2004:544–549, MIES 1960, MONCELET 1972:59–179).

10.4.4 Namen von Spielfilmen

Packende Handlung, berühmte Darsteller oder ansprechende Plakate - wovon lassen wir uns eigentlich beim Kinobesuch leiten, warum sehen wir überhaupt einen bestimmten Film? LINDEMEIR 2007 ist diesen Fragen nachgegangen und hat dabei festgestellt, dass v.a. der Titel den Ausschlag gibt, noch vor Story, Schauspielern sowie Werbung. Dies mag zunächst verwundern, stellt aber einmal mehr die Bedeutung der Namen heraus:

Abb. 54: Relative Wichtigkeit der Faktoren Titel, Story, Schauspieler und Werbung abhängig vom Genre des Films (nach LINDEMEIR 2007:40f.)

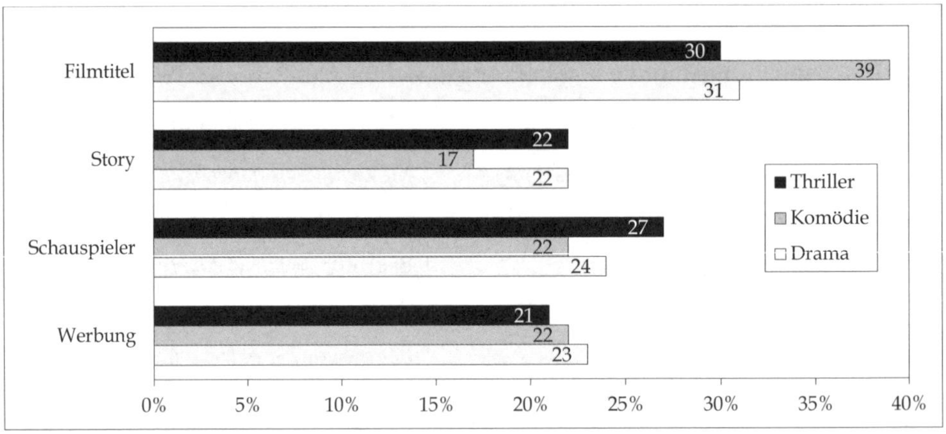

Als gegen Ende des 19. Jhs. die Kinematographie aufkommt, haben sich Titel für Kunstwerke bereits soweit etabliert, dass auch dieses neue Medium von Beginn an Namen erhält. Ein früher Film der Gebrüder Lumière aus dem Jahre 1895 etwa heißt *Die Ankunft eines Zuges auf dem Bahnhof in La Ciotat*. Längere **deskriptive Formen** dieser Art sind anfangs besonders beliebt (*Another Demonstration of the Cliff-Guibert Fire Horse Reel, Showing a Young Girl Coming from an Office, Detaching Hose, Running with It 60 Feet, and Playing a Stream, All Inside of 30 Seconds*; 1900).

Wie auch bei Büchern werden sie aber im Laufe der Zeit deutlich kürzer. Heute entscheidet v.a. das Genre über den Umfang: Kurzfilme und Komödien haben ausführliche, Dramen hingegen knappere Titel. Für Fernsehen oder Video bestimmte Spielfilme weisen oftmals deutlich längere Namen auf als solche für das Kino (KUPKA 2004:5f., HÜNINGEN 2007). Am häufigsten kommen in Dtld. **Einfachtitel** vor (Tab. 47), die im Mittel aus 2,8 Wörtern bestehen. Dabei sind nominale Strukturen (*Keinohrhasen*) äußerst populär, gefolgt von satzförmigen (*Die fetten Jahre sind vorbei*) und adverbialen (*Auf der anderen Seite*). Der kürzere Obertitel (*Avatar*; durchschnittlich 1,7 Wörter) von **Titelgefügen** bleibt besser im Gedächtnis haften als der erklärende, interpretationslenkende Untertitel (*Aufbruch nach Pandora*; durchschnittlich 3,2 Wörter). Beide zeigen häufig nominale Formen, Erstere zudem adjektivische, Letztere satzförmige Konstruktionen. Doppeltitel (*Rossini oder Die mörderische Frage, wer mit wem schlief*) stellen eine absolute Ausnahme dar. 85% der heutigen Namen sind fremdsprachlich, meist englisch, und wurden zu 37% ohne Veränderungen ins Dt. übernommen (BOUCHEHRI 2008:43–55, ROSAR demn., SCHUBERT 2004; s. auch FARØ 2014).[355]

10.4.5 Grammatik der Kunstwerknamen

> Der ziemlich unbegabte Bariton kündigt vollmundig an: "Jetzt werde ich *Am Brunnen vor dem Tore* singen." Daraufhin kommt aus dem Zuschauerraum: "Gut so, hier drinnen will Sie sowieso niemand mehr hören!"

Warum funktioniert solch ein Witz? Primär liegt es daran, dass sich KunstwerkN oft nicht von def. Beschreibungen unterscheiden. Zudem sind sie häufig komplex und bestehen z.T. sogar aus ganzen (Neben-)Sätzen (*…denn sie wissen nicht, was sie tun*, *Moses zerbricht die Gesetzestafeln*, *Wie es euch gefällt*). Insbesondere bei nominalen Formen, die mit ihrer Umgebung syntaktisch interagieren können, keimen **Zweifel** auf: Gehen wir in den *Fliegenden Holländer* oder in *Der Fliegende Holländer*? Wird eine neue Inszenierung der *Räuber* oder von *Die Räuber* gezeigt? Kommt im Fernsehen die Fortsetzung des *Schweigens der Lämmer* oder von *Das Schweigen der Lämmer*? Die DUDEN-Grammatik (2009:§1218) empfiehlt hier die Verwendung einer Gattungsbezeichnung vor dem Werktitel (*Die Klasse liest den Roman "Der Richter und sein Henker"*). Eingehender mit dieser Problematik beschäftigt sich ZIFONUN 2009. Nachfolgend sollen die Ergebnisse ihrer korpusbasierten Untersuchung kurz referiert werden (s. auch DUDEN-Zweifelsfälle 2011:207).

Unsicherheiten im grammatischen Umgang mit nominalen Titeln der Form *Die lustige Witwe* gehen auf zwei widerstreitende Prinzipien zurück, nämlich die **Gestaltschonung** des EN auf der einen und dessen **syntaktische Einpassung** auf der anderen Seite. Gleichzeitig lassen sich beide Anforderungen außer im Nom. praktisch nie erfüllen. Üblicherweise werden Titel zugunsten der Schemakonstanz aber in ihrer Grundform gebraucht (*Die Wüste Tunesiens diente als Kulisse für den Film "Der Englische Patient"*). Nur dann scheint auch der **Artikel** – angezeigt durch Setzung von Anführungszeichen sowie Majuskel – zum eigentlichen

[355] Zu den Titeln pornographischer Filme s. KACZMAREK/WULFF 1985.

Namen zu gehören. Ansonsten tritt er außerhalb der Domäne der Anführungszeichen in Minuskeln auf; nun wird die neue erste Konstituente des EN durch Großschreibung ausgezeichnet (*Der Verleih hatte mit dem "Englischen Patienten" großen Erfolg*). Wo möglich, fordern flektierte Artikel auch flektierte Formen des Titels. Bei artikellosen KunstwerkN kann er sekundär hinzukommen (*In der Schule behandeln wir die "Deutschstunde"*) oder bei indef. sein unbestimmtes Pendant verdrängen (*Mit seiner Inszenierung des "Sommernachtstraums" gelang dem Intendanten ein großer Wurf*). Wird der Autor in Prästellung im Gen. genannt, so entfällt der Artikel meist (*Goethes "Wahlverwandtschaften"*).

Laut DUDEN-Grammatik (2009:§1628) steht das **finite Verb** bei Werktiteln als Subjekt meist im Sg. (*"Fünf Freunde" war die Lieblingslektüre vieler Jugendlicher der Sechziger Jahre*), nur bei pluralischen NPs mit def. Artikel ist heute der Pl. üblich (*"Die Räuber" haben immer eine starke Wirkung auf die Jugend ausgeübt*). In Sätzen mit einem prädikativen Nomen im Sg. (*"Die Räuber" ist ein Drama von Schiller*) oder bei Reihungen von Einzelsubjekten (*"Romeo und Julia" wird auch heute noch oft gespielt*) gilt hingegen nur die Sg.-Form als korrekt (ebd.:§§1628, 1632). Für gewöhnlich haben KunstwerkN neut. **Genus** (ebd.:§292; *Selbst das oft gespielte "Tour de France" gab es lange Zeit nicht käuflich zu erwerben*), als Vermeidungsstrategie werden aber häufig Gattungsbezeichnungen vor die Titel eingefügt (s.o.).

10.5 Verkehrsmittelnamen

Den *Baby-Benz* sieht man nach wie vor auf dt. Straßen, durchs Mittelrheintal rollt der InterCity *Loreley*, mit dem Airbus *Lüneburg* jetten TouristInnen oder Geschäftsleute in die Metropolen Europas und die *MS Deutschland* schippert als Traumschiff nicht nur über die Fernseh-Bildschirme. In unserer mobilen Welt erhalten wie selbstverständlich auch **Verkehrsmittel** einen Namen - von Bahnbetreibern, Fluggesellschaften und Reedereien meist zu Werbezwecken vergeben (*Loreley, Lüneburg, Deutschland*) oder vom Volksmund für besondere Autos (*Baby-Benz*) bzw. ganz individuell als liebevolle SpitzN des eigenen Gefährts (*Emma*; s.u.). Bei den angeführten Beispielen handelt es sich jeweils um teils inoffizielle EN mobiler technischer Geräte (z.B. Kraftfahrzeuge, Flugzeuge, Schiffe) oder fester Linienverkehrsverbindungen, die allesamt der Personen- bzw. Güterbeförderung dienen. Abzugrenzen sind sie sowohl von offiziellen WarenN (*Mercedes 190 = Baby-Benz*) als auch **alphanumerischen Identifikationscodes** (*D-AIRP* für den Lufthansa-Airbus A321 *Lüneburg*).

Die Onomastik hat Namen von Verkehrsmitteln bisher kaum als Thema erkannt. Außer vereinzelten Aufsätzen zu ZugN, FlugzeugN und EN von Taxen bzw. Bussen existiert keine einschlägige Fachliteratur. Es überrascht daher wenig, dass die Handbücher diesen Themenkomplex nicht erwähnen. Einzig WALTHER (2003:19) listet VerkehrsmittelN in seiner Klassifikation mit auf. Im Folgenden sollen nun in einer Zusammenschau die vielfältigen, einander durchaus ähnlichen Möglichkeiten der Benennung von Kraftfahrzeugen, Zügen, Flugzeugen und Schiffen aufgezeigt werden. Aufgrund der **unzureichenden Forschungslage** können wir mit einer subjektiven Auswahl nur ein Schlaglicht auf diese Namenklasse werfen. Die Beobachtungen führen aber vor Augen, welch lohnenswertes Untersuchungsfeld hier brachliegt. Besonders in diachroner und kontrastiver Perspektive lassen sich über die Auswertung der Benennungsmotive auch kulturgeschichtlich interessante Entdeckungen machen. Umfangreiche Namenlisten im Internet, Flottenübersichten auf Homepages von Reedereien bzw. Fluggesellschaften oder Reisekataloge für Kreuzfahrten bieten leicht zugängliche Korpora.

10.5.1 Namen von Kraftfahrzeugen

Ente, Knutschkugel, Tin Lizzy sind inoffizielle populäre Namen für legendäre Autos. Offiziell heißen sie aber *Citroën 2CV, BMW Isetta, Ford T.* Diese Baureihenangaben gehören zu den WarenN, doch die eingangs aufgeführten SpitzN (Kap. 7.4.2), welche ihnen vom **Volksmund** verpasst wurden, stellen VerkehrsmittelN dar. Weitere bekannte Beispiele: *Badewanne* (*Ford Taunus P3*), *Rennpappe* (*Trabant*), *Schneewittchensarg* (*Volvo P1800*). Darüber hinaus geben viele AutobesitzerInnen ihrem Gefährt, zu dem sie durchaus eine emotionale Bindung aufbauen, noch **individuellere "RufN"** wie *Emma, Linda* oder *Silberbüchse.*[356] Leider fehlen verlässliche Erhebungen zur Motivik dieser Benennungen.

NEETHLING 2005 sowie AHRENS 2009 beschreiben das beliebte **Minibus-System in Südafrika** bzw. **der Karibik**. Diese privaten Taxen ergänzen vielerorts den öffentlichen Nahverkehr (so vorhanden), allerdings ohne reguläre Fahrpläne. Eigentümer, Fahrer oder Nutzer geben ihrem Van einen Namen, der an prominenter Stelle auf Karosserie bzw. Windschutzscheibe angebracht wird. Er dient vornehmlich der besseren Wiedererkennung, hat aber auch werbenden Charakter, um neue Fahrgäste zu gewinnen. Benennungsmotive sind z.B. Merkmale des Taxis (*Express, Faithful One, No Noise*), Eigenschaften des Eigentümers/Fahrers bzw. dessen SpitzN (Xhosa *Gimba* 'viel essen', *Mdala* 'er ist alt', *Uncle Polo*) sowie Wendungen aus den Bereichen Religion und Tugenden (*Charity, Hope and Peace, Jesus is coming*). Oft handelt es sich um Slang oder prahlerische bzw. anzügliche Ausdrücke (*Rude Boy* 'cooler Typ'; *Fabulous, Take that and push it*). Auch **öffentliche Busse** erhalten im südl. Afrika Namen, etwa in Swasiland (NTULI 1999). Die Benennungsmotive ähneln denen der Minivans: RufN des Fahrers oder seiner Angehörigen (*Mthunzi, Sanele, Qobonga*), Sprichwörter bzw. Aufrufe (Siswati *Budze Abuphangwa* 'Tue nichts, wofür Du noch nicht reif genug bist', *Umbango Awakhi* 'Streit hilft nicht beim Bauen'; *Sukumani MaSwati Nitimele* 'Swazi, steht auf und seid unabhängig'), religiöse Formeln (Zulu *Bonginkosi* 'Dank sei dem Herrn', *Hamba Nathi Nkosi* 'Sei mit uns, Herr', *Zulu Kaya Lami* 'der Himmel, meine Heimat') und Tiere (Siswati *Impala* 'Antilope', *Inyatsi* 'Büffel', *Ligwababa* 'Krähe').[357]

---

[356] Laut einer repräsentativen Umfrage unter deutschen AutonutzerInnen aus dem Jahr 2012 geben 13% der Frauen, aber nur 5% der Männer ihrem Fahrzeug einen Namen (www.cosmosdirekt.de/veroeffentlichungen/auto-namen-geben-19704; 21.06.15).

[357] DILLARD (1976:61–78) gibt einen Überblick der Namengebungspraktiken in Afrika sowie der Karibik und vermutet als Ursprung der KraftfahrzeugN die Benennung von Kanus.

Eine Möglichkeit, das eigene Auto weiter zu individualisieren, stellen persönliche **Wunschkennzeichen** dar, die als EN angesehen werden können. In einigen Ländern der Welt dürfen Fahrzeughalter gegen Gebühr die gesamte Beschriftung selbst bestimmen (*FOR JOY* (Schweden), *LOVEU2* (Litauen), *ZZZZZZ* (Island)) oder auch nur Teile davon (*GM HANS 1* (Österreich), *LJ BUHTL* (Slowenien), *PB-QUICK* (Slowakei)).[358] Das System in Südafrika, den USA und auf Malta beschreiben NEETHLING 2009, NUESSEL (1982, 1992:29f.) bzw. BRINCAT 2013.

10.5.2 Namen von Zügen

Die Überschrift dieses Abschnitts ist etwas ungenau. Wir müssen nämlich unterscheiden zwischen EN von Lokomotiven sowie Triebwagen einerseits und festen Zugläufen andererseits, die eine bestimmte Strecke bedienen, wobei sie aus wechselndem Rollmaterial bestehen können: Der ICE 3-Triebzug 330 der Deutschen Bahn (DB) trägt den Namen *Göttingen* und verkehrt u.a. als *ICE 527 Wetterstein* von Dortmund nach Garmisch-Partenkirchen. Diese Trennung wird in der Literatur nicht immer konsequent eingehalten. Sie ist angezeigt, weil es deutliche Unterschiede in der Benennungspraxis von Fahrzeugen sowie Zugläufen gibt. Zudem können beide, wie angedeutet, gleichzeitig verschiedene Namen haben.

1804 fährt die erste richtige Dampflokomotive der Welt in einem walisischen Eisenwerk und läutet damit das Eisenbahnzeitalter ein. Bis zum Start des öffentlichen Personenverkehrs vergehen allerdings noch einmal ganze 21 Jahre. Währenddessen experimentieren verschiedene Ingenieure mit dem neuen Antrieb. Die Liverpool and Manchester Railway organisiert 1829 das *Rennen von Rainhill*, um eine geeignete **Lokomotive** für die von ihr betriebene Strecke zwischen den beiden industriellen Zentren Großbritanniens zu finden. Robert Stephensons *The Rocket* setzt sich gegen *The Cycloped, The Novelty, The Perseverance* und *The Sans Pareil* durch – allesamt Einzelstücke, die stolze Namen tragen. Generell lassen diese v.a. Neuartigkeit (*Experiment, Pioneer, Surprise*), Technik (*Puffing Billy, Steam Elephant, Thunderer*), Kraft (*Fury, Hercules, Lion*), Schnelligkeit (*Arrow, Catch me who can, Hurricane*) oder Vortrefflichkeit (*Bright Star, North Star, Royal Star*) anklingen. Später kommen Seen, Landsitze, Geschwader der Airforce, brit. Territorien, Tiere, Schiffslinien, literarische Figuren, Schulen, Kleinstlebewesen, Fußballclubs, Götter etc. hinzu (COATES 2009).

In Dtld. schnauft die erste Eisenbahn 1835 von Nürnberg nach Fürth. Eine Viertelstunde benötigt der *Adler*, eine Lokomotive aus England, für die sechs Kilometer lange Strecke. HELLFRITZSCH 1985 untersucht beispielhaft die Benennungspraxis in Sachsen und stellt dabei eine nahezu identische Entwicklung wie in Großbritannien fest. Zunächst gibt man den Dampfrössern **metaphorische Namen**, die Geschwindigkeit bzw. Stärke suggerieren (*Blitz, Comet, Pfeil*), gerne auch aus dem Tierreich (*Alligator, Falke, Jaguar*). Zu Beginn der 1860er Jahre geht dieses app. Inventar jedoch langsam zur Neige. Figuren der griech.-röm. Mythologie (*Mars, Prometheus, Vulkan*) kommen hinzu, außerdem **Personen- und OrtsN**.

[358] Zu Wunschkennzeichen in Deutschland s. BAUMANN/VOGEL 2014.

Hier nimmt man v.a. Ingenieure (*Stephenson*), Regenten (*August der Starke*), Naturwissenschaftler/Forschungsreisende (*Columbus*), Schriftsteller/Philosophen (*Schiller*), Musiker (*Beethoven*); bei den geographischen Namen dominieren Staaten (*Preußen*), Flüsse (*Elbe*), Gebirge/Berge (*Harz*), Städte (*Dresden*). Dabei geht der Blick auch nach Amerika (*Texas*) und Afrika (*Sansibar*). Zudem treten (Edel-) Steine (*Saphir*) sowie Begriffe aus dem Bergbau (*Schacht*) auf.

In der Anfangszeit erhalten ausschließlich Lokomotiven einen Namen. Und zwar vorwiegend solche, die im Personenverkehr eingesetzt werden. Später bezieht man die EN der Triebfahrzeuge zusätzlich auf den von ihnen gezogenen Zug, bevor sie schließlich mit Ende der Dampf-Ära ganz auf diesen übergehen. **Agentivität** steuert also auch hier die Diachronie der Benennung. Bis in die 1920er Jahre zeigt *The Flying Scotsman* noch eine solche Ambiguität: Ursprünglich nur der Name für eine bestimmte Lokomotive, die neben anderen vor dem ab 1862 verkehrenden *Special Scotch Express* zwischen London und Edinburgh eingesetzt ist, wird er bald für den Zuglauf üblich und diesem 1924 auch offiziell verliehen. Das rapide Anwachsen des Lokomotivbestands, der Zusammenschluss von Eisenbahnunternehmen sowie der Wechsel von Triebfahrzeugen in andere Dienstbezirke führt dazu, dass manche Namen mehrfach vorhanden sind. Gleichzeitig steigt die Notwendigkeit, die einzelnen Typen hinsichtlich technischer Parameter und Konstruktionsmerkmale genau auseinanderzuhalten. Diese Entwicklung führt dazu, dass gegen 1850 erste Ordnungsnummern zu den Namen treten. In der Folge fallen Letztere um die Jahrhundertwende schließlich vielerorts ganz weg. Erhalten bleiben sie aber z.T. in neuer Funktion, nämlich für **feste Zugverbindungen**. Gerade in den letzten Dekaden des 19. Jhs. breitet sich diese Praxis stark aus (HELLFRITZSCH 1985, WEYERS 2008).

Bahnreisen stellen zunächst ein Privileg für begüterte Schichten dar und die neuen ZugN sollen v.a. Exklusivität, Schnelligkeit sowie Fahrkomfort dieser Luxuszüge zum Ausdruck bringen (*Orient-Express, Ostende-Wien-Express, Riviera-Express*). Über sie versucht man in der Zeit des wirtschaftlichen Aufschwungs nach dem Zweiten Weltkrieg im Premium-Segment wieder an die Traditionen der Goldenen Zwanziger anzuknüpfen – allerdings steht meist nicht mehr der Reiseweg Pate (*Edelweiß, Merkur, Rheingold*). Mit Aufgabe dieser reinen Erste-Klasse-Verbindungen schwindet der elitäre Charakter solcher Namen endgültig (WEYERS 2008). Sie werden nun – neben vielen anderen neu hinzugekommenen – systematisch an fast alle Fernzüge vergeben. Die Benennung erfolgt dabei häufig nach Städten oder Landschaften, die der Zug passiert bzw. ansteuert, nach berühmten Persönlichkeiten[359] mit einer besonderen Verbindung zu an der Strecke liegenden Orten oder nach Sehenswürdigkeiten entlang der Fahrtroute. Die Namen haben zwar meist eine Beziehung zum jeweiligen Zug, es kann jedoch passieren, dass dies durch Laufwegveränderungen oder -verkürzungen zu bestimmten Zeiten nicht mehr zutrifft und sie damit demotiviert sind (z.B. endet der *ICE 1209 Karwendel* zuweilen bereits in München statt in Innsbruck).

---

359 Erst seit 1989 werden Frauen berücksichtigt (*Bettina von Arnim*). Grund dafür ist ein Wandel der Erinnerungskultur (Kap. 9.6), weniger das mask. Genus der ZugN (*der Rheingold*).

Tab. 49: Häufige Benennungsmotive von Zugläufen des 20. Jhs.[360]

Benennungsmotiv	Beispiele
Orte	
Staaten	*Hungaria, Italien-Holland-Express, Schweiz-Express*
Regionen, Landschaften	*Breisgau, Holstein, Lüneburger Heide*
Städte	*Berlin-Sprinter, Fliegender Hamburger, Varsovia*
Baudenkmäler	*Frankfurter Römer, Moritzburg, Walhalla*
Gebirge, Berge	*Alpenland, Brocken, Lötschberg*
Meere, Flüsse, Seen	*Nordsee-Express, Rheinblitz, Thunersee*
Personen	
Maler	*Hans Holbein, Paul Klee, Rembrandt*
Bildhauer, Architekten	*Leo von Klenze, Riemenschneider, Veit Stoß*
Schriftsteller, Philosophen	*Wilhelm Busch, Goethe, Friedrich Schiller*
Musiker	*Chopin, Mozart, Johann Strauß*
Wissenschaftler, Gelehrte	*Erasmus, Albert Einstein, Wilhelm Conrad Röntgen*[361]
Staatsmänner	*Barbarossa, Erzherzog Johann, Prinz Eugen*
Astronomie, Meteorologie, Mythologie/Religion	
Sternbilder	*Cassiopeia, Pegasus, Orion*
Himmelskörper	*Komet, Meteor, Pluto*
Himmelsrichtungen	*Nordpfeil, Ost-West-Express, Süd-Express*
Winde	*Mistral, Nordwind, Seewind*
Götter	*Hermes, Neptun, Poseidon*
Tiere	
Vögel	*Bussard, Seeadler, Silbermöwe*

Bei einem Blick auf die Namen in Tab. 49 wird deutlich, dass Benennungsmotiv und **Bildungsweise** stets getrennt untersucht werden müssen. So erscheinen unterschiedliche Kombinationen von OrtsN (*Budapest-Wien-Express, Rhône-Isar, Schweiz-Adria-Express*), lat. bzw. latinisierte Formen (*Badenia, Helvetia, Insubria*) sowie die Verbindung zu verschiedenen Gattungs-EN (*Hellas-Express, Franken-Kurier, Frankfurt-Sprinter*; Kap. 3.3.1). In England und Frankreich steht oft der bestimmte Artikel (*The Aberdonian, The Royal Highlander; Le Lyonnais, L'Occitan*).

Zu Beginn der 1990er Jahre kommt es noch einmal zu einem starken Anstieg der ZugN (im Vergleich zu 1958 um 300%). Die traditionellen Namen werden für neue Zuggattungen verwendet (InterCityExpress) und teilweise anderen Routen zugeordnet. Außerdem treten weitere Motivklassen hinzu[362] – z.B. Ingenieure (*Gustave Eiffel*), Eisenbahnpioniere (*Friedrich List*), Personengruppen (*Regensburger Domspatzen*), historische Ereignisse (*Westfälischer Friede*), Planeten (*Saturn*) und Sternbilder (*Andromeda*; WEYERS 2008). Die Zugnummer bleibt zur eindeutigen

[360] Beispiele aus WEYERS 2008 und dem Zugverzeichnis 2011/12 der DB, s. auch http://grahnert.de/fernbahn/datenbank sowie www.bahnstatistik.de/Zuege.htm (21.06.15).

[361] Nach dem ICE-Unglück von Eschede strich die Deutsche Bahn die Zugnummer *884* mit dem Namen *Wilhelm Conrad Röntgen* aus dem Fahrplan und vergab beide nicht wieder.

[362] Die häufigeren sind bereits in Tab. 49 berücksichtigt.

Identifikation trotzdem unerlässlich, da nicht nur Hin- und Rückweg meist den gleichen Namen tragen (ein Zugpaar), sondern teilweise sogar mehrere Verbindungen (*IC 331 Borkum* (Luxemburg-Emden), *IC 2134 Borkum* (Magdeburg-Emden), *IC 2332 Borkum* (Emden-Köln) etc.). Mit dem Fahrplanwechsel am 15.12.2002 gibt die Deutsche Bahn ihre bisherige Praxis auf, einzelne Zugläufe zu benennen. Stattdessen tauft sie nun (analog zu den Flugzeugen der Lufthansa, s. Kap. 10.5.3) ihre **ICE-Einheiten** auf die Namen dt. und europ. Städte. Am ersten bzw. letzten Wagen weist dann ein Schriftzug gemeinsam mit dem jeweiligen Wappen auf die Patenschaft hin. Den Anfang machte der ICE *Berlin*. Lediglich internationale Fern- (*Berlin-Warszawa-Express, Vindobona, Wawel*) und Nachtzüge (*Hans Albers, Kashtan, Perseus*) blieben ausgenommen "sowie einzelne Namen, die zu einem Markenbegriff geworden sind"[363] (*Allgäu, Königssee, Schwarzwald*). Derzeit sind über 80% der insg. 259 ICE-Garnituren getauft.[364] Alle anderen Triebwagen und Lokomotiven identifiziert die DB allein durch ihre siebenstellige Ordnungsnummer. Allerdings haben fast alle Baureihen zusätzlich noch einen **SpitzN**, der ihnen von Eisenbahnern nach ihrem Aussehen, Fahrverhalten oder ihrer Herkunft verliehen worden ist (*Eierkopf, Bulle, Ludmilla*).[365]

Abb. 55: Zuglaufschilder der Deutschen Bahn zwischen 1998 und 2001

Bei den **Österreichischen Bundesbahnen** (ÖBB) tragen heute viele internationale Zugläufe nach wie vor traditionsreiche Namen: *Gustav Klimt, Wiener Walzer, Wörthersee*. Daneben können Unternehmen sowie Institutionen seit 2006 Regional- und Fernverkehrszüge taufen. Je nach Strecke kostet das pro Fahrplanjahr bis zu 16.800 Euro. Unzulässig sind dabei sowohl anstößige Begriffe als auch EN lebender Personen oder politischer Parteien. In der Periode 2010/11 führen 42% der

363 Auskunft der Deutschen Bahn per E-Mail. Damit werden diese Namen aber nicht zu APP.

364 www.lok-report.de/ice/ICE-Namen.pdf. Dort findet sich auch eine Liste sämtlicher ICE-Triebzüge und ihrer Patenstädte (21.06.15).

365 Eine ausführliche Liste mit SpitzN von Lokomotiven und Triebwagen findet sich unter www.db-loks.de/tfz/spitznamen.html (21.06.15). S. auch HELLFRITZSCH (1985:29f.).

Fernzüge Namen (55% davon einen traditionellen, 45% einen gesponserten). Die meisten Werbekunden kommen aus der Tourismusbranche (*Erlebnisregion Tennengau, Hotel IBIS, Sonnenstadt Lienz*), gefolgt von (weiteren) Unternehmen (*Bauunternehmen Granit, easybank, Kimberly Clark–Hakle*) und Kulturinstitutionen (*Stadttheater Klagenfurt, STYRIARTE GRAZ, Dommuseum Wien–Rudolf der Stifter*). Bildungseinrichtungen (*Fachhochschule St. Pölten, Johannes Kepler Universität Linz, Paracelsus Universität Salzburg*), soziale Organisationen (*Menschen für Menschen, Samariterbund, Wiener Tafel*) und Initiativen der österreichischen Bundesministerien (*auslandssemester-info.at, Bildungsmessen.at, Karriere beim Heer*) machen jeweils nur einen geringen Anteil aus.[366] Die Intercity-Neigezüge der **Schweizerischen Bundesbahnen** (SBB) führen die Namen berühmter eidgenössischer Persönlichkeiten (*Albert Einstein, Friedrich Dürrenmatt, Le Corbusier*). Daneben gibt es in vielen Ländern traditionsreiche **Luxuszüge**, die v.a. für Touristen gedacht sind und landschaftlich reizvolle Strecken befahren, z.B. *Blue Train* (Südafrika), *Glacier Express* (Schweiz), *The Royal Scotsman* (Schottland).[367]

10.5.3 Namen von Flugzeugen

Bereits seit der Gründung im Jahr 1926 tauft die **Lufthansa** (LH) ihre Flugzeuge. Nach Vögeln waren die Junkers F 13-Maschinen benannt (*Mandelkrähe, Nachtigall, Piepmatz*), die Dornier K 3 hießen z.B. *Luchs, Puma* oder *Wildkatze*, für die Junkers G 24 griff man mit *Dionysos, Hermes, Wotan* etc. auf die Götterwelt zurück. Flugzeuge, welche in Südamerika unterwegs waren, nannten sich u.a. *Bandeirante* ('Mitglied brasilianischer Expeditionstrupps des 17. Jhs.'), *Iguassu* ('südamerik. Fluss/Wasserfall'), *Ypiranga* ('SchiffsN der Südamerika-Linie'). Die große JU 52-Flotte erhielt die Namen dt. Jagdflieger des Ersten Weltkriegs (*Gustav Dörr, Ulrich Neckel, Kurt Wintgens*). Daneben fungierten Städte, Flüsse, Inseln, Mittelgebirge, Sternbilder und Flugpioniere als Paten.[368]

Mit dem Beginn des Jet-Zeitalters bei der Lufthansa im Jahr 1960 tragen deren Flugzeuge die Namen dt. **Bundesländer sowie** vieler **Städte** oder Gemeinden zwischen Flensburg und Lindau bzw. Aachen und Frankfurt/Oder. *Berlin* sowie *Frankfurt am Main* waren die ersten. Ihr Name findet sich auf dem Bug des Flugzeugs und im Eingangsbereich der Kabine, wo er um das Stadtwappen ergänzt wird. Die "fliegenden Botschafter" sollen so die Verbundenheit der Airline zum Heimatstandort ausdrücken. Über die Vergabe entscheidet die historische, gesellschaftliche und wirtschaftliche Bedeutung des Ortes neben besonderen Verbindungen zur Luftfahrt oder dem Unternehmen selbst. Keine Rolle spielt hingegen die Einwohnerzahl. Allerdings wird darauf geachtet, dass diese der relativen Größe des Flugzeugtyps entspricht. Die A380-Flotte der Kranichlinie trägt nicht mehr nur die Namen dt. Großstädte (*Frankfurt am Main, München*), sondern auch

---

366 S. das Zugverzeichnis 2010/11 der ÖBB sowie www.wienerzeitung.at/nachrichten/wirtschaft/international/36300_Ein-Zug-der-deinen-Namen-traegt....html (21.06.15).

367 Das System bei den Eisenbahnen in den USA analysiert GUDDE 1953.

368 Der Name gilt von Beginn an stets einem konkreten Flugzeug, nicht einer bestimmten Verkehrsverbindung. *Boeing 747-400* oder *Airbus A340-600* sind WarenN (Kap. 10.1).

von **internationalen Metropolen** wie *Johannesburg, New York, Tokio*. In einer förmlichen Zeremonie wird die neue Maschine mit dem Wunsch "Deinen Passagieren und Deiner Besatzung allzeit guten Flug" getauft, was in einer Urkunde noch einmal offiziell besiegelt wird. Wenn das ursprüngliche Flugzeug aus dem Bestand der Lufthansa ausscheidet, geht dessen Name auf ein anderes über.[369] So war der Schriftzug *Berlin* bereits auf fünf Jets zu lesen - jedoch nie gleichzeitig. Intern allerdings gelten wieder andere Bezeichnungen: Der Airbus *Neustadt a. d. Weinstraße* mit der Registrierung *D-AISE* wird kurz *Sierra Echo* genannt, abgeleitet aus den letzten beiden Buchstaben der Kennung.[370]

Österreichische Fremdenverkehrsregionen (*Salzkammergut, Steirisches Weinland, Wachau*) und Berge (*Dachstein, Großglockner, Hochschwab*) stehen bei **Austrian Airlines** im Mittelpunkt. Dem Kerngeschäft Osteuropa wird ebenfalls Rechnung getragen (*Bucharest, Moscow, Sofia*), daneben erscheinen asiatische Länder (*China, Japan, Thailand*). *Dream of Freedom, Heart of Europe* oder *Spirit of Austria* heißen weitere Maschinen. "Die Flotten sind jeweils einem Thema zugeordnet, und in diesem Pool 'fischen' wir dann nach Namen, wobei wir versuchen, das so stringent wie möglich einzuhalten".[371] **Swiss International Air Lines** benennt ihre Flugzeuge nach eidgenössischen Städten: Hauptorte der Kantone bei Langstreckenjets (*Bern, Genève, St. Gallen*), für die Kurzstrecke werden flughafennahe Gemeinden und bekannte Tourismusdestinationen herangezogen (*Kloten; Davos, Montreux*). Einige Maschinen heißen noch wie Schweizer Berge (*Chestenberg, Mont Racine, Piz Buin*), entsprechend dem Vorläufer des heutigen Benennungsschemas.[372] Laut DUDEN-Grammatik (2009:§248) weisen alle diese EN stets fem. Genus auf (*die Dresden, die Luzern, die Wörthersee*).[373]

Auch **Kampfflugzeuge** werden getauft - allerdings meist inoffiziell von Besatzung oder Bodenpersonal, welche die Namen sogar als Teil kunstvoller Graffitis auf den Rumpf der Maschinen malen (lassen). Militärhistorisch ist diese sog. **Nose Art** (engl. *nose* 'Bugnase') sehr gut dokumentiert, allein deren onomastische Aufarbeitung fehlt. Lediglich ein einziger Aufsatz beschäftigt sich aus dieser Perspektive mit dem Thema: LAWSON 1983 untersucht die Benennungspraxis am Beispiel der während des Zweiten Weltkriegs im Pazifik stationierten US-amerik. B 29-Bomber und stellt u.a. folgende Motive fest: Sexismus (*Adam's Eve, Lucky Lady, Supine Sue*), Selbstbestätigung (*Bock's Car, Lucky 'Leven, Slick Dick*), Aggressivität (*Beaubomber, Devil's Delight, Satan's Sister*), Humor (*Ancient Mariner, Flying Jackass, Honeybucket Honshos* 'Klo-Könige'), Personen (*Eddie Allen, Enola Gay, Admi-*

---

369 Auch der Name der im Oktober 1977 entführten LH-Maschine *Landshut* existiert weiterhin.

370 Die Homepage http://lh-taufnamen.de/lufthansa bietet eine Liste sämtlicher LH-Flugzeuge mit ihren Namen. Zur Benennungspraxis s. auch www.lufthansagroup.com/themen/flugzeugtaufen.html (21.06.15).

371 Auskunft von Austrian Airlines. S. zudem http://lh-taufnamen.de/austrian (21.06.15).

372 S. http://lh-taufnamen.de/swiss (21.06.15). An dieser Stelle sei den drei erwähnten Fluggesellschaften für ihre bereitwilligen, detaillierten Auskünfte per E-Mail gedankt.

373 EMBLETON/LAPIERRE 1997 zeichnen die Geschichte der Benennung von Heißluftballons, Luftschiffen sowie Flugzeugen nach und beschreiben die Namengebung bei mehreren Airlines, darunter British Airways, KLM und SAS. Insgesamt am häufigsten treten Toponyme auf. Allerdings taufen weniger als 10% der Gesellschaften überhaupt ihre Flugzeuge.

ral Nimitz). Die dazugehörigen Zeichnungen zeigen meist Pin-up-Girls oder Cartoons bzw. Karikaturen. Viele Crews übertrugen diese Bilder auf Fliegerjacken, um damit ihre Zugehörigkeit zu einer speziellen Maschine auszudrücken. Als Zeitzeuge vermutet LAWSON 1983 die folgenden Gründe für die Namengebung:

> In any event, the naming of the airplanes was clearly an important morale factor. Attaching a name to a war machine was merely one attempt to humanize a brutal war [...]. By naming objects in his world, man attempts to show possession and some form of control.

Daneben sollten die Namen zusammen mit den Zeichnungen das eigene Flugzeug zu etwas Besonderem machen bzw. dessen Individualität unterstreichen, um aus der Anonymität der ganzen Truppe herauszutreten. Zugleich waren sie natürlich auch ein deutlich sichtbares Zeichen für den Stolz der Crew. Und schließlich hört sich ein EN wie *Leading Lady* in Erzählungen einfach besser an als *Z Square 22*. Auch heute noch ist Nose Art verbreitet, v.a. bei amerik. sowie brit. Einheiten in Kampfeinsätzen.[374]

Abb. 56: Nose Art auf B 29-Bombern im Zweiten Weltkrieg (LAWSON 1983)

10.5.4 Namen von Schiffen

Der Brauch, Wasserfahrzeugen einen Namen zu geben, geht bis in die **Antike** zurück: *Paralos* und *Salaminia* hießen die beiden schnellen Staatsschiffe Athens, welche der griech. Geschichtsschreiber THUKYDIDES (VRETSKA/RINNER 2000:III,33) bereits im 5. Jh. v. Chr. erwähnt.[375] Auch die Wikinger benannten herausragende Boote ihrer Flotte, z.B. altnord. *Karlhöfði* ('Männerhaupt'), *Reimarssúð* ('Reimars Schiff'), *Trani* 'Kranich' (SIMEK 1982, 2004). Mit der *Santa Maria*, der *Niña* sowie der *Pinta* entdeckte Christoph Kolumbus Amerika. Heutzutage haben alle See- und Binnenschiffe über 15 Meter Länge, die unter dt. Flagge unterwegs sind, als eindeutiges **Identifikationsmerkmal** einen Namen zu führen, der im Schiffsregister

---

[374] S. http://parentseyes.arizona.edu/militarynoseart mit vielen weiteren Informationen, Fotos, Links und Literaturhinweisen sowie www.usaaf-noseart.co.uk (21.06.15).

[375] Mit den Namen der attischen Kriegsschiffe beschäftigt sich SCHMIDT 1931.

eingetragen wird. Dieser muss mit einem Hinweis auf den Heimathafen gut sichtbar an den Außenwänden angebracht sein. Dazu kommt noch ein Präfix, das über Antriebsart bzw. Verwendung (*CS* < *Club Ship*, *CV* < *Container Vessel*, *MS* < *Motor Ship*) oder Marinezugehörigkeit (*FGS* < *Federal German Ship*, *HMCS* < *His/Her Majesty's Canadian Ship*, *USS* < *United States Ship*) informiert. Bei einer feierlichen Zeremonie werden neue Schiffe getauft, indem der/die PatIn eine Flasche Sekt oder Champagner am Rumpf zerschlägt, verbunden mit dem Wunsch nach allzeit guter Fahrt und einer Handbreit Wasser unter dem Kiel.

MS Allure of the Seas, *MS Europa* oder *RMS Queen Mary 2* heißen z.B. renommierte Kreuzfahrtschiffe, die havarierten Frachter bzw. Tanker *MV Erika*, *MT Exxon Valdez* und *MV Rena* sorgten für Umweltkatastrophen, zu den größten Privatjachten zählen *M/Y Eclipse*, *M/Y Dubai* sowie *M/Y Al Said*, bekannte Segelschiffe sind etwa *USS Constitution*, *SSS Gorch Fock* oder *SS Royal Clipper*. Selbst Ruderboote (*Czap*) und Flöße (*Kon-Tiki*) werden oft getauft. Zu Umbenennungen kommt es häufig im Rahmen von Eigentümerwechseln; Schiffe gleichen Namens nummeriert man durch. Tab. 50 listet gängige **Benennungsmotive** in abnehmender Frequenz auf, nennt prototypische Vertreter neben einigen Beispielen.[376]

Tab. 50: Benennungsmotive von Schiffen (nach HORN 1987)[377]

Benennungsmotiv	Schiffstyp	Beispiele
OrtsN: Kontinente, Staaten, Regionen, Städte, Baudenkmäler, Gebirge, Berge, Meere, Flüsse, Inseln	Boot, Fähre, Fischkutter, Forschungs-, Handels-, Kreuzfahrt-, Kriegsschiff, Yacht	*Amerika, Bremen, Donau, Taunus*
ÜberN: APP, neu erzeugte Namen, Phantasiegestalten	Kreuzfahrtschiff, Sportboot, Yacht	*Perle, Carnival Magic, Klabautermann, Oasis of the Seas*
PersN: Regenten, Generäle, Entdecker, Seefahrer, Dichter, Maler, Wissenschaftler, RufN, Fiktionyme	Boot, Fischkutter, Forschungs-, Handels-, Kreuzfahrt-, Kriegsschiff, Yacht	*Columbus, Kaiser Wilhelm, Robinson Crusoe, Yvette*
Meteorologie, Mythologie/Religion: Naturereignisse, Götter, Helden, Heilige, Schutzpatrone	Kriegsschiff, Sportboot	*Achill, Merkur, Santa Teresa, Taifun*
Tiere, Pflanzen: Vögel, Raubtiere, Fische, Blumen	Boot, Fischkutter, Sportboot	*Edelweiß, Forelle, Löwe, Seefalke*

[376] Viele Beispiele von Rheinschiffen liefert WEBER 1979, zu anderen Sprachen s. KUBA 1996.

[377] Der Übersichtlichkeit halber sind die Präfixe der SchiffsN nicht aufgeführt. Ausführliche Erläuterungen bei HORN (1987:178–187). Namenlisten finden sich im Internet z.B. unter www.schiffsspotter.de, www.bodenseeschifffahrt.de/schiffsregister.html oder www.schiffshistorisches-archiv.de/schiffsliste.html (21.06.15). Bei den RufN überwiegen weibl. Namen.

In der Mehrzahl aller Fälle handelt es sich um unveränderte Übernahmen app. oder onymischen Materials in Form von **Einzellexemen**, zu denen jeweils noch ein spezielles Präfix tritt (s.o.). Viele neu erzeugte, evokative PhantasieN liegen hingegen als Syntagmen vor. Selbst innerhalb eines Benennungsmotivs werden naturgemäß für die verschiedenen Schiffstypen unterschiedliche Namenspender bevorzugt (z.B. einheimische OrtsN bei Fischkuttern vs. exotischere Landmarken bei Kreuzfahrtschiffen). Häufig wählt man sie zum Gedenken an berühmte Persönlichkeiten, aus Heimatliebe bzw. Nationalstolz oder wegen ihrer Symbolkraft und Werbewirkung. Große Reedereien etablieren oft ganze Benennungssysteme durch gleiche Motivik (Hamburger Kirchen: *St. Jakobi, St. Michaelis, St. Nikolai*), einheitliche Kompositionsglieder (*Alsternixe, Alsterschwan, Alsterufer*) bzw. Bestandteile (*Coral Princess, Island Princess, Sun Princess*) oder gleiche Anfangsbuchstaben (*Pirat, Pommern, Professor*; HORN 1987:184–188). Die aktuell in Dienst stehenden Schiffe der **Bundeswehr** heißen hauptsächlich nach dt. Bundesländern (*Hessen, Niedersachsen, Rheinland-Pfalz*), Städten (*Emden, Lübeck, Passau*), Flüssen (*Elbe, Mosel, Rhein*) und Inseln (*Fehmarn, Juist, Spiekeroog*).[378] Hier gibt es wie bei der Lufthansa richtige Patenschaften, für die eine lange Warteliste besteht.

Namen von Wasserfahrzeugen, denen ein artikelloser EN zugrunde liegt, sind im Dt. gewöhnlich fem. (*die Bismarck, die Potsdam, die Wilhelm Gustloff*). Bei APP bleibt das ursprüngliche **Genus** meist erhalten, man kann jedoch auch die fem. Form verwenden: *der/die Kormoran, der/die Pfeil, das/die Windspiel* (DUDEN-Grammatik 2009:§247; Spekulationen über die Ursprünge dieser fem. Genuszuweisung bei HORN 1987:189–193). Damit scheint hier der Sexus von PersN schwächer als das Genus von APP zu sein.

Zum Weiterlesen:

Die beste linguistische Einführung in die WarenN bietet RONNEBERGER-SIBOLD 2004, zu deren historischer Entwicklung s. Dies. (2005, 2007b, 2008a,b, 2009a). ACKERMANN 2011 behandelt WarenN und Geschlecht. Grundlegendes zu UnternehmensN findet sich bei FAHLBUSCH (2011, 2014, demn.). Die Volkseigenen Betriebe in der ehemaligen DDR thematisiert RÖSSLER (1976a,b). Ein empfehlenswerter Einstieg in die InstitutionsN existiert u.E. nicht. Für SchulN sei auf EWALD 2012, für VereinsN auf STELLMACHER 2010 verwiesen. A. BRENDLER 2004 liefert eine lesenswerte Zusammenschau von KunstwerkN, zu deren grammatischen Besonderheiten s. ZIFONUN 2009. Filmtitel beleuchten BOUCHEHRI 2008 sowie ROSAR demn. NEETHLING 2005 und NTULI 1999 untersuchen die Namen von (Mini-)Bussen. Lokomotiven bzw. Zugverbindungen behandeln HELLFRITZSCH 1985 sowie WEYERS 2008. EMBLETON/LAPIERRE 1997 und HORN 1987 zeichnen die Benennungspraxis von Flugzeugen bzw. Schiffen nach. Weitere Literatur s. bei den genannten AutorInnen.

378 Alle haben das Präfix *FGS*. S. die Patenschaften-Übersicht auf www.marine.de (21.06.15).

11. Ereignisnamen (Praxonyme)

Der Bauernkrieg, die Französische Revolution, der 11. September - die Vergangenheit ist voll von Schlachten, Aufständen, Anschlägen. Es gibt aber auch weit weniger blutige Meilensteine wie *die Aufklärung, die Weltwirtschaftskrise* oder *die Wende*. Diese einschneidenden, folgenreichen Ereignisse haben sprichwörtlich Geschichte geschrieben, den Lauf der Welt ein Stück weit verändert und direkt oder indirekt tausende Menschen betroffen. Ihnen allen gemein ist, dass sie in der Historiographie wie im Alltag einen Namen erhalten, um einfacher bzw. gezielter auf solche komplexen Vorgänge zu referieren. Für die Linguistik handelt es sich jeweils um Praxonyme (< griech. *praxis* 'Tat, Handlung'). Damit sind EN für Ereignisse gemeint, "als deren Auslöser, Träger, Teilnehmer und Betroffene Menschen gelten können" (BAUER 1998:52, 58), also z.B. **militärische, politische, wirtschaftliche, kulturelle, gesellschaftliche, sportliche Begebenheiten** - früher wie heute. In der Literatur finden sich mehrere Klassifikationsversuche mit entsprechend unterschiedlichen Terminologien. Häufiger spricht man auch von Eventonymen (< lat. *eventus* 'Ereignis, Vorfall'; DONEC 2002). Außerdem gibt es die Unterteilung in Aktionyme (< lat. *actio* 'Handlung, Tätigkeit') als "EreignisN im engeren Sinne" für äußere Ereignisse wie Kriege, Proteste oder Verhandlungen (*Bush-Blair-Gipfel*) und Aktonyme (< lat. *acta* 'Taten, Werke; Protokolle') als "EreignisN im weiteren Sinne" für Politikinhalte wie Programme, Projekte oder Pläne, die umgesetzt werden und dann zu "Ereignissen im engeren Sinne" führen bzw. deren Ergebnisse darstellen (*Sonnenscheinpolitik*; HOFFMANN 2004:655f.). Da diese Trennung aber oft problematisch ist, wollen wir auf sie verzichten.

Die meisten onomastischen Standardwerke verwehren den Praxonymen ein eigenes Kapitel, behandeln sie höchstens kurz unter anderen Gesichtspunkten mit (z.B. EICHLER et al. 1996, KOSS 2002). Darüber hinaus existieren nur wenige einschlägige Aufsätze, die großenteils aus der ehemaligen DDR stammen (z.B. WALTHER 1974, 1975, 1980). Oft wird mit russ. sowie tschech. Beispielen gearbeitet (z.B. HOFFMANN 2006). Manchmal erfolgt zudem keine **saubere Trennung** zwischen EN (*Landesgartenschau Oschatz*) und APP (*Weihnachten*; s. VRUBLEVSKAJA 2006 sowie Kap. 3.2.1 und 11.5).[379] Gerade aus dem Web-Angebot von Zeitungen oder Fernsehsendern lassen sich aber relativ problemlos umfangreiche Korpora mit Namen politischer Ereignisse für eigene Untersuchungen zusammenstellen. Wie man dabei am besten vorgeht, beschreibt HOFFMANN (2004:667). Auch COSMAS II stellt eine reiche Datengrundlage bereit. Für historische Begebenheiten

---

379 Bezeichnungen für regelmäßig wiederkehrende Veranstaltungen wie Messen (*hanseboot*) referieren zwar nicht auf eine einzelne Ausgabe (*hanseboot 2015*), wohl aber auf ein bestimmtes Ausstellungskonzept, eine konkrete Veranstaltungsreihe, und grenzen sie so von anderen (*INTERBOOT*) ab. Diese Identifikationsleistung bildet den entscheidenden Unterschied zu APP wie *Ostern* (s. Kap. 3.2.1 und DRÄGER demn.).

der jüngeren Vergangenheit bieten sich die Archive der genannten Medien an. Bei weiter zurückliegenden Ereignissen kommen die Sachregister von Schulbüchern für bestimmte Epochen oder Geschichtslexika in Betracht.

Die Praxonyme eröffnen ein ebenso weites wie spannendes Forschungsfeld. Dringend benötigt werden etwa quellenkritische Untersuchungen ihrer Entwicklung. Im Mittelpunkt muss dabei stets die Frage stehen, wer sie zu welchem Zweck einführt bzw. benutzt. Aufschlussreich dürfte die Beleuchtung der **Rolle von Massenmedien sowie Politik** bei der Herausbildung von Praxonymen sein, da ihr Gebrauch in besonderem Maße von Interessen und Ideologien abhängt. Auf diese Weise kann die Proprialisierung, d.h. der Übergang von def. Beschreibungen zu EN, durch allmähliches kollektives Festlegen auf einen bestimmten Namen beobachtet werden (Kap. 11.3). Auch der Vergleich mit anderen Ländern lohnt sich (z.B. SCHERF 1985). Dort bestehen (möglicherweise) andere Bezeichnungen für dasselbe Ereignis, die sogar unterschiedlich stark onymisiert sein können (dt. *der 11. September* vs. engl. *9/11*, *Nine Eleven*, *September 11*). Nicht zuletzt bieten Praxonyme ganz generell ein Spiegelbild des relevanten politischen und gesellschaftlichen Zeitgeschehens.

11.1 Typologie

Krieg auf der einen, Kultur auf der anderen Seite: Zu den Praxonymen zählen EN für ganz unterschiedliche Ereignisse. Daraus resultieren selbstverständlich verschiedenartige Herangehensweisen, diese zu klassifizieren sowie Oberbegriffen zuzuordnen. HOFFMANN 2004 teilt sie in **historische und aktuelle politische Vorgänge** (*Koreakrieg* vs. *Kosovokrieg*) ein, wovon er allerdings nur Letztere behandelt. An den beiden Beispielen sieht man aber bereits, wie kurzlebig eine derartige Differenzierung sein kann. Sie hängt davon ab, wann eine Begebenheit als historisch klassifiziert wird und ihr Name als fester Terminus Eingang in die Geschichtsschreibung findet (*Machtergreifung*, *Eisenhower-Doktrin*, *Mauerbau*). Nach der **Reichweite der Ereignisse** trennt DONEC 2002 solche mit trans-, national-, sub- bzw. idiokulturellem Maßstab. Beispiele wären etwa *die Oktoberrevolution* (Megaereignis), *die Barschel-Affäre* (Makroereignis), Festivals (Mediaereignis) oder Geburtstage (Mikroereignis). Ob die letztgenannte Kategorie überhaupt zu den Praxonymen zählt, muss angezweifelt werden. Beide Verfahren haben also ihre Schwächen. Stattdessen möchten wir eine **Einteilung nach den Geschehnissen** selbst vorschlagen, da zwischen ihnen charakteristische Unterschiede zu erwarten sind, was Benennungsmotive, Bildungsweise, onymischen Status etc. angeht. Dies lassen bereits die verschiedenen Grundwörter der besprochenen Beispiele erahnen (Kap. 11.2). Eine systematische Übersicht und Typologie der EreignisN muss allerdings erst noch geschrieben werden. Deshalb steht an dieser Stelle nur eine vorläufige, ungeordnete Tabelle, welche lediglich einen ersten Eindruck von der Fülle und Vielfalt der Praxonyme vermitteln kann.

Tab. 51: Praxonyme nach Ereignisklassen

Ereignis	Name
Kriege, Schlachten, Konflikte	*Völkerschlacht bei Leipzig*
militärische/polizeiliche Operationen, Manöver[380]	*Unternehmen Barbarossa*
Revolutionen, Aufstände	*Märzrevolution*
Anschläge, Attentate, Massaker	*Attentat von Sarajevo*
Unruhen, Ausschreitungen, Proteste	*Arabischer Frühling*
Katastrophen, Unglücke[381]	*ICE-Unglück von Eschede*
Konferenzen, Verhandlungen, Treffen	*Zwei-plus-Vier-Gespräche*
politische Entscheidungen, Erlasse, Gesetze	*Sozialistengesetz*
Verträge, Erklärungen, Abkommen	*Versailler Vertrag*
politische Programme, Dokumente, Pläne	*Agenda 2010*
politische Skandale und Affären	*Spiegel-Affäre*
sozioökonomische Prozesse und Maßnahmen	*Wirtschaftswunder*
Veranstaltungen, sportliche Ereignisse[382]	*Bundesgartenschau 2011*
Epochen, kulturelle Strömungen[383]	*Barock*

Selbstverständlich sind stets andere Einteilungen oder weitere Untergliederungen möglich. Zudem muss bei solchen Klassifikationsversuchen immer bedacht werden, wie die einzelnen Begebenheiten **untereinander in Beziehung** stehen. So gilt z.B. das *Attentat von Sarajevo* als Auslöser für den *Ersten Weltkrieg*. Meist besteht ein Großereignis aus "ganze[n] Stränge[n] von Handlungen, auf die einzeln referiert werden kann" (HERINGER 1977:70, s. auch DONEC 2002:39). Den potentiellen Untersuchungsthemen sind also kaum Grenzen gesetzt, jeder einzelne Punkt wäre eine eigene Arbeit wert. Da bislang fast keine Einzelstudien vorliegen, können wir die jeweiligen Ereignisklassen nicht näher beschreiben und beschränken uns im Folgenden auf einige generelle, exemplarische Bemerkungen zur Struktur der Praxonyme sowie zu ihrem onymischen Status.

11.2 Bildungsweise und Benennungsmotive

Trotz ihrer Heterogenität lassen sich doch einige generelle Gemeinsamkeiten der Praxonyme bei Bildungsweise wie Benennungsmotiven erkennen, die für jede der in Tab. 51 genannte Klasse mehr oder weniger zutreffen und anhand von Korpus-

380 ALOTTA 1982 befasst sich mit den Namen geheimer Militäroperationen während des Zweiten Weltkriegs (*Operation Overlord, Unternehmen Greif, Unternehmen Herkules*). S. auch das Wörterbuch zu solchen Deck- bzw. CodeN von RUFFNER/THOMAS 1963.

381 Namen von Naturkatastrophen zählen zu den Phänonymen (Kap. 12).

382 S. ausführlicher hierzu DRÄGER demn. und VRUBLEVSKAJA (2006, 2012). Auf Abkürzungen von MesseN (*Internationale Messe Druck und Papier* > *DRUPA*) geht BELLMANN 1985 ein.

383 Zum Verhältnis zu den Chrononymen s. Kap. 11.5.

untersuchungen zu prüfen sowie ggf. zu modifizieren sind. Morphologische Besonderheiten im Vergleich zu def. Beschreibungen weisen diese fast durchweg transparenten EN laut HOFFMANN (2004:664) nicht auf. Es überwiegen **einfache NPs** (*Prager Frühling*), während komplexere Syntagmen (*Sturm auf die Bastille*) auf der einen oder Einzellexeme (*Vietnamkrieg*) auf der anderen Seite seltener vorkommen (HOFFMANN 2004:664f., SCHERF 1985:59). Als genuine Gattungs-EN enthalten sie meist ein **Grundwort** wie *Krieg, Revolution, Schlacht* o.Ä., das die Vorfälle kategorisiert und bis zu einem gewissen Grad auch charakterisiert. Dazu treten ein oder mehrere determinierende, die Referenz auf ein konkretes Ereignis herstellende Konstituenten. Oft handelt es sich dabei um EN (*Vietnam*) bzw. EN-haltige Wörter (*Prager*; SCHERF 1985:59f.). In einfachen NPs stehen sie überwiegend an erster Stelle, in Syntagmen nehmen sie unterschiedliche Positionen ein (HOFFMANN 2004:665).[384] Diese **onymischen Komponenten** beziehen sich i.d.R. auf Schauplätze des Geschehens (*Wiener Kongress, Emser Depesche, Schlacht von Stalingrad*) oder dessen Träger, also die handelnden bzw. betroffenen Personen und Gruppen (*Hugenottenkriege, Marshall-Plan, Riester-Rente*). Zeitliche Bestimmungen (*Dreißigjähriger Krieg, Novemberrevolution, Sechstagekrieg*)[385] begegnen seltener (WALTHER 1974:4f.). Wenn ein historisches Ereignis einen analogen Namen zu einem früheren Geschehen bekommt, so wird beiden meist eine **Ordinalzahl** hinzugefügt. Die großen militärischen Auseinandersetzungen zwischen 1914 und 1918 heißen zunächst nur *Weltkrieg*. Als jedoch auch die Ereignisse von 1939 bis 1945 so benannt werden, bildet man für beide Perioden neue Namen: *Erster Weltkrieg* und *Zweiter Weltkrieg* (GÓRNOWICZ 1980:117).

11.3 Onymischer Status

In einem "Preisausschreiben" zweifelt HERINGER 1977 an, dass es Praxonyme überhaupt gibt, weil sie vielfach **kaum von def. Beschreibungen zu trennen** sind. Der Gegenbeweis lässt sich jedoch leicht erbringen. Wahrscheinlich hat fast jede/r beim Lesen des ersten Satzes dieses Kapitels genau gewusst, welcher *11. September* gemeint war, mit der *Französischen Revolution* Stichworte wie Freiheit, Gleichheit, Brüderlichkeit, die Jahreszahl 1789 oder den Sturm auf die Bastille verbunden sowie beim *Bauernkrieg* an das Aufbegehren der süd- und mitteldt. Landbevölkerung Anfang des 16. Jhs. gedacht. Ohne nähere Angaben konnte sofort der Bezug zu einem konkreten historischen Ereignis hergestellt werden. Daraus folgt, dass es sich tatsächlich um EN handelt. Dies liegt weniger an ihrer Struktur als vielmehr an ihrer **Konventionalisierung**, welche umso stärker ist, je weiter das Denotat zurückliegt. Beim Kompositum *Irakkrieg* handelt es sich per se

---

384 HOFFMANN 2004 untersucht die Namen aktueller politischer Ereignisse. In Übereinstimmung mit SCHERF (1985:59f.) und WALTHER (1974:4f.) lassen sich einige seiner Erkenntnisse aber auf alle Praxonyme übertragen.

385 Dabei handelt es sich in der Mehrzahl der Fälle nur um ungefähre Zeitangaben, die nicht exakt zutreffen. Der Hundertjährige Krieg zwischen England und Frankreich etwa dauerte eigentlich 116 Jahre (GÓRNOWICZ 1980:117f.) – untrügliches Zeichen seiner Proprialisierung.

um ein APP, das auf eine wie auch immer geartete militärische Auseinandersetzung in der Region zwischen den Flüssen Euphrat und Tigris verweist. Wer hier jedoch wann aus welchen Gründen gegen wen kämpft, darüber sagt sie nichts aus. Erst durch wiederholten Gebrauch, v.a. in den Medien (Kap. 11.4), wird die für einen EN obligatorische Referenz auf ein Einzelgeschehen festgelegt (Kap. 3.2.1), nämlich den Krieg der USA und ihrer Verbündeten gegen das Regime von Saddam Hussein im Jahre 2003 (HOFFMANN 2004:657f.).

Darüber hinaus zeigen Praxonyme **formale Charakteristika**, die sie als EN ausweisen. Anhand einiger Testverfahren lässt sich ihr Status ermitteln (s. Kap. 3.4.1e).[386] So werden Attribute in onymischen Syntagmen üblicherweise groß geschrieben, in nicht-onymischen hingegen klein.[387] Außerdem verwendet man Erstere im Gegensatz zu Letzteren ausschließlich **definit**. Tab. 52 illustriert diese Verhältnisse am Beispiel des EreignisN *die Französische Revolution*:

Tab. 52: Großschreibung des Attributs und Verwendung des Definitartikels beim Praxonym *die Französische Revolution*[388]

<table>
<tr><th colspan="2"></th><th colspan="2">Schreibung des Attributs</th><th></th><th colspan="2">Verteilung des Artikels</th></tr>
<tr><td rowspan="2">+ def.</td><td>die Französische Revolution</td><td>628</td><td>72,9%</td><td rowspan="2">}</td><td rowspan="2">861</td><td rowspan="2">99,1%</td></tr>
<tr><td>die französische Revolution</td><td>233</td><td>27,1%</td></tr>
<tr><td rowspan="2">- def.</td><td>eine Französische Revolution</td><td>0</td><td>0,0%</td><td rowspan="2">}</td><td rowspan="2">8</td><td rowspan="2">0,9%</td></tr>
<tr><td>eine französische Revolution[389]</td><td>8</td><td>100,0%</td></tr>
</table>

Die bei Namen verbreitete Unterdrückung des **Genitiv-*s*** zur Gestaltschonung (Kap. 4.2.1, NÜBLING 2012) bildet einen weiteren Indikator zur Bestimmung ihres onymischen Status. Tab. 53 vergleicht die beiden Praxonyme *17. Juni* (Volksaufstand 1953 in der DDR) und *11. September* (Terroranschläge 2001 in den USA) mit den "normalen" Zeitangaben *20.* bzw. *21. Jahrhundert*.[390] Letztere bilden ihren Gen. fast durchweg regulär mit *-s*, bei den EN hingegen überwiegt die Ø-Endung, im Falle des länger zurückliegenden *17. Juni* sogar noch deutlicher.

386 Mit den Tests bestimmt TINNEMEYER demn. den EN-Status von *Döner-Morde* vs. *NSU-Morde*.

387 Sprachen mit gemäßigter Kleinschreibung nutzen Majuskeln zur Auszeichnung von EN. Im Engl. gilt das konsequent auch für Praxonyme (*Second World War*), im Frz. nicht durchgehend (*Seconde Guerre mondiale*). Weiteres v.a. zum Slaw. bei GÓRNOWICZ (1980:119–121).

388 COSMAS II-Recherche im Archiv der geschriebenen Sprache W (24.08.11).

389 Es handelt sich hierbei nicht um EN, sondern um eher metaphorische Vergleiche wie "*Eine französische Revolution: Die Kleinaktionäre von Eurotunnel stürzen die bisherige Konzernführung und setzen eine neue ein*" (WELT ONLINE, 10.04.04), die aber erst bei feststehenden EN funktionieren und sich gerade durch Verwendung des unbestimmten Artikels auszeichnen.

390 Der Unterschied nativ (*Jahrhundert*) vs. fremd (Monatsbezeichnungen) dürfte aufgrund der Gebrauchsfrequenz aller Ausdrücke keinen Einfluss haben. Zu Chrononymen s. Kap. 11.5.

Tab. 53: Gen.-*s* bei den Praxonymen *17. Juni* und *11. September* im Vergleich mit anderen Zeitangaben (nach NÜBLING 2012)[391]

	Genitiv	**Ø-Endung**		***s*-Endung**	
Praxonyme	*des 17. Juni-*	735	99,1%	7	0,9%
	des 11. September-	2.247	85,7%	374	14,3%
Zeitangaben	*des 20. Jahrhundert-*	269	1,1%	24.933	98,9%
	des 21. Jahrhundert-	64	1,2%	5.436	98,8%

EreignisN weisen ferner kaum Synonymie bzw. Wahlfreiheit (**Französischer Aufstand*) und keine Antonymie (**Französische Restauration*) auf, dafür aber eine **feste interne Abfolge**, die Einschübe weiterer Adj., Umstellungen, Tilgungen o.Ä. verbietet (**Französische Große Revolution*). Im Pl. treten sie nicht auf (**Französische Revolutionen*) bzw. pluralische Praxonyme nicht im Sg. (**Befreiungskrieg* 'Kriege zwischen dem napoleonischen Frankreich und einer Koalition europ. Mächte'), d.h., sie sind numerusfest. Dennoch kann man etwa *den Ersten und Zweiten Weltkrieg* koordinieren oder von *den beiden Weltkriegen* sprechen. Ähnliche Ereignisse erhalten stets einen anderen bzw. neuen Namen, wie beim *Ersten Weltkrieg* bereits festgestellt (Kap. 11.2). Dieser bleibt auch dann erhalten, wenn sich herausstellen sollte, dass seine wörtliche Bedeutung nicht mehr zutrifft (s. Kap. 3.4.1e).

11.4 Entstehung

Statt *Protokoll von Kyoto zum Rahmenübereinkommen der Vereinten Nationen über Klimaänderungen* schreiben sie *Kyoto-Protokoll*, die *Kommission für die Nachhaltigkeit in der Finanzierung der sozialen Sicherungssysteme* heißt bei ihnen *Rürup-Kommission*, das *Vierte Gesetz für moderne Dienstleistungen am Arbeitsmarkt* nennen sie schlicht *Hartz IV*: Die Medien spielen eine bedeutende Rolle bei der Herausbildung von Praxonymen. Und das nicht nur, weil sie, wie angedeutet, offizielle Namen zu handlicheren Kurzformen umgestalten. Nach einem politischen Ereignis von größerer nationaler oder internationaler Strahlkraft beziehen sich Zeitungen, Radio- und Fernsehsender etc. zunächst ad hoc mit verschiedenen **konkurrierenden def. Beschreibungen oder APP** auf das aktuelle Geschehen. Bei gleichbleibend hohem medialem Interesse sowie anhaltender öffentlicher Aufmerksamkeit setzt sich allmählich ein Begriff durch.[392] Dieser findet schließlich als **Fachterminus** Eingang in die Geschichtswissenschaft. Ab dann handelt es sich offenkundig um ein historisches Ereignis und bei seiner Bezeichnung um ein Praxonym.

---

391 COSMAS II-Recherche im Archiv der geschriebenen Sprache W (24.08.11).

392 Bis sich ein Allonym durchgesetzt hat, vergeht oft einige Zeit, in der mehrere Varianten konkurrieren. Abhängig von der Weltanschauung kann dieser Zustand auch auf Dauer bestehen bleiben: *Vertreibung* vs. *Transfer der Sudetendeutschen* (HOFFMANN 2004:662; s.u.). Die Entwicklung der Praxonyme *Döner-Morde* vs. *NSU-Morde* zeichnet TINNEMEYER demn. nach.

Einige Beispiele sollen den Entstehungsprozess näher beleuchten. Der bereits erwähnte Irakkrieg ist nicht die erste große militärische Auseinandersetzung am Persischen Golf gewesen. Von 1980 bis 1988 liefern sich der Irak und der Iran erbitterte Kämpfe um den Verlauf ihrer gemeinsamen Grenze. SCHERF (1985:60f.) findet in der damaligen Berichterstattung eines Nachrichtenmagazins verschiedene Kombinationen der Konstituenten *Irak, Iran, Golf* einerseits bzw. *Krieg, Konflikt* andererseits vor. Es ergibt sich nachstehende zeitliche Abfolge der Benennungen:

Abb. 57: Entstehung des Praxonyms *Erster Golfkrieg*. Die ersten drei Termini entstammen dem Jahr 1984, der letzte wurde um 1991 geprägt[393]

Durch den vorausgegangenen Einmarsch irakischer Truppen in das Emirat Kuwait kommt es Anfang 1991 zu einem weiteren bewaffneten Konflikt am Persischen Golf. Dieser erhält bei uns den Namen *Zweiter Golfkrieg;* die Kämpfe zwischen dem Irak und dem Iran von 1980 bis 1988 heißen seither folglich *Erster Golfkrieg*. Im engl. Sprachraum wird Letzterer nicht in die Zählung einbezogen. So meint *(First) Gulf War* die militärischen Auseinandersetzungen des Jahres 1991. Statt vom *Iraq War* spricht man auch vom *Second Gulf War*. Abweichend davon hat sich im Dt. die Bezeichnung *Dritter Golfkrieg* für die US-amerik. Invasion des Iraks im Jahr 2003 nicht etabliert (COSMAS II). Wie bei allen Praxonymen muss zudem berücksichtigt werden, welche **kommunikativen** bzw. **ideologischen Absichten** die RedakteurInnen oder PolitikerInnen mit der Wahl der Begriffe verfolgen. Das Wort *Konflikt* statt *Krieg* soll etwa negative Assoziationen vermeiden und *Golf* die Grenzen etwas verwischen (SCHERF 1985:61f.).

Besondere Vorsicht ist bei EN historischer Begebenheiten aus der NS-Zeit geboten. Nicht selten hat sie nämlich die **nationalsozialistische Propaganda** mit einer ganz bestimmten Absicht geprägt. Die *Röhm-Putsch* genannten angeblichen Umsturzversuche der SA unter deren Stabschef Ernst Röhm dienten z.B. als Vorwand und Rechtfertigung für die Verhaftung sowie die anschließende Ermordung zahlreicher SA-Führer sowie politischer GegnerInnen am 30. Juni 1934. Trotz dieser offensichtlichen Täuschung hat sich das Praxonym durchgesetzt und ist als Schlagwort in Lexika wie Geschichtsbüchern zu finden. Ähnlich steht es um die euphemistische Benennung *Reichskristallnacht* für die gewalttätigen Ausschreitungen gegen Jüdinnen und Juden vom 9. auf den 10. November 1938. Sie sind jedoch auch unter *Reichspogromnacht* bekannt. Dies zeigt, dass historische Ereignisse keineswegs immer nur einen Namen tragen (müssen) - auch nicht innerhalb eines Landes. Meist jedoch **überwiegt ein Praxonym**: *Konferenz von Jalta, Jalta-Konferenz* oder *Krim-Konferenz* referieren alle auf das Treffen der alliier-

393 SCHERF (1985:60f.) beobachtet die ersten Bezeichnungen; die letzte bildet sich erst später heraus und ist von uns ergänzt worden. Selbstverständlich handelt es sich hierbei um eine schematische Darstellung, die nicht alle Varianten enthält.

ten Staatschefs im Badeort Jalta auf der Halbinsel Krim vom 4. bis zum 11. Februar 1945. Dabei dominiert Ersteres mit 340.000 GOOGLE-Treffern (24.08.11) vor den anderen mit 7.300 bzw. 1.500 Ergebnissen. Weitere Beispiele sind etwa *Schlacht an der Marne, Marneschlacht* und *Marne-Schlacht* (109.000, 15.900 bzw. 3.200 Treffer) oder *Frieden von Tilsit* und *Tilsiter Frieden* (256.000 bzw. 22.800 Treffer).

Am besten lässt sich die Herausbildung eines Praxonyms in der **jüngeren Vergangenheit** beobachten. Nach den Selbstmordanschlägen von New York und Washington, D.C. am 11. September 2001 berichten dt. Medien über die *Terroranschläge in den USA* oder sprechen schon vom *11. September.* Erstere Bezeichnung kann sich allerdings nicht durchsetzen. Bereits 2002 taucht sie nur noch relativ selten auf. Die einfache Datumsangabe hingegen erlangt in der Folge eine überaus hohe Gebrauchsfrequenz und geht als Wort des Jahres[394] in den allgemeinen Sprachgebrauch ein. Daneben baut auch die def. Beschreibung *Terroranschläge vom 11. September* ihren Anteil stetig aus, jedoch wird sie insgesamt weitaus weniger häufig verwendet. Andere Bezeichnungen (*11.9.2001, (Terror)anschläge von New York/auf das World Trade Center*) spielen hingegen keine Rolle. Tab. 54 veranschaulicht diese Entwicklung. Der *11. September* hat sich mittlerweile soweit eingebürgert, dass er heutzutage etwa doppelt so häufig ohne Jahreszahl auskommt wie mit dieser Angabe (COSMAS II) und sogar schon als **Vergleichsbasis** dient ("*Bilder wie am 11. September*", FRANKFURTER RUNDSCHAU, 25.08.11)[395] – beides untrügliche Zeichen für seinen EN-Status (s. SATKAUSKAITE 2006).

Tab. 54: Entwicklung des Praxonyms *der 11. September* im Vergleich zu anderen Bezeichnungen für die Selbstmordattentate in den USA am 11.09.2001[396]

Jahr	*der 11. September*		*die Terroranschläge vom 11. September*		*die Terroranschläge in den USA*	
2001	143	30,0%	69	14,5%	264	55,5%
2002	259	67,1%	91	23,6%	36	9,3%
2003	85	64,9%	39	29,8%	7	5,3%
2004	54	65,1%	24	28,9%	5	6,0%
2005	74	61,7%	43	35,8%	3	2,5%
2006	128	70,7%	50	27,6%	3	1,7%
2007	82	74,5%	26	23,6%	2	1,8%
2008	47	58,8%	28	35,0%	5	6,3%
2009	50	70,4%	20	28,2%	1	1,4%
2010	44	68,8%	20	31,3%	0	0,0%

394 www.gfds.de/aktionen/wort-des-jahres (21.06.15).

395 Ferner kommen prädikative metaphorische Verwendungen wie "Der 11. März ist unser 11. September" (zum Amoklauf in Winnenden) auf (www.stern.de/657946.html, 21.06.15).

396 COSMAS II-Recherche im Archiv der geschriebenen Sprache W (24.08.11). Groß-/Kleinschreibung wurde nicht berücksichtigt. Die Prozentangaben beziehen sich auf die Gesamtzahl der in einem Jahr registrierten Bezeichnungen. Für *die Anschläge vom 11. September* bzw. *die Anschläge in den USA* ergeben sich analoge Werte.

11.5 Verhältnis zu Zeitnamen (Chrononymen)[397]

Praxonyme weisen nicht nur Gemeinsamkeiten mit def. Beschreibungen und APP auf, sondern auch Berührungspunkte bzw. gar Überschneidungen mit einer anderen benachbarten Namenklasse.[398] In den vorangegangenen Abschnitten haben wir Benennungen wie *der Zweite Weltkrieg, die Wende* oder *der 11. September* ganz selbstverständlich und kommentarlos mitbehandelt. Bei näherer Betrachtung können sie jedoch teilweise auch als Chrononyme (< griech. *chronos* 'Zeit') angesehen werden. Diese bezeichnen **einmalige Zeitpunkte** bzw. **-abschnitte**, welche nicht in regelmäßigen Abständen wiederkehren. So stellen weder *Mittwoch* und *Aschermittwoch* noch *Fastnacht* oder *Februar* Chrononyme dar. Weil die Zeitrechnung durch bedeutende, von Menschen getragene historische Ereignisse in mehr oder weniger große Perioden bzw. Epochen eingeteilt wird, ergibt sich eine besondere **Nähe von Zeit- und EreignisN**. Nicht selten oszilliert ein und derselbe Name je nach Kontext zwischen chrononymischer oder praxonymischer Funktion. In der Aussage "*Am 11. September (2001) bin ich noch zur Schule gegangen*" handelt es sich primär um eine Zeitangabe und damit ein Chrononym. Wenn die Presse aber z.B. schreibt "*Der 11. September hat die Welt verändert*", spielt sie vorrangig auf die Terroranschläge in den USA, also die Ereignisse an. In diesem Fall hätten wir es mit einem Praxonym zu tun.[399] Zwischen beiden erstreckt sich ein **Kontinuum**, das Abb. 58 illustriert:

Abb. 58: Kontinuum zwischen Chrononymen und Praxonymen (nach NÜBLING 2004c:844)[400]

Chrononym ⟵⟶ **Praxonym**

Perm	*Eiszeit*	*Christi Geburt*	*Goldene Zwanziger*	*Wannseekonferenz*
Kreide	*Bronzezeit*	*Reformation*	*Weimarer Republik*	*Flick-Affäre*
Quartär	*Mittelalter*	*Rokoko*	*Zweiter Weltkrieg*	*Vertrag von Maastricht*

Beide Endpunkte der Skala markieren den jeweiligen Prototyp. Dazwischen liegen Namen, die mal mehr, mal weniger in eine Richtung tendieren. Hier

---

[397] Die folgenden Ausführungen zu den Chrononymen stützen sich auf NÜBLING (2004c).

[398] Auch Toponyme können als (elliptische) Praxonyme auftreten, z.B. *(Angriff auf) Pearl Harbor, (Reaktorkatastrophe von) Tschernobyl, Watergate(-Affäre), (Schlacht bei) Waterloo.*

[399] Praxonyme können auch verharmlosende Euphemismen sein. Gerade im Falle des *11. September* tritt die eigentliche Benennung von Terroranschlägen diachron zurück. Allmählich gebärdet sich das Praxonym wie ein Chrononym, das es ursprünglich gar nicht ist.

[400] Die Einordnung der einzelnen Beispiele erfolgte nach ihrer vermuteten hauptsächlichen Verwendung im Alltag, müsste aber noch empirisch überprüft werden.

kommt es v.a. auf den **Kontext** an, der im Einzelfall über die vorliegende EN-Klasse entscheidet. Am linken Rand finden sich die geologischen Fachbezeichnungen für erd- und urgeschichtliche Perioden (*Perm, Kreide, Quartär*). Sie zählen zu den prototypischen Chrononymen. Es folgen transparente Namen wie *Eiszeit, Bronzezeit* oder *Mittelalter*, welche die Kategorie *Zeit* in sich tragen. Politisch, kulturell oder religiös motivierte historische Epochen rücken mit ihren Benennungen (*Reformation, Rokoko*) bereits spürbar in die Nähe der Praxonyme. Meist verwendet man sie jedoch eher chrononymisch (z.B. *im Jahre 9 nach Christi Geburt*). Die exakten Anfangs- und Enddaten sind nicht bedeutsam, zumal es Überschneidungen mit anderen Perioden gibt bzw. Phasen des Übergangs. Es geht vielmehr um die Zeitspanne an sich, die als solche relativ stabil bleibt. So wird die Gotik von der Mitte des 12. bis zum Ende des 15. Jhs. angesetzt, die nachfolgende Epoche der Renaissance vom 14. bis zum 16. Jh. An vierter Position stehen EN, die **beide Verwendungsmöglichkeiten** zu gleichen Teilen eröffnen (*Goldene Zwanziger, Weimarer Republik*): Der *Zweite Weltkrieg* kann einerseits als Chrononym auf die Jahre zwischen 1939 und 1945 referieren ("*Im Zweiten Weltkrieg gab es harte Winter*"), andererseits als Praxonym die militärische Auseinandersetzung an sich bezeichnen ("*Die Alliierten gingen aus dem Zweiten Weltkrieg als Sieger hervor*"). Beim letzten Block (*Wannseekonferenz, Flick-Affäre, Vertrag von Maastricht*) handelt es sich um prototypische EreignisN.

Selbstverständlich sind die Übergänge zwischen den einzelnen Gruppen fließend, obendrein noch weitere Typen möglich. Auch diachron kann es zu **Verschiebungen** kommen. Je weiter Ereignisse zurückliegen, desto eher verwendet man ihre Namen allein als Praxonyme (*Französische Revolution*) und referiert auf die entsprechenden Zeitpunkte bzw. -räume mit Jahreszahlen (*1789*). Doch muss auch diese These genauer überprüft werden. Für die Chrononyme gilt nämlich wiederum, dass die Forschungslage äußerst dünn, die Liste an Desideraten dafür umso länger ist. Analysen von Typologie und Struktur fehlen ebenso wie Arbeiten zu Entstehung bzw. Wandel der Chrononyme. Wichtig wäre auch, das Spannungsverhältnis von Zeit- und EreignisN anhand systematischer Korpusuntersuchungen zu beleuchten.

Zum Weiterlesen:

Einen guten Einstieg in die Praxonyme bietet HOFFMANN 2004, der sich mit den Namen politischer Ereignisse der Gegenwart beschäftigt. Für die Vergangenheit sind die Beiträge von GÓRNOWICZ 1980 und SCHERF 1985 empfehlenswert. Namen geschichtlicher Ereignisse im Schulunterricht behandelt WALTHER 1980. TINNEMEYER demn. widmet sich Testverfahren für den EN-Status von Praxonymen. NÜBLING (2004c) geht ausführlich auf die Chrononyme ein; dort auch weitere Literatur.

12. Phänomennamen (Phänonyme)

Sie sind oft bedrohlich, zerstörerisch und kurzlebig. Trotzdem bekommen sie Namen, heißen *Lothar*, *Katrina* oder *Kyrill*. Die Rede ist von Naturereignissen bzw. -katastrophen wie Großbränden, Wirbelstürmen, Überschwemmungen. Auch die Benennung von Hoch- bzw. Tiefdruckgebieten gehört hierher. Es handelt sich jeweils um Phänonyme oder Phänomenonyme (< griech. *phainomenon* 'Erscheinung'). Sie bezeichnen **Phänomene der Umwelt**, deren konkrete Ausprägungen "Ergebnis und Ausdruck chemisch-physikalischer Vorgänge sind und die unabhängig vom Menschen ablaufen, aber indirekt durchaus von ihm verursacht sein können" (BRENDLER/BRENDLER 2004b:625). Eine Voraussetzung für die Namenvergabe ist natürlich, dass solche Ereignisse auch von uns wahrgenommen werden. Einen Grund, warum dies überhaupt geschieht, stellt die einfachere Möglichkeit dar, derartige äußerst agentive Naturgewalten präzise und unkompliziert **identifizieren** zu können – bei wissenschaftlicher Beobachtung oder Berichterstattung in den Medien. RufN (*Lothar*) sind den notwendigerweise umfassenden def. Beschreibungen (*Orkantief, das am 26.12.1999 aus Richtung Biskaya kommend mit Windgeschwindigkeiten von bis zu 272 km/h in nordöstlicher Richtung über West- und Mitteleuropa hinwegzog*) hierbei deutlich überlegen. In der Forschung herrscht allerdings Uneinigkeit, auf welcher Ebene man die Definition dieser Namen anzusiedeln habe. Einerseits werden ihre Denotate als abstrakte Erscheinungen (Phänomene) angesehen, andererseits als konkret wahrnehmbare Begebenheiten (Ereignisse). Damit hängen die divergierenden Bezeichnungen *Phänonym* (BAUER 1998:59) sowie *Naturereignisname* (WALTHER 2003:18) zusammen. Da die Unterschiede jedoch rein terminologischer Natur sind, während auf dieselben außersprachlichen Objekte referiert wird, dürfen beide Begriffe als synonym gelten.

Obwohl Schlagzeilen wie "*Orkan Lothar hinterlässt eine Spur der Verwüstung*" (27.12.99), "*Hurrikan Katrina: 25.000 Leichensäcke für New Orleans*" (08.09.05) oder "*Kyrill wütet über Deutschland*" (18.01.07; alle SPIEGEL ONLINE) lange im Gedächtnis bleiben und die Schäden nicht selten in die Milliarden gehen, hat sich die Onomastik mit EN von Naturereignissen bislang praktisch nicht beschäftigt. In vielen Handbüchern fehlen sie völlig (z.B. KOSS 2002) oder werden höchstens als existent erwähnt (z.B. BAUER 1998:59). Neben einem ausführlicheren Aufsatz (BRENDLER/BRENDLER 2004b) gibt es nur wenig einschlägige Literatur. Empirische linguistische Arbeiten, die sich z.B. Namengebung und -gebrauch in diesem dynamischen System widmen, sucht man vergebens. Doch gerade die im Internet verfügbaren Listen mit Naturkatastrophen unterschiedlicher Art seit der Antike bieten eine hervorragende Grundlage für **korpusbasierte Untersuchungen**. Zuallererst muss hierbei natürlich ein historisch korrektes, quellenkritisches Aufbereiten der Daten erfolgen. Neben einer konsistenten Zusammenstellung von Benennungsmotiven könnten länderspezifische synchrone und diachrone Besonderheiten herausgearbeitet werden. Eine Übersicht aller Naturereignisse, denen EN gegeben werden, also eine Ermittlung sämtlicher Subklassen der Phänonyme, steht ebenfalls noch aus. Tab. 55 bietet eine vorläufige, unvollständige Liste von Umweltphänomenen, die zumindest teilweise Namen erhalten (können):

Tab. 55: Namen von Naturereignissen

Ereignis	**Name**	**Ort**	**Jahr**
Trockenheit, Dürre	*Dabadheer* ('Dürre mit langem Schwanz')	Somalia	1974-1975
Großbrand	*The Great Fire of London* (*Der große Brand von London*)	London	1666
Erdbeben	*Good Friday Earthquake* (*Karfreitagsbeben*)	Alaska	1964
Hoch- oder Tiefdruckgebiet[401]	*Kältehoch Dieter*, *Sturmtief Andrea*	Europa	2012
Tropischer Wirbelsturm	*Hurrikan Felix*	Nicaragua, Honduras	2007
Schneesturm	*Chestnut*[402]	Buffalo, USA	2000
Sturmflut[403]	*Luciaflut*	Niederlande, Deutschland	1287
Überschwemmung, Hochwasser	*Thüringer Sintflut*	Thüringen	1613

Es fällt auf, dass OrtsN (*London, Thüringen*), RufN (*Andrea, Felix*), kirchliche Feier- bzw. Gedenktage (*Hl. Lucia, Karfreitag*) verwendet werden, in Verbindung mit (metaphorischen) Beschreibungen der Katastrophe (*Beben, Sintflut*). Im Folgenden wollen wir **unterschiedliche Benennungsweisen** an vier typischen Beispielen aufzeigen. Aus den o.g. Gründen kann es sich dabei aber nur um eine erste Annäherung an diese vernachlässigte Namenklasse handeln. Warum manche Phänomene EN erhalten (z.B. Wirbelstürme), andere hingegen nicht (z.B. Tsunamis), muss derzeit (noch) ebenso unbeantwortet bleiben, wie etwa die Frage, ob bei der Anthropomorphisierung der Hochs und Tiefs über die reine Identifikationsfunktion hinaus weitere Eigenschaften übertragen werden.[404]

---

401 Bezeichnungen von Winden wie *Föhn, Rhönwind* oder *Passat* sind keine EN, da sie nicht auf ein konkretes Einzelereignis referieren. RUDLOFF 1996 bietet eine umfassende Liste solcher APP, ihren Status diskutiert HARWEG (1998:450-456).

402 Die Meteorologen des National Weather Service in Buffalo, New York geben jedem Schneesturm mit über 15 cm Niederschlag einen inoffiziellen Namen. Dabei wählen sie jedes Jahr ein anderes Benennungsmotiv, z.B. Bäume (*Chestnut*) oder Wissenschaftler (*Archimedes*; http://articles.chicagotribune.com/2003-03-05/features/0303050339; 21.06.15).

403 Die meist durch starke Seebeben ausgelösten Tsunamis scheinen keine Namen zu erhalten.

404 Da Tiefs bis 1998 nur weibl. RufN trugen, fühlten sich Frauen diskriminiert (Kap. 12.2).

12.1 Namen von Großbränden

Verheerende Feuersbrünste, die weite Landstriche oder ganze Stadtteile verwüsten, sind im kollektiven Gedächtnis der Menschen verankert und erhalten deshalb einen Namen, z.B. *Bremer Brand* (1041), *Stadtbrand von Aachen* (1656). Dennoch erfolgt die Benennung der in jüngerer Zeit im deutschsprachigen Raum eher seltenen Großbrände höchstens ad hoc, aber keinesfalls offiziell.[405] Das Gegenteil lässt sich in der **kanadischen Prärieprovinz Saskatchewan** beobachten. Dort geben Brandschutz- sowie Forstwirtschaftsbehörden den meisten der von ihnen registrierten größeren Feuer einen Namen. Die zwischen 1945 und 1996 entdeckten Flächenbrände mit einer Ausdehnung von über 1.000 Hektar lassen folgende Benennungsmotive erkennen (RAPALEE/NICKESON 2001):

Tab. 56: Benennungsmotive und zugehörige Namen von Bränden in der kanadischen Provinz Saskatchewan (nach BRENDLER/BRENDLER 2004b:626)

Benennungsmotiv	**Beispiele**
Zeitpunkt des Ausbruchs	*August, Dinner, Monday*
Ort	*Hill River, North, Tower Island*
Form	*Football, Fork, Slim*
Ausbreitung	*High, Lazy, Soaring*
Begleitumstände	*Scorcher, Thunder, Windy*
Vernichtete Vegetation	*Pine, Timberland, Wood*

Einige Namen (*A-Bomb, Pizza, Tic-Tic*) sind nicht ohne Hintergrundwissen zu deuten. Ruf- oder FamN (*Cameron, Dennis, Knudson*) könnten von Personen stammen, die auf irgendeine Weise mit dem Brand, den Löscharbeiten oder den NamengeberInnen in Verbindung stehen (BRENDLER/BRENDLER 2004b:626f.). Hier ist weitere Forschung nötig und sicher ebenso gewinnbringend wie für europ. Brandkatastrophen in der Geschichte (*The Great Fire of London*). Zudem stellt sich die Frage, ob heutzutage z.B. die Waldbrände in südl. Ländern EN erhalten.

12.2 Namen von Hoch- und Tiefdruckgebieten[406]

1954 kommt die Meteorologie-Studentin der FU Berlin und spätere ZDF-Wettermoderatorin Dr. Karla Wege auf die Idee, den mitteleurop. Hochs bzw. Tiefs Namen zu geben, wie das bei Hurrikans in den USA schon seit einiger Zeit praktiziert wird (Kap. 12.3). Dieses Verfahren soll die Verfolgung der Druckgebiete in den Wetterkarten erleichtern. So tragen seit dem 1. November 1954 Hochs männl.

[405] Die Bezeichnung *Roter Hahn* für einen Brand ist eine Redewendung und kein EN, da sie sich nicht auf ein konkretes Einzelereignis bezieht (RÖHRICH 2004).

[406] Die folgenden Ausführungen stützen sich auf BRENDLER/BRENDLER (2004b:629, 641f.), MALBERG 1998, SCHLAAK/JANKIEWICZ 2004 sowie WETTERPATE.

und Tiefs weibl. RufN. Die ersten vom Meteorologischen Institut der FU Berlin vergebenen Namen sind *Albert* für ein Hochdruckgebiet über der Ukraine neben *Anka* für einen Tiefdruckwirbel vor der Nordwestküste Spaniens. Zur Benennung der durchschnittlich 55 Hochs sowie 132 Tiefs pro Jahr wählen die WissenschaftlerInnen bis Ende 1964 in wiederholten Alphabetdurchläufen über 2.000 RufN aus. Anschließend legen sie mehrere **alphabetische Listen** mit je einem Namen pro Buchstaben an, deren Zahl sich 1977 auf zehn für Hochs und zehn für Tiefs reduziert. Diese werden nacheinander abgearbeitet, bis man wieder bei der ersten beginnt. Zunächst kennzeichnet die Berliner Wetterkarte die Druckgebilde nur durch ihre Anfangsbuchstaben, verwendet später jedoch die vollen Namen. Bis zur Wende nimmt die Öffentlichkeit außerhalb Berlins diese allerdings kaum wahr. Als im Februar 1990 die Orkantiefs *Vivian* sowie *Wiebke* schwere Schäden verursachen, werden die Medien aufmerksam und nutzen die Namen zunehmend zur eindeutigen Identifizierung der Naturgewalten. Seitdem gehören sie bei uns zum Standard in der Berichterstattung. Kein anderes Land der Welt aber tauft alle wetterwirksamen Hoch- oder Tiefdruckgebiete über seinem Territorium sowie angrenzenden Regionen (zur Situation in Italien s. REGGIANI 2013).

Abb. 59: Die Berliner Wetterkarte vom 19.01.2007 mit den Namen der Tiefdruckgebiete *Lancelot*, *Kyrill*, *Jürgen* und *Ikarus* von der Aktion Wetterpate[407]

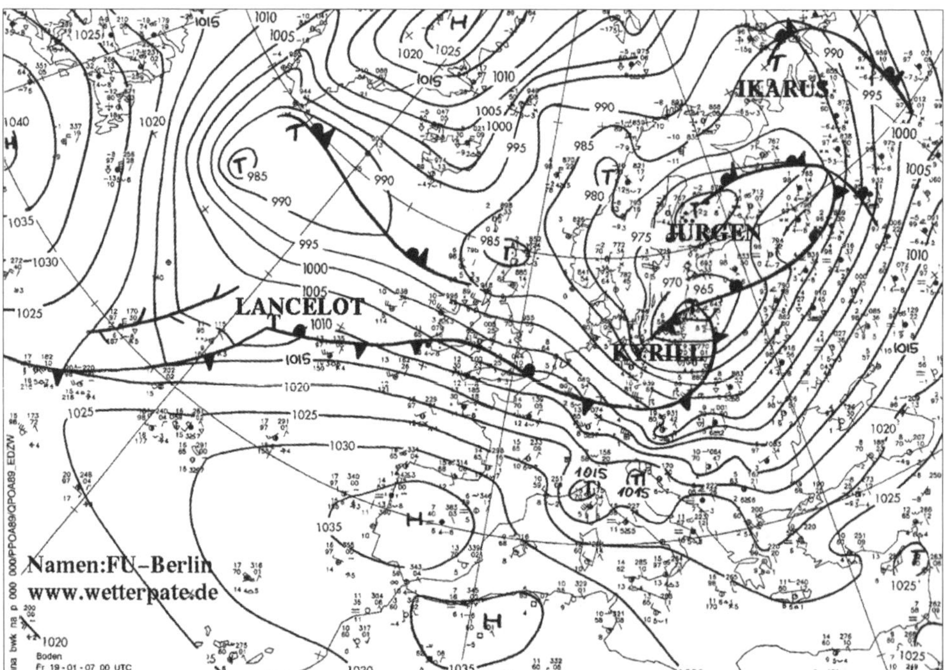

[407] Das Tief *Kyrill* war ein Geschenk zum 65. Geburtstag des gebürtigen Bulgaren Kyrill Genow von seinen Kindern (www.morgenpost.de/printarchiv/berlin/article181426/Wie_Kyrill_zu_seinem_Namen_kam.html; 21.06.15).

Da Hochs landläufig mit gutem, Tiefs hingegen mit schlechtem Wetter in Verbindung gebracht werden,[408] regt sich 1998 der Protest einer bundesweiten Fraueninitiative gegen die herrschende Benennungspraxis. Sie spricht von "Missbrauch" sowie "Zweckentfremdung" weibl. RufN. Als Kompromiss erfolgt seither die Namenzuweisung im Wechsel: In geraden Jahren erhalten Hochs männl. und Tiefs weibl. RufN, in ungeraden Jahren umgekehrt. Mit dem Tiefdruckwirbel *Alex* startet am 1. April 1999 die neue Vergabepraxis. Im November 2002 wird die **Wetterpatenschaft** ins Leben gerufen. Für 299 bzw. 199 Euro kann der/die PatIn Einfluss auf die alphabetische Liste nehmen und für einen Anfangsbuchstaben den Namen bestimmen, auf den ein Hoch bzw. Tief von der Berliner Wetterkarte e.V. am Meteorologischen Institut der FU Berlin getauft werden soll. Hochdruckgebiete kosten mehr, da sie langlebiger sind. Die Einnahmen kommen der Wetter- und Klimabeobachtung durch Studierende zugute.

Tab. 57: Erster Namendurchlauf bei Tiefs im Jahr 2007 mit Datum der "Taufe"[409]

Anton	02.01.
Bernd	02.01.
Christoph	05.01.
Dieter	06.01.
Ernst	07.01.
Franz	09.01.
Gerhard	11.01.
Hanno	12.01.
Ikarus	13.01.

Jürgen	16.01.
Kyrill	17.01.
Lancelot	18.01.
Malte	22.01.
Niklas	25.01.
Olli	26.01.
Peter	29.01.
Quasimodo	30.01.
Roland	01.02.

Semjon	02.02.
Teruaki	06.02.
Ulrich	07.02.
Volkhard	09.02.
Wulf	09.02.
Xenocrates	10.02.
Yannic	12.02.
Zoltan	15.02.

Die vorgeschlagenen Namen müssen bestimmten **Regeln** gehorchen. So sind nur standesamtlich anerkannte, geschlechtseindeutige RufN zugelassen, die als Sonderzeichen allein die dt. Umlaute enthalten dürfen. Auch werden keine Doppel-, Fam- oder UnternehmensN akzeptiert. Es kann jedoch passieren, dass ein Name mehrmals im Jahr vergeben wird. Die Benennungsmotive sind natürlich sehr individuell. Oft handelt es sich um ein besonderes Geschenk für Verwandte oder Freunde, aber auch von Schulklassen an ihre Lehrer. Unternehmen nutzen die Aktion, um ihre Firma bekannter zu machen, Einzelpersonen wollen die Studierenden unterstützen.[410] Der/Die PatIn kann nun Glück haben, ein Hoch oder Tief zu benennen, das eine extreme Wetterlage hervorruft und dadurch im Gedächtnis bleibt, z.B. Hoch *Michaela* (Hitzesommer 2003), Sturmtief *Daisy* (Schneechaos 2010). Aber wer erinnert sich etwa an *Christoph, Quasimodo* oder *Zoltan* (Tab. 57)? Diese tauchen nur noch in den vollständigen WETTERPATE-Namenlisten auf, die ein hervorragendes Korpus bilden. Eine linguistische Aufarbeitung dieser Datenbasis steht allerdings aus.

---

408 Dass dieser Zusammenhang nicht zwangsläufig gegeben sein muss, legt MALBERG 1998 dar.

409 www.met.fu-berlin.de/wetterpate/tief2007 (21.06.15).

410 Auskunft per E-Mail von der Aktion Wetterpate. Sämtliche PatInnen sind in den öffentlich zugänglichen Namenlisten im Internet aufgeführt.

12.3 Namen von tropischen Wirbelstürmen

Der Ausdruck *Wirbelsturm* ist mehrdeutig. Allgemein bezeichnet er verschieden starke Luftwirbel mit senkrechter Drehachse. Auch Tiefdruckgebiete und Windhosen (Tornados) zählen dazu. Tropische Wirbelstürme wiederum nennt man je nach Gebiet, in dem sie auftreten, anders: *Hurrikan* im Atlantik und Nordostpazifik, *Taifun* im Nordwestpazifik, *Zyklon* im Indischen Ozean und Südwestpazifik, *Bagyo* im Bereich der Philippinen sowie *Willy-Willy* vor Nordaustralien. Letzterer Begriff wird allerdings nur noch selten verwendet.[411] Einen Wirbelsturm mit den genauen **Koordinaten seines Zentrums** (z.B. 175° östl. Länge, 42° nördl. Breite) zu identifizieren, ist umständlich, dadurch beim Informationsaustausch unpraktisch und v.a. für die Bevölkerung verwirrend, zumal mehrere dieser Tiefdrucksysteme gleichzeitig in einer Region auftreten können. Daher tauft man sie spätestens seit dem 19. Jh. – zunächst sporadisch, später flächendeckend. Anfangs erhalten sie etwa in der Karibik den **Namen von Heiligen**, an deren Gedenktag sie auftreten. Puerto Rico wird z.B. am 26. Juli 1825 vom Hurrikan *Santa Ana* heimgesucht und am 13. September 1876 von *San Felipe*. Gegen Ende des 19. Jhs. soll der australische Meteorologe Clement L. Wragge Wirbelstürmen RufN ihm unliebsamer Politiker verliehen haben. Beide Benennungsweisen können sich aber letztendlich nicht durchsetzen.

In den 1930er Jahren gibt ein Mitarbeiter der Fluggesellschaft Pan American World Airways solchen Tiefdrucksystemen **weibliche RufN**. Diese inoffizielle Praxis übernehmen dann Luftwaffe und Marine der USA während des Zweiten Weltkriegs. Deren Soldaten benennen die Wirbelstürme im pazifischen Raum nach ihren Freundinnen oder Ehefrauen. 1945 veröffentlichen sie eine erste offizielle Namenliste für Taifune über dem Nordwestpazifik. Anfang der 1950er Jahre identifizieren US-amerik. Meteorologen Hurrikans im Nordatlantik mithilfe des damals gültigen Buchstabieralphabets (*Able, Baker, Charlie* etc.), was allerdings nicht für die erhoffte Klarheit sorgt. Das US Weather Bureau geht daher 1953 in Absprache mit anderen Behörden und der Armee dazu über, diesen Wirbelstürmen weibl. RufN zu geben. Hierzu werden alphabetische Listen mit kurzen, bekannten, gut unterscheidbaren sowie einfach zu merkenden Namen angelegt. Diese Praxis breitet sich bald weltweit aus. Nach Protesten von Frauen beginnt man 1978/79 damit, abwechselnd weibl. und **männliche RufN** zu verteilen. Jedoch meist erst dann, wenn die Tiefdrucksysteme Windstärke acht (mindestens 63 km/h) erreicht haben. Ab einer Geschwindigkeit von 119 km/h (Windstärke 12) werden sie auch als *Orkan* bezeichnet.[412] Jede Region weist für die in ihrem Gebiet entstehenden Stürme andere Benennungssysteme auf. Die vielen unterschiedlichen Möglichkeiten der Namenvergabe wollen wir im Folgenden anhand fünf prototypischer Fälle exemplarisch darstellen.

---

411 www.dwd.de/lexikon (21.06.15).

412 Zur Geschichte der Namengebung tropischer Wirbelstürme s. BRENDLER/BRENDLER (2004b: 627–629), GUDDE 1955, HOFFMANN (1996b:1649), www.nhc.noaa.gov/aboutnames_history.shtml und www.aoml.noaa.gov/hrd/tcfaq/B1.html (21.06.15).

Tab. 58: Ausgewählte Namenlisten für die Benennung tropischer Wirbelstürme nach Entstehungsgebiet[413]

Atlantik	südwestl. Ind. Ozean	Nordwest-pazifik	Philippinen	Zentral-pazifik
Alberto	*Alenga*	*Damrey*	*Ambo*	*Akoni*
Beryl	*Benilde*	*Haikui*	*Butchoy*	*Ema*
Chris	*Chanda*	*Kirogi*	*Cosme*	*Hone*
Debby	*Dando*	*Kai-Tak*	*Dindo*	*Iona*
Ernesto	*Ethel*	*Tembin*	*Enteng*	*Keli*
Florence	*Funso*	*Bolaven*	*Frank*	*Lala*
Gordon	*Giovana*	*Sanba*	*Gener*	*Moke*
Helene	*Hilwa*	*Jelawat*	*Helen*	*Nolo*
Isaac	*Irina*	*Ewiniar*	*Igme*	*Olana*
Joyce	*Joni*	*Maliksi*	*Julian*	*Pena*
Kirk	*Kuena*	*Gaemi*	*Karen*	*Ulana*
Leslie	*Lesego*	*Prapiroon*	*Lawin*	*Wale*
Michael	*Michel*	*Maria*	*Marce*	
Nadine	*Noyana*	*Son-Tinh*	*Nina*	
Oscar	*Olivier*	*Bopha*	*Ofel*	
Patty	*Pokera*	*Wukong*	*Pablo*	
Rafael	*Quincy*	*Sonamu*	*Quinta*	
Sandy	*Rebaone*	*Shanshan*	*Rolly*	
Tony	*Salama*	*Yagi*	*Siony*	
Valerie	*Tristan*	*Leepi*	*Tonyo*	
William	*Ursula*	*Bebinca*	*Unding*	
	Violet	*Rumbia*	*Violeta*	
	Wilson	*Soulik*	*Winnie*	
	Xavier	*Cimaron*	*Yoyong*	
	Yekela	*Jebi*	*Zosimo*	
	Zaina	*Mangkhut*		
		Utor		
		Trami		

Für den **Atlantik**, den Golf von Mexiko sowie die Karibik bestehen zusammen sechs unterschiedliche Listen. Sie stellen in alphabetischer Reihenfolge für jeden Buchstaben außer *Q, U, X, Y, Z* einen Namen bereit, also insgesamt 21 pro Jahr. Männl. und weibl. RufN wechseln sich innerhalb jeder Aufstellung ab, wobei diese selbst umschichtig mit einem anderen Geschlecht beginnen (2012: männl.,

[413] Beim Atlantik und bei den Philippinen handelt es sich um die Listen des Jahres 2012, beim südwestl. Indischen Ozean um diejenige der Saison 2011/12. Für den Nordwest- und Zentralpazifik ist jeweils die erste von mehreren rotierenden Listen angegeben (JETSTREAM). Die Wirbelstürme behalten meist ihre Namen, die sie in ihrem Entstehungsgebiet bekommen haben, auch dann, wenn sie in andere Regionen vordringen (www.aoml.noaa.gov/hrd/tcfaq/B5.html; 21.06.15).

weibl., männl. etc.; 2013: weibl., männl., weibl. etc.).[414] Die Listen werden nacheinander durchlaufen, jedes Jahr ist eine andere an der Reihe und der jeweils erste Hurrikan erhält einen Namen mit dem Anfangsbuchstaben *A*. Die Saison 2018 beginnt also wieder mit *Alberto* aus der oben angegebenen Sammlung für 2012. Sollten mehr als 21 Wirbelstürme in einem Jahr auftreten, kommen griech. Buchstaben (*Alpha, Beta, Gamma* etc.) an die Reihe. 2005 musste zum ersten Mal überhaupt von diesen Ersatzkandidaten Gebrauch gemacht werden - der 27. und letzte Hurrikan des Jahres hieß folglich *Zeta*. Richtet ein Wirbelsturm verheerende Schäden an, vergibt man seinen Namen aus Respekt vor den Betroffenen bzw. Opfern sowie wegen der potentiellen Verwechslungsgefahr fortan nicht mehr, sondern ersetzt ihn durch einen anderen mit gleichem Anfangsbuchstaben (*Andrew* 1992 > *Alex*, *Mitch* 1998 > *Matthew*, *Ike* 2008 > *Isaias*).[415] Im Schnitt wird pro Jahr ein Name aus der Liste entfernt, das bisherige Maximum lag 2005 bei fünf (*Dennis, Katrina, Rita, Stan, Wilma*).[416]

Im **südwestlichen Indischen Ozean** erstreckt sich die Taifun-Saison vom 1. November bis zum 15. Mai des darauffolgenden Jahres. Für jede gibt es eine neue alphabetische Namenliste, die man nicht wiederholt. Sie enthält jeweils 26 verschiedene männl. und weibl. RufN ohne feste Abfolge der Geschlechter. Diese werden von den 15 Mitgliedsstaaten des World Meteorological Organization South West Indian Ocean Tropical Cyclone Committee nach Vorschlägen aus den einzelnen Ländern auf einer gemeinsamen Sitzung festgelegt.[417]

Zum 1. Januar 2000 wurde das bestehende System für den **Nordwestpazifik** und das Südchinesische Meer geändert, Wirbelstürmen wie im Atlantik nach vorgegebenen Listen abwechselnd zumeist englischsprachige männl. sowie weibl. RufN zu geben. Seither zieht man vornehmlich asiatische Begriffe zu ihrer Benennung heran, um die Aufmerksamkeit der Einheimischen zu erhöhen. Es handelt sich dabei etwa um die Bezeichnungen von Tieren (kambodschanisch *Damrey* 'Elefant'), Pflanzen und Früchten (koreanisch *Sonamu* 'Kiefer'), Örtlichkeiten (*Bolaven* 'Hochebene in Laos'), Gottheiten (*Prapiroon* 'thailändischer Regengott'), aber auch von Speisen (*Bebinca* 'Milchpudding aus Macao') oder sogar um Adj. (philippinisch *maliksi* 'schnell'). Nur selten tauchen RufN auf. Jeder der 14 Mitgliedsstaaten des World Meteorological Organization Typhoon Committee durfte zehn Namen auswählen, die sich auf fünf Listen verteilen. Deren Anordnung erfolgt nicht alphabetisch, sondern nach der engl. Bezeichnung des vorschlagenden Landes (jeweils zwei Durchgänge pro Sammlung von engl. *Cambodia* bis

---

414 Von sämtlichen starken atlantischen Wirbelstürmen, die zwischen 1950 und 2012 das US-amerik. Festland trafen, forderten diejenigen mit weiblichen Namen deutlich mehr Todesopfer als solche mit männlichen. JUNG et al. 2014 führen dies darauf zurück, dass die Bevölkerung Orkane mit Männernamen als gefährlicher einstuft und deshalb die Warnungen der Behördern ernster nimmt.

415 Abgesehen vom südwestl. Indischen Ozean mit neuen Listen für jedes Jahr verfahren die anderen Regionen ebenso.

416 JETSTREAM, www.aoml.noaa.gov/hrd/tcfaq/B6.html sowie www.aoml.noaa.gov/hrd/tcfaq/B7.html (21.06.15).

417 www.meteo.fr/temps/domtom/La_Reunion/webcmrs9.0/anglais/activiteope/liste_noms.html (21.06.15).

Vietnam). Diese fünf Verzeichnisse werden nacheinander vollständig durchlaufen, unabhängig vom jeweiligen Jahr.[418]

Einem ähnlichen Schema wie das Atlantikgebiet folgen die **Philippinen**. Sie nutzen aber vier eigene alphabetische Verzeichnisse im jährlichen Wechsel. Hauptsächlich Ergebnis eines öffentlichen Wettbewerbs, sind die jeweils 25 männl. und weibl. RufN dabei in keiner bestimmten Reihenfolge angeordnet. Sollten mehr Wirbelstürme auftreten, gibt es für jede Liste noch eine zusätzliche Sammlung, wieder beginnend mit dem Buchstaben *A*. Allerdings finden die philippinischen EN nur auf der Inselgruppe selbst Verwendung. Die einheimischen bzw. geläufigen RufN werden ergänzend zu den international vereinbarten Namen für den Nordwestpazifik vergeben, damit sie die Bevölkerung leichter behalten kann und sich eher angesprochen fühlt.[419]

Das Central Pacific Hurricane Center in Honolulu benennt die Wirbelstürme im **Zentralpazifik**. Dazu gibt es vier Listen mit einheimischen RufN für Männer bzw. Frauen, die sich allerdings nach keinem festen Muster abwechseln und auch nur die 12 lat. Buchstaben des hawaiischen Alphabets nutzen. Man verwendet nacheinander alle Namen einer Liste und beginnt dann mit der darauffolgenden, ohne Bindung an ein bestimmtes Jahr.[420]

Die Namen tropischer Wirbelstürme, die je nach Region ihrer Entstehung stark voneinander abweichen, sind linguistisch kaum untersucht. Es fehlt nicht nur eine zusammenfassende, übersichtliche Darstellung der sehr komplexen Benennungspraxis in der Gegenwart und ihrer geschichtlichen Entwicklung seit dem Zweiten Weltkrieg, darüber hinaus widersprechen sich die Angaben im Internet teilweise auch noch - gerade für die Anfangszeit. Eine systematische, gesicherte Aufarbeitung dieses Komplexes mit der unterschiedlichen Verwendung onymischen und app. Materials sollte daher oberstes Ziel sein.

12.4 Namen von Sturmfluten und Überschwemmungen

An der dt. Nordseeküste sorgen seit Menschengedenken Sturmfluten in regelmäßigen Abständen für "Land unter". Diese Naturkatastrophen haben die Landschaft geformt, für die Entstehung der Halligen gesorgt und oft viele Menschenleben gefordert. Die Schlimmsten unter ihnen sind in die Geschichte eingegangen, etwa als *Erste Julianenflut* (1164), *Allerkindleinsflut* (1248), *Fastelabendflut* (1625).[421] Bis heute benennt man sie, doch wandeln sich die Motive mit der Zeit. Zunächst tragen die Sturmfluten den **Namen von Heiligen**, an deren Gedenktag sie auflaufen bzw. ihren Höhepunkt erreichen (*Luciaflut* (1287), *Erste Dionysiusflut* (1374), *Martinsflut* (1686)), und von kirchlichen Feiertagen (*Weihnachtsflut 1277*, *Aller-*

418 AOML, www.jma.go.jp/jma/jma-eng/jma-center/rsmc-hp-pub-eg/tyname.html (21.06.15).

419 AOML und Auskunft per E-Mail von www.pagasa.dost.gov.ph sowie der philippinischen Botschaft in Berlin.

420 JETSTREAM und Auskunft per E-Mail von www.prh.noaa.gov/hnl/cphc.

421 Ähnlich wie der *Rote Hahn* als Synonym für Feuersbrünste ist auch der *Blanke Hans* kein EN. Es handelt sich um eine Bezeichnung für das tosende Meer bei Sturmfluten (RÖHRICH 2004).

heiligenflut 1436, Dreikönigsflut (1470)). Ab dem 19. Jh. überwiegen dann **Monat oder Ort des Auftritts** (*Märzflut 1906; Halligflut* (1825), *Nordfrieslandflut* (1981)). Teilweise werden die Fluten zur Unterscheidung auch durchnummeriert (*Erste Marcellusflut* (1219), *Zweite Marcellusflut* (1362)) oder zusätzlich mit der Jahreszahl versehen (*Weihnachtsflut 1277, Weihnachtsflut 1717*). Manchmal tragen sie mehrere Namen parallel (*Neujahrsflut 1855 = Januarsturmflut*). (Metaphorische) Umschreibungen wie *Grote Mandrenke* (1362; 'Große Manntränke'), *Eisflut* (1511), *Ebbflut* (1949) bleiben zu allen Zeiten die Ausnahme. Vielleicht lässt sich der **Motivwandel** damit erklären, dass kirchliche Gedenktage im Leben der Menschen keine allzu große Rolle mehr spielen und oftmals schlicht in Vergessenheit geraten sind. Um diese Vermutung zu erhärten, bedürfte es einer kritischen Auswertung der im Internet verfügbaren Listen von Sturmfluten zur Ermittlung von Benennungsmotiven sowie Bildungsweisen - nicht nur an der dt. Nordseeküste.[422]

Auch im Binnenland kommt es immer wieder zu **Überschwemmungen**, wenn Flüsse über die Ufer treten und ganze Regionen unter Wasser setzen. Diese Katastrophen erhalten ebenfalls Namen. Abgesehen vom *Magdalenenhochwasser* (1342), der *Thüringer Sintflut* (1613) sowie dem *Pfingsthochwasser 1999* handelt es sich meist um Komposita aus den jeweiligen FlussN und dem Begriff *Hochwasser*, woran die Jahreszahl anschließt (*Oderhochwasser 1997, Donauhochwasser 2002, Elbehochwasser 2006*), oder um Benennungen der Form *Hochwasser in X* plus Jahreszahl (*Hochwasser in Sachsen 1897/1932, Hochwasser im Osterzgebirge 1927*). Wiederum sind weitere Forschungen anhand fundierter Korpora nötig, um z.B. zu klären, ob tatsächlich EN vorliegen, wie sich diese entwickelt haben und in den Medien verwendet werden.

Zum Weiterlesen:
Eine erste ausführliche Darstellung der Phänonyme inkl. einer Diskussion der Terminologie bieten BRENDLER/BRENDLER (2004b). Zur Benennung von Hoch- und Tiefdruckgebieten in Dtld. sei auf SCHLAAK/JANKIEWICZ 2004 sowie WETTERPATE verwiesen. Die Geschichte der Namen tropischer Wirbelstürme skizziert HOFFMANN (1996b). Informationen zur weltweiten Vergabepraxis finden sich gut zusammengefasst auf den Internetseiten des US-amerik. Wetterdienstes (JETSTREAM oder www.nhc.noaa.gov/aboutnames.shtml; 21.06.15).

422 S. etwa die Liste unter www.die-ganze-nordsee.de/sturmfluten-chronik.html (21.06.15).

Abkürzungsverzeichnis

*	rekonstruierte oder ungrammatische Form
[…]	Lautung
{…}	Morphem
<…>	Schreibung
'…'	Bedeutung
Adj.	Adjektiv
Adv.	Adverb
ahd.	althochdeutsch
Akk.	Akkusativ
alem.	alemannisch
amerik.	amerikanisch
APP	Appellativ
app.	appellativ(isch)
arab.	arabisch
Art.	Artikel
as.	altsächsisch
Attr.	Attribut
brit.	britisch
C	Konsonant
chin.	chinesisch
dän.	dänisch
Dat.	Dativ
def.	definit
dial.	dialektal
dt.	deutsch
Dtld.	Deutschland
EN	Eigenname
engl.	englisch
europ.	europäisch
FamN	Familienname
Fem.	Femininum
finn.	finnisch
fläm.	flämisch
fränk.	fränkisch
fries.	friesisch
frnhd.	frühneuhochdeutsch
frz.	französisch
gall.	gallisch
Gen.	Genitiv
germ.	germanisch
griech.	griechisch
hait.	haitianisch
hebr.	hebräisch
hess.	hessisch
idg.	indogermanisch
ir.	irisch
isl.	isländisch
ital.	italienisch
kelt.	keltisch
lat.	lateinisch
Mask.	Maskulinum
md.	mitteldeutsch
mhd.	mittelhochdeutsch
N	Nomen
nd.	niederdeutsch
ndl.	niederländisch
Neut.	Neutrum
nhd.	neuhochdeutsch
Nom.	Nominativ
nord.	nordisch
norw.	norwegisch
NP	Nominalphrase
obd.	oberdeutsch
PersN	Personenname
pfälz.	pfälzisch
Pl.	Plural
polab.	polabisch
poln.	polnisch
PP	Präpositionalphrase
Präp.	Präposition
Ps.	Person
rhein.	rheinisch
rip.	ripuarisch
röm.	römisch
rom.	romanisch
russ.	russisch
schwed.	schwedisch
Sg.	Singular
skand.	skandinavisch
slaw.	slawisch
slowak.	slowakisch
sorb.	sorbisch
span.	spanisch
sth.	stimmhaft
Subst.	Substantiv
Tel.	Telefonanschluss
tschech.	tschechisch
türk.	türkisch
V	Vokal
VP	Verbalphrase
westfäl.	westfälisch

Literaturverzeichnis

Abkürzungen für Zeitschriften und Reihen

BNF	Beiträge zur Namenforschung
BONF	Blätter für oberdeutsche Namenforschung
DS	Deutsche Sprache
DU	Der Deutschunterricht
GermL	Germanistische Linguistik
ICOS	International Conference of Onomastic Sciences
LB	Linguistische Berichte
LiLi	Zeitschrift für Literaturwissenschaft und Linguistik
NI	Namenkundliche Informationen
ÖNF	Österreichische Namenforschung
OSG	Onomastica Slavogermanica
RGA	Reallexikon der Germanischen Altertumskunde
SAS	Studia Anthroponymica Scandinavica
ZDL	Zeitschrift für Dialektologie und Linguistik
ZGL	Zeitschrift für Germanistische Linguistik
ZGO	Zeitschrift für die Geschichte des Oberrheins
ZPSK	Zeitschrift für Phonetik, Sprachwissenschaft und Kommunikationsforschung
ZS	Zeitschrift für Sprachwissenschaft

Abel, E./Kruger, M. (2007a): Gender Related Naming Practices: Similarities and Differences Between People and their Dogs. In: Sex Roles 57, 15–19.

– (2007b): Stereotypic Gender Naming Practices for American and Australian Dogs and Cats. In: Names 55, 53–64.

Achilles, I./Pighin, G. (2008): Vernäht und zugeflixt! Von Versprechern, Flüchen, Dialekten & Co. Mannheim etc.

Ackermann, T. (2011): *Aloe Vera* vs. *Click*. Zur phonologischen Kodierung von Geschlecht bei Warennamen (Deodorants). In: BNF 46, 1–50.

– (2014): Vom Syntagma zum Kompositum? Der grammatische Status komplexer Eigennamen im Deutschen. In: Debus et al. 2014, 11–38.

Ackermann, T. et al. (2015): "Wenn *Bert* und *Busstop* balzen...". Tiernamen in verhaltensbiologischer Forschung. In: Dammel et al. 2015b, 471–494.

Adams Carter, H. (1975): Balti Place Names in the Karakoram. In: American Alpine Journal, 52–60.

Adams, M. (2009): Power, Politeness, and the Pragmatics of Nicknames. In: Names 57, 81–91.

Aerts, S. (2015): Named, numbered or anonymous: How the Human-Animal Relation affects the naming of individual animals. In: Dammel et al. 2015b, 309–318.

Ahrens, W. (2009): Naming of Minivan Taxis Used for Public Transportation in the Caribbean. In: Proceedings of the 23rd ICOS. Toronto, 63–66.

Alber, B./Rabanus, S. (2011): Kasussynkretismen und Belebtheit in germanischen Pronominalparadigmen. In: Glaser, E. et al. (eds.): Dynamik des Dialekts – Wandel und Variation. Stuttgart, 23–46.

Alford, R. (1988): Naming and Identity: A Cross-Cultural Study of Personal Naming Practices. New Haven.

Allen, R. (1963): Star Names. Their Lore and Meaning. New York.

Alotta, R. (1982): Code-Named Operations of World War II: An Interpretation. In: Names 30, 5-14.

Andersen, C. (1977): Studien zur Namenwahl in Nordfriesland. Die Bökingharde 1760-1970. Kiel.

Anderson, J. (2004): On the grammatical status of names. In: Language 80, 435-474.

- (2008): The Grammar of Names. Oxford.

Andersson, T. (1979/80): Svenska släktnamn i går, i dag - i morgon? In: Nysvenska studier 15/16, 385-400.

- (2009): Germanische Personennamen vor indogermanischem Hintergrund. In: Greule, A./ Springer, M. (eds.): Namen des Frühmittelalters als sprachliche Zeugnisse und als Geschichtsquellen. Berlin/New York, 9-25.

Andreae, F. (1916): Hundenamen. In: Mitteilungen der Schlesischen Gesellschaft für Volkskunde 18, 138-164.

Anreiter, P. (2002): Pharmakonyme. Benennungsmotive und Strukturtypologie von Arzneimittelnamen. Wien.

- (2004): Talnamen. In: Brendler/Brendler 2004a, 303-328.

Anreiter, P. et al. (2009): Die Gemeindenamen Tirols. Herkunft und Bedeutung. Innsbruck.

Antos, G. (2004): Namenwahl. Ein biographisches Streiflicht. In: Bulletin VALS/ASLA 80, 21-25.

Anward, J./Linke, A. (2015): Familienmitglied Vofflan. Zur sprachlichen Konzeptualisierung von Haustieren als Familienmitglieder. In: Dammel et al. 2015a, 77-96.

Arndt, N. (2004): Die Geschichte und Entwicklung des familienrechtlichen Namensrechts in Deutschland unter Berücksichtigung des Vornamensrechts. München.

Ashley, L. (1995): Middle Names. In: Eichler et al. 1995, 1218-1221.

Azaryahu, M. (1991): Von Wilhelmplatz zu Thälmannplatz. Politische Symbole im öffentlichen Leben der DDR. Gerlingen.

- (1999): Commissioned Memory - Politics of Commemoration in Contemporary Germany. In: Tel Aviver Jahrbuch für deutsche Geschichte 28, 341-366.

Bach, A. (1952): Die Verbindung von Ruf- und Familiennamen in den deutschen, insbesondere den rheinischen Mundarten. In: Rheinische Vierteljahresblätter 17, 66-88.

- (1953/54): Deutsche Namenkunde II. Die deutschen Ortsnamen. 2 Halbbde. Heidelberg.

- (^{3}1978): Deutsche Namenkunde I. Die deutschen Personennamen. 2 Halbbde. Heidelberg.

Back, O. (1974): Staatsnamen, syntaktisch-semantische und übersetzerische Probleme. In: ÖNF, 5-16.

- (1977): Probleme um Staatennamen. In: Onoma 21, 66-72.

- (^{2}1991): Übersetzbare Eigennamen. Eine synchronische Untersuchung von interlingualer Allonymie und Exonymie. Klagenfurt.

- (1996): Typologie der Ländernamen: Staaten-, Länder-, Landschaftsnamen. In: Eichler et al. 1996, 1348-1356.

Bächtold-Stäubli, H. (2000): Handwörterbuch des deutschen Aberglaubens. Augsburg.

Bahlow, H. (^{16}2005): Deutsches Namenlexikon. Familien- und Vornamen nach Ursprung und Sinn erklärt. Frankfurt.

Bake, R. (2000): Wer steckt dahinter? Hamburgs Straßennamen, die nach Frauen benannt sind. Hamburg.

Bandle, O. (1984): Zur Typologie der germanischen Flussnamen. In: Edlund, L.-E. et al. (eds): Florilegium Nordicum. Umeå, 18-29.

- (2000a): Länder- und Landschaftsnamen. In: RGA 17, 545-557.

- (2000b): Inselnamen. In: RGA 15, 452-460.

- (2005): Seenamen. In: RGA 28, 41-43.

- (2007): Wüstungsnamen. In: RGA 34, 301-307.

Bankhardt, C. (2010): Tütel, Tüpflein, Oberbeistrichlein. Der Apostroph im Deutschen. Mannheim.

Bardesono, A. (2008): "Naming Gender" kontrastiv: Phonosemantische Untersuchung zu männlichen und weiblichen Rufnamen im Deutschen und Italienischen. Magisterarbeit Mainz.

Barry, H./Harper, A. (1982): Evolution of Unisex Names. In: Names 30, 15–22.
- (1993): Feminization of Unisex Names from 1960 to 1990. In: Names 41, 228–238.
- (1995): Increased choice of female phonetic attributes in first names. In: Sex Roles 32, 11/12, 809–819.
- (1998): Phonetic differentiation between first names of boys and girls. In: Proceedings of the 19th ICOS, Bd. 3. Aberdeen, 40–46.

Barthel, M. (1986): Lexikon der Pseudonyme. Düsseldorf.

Barz, I./Schröder, M. (eds.) (1997): Nominationsforschung im Deutschen. Frankfurt.

Bäumler, G. (1984): Unterschiede im Auftreten der Familiennamen *Schmied* und *Schneider* bei Spitzensportlern der Leichtathletik: Ein Beitrag zur epidemiologischen Humangenetik. In: Psychologische Beiträge 26, 553–559.

Bauer, G. (1996): Übergangsformen zwischen Eigennamen und Gattungsnamen. In: Eichler et al. 1996, 1616–1621.
- (²1998): Deutsche Namenkunde. Berlin.

Baumann, C./Vogel, P. M. (2014): Kfz-Wunschkennzeichen in Siegen-Wittgenstein. In: BNF 49, 461–484.

Baumann, J./Krüger, D. (1994): Zu Fragen der Namengebung im Freistaat Sachsen (Aus der Arbeit einer Kommission). In: NI 65/66, 9–22.

Bausinger, H. (1971): Tierzucht und Namengebung. Zu den Eigennamen des Zuchtviehs. In: Bindschedler, M. et al. (eds.): Festschrift für Paul Zinsli. Bern, 170–184.

Beckershaus, H. (2002): Die Hamburger Straßennamen. Hamburg.

Behne, C. (2013): Straßennamen und ihre Geschichte. Vergleichende Studie auf der Basis der Straßennamenkorpora von Tangermünde, Stendal und Stadthagen. Aachen.

Bellmann, G. (1985): Aspekte der Eigennamenvariation. In: 15. Internationaler Kongress für Namenforschung, Bd. 3. Leipzig, 26–32.
- (1990): Pronomen und Korrektur. Berlin/New York.

Benson, S. (1986): Ortsnamenwechsel. Interessenkonflikt und Kulturkonflikt. In: Schützeichel 1986, 96–106.

Bentzien, U. (1968): Tiereigennamen. Untersucht an einem Quellenfund aus Mecklenburg. In: Deutsches Jahrbuch für Volkskunde 14, 29–55.

Berchtold, S. (2001): Gewässerbezeichnungen in Südvorarlberg: Eine Analyse. In: ÖNF 29, 47–63.

Berchtold, S./Dammel, A. (2014): Kombinatorik von Artikel, Ruf- und Familiennamen in Varietäten des Deutschen. In: Debus et al. 2014, 249–280.

Berger, D. (1976): Zur Abgrenzung der Eigennamen von den Appellativen. In: BNF 11, 375–387.
- (1996a): Morphologie und Wortbildung der Ländernamen. In: Eichler et al. 1996, 1356–1360.
- (1996b): Deutsche Ländernamen in der Geschichte. In: Debus/Seibicke 1996, 927–948.
- (²1999): Duden: Geographische Namen in Deutschland. Mannheim etc.

Bergien, A. (2007): In Search of the Perfect Name. Prototypical and Iconic Effects of Linguistic Patterns in Company Names. In: Kremer/Ronneberger-Sibold 2007, 259–272.

Bergien, A./Blachney, A. (2009): Familiennamen und ihre Wirkung als Komponenten von Firmennamen. In: Hengst/Krüger 2009, 527–536.

Bergmann, R. (1999): Zur Herausbildung der deutschen Substantivgroßschreibung. In: Hoffmann, W. et al. (eds.): Das Frühneuhochdeutsche als sprachgeschichtliche Epoche. Frankfurt, 59–79.

Bergmann, R./Götz, U. (2009): Zum Aufkommen der Großschreibung der Familiennamen. In: Hengst/Krüger 2009, 297–329.

Bergmann, R./Nerius, D. (1998): Die Entwicklung der Großschreibung im Deutschen von 1500 bis 1710. Heidelberg.

Bering, D. (1983): Der Kampf um den Namen Isidor. Polizeivizepräsident Bernhard Weiß gegen Gauleiter Joseph Goebbels. In: BNF 18, 121–153.
- (1989): Antisemitische Namenpolemik in der bürgerlichen Umgangskultur. In: Schoeps, J. (ed.): Juden als Träger bürgerlicher Kultur in Deutschland. Stuttgart/Bonn, 311–328.
- (1992a): Der Name als Stigma. Antisemitismus im deutschen Alltag 1812–1933. Stuttgart.

- ([2]1992b): Kampf um Namen. Bernhard Weiß gegen Joseph Goebbels. Stuttgart.
- (1993): Gewalt gegen Namen. Ein sprachwissenschaftlicher Beitrag zur Geschichte und Wirkung des Alltagsantisemitismus. In: Debus/Seibicke 1993, 143–165.
- (1996): Die Namen der Juden und der Antisemitismus. In: Eichler et al. 1996, 1300–1310.
- (2001a): Grundlegung kulturwissenschaftlicher Studien über Straßennamen: Der Projektentwurf von 1989. In: Eichhoff et al. 2001, 270–281.
- (2001b): Straßennamen. In: Pethes, N./Ruchatz, J. (eds.): Gedächtnis und Erinnerung. Ein interdisziplinäres Lexikon. Reinbek, 567–568.
- (2002): Das Gedächtnis der Stadt. Neue Perspektiven der Straßennamenforschung. In: Akten des 18. Internationalen Kongresses für Namenforschung, Bd. 1. Tübingen, 209–225.
- (2007): Die Kommerzialisierung der Namenwelt. Beispiel: Fußballstadien. In: ZGL 25, 434–465.
- (2011): Fußballstadien. Zur Kommerzialisierung der Namenwelt. In: Reitzenstein, W.-A. von (ed.): Flurnamen, Straßennamen. Hildesheim etc.

Bering, D./Großsteinbeck, K. (1994): Die Kulturgeschichte von Straßennamen. Neue Perspektiven auf altem Terrain, gewonnen am Beispiel Köln. In: Muttersprache 104, 97–117.

Bering, D. et al. (1999): Wegbeschreibungen. Entwurf eines Kategorienrasters zur Erforschung synchroner und diachroner Straßennamenkorpora. In: ZGL 27, 135–166.

Berkowitz, F. ([2]1975): Popular Titles and Subtitles of Musical Compositions. Metuchen.

Berndt, S. (2009): Name und Geschlecht. Weibliche Familiennamen in Deutschland. In: Hengst/Krüger 2009, 149–163.

Bertsche, K. (1905): Die volkstümlichen Personennamen einer oberbadischen Stadt. Freiburg.

Besch, W. et al. (eds.) (2004): Sprachgeschichte. Ein Handbuch zur Geschichte der deutschen Sprache und ihrer Erforschung, Bd. 4. Berlin/New York.

Betz, W. (1965): Zur Namensphysiognomik. In: Schützeichel, R./Zender, M. (eds.): Namenforschung. Heidelberg, 184–189.

Bichlmeier, H. (2009): Einige grundsätzliche Überlegungen zum Verhältnis von Indogermanistik und voreinzelsprachlicher resp. alteuropäischer Namenkunde. In: NI 95/96, 173–208.
- (2012/2013): Analyse und Bewertung der sprachwissenschaftlichen Standards aktueller Forschungen traditioneller Art zur ‚alteuropäischen Hydronymie' aus der Perspektive der heutigen Indogermanistik. In: NI 101/102, 397–437.

Birus, H. (1967): Vorschlag zu einer Typologie literarischer Namen. In: LiLi 17, 67, 38–51.

Blanár, V. (1980): Zum Prozess der Onymisierung. In: Eichler/Walther 1980, Bd. 1, 50–57.
- (1996): Das anthroponymische System und sein Funktionieren. In: Eichler et al. 1996, 1179–1182.
- (2001): Theorie des Eigennamens. Hildesheim.
- (2004): Pragmalinguistische Methoden der Namenforschung. In: Brendler/Brendler 2004a, 153–171.

Blatz, F. (1900): Neuhochdeutsche Grammatik mit Berücksichtigung der historischen Entwicklung der deutschen Sprache. Karlsruhe.

Bloch, M. (2006): Teknonymy and the Evocation of the "Social" among the Zafimaniry of Madagascar. In: Vom Bruck/Bodenhorn 2006, 98–114.

Bloomfield, L. (1933): Language. Delhi.

Boesch, B. (1981): Die Gewässernamen des Bodenseeraumes. In: BNF 16, 13–39.

Bosredon, B. (1997): Les titres de tableaux. Une pragmatique de l'identification. Paris.

Bosshart, L. (1973): Motive der Vornamengebung im Kanton Schaffhausen von 1960 bis 1970. Freiburg.

Bouchehri, R. (2008): Filmtitel im interkulturellen Transfer. Berlin.
- (2009): Titel im TV-Alltag. Zur Translation der Titel amerikanischer Serien im deutschen Fernsehen. In: Kalverkämper, H./Schippel, L. (eds.): Translation zwischen Text und Welt – Translationswissenschaft als historische Disziplin zwischen Moderne und Zukunft. Berlin, 365–388.

Boxler, H. (1996): Burgnamen. In: Eichler et al. 1996, 1596–1600.

Boyes Braem, P. (1995): Einführung in die Gebärdensprache und ihre Erforschung. Hamburg.
Brandes, S. (2012): Dear Rin Tin Tin: An Analysis of William Safire's Dog-Naming Survey from 1985. In: Names 60/1, 3-14.
Brandmüller, S. (demn.): *Grundschule "An der Wied"*, *Max-Planck-Gymnasium*, *Levana-Schule* und Kommunaler Kindergarten "Rasselbande". Analyse der Namenstrukturen rheinland-pfälzischer Grundschulen, Gymnasien, Förderschulen und Kindergärten. Erscheint in: Fahlbusch et al. (demn.).
Branky, F. (1907): Moderne Hundenamen. In: Zeitschrift für deutsche Wortforschung 9, 229-279.
Braun, P. (1997): Personenbezeichnungen. Der Mensch in der deutschen Sprache. Tübingen.
Brechenmacher, J. (1960-1963): Etymologisches Wörterbuch der deutschen Familiennamen. 2 Bde. Limburg.
Brechenmacher, T. (2001): Zur Vornamengebung der Juden in Deutschland zwischen Emanzipation und Vernichtung. In: Eichhoff et al. 2001, 32-51.
Breidbach, W. (2003): *Augenstein, Rabenwolf, Wollenbär* und *Zirkus*: Familiennamen aus Rufnamen. In: Der Sprachdienst 47, 137-144.
Brendler, A. (2004): Kunstwerknamen. In: Brendler/Brendler 2004a, 527-555.
Brendler, A./Brendler, S. (eds.) (2004a): Namenarten und ihre Erforschung. Hamburg.
- (2004b): Naturereignisnamen. In: Dies. 2004a, 623-653.
- (eds.) (2007): Europäische Personennamensysteme. Hamburg.
Brendler, S. (2004): Einleitung: Namenarten und ihre Erforschung. In: Brendler/Brendler 2004a, 33-48.
- (2009): Familiennamenforschung und Genealogie. In: Hengst/Krüger 2009, 575-593.
- (2011): Was hat Familiennamengeographie eigentlich mit Familiennamen zu tun? In: Heuser et al. 2011, 351-358.
Brenner, M. (2003): The Encyclopedia of College & University Name Histories. Lanham etc.
Brincat, J. M. (2013): Naming Your Car: Personalised Number Plates in Malta. In: Felecan/Bugheşiu 2013, 557-564.
Brodsky, J. (1990): Erinnerungen an Leningrad. Frankfurt.
Bruhn, M. (ed.) (2001a): Die Marke. Symbolkraft eines Zeichensystems. Bern etc.
- (2001b): Begriffsabgrenzungen und Erscheinungsformen von Marken. In: Ders. 2001a, 13-53.
Brylla, E. (1992): De nordiska personnamnslagarna. En jämförande översikt över nu gällande namnrätt. In: SAS 10, 99-113.
- (1995): Utvecklingen av svenskt släktnamnsskick under 1900-talet. In: Krugen, K. (ed.): Slektnamn i Norden. Uppsala, 61-77.
- (1996): *Montroyal*, *Beachman* och *Lamagia*. Om nybildade svenska efternamn, beslutsprocesser och tendenser. In: Språket lever! Falun, 21-27.
- (1998): Svenskt tillnamnsskick i kvinnoperspektiv. In: Andersson, T. et al. (eds.): Personnamn och social identitet. Stockholm, 229-244.
- (2001a): Personnamn och genus. In: SAS 19, 11-29.
- (2001b): Personnamn och genus. Manligt och kvinnligt i namnen. In: Harling-Kranck, G. (ed.): Namn i en föränderlig värld. Helsingfors, 36-44.
- (2002): Ursäkta, hut var namnet? Personnamn i praktiskt bruk. Uppsala.
- (2009): Female names and male names. Equality between the sexes. In: Proceedings of the 23rd ICOS. Toronto, 176-181.
- (2010): Han får heta *Madeleine*. En dom i Regeringsrätten. In: SAS 28, 151-154.
Buchner, S./Winner, M. (2011): Digitales Ortsnamenbuch Online (DONBO). Neue Perspektiven der Namenforschung. In: Ziegler/Windberger-Heidenkummer 2011, 183-198.
Burghardt, W. (1975): Namensänderungen slawischer Familiennamen im Ruhrgebiet. In: Bellmann, G. et al. (eds.): Festschrift für Karl Bischoff zum 70. Geburtstag. Köln, 271-286.
Burkhardt, A. (2005): Nomen est Omen? Zur Semantik der Eigennamen. In: Ders. et al. (eds.): Magdeburger Namenlandschaft. Frankfurt etc., 11-28.
Canaris, C.-W. (242006): Handelsrecht. München.

Cassidy, K. et al. (1999): Inferring Gender From Name Phonology. In: Journal of Experimental Psychology 128, 362–381.
Christen, H. (1998): *Die Mutti* oder *das Mutti, die Rita* oder *das Rita*? Über Besonderheiten der Genuszuweisung bei Personen- und Verwandtschaftsnamen in schweizerdeutschen Dialekten. In: Schnyder, A. et al. (eds.): *Ist mir getroumet mîn leben?* Vom Träumen und vom Anderssein. Göppingen, 267–281.
– (2006): *Comutter*, *Papi* und *Lebensabschnittsgefährte*. Hildesheim.
Christoph, E.-M. (1987): Studien zur Semantik von Eigennamen. Leipzig.
– (1991): Eigennamen als Bestandteile des Lexikons? Ein Diskussionsbeitrag zur Semantikforschung in der Onomastik. In: ZPSK 44, 357–371.
Christoph, E.-M. et al. (eds.) (1984): Sprachkontakt im Wortschatz, dargestellt an Eigennamen. Leipzig.
Coates, R. (1993): Proper Names: Change of Form. In: Asher, R. (ed.): The Encyclopedia of Language and Linguistics. Oxford etc., 3369–3372.
– (2008): A typology of football club names in the British Isles. In: Atti del XXII Congresso Internazionale di Scienze Onomastiche, Bd. 2. Pisa, 557–567.
– (2009): A Natural History of Proper Naming in the Context of Emerging Mass Production: The Case of British Railway Locomotives before 1846. In: Proceedings of the 23rd ICOS. Toronto, 209–227.
Coester, M. (1986): Vornamensrecht – international. In: Internationales Handbuch der Vornamen. Frankfurt, V–LXIX.
– (1994): Das neue Familiennamensrechtsgesetz. In: Familie und Recht 5, 1–9.
Cornelissen, G./Eickmans, H. (ed.) (2010): Familiennamen an Niederrhein und Maas. Bottrop.
Coseriu, E. (1989): Der Plural bei den Eigennamen. In: Debus/Seibicke 1989, 225–240.
Cutler, A. et al. (1990): *Elizabeth* and *John*: Sound patterns of men's and women's names. In: Journal of Linguistics 26, 471–482.
Czopek-Kopciuch, B. et al. (2007): Das polnische Personennamensystem. In: Brendler/Brendler 2007, 587–596.
Dahl, Ö. (2000): Animacy and the notion of semantic gender. In: Unterbeck, B. et al. (eds.): Gender in Grammar and Cognition. Berlin/New York, 99–115.
– (2008): Animacy and egophoricity: Grammar, ontology and phylogeny. In: Lingua 118, 141–150.
Dahl, Ö./Fraurud, K. (1996): Animacy in grammar and discourse. In: Fretheim, T./Gundel, J. (eds.): Reference and Referent Accessibility. Amsterdam/Philadelphia, 47–64.
Dallmeier, M. (1979): Gemeindenamen und Gebietsreform in Bayern. In: BONF 16, 2–22.
Dammel, A./Schmuck, M. (2008): Der Deutsche Familiennamenatlas (DFA). Relevanz computergestützter Familiennamengeographie für die Dialektgeographie. In: Elspaß, S./König, W. (eds.): Sprachgeographie digital. Die neue Generation der Sprachatlanten. GermL 190–191, 73–104.
– (2009): Familiennamen und Dialektologie. In: Hengst/Krüger 2009, 271–296.
Dammel, A. et al. (2015a): Tiernamen – Zoonyme. Bd. I: Haustiere. Heidelberg. BNF 50.
– (2015b): Tiernamen – Zoonyme. Bd. II: Nutztiere. Heidelberg. BNF 50.
– (2015c): Tiernamen – Zoonyme. Forschungserträge und Forschungsperspektiven zu einer wissenschaftlich vernachlässigten Namenklasse. In: Dammel et al. 2015a, 1–36.
Debus, F. (1974): Namengebung. Möglichkeiten zur Erforschung ihrer Hintergründe. In: Onoma 18, 456–469.
– (1976a): Zu Namengebung und Namenverwendung in Mittelalter und Neuzeit. In: Debus, F./Hartig, J. (eds.): Festschrift für Gerhard Cordes zum 65. Geburtstag, Bd. 2. Neumünster, 56–67.
– (1976b): Deutsche Namengebung im Wandel. Dargestellt am Beispiel Schleswig-Holsteins. In: BNF 11, 388–410.
– (1977a): Aspekte zum Verhältnis Name – Wort. In: Steger 1977, 3–25.

- (1977b): Soziale Veränderungen und Sprachwandel. Moden im Gebrauch von Personennamen. In: Moser, H. et al. (eds.): Sprachwandel und Sprachgeschichtsschreibung. Düsseldorf, 167–204.
- (1978): Zur Entstehung der deutschen Familiennamen. Die hessische Kleinstadt Biedenkopf als Beispiel. In: Debus, F./Puchner, K. (eds.): Name und Geschichte. München, 31–54.
- (1980): Onomastik. In: Althaus, H. et al. (eds): Lexikon der Germanistischen Linguistik, Bd. 1. Tübingen, 187–198.
- (1985): Zur Pragmatik von Namengebung und Namengebrauch in unserer Zeit. In: BNF 20, 305–343.
- (1986): Zur Namengebungs-Norm in der DDR. In: Ders. et al. (eds.): Sprachliche Normen und Normierungsfolgen in der DDR. Hildesheim, 141–165.
- (1987): Personennamengebung der Gegenwart im historischen Vergleich. In: LiLi 45, 52–73.
- (1988a): Aufgaben, Methoden und Perspektiven der Sozioonomastik. In: Rentenaar, R./Palmboom, E. (eds.): De naamkunde tussen taal en cultuur. Amsterdam, 41–77.
- (1988b): Original und Variation. Zur Kreativität bei der Benennung von Personen. In: Munske, H. et al. (eds.): Deutscher Wortschatz. Lexikologische Studien. Berlin/New York, 24–45.
- (1995): Soziolinguistik der Eigennamen. Name und Gesellschaft (Sozio-Onomastik). In: Eichler et al. 1995, 393–399.
- (1996): Personennamen und soziale Schichtung. In: Eichler et al. 1996, 1731–1738.
- (2001a): Die Entwicklung der deutschen Familiennamen in sozioökonomischer Sicht. In: Eichhoff et al. 2001, 166–178.
- (2001b): Vom Zauber literarischer Name. Intentionen – Funktionen – Wirkungen. In: BNF 36, 1–27.
- (2002): Namen in literarischen Werken. (Er-)Findung, Form, Funktion. Stuttgart.
- (2004): Quellenkritik als Methode der Namenforschung. In: Brendler/Brendler 2004a, 107–122.
- (2005): Lexikologie und Onomastik. In: Cruse, D. et al. (eds.): Lexikologie. Berlin/New York, 1838–1846.
- (2006): Reclams Namenbuch. Deutsche und fremde Vornamen nach Herkunft und Bedeutung erklärt. Stuttgart.
- (2007): Namen-Bedeutsamkeit und Namen-Inhalt. Zur Semantik der nomina propria. In: Grohmann, H./Kühn, A. (eds.): Friedhelm Debus. Kleinere Schriften, Bd. 3. Hildesheim, 447–455.
- (2008): Namenforschung und Quellenkritik. Mit besonderer Berücksichtigung dialektaler Formen. In: BNF 43, 361–374.
- (2009): Die Entstehung der deutschen Familiennamen aus Beinamen. In: Hengst/Krüger 2009, 85–108.
- (2010): Zur Klassifikation und Terminologie der Namenarten. In: BNF 45, 359–369.
- (2011): *Matthäus* und *Matthias* in deutschen Familiennamen. Varianten und Verbreitung. In: Heuser et al. 2011, 255–268.
- (2012): Namenkunde und Namengeschichte. Eine Einführung. Berlin.
- (2013): Hausnamen. In: BNF 48, 139–163.

Debus, F./Schmitz, H.-G. (2004): Überblick über Geschichte und Typen der deutschen Orts- und Landschaftsnamen. In: Besch et al. 2004, 3468–3514.

Debus, F./Seibicke, W. (eds.) (1989): Reader zur Namenkunde I: Namentheorie. GermL 98–100.
- (eds.) (1993): Reader zur Namenkunde II: Anthroponymie. GermL 115–118.
- (eds.) (1996): Reader zur Namenkunde III,1 und III,2: Toponymie. GermL 129–133.

Debus, F. et al. (1973): Namengebung und soziale Schicht. In: Naamkunde 5, 368–405.

Debus, F. et al. (eds.) (2014): Linguistik der Familiennamen. GermL 225–227.

Demske, U. (2001): Merkmale und Relationen. Berlin/New York.

De Stefani, E./Pepin, N. (2010): Eigennamen in der gesprochenen Sprache. Eine Einführung. In: Dies. (eds.): Eigennamen in der gesprochenen Sprache. Tübingen, 1–34.

DFA I = Bochenek, C./Dräger, K. (2009): Deutscher Familiennamenatlas, Bd. 1: Graphematik/Phonologie der Familiennamen I: Vokalismus. Berlin/New York.

DFA II = Dammel, A. et al. (2011): Deutscher Familiennamenatlas, Bd. 2: Graphematik/Phonologie der Familiennamen II: Konsonantismus. Berlin/New York.

DFA III = Fahlbusch, F. et al. (2012): Deutscher Familiennamenatlas, Bd. 3: Morphologie der Familiennamen. Berlin/New York.

DFA IV = Bochenek, C. et al. (2013): Deutscher Familiennamenatlas, Bd. 4: Familiennamen nach Herkunft und Wohnstätte. Berlin/Boston.

Diederichsen, U. (1987): Rechtsprobleme bei Vornamengebung, Nachnamenerwerb und Namenänderungen. In: LiLi 45, 74–84.

Dietz, G. (1995): Titel wissenschaftlicher Texte. Tübingen.

Dillard, J. L. (1967): Black Names. Den Haag/Paris.

Dittmaier, H. (1955): Das *apa*-Problem. Untersuchung eines westeuropäischen Flussnamentyps. Louvain.

– (1956): Ursprung und Geschichte der deutschen Satznamen. In: Rheinisches Jahrbuch für Volkskunde 7, 7–94.

– (1963): Rheinische Flurnamen. Bonn.

Dobnig-Jülch, E. (1996): Namen von Haustieren und Zuchttieren. In: Eichler et al. 1996, 1538–1589.

Donalies, E. (2008): *Der, die* oder *das Nutella*? – Zum Genus von Produktnamen. In: IDS Sprachreport 24, 4, 23–25.

Donec, P. (2002): Zum Begriff des Eventonyms. In: Germanistisches Jahrbuch der GUS "Das Wort", 35–41.

Dorais, L.-J. (2010): The Language of the Inuit. Syntax, Semantics, and Society in the Arctic. Montreal.

Dotson, M./Hyatt, E. (2008): Understanding dog-human companionship. In: Journal of Business Research 61, 457–466.

Dotter, F./Dotter, M. (1987): Der Inn und seine Zuflüsse. Stuttgart.

Dräger, K. (2011): Familiennamen aus dem Rufnamen *Nikolaus* in Deutschland. In: Heuser et al. 2011, 269–281.

– (2012/2013): Groß-Zimmern, Groß Grönau, Großopitz – Zur Zusammenfügung von Siedlungsnamen mit unterscheidenden Zusätzen. In: NI 101/102, 297–314.

– (2013): Familiennamen aus dem Rufnamen *Nikolaus* in Deutschland. Regensburg.

– (demn.): *Interforst, Chillventa, imm cologne*. Namen von Messen in Deutschland. Erscheint in: Fahlbusch et al. (demn.).

Dräger, K./Kunze, K. (2009): Familiennamen und Sprachgeschichte. Grammatische und lexikalische Aspekte anthroponymischer Raumbildung. In: Hengst/Krüger 2009, 211–244.

– (2010): Umlautzeichen in deutschen Familiennamen. In: Zunamen 5, 8–39.

Dräger, K./Schmuck, M. (2009): The German Surname Atlas Project – Computer-based surname geography. In: Proceedings of the 23rd ICOS. Toronto, 319–336.

Dürscheid, C. (2000): Verschriftungstendenzen jenseits der Rechtschreibreform. In: ZGL 28, 237–247.

Duden-Grammatik = Duden Bd. 4 (2009): Die Grammatik. Mannheim etc.

Duden-Zweifelsfälle = Duden Bd. 9 (2011): Richtiges und gutes Deutsch. Mannheim etc.

Dufferain, S. (2012): Tyronyme – zur strategischen Wortbildung französischer Käsemarkennamen. Berlin.

Ebeling, R. (1995): Ostfriesische Namen – Namen in Ostfriesland. In: Behre, K.-E./van Lengen, H. (eds.): Ostfriesland. Aurich, 353–362.

Ebert, R. (1986): Historische Syntax des Deutschen II: 1300–1750. Bern.

– (1988): Variation in the Position of the Attributive Genitive in Sixteenth Century German. In: Monatshefte 80, 32–49.

Eckkrammer, E. M./Thaler, V. (eds.) (2013): Kontrastive Ergonymie. Romanistische Studien zu Produkt- und Warennamen. Berlin.

Ehlers, K.-H. (2011): "Dürfen wir essing?" Beobachtungen zur Übernahme des mecklenburgischen *ing*-Diminutivs in das regionale Hochdeutsch. In: Niederdeutsches Jahrbuch 134, 79–92.

Eichhoff, J. (2000): Wortatlas der deutschen Umgangssprachen, Bd. 4. Bern/München.

- (2001): Die Anglisierung deutscher Familiennamen in den USA. In: Ders. et al., 244–269.

Eichhoff, J. et al. (eds.) (2001): Name und Gesellschaft. Soziale und historische Aspekte der Namengebung und Namenentwicklung. Mannheim.

Eichler, E. (1978): Zur onomastischen Wissenschaftsmethodologie: Name, Appellativum und onymische Integration. In: Proceedings of the 13th ICOS. Krakau, 381–388.

- (1990): Über unechte Ortsnamen auf *-ingen*. In: VWGÖ & ÖAW (eds.): Mundart und Name im Sprachkontakt. Wien, 335–339.

- (1996): Der slawische Anteil am deutschen Ortsnamenschatz. In: Debus/Seibicke 1996, 117–130.

Eichler, E./Šrámek, R. (1984): Thesen zur toponymischen Integration. In: Christoph et al. 1984, 9–20.

Eichler, E./Walther, H. (eds.) (1980): Beiträge zur Onomastik. 2 Bde. Berlin.

Eichler, E. et al. (eds.) (1995): Namenforschung. Ein internationales Handbuch zur Onomastik. Bd. 1 Berlin/New York.

- (eds.) (1996): Namenforschung. Ein internationales Handbuch zur Onomastik. Bd. 2. Berlin/New York.

- (eds.) (2004): Völkernamen - Ländernamen - Landschaftsnamen. Leipzig.

Eilers, W. (1976): Sinn und Herkunft der Planetennamen. München.

Eis, G. (1970): Vom Zauber der Namen. Berlin.

Eisenberg, P. (2011): Das Fremdwort im Deutschen. Berlin/New York.

- (⁴2013): Grundriss der deutschen Grammatik. Bd. 1: Das Wort, Bd. 2: Der Satz. Stuttgart.

Eisenberg, P./Smith, G. (2002): Der einfache Genitiv. Eigennamen als Attribute. In: Peschel, C. (ed.): Grammatik und Grammatikvermittlung. Frankfurt, 113–126.

Embleton, S./Lapierre, A. (1997): "Commercial aircraft naming". History of naming of means of transport. In: Pitkänen, R. L./Mallat, K. (eds): You name it. Perspectives on onomastic research. Helsinki, 217–236.

Ernst, M. E. (2014): Produktnamen der Lebensmittelindustrie. Eine empirisch-strukturelle Untersuchung. Frankfurt etc.

Ernst, P. (2004): Landschaftsnamen in Österreich. In: Eichler et al. 2004, 173–184.

- (2011): Namen und Grammatik am Beispiel geographischer Namen. In: Ziegler/Windberger-Heidenkummer 2011, 89–99.

Ertel, S. (1969): Psychophonetik. Untersuchungen über Lautsymbolik und Motivation. Göttingen.

Esch, F.-R. (⁶2010): Strategie und Technik der Markenführung. München.

Evans-Pritchard, E. (1940): The Nuer: A Description of the Modes of Livelihood and Political Institutions of a Nilotic People. Oxford.

Ewald, P. (1992): Konkreta versus Abstrakta. Zur semantischen Subklassifikation deutscher Substantive. In: Sprachwissenschaft 17, 259–281.

- (2005): Zur literarischen Namenlandschaft in Ehm Welks "Heiden von Kummerow". In: Rösler, R./Schürmann, M. (eds.): "Die Geschichte war ein Anfang". Neue Beiträge zu Ehm Welks "Heiden von Kummerow". Rostock, 99–119.

- (2006): Aus der Geschichte eines Zankapfels: Zur Entwicklung der Apostrophschreibung im Deutschen. In: Götz, U./Stricker, S. (eds.): Neue Perspektiven der Sprachgeschichte. Heidelberg, 139–161.

- (2009): "Emma Mörschel! Wie wär's, wenn wir uns heiraten würden?" Leistungen von Figurennamen in Hans Falladas Roman *Kleiner Mann – Was nun?* In: Colloquia Germanica Stetinensia 16. Stettin, 127–143.

- (2012): *Grundschule Brüsewitz – Grundschule "Villa Kunterbunt" – Lessing-Grundschule*: Schulnamen zwischen Identifizierungs- und Charakterisierungsfunktion. In: BNF 47, 1–32.

Ewald, P./Klager, C. (2007): Namen von Zootieren. Zum Wesen und Gebrauch einer vernachlässigten Namenklasse. In: BNF 42, 325–345.
Ewald, P./Sieler, S. (2014): Namen von Alten- und Pflegeheimen. In: Coors, M./Kumlehn, M. (eds.): Lebensqualität im Alter. Gerontologische und ethische Perspektiven auf Alter und Demenz. Stuttgart, 57–79.
Fabricius-Hansen, C. (2009): Über Eigennamen und nicht kanonische definite Beschreibungen in populärwissenschaftlichen Texten. In: Liebert, W.-A./Schwinn, H. (eds.): Mit Bezug auf Sprache. Tübingen, 507–518.
Fähndrich, T. (2000): Zuger Familiennamen. Entstehungsprozesse, Verfestigung, Bedeutungen. Zug.
– (2009): Aus Beinamen werden Familiennamen. Die Verfestigung des Namenbestandes in der Stadt Zug (Schweiz). In: Hengst/Krüger 2009, 109–132.
Fahlbusch, F. (2010): Von *KarstadtQuelle* zu *Arcandor*, von *MTU Friedrichshafen* zu *Tognum*. Prinzipien des diachronen Wandels von Unternehmensnamen. Magisterarbeit. Mainz.
– (2011): Von *Haarmanns Vanillinfabrik* zu *Symrise*, von der *Norddeutschen Affinerie* zu *Aurubis*. Prinzipien des diachronen Wandels von Unternehmensnamen. In: BNF 46, 51–80.
– (2013): Abbreviation Tendencies in Company Names Deriving from Internet Addresses and Logos. In: Sjöblom et al. 2013, 186–200.
– (2014): *Löhr Automobile, Autohaus Höptner, Willi Sommer*. Familiennamen in Unternehmensnamen. In: Debus et al. 2014, 367–394.
– (demn.): Unternehmensnamen: Entwicklung, Gestaltung, Wirkung, Verwendung.
Fahlbusch, F./Nübling, D. (2014): *Der Schauinsland – die Mobiliar – das Turm*. Das referentielle Genus bei Eigennamen und seine Genese. In: BNF 49, 245–288.
– (demn.): Genus unter Kontrolle: Referentielles Genus bei Eigennamen – am Beispiel der Autonamen. Erscheint in: Bittner, A./Spieß, C. (eds.): Formen und Funktionen. Berlin.
Fahlbusch, F./Schmidt-Jüngst, M. (2015): Manege frei für *Kaja, Ramses* und *Pünktchen*! Zur Benennung von Zirkustieren. In: Dammel et al. 2015b, 385–406.
Fahlbusch, F. et al. (eds.) (demn.): "Sonstige" Namenarten. Stiefkinder der Onomastik. Berlin/Boston.
Farø, K. (2013): *Dänische Delikatessen*. Linguistic Changes within the Translation of Titles. In: Jansen, H./Wegener, A. (eds.): Authorial and Editorial Voices in Translation. Bd. 2: Editorial and Publishing Practices. Montreal, 109–129.
Farø, K./Kürschner, S. (2007): Et databasemøde mellem *Jensen* og *Müller*: Om kontrastiv antroponomastisk metodik. In: Tijdschrift voor Skandinavistiek 28, 105–126.
Felecan, O./Bugheşiu, A (eds.) (2013): Onomastics in Contemporary Public Space. Newcastle upon Tyne.
Fetzer, T. (2011): Aspekte toponymischer Volksetymologie. Das Beispiel des Kantons Bern. Tübingen.
Fezer, K.-H. ([4]2009): Markenrecht. München.
Fischer, C. (2005): Zur Diachronie und Diatopik mittelalterlicher westfälischer Personennamen. In: Niederdeutsches Wort 45, 91–103.
Fischer, R. et al. (1996): Die Gewässernamen Brandenburgs. Weimar.
Fleischer, W. (1964): Zum Verhältnis von Name und Appellativum im Deutschen. In: Wissenschaftliche Zeitschrift der Karl-Marx-Universität Leipzig 13, 369–378.
– (1968): Die deutschen Personennamen. Geschichte, Bildung und Bedeutung. Berlin.
– (1970): Onomastische Strukturen in der deutschen Sprache der Gegenwart. In: OSG 5, 35–44.
– (1971): Namen als sprachliche Zeichen und ihr besonderer sprachlicher Charakter. In: Eichler, E. et al. (eds.): Namenforschung heute. Ihre Ergebnisse und Aufgaben in der DDR. Berlin, 7–37.
– (1976): Eigennamen in phraseologischen Wendungen. In: NI 28, 1–15.
– (1980): Onymische Wortgruppen im Deutschen. In: Eichler/Walther 1980, Bd. 1, 61–69.
– (1984): Zu den Prozessen der Motivation und Semantisierung bei den Eigennamen. Vorschläge zur Terminologie. In: Christoph et al. 1984, 59–61.

- (1989a): Deonymische Derivation. In: Debus/Seibicke 1989, 253–261.
- (1989b): Struktur und Funktion mehrwortiger Eigennamen im Deutschen. In: Debus/ Seibicke 1989, 263–271.
- (1992): Name und Text. Ausgewählte Studien zur Onomastik und Stilistik. Tübingen.
- (2001): Grundzüge der Onomastik. Grundsätzliches: der Eigenname. In: Ders. et al. 2001, 648–663.

Fleischer, W./Barz, I. (⁴2012): Wortbildung der deutschen Gegenwartssprache. Berlin/Boston.

Fleischer, W. et al. (eds.) (2001): Kleine Enzyklopädie Deutsche Sprache. Frankfurt.

Flores Flores, W. A. (2014): Zur Grammatik der Familiennamen im Luxemburgischen. Kombinatorik mit Rufnamen, Bildung des Plurals und Movierung. In: Debus et al. 2014, 297–319.

Földes, C. (1984/85): Eigennamen in deutschen phraseologischen Wendungen. In: Muttersprache 95, 174–180.

- (1989): Onymische Phraseologismen als Objekt des Sprachvergleichs. In: Gréciano, G. (ed.): Europhras 88. Straßburg, 127–140.
- (1995): Namenspiele, Spiele mit Namen. In: Eichler et al. 1995, 596–593.

Förstemann, E. (1913): Altdeutsches Namenbuch. Bd. 2: Orts- und sonstige geographische Namen. 3., erw. Auflage, hgg. v. H. Jellinghaus, Bonn.

Frank, I. (1977): Namengebung und Namenschwund im Zuge der Gebietsreform. In: Onoma 21, 323–337.

- (1988): Die Namen der Gemeinden und sonstigen Verwaltungseinheiten nach Abschluss der Gebietsreform. Bericht über ein Forschungsprojekt. In: BNF 23, 460–462.
- (1996): Namengebung und Namenschwund im Zuge der Gebietsreform. In: Debus/Seibicke 1996, 14–31.

Frank, R. (1975): Kosenamenbildung und Kosenamengebungstendenzen im Ruhrgebiet. In: Onoma 19, 511–527.

- (1977): Zur Frage einer schichtenspezifischen Personennamengebung. Neumünster.
- (1993): Das Image von Rufnamen. Eine Studie zur empirischen Psychoonomastik. In: Debus/Seibicke 1993, 277–194.

Franz, K. (1999): Ein Schmuckstück – bei der Geburt umgehangen. Empirische Befunde zur Bedeutsamkeit des Vornamens. In: Franz, K./Greule, A. (eds.): Namenforschung und Namendidaktik. Hohengehren, 50–69.

Fraurud, K. (2000): Proper names and gender in Swedish. In: Unterbeck, B. et al. (eds.): Gender in Grammar and Cognition. Berlin/New York, 167–219.

Fredrickson, A. (2007): Phonological cues to gender in sex-typed and unisex names. (www.swarthmore.edu/sites/default/files/assets/documents/linguistics/2007_fredrick son_ annie.pdf; 10.07.15).

Frese, M. (Hg.) (2012): Fragwürdige Ehrungen!? Straßennamen als Instrument von Geschichtspolitik und Erinnerungskultur. Münster.

Fritzinger, J. (demn.): *Während des Golfkrieges, des Golfkriegs* oder *des Golfkrieg*? Gattungseigennamen im Spannungsfeld zwischen Eigennamen und Appellativa. Erscheint in: Fahlbusch et al. (demn.).

Fuchshuber-Weiß, E. (1983): Der Mann von der Straße und die Straßennamen. Regionalismus, Namenforschung und Deutschunterricht. In: DU 35, 2, 22–36.

- (1985): Straßennamen in der Region – Befunde, Tatsachen, Folgerungen. In: Eichler, E. et al. (eds.): Der Eigenname in Sprache und Gesellschaft, Bd. 6. Leipzig, 68–73.
- (1996): Straßennamen: deutsch. In: Eichler et al. 1996, 1468–1475.
- (1999): Schulnamen – eine onomastische Studie aus dem Schulalltag. In: Franz, K./Greule, A. (eds.): Namenforschung und Namendidaktik. Hohengehren, 142–157.

Fuhrhop, N. (1998): Grenzfälle morphologischer Einheiten. Tübingen.

- (2003): *'Berliner' Luft* und *'Potsdamer' Bürgermeister*: Zur Grammatik der Stadtadjektive. In: LB 193, 91–108.
- (2008): Das graphematische Wort (im Deutschen): Eine erste Annäherung. In: ZS 27, 189–228.

Fuß, E. (2011): Eigennamen und adnominaler Genitiv im Deutschen. In: LB 225, 19–42.
Gabler-Wirtschaftslexikon. (http://wirtschaftslexikon.gabler.de; 10.07.15).
Gabriel, K. (2003): Produktonomastik. Studien zur Wortgebildetheit, Typologie und Funktionalität italienischer Produktnamen. Frankfurt etc.
Gallmann, P. (1985): Graphische Elemente der geschriebenen Sprache. Tübingen.
- (1989): Syngrapheme an und in Wortformen. Bindestrich und Apostroph im Deutschen. In: Eisenberg, P./Günther, H. (eds.): Schriftsystem und Orthographie. Tübingen, 85–109.
- (1997): Zur Morphosyntax der Eigennamen im Deutschen. In: Löbel, E./Rauh, G. (eds.): Lexikalische Kategorien und Merkmale. Tübingen, 72–84.
Gallmann, P./Neef, M. (eds.) (2005): Themenheft *Eigennamen*. ZS 24, 1.
Ganzer, D. (2008): Deutsche Phraseologismen mit Personennamen. Hamburg.
Gao, G. (2011): Shall I Name Her "Wisdom" or "Elegance"? Naming in China. In: Names 59, 164–174.
Gardiner, A. (²1954): Theory of Proper Names. A Controversial Essay. London/New York.
Gatson, S. (2011): Self-Naming Practices on the Internet: Identity, Authenticity, and Community. In: Cultural Studies - Critical Methodologies 11, 224–235.
Gerdes, J. (2005): Vom Selbstverständnis des Friseurs - Eine Typologie aus dem Telefonbuch. In: IDS Sprachreport 21, 4, 15–17.
Gerhards, J. (2003): Die Moderne und ihre Vornamen. Wiesbaden.
Gerhards, J./Hans, S. (2006): Zur Erklärung der Assimilation von Migranten an die Einwanderungsgesellschaft am Beispiel der Vergabe von Vornamen. In: Discussion Papers 583. German Institute for Economic Research. Berlin, 1–29.
- (2008): Akkulturation und die Vergabe von Vornamen. Welche Namen wählen Migranten für ihre Kinder und warum? In: Kalter, F. (ed.): Migration und Integration. Wiesbaden, 465–487.
Gerhardt, D. (1949/50): Über die Stellung der Namen im lexikalischen System. In: BNF 1, 1–24.
Gerigk, H.-J. (2000): Titelträume. Eine Meditation über den literarischen Titel im Anschluss an Werner Bergengruen, Leo H. Hoek und Arnold Rothe. In: Mecke, J./Heiler, S. (eds.): Titel - Text - Kontext: Randbezirke des Textes. Glienicke/Cambridge, 21–28.
Gerritzen, D. (1998): Voornamen. Onderzoek naar een aantal aspecten van naamgeving in Nederland. Amsterdam.
- (1999): Changes in the naming patterns for girls and boys in the Netherlands against the cultural background (XXth century). In: Onoma 34, 181–195.
- (2002): Voornamen in Friesland. Over Friese namen, patroniemen en meernamigheid. In: It Beaken 63, 179–189.
Gerus-Tarnawecka, I. (1981): Appellativization of Proper Names as Stylistic Function. In: Proceedings of the 13th ICOS. Krakau, 425–435.
Geuenich, D. (1997): Personennamengebung und Personennamengebrauch im Frühmittelalter. In: Härtel, R. (ed.): Personennamen und Identität. Graz, 31–46.
Giesen, D. (1993): Der Familienname aus historischer, rechtsvergleichender und rechtspolitischer Sicht. In: Familie und Recht 2, 65–81.
Gläser, R. (1989): Zur Übersetzbarkeit von Eigennamen. In: Debus/Seibicke 1989, 67–78.
- (1993): Toponymic changes in East Germany. In: Namn och Bygd 81, 115–130.
- (2005a): Zoonyme (Tiereigennamen) und Phytonyme (Pflanzeneigennamen) im gesellschaftlichen Kontext. In: Dies. (ed.): Eigennamen in der Arbeitswelt. Leipzig, 59–86.
- (2005b): Sprachliche Probleme bei der Beurkundung englischer Vornamen im Deutschen. In: Dies. (ed.): Eigennamen in der Arbeitswelt. Leipzig, 243–257.
- (2009): Familiennamen und Pseudonyme. In: Hengst/Krüger 2009, 503–526.
Glaser, E. (2008): Syntaktische Raumbilder. In: Ernst, P./Patocka, F. (eds.): Dialektgeographie der Zukunft. Stuttgart, 85–111.
Glasner, P. (1999): Ein sprachhistorischer Beitrag zur Semiotik der Stadt: das Pilotprojekt "Kölner Straßennamen". In: Muttersprache 109, 316–330.

- (2002): Die Lesbarkeit der Stadt. Bd. 1: Kulturgeschichte der mittelalterlichen Straßennamen Kölns. Bd. 2: Lexikon der mittelalterlichen Straßennamen Kölns. Köln.
Glück, H./Sauer, W. ([2]1997): Gegenwartsdeutsch. Stuttgart/Weimar.
Gniffke, A. (2009): Die Personennamen der Stadt Luxemburg im 15. Jahrhundert: ein Werkstattbericht. In: Moshövel, A./Spáčilová, L. (eds.): Historische Stadtsprachenforschung: Vielfalt und Flexibilität. Wien, 67–79.
Götz, U. (2011): Zur Syntax von Titelblättern des 16. Jhs. In: Simmler, F./Wich-Reif, C. (eds.): Geschichte der Gesamtsatzstrukturen vom Althochdeutschen bis zum Frühneuhochdeutschen. Bern, 67–95.
Goossens, J. (1995): Familiennamengeographie. In: Eichler et al. 1995, 1141–1153.
- (2000): Aspekte der niederländischen Familiennamengeographie. In: Ders. (ed.): Ausgewählte Schriften zur niederländischen und deutschen Sprach- und Literaturwissenschaft. Münster, 123–137.
Górnowicz, H. (1980): Die Stellung von Namen geschichtlicher Ereignisse im Sprachsystem. In: Eichler/Walther 1980, Bd. 1, 116–122.
Gotta, M. (ed.) (1988): Brand News. Wie Namen zu Markennamen werden. Hamburg.
Gottschald, M. (1971): Unsere Familiennamen nach ihrer Entstehung und Bedeutung. Berlin.
- ([6]2006): Deutsche Namenkunde. Berlin/New York.
Graf, F. (1996): Namen von Göttern im klassischen Altertum. In: Eichler et al. 1996, 1823–1837.
Grass, T. (2003): Der kontrastive Gebrauch des Artikels bei Eigennamen im Französischen und im Deutschen. In: Zybatow, L. (ed.): Europa der Sprachen: Sprachkompetenz - Mehrsprachigkeit - Translation. Frankfurt, 139–147.
Greule, A. (1986): Der hydronymische Namenwechsel. In: Schützeichel 1986, 312–322.
- (1992): Gewässernamen. Köln.
- (1996a): Gewässernamen: Morphologie, Benennungsmotive, Schichten. In: Eichler et al. 1996, 1534–1539.
- (1996b): Namen von Flusssystemen am Beispiel des Mains. In: Eichler et al. 1996, 1548–1553.
- (1996c): Morphologie und Wortbildung der Vornamen: Germanisch. In: Eichler et al. 1996, 1182–1187.
- (1998): Gewässernamenschichten im Flussgebiet der Lahn. In: Nail 1998, 1–62.
- (2004a): Schichten vordeutscher Namen im deutschen Sprachgebiet. In: Besch et al. 2004, 3460–3468.
- (2004b): Überblick über Geschichte und Typen der deutschen Gewässernamen. In: Besch et al. 2004, 3530–3535.
- (2004c): Siedlungsnamen. In: Brendler/Brendler 2004a, 381–414.
- (2004d): Flussnamen als Gebiets- und als Personengruppennamen. In: Eichler et al. 2004, 43–52.
- (2007): Etymologische Studien zu geographischen Namen in Europa. Regensburg.
- (2011): Arbeits- und Darstellungstechniken des *Deutschen Gewässernamenbuchs*. In: Ziegler/Windberger-Heidenkummer 2011, 117–126.
- (2014): Deutsches Gewässernamenbuch. Berlin/Boston.
Greule, A./Hackl, S. (eds.) (2011): Der Südwesten im Spiegel der Namen. Stuttgart.
Grodziński, E. (1978): Proper Names, Common Names and Singular Descriptions. In: Proceedings of the 13th ICOS. Krakau, 477–481.
Grohne, E. (1912): Die Hausnamen und Hauszeichen. Ihre Geschichte, Verbreitung und Einwirkung auf die Bildung der Familien- und Gassennamen. Göttingen.
- (1956): Der Name des Focke-Museums im Rahmen europäischer Museumsbenennungen. In: Heimat und Volkstum. Niedersächsisches Jahrbuch 1956, 57–65.
Großsteinbeck, K./Bering, D. (1994): 'Unger Krönzele' oder "Nennen Sie doch die Kammachergasse Hohenzollernstraße". Kölner Straßennamen in der Zeit der Weimarer Republik. In: Jahrbuch des kölnischen Geschichtsvereins 65, 179–215.

Grothenn, D. (2008): Gesetzliche Vorschriften zur Bildung oder Änderung von Siedlungsnamen in Deutschland. (http://141.74.33.52/stagn/Portals/0/081001_Grothenn_Zusammenfassung.pdf; 10.07.15).
Gudde, E. (1953): Names and Trains. In: Names 1, 41–47.
- (1955): Naming Storms. In: Names 3, 34–37.
Güttinger, F. (1963): Zielsprache. Theorie und Technik des Übersetzens. München.
Gugutschkow, S./Hengst, K. (1999): Vornamengebung in Deutschland und interkulturelle Kontakte. Beobachtungen zu Tendenzen in der gegenwärtigen Vornamenwahl. In: Onoma 34, 197–214
Gurtner, M. (2007): "Neue" Berge? Wie Namen auf Landkarten kommen. In: Die Alpen 2, 20–23.
Gutschmidt, K. (1980): Bemerkungen zur Wiedergabe von Eigennamen beim Übersetzen. In: Studia Onomastica I, 47–54.
- (1989): Bemerkungen zum Gegenstand und zu den Aufgaben der poetischen (literarischen) Onomastik. In: Debus/Seibicke 1989, 425–430.
Guyer, P. (1953): Zürcher Hausnamen. Zürich/Stäfa.
Gyger, M. (1991): Namenfunktion im historischen Wandel. Beobachtungen zum Gebrauch von Personennamen in Pressetexten aus den Jahren 1965 bis 1981. Heidelberg.
- (1995a): Namen in Institutionen. In: Eichler et al. 1995, 504–509.
- (1995b): Namen in Printmedien. In: Eichler et al. 1995, 520–524.
Häcki Buhofer, A. (1995): Namen in phraseologischen Wendungen. In: Eichler et al. 1995, 493–497.
Handschuck, S./Schröer, H. (2010): Eigennamen in der interkulturellen Verständigung. Augsburg.
Hanemann, R. (2008): Nomen est omen. Der Museumsname als Problem für die Sammlungskonzeption. In: Museum heute 34, 18–14
Hansack, E. (2004): Das Wesen des Namens. In: Brendler/Brendler 2004a, 51–65.
Happ, D./Vorköper, M. (2006): Deutsche Gebärdensprache. Frankfurt.
Harnisch, R. (2008): Exonymen-Meidung und ihre Motive. Zur Remotivierung historisch belasteter Gebrauchsumstände in Toponymen. In: Eller, N. et al. (eds.): Namen und ihr Konfliktpotential im europäischen Kontext. Regensburg, 17–28.
- (2011): Eigennamen als Grund und Mittel von Stigmatisierung und Diskriminierung. In: DU 6, 28–42.
Hartmann, T. (1984): Untersuchung der konnotativen Bedeutung von Personennamen. Neumünster.
Harvalik, M. 2004: Hofnamen. In: Brendler/Brendler 2004a, 415–425.
Harweg, R. (1967): Zur Wortstellung des artikellosen genitivischen Eigennamenattributs des Nhd. in Manifestationen von Nominalphrasen mit dem bestimmten Artikel. In: Orbis 16/2, 478–516.
- (1983): Genuine Gattungseigennamen. In: Faust, M. et al. (eds.): Allgemeine Sprachwissenschaft, Sprachtypologie und Textlinguistik. Tübingen, 157–171.
- (1997): Namen und Wörter, 1. Halbbd. Bochum.
- (1998): Namen und Wörter, 2. Halbbd. Bochum.
- (1999): Studien zu Eigennamen. Aachen.
Haubrichs, W. (1985): Wüstungen und Flurnamen. Überlegungen zum historischen und siedlungsgeschichtlichen Erkenntniswert von Flurnamen im lothringisch-saarländischen Raum. In: Schützeichel 1985, 481–527.
Hausner, I. (1995): Quellen und Hilfsmittel der Namenforschung: Gewinnung historischer Daten. In: Eichler et al. 1995, 294–298.
- (2009): Regionalspezifische Familiennamen in Österreich. In: Hengst/Krüger 2009, 351–363.
Hausner, I./Schuster, E. (1989ff.). Altdeutsches Namenbuch. Die Überlieferung der Ortsnamen in Österreich und Südtirol von den Anfängen bis 1200. Wien.
Hedberg, T. (1991): Namensgebärden in der schwedischen Gebärdensprache. In: Das Zeichen 18, 483–485.

Heegen, D. (2013): An Extended Typology for Product Names: Examples from Yoghurt Names of the German and Swedish Market. In: Sjöblom et al. 2013, 311–331.
Heinrichs, H. (1965): Namengebung in einem niederrheinischen Dorf vor 40 Jahren. In: Namenforschung 1965, 178–183.
Hellfritzsch, V. (1985): Zum Verhältnis von Nummer und Name bei der Kennzeichnung von Lokomotiven. In: NI Beiheft 7, 24–33.
- (1996a): Apothekennamen. In: Eichler et al. 1996, 1590–1592.
- (1996b): Namen der Genossenschaften in der ehemaligen DDR. In: Eichler et al. 1996, 1611–1613.
- (1996c): Zur Benennung von Apotheken und Drogerien. In: Debus/Seibicke 1996, 377–401.
- (2006): Zur Auswertung digital gespeicherter Straßennamen. In: NI 89/90, 159–181.
Hengst, K.-H. (1977): Interferenz in der Wortbildung von Toponymen im deutschslawischen Kontaktbereich. In: Onoma 21, 440–448.
- (1978): Sekundäre semantische Motivierung slawischer Lehnnamen im Deutschen. In: Proceedings of the 13th ICOS. Krakau, 501–508.
- (1981): Zur Integration slawischer Toponyme ins Deutsche. In: OSG 13, 21–42.
- (1984): Terminologische Präzisierungen. Zur soziologischen Differenzierung, Synchronie und Diachronie bei der Untersuchung der Integrationsprozesse. In: Christoph et al. 1984, 64–66.
- (1985): Sprachkontakt und Entlehnungsprozess. Ergebnisse der toponomastischen Analyse im deutsch-slawischen Berührungsgebiet. In: Zeitschrift für Slawistik 30, 809–822.
- (2001): *Mazur* und *Motzki*. Slawische Familiennamen als kulturgeschichtliche Zeugen. In: Eichhoff et al. 2001, 209–225.
- (2003): Ortsnamen Südwestsachsens. Berlin.
- (2007): Das russische Personennamensystem. In: Brendler/Brendler 2007, 620–631.
- (2012/2013): Forschungsergebnisse zu Integrationsprozessen von Siedlungsnamen aus der Minderheitensprache Sorbisch im sorbisch-deutschen Sprachkontaktraum. In: NI 101/102, 219–249.
Hengst, K./Krüger, D. (eds.) (2009): Familiennamen im Deutschen. Erforschung und Nachschlagewerke. 1. Halbbd. Leipzig.
- (eds.) (2011): Familiennamen im Deutschen. Erforschung und Nachschlagewerke. 2. Halbbd. Leipzig.
Hentschel, E. (1994): Entwickeln sich im Deutschen Possessiv-Adjektive? Der *-s*-Genitiv bei Eigennamen. In: Beckmann, S./Frilling, S. (eds.): Satz – Text – Diskurs, Bd. 1. Tübingen, 17–25.
Heringer, H. (1977): Preisausschreiben. Wer findet einen Eigennamen für eine Handlung. In: ZGL 5, 69–70.
Herstatt, J. (1985): Die Entwicklung von Markennamen im Rahmen der Neuproduktplanung. Frankfurt etc.
Heßmann, J. (1996): Eigennamen in der Deutschen Gebärdensprache. In: Das Zeichen 36, 221–231.
Hesterkamp, W. (1965): Einflüsse sozialer Verhältnisse auf die Namenwahl. In: Muttersprache 75, 33–40.
Heuser, R. (2008): Namen der Mainzer Straßen und Örtlichkeiten. Sammlung, Deutung, sprach- und motivgeschichtliche Auswertung. Stuttgart.
Heuser, R./Nübling, D. (2010): Von *Angenendt* über *Derix*, *Janssen* und *Terlinden* bis *Elspaß*. Niederrheinische Familiennamen im Rahmen des Deutschen Familiennamenatlas. In: Cornelissen/Eickmans 2010, 37–66.
Heuser, R./Schmuck, M. (2014): Das Digitale Familiennamenwörterbuch Deutschlands (DFD). Erste Ergebnisse am Beispiel der Komposita mit *-müller*. In: BNF 49, 377–412.
Heuser, R. et al. (2011): Familiennamengeographie. Ergebnisse und Perspektiven europäischer Forschung. Berlin/New York.

Hirschauer, S. (2001): Das Vergessen des Geschlechts. Zur Praxeologie einer Kategorie sozialer Ordnung. In: Heintz, B. (ed.): Geschlechtersoziologie. Sonderheft 41 der Kölner Zeitschrift für Soziologie und Sozialpsychologie, 208–235.
– (2013): Geschlechts(in)differenz in geschlechts(un)gleichen Paaren. Zur Geschlechterunterscheidung in intimen Beziehungen. In: Rusconi, A. et al. (eds.): Paare und Ungleichheit(en). Eine Verhältnisbestimmung. Opladen etc., 37–56.
Hirschauer, S. et al. (2014): Soziologie der Schwangerschaft. Explorationen pränataler Sozialität. Stuttgart.
Hirz, J. (ed.) (2000): Erlebnis Volkskultur. Die Heimat- und Trachtenvereinigungen Oberösterreichs. Ried.
Hockett, C. (1960): A Course in Modern Linguistics. New York.
Hoek, L. (1981): La marque du titre. Dispositifs sémiotiques d'une pratique textuelle. Den Haag etc.
– (2001): Titres, toiles et critique d'art. Déterminants institutionnels du discours sur l'art au dix-neuvième siècle en France. Amsterdam/Atlanta.
Hoekstra, J. (1998): Fryske Wurdfoarming. Ljouwert.
Hoffmann, E. (2004): Namen politischer Ereignisse. In: Brendler/Brendler 2004a, 655–670.
– (2006): Eventonyme im Russischen und Tschechischen. Ihre Proprialisierung in der politischen Tagesberichterstattung. In: Berger, T. et al. (eds.): Slavistische Linguistik 2004/2005. München, 177–197.
Hoffmann, G. (1996a): Namen und Namengebung in der Astronomie. In: Eichler et al. 1996, 1627–1637.
– (1996b): Namen und Namengebung in der Meteorologie. In: Eichler et al. 1996, 1648–1653.
Hoffmann, L. (1993): Eigennamen im sprachlichen Handeln. In: Bührig, K./Matras, Y. (eds.): Sprachtheorie und sprachliches Handeln. Tübingen, 213–234.
Hohensinner, K. (2000): Zum Morphem *-in* in der Namenbildung. In: BNF 35, 397–410.
Hoinle, M. (2002): Zur Bildung, Bedeutung und Funktion von Parteinamen. In: Zeitschrift für Politikwissenschaft 12, 27–50.
Holzschuh, M. (2015): *Lilly*, *Paul* und *Krümel*. Benennungsmotivik und Struktur von Kaninchennamen. In: Dammel et al. 2015a, 97–116.
Homann, M. (2001): Von der Heckerschen Realschule zur Kepler-Oberschule. Berliner und Neuköllner Schulgeschichte von 1747–1992. Frankfurt etc.
Hopper, P./Thompson, S. (1980): Transitivity in Grammar and Discourse. In: Language 56, 251–299.
Horn, U. (1987): Deutsche Schiffsnamen. In: Muttersprache 97, 178–205.
Hornbostel, S. (1997): Eigennamen – die Politik der feinen Unterschiede. In: Rehberg, K. (ed.): Differenz und Integration: Die Zukunft moderner Gesellschaften, Bd. 2. Dresden, 407–414.
Hottenrott, A. (1953): Straßennamen. Grundsätze für Wahl und Schreibung. Lüneburg.
Hough, C. (2000): Towards an explanation of phonetic differentiation in masculine and feminine personal names. In: Journal of Linguistics 36, 1–11.
Hüningen, J. zu (2007): Die längsten Titel der Filmgeschichte. Eine Liste. Hamburg. (www1.uni-hamburg.de/Medien/berichte/arbeiten/0079_07.html; 10.07.15).
Huisman, J. (1986): Gemeindenamengebung im Rahmen der Planverstädterung In: Schützeichel 1986, 54–70.
Huschka, D. et al. (2009): Naming Differences in Divided Germany. In: Names 57, 208–228.
Iodice, F. (2004): Pflanzennamen. In: Brendler/Brendler 2004a, 795–834.
Jehle, L. (1996): Gasthausnamen. In: Eichler et al. 1996, 1601–1606.
Jochum-Godglück, C. (2001): Namenmotivation und Namenwechsel bei frühneuzeitlichen Siedlungsnamen: das Beispiel Ernstthal – Rockershausen – Luisenthal im Saarland. In: BNF 36, 135–163.
Joneleit, B. (2015): Zur zoonomastischen Einordnung von Namen für Forschungstiere. In: Dammel et al. 2015b, 451–470.
Jung, U. (2014); SchildBürgerKunde. Das ausgestellte Gedächtnis der Nation. München.

Jung, K. et al. (2014): Female Hurricanes are deadlier than male hurricanes. In: PNAS 111/24. (www.pnas.org/cgi/doi/10.1073/pnas.1402786111; 10.07.15).

Kaas, L./Manger, C. (2010): Ethnic Discrimination in Germany's Labour Market: A Field Experiment. IZA Discussion Paper No. 4741.

Kaczmarek, L./Wulff, H. (1979): Das Ding mit dem Titel oder Tascosa-Bill jagt die Hausweber-Evi. In: Wulff, H. (ed.): Zur Textsemiotik des Titels. Münster, 241–272.

– (1985): Der Titel ist ein Trailer. Untersuchungen zu Titeln pornographischer Videofilme. In: Kürschner, W./Vogt, R. (eds.): Sprachtheorie, Pragmatik, Interdisziplinäres. Akten des 19. Linguistischen Kolloquiums Vechta 1984, Bd. 2. Tübingen, 67–82.

Kaiser, Alfons (1998): Die Welt der Vornamen. Hamburg.

Kaiser, Astrid (2009): Vornamen: Nomen est omen. In: Oberfränkischer Schulanzeiger 12, 15–18.

– (2010a): "Kevin ist kein Name, sondern eine Diagnose!" Der Vorname in der Grundschule – Klangwort, Modewort oder Reizwort? In: Die Grundschulzeitschrift 24, 26–29.

– (2010b): Vornamen: Nomen est omen? Vorerwartungen und Vorurteile in der Grundschule. In: Schulverwaltung. Zeitschrift für Schulleitung und Schulaufsicht 21/2, 58–59.

Kałasznik, M. (2013): Deutsche und polnische Bezeichnungen für europäische Organisationen – eine strukturelle Analyse im Lichte der Übersetzungsstrategien. In: Germanica Wratislavensia 138, 95–112.

Kalverkämper, H. (1978): Textlinguistik der Eigennamen. Stuttgart.

– (1994): Eigennamen in Texten. In: Canisius, P. et al. (eds.): Text und Grammatik. Bochum, 205–238.

– (1995): Textgrammatik und Textsemantik der Eigennamen. In: Eichler et al. 1995, 440–447.

– (1996): Namen im Sprachaustausch: Namenübersetzung. In: Eichler et al. 1996, 1018–1025.

Kamlah, W./Lorenzen, P. (1996): Logische Propädeutik. Stuttgart/Weimar.

Kany, W. (1992): Inoffizielle Personennamen. Bildung, Bedeutung und Funktion. Tübingen.

– (1993): Rechts und links kann man nicht verwechseln. Eine Untersuchung über Schülerspitznamen. In: Muttersprache 103, 297–315.

– (1995): Namenverwendung zwischen öffentlich und privat. In: Eichler et al. 1995, 509–514.

– (1999): Inoffizielle Personennamen: Ein bislang nicht ausgeschöpftes Paradigma der Sozioonomastik und -linguistik. In: Akten des 18. Internationalen Kongresses für Namenforschung, Bd. 3. Tübingen, 59–69.

Karnowski, P./Pafel, J. (2005): Wie anders sind Eigennamen? In: ZS 24, 45–66.

Karwelat, J. (1988): Ein Berliner Stadtplan von 1946 – seiner Zeit voraus. In: Berliner Geschichtswerkstatt (ed.): Sackgassen. Keine Wendemöglichkeit für Berliner Straßennamen. Berlin, 9–24.

Kastens, I. (2008): Linguistische Markenführung. Münster.

Katz, R. (1964): Psychologie des Vornamens. Bern.

Kaufmann, H. (1976): Rheinhessische Ortsnamen. München.

– (1977): Die mit Personennamen zusammengesetzten Fluss- und Ortsnamen auf "aha". München.

Kempf, L. (2010): *In Erober: vnd Plünderung der Statt*: Wie die Ellipse von Wortteilen entstand. In: Beiträge zur Geschichte der deutschen Sprache und Literatur 132, 343–365.

Kempf, L./Nowak, J. (2011): *Neubert, Grunert, Taubert*: Die Erweiterung von *-er* zu *-ert* im Licht der Familiennamengeographie. In: Heuser et al. 2011, 305–320.

Kettner, B.-U. (1988): Politische Straßennamen in der Stadt Marburg. In: Brandt, W./Freudenberg, R. (eds.): Sprache in Vergangenheit und Gegenwart. Marburg, 141–154.

– (1998): Straßennamen (am Beispiel der Stadt Marburg). In: Nail 1998, 101–120.

Kiener, F./Duske, M. (1972): Untersuchungen über Lehrerspitznamen. In: Zeitschrift für Entwicklungspsychologie und Pädagogische Psychologie 4, 1, 27–37.

Kiener, F./Nitschke, H. (1971): Untersuchungen über Schülerspitznamen. In: Zeitschrift für Entwicklungspsychologie und Pädagogische Psychologie 3, 1, 48–58.

Kirchinger, J. (2004): "Denn ein Unterschied zwischen Menschen und Tieren soll schon sein." Zum gegenwärtigen Gebrauch von Eigennamen in der landwirtschaftlichen Tierhaltung. In:

Ders. (ed.): Zwischen Futtertrog und Werbespot. Landwirtschaftliche Tierhaltung in Gesellschaft und Medien. Weiden/Regensburg, 89–140.
- (2015): Der nicht kontrollierbare Raum. Die Deutung der bäuerlichen Arbeitswelt in der Moderne – im Spiegel der Eigennamen für Nutztiere. In: Dammel et al. 2015b, 335–364.
Klausmann, H. (2007): Atlas der Familiennamen von Baden-Württemberg. Ostfildern.
- (2009): Atlas der Familiennamen von Bayern. Ostfildern.
- (2011): Der "Atlas der Familiennamen von Baden-Württemberg" – Probleme, Lösungsansätze, sprachgeographische Erkenntnisse. In: Heuser et al. 2011, 233–253.
Kleiber, G. (1981): Problèmes de référence. Descriptions définies et noms propres. Paris.
Kleiber, W. (1985): Probleme romanisch-germanischen Sprachkontakts an der Mosel vornehmlich im Bereich der Prosodie von Toponymen. In: Schützeichel 1985, 528–545.
- (1991): Mainzer Namen. Ein Beitrag zum Kontinuitätsproblem. In: Augst, G. et al. (eds.): Festschrift für Heinz Engels. Göppingen, 148–166.
- (1994): Das Kontinuitätsproblem an Mittel- und Oberrhein sowie im Schwarzwald im Lichte der Sprachforschung. In: Staab, F. (ed.): Zur Kontinuität zwischen Antike und Mittelalter am Oberrhein. Sigmaringen, 153–158.
- (1996): Ortsnamen und Siedlungsgeschichte: Kontinentalgermania. In: Eichler et al. 1996, 1706–1713.
- (2004): Die Flurnamen. Voraussetzungen, Methoden und Ergebnisse sprach- und kulturhistorischer Auswertung. In: Besch et al. 2004, 3515–3529.
Kleiber, W./Pfister, M. (1992) Aspekte und Probleme der römisch-germanischen Kontinuität. Sprachkontinuität an Mosel, Mittel- und Oberrhein sowie im Schwarzwald. Stuttgart.
Klein, T. et al. (2009): Mittelhochdeutsche Grammatik, Teil III: Wortbildung. Tübingen.
Klein, W. P. (2002): Der Apostroph in der deutschen Gegenwartssprache. In: ZGL 30, 169–197.
Kleinfeld, H. (1996): Düsseldorfs Straßen und ihre Benennung von der Stadtgründung bis zur Gegenwart. Düsseldorf.
Kleinteich, B. (1992): Die Vornamen in der DDR 1960–1990. Berlin.
Klink, R. (2000): Creating Brand Names With Meaning: The Use of Sound Symbolism. In: Marketing Letters 11, 5–20.
- (2003): Creating Meaningful Brands: The Relationship Between Brand Name and Brand Mark. In: Marketing Letters 14, 143–157.
- (2009): Gender differences in new brand name response. In: Marketing Letters 20, 313–326.
Klosa, A. (2002): Eigennamen und Appellativa von A–Z. Anmerkungen zu ihrer Verteilung auf das Alphabet. In: Sprachwissenschaft 27, 197–223.
Klug, A. (1984): Namen landwirtschaftlicher Produktionsgenossenschaften im Bezirk Schwerin. In: ZPSK 37, 257–262.
Knappová, M. (1996): Namen von Sachen (Chrematonymie) II. In: Eichler et al. 1996, 1567–1572.
Knobloch, C. (1992): Eigennamen als Unterklasse der Nomina und in der Technik des Sprechens. In: Sprachwissenschaft 17, 451–473.
- (1994): Eigennamen in Nachrichtentexten. In: ZGL 22, 350–361.
Koch, M. (1963): Volksetymologie und ihre Zusammenhänge. In: BNF 14, 162–168.
Köpcke, K.-M./Zubin, D. (1984): Sechs Prinzipien für die Genuszuweisung im Deutschen: Ein Beitrag zur natürlichen Klassifikation. In: LB 93, 26–50.
- (1996): Prinzipien für die Genuszuweisung im Deutschen. In: Lang, E./Zifonun, G. (eds.): Deutsch – typologisch. Berlin/New York, 473–491.
- (2005): Nominalphrasen ohne lexikalischen Kopf – Zur Bedeutung des Genus für die Organisation des mentalen Lexikons am Beispiel der Autobezeichnungen im Deutschen. In: ZS 24, 93–122.
- (2009): Genus. In: Hentschel, E./Vogel, P. (eds.): Deutsche Morphologie. Berlin, 132–154.
Körmer, G. (1979): Vereine und ihre Mitglieder in Taunusstein. Eine empirische, volkskundliche Erhebung in einer Zuzugsgemeinde nach der Gebietsreform. Mainz.
Köster, R. (2003): Eigennamen im deutschen Wortschatz. Ein Lexikon. Berlin/New York.

Kohlheim, R. (1996): Entstehung und geschichtliche Entwicklung der Familiennamen in Deutschland. In: Eichler et al. 1996, 1280–1284.

Kohlheim, R./Kohlheim, V. (2001): Von *Hartmann* bis *Janzen*. Die Patronymika unter den 1000 häufigsten Familiennamen in Deutschland. In: Braun, A. (ed.): Beiträge zur Linguistik und Phonetik. Stuttgart, 283–307.

- (2004): Personennamen. In: Brendler/Brendler 2004a, 671–704.
- (2005): Duden: Familiennamen. Herkunft und Bedeutung. Mannheim etc.
- (2006): *Gasse* und *Straße* als Grundwörter in frühen deutschen Straßennamen. In: NI 89/90, 183–208.
- (2007): Archäologie der Straßennamen. In: Onoma 42, 57–72.
- (2013): Duden: Lexikon der Vornamen. Herkunft, Bedeutung und Gebrauch von über 8.000 Vornamen. Mannheim/Zürich.

Kohlheim, V. (1977a): Regensburger Rufnamen des 13. und 14. Jahrhunderts. Linguistische und sozioonomastische Untersuchungen zu Struktur und Motivik spätmittelalterlicher Anthroponyme. Wiesbaden.

- (1977b): Namenmode und Selektionsprinzipien. In: Onoma 21, 523–533.
- (2000): Ein Typ onomastischer Ambiguität: Familiennamen aus Rufnamen. In: Akten des 18. Internationalen Kongresses für Namenforschung, Bd. 2. Tübingen, 64–76.
- (2007): Die literarische Figur und ihr Name. In: NI 91/92, 97–127.
- (2009): Familiennamen und Mentalitätsgeschichte. In: Hengst/Krüger 2009, 477–494.

Kolde, G. (1992): Zur Referenzsemantik von Eigennamen im gegenwärtigen Deutschen. In: DS 1, 139–152.

- (1995): Grammatik der Eigennamen. In: Eichler et al. 1995, 400–408.

Koopman, A. (1979a): The Linguistic Difference between Nouns and Names in Zulu. In: African Studies 38, 1, 67–80.

- (1979b): Male and Female Names in Zulu. In: African Studies 38, 2, 153–166.
- (1987): Zulu names and other modes of address. In: Nomina Africana 1, 1, 136–162.
- (1989): The aetiology of Zulu personal names. In: Nomina Africana 3, 2, 31–46.

Korff, G. (1992): Namenswechsel. Volkskundliche Anmerkungen zur "Politik" der Straßenumbenennungen in der ehemaligen DDR. In: Österreichische Zeitschrift für Volkskunde XLVI/95, 321–337.

Koß, G. (1972): Motivationen bei der Wahl von Rufnamen. In: BNF 7, 159–175.

- (1995): Die Bedeutung der Eigennamen: Wortbedeutung/Namenbedeutung. In: Eichler et al. 1995, 458–463.
- (1999): Was ist 'Ökonymie'? Vom Einzug der Globalisierung in die Onomastik. In: BNF 34, 373–444.
- (2001): Personennamen. In: Fleischer et al. 2001, 663–684.
- (^{3}2002): Namenforschung. Eine Einführung in die Onomastik. Tübingen.
- (2009): Familiennamen und Firmennamen in Wirtschaft und Gesellschaft. Pioniere - Gründerväter - Aktionäre. In: Hengst/Krüger 2009, 537–570.
- (2010): Familiennamenrecht - gestern und heute. Vom Landrecht in Bayern und Preußen bis zum Bundesverfassungsgericht. In: BONF 47, 5–20.
- (2011): Ehename und Familiennamengeographie. In: Heuser et al. 2011, 335–350.

Krahe, H. (1964): Unsere ältesten Flussnamen. Wiesbaden.

- (1977): Alteuropäische Flussnamen. In: Steger 1977, 39–97.

Kraß, P. (2014): Von *Felix*, *Lilly* und *Karl-Doris*. Zur Benennungsmotivik und zur Struktur von Katzennamen. In: BNF 49, 1–26.

Krause, A./Sternkopf, J. (1997): Wege onymischer Identifikation. In: Barz/Schröder 1997, 229–247.

- (1998): Die Namen sächsischer Gaststätten: Zwischen Wunsch und Wirklichkeit. Ansätze zu einer Sprecheronomastik. In: ÖNF 26, 103–113.
- (1999): "Nostalgie-Café" oder "De Neideit'ln". Zur Akzeptanz von mundartlichen Elementen in Gaststättennamen. In: ÖNF 27, 59–67.

Kremer, L. (1996): Die Firma. Einige Beobachtungen zur Unternehmens-Namengebung. In: Hennig, J./Meier, J. (eds.): Varietäten der deutschen Sprache. Frankfurt etc., 357–370.
– (2007): Tendenzen der Namengebung bei deutschen Unternehmen. In: Proceedings of the 21st ICOS, Bd. 3. Uppsala, 177–192.
– (2012): Von der *Vereinsbank in Hamburg* zur *HVB*: Zur Diachronie deutscher Unternehmensnamen. In: Wochele et al. 2012, 129–140.
Kremer, L./Krook, S. (1998): Sind Namen "Schall und Rauch"? Zur Werbewirkung von Unternehmensnamen. In: Proceedings of the 11th European Symposium on Language for Special Purposes LSP, Bd. 2. Kopenhagen, 572–581.
Kremer, L./Ronneberger-Sibold, E. (eds.) (2007): Names in Commerce and Industry: Past and Present. Berlin.
Kripke, S. (21980): Naming and Necessity. Oxford.
Kristol, A. (2005): Lexikon der schweizerischen Gemeindenamen. Dictionnaire toponymique des comunes suisses. Frauenfeld.
Kröll, C. (1968): Die Bildtitel Paul Klees. Eine Studie zur Beziehung von Bild und Sprache in der Kunst des zwanzigsten Jahrhunderts. Bonn.
Krüger, D. (2004): Textlinguistische Methoden der Namenforschung. In: Brendler/Brendler 2004a, 123–152.
Kuba, L. (1996): Namen von Fahrzeugen. In: Eichler et al. 1996, 1574–1581.
Kubczak, H. (1985): Eigennamen als bilaterale Zeichen. In: BNF 20, 284–304.
Kubczak, J. (2011): *Vaters Hut* und *des Vaters Hut*, *Mutters Arbeit* und *der Mutter Arbeit* – Vorgelagerte (pränominale) Genitive. In: IDS Sprachreport 1, 14–17.
Kublu, A./Oosten, J. (1999): Changing Perspectives of Name and Identity among the Inuit of Northeast Canada. In: Oosten, J./Remie, C. (eds.): Arctic Identities. Leiden, 56–78.
Kühn, I. (1995): Decknamen. Zur Pragmatik von inoffiziellen Personennamen. In: Eichler et al. 1995, 515–520.
– (1999): Schulnamengebung im politisch-kulturellen Symbolkanon. In: Muttersprache 109, 136–143.
– (2000a): Veränderungen der Straßennamen in den neuen Bundesländern nach der Wende. In: Tiefenbach, H./Löffler, H. (eds.): Personenname und Ortsname. Basler Symposion 6. und 7. Oktober 1997. Heidelberg, 267–277.
– (2000b): Objektnamengebung als Zeitgeistreflexion. In: BNF 35, 1–14.
– (2001): Umkodierung von öffentlicher Erinnerungskultur am Beispiel von Straßennamen in den neuen Bundesländern. In: Eichhoff et al. 2001, 302–317.
– (2004): Von *Hippokrates* bis *Paganini* – Konspiration und individuelle Motive bei der Decknamengebung inoffizieller Mitarbeiter. In: Bulletin VALS/ASLA 80, 39–47.
Künzli, A. (2004): 'Die lieben es immer so, ihren Eigennamen zu wiederholen' – Gedanken von Übersetzerstudenten und Berufsübersetzern zur Schnittstelle Unternehmen/Kunden. (www.tradulex.com/articles/Kunzli.pdf; 10.07.15).
Kürschner, S. (2011): Hypokoristika und Namenkürzung im deutsch-schwedischen Vergleich. Vortrag an der Universität Bochum vom 02.12.2011.
– (2014): Familiennamen als Basis der Spitznamenbildung. Ein deutsch-schwedischer Vergleich. In: Debus et al. 2014, 441–473.
Kuhn, H. (1977): Vor- und frühgermanische Ortsnamen in Norddeutschland und den Niederlanden. In: Steger 1977, 225–305.
– (1996): Wüstungsnamen. In: Debus/Seibicke 1996, 81–101.
Kuhn, W./Serzisko, F. (1982): Eigennamen im Rahmen der Dimension der Apprehension. In: Seiler, H.-J./Lehmann, C. (eds.): Apprehension. Teil 1: Bereich und Ordnung der Phänomene. Tübingen, 277–293.
Kuhnen, J. (1953): Die Gedicht-Überschrift. Versuch einer Gliederung nach Arten und Leistungen. Frankfurt.
Kully, R. (1996): Hadeswand und Glitzertor: Zur Benennung von Klettertouren und Höhlengängen. In: Debus/Seibicke 1996, 739–757.

Kunitzsch, P. (1959): Arabische Sternnamen in Europa. Wiesbaden.
- (1961): Untersuchungen zur Sternnomenklatur der Araber. Wiesbaden.
- (2004): Namen von Himmelskörpern. In: Brendler/Brendler 2004a, 261–277.
Kunitzsch, P./Smart, T. (2006): A Dictionary of Modern Star Names. A short guide to 254 star names and their derivations. Cambridge.
Kuntzsch, L. (2011): Die beliebtesten Vornamen des Jahres 2010. In: Der Sprachdienst 55, 33–47.
Kunze, K. (2001a): Zur Verbreitung der häufigsten deutschen Familiennamen. In: Eichhoff et al. 2001, 179–208.
- (2001b): Der Winzer in Familiennamen. In: Bentzinger, R. et al. (eds.): Sprachgeschichte, Dialektologie, Onomastik, Volkskunde. Stuttgart, 241–257.
- (⁴2003) dtv-Atlas Namenkunde. Vor- und Familiennamen im deutschen Sprachgebiet. München. (Digital: Atlas Namenkunde 2005. Vor- und Familiennamen im deutschen Sprachgebiet. Berlin).
- (2005): *Jakobus* in (nieder)deutschen Familiennamen. In: Röckelein, H. (ed.): Der Kult des Apostels Jakobus d.Ä. in norddeutschen Hansestädten. Tübingen, 181–213.
- (2011): Gasthausnamen-Geographie. Beispiele im schwachen Dativ (*Zum Schwanen*). Mit 17 Karten. In: BNF 46, 125–163.
Kunze, K./Kunze, R. (2003): Computergestützte Familiennamen-Geographie. Kleiner Atlas zur Verbreitung der Apokope. In: BNF 38, 121–224.
Kunze, K./Nübling, D. (2007): Der Deutsche Familiennamenatlas (DFA). Konzept, Konturen, Kartenbeispiele. In: BNF 42, 125–172.
- (2009): Der Deutsche Familiennamenatlas als Inspirationsquelle: *Jürgen – Udolph – Sechzig – Fünf*. In: Hengst/Krüger 2009, 21–66.
Kupka, A. (2004): Der Titelschutz am Beispiel des Films. Münster.
Kvaran, G. (1995): Namenforschung in Island. In: Eichler et al. 1995, 49–52.
- (1996): Islandske metronymika. In: SAS 14, 37–41.
- (2007): Das isländische Personennamensystem. In: Brendler/Brendler 2007, 310–321.
Laham, S. et al. (2012): The name-pronunciation effect: Why people like Mr. Smith more than Mr. Colquhoun. In: Journal of Experimental Social Psychology 48, 752–756.
Lamping, D. (1983): Der Name in der Erzählung. Zur Poetik des Personennamens. Bonn.
Latour, S. (1996): Namen machen Marken: Handbuch zur Entwicklung von Firmen- und Produktnamen. Frankfurt/New York.
Lawson, E. (1983): B-29 Bomber Names in the Pacific. In: Literary Onomastic Studies 10, 161–166. (www.fredonia.edu/faculty/emeritus/edwinlawson/b29/index.html; 10.07.15).
Layne, L. (2006): "Your child deserves a name": Possessive Individualism and the Politics of Memory in Pregnance Loss. In: Vom Bruck/Bodenhron 2006, 31–50.
Lehmann, C. (1995): Thoughts on Grammaticalization. München.
Lehmann, P. (1949): Mittelalterliche Büchertitel 1. München.
- (1953): Mittelalterliche Büchertitel 2. München.
Leibring, K. (2000): *Sommargås* och *Stjärnberg*. Studier i svenska nötkreatursnamn. Uppsala.
- (2002): Cattle names in the Nordic countries. In: Onoma 37, 81–94.
- (2009): *Zwartje*, *Flight of Delight* and *Chikai*. Borrowed Names for Animals in Sweden. In: Proceedings of the 23rd ICOS. Toronto, 658–664.
- (2012): From Backmans Blommor to Hairstyle by Lena: the use of personal names in the names of small companies in Sweden. In: Boerrigter, R./Nijboer, H. (eds.): Names as Language and Capital. Amsterdam, 48–57. (www.meertens.knaw.nl/nite/images/pdf/Proceedings_NitE_III.pdf; 10.07.15).
- (2014): Surnames in names of smaller companies in Sweden – a diachronic study. In: Debus et al. 2014, 395–417.
- (2015): Zoonyms in the onomasticon – names of cattle, dogs and cats from a Scandinavian perspective. In: Dammel et al. 2015a, 37–75.
Leisi, E. (1983): Paar und Sprache. Heidelberg.
- (1993): Aspekte der Namengebung bei Liebespaaren. In: Debus/Seibicke 1993, 491–499.

Lenk, H. (2002): Personennamen im Vergleich. Die Gebrauchsformen von Anthroponymen in Deutschland, Österreich, der Schweiz und Finnland. Hildesheim.
- (2007): Wie wir Personennamen gebrauchen. Aspekte einer kontrastiven Onomapragmatik. In: Muttersprache 117, 296–319.
- (2014): Gebrauch von Familiennamen in Zeitungstextsorten. In: Debus et al. 2014, 345–366.

Leppänen, M. (2003): Politiker und Politikerinnen im Vergleich. Eine Untersuchung zur politischen Berichterstattung finnischer und deutscher Tageszeitungen. Helsinki.

Leppla, C. (2015): *Aristo vom Sonnenhof* und *Birona von der Herzogsquelle*. Zur Motivik, Struktur und Pragmatik von Hundezuchtnamen. In: Dammel et al. 2015a, 117–141.

Leys, O. (1967): Zur Funktion des Artikels beim Eigennamen In: OSG 3, 21–26.
- (1974): Sociolinguistic Aspects of Namegiving Patterns. In: Onoma 18, 448–455.
- (1977): Der Eigenname in seinem formalen Verhältnis zum Appellativ. In: Steger 1977, 26–38.
- (1989a): Was ist ein Eigenname? In: Debus/Seibicke 1989, 143–165.
- (1989b): Zur indefiniten und definiten Verwendung von Eigennamen. In: Debus/Seibicke 1989, 273–279.

Lie, K.-S. (2008): Familiennamen in Korea. In: Atti del XXII Congresso Internazionale di Scienze Onomastiche, Bd. 2. Pisa, 411–419.

Lieberson, S. (1984): What's in a name? ... some sociolinguistic possibilities. In: International Journal of the Sociology of Language 45, 77–87.
- (2000): A Matter of Taste. How Names, Fashions and Culture Change. New Haven/London.

Lieberson, S. et al. (2000): The Instability of Androgynous Names: The Symbolic Maintenance of Gender Boundaries. In: American Journal of Sociology 5, 1249–1287.

Lindemann, G. (1996): Von richtigen und falschen Namen. In: Dies.: Das paradoxe Geschlecht. Frankfurt, 155–194.

Lindemeir, U. (2007): Wirkung und Einfluss von Filmtiteln auf den Erfolg des Films. München. (www.namestorm.de/extras/studie-über-wirkung-und-einfluss-von-titeln-auf-den-erfolg-von-filmen.html; 10.07.15).

Linke, A. (2000): Informalisierung? Ent-Distanzierung? Familiarisierung? Sprach(gebrauchs)-wandel als Indikator soziokultureller Entwicklungen. In: DU 2, 66–77.
- (2001a): Trauer, Öffentlichkeit und Intimität. Zum Wandel der Textsorte 'Todesanzeige' in der zweiten Hälfte des 20. Jahrhunderts. In: Fix, U. et al. (eds.): Zur Kulturspezifik von Textsorten. Tübingen, 195–223.
- (2001b): Zur allmählichen Verfertigung soziokultureller Konzepte im Medium alltäglichen Sprachgebrauchs. In: Lehr, A. et al. (eds.): Sprache im Alltag. Berlin/New York, 373–388.

Löbel, E. (2002): The word class 'Noun'. In: Cruse, D. et al. (eds.): Lexikologie. HSK-Bd. 21.1. Berlin/New York, 588–597.

Löffler, H. (1969): Die Hörigennamen in den älteren St. Galler Urkunden. Versuch einer sozialen Differenzierung althochdeutscher Personennamen. In: BNF 4, 192–211.
- (1996): Namen von Freien und Unfreien. In: Eichler et al. 1996, 1296–1300.
- (2002): Die unterschiedliche Verwendung von Personennamen und Personenkennzeichnungen in deutschsprachigen Zeitungen. Vergleichende Beobachtungen zur Pragmatik der Eigennamen und zur Zeitungssprache. In: Akten des 18. Internationalen Kongresses für Namenforschung, Bd. 6. Tübingen, 523–532.

Lötscher, A. ([2]1992): Von Ajax bis Xerox. Ein Lexikon der Produktenamen. Zürich.
- (1995): Der Name als lexikalische Einheit: Denotation und Konnotation. In: Eichler et al. 1995, 448–457.
- (1996): Namen von Bildungseinrichtungen. In: Eichler et al. 1996, 1606–1611.
- (2008): Die historischen Voraussetzungen für den Eigennamenstatus von Produktnamen. In: Onoma 43, 25–56.
- (2012): Ciba-Geigy + Sandoz → Novartis + Syngenta + Clariant. Bildung und Bedeutung von Unternehmensnamen in der Fusions- und Ipo-Welle. In: Wochele et al. 2012, 101–114.

Lorenz, O. (2007): Die Adolf-Kurve 1932–1945. In: Aly, G. (ed.): Volkes Stimme. Skepsis und Führervertrauen im Nationalsozialismus. Frankfurt, 22–37, 200–201.

Lowrey, T./Shrum, L. (2007): Phonetic Symbolism and Brand Name Preference. In: Journal of Consumer Research 34, 406–414.

Lütkenhöner, L. (2011): Hat Julia aufgrund ihres Vornamens Wettbewerbsvorteile gegenüber Ayse und Chantal? Ein Experiment auf dem Beziehungs-, Nachhilfe- und Wohnungsmarkt. In: Diskussionspapier des Instituts für Organisationsökonomik 2, 1–22.

– (2012) Wettbewerbsvorteile aufgrund des Vornamens? Feldexperimente auf dem Beziehungs-, Nachhilfe- und Wohnungsmarkt. In: Diskussionspapier des Instituts für Organisationsökonomik 12, 1–16.

Lukesch, H. (1993): Die Definition sozialer Beziehungen durch Namensgebung – mit einem Exkurs über Schüler- und Lehrerrufnamen. In: Debus/Seibicke 1993, 443–470.

Luther, S. (2000): Zum Prozess des Festwerdens der Familiennamen von Frauen anhand der niederdeutschen Stadtbücher von Haldensleben, Aken und Halle. In: Brandt, G. (ed.): Bausteine zu einer Geschichte des weiblichen Sprachgebrauchs IV. Stuttgart, 203–216.

– (2009): Familiennamen niederdeutscher Herkunft im Deutschen. In: Hengst/Krüger 2009, 331–350.

Macha, J. (1997): Konstanz, Variation und Wandel familiärer Anredeformen. In: Macha, H./ Mauermann, L. (eds.): Brennpunkte der Familienerziehung. Weinheim, 199–218.

Maciejauskienė, V. (2007): Das litauische Personennamensystem. In: Brendler/Brendler 2007, 474–484.

Makrutzki, A./Riecke, J. (2011): "Südwestdeutscher Ortsnamenatlas" – eine Projektskizze. In: Greule/Hackl 2011, 11–23.

Malberg, H. (1998): Ein Hoch auf das Tief. Beilage zur Berliner Wetterkarte 90/98 SO 11/98 vom 1.9. (http://wkserv.met.fu-berlin.de/Beilagen/1998/HochaufTief.pdf; 10.07.15).

Marynissen, A. (1995): De atlas van familienamen in het Nederlandse taalgebied. In: Handelingen van de Koninklijke Commissie voor Toponymie & Dialectologie 67, 139–171.

– (1999): *Den Uyl, Snoeckx, De Leeuw, Haan, Kikkert* en varianten: over benamingen van dieren in de Nederlandse familienamen. In: De Tier, V./Reker, S. (eds.): Het dialectenboek 5. In vergelijking met dieren. Groesbeek, 11–35.

– (2005): Die geographische Streuung der Familiennamentypen im niederländischen Sprachgebiet. In: Niederdeutsches Wort 45, 105–120.

– (2010): Ursprung, Motivierung und Bildung von Familiennamen am Beispiel des niederländischen Sprachgebiets. In: Cornelissen/Eickmans 2010, 11–35.

Marynissen, A./Nübling, D. (2010): Familiennamen in Flandern, den Niederlanden und Deutschland – ein diachroner und synchroner Vergleich. In: GermL 206–209, 311–364.

Matthias-Bleck, H. (2000): Empirische Ergebnisse zur Anwendung des neuen Ehenamensrechts. In: Deutsches und Europäisches Familiennamenrecht 2, 108–112.

Mauf, P./Sladeczek, M. (2012/2013): Straßennamen des städtischen Randes. In: NI 101/102, 332–351.

McGrath, E. (1998): Von den "Erdbeeren" zur "Schule von Athen". Titel und Beschriftungen von Kunstwerken der Renaissance. In: Kemp, W. et al. (eds.): Vorträge aus dem Warburg-Haus, Bd. 2. Berlin, 117–188.

Meier, E. (1993): "Stets deutsch und gegenwartsnah". Zur Namengebung höherer Schulen in Neukölln. In: Radde, G. et al. (eds.): Schulreform – Kontinuitäten und Brüche. Das Versuchsfeld Berlin-Neukölln. Opladen, 32–49.

Meineke, E./Tiefenbach, H. (eds.) (2011): Mikrotoponyme. Heidelberg.

Meldgaard Villarsen, E. (1983): Moderne dansk personnavneskik – fornavne, mellemnavne, slægtnavne. In: SAS 1, 107–122.

– (2007): Das dänische Personennamensystem. In: Brendler/Brendler 2007, 128–138.

Menge, H. (2000): Namensänderungen slawischer Familiennamen im Ruhrgebiet. In: Niederdeutsches Wort 40, 119–132.

Mengel, A. (1992): Eine neue Erscheinungsform der Majuskel. In: Kohrt, M./Robering, K. (eds.): Vom Buchstaben zum Text. Berlin, 19-33.
Menzel, F. (2009): *Schlunze, Schlarb* und *Schlauderaff*. Nachlässigkeit, Trägheit und Müßiggang im Spiegel der Familiennamen. In: Hengst/Krüger 2009, 193-206.
Mies, P. (1960): Volkstümliche Namen musikalischer Werke. Bonn.
Mitterauer, M. (1993): Ahnen und Heilige. Namengebung in der europäischen Geschichte. München.
- (2011): Traditionen der Namengebung. Wien etc.
Moncelet, C. (1972): Essai sur le titre en littérature et dans les arts. Le Cendre.
Moser, P. (2009): Vornamen klingen heute anders als früher. Entwicklungstendenzen bei der Vornamenwahl von Zürcher Eltern 1988-2008. In: Statistik info 08/09, 1-20.
Mottausch, K. (2004): Familiennamen als Derivationsbasis im Südhessischen: Bezeichnungen von Familien und Frauen in der Synchronie und Diachronie. In: ZDL 71, 307-333.
- (2007): Grundzüge der Wortbildung in der Lorscher Mundart und im übrigen Südhessischen. Hamburg.
Müller, E. (1929): Vornamen als appellative Personenbezeichnungen. Helsingfors.
Müller, Gerhard (2001): Die beliebtesten Vornamen in Deutschland seit 1960. In: Eichhoff et al. 2001, 52-69.
Müller, Gunter (1968): Germanische Tiersymbolik und Namengebung. In: Frühmittelalterliche Studien, 202-217.
- (2000-06): Westfälischer Flurnamenatlas. Bielefeld.
Müllers Großes Deutsches Ortsverzeichnis (2010). CD-Rom. Berlin/New York.
Mundt, W.-R. (1981): Wortbildungstendenzen im modernen Französischen, untersucht an den 'Noms de marques déposés'. Berlin.
Muselmann, S. (2010): Lebensmittelmarken in Italien. Eine sprachwissenschaftliche Untersuchung wirtschaftspsychologischer Aspekte. Wilhelmsfeld.
Nail, N. (ed.) (1998): Die Welt der Namen. Sechs namenkundliche Beiträge. Marburg.
Naumann, H. (1975): Nummer und Name. In: NI 27, 6-17.
- (1976): Vorname - Rufname - Übername. In: NI 29, 1-25.
- (ed.) (1979a): Vornamen heute. Leipzig.
- (1979b): Vornamen - Rufname - Übername. In: Naumann 1979a, 75-100.
- (1980): Normen bei Personennamen. In: Eichler/Walther 1980, Bd. 2, 188-202.
- (1996a): Kosenamen. In: Eichler et al. 1996, 1757-1761.
- (1996b): Das Genus der Gewässernamen. In: Debus/Seibicke 1996, 711-718.
- (2001): Geographische Namen. In: Fleischer et al. 2001, 684-710.
- (2004): Namen von Verkehrswegen und Plätzen. In: Brendler/Brendler 2004a, 491-526.
- (2007): Das große Buch der Familiennamen. Augsburg/München.
Nave-Herz, R. (2003): Auswirkungen des neuen Namenrechts. In: Busch, F. (ed.): Familie zwischen Tradition und Moderne. Oldenburg, 129-141.
Needham, R. (1954): The System of Teknonyms and Death-Names of the Penan. In: Southwestern Journal of Anthropology 10/4, 416-431.
Neef, M. (2006): Die Genitivflexion von artikellos verwendbaren Eigennamen als syntaktisch konditionierte Allomorphie. In: ZS 25, 273-299.
- (2007): Worttrennung am Zeilenende. In: ZGL 35, 283-314.
Neethling, B. (2005): A minibus taxi by any other name, would it run as sweet? In: Names 53, 3-19.
- (2009): Lifestyle, Worldview and Identity: Names on Customized Vehicle Registration Plates. In: Proceedings of the 23rd ICOS. Toronto, 760-765.
Nerius, D. (1995): Schreibung der Namen: Prinzipien, Normen und Freiheiten. In: Eichler et al. 1995, 414-419.
Nicolaisen, W. (2004): Methoden der literarischen Onomastik. In: Brendler/Brendler 2004a, 247-257.
Niemeyer, M. (2012): Deutsches Ortsnamenbuch. Berlin/New York.

Niesyto, A. (1994): Man(n) machte sich einen Namen - Frauen und Straßennamen. In: Karlsruher Beiträge 7: Straßennamen in Karlsruhe, 37-39.
Nölle-Hornkamp, I. (1992): Mittelalterliches Handwerk im Spiegel oberdeutscher Personennamen. Frankfurt.
Nord, C. (1993): Einführung in das funktionale Übersetzen. Am Beispiel von Titeln und Überschriften. Tübingen/Basel.
Noreen, A. (1924): Tio budord till dem som ämna anta nytt släktnamn. In: Ders. (ed.): Spridda studier 4. Lund, 7-10.
Nowak, J. (2015): *Abutiu*, *Houdini* und *Chewie*. Hunderufnamen im Alten Ägypten. In: Dammel et al. 2015a, 233-254.
Nowak, J./Nübling, D. (demn.): Schwierige Lexeme und ihre Flexive im Konflikt: Uniforme *s*-Endungen und Apostrophsetzungen als hör- und sichtbare Wortschonungsstrategien. In: Fuhrhop, N./Szczepaniak, R. (eds.): Hör- und sichtbare Morphologie. Berlin/Boston.
Ntuli, D. (1999): Bus naming as a communication strategy. A Swaziland experience. In: Finlayson, R. (ed.): African mosaic. Pretoria, 311-328.
Nübling, D. (1997a): Deutsch-schwedische Divergenzen in Entstehung und Struktur der Familiennamen. In: BNF 32, 141-173.
- (1997b): Reglementierte Kreativität bei der Schaffung neuer Familiennamen. Zu den Prinzipien von Namenwahl und Namenwandel in Schweden. In: Birkmann, T. et al. (eds.): Vergleichende Germanische Philologie und Skandinavistik. Tübingen, 213-230.
- (2000): Auf der Suche nach dem idealen Eigennamen. In: BNF 35, 275-302.
- (2004a): Zum Proprialisierungsgrad von *die neuen Bundesländer*. In: Eichler et al. 2004, 224-243.
- (2004b): Prinzipien der Proprialitätsmarkierung. Familiennamenindikatoren in den nordeuropäischen Sprachen. In: Van Nahl, A. et al. (eds.): Namenwelten. Orts- und Personennamen in historischer Sicht. Berlin/New York, 466-482.
- (2004c): Zeitnamen. In: Brendler/Brendler 2004a, 835-859.
- (2005): Zwischen Syntagmatik und Paradigmatik: Grammatische Eigennamenmarker und ihre Typologie. In: ZGL 33, 25-56.
- (2009a): Von *Monika* zu *Mia*, von *Norbert* zu *Noah*: Zur Androgynisierung der Rufnamen seit 1945 aus prosodisch-phonologischer Perspektive. In: BNF 44, 67-110.
- (2009b): Von *Horst* und *Helga* zu *Leon* und *Leonie*: Werden die Rufnamen immer androgyner? In: DU 61, 77-83.
- (2010): Von *Schreiner* zu *Schreinert*: Der *ert*-Ausgang als Ergebnis eines onymischen Verstärkungsprozesses? Auf dem Wege zu einem onymischen Suffix. In: Harnisch, R. (2010): Prozesse sprachlicher Verstärkung. Typen formaler Resegmentierung und semantischer Remotivierung. Berlin/New York, 129-156.
- (2011): Familiennamen aus den skandinavischen Sprachen. In: Hengst/Krüger 2011, 53-79.
- (2012a): Auf dem Wege zu Nicht-Flektierbaren: Die Deflexion der deutschen Eigennamen diachron und synchron. In: Rothstein, B. (ed.): Nicht-flektierende Wortarten. Berlin/New York, 224-246.
- (2012b): Von *Elisabeth* zu *Lilly*, von *Klaus* zu *Nico*: Zur Androgynisierung und Infantilisierung der Rufnamen von 1945 bis heute. In: Günthner, S. et al. (eds.): Genderlinguistik. Sprachliche Konstruktionen von Geschlechtsidentität. Berlin/New York, 319-357.
(2014a): From *Christel* to *Christina*, from *Klaus* to *Nico*: A diachronic study of German first names (1945-2010) and their shift towards the syllable language type. In: Caro Reina, J./Szczepaniak, R. (eds.): Syllable and Word Languages. Berlin/Boston, 222-247.
- (2014b): Sprachverfall? Sprachliche Evolution am Beispiel des diachronen Funktionszuwachses des Apostrophs im Deutschen. In: Plewnia, A./Witt, A. (eds.): Sprachverfall? Dynamik - Wandel - Variation. Berlin/Boston, 99-123.
- (2014c): *Das Merkel* - Das Neutrum bei weiblichen Familiennamen als derogatives Genus? In: Debus et al. 2014, 205-232.

- (2014d): Emotionalität in Namen. Spitznamen, Kosenamen, Spottnamen - und ihr gendernivellierender Effekt. In: Vaňková, L. et al. (eds.): Emotionalität im Text. Tübingen, 103–122.
- (2015): Zwischen Nummer und Name: Zur Benennung von Versuchstieren. In: Dammel et al. 2015b, 495–515.
- (demn.): *Die Bismarck - der Arena - das Adler*. Vom Drei-Genus- zum Sechs-Klassen-System bei Eigennamen im Deutschen: Degrammatikalisierung und Exaptation. Erscheint in: ZGL.

Nübling, D./Schmuck, M. (2010): Die Entstehung des *s*-Plurals bei Eigennamen als Reanalyse vom Kasus- zum Numerusmarker. In: ZDL 77, 145–182.

Nübling, D. et al. (42013a): Historische Sprachwissenschaft des Deutschen. Eine Einführung in die Prinzipien des Sprachwandels. Tübingen.

Nübling, D. et al. (2013b): *Dat Anna* und *s Eva* - Neutrale Frauenrufnamen in deutschen Dialekten und im Luxemburgischen zwischen pragmatischer und semantischer Genuszuweisung. In: ZDL 80/2, 152–196.

Nuessel, F. (1982): License Plate Language. In: American Speech 57, 256–259.
- (1992): The Study of Names. A Guide to the Principles and Topics. Westport/London.

Oelkers, S. (2003): Naming Gender. Empirische Untersuchungen zur phonologischen Struktur von Vornamen im Deutschen. Frankfurt.
- (2004a): Warum Adam und Eva? Vornamengebung und Geschlecht. In: Eichhoff-Cyrus, K. (ed.): Adam, Eva und die Sprache. Beiträge zur Geschlechterforschung. Mannheim, 133–147.
- (2004b): Der Fall *Luca*. Zur Männlichkeit und Weiblichkeit von Vornamen. In: Bulletin VALS/ASLA 80, 155–170.

Olschansky, H. (1996): Volksetymologie. Tübingen.
- (1999): Täuschende Wörter. Kleines Lexikon der Volksetymologien. Stuttgart.

Ortner, L. (1993): Von der *Gletscherleiche* zu *unserem Urahnl Ötzi*. Zur Benennungspraxis in der Presse. In: DS 2, 97–127.

Otto, S. (1993): Die Namen der Filmtheater im Verleihbezirk Frankfurt. In: Muttersprache 103, 316–323.

Palonen, K. (1995): Der Parteiname als Synekdoche? Eine rhetorische Perspektive zum Wandel der Konfliktkonstellationen. In: Reiher, R. (ed.): Sprache im Konflikt. Berlin/New York, 447–460.

Patzke, J. (2001/02): Straßennamen der Stadt Landshut als Spiegel urbaner Strukturen. In: BONF 38/39, 3–42.

Paul, H. (1917): Deutsche Grammatik, Bd. 2, Teil III: Flexionslehre. Tübingen.
- (1968): Deutsche Grammatik, Bd. 5, Teil V: Wortbildungslehre. Tübingen.

Peschke, S. (2014): *Merkels Politik* vs. *die Politik Merkels*. Eine korpusbasierte Untersuchung zur Prä- und Poststellung von Eigennamen im Genitiv. In: Debus et al. 2014, 233–248.

Petrie, H./Johnson, C. (1999): The relationship between individuals' sex-role orientations and the femininity/masculinity of their personal names. In: Akten des 18. Internationalen Kongresses für Namenforschung, Bd. 3. Tübingen, 255–263.

Pfeifer, W. (82005): Etymologisches Wörterbuch des Deutschen. München.

Plank, F. (1981): Morphologische (Ir-)Regularitäten. Tübingen.

Platen, C. (1997): "Ökonymie". Zur Produktnamen-Linguistik im Europäischen Binnenmarkt. Tübingen.

Pöppinghege, R. (2007): Wege des Erinnerns. Was Straßennamen über das deutsche Geschichtsbewusstsein aussagen. Münster.

Pohl, H. (1997): Österreichische Bergnamen. In: Onoma 33, 131–151.
- (2011): Bergnamengebung im deutschen Sprachraum. In: ÖNF 39, 114–124.

Pohl, H./Schwaner, B. (2007): Das Buch der österreichischen Namen. Ursprung, Eigenart, Bedeutung. Wien etc.

Polenz, P. von (1961): Landschafts- und Bezirksnamen im frühmittelalterlichen Deutschland. Marburg.
- (1977): Raumnamen und Personengruppennamen im frühmittelalterlichen Deutschland. In: Steger 1977, 375–382.

- (1994): Deutsche Sprachgeschichte II. 17. und 18. Jahrhundert. Berlin/New York.
Polomé, E. (1996): Götternamen der Germanen. In: Eichler et al. 1996, 1838-1846.
Posch, C./Rampl, G. (2015): *Fressen, Ficken, Fernsehen*. Das Problem des Benennungsmotivs bei Sportkletterrouten. In: Anreiter, P. et al. (eds.): Argumenta. Wien 2015, 469-482.
Presch, G. (2002): Namen in Konfliktfeldern. Wie Widersprüche in Eigennamen wandern. Tübingen.
Prochazka, K. (2014): Genusdetermination bei Fußballvereinsnamen im österreichischen Deutsch. Wien.
Pulgram, E. (1993): Historisch-soziologische Betrachtung des modernen Familiennamens. In: Debus/Seibicke 1993, 319-350.
Raithel, T. (2008): Preußen im Fußball. Borussische Vereinsgründungen im Deutschen Kaiserreich. In: Hildebrand, K. et al. (eds.): Geschichtswissenschaft und Zeiterkenntnis. Von der Aufklärung bis zur Gegenwart. München, 99-116.
Ramge, H. (ed.) (1987): Hessischer Flurnamenatlas. Darmstadt.
- (1996): Flurnamengeographie. In: Eichler et al. 1996, 1169-1175.
- (1998): Flurnamen. Am Beispiel der hessischen Namenforschung. In: Nail 1998, 79-100.
- (ed.) (2002): Südhessisches Flurnamenbuch. Darmstadt.
- (2011a): Hessische Flurnamengeographie im Internet. In: Meineke/Tiefenbach 2011, 139-154.
- (2011b): Wüstungsflurnamen im Kreis Gießen. In: Greule/Hackl 2011, 171-184.
- (2011c): Familiennamengeographie und Flurnamenforschung. Methodisches an hessischen Beispielen. In: Heuser et al. 2011, 201-217.
Rampl, G. (2011): Belegverortung mit GIS. Methodische Aspekte und Anwendungsmöglichkeiten. In: Ziegler/Windberger-Heidenkummer 2011, 143-154.
Rapalee, G./Nickeson, J. (2001): BOREAS Follow-On DSP-09 Saskatchewan Raster Forest Fire Chronology, 1945-1996. Data set. Oak Ridge. (www.daac.ornl.gov; 10.07.15).
Reggiani, N. (2013): Charon's Semantics. Naming Weather Systems: Between Scientific Tradition and Media Lore. In: Felecan/Bugheşiu 2013, 578-596.
Reichmayr, M. (2015): Was sagen uns Kuhnamen? In: Dammel et al. 2015b, 365-384.
Reitzenstein, W.-A. von (1996a): Berg- und Gebirgsnamen. In: Eichler et al. 1996, 1521-1524.
- (1996b): Klosternamen. In: Eichler et al. 1996, 1593-1396.
- (1998): Landschaftsnamen. In: Nail 1998, 63-78.
- (2004): Berg- und Gebirgsnamen. In: Brendler/Brendler 2004a, 279-301.
- (2011): Chiemsee und Marienweiher - Limnonyme/Seennamen in Bayern. In: Meineke/Tiefenbach 2011, 173-196.
Reuße, W. (1966): Straßennamen der Heimat im Deutschunterricht auf der Oberstufe. Zum Wandel des Sprachgefühls im 19. Jahrhundert. In: DU 18, 5, 92-104.
Ridpath, I. (2004): Die großen Sternbilder. 88 Konstellationen und ihre Geschichten. Düsseldorf.
Ripećka, O. (1996): Klassifikationsprinzipien der deutschen Toponyme slawischer Herkunft. In: Debus/Seibicke 1996, 103-110.
Ris, R. (1977): Nameneinschätzung und Namenwirklichkeit. Ein Beitrag zur empirischen Sozioonomastik. In: Onoma 21, 557-576.
Röhrich, L. (2004): Lexikon der sprichwörtlichen Redensarten. CD-Rom. Berlin.
Rössler, R. (1976): Form und Bedeutung der Namen unserer volkseigenen Betriebe I u. II. In: Sprachpflege 25, 129-133 u. 162-166.
Rolker, C. (2009a): "Ich, Anna Hartzerin, genannt von Maegelsperg...". Namensführung und weibliche Identität in der spätmittelalterlichen Stadt. In: L'Homme 20, 17-34.
- (2009b): How to do things with names: Indexikalische Funktion und symbolische Nutzungen von Personennamen. (www.exc16.de/cms/fileadmin/all/downloads/veranstaltungen 2009/Arbeitsgespraech-Rolker-Namenswechsel-0906.pdf; 10.07.15).
- (2009c): Haus- und Familiennamen im spätmittelalterlichen Konstanz. Inklusion und Exklusion über Namen. In: Czaja, K./Signori, G. (eds.): Häuser - Namen - Identitäten. Beiträge zur spätmittelalterlichen und frühneuzeitlichen Stadtgeschichte. Konstanz, 65-78.

– (2014): Das Spiel der Namen. Familie, Verwandtschaft und Geschlecht im spätmittelalterlichen Konstanz. Ostfildern.
Rollnik, K. (2014): Personennamen in Zeitungstexten. Zum Zusammenhang von Referenzherstellung und Geschlecht. In: Debus et al. 2014, 321–344.
Ronneberger-Sibold, E. (2000): Creative competence at work: the creation of partial motivation in German trade names. In: Doleschal, U./Thornton, A. (eds.): Extragrammatical and Marginal Morphology. München, 85–105.
– (2004): Warennamen. In: Brendler/Brendler 2004a, 557–603.
– (2005): *Apollo, Boccaccio* und *Lady Godiva*: Europäische Fremdsprachen in deutschen Markennamen aus der ersten Hälfte des 20. Jahrhunderts. In: Glaser, B./Schnackertz, H. (eds.): Europa interdisziplinär. Probleme und Perspektiven heutiger Europastudien. Würzburg, 93–117.
– (2007a): Sprachlich hybride Markennamen im Deutschen: Ein geschichtlicher Überblick. In: Kremer/Ronneberger-Sibold 2007, 187–211.
– (2007b): Wunschidentitäten im Wandel: deutsche Markennamen aus sieben Jahrzehnten. In: Ronneberger-Sibold, E./Kazzazi, K. (eds.): Identität und Differenz. Tübingen, 135–158.
– (2008a): Die morphologische Struktur deutscher Markennamen: diachrone Entwicklungen im Laufe des 20. Jahrhunderts. In: Atti del XXII Congresso Internazionale di Scienze Onomastiche, Bd. 2. Pisa, 777–792.
– (2008b): Markennamen als (Zerr-)Spiegel gesellschaftlichen Wertewandels in der ersten Hälfte des 20. Jhs. In: Dumiche, B./Klöden, H. (eds.): Werbung und Werbesprache. Wilhelmsfeld, 123–167.
– (2009a): *Megaflex, Dynast, Solfina*: Europäische Fremdsprachen in deutschen Markennamen aus der zweiten Hälfte des zwanzigsten Jahrhunderts. In: Ronneberger-Sibold, E./Nate, R. (eds.): Europäische Sprachenvielfalt und Globalisierungsprozess. Würzburg, 141–169.
– (2009b): *Thermodur, Blend-a-med, Sivitrex*: Konfixe in deutschen Markennamen. Typen – Geschichte – Funktionen. In: Müller, P. (ed.): Studien zur Fremdwortbildung. GermL 197–198, 141–193.
Ronneberger-Sibold, E./Wahl, S. (2013): Preferred Sound Shapes of German Brand Names. In: Sjöblom et al. 2013, 232–249.
– (2014): Associations in German Brand Names: Current Trends. In: Names in daily life. Proceedings of the XXIV ICOS. Barcelona, 582–593.
Room, A. (1988): Dictionary of Astronomical Names. London/New York.
– (1996): Literally Entitled. A Dictionary of the Origins of the Titles of Over 1300 Major Literary Works of the Nineteenth and Twentieth Centuries. Jefferson/London.
– (2000a): A Dictionary of Art Titles. Jefferson/London.
– (2000b): A Dictionary of Music Titles. Jefferson/London.
Rosar, A. (demn.): Sneak Preview: *Otto – Der Film* oder *Harry Potter und die Heiligtümer des Todes*? Zur Struktur von Filmtiteln und deren Übersetzung im diachronen Vergleich. Erscheint in: Fahlbusch et al. (demn.).
Rosenfeld, H. (1985): Flurnamen in der städtischen Nomenklatur als Geschichtsquelle. In: Schützeichel 1985, 343–351.
Rothe, A. (1970): Der Doppeltitel. Zu Form und Geschichte einer literarischen Konvention. Mainz.
– (1986): Der literarische Titel. Funktionen, Formen, Geschichte. Frankfurt.
Rudloff, H. von (1996): Windnamen. In: Eichler et al. 1996, 1648–1653.
Rudolph, U. (2001): Die Wahrnehmung von Altersstereotypen, Attraktivität und Intelligenz von Vornamen im Deutschen. In: Eichhoff et al. 2001, 70–87.
Rudolph, U./Spörrle, M. (1999): Alter, Attraktivität und Intelligenz von Vornamen: Wortnormen für Vornamen im Deutschen. In: Zeitschrift für Experimentelle Psychologie 46, 115–128.
Rudolph, U. et al. (2007): Ein Vorname sagt mehr als 1000 Worte. Zur sozialen Wahrnehmung von Vornamen. In: Zeitschrift für Sozialpsychologie 37, 17–31.

Rückert, A. (demn.): *Ligne Gourmande noir éclats* in Frankreich, *Grand'Or 85% Dunkle Edel-Bitter* in Deutschland. Bildungsmuster der Namen von Tafelschokoladen im interkulturellen Vergleich. Erscheint in: Fahlbusch et al. (demn.).

Ruffner, F./Thomas, R. (1963): Code names dictionary. Detroit.

Ruoff, A. (1995): Stilistische Funktionen der Namen in mündlichen Erzählungen. In: Eichler et al. 1995, 551–556.

Rymut, K./Hoffmann, J. (2006): Lexikon der Familiennamen polnischer Herkunft im Ruhrgebiet, Bd. 1. Krakau.

Saarelma, M. (2015): *Miiru* and *Sissi, Puppe* and *Rekku*. Practices of naming cats and dogs in Finland. A case study based on name day calendars for cats and dogs. In: Dammel et al. 2015a, 219–231.

Sacksofsky, U. (1995): Das eheliche Namensrecht – der unendlichen Geschichte dritter Akt. In: Kritische Vierteljahresschrift für Gesetzgebung und Rechtswissenschaft 78, 94–111.

– (2002): Grundrechtsdogmatik ade – Zum neuen Doppelnamen-Urteil des Bundesverfassungsgerichts. In: Familie, Partnerschaft, Recht 4, 121–125.

– (2004): Das Ehenamensrecht zwischen Tradition und Gleichberechtigung – zum neuen Ehenamensurteil des BVerfG. In: Familie, Partnerschaft, Recht 7, 371–375.

– (2009): Eheliches Namenrecht im Zeichen der Gleichberechtigung. In: L'Homme 20, 1, 75–90.

Sandig, B. (1995): Namenstilistik. In: Eichler et al. 1995, 539–551.

Satkauskaite, D. (2006): *Der 11. September* – ein Ereignisname? In: Muttersprache 116, 18–30.

Sauermann, D. (1984): Die Namen der Brieftaubenvereine. In: Korzus, B. (ed.): Leben mit Brieftauben. Bielefeld etc., 209–220.

Schaab, E. (2012): Von *Bello* zu *Paul*: Zum Wandel und zur Struktur von Hunderufnamen. In: BNF 47, 131–161.

Scharf, C. (2015): Linguistische Analyse der Namen von Sportkletterrouten. Wien.

Scherer, C. (2010): Das Deutsche und die dräuenden Apostrophe. Zur Verbreitung von 's im Gegenwartsdeutschen. In: ZGL 38, 1–24.

– (2013): *Kalb's Leber* und *Dienstag's Schnitzeltag*. Zur funktionalen Ausdifferenzierung des Apostrophs im Deutschen. In: ZS 32/1, 75–112.

Scherf, F.-P. (1985): Möglichkeiten der (proprialen) Benennung geschichtlicher Ereignisse im Text. In: NI Beiheft 7, 58–67.

Schiller, C. (2014): Pentheronymika im Preußisch-Litauischen. In: Names in daily life. Proceedings of the XXIV ICOS. Barcelona, 891–894.

Schippan, T. (²2002): Lexikologie der deutschen Gegenwartssprache. Tübingen.

Schlaak, P./Jankiewicz, P. (2004): 50 Jahre Namensgebung aus Berlin für Hoch- und Tiefdruckgebiete. Beilage zur Berliner Wetterkarte 71/04 SO 25/04 vom 1.11. (http://wkserv.met.fu-berlin.de/Beilagen/2004/Namen50Jahre_04.pdf; 10.07.15).

Schlimpert, G./Schultheis, J. (1979): Zur Entwicklung der Vornamengebung. In: Naumann 1979a, 28–61.

Schmadel, L. (⁶2012): Dictionary of Minor Planet Names. Berlin etc.

Schmid, W. (1977): Alteuropäisch und Indogermanisch. In: Steger 1977, 98–116.

– (1981): Die alteuropäische Hydronymie. Stand und Aufgaben ihrer Erforschung. In: BNF 16, 1–12.

– (1995): Alteuropäische Gewässernamen. In: Eichler et al. 1995, 756–762.

Schmidt, Karl (1968): Die Hausnamen und Hauszeichen im mittelalterlichen Freiburg. Amsterdam.

Schmidt, Kurt (1931): Die Namen der attischen Kriegsschiffe. Leipzig.

Schmidt-Jüngst, M. (2014a): Von der Öffnung der Zweigeschlechtlichkeit zur Öffnung des Namensrechts? In: SAS 31, 111–113.

– (2014b): Gestern *Ingeborg* und *Sigurd*, heute *Linnea* und *Mathias*. Zur Profilierung sexusmarkierender phonologischer Strukturen in norwegischen Rufnamen. In: Names in daily life. Proceedings of the XXIV ICOS. Barcelona, 896–906.

- (i. Dr.): Constructing Gender Identity: Naming Choices of Transgender People in Germany. In: Innovationer i namn och namnmönster. Handlingar från NORNA:s 43 symposium i Halmstad den 6-8 november 2013.

Schmitt, C. (2007): Motivierte sprachliche Zeichen. Zu Formen und Funktionen spanischer und portugiesischer Firmen- und Produktnamen. In: Kremer/Ronneberger-Sibold 2007, 99-114.

Schmuck, M. (2009): Personennamen als Quelle der Grammatikalisierung. Der *ing*-Diminutiv in Mecklenburg-Vorpommern. In: BNF 44, 35-65.

- (2011): Vom Genitiv- zum Pluralmarker: Der *s*-Plural im Spiegel der Familiennamengeographie. In: Heuser et al. 2011, 285-304.

Schmuck, M./Szczepaniak, R. (2014): Der Gebrauch des Definitartikels vor Familien- und Rufnamen im Frühneuhochdeutschen aus grammatikalisierungstheoretischer Perspektive. In: Debus et al. 2014, 97-137.

Schmutzer, R. (1939): Hundenamen aus Niederbayern. In: Heimat und Volkstum 17, 101-106.

Schneider, E. (1954): Der Anteil der Hausnamen an der Straßennamenbildung. In: ZGO 63, 375-384.

Schnelbögl, F. (1996): Die deutschen Burgennamen. In: Debus/Seibicke 1996, 295-321.

Schönfeld, H. (1987): Die Veränderungen in der Sprache und im sprachlichen Verhalten der Dorfbevölkerung seit Beginn des 20. Jahrhunderts. In: Rach, H. et al. (eds.): Das Leben der Werktätigen in der Magdeburger Börde. Berlin, 185-221.

Schott, C. (1986): Der Name der Ehefrau. Eine historische Skizze. In: Riemer, H. et al. (eds.): Festschrift für Cyril Hegnauer zum 65. Geburtstag. Bern, 471-492.

Schramm, Gottfried (1957): Namenschatz und Dichtersprache. Göttingen.

- (2013): Zweigliedrige Personennamen der Germanen. Berlin/Boston.

Schreiber, H. (1994): Von PGH "Die Frisur" zu "Coiffeur am Bahnhof" - Bezeichnungen für Geschäfte und Institutionen im Wandel. In: Sommerfeldt 1994a, 161-169.

Schreiber, M. (2001): Zum Umgang mit fremdsprachigen Eigennamen im Französischen und Deutschen. In: Albrecht, J./Gauger, H.-M. (eds.): Sprachvergleich und Übersetzungsvergleich. Frankfurt, 314-339.

Schröder, B.-J. (1999): Titel und Text. Zur Entwicklung lateinischer Gedichtüberschriften. Berlin/New York.

Schröder, E. (1938): Echte, rechte, schlechte Titel in der altdeutschen Literaturgeschichte. In: Imprimatur 8, 153-160.

Schröer, J. (2014): Die Gasthausnamen im Schwarzwald und ihre geschichtliche Entwicklung von den Anfängen bis heute. In: BNF 49, 47-87.

Schubert, C. (2004): Die Appellwirkung englischer Filmtitel und ihrer deutschen Neutitel: Techniken interkulturellen Transfers. In: Arbeiten aus Anglistik und Amerikanistik 29/2, 239-259.

Schützeichel, R. (1977): Zur Bedeutung der Quellenkritik für die Namenforschung. In: Steger 1977, 117-125.

- (ed.) (1985): Gießener Flurnamen-Kolloquium. Heidelberg.

- (ed.) (1986): Ortsnamenwechsel. Heidelberg.

- (2006): Einführung in die Familiennamenkunde. In: Gottschald 2006, 13-76.

Schuh, R. (1985): Ortswüstungen und Flurnamen. Zu Tradition, Wandel und Schwund von Wüstungsnamen in Franken. In: Schützeichel 1985, 330-351.

- (1996): Namen und Wüstungsforschung. In: Eichler et al. 1996, 1713-1719.

Schultheis, J. (1979): Zur Bildungsweise der Vornamen. In: Naumann 1979a, 62-74.

Schwan, E. (1936): Die Straßen- und Gassennamen im mittelalterlichen Worms. Worms.

Schwarz, W. (1967): Flurnamenstudien anhand einer Sammlung der alten Namen von Offenbach/M.-Bieber. München.

Schweickard, W. (1992): Deonomastik. Ableitungen auf der Basis von Eigennamen im Französischen. Tübingen.

Schwenzer, I. (1991): Namensrecht im Überblick. Entwicklung - Rechtsvergleich - Analyse. In: Zeitschrift für das gesamte Familienrecht, 390-397.

Schwerdt, J. (2007): Hipponymie. Zu Benennungsmotiven bei Pferdenamen in Geschichte und Gegenwart. In: BNF 42, 1-43.
Schwitalla, J. (1993): Namenverwendung und Gesprächskonstitution. In: Löffler, H. (ed.): Dialoganalyse IV, Teil 1. Tübingen, 359-365.
- (1995): Namen im Gespräch. In: Eichler et al. 1995, 498-504.
- (2010): Kommunikative Funktionen von Sprecher- und Adressatennamen in Gesprächen. In: Pepin, N./De Stefani, E. (eds.): Eigennamen in der gesprochenen Sprache. Tübingen, 179-199.
Seibicke, W. (1978a): Zur Geschichte der Bindestrich-Vornamen. In: Debus, F./Puchner, K. (eds.): Name und Geschichte. München, 149-161.
- (1978b): Kevin, Kevin. Ein Fußballstar als Namenspate. In: Der Sprachdienst 22, 195-196.
- (1987): Die Personennamen im gegenwärtigen Deutsch: Probleme der anthroponymischen Terminologie. In: Studia Onomastica V, 70-84.
- (1989): Tier-Eigennamen. Eine Bibliographie. In: NI 55, 32-38.
- (1994): "Pränomen ist auch Omen". Moden in der Vornamengebung in Ost und West. In: IDS Sprachreport 1, 9-11.
- (1996): Traditionen der Vornamengebung. In: Eichler et al. 1996, 1207-1214.
- (1997): Alliteration in Personennamen. Annäherung an ein namenästhetisches Phänomen. In: Barz/Schröder 1997, 219-227.
- (1998): Die Geschichte der Vornamen. In: Nail 1998, 121-134.
- (2001): Pietistische und andere christliche Namen: Zum Verhältnis von Vornamengebung und Religion. In: Eichhoff et al. 2001, 104-112.
- (^{2}2002a): Vornamen. Frankfurt/Berlin.
- (2002b): *Cheyenne* ja, *Berlin* nein? Rechtliche Unsicherheiten in der heutigen Vornamengebung. In: Der Sprachdienst 46, 48-51.
- (2002c): Zwei Dritteln genügt ein Vorname. In: Der Sprachdienst 46, 143-144.
- (2004): Überblick über Geschichte und Typen der deutschen Personennamen. In: Besch et al. 2004, 3535-3552.
- (^{2}2008): Die Personennamen im Deutschen. Berlin/New York.
Seidel, B. (1993): Mit Namen kosen, necken, spotten, schmähen. In: Praxis Deutsch 122, 42-49.
Seiler, H. (1983): Namengebung als eine Technik zur sprachlichen Erfassung von Gegenständen. In: Faust, M. et al. (eds.): Allgemeine Sprachwissenschaft, Sprachtypologie und Textlinguistik. Tübingen, 149-156.
Seutter, K. (1996): Eigennamen und Recht. Tübingen.
Shin, K. (1980): Schichtenspezifische Faktoren der Vornamengebung. Empirische Untersuchung der 1961 und 1976 in Heidelberg vergebenen Vornamen. Frankfurt.
Sialm-Bossard, V. (1975): Sprachliche Untersuchungen zu den Chemiefasernamen. Bern/Frankfurt.
Sick, B. (2004): Der Dativ ist dem Genitiv sein Tod. Köln.
Simek, R. (1982): Die Schiffsnamen, Schiffsbezeichnungen und Schiffskenningar im Altnordischen. Wien.
- (2004): Schiffsnamen. In: RGA 27, 75-78.
Simen, R. (1996): *Marlene* und *Frieda* umkreisen die Sonne. Zu den (oft deutschen) Namen der Kleinen Planeten. In: Debus/Seibicke 1996, 995-997.
Simon, M. (1989): Vornamen wozu? Taufe, Patenwahl und Namengebung in Westfalen vom 17. bis zum 20. Jahrhundert. Münster.
- (1991): Der Pate als Namengeber. In: Rheinisch-westfälische Zeitschrift für Volkskunde 36, 215-227.
Sjöblom, P. et al. (eds.) (2013): Names in the Economy: Cultural Prospects. Newcastle upon Tyne.
Slater, A./Feinman, S. (1985): Gender and the phonology of North American first names. In: Sex Roles 13, 429-440.

Sobanski, I. (2000): Die Eigennamen in den Detektivgeschichten Gilbert Keith Chestertons. Frankfurt.
Sommerfeldt, K.-E. (1980): Zu den Bezeichnungen genossenschaftlicher Betriebe in der DDR. In: ZPSK 33, 143–148.
- (ed.) (1994a): Sprache im Alltag. Beobachtungen zur Sprachkultur. Frankfurt etc.
- (1994b): Schulnamen in den neuen Bundesländern nach der Wende. In: Ders. 1994a, 221–229.
- (1994c): Namen als Mittel der Satzverflechtung. In: Wirkendes Wort 44, 137–146.
- (2004): Beiträge zur regionalen Namenkunde. Namen in Mecklenburg-Vorpommern. Frankfurt etc.
Søndergaard, G. (2000): Danske for- og efternavne. Betydning. Oprindelse. Udbredelse. Rødovre.
Sonderegger, S. (1987): Die Bedeutsamkeit der Namen. In: LiLi 67, 11–23.
- (1998): Erneuerungstendenzen bei den althochdeutschen Personennamen auf *-wolf*. In: Schmitsdorf, E. et al. (eds.): Lingua Germanica. Münster, 290–297.
- (2004a): Namengeschichte als Bestandteil der deutschen Sprachgeschichte. In: Besch et al. 2004, 3405–3436.
- (2004b): Terminologie, Gegenstand und interdisziplinärer Bezug der Namengeschichte. In: Besch et al. 2004, 3436–3460.
Sperber, R. (1970): Das Flussgebiet des Mains. Stuttgart.
Spillner, B. (2013): Spitznamen und Kosenamen von Jugendlichen. In: Der Sprachdienst 57, 111–116.
Spyri, J. (1880): Heidi's Lehr- und Wanderjahre. Gotha.
Šrámek, R. (2007): Beiträge zur allgemeinen Namentheorie. Wien.
Staudacher, A. (2006): "... bittet um die Bewilligung zur Änderung seines Zunamens". Der Namenswechsel von ausgrenzenden Namen der Häme und des Spottes bei Juden und Nichtjuden in Wien zum Fin-de-Siècle. In: ÖNF 34, 159–182.
Steche, T. (1927) Die neuhochdeutsche Wortbiegung unter besonderer Berücksichtigung der Sprachentwicklung im 19. Jahrhundert. Breslau.
Steffens, R. (1996): Aspekte der Rufnamengebung im spätmittelalterlichen Mainz. In: ZGO 144, 125–158.
- (2005): Mainzer Personennamen im Spätmittelalter. Vortrag an der Universität Mainz vom 21.11.2005.
- (2011): Das 'Digitale Flurnamenlexikon (DFL)' für Rheinland-Pfalz in Mainz. In: Meineke/ Tiefenbach 2011, 233–250.
- (2014): Sexusmarkierung bei rheinfränkischen Familiennamen (spätes Mittelalter/frühe Neuzeit). In: Debus et al. 2014, 55–84.
Steger, H. (1973/75): Zur Motivik mittelalterlicher und neuzeitlicher Namengebung. In: Alemannica. Landeskundliche Beiträge. Bühl (Baden), 143–156.
- (ed.) (1977): Probleme der Namenforschung im deutschsprachigen Raum. Darmstadt.
- (1996): Institutionelle innerörtliche Orientierungssysteme – Fallstudien. In: Eichler et al. 1996, 1499–1521.
Steiger, A. (1996): Wirtshausnamen. In: Debus/Seibicke 1996, 291–294.
Stein, S. (1999): Majuskeln im WortInnern. In: Muttersprache 109, 261–278.
Steinbach, M. (2002): Semantik. In: Meibauer, J. et al. (eds.): Einführung in die germanistische Linguistik. Stuttgart/Weimar, 162–207.
- (2007): Gebärdensprache. In: Steinbach, M. et al. (eds.): Schnittstellen der germanistischen Linguistik. Stuttgart/Weimar, 137–185.
- (2010): Sprechende Hände. Zur Grammatik von Gebärdensprachen. In: Gadebusch Bondio, M./Zielinski, K. (eds.): Die Hand. Elemente einer Medizin- und Kulturgeschichte. Berlin etc., 429–445.
Steiner, T. (2011): Bildhafte Bergnamen. In: NI 99/100, 145–151
Stellmacher, D. (2010): Vereinsnamen – was sie sind und was sie aussagen. In: DU 62, 3, 58–65.

Stocker, C. (2004): Kose- und Spitznamen als Spiegel sozialer Stereotype. In: Bulletin VALS/ASLA 80, 139–154.

Stoll, K. (1999): Markennamen. Sprachliche Strukturen, Ähnlichkeit und Verwechselbarkeit. Frankfurt etc.

– (2001): Linguistische Erkenntnisse über sprachliche Ähnlichkeit und Verwechselbarkeit von Markennamen. In: Bruhn 2001a, 135–157.

Stolz, T./Warnke, I. (2015): Aspekte der kolonialen und postkolonialen Toponymie unter besonderer Berücksichtigung des deutschen Kolonialismus. In: Schmidt-Brücken, D. et al. (eds): Koloniallinguistik. Berlin/Boston, 107–175.

Strauch, M. (2006): Geschichte und Struktur der deutschen und der portugiesischen Familiennamen. In: BNF 41, 315–348.

Stricker, H. et al. (1999): Liechtensteiner Namenbuch. 1. Ortsnamen. B. Namendeutung in 6 Bänden. Die Orts- und Flurnamen des Fürstentums Liechtenstein. Vaduz.

Struck, G. (1991): Reglementierung und Emanzipation im Namensrecht. In: Recht der Jugend und des Bildungswesens 39, 412–422.

Stutz, J.E. (1794): Des H. Hofr. Moritz grammatisches Wörterbuch der deutschen Sprache, Bd. 2. Berlin.

Szczepaniak, R. (2005): Onymische Suffixe als Signal der Proprialität – das Polnische als Paradebeispiel. In: Proceedings of the 21st ICOS, Bd. 1. Uppsala, 295–308.

– (2007): Der phonologisch-typologische Wandel des Deutschen von einer Silben- zu einer Wortsprache. Berlin/New York.

– (2010): *Während des Flug(e)s/des Ausflug(e)s?* German Short and Long Genitive Endings between Norm and Variation. In: Lenz, A./Plewnia, A. (eds.): Grammar Between Norm and Variation. Frankfurt, 103–126.

– (2011): Gemeinsame Entwicklungspfade in Spracherwerb und Sprachwandel? Kognitive Grundlagen der onto- und historiogenetischen Entwicklung der satzinternen Großschreibung. In: Köpcke, K.-M./Ziegler, A. (eds.): Grammatik – Lehren, Lernen, Verstehen. Berlin/New York, 341–359.

Tammena, M. (2005): Von Aafke bis Zwaantje. Ostfriesische Vornamen. Norden.

– (2009): Namengebung in Ostfriesland. Norden.

Tarpley, F. (1996): Street Names as Signposts of World Cultures. In: Eichler et al. 1996, 1481–1499.

Taubken, H. (1999): *Große Hüttmann – Kleine Wienker – Lütke Schelhove.* Zur Verbreitung eines Familiennamentypus. In: Niederdeutsches Wort 39, 35–65.

– (2009): *Johannimloh – Paulfeuerborn – Ottovordemgentschenfelde.* Zu einem Familiennamentypus im Rietberger Land. In: Niederdeutsches Wort 49, 241–256.

– (2010): Zu einigen westfälischen Familiennamentypen. In: Cornelissen/Eickmans 2010, 93–105.

Taylor, R. (1974): *John Doe, Jr.*: A study of his distribution in space, time, and the social structure. In: Social Forces 53, 11–21.

Thieroff, R. (2000): **Kein Konflikt um Krim.* Zu Genus und Artikelgebrauch von Ländernamen. In: Hess-Lüttich, E./Schmitz, W. (eds.): Botschaften verstehen. Kommunikationstheorie und Zeichenpraxis. Frankfurt, 271–284.

Thurmair, M. (2002a): *Der Harald Juhnke der Sprachwissenschaft.* Metaphorische Eigennamenverwendungen. In: DS 1, 1–27.

– (2002b): Eigennamen als kulturspezifische Symbole oder: Was Sie schon immer über Eigennamen wissen wollten. In: Anglogermanica Online 2002, 84–102.

Tiefenbach, H. (1987): *-chen* und *-lein.* Überlegungen zu Problemen des sprachgeographischen Befundes und seiner sprachhistorischen Deutung. In: ZDL 54, 2–27.

Timmermann, U. (2007): Das friesische Personennamensystem. In: Brendler/Brendler 2007, 237–243.

Tinnemeyer, S. (demn.): *Die Döner-Morde* vs. *die NSU-Morde.* Zum Namenstatus eines Praxonyms. Erscheint in: Fahlbusch et al. (demn.).

Tippe, R. (1995): Distinktive Leistungen textgebundener graphischer Elemente im Bereich der Eigennamen. In: Ewald, P./Sommerfeldt, K.-E. (eds.): Beiträge zur Schriftlinguistik. Frankfurt, 349–354.
Treue, W./Kandler, G. (1955): Parteinamen. In: Sprachforum. Zeitschrift für angewandte Sprachwissenschaft 1, 210–222.
Tyroller, H. (1996a): Morphologie und Wortbildung der Flurnamen: Germanisch. In: Eichler et al. 1996, 1430–1433.
- (1996b): Typologie der Flurnamen (Mikrotoponomastik): Germanisch. In: Eichler et al. 1996, 1434–1441.
Udolph, A. (2006): Geschichte und Gegenwart dänischer Familiennamen. In: NI 89/90, 239–268.
Udolph, J. (1986): Zum Problem der Slavisierung alteuropäischer Gewässernamen in Franken. In: Schützeichel 1986, 155–166.
- (1990): Zuflüsse zur unteren Elbe. Stuttgart.
- (1991): Die Ortsnamen auf *-ithi*. In: Eichler, E. (ed.): Probleme älterer Namenschichten. Leipziger Symposion 21. bis 22 November 1989. Heidelberg, 85–145.
- (1994): Namenkundliche Studien zum Germanenproblem. Berlin/New York.
- (2004): Gewässernamen. In: Brendler/Brendler 2004a, 329–347.
- (2006): Familiennamen in ihrer Bedeutung für die Dialektologie, Wüstungsforschung und Siedlungsgeschichte. In: Zunamen 1, 48–75.
- (2011): Familiennamen als Zeugen von Flucht, Vertreibung und Umsiedlung. In: Heuser et al. 2011, 179–197.
Uhlig, A. (2011): Namen und Namengebärden in der Deutschen Gebärdensprache. In: Das Zeichen 87, 58–73.
- (2012): Personennamen in der Deutschen Gebärdensprache. In: Dies.: Ethnographie der Gehörlosen. Bielefeld, 284–323.
Utech, U. (2011): Rufname und soziale Schicht. Hildesheim etc.
Van Langendonck, W. (1980): Sozioonomastische Aspekte der Übernamen. In: Eichler/Walther 1980, Bd. 2, 203–212.
- (2007): Theory and typology of proper names. Berlin/New York.
Van Tilburg, W./Igou, E. (2014): The impact of middle names: Middle name initials enhance evaluations of intellectual performance. In: European Journal of Social Psychology 44, 400–411.
Vasil'eva, N. (2004): Institutionsnamen. In: Brendler/Brendler 2004a, 605–621.
Vater, H. (1965): Eigennamen und Gattungsbezeichnungen. In: Muttersprache 75, 207–213.
Veka, O. (2001): Norsk etternamn-leksikon: Norske slektsnamn, utbreiing, tyding og opphav. Oslo.
Vincze, L. (2008): Ungarische Markennamen. In: Onoma 43, 115–146.
Vittinghoff, H. (1985): Zur Entstehung von Familiennamen in China. In: Schützeichel, R./Wendehorst, A. (eds.): Erlanger Familiennamen-Colloquium. Neustadt, 111–119.
Vogelfänger, T. (2010): Nordrheinische Flurnamen und digitale Sprachgeographie. Sprachliche Vielfalt in räumlicher Verbreitung. Köln etc.
- (2011): Das Digitale Nordrheinische Flurnamenarchiv. In: Meineke/Tiefenbach 2011, 251–260.
Voigt, G. (1982): Bezeichnungen für Kunststoffe im heutigen Deutsch. Eine Untersuchung zur Morphologie des Markennamen. Hamburg.
Volkmann, H. (1967): Der deutsche Romantitel (1470–1770). Eine buch- und literaturgeschichtliche Untersuchung. In: Archiv für Geschichte des Buchwesens 8, 1145–1324.
Vom Bruck, G./Bodenhorn, B. (eds.) (2006): The Anthropology of Names and Naming. Cambridge.
Vretska, H./Rinner, W. (eds.) (2000): Thukydides: Der Peloponnesische Krieg. Stuttgart.
Vrublevskaja, O. (2006): Veranstaltungsnamen. Prinzipien und Verfahren der Nomination von Veranstaltungen im Deutschen und Russischen. In: NI 89/90, 209–219.

- (2012): Die Pragmatik der Namen von ökonomischen Events. In: Wochele et al. 2012, 195–202.

Wadle, E. (1997): Markenschutz für Konsumartikel. Entwicklungsstufen des modernen Markenrechts in Deutschland. In: Siegrist, H. et al. (eds.): Europäische Konsumgeschichte. Frankfurt/New York, 649–670.

- (2001): Werden und Wandel des deutschen Markenrechts - Zum Rechtsschutz von Markenartikeln. In: Bruhn 2001a, 75–114.

Walsh, M. (2011): Layers of Personal Naming in Aboriginal Australia. Vortrag auf der ICOS 2011 in Barcelona.

Walther, H. (1974): Eigennamen und Namentypen im Bereich der Geschichte. In: NI 24, 1–6.

- (1975): Namenklassen, Namenarten und Benennungsmotive im Bereich der Geschichte. In: Sprachpflege 24, 97–99.
- (1976): Nummer und Name. In: NI 28, 24–27.
- (1980): Der Anteil der Namenkunde an der Formung des Geschichtsbildes und des Geschichtsbewusstseins. In: Eichler/Walther 1980, Bd. 1, 18–28.
- (1984): Die Integrationsstufen im Lichte der onymischen Hybride (Mischnamen). In: Christoph et al. 1984, 27–29.
- (2003): Namenkunde und geschichtliche Landeskunde. Leipzig.
- (2004a): Historische Gewässernamenschichten als Zeugnisse der Sprach-, Kultur- und Siedlungsgeschichte. Leipzig/Dresden.
- (2004b): Wehrbautennamen. In: Brendler/Brendler 2004a, 427–468.

Walther, H./Schultheis, J. (1974): Soziolinguistische Aspekte der Eigennamen. In: Große, R./Neubert, A. (eds.): Beiträge zur Soziolinguistik. Halle, 187–205.

Warchol, S. (2004): Tiernamen. In: Brendler/Brendler 2004a, 773–793.

Waser, E. (2004): Flurnamen. In: Brendler/Brendler 2004a, 349–380.

Weber, B. (1990): Straßen und ihre Namen am Beispiel der Stadt Bern. Bern.

Weber, E. (2004): Hausnamen. In Brendler/Brendler 2004a, 469–490.

Weber, H. (1979): Rheinschiffe und ihre Namen. In: Beiträge zur Rheinkunde 31, 40–51.

Wegera, K.-P. (1996): Zur Geschichte der Adjektivgroßschreibung im Deutschen: Entwicklung und Motive. In: Zeitschrift für deutsche Philologie 115, 382–392.

Wehking, E. (1984): Produktnamen für Arzneimittel: Wortbildung, Wortbedeutung, Werbewirksamkeit. Hamburg.

Weibel, V. (2011): Prinzipien der Bergnamengebung in der Deutschschweiz. In: ÖNF 39, 125–130.

Weinacht, H. (1985): Das Fortleben von Flurnamen in Straßennamen und Viertelsbezeichnungen von großstadtnahen ländlichen Neusiedelgebieten. In: Schützeichel 1985, 316–329.

Weinberger, H. (2005): Von *Orion* und *Andromeda* zu *Mikroskop* und *Chemischem Ofen*. In: ÖNF 33, 123–132.

Wellmann, H. (1975): Deutsche Wortbildung. Typen und Tendenzen in der Gegenwartssprache. Zweiter Hauptteil: Das Substantiv. Düsseldorf.

Wende, F. (ed.) (1981): Lexikon zur Geschichte der Parteien in Europa. Stuttgart.

Wennerås, C./Wold, A. (1997): Nepotism and sexism in peer-review. In: Nature 387, 341–343.

Wenzel, W. (2004): Familiennamen. In: Brendler/Brendler 2004a, 705–742.

Werner, M. (2008): Vom Adolf-Hitler-Platz zum Ebertplatz. Eine Kulturgeschichte der Kölner Straßennamen seit 1933. Köln etc.

Werner, O. (1974): Appellativa - Nomina propria. Wie kann man mit einem begrenzten Vokabular über unbegrenzt viele Gegenstände sprechen? In: Proceedings of the 11th International Congress of Linguistics 1972. Bologna, 171–187.

- (1989): Eigennamen im Dialog. In: Debus/Seibicke 1989, 181–200.
- (1995): Pragmatik der Eigennamen (Überblick). In: Eichler et al. 1995, 476–484.

Werth, A. (2014): Die Funktionen des Artikels bei Personennamen im norddeutschen Sprachraum. In: Debus et al. 2014, 139–174.

Wesche, H. (1970): Volksetymologie in niederdeutschen Familiennamen. In: Meertens, P. (ed.): Zijn akker is de taal. Den Haag, 331-348.
Weyers, C. (2008): Namen europäischer Fernzüge: ein Überblick (1950-1990). In: Onoma 43, 411-441.
Wiedenmann, R. (2005): Geliebte, gepeinigte Kreatur. Überlegungen zu Ambivalenzen spätmoderner Mensch-Tier-Beziehungen. In: Forschung & Lehre 6, 298-300.
- (2009): Tiere, Moral und Gesellschaft. Elemente und Ebenen humanimalischer Sozietät. Wiesbaden.
- (2015): Tiernamen und gesellschaftliche Differenzierung. In: Dammel et al. 2015b, 255-308.
Wierzbicka, A. (1992): Personal Names and Expressive Derivation. In: Dies. (ed.): Semantics, Culture and Cognition. Oxford, 225-307.
Wiesinger, P. (1995a): Die Bedeutung der Eigennamen: Wortbedeutung/Namenbedeutung. In: Eichler et al. 1995, 458-463.
- (1995b): Die Bedeutung der Eigennamen: Volksetymologie. In: Eichler et al. 1995, 464-471.
- (2005): Zur Motivation von Ortsnamen - etymologisch und volksetymologisch. In: Burkhardt, A. et al. (eds.): Magdeburger Namenlandschaft. Frankfurt etc., 39-51.
Wildfeuer, A. (2009): Lexotanil, Dialysepatient und Lachgasjunky - Benennungsmotive bei Kletterrouten. In: Anreiter, P. (ed.): Miscellanea Onomastica. Wien, 189-201.
Willems, K. (1996): Eigenname und Bedeutung. Heidelberg.
Wilson, S. (1998): The Means of Naming. A social and cultural history of personal naming in western Europe. London.
Wimmer, R. (1973): Der Eigenname im Deutschen. Tübingen.
- (1989): Die Bedeutung des Eigennamens. In: Debus/Seibicke 1989, 125-142.
Windberger-Heidenkummer, E. (1998): Mikrotoponyme und Makrotoponyme. In: ÖNF 26, 189-200.
- (2011): Kontinuität und Diskontinuität von Flurnamen. Probleme und Beispiele. In: Meineke/Tiefenbach 2011, 289-306.
Winkelmann, H. (1984): Das Recht der öffentlich-rechtlichen Namen und Bezeichnungen - insbesondere der Gemeinden, Straßen und Schulen. Stuttgart.
Wippich, W. (1995): Namengedächtnis und Namenlernen. In: Eichler et al. 1995, 489-493.
Witkowski, T. (1973): Personennamengebung und Personennamengebrauch in der DDR. In: NI 23, 7-14.
- (1995): Probleme der Terminologie. In: Eichler et al. 1995, 288-294.
Wochele, H. (2007): Hotel Names in Italy and Romania - A Comparative Analysis. In: Kremer/Ronneberger-Sibold 2007, 317-329.
- (2009): *Regal, Royal, Republică*: Synchronische und diachronische Aspekte der Benennung von Hotels am Beispiel von Italien und Rumänien. In: Lavric, E. et al. (eds.): People, Products, and Professions. Frankfurt etc., 309-321.
Wochele, H. et al. (eds.) (2012): Onomastics goes Business. Role and Relevance of Brand, Company and Other Names in Economic Contexts. Berlin.
Wolf, U. (ed.) (1985): Eigennamen. Dokumentation einer Kontroverse. Berlin.
Wolffsohn, M. (2001): Nomen est omen. Vornamenwahl als Indikator: Methoden und Möglichkeiten einer "Historischen Demoskopie". In: Eichhoff et al. 2001, 9-31.
Wolffsohn, M./Brechenmacher, T. (1999): Die Deutschen und ihre Vornamen. Zürich.
Wolk, I. (2005): *Schwarzes Schaf* oder *Blauer Bock*. Zur Konzeption und zur Regionalität von Gasthausnamen. In: Niederdeutsches Wort 45, 121-143.
Wrede, F. (1908): Die Diminutiva im Deutschen. Marburg.
Wulf, C. (2000): Toponomastik und Sprachkontakt. Eine Untersuchung der slawischen und slawisch-deutschen Toponyme in Schleswig-Holstein. Neumünster.
Wyss, E. (2000): Intimität und Geschlecht. Zur Syntax und Pragmatik der Anrede im Liebesbrief des 20. Jahrhunderts. In: Bulletin suisse de linguistique appliquée 72, 187-210.
Yamamoto, M. (1999): Animacy and Reference. A cognitive approach to corpus linguistics. Amsterdam/Philadelphia.

Yorkston, E./Menon, G. (2004): A Sound Idea: Phonetic Effects of Brand Names on Consumer Judgments. In: Journal of Consumer Research 31, 43–51.

Zehetner, L. (1981): Ist ein Laden ein Land? Wortneuprägungen und Bedeutungsverschiebungen in Verkaufsstättenbezeichnungen - ein Hauch von Weite und Freiheit. In: Der Sprachdienst 25, 57–62.

Zengin, D. (2006): Herkunftsbereich der deutschen und türkischen Vornamen. In: ÖNF 34, 183–204.

– (2009): Geschlechtsspezifik von deutschen und türkischen Vornamen. In: Muttersprache 119, 58–65.

Zgusta, L. (1996): Names and their Study. In: Eichler et al. 1996, 1876–1890.

Ziegler, A./Windberger-Heidenkummer, E. (eds.) (2011): Methoden der Namenforschung. Methodologie, Methodik und Praxis. Berlin.

Ziegler, E. (2004): "Die Grenzen meiner Tastatur sind die Grenzen meiner Pseudonymkonstruktion": Form und Funktion von Chat-Pseudonymen im IRC. In: Bulletin VALS 80, 109–123.

Zifonun, G. (2001): Eigennamen in der Narrenschlacht. Oder: Wie man *Walther von der Vogelweide* in den Genitiv setzt. In: IDS Sprachreport 3, 1–5.

– (2009): Was lesen wir? Wo gehen wir hin? Zur Grammatik von Werktiteln und Gasthausnamen. In: Liebert, W.-A./Schwinn, H. (eds.): Mit Bezug auf Sprache. Tübingen, 519–537.

Zilg, A. (2006): Markennamen im italienischen Lebensmittelmarkt. Wilhelmsfeld.

– (2012): Bildung und Bedeutung italienischer Markennamen. In: Wochele et al. 2012, 115–127.

Zoder, R. (1968): Familiennamen in Ostfalen. 2 Bde. Hildesheim.

Zschieschang, C. (2015): Zur Benennung von Mühlen im Mittelalter. In: Maříková, M./Zschieschang, C. (eds.): Wassermühlen und Wassernutzung im mittelalterlichen Ostmitteleuropa. Stuttgart, 193–232.

Internetlinks (Stand: 10.07.2015)

ADA = Atlas der Deutschen Alltagssprache - www.atlas-alltagssprache.de.

AOML - www.aoml.noaa.gov/hrd/tcfaq/B2.html.

Beliebte Vornamen - www.beliebte-vornamen.de.

Cosmas II - www.ids-mannheim.de/cosmas2.

Gen-Evolu - www.gen-evolu.de.

HGB = Handelsgesetzbuch - www.gesetze-im-internet.de/hgb.

Jetstream - www.srh.noaa.gov/srh/jetstream/tropics/tc_names.htm.

Mainzer Namen - www.mainzer-namen.de.

MarkenG = Markengesetz - www.gesetze-im-internet.de/markeng.

Markenlexikon - www.markenlexikon.com.

PartG = Parteiengesetz - www.gesetze-im-internet.de/partg.

Wetterpate - www.wetterpate.de.